Dueck's Panopticon

Gunter Dueck

Dueck's Panopticon

Gesammelte Kultkolumnen

Mit 14 Abbildungen

Professor Dr. Gunter Dueck
IBM Deutschland GmbH
Gottlieb-Daimler-Str. 12
68165 Mannheim
dueck@de.ibm.com
www.omnisophie.com

Bibliografische Information der Deutschen Nationalbibliothek
Die Deutsche Nationalbibliothek verzeichnet diese Publikation in der Deutschen
Nationalbibliografie; detaillierte bibliografische Daten sind im Internet über
http://dnb.d-nb.de abrufbar.

ISBN 978-3-540-71704-1 Springer Berlin Heidelberg New York

Dieses Werk ist urheberrechtlich geschützt. Die dadurch begründeten Rechte, insbesondere die der
Übersetzung, des Nachdrucks, des Vortrags, der Entnahme von Abbildungen und Tabellen, der Funksendung, der Mikroverfilmung oder der Vervielfältigung auf anderen Wegen und der Speicherung in
Datenverarbeitungsanlagen, bleiben, auch bei nur auszugsweiser Verwertung, vorbehalten. Eine Vervielfältigung dieses Werkes oder von Teilen dieses Werkes ist auch im Einzelfall nur in den Grenzen
der gesetzlichen Bestimmungen des Urheberrechtsgesetzes der Bundesrepublik Deutschland vom 9.
September 1965 in der jeweils geltenden Fassung zulässig. Sie ist grundsätzlich vergütungspflichtig.
Zuwiderhandlungen unterliegen den Strafbestimmungen des Urheberrechtsgesetzes.

Springer ist ein Unternehmen von Springer Science+Business Media
springer.de

© Springer-Verlag Berlin Heidelberg 2007

Die Wiedergabe von Gebrauchsnamen, Handelsnamen, Warenbezeichnungen usw. in diesem Werk
berechtigt auch ohne besondere Kennzeichnung nicht zu der Annahme, dass solche Namen im Sinne
der Warenzeichen- und Markenschutz-Gesetzgebung als frei zu betrachten wären und daher von
jedermann benutzt werden dürften. Text und Abbildungen wurden mit größter Sorgfalt erarbeitet.
Verlag und Autor können jedoch für eventuell verbliebene fehlerhafte Angaben und deren Folgen
weder eine juristische Verantwortung noch irgendeine Haftung übernehmen.

Umbruch und Herstellung: LE-TEX, Jelonek, Schmidt & Vöckler GbR, Leipzig
Umschlaggestaltung: KünkelLopka Werbeagentur, Heidelberg
Gedruckt auf säurefreiem Papier   33/3180 YL - 5 4 3 2 1 0

Inhaltsverzeichnis

I.	Lauter Kolumnen, alle Beta!..	1
II.	Über die Unfreiheit der Forschung..	15
	1. Echt Klasse, etwas verschwommen! Nehme ich!	17
	2. Wenn ich noch einmal jung wäre, traute ich mich, etwas forscher zu sein?...	21
	3. Überall Zwang, wo nur Freiheit ist	24
	4. Warum nicht: „beherrschende" Wissenschaft?	34
	5. Die dienende Wissenschaft..	38
III.	Intuition, E-Man und Drittmittel.......................................	43
	1. Ich bin leider nicht erstickt und Sie sind schuld	43
	2. Jäger, Bauer, E-Man...	45
	3. Über das Intuitive	48
	4. Logistik und Evaluation...	51
	5. Nun doch: Systeminfizierung?.......................................	53
IV.	Kopfgold (oder Knowledge-Management)	55
	1. Träume der Wissensgesellschaft	55
V.	Energieversorger unter Strom..	67
VI.	Auf und Up mit Logik erster Ordnung................................	75
	1. Logik erster Ordnung...	75
	2. Explosion und Kontraktion	76
	3. Einschießen! Der Kunde im Mittelpunkt	80
VII.	Fragen ist befehlen, antworten ist gehorchen	85
VIII.	Psychologie neuronaler Netze	89
	1. Das Bedeutende wird für Spaß hingeworfen. Hilfe!	89
IX.	Oh deer!...	99
	1. Idee oder rettender Gedanke? PENG!	99
	2. Fabelhaft!..	100
	3. Metametrie und Meat-Metric	106

X.	Computerseele und Datenbankpsychologie	109
XI.	Nachgetragen: Erfahrungen mit E-Man	113
	1. Gartner sagt es aber auch – dann stimmt es gewiss!	113
	2. Mehr Statistiken über den Anteil von Intuitiven	116
	3. Meine Angst, mir am „Frauenproblem" die Finger zu verbrennen	119
	4. Am Keirsey-Test stimmt etwas nicht	121
XII.	Die Antwort auf alle Fragen	125
XIII.	Mir fällt nicht ein, was Informatik ist! Aber ich weiß es	139
	1. Ich sollte es wissen, aber bitte nicht so genau!	139
	2. Wie sich Informatik anfühlt	142
	3. Wer Informatiker ist	144
	4. Hat Informatik einen Kern?	146
	5. Wissen Sie, was Informatik ist? Nein? Aber Sie sind ein Teil von ihr!	147
XIV.	Ein Indikatorenhoch über Deutschland! Starke Triebwinde!	149
XV.	Life on instruction	159
XVI.	Das Kopflose	167
XVII.	Softwareentwicklung – höher als alle Vernunft	179
XVIII.	E-Team	183
	1. Elektronische Einfühlung	183
	2. Elektronische Angewohnheiten	185
	3. Elektronische Führung	187
	4. Aufruf	192
XIX.	Supramanie: Der Wille wie eine Lenkrakete	195
	1. Eine Gedankenschlinge um die so genannte Vernunft: Krrrk!	195
	2. Ein kurzer Blick zurück: Der Pflichtmensch	197
	3. Supramanie!	198
	4. Zeit des Supratriebes	200
	5. Wie kämpft, wer nicht siegen kann?	201

XX.	**Deutschland in der Billigenz-Falle**	205
	1. Das Unangenehme und das Intelligente	205
	2. Billigenz	207
XXI.	**Techies in the box**	213
	1. Menschen in der Box	213
	2. In die Box! Das Beratungsprojekt	214
	3. Boxen zu Batterien! Brainstorming!	216
	4. Boxtechies	218
	5. Ausboxen!	220
XXII.	**Schlangenbeschwörer**	223
	1. Alles am Limit	223
	2. „Bitte warten Sie!"	225
	3. Die Warteschlange der Erkenntnis	227
	4. Schlangenbeschwörer	230
XXIII.	**Hochdruckdoppelstoppmanagement**	235
	1. Schlangenbeschwörer	235
	2. Netzüberlastungen	237
	3. Da muss eine Abkürzung sein! Augen zu und durch!	238
	4. Gegen Hochdruckchaoten: Checklisten, Abstimmungen und Funding	239
	5. Nur das Gute, das mit allen Häkchen, darf durch!	241
	6. Wo bleibt das Resultat? Über Doppelschlangen	242
	7. Revisionen schicken – damit das Unwichtige geschehen kann	243
	8. Reorganisation, damit endlich alles klappt	244
XXIV.	**Simply Satisfying Quality (SSQ)**	247
	1. Im Weg ist das Ziel!	247
	2. Das Abschaffen von Reserven und die Hölle	250
	3. Simply Satisfying Quality	252
	4. Loslassen	255
XXV.	**Der Mensch in artgerechter Haltung (SSL)**	257
	1. Gedanken über Menschen beim Gießen von Blumen	258
	2. Unartige Erziehung	260
	3. Die Wunde der Muschel	262
	4. Leben und/oder Bewältigen	263
	5. Hirnwellen	263
	6. Artgerechte Haltung	264
	7. „Echte" Informatiker, artgerecht gehalten	265

XXVI.	Das Ziel haben oder sein? Bio-Logik und Betaphysik	269
	1. Ziele	269
	2. Biologische Zustände unter Zielen	271
	3. Alles Beta?	273
	4. Betaphysik	275
	5. Artgerechte Haltung von Wissenschaftlern!	278
XXVII.	Auten Sie sich!	281
	1. Frauen, Wissenschaftler, Techies, Asperger	281
	2. Schon wieder ein Test! Da kommt nichts heraus!	283
	3. Volle Punktzahl! High-functioning Aspie!	284
	4. „Little Professors", Nerds und Geeks	286
	5. Wenn alle Informatiker Aspies wären, dann …	287
	6. Das rohe Ei	288
	7. Wenn! Wenn! Haben „wir" nun erhöhten AQ oder nicht?	289
	8. High-AQ-Tech forever?	292
XXVIII.	Highly Sensitive!	295
	1. Hochsensibel	295
	2. Laut, leise, grob und fein	298
	3. Autisten und Hochsensible	299
	4. What you can't measure can't exist!	303
	5. Das fehlende Ich	304
	6. Ich! Laut! Grell!	305
XXIX.	Die Patentlösung gibt es nicht!	309
	1. Der Heilige, der Beamte und der Krieger – ein Spontantheater	309
	2. Spontanes und Unhehres zu Patenten	312
	3. Stumpfe Diskussionsrituale	316
	4. Trockene Einlassungen zur Sache (Realo)	317
	5. Das Heilige und die Ethik	319
	6. OpenKtisis	320
XXX.	Averyware	323
	1. Wie Schiffbau?	323
	2. Wie Autobau?	324
	3. Was kommt heraus?	326
	4. Softwareentwicklung	328
	5. Mein Auto ist nicht e-kaputt!	329
	6. Softwareexzellenz	331
	7. Averyware	332

XXXI.	„Effizienz würgt! Informatik hilft!"	333
XXXII.	Klage über Unwissen um Können und Kunst	339
	1. Die Asymmetrie des Bindestrich-Menschen	339
	2. Was ist wichtig? Das Werkzeug? Das Ziel?	341
	3. Kunst und Können	343
	4. What does it mean to me?	345
	5. Die Sprache des Kunden	347
XXXIII.	Korrelatalschaden! Egal wie!	351
	1. Korrelationen	351
	2. Scheinkorrelation	354
	3. Vorfreude und Tod des Schwarzen Ritters	356
	4. Korrelatalschaden	357
	5. Kausalhoheit bei dummen Fronten	359
XXXIV.	Räsonanz!	363
	1. Der Affe und die Nuss	363
	2. Autisten sind wieder das Gegenbeispiel!	365
	3. Räsonanz	367
	4. Empathie! Empathie! – Räsonanz!	368
	5. Message	370
	6. Die berühmteste aller Resonanzen	371
XXXV.	Switsch! Mensch als Schaltkreis	373
	1. Das ganze Erkennen und das bloß aufmerkende Wahrnehmen	373
	2. Nachrichten codieren und decodieren	376
	3. Identifikation von Nachrichten	378
	4. Beispiele aus dem Leben	379
	5. Schalter, Sensoren, Seismographen	381
	6. „Ich liebe ihn! Er schaltet wie ich!"	382
	7. Stimulus & Response	383
	8. Von Schaltern zu Schaltungen zu „Wissen" zum Menschen	384
XXXVI.	Mathematik – eine Herzensangelegenheit	387
XXXVII.	Radikale Konstruktivität – unio quaeque!	395
	1. Ein Quodlibet um ein einziges Experiment	395
	2. Verstand und „Körper" als verschiedene Konstruktionen	398
	3. Widerstreit der Prinzipien	399

	4. Mensch und Mehrzustandsturingmaschine	401
	5. Unio quaeque – Zusammenspiel der Kräfte	402
	6. Radikale Konstruktivität unter Wohlwillen!	403
	7. Free Willy	404
XXXVIII.	Lean Brain Management	407
	1. Intelligenz ist Luxus – Einsparen!	407
	2. Lean Brain Quality	409
	3. Lean Brain Management	410
	4. Moronorgie	412
	5. Intelligence strikes back!	414
	6. Nieder mit aller Intelligenz!	415
XXXIX.	Inter-Enterprise Services und Innovation	417
	1. Rückblick – der muss sein!	417
	2. Ausblick – sehen Sie schon etwas? Eine Innovation?	419
	3. Inter-Enterprise Services	420
	4. Inter-Application Services	421
	5. SOA – Service Oriented Architecture	422
	6. Beispiele, Beispiele	424
	7. Das Neue liegt in der Luft	425
XL.	Panopticon	427
	1. Der pervertierte Blick	427
	2. Früher Sonne und Regen, heute nur gleißendes Licht	430
	3. Violentia consistens	433
	4. Pancopticon	435
XLI.	„Du gleichst dem Geist, den du evaluieren kannst, nicht mir!"	437
	1. Du gleichst dem Geist, den du begreifst, nicht mir!	438
	2. First class hires first class, second class hires third class	441
	3. Wie definieren Sie das? Was sind die Kriterien? Wofür gibt es Geld?	443
	4. Kriterienerfüllungsmanagement	445
	5. Über Wetteifer und Wettkampf	446
	6. Genies gebären Genies	447
	7. Grundirrtum der ökonomischen Betrachtung der Exzellenz	448
	8. Axios!	448

XLII.	Third & Second Life 451
	1. Second Life 451
	2. Hallo? IBM? 453
	3. Third Life 454
	4. „Niedergang der Welt!" 455
	5. The Shape (aus *Wild Duck*) 456
XLIII.	Entrepreneuring – vom Träumen und vom Tun 463
	1. Dreamers who do and Doers who dream 463
	2. Dreamers who try to do and Doers who try to dream ... 465
	3. Die Techie-Lücke oder „The Chasm of Innovation" 467
	4. 10 Tage mit Gifford Pinchot und mein Ende am Flughafen 469
	5. The Chasm of Education 472
	6. Brainstorming, Technologie-Transfer, Call for Ideas 473

I. Lauter Kolumnen, alle Beta!

Seit 1999 schreibe ich alle zwei Monate die so genannte beta-inside Kolumne im Journal *Informatik-Spektrum*. Diese Publikation ist die Mitgliederzeitschrift der *Gesellschaft für Informatik (GI)*. Sie erscheint im Springer-Verlag.

Alpha! Alpha-Versionen sind Hochglanzprospekte und Außenerklärungen, Imagebroschüren und im Großen und Ganzen prächtiger Schein. Meine Kolumne aber ist gnadenlos Beta! Real! Kritisch! Mit Leidenschaft und Herzblut geschrieben! Es kommen entsprechend viele Ausrufezeichen darin vor!

Eigentlich gab es im *Informatik-Spektrum* gar keine Kolumne. Ich hatte 1999 einen langen Artikel über „Business Intelligence" und Datenverrücktheiten im Tagesgeschäft geschrieben, der im Spektrum über drei Hefte verteilt erschien. Daraufhin trafen viele Leserbriefe der Form „schreib weiter" ein, und ich antwortete auf einen Kolumnen-Vorschlag des Verlegers Hermann Engesser: „Okay, ich schreibe weiter, bis einer von uns müde wird." Das ist jetzt acht Jahre her! Erst dachte ich, mir würde niemals so viel einfallen – aber die Einfälle vermehren sich beim Aufschreiben und Denken von selbst. Und so habe ich nebenbei die überschüssigen Gedanken inzwischen in vielen Büchern dokumentiert.

Die Kolumnen von 1999 bis 2001 erschienen in einem Sammelband *Die beta-inside Galaxie* im Springer-Verlag. Es gibt noch ein paar von dieser ersten Serie zu kaufen! Dann haben Sie mit dem hier vorliegenden Buch alle Kolumnen zusammen, wenn Ihnen das gefällt.

Acht Jahre! So viel ist inzwischen geschehen. Meine New-Economy-Begeisterung von 2001 wich schnell einem Schrecken über den heraufziehenden Darwinismus im sozialen Leben, der sich bis heute verstärkt. Etwa 2007 scheint ein Tiefpunkt erreicht, an dem die letzten Konzerne noch einige zehntausend Menschen wie Faule und Unfähige entlassen, in Niedrigverdiener umwandeln oder durch „Globalisierung" ersetzen. Die Weltwirtschaft hat heute die Lokomotive gewechselt – das ist jetzt Asien! Und wir gehen wieder in eine Innovationsphase und bald, wenn sich auf

Stellenanzeigen kaum jemand mehr bewirbt, werden wir alle wieder Menschen statt Kostenblöcke sein dürfen.

Merken Sie an den letzten Zeilen, dass ich eindeutige Meinungen habe? Die habe ich in der Kolumne immer vertreten, auch auf die Gefahr hin, dass vieles eher wenig mit Informatik zu tun hat. Statt einer weiteren Einleitung gehe ich mit Ihnen kurz alle Kolumnen einzeln durch. Ich erzähle, warum sie mir am Herzen lagen, wie sie entstanden, was inzwischen geschehen ist. Seit 2000 schreibe ich auch Bücher – und die Kolumnen hier im Buch begleiten meine philosophische Entwicklung in der letzten Zeit. Sie können sehen, wie ich vieles, was später geschah, vorab ahnte. Da mögen Sie heute mitfühlen, wie ich oft leide. Ich habe angeblich die zweifelhafte Gabe, so las ich einmal, „to see the end from the beginning" und oft wiederhole ich im Leben wie Werner Enke im Film *Zur Sache, Schätzchen* diesen einen kultigen Satz: „Es wird böse enden." Das glaubt mir dann keiner! Seit zwei Jahren aber predige ich Optimismus, Aufbruch und Innovation. Auch das glaubt mir keiner ... Wie ein echter Forscher verpasse ich immer den richtigen Zeitpunkt. Immer zu früh! Und ich will nie mehr darauf stolz sein, denn diese Haltung verstärkt doch alles nur! Nie mehr – aber ich schaffe es wahrscheinlich nicht.

So, jetzt zu den einzelnen Kolumnen.
Verfolgen Sie alle meine Gedankensprünge in den Jahren 2001 bis 2007!

Manager fragen oft: „Wenn ich nur *eine* Geschichte oder nur fünf Seiten im Buch lesen kann, welche empfehlen Sie mir?" Darauf gibt es eine klare Antwort: *Oh deer!* Das ist bei weitem das Lustigste, was mir in diesen Jahren einfiel. Die Geschichte ist dann natürlich nichts für Manager. Ich träumte lange, einmal ein ganzes Buch im Oh-deer-Stil schreiben zu können! Es ist dieses prickelnde Gefühl vor dem Computer, das Schreiben unter lautem Lachen! Ein bisschen ist das mit *Lean Brain Management* gelungen, das 2006 erschien und prompt Managementbuch des Jahres wurde, oder?

Über die Unfreiheit der Forschung: Das ist eine ganz lange Kolumne, die über drei Hefte verteilt erschien. In der Industrieforschung wurden wir immer stärker gezwungen, etwas „Nützliches" zu erforschen. Damit meinte man etwas, womit schnell Geld zu machen wäre. Im Grunde verliert die Forschung dadurch all ihre Freiheit, das ist klar, aber sie stirbt am Mangel von Freiheit. Das wollte niemand erkennen. Heute ist sie schon so ziemlich gestorben – ich habe es kommen sehen. Heute ist neuerdings viel die Rede davon, Menschen wieder Freiräume für Innovationen zu geben. Hin und her.

Intuition, E-Man und Drittmittel: Ich hatte Bekanntschaft mit psychologischen Test gemacht, die Menschen nach den Ideen C. G. Jungs zum Beispiel in „Intuitive" und „Ordnungskräfte" einteilen. Die Ersteren sind in der normalen Bevölkerung in einer kläglichen Minderheit und spielen keine große Rolle: 15 Prozent? Sie treffen sich dann in bestimmten Berufen wieder und werden Psychologen, Informatiker, Mathematiker, Schriftsteller, Theologen oder Grüne. Da dachte ich: Deshalb sind Informatiker so anders! Sie sind alle „Intuitive"! Ich forderte die Leser zum Selbsttest auf und erhielt viele Zuschriften für meine Statistik. Bis heute haben wohl an die 1000 Leser geantwortet. Fazit: Beinahe zwei Drittel der Informatiker, Mathematiker, Grünen etc. sind „Intuitive" oder „Rechtshirnige", aber ebenso sind etwa zwei Drittel der Manager, Aufpasser, Lehrer, Banker, Polizisten „Ordnungskräfte" oder „Linkshirnige", die nur in Zahlen, Tabellen und Hierarchien denken. Von diesen schrecklichen normalen Menschen geht eigentlich die Bedrohung der „rechten Gehirnhälfte" aus. Sie bedrohen Träume, Forschung, Kunst, Wissenschaft, Glauben, Innovation, Vertrauen und dergleichen. Diese Erkenntnis trieb mich zu vielen Kolumnen und einigen Büchern. Ich wollte Warnungen an jede Wand schreiben. Das Buch *E-Man* erschien zur Zeit dieser Kolumne.

Kopfgold (oder Knowledge-Management): Das Wissen in unseren Köpfen ist in komplexesten Strukturen wie etwa in neuronalen Netzen gespeichert, auch in Reaktionsweisen der Instinkte, die etwas in uns automatisch an- und ausschalten. Erinnerte Gefühle enthalten Entscheidungsgrundlagen. So ist das wirklich! Aber die neuen Wissensmanager wollen das Komplexe nun zur allgemeinen Verwendung in Tabellen und diese in Computern speichern. Sie wundern sich, warum das nicht geht. Sie sind böse mit den Wissenden und schimpfen: „Du verheimlichst dein Wissen, damit du allein Experte bist." Im Sinne der vorhergehenden Kolumne: Die linkshirnigen Wissensmanager verstehen die in ihrem strengen Denksinne „chaotische" Struktur rechtshirnigen Wissens nicht. Deshalb kommt bei Wissensprojekten nichts heraus. Ich frage in dieser Kolumne: Wie hängt der Begriff Wissen von unserer Art ab, das Gehirn zu benutzen? Es muss doch verschiedene Arten von Wissen geben, nicht die eine der Manager, die immer alles in Meetings mitschreiben. Die nervten damals mit dem viel zu oft ausgeleierten Satz: „Wenn Siemens wüsste, was Siemens weiß ..." Auch dieser Satz hat 2007 eine ganz andere Bedeutung bekommen ...

Energieversorger unter Strom: Dieser Artikel ist im *Energie & Management Jahresmagazin* im Jahre 2001 entstanden. Damals begannen Stromversorger, sich gegenseitig die besseren Kunden abzuwerben. Das führt zu Preisverfall! Warum tun sie das alle? Die Banken ja auch, und die Krankenkassen und Mobilnetzbetreiber. Mehrgewinne durch Preiskriege?

Auf und Up mit Logik erster Ordnung: Hin und her durch Kurzfristlogik! In Expansionsphasen überschwemmen uns Firmen mit abstrus vielen Produkten und exotischen Geschmacksrichtungen. Dann stellen sie fest, dass nur wenige davon Gewinne machen und stampfen alles wieder ein. Erst werben sie jeden als Kunden an (Handy!) und dann wollen sie nur die guten Kunden behalten. Ich schreibe seit dieser Kolumne öfter Logik erster Ordnung, was für mich schon nahe an Dummheit grenzt.

Fragen ist befehlen, antworten ist gehorchen: Dieser Artikel erschien in der FAZ am Sonntag. Man sagt ja heute nicht mehr: Ich muss tun, was er sagt, er ist mein Chef – nein, es heißt heute: „Ich berichte an ihn." Die Macht liegt in den Daten, der eine will sie, der andere muss sie schnitzen. Naive denken, in Daten wäre Wahrheit, darin ist aber die Macht.

Psychologie neuronaler Netze: In dieser Kolumne beschreibe ich fiktiv ein Forschungsprojekt, für das ich den Nobelpreis erwarte. Ich bitte um Mithilfe. Achten Sie auf den letzten Satz der Kolumne, der enthüllt, dass es ein Aprilscherz war. Die meisten sind natürlich reingefallen. Ich bekam Hilfsangebote. Alle waren sich einig, dass man damit einen Nobelpreis gewinnen könnte. Leider müsste man dafür so ein bis zwei Jahre Arbeit hineinstecken. Das wollte niemand (!!). Junge Doktoranden wollten die Sicherheit, einen Doktor zu bekommen, etliche Professoren, die das alles interessierte, winkten ab, weil sie ja nun erst das anfangen müssten, was ich in der Kolumne vorgegaukelt hatte. Sie müssten sich also selbst in ein ganz neues Feld wagen – ohne mich! – und mit der Gefahr leben, sich bei einem Fehlschlag lächerlich zu machen. Das traute sich niemand. „Herr Dueck", schrieb einer, „es ist nicht Aufgabe eines Professors, ganz neue Wege zu gehen. Das kommt bei der Evaluation schlecht an." Aha.

Oh deer! Das ist der Artikel, den Sie lesen sollten, wenn Sie sonst keinen lesen. Da lacht mir beim Schreiben die Seele. Da bin ich in meinem Element. Es geht um jemanden, der als Verkäufer ein Riesengeschäft findet, aber nichts tun darf, weil er die Aufgabe hat, etwas anderes zu verkaufen. Stellen Sie sich eine bitter hungernde Familie vor, die den Vater ausschickt,

Hasen zu schießen. Er kommt mit zehn Hirschen wieder, weil es keine Hasen gab. Da sagt die Familie: „Wir hatten Hasen gefordert, nicht Hirsche! Geh noch einmal in den Wald, du Nichtsnutz!" So ungefähr ist es in Konzernen.

Computerseele und Datenbankpsychologie: Dieser kleine Artikel ist für die FAZ am Sonntag geschrieben! Über die Seele des Computers!

Nachgetragen – Erfahrungen mit E-Man: Zur zweiten Auflage des Buches *E-Man* schrieb ich ein Nachwort, das im Wesentlichen diese Kolumne darstellt. Ich berichte von meinen Erfahrungen von „Linkshirnigen" und „Rechtshirnigen" und von einer Veranstaltung der Universität Stuttgart. Dort fand ein Seminar statt, das sich über Unterschiede von Männern und Frauen Gedanken machen sollte. Ich war einer der ersten Referenten. Ich setzte einen halben Tag Diskussionen auf dem Podium an, für die ich vor allem solche Frauen nach vorne bat, die typische „Männerwerte" beim Keirsey-Test hatten. Dann waren auch die Diskussionen genau wie bei Männern. Fazit eines langen Tages: Jede menschliche Eigenschaft kommt in Frauen und in Männern vor, ist also nicht exklusiv, nur die Verteilung ganz weniger Eigenschaften ist bei Männern und Frauen unterschiedlich.

Die Antwort auf alle Fragen: Diese Kolumne bietet einen Einblick in mein damals neues Buch *Omnisophie*. Der Untertitel ist: *Über richtige, wahre und natürliche Menschen.* Richtige Menschen sind die Ordentlichen/Elternartigen, Wahre sind die Sinn- und Wahrheitssucher, Natürliche sind die „Bauchmenschen", die auf den Instinkt hören und die ein Leben lang großes Kind bleiben. So ist meine eigene, neue Einteilung der Menschheit. Ich stellte mir vor, was diese Hirnstrukturen wohl für Philosophien oder Götter hätten. Richtige sind katholisch, Wahre gehen das Tao, Natürliche wollen Jedi sein? Richtige nehmen Medizin, Wahre trinken Brennnesselsud und Natürliche werfen Drogen ein? Richtige pflanzen sich fort, Wahre lieben inniglich, Natürliche haben Sex unter Gefühlsduschen? Die Dreiteilung der Menschheit führt zur Einsicht, warum es immer etwa drei Meinungen oder Haltungen von allem gibt. Bei Religionen, Philosophien und allem anderen. Das ist meine Antwort auf alle Fragen.

Mir fällt nicht ein, was Informatik ist! Aber ich weiß es! Im Sinne meiner Omnisophie gibt es zu allem etwa drei verschiedene Meinungen. Also auch zum Begriff der Informatik. Mit diesem befasse ich mich in dieser

Kolumne, weil das entsprechende Heft ein Sonderheft zu „25 Jahre Informatik" war. Da mussten viele noch einmal wissen, was Informatik ist – und ein Ausschuss des Präsidiums war damit befasst, Grundsätzliches darüber für eine Broschüre der Gesellschaft für Informatik zu erarbeiten. Ich kaute damals an der Präambel der Broschüre (die gibt es heute noch!). Was ist Informatik? So Menschen wie mir fällt nur ein, was Informatik sein *könnte* und was es in 20 Jahren sein *sollte*. Ich lebe in der Zukunft und im Reich der Visionen und Farben! Andere wollen aber unbedingt niederschreiben, was Informatik *tatsächlich* ist, wer sich historisch früher darum verdient gemacht hat und von wem es noch Schwarzweißbilder für ein Vergangenheitsbuch gibt. Was ist Informatik *tatsächlich*? Informatik ist ungestüm entstanden und nicht nach einer Vision. Tja. Und dann streiten wir uns, was Informatik heute tatsächlich hätte gewesen sein sollen! Auf diese Kolumne hin soll es unklare Beschwerden über mich gegeben haben (niemand wollte Namen nennen, ich hätte gerne auf dem Podium diskutiert), weil ich einfach als Einzelner meine persönliche Antwort auf eine Frage gegeben habe, die nur unpersönlich von der Gemeinschaft normativ beantwortet werden darf.

Ein Indikatorenhoch über Deutschland! Starke Triebwinde! Mit dieser Kolumne beginne ich in meinem Werk, Feldzüge gegen Indikatoren zu führen. Zum Beispiel ist Mitarbeiterzufriedenheit ein Indikator für den Gewinn einer Firma. Nehmen wir an, der Gewinn ist jetzt schlecht. Dann schreit das Management die Mitarbeiter an, zufrieden zu sein, damit der Gewinn steigt. Die sind so sehr bedroht, dass sie ab sofort zufrieden sind. Nun aber steigt der Gewinn nicht ... Man kann über Indikatoren etwas erkennen, aber man kann über sie nicht managen! Das aber wird dauernd getan! Sind denn alle verrückt geworden?

Life on instruction: Wie kochen Sie zu Hause? Nach dem Rezept oder dem erinnerten Geschmack nach? Bei uns zu Hause koche meistens ich, weil ich das Kochen liebe – und das schmeckt man, vor allem die Passion dahinter! Neulich kochte mein Sohn einmal zur Übung. Er unterbrach mich beim Kolumneschreiben und sagte: „So, ich habe alles sklavisch nach Rezept zusammengemixt. Jetzt komm mal schnell runter und mache ein Essen daraus – ich schaue dir zu." Und andere kommen dazu und sagen: „Nach Rezept muss 300 ml Sahne dazu, hier steht aber nur ein leerer Becher von 250 ml. Was bedeutet das?" – „Schmeckt es denn?" – „Ja, sehr, aber es ist nicht das Rezept!" Wollen Sie denn nach Rezept leben? In Ihrer Firma müssen Sie das wohl. Die Kolumne handelt von den Philosophien des „copy-by-idea" und „copy-by-instruction". Wer keine

Idee vom Endergebnis hat, braucht ein Rezept. Wer ein Rezept hat, braucht keine Idee vom Ergebnis …

Das Kopflose: Diese Kolumne ist inspiriert durch einen Artikel über Plattwürmer, die man in der Mitte teilen kann und deren Teile zu zwei neuen Wesen wachsen. Da fiel mir die Firmenkultur ein! Wenn Sie bei einer Firma oben den Kopf abschneiden, wächst wieder einer nach! Weil der Kopf einer Firma irgendwie doch in der Firma ist!

Softwareentwicklung – höher als alle Vernunft: Dieser kleine Artikel erschien in der Zeitschrift HMD im Jahre 2003 als „Einwurf". Ich erkläre darin, wie man die Dauer von komplexen Softwareentwicklungsprozessen bestimmt. Mein universelles Patentrezept: Man frage den besten Experten, den es gibt, wie lange es dauert. Die Antwort muss mit 2,1 multipliziert werden. So einfach ist das! Warum es klappt? Steht im Artikel.

E-Team: Sind bei Ihnen im Team die Meetings auch schon elektronisch? Ich arbeite in der IBM mit vielen KollegInnen, die ich noch nie gesehen habe! Wie funktioniert das elektronische Leben? Die Manager wollen immer Calls, die aus dem Vertrieb auch. Die Techies möchten lieber E-Mails, weil sie dann besser überlegen können. Die anderen aber wollen nicht überlegen, nur überlegen sein! Welche Kommunikationsform ist also überlegen? Welche ist gut? Kommt Charisma bei Anrufen oder Mails besser rüber?

Supramanie: Der Wille wie eine Lenkrakete! Diese Kolumne ist eine Einführung in mein Buch *Supramanie*, die befohlene Sucht, der Beste zu sein. Diese Sucht will man ja jetzt schon im Kindergarten erzeugen. Es kommt zu Rivalität, Eifersucht und Schummelei. In diesem Buch, das ich 2002 geschrieben habe, sage ich schon alle Bilanzskandale von 2007 voraus. Die neurotischen Managementformen entstehen zwingend logisch aus Supramanie.

Deutschland in der Billigenz-Falle: Billigenz ist meine neckische Neuschöpfung aus dem Wort Billig-Intelligenz. Ich berührte damit im Jahre 2003 ein delikates Tabu. Deutschland, was überhaupt kannst du besser als Indien? Der Artikel wurde damals ganz scheel angesehen (mehr sage ich lieber nicht). Damals wollte man nach Indien, wagte es aber dem Kinde Deutschland nicht zu sagen. Heute ist ja Indien die Mega-Chance auf Profit! Und die Deutschen haben alles geschluckt.

Techies in the box: Da habe ich Techies und Berater kommentiert, oder Inhalt und Form. Das ging schwungvoll von der Tastatur. Einige Berater haben es in Leserbriefen aufgeschrieben. Damals gab es noch kein Buch *Beraten und verkauft* auf Platz 1 der Bestsellerliste.

Schlangenbeschwörer: Diese Kolumne ist der erste Teil einer Serie über die Warteschlangenformel. Sie besagt: Wer ununterbrochen arbeitet, hat keine Zeit. Das neumodische Management zwingt uns, ununterbrochen zu arbeiten, also keine Leerzeiten zu haben. Man erhöht die Arbeitsdichte oder die „Utilization". Dann hat niemand mehr Zeit. Ihr Chef nicht, Sie nicht, Ihr Arzt nicht. „In zwei Wochen tot? Bis dahin haben wir keinen freien Termin mehr." Ich zeige, dass heute versucht wird, gegen Naturgesetze zu managen.

Hochdruckdoppelstoppmanagement: Diese Kolumne setzt die Warteschlangenproblematik aus dem Blick eines Managers fort. Mitarbeiter sehen immer nur von unten, dass nichts weitergeht, weil der Chef keine Zeit hat. Aber über ihm sitzen Oberchefs und sie drängeln auch von oben! Das wird meistens nicht gesehen. Es ist eine Doppelschlange!

Simply Satisfying Quality (SSQ): In diesem dritten Teil plädiere ich für die Mitte. Kein Extrem-Management mehr! Kein Kampf zwischen Tradeoffs! Nur, bitte, normal gut arbeiten.

Der Mensch in artgerechter Haltung (SSL): Diese Kolumne bietet einen Überblick über mein Buch *Topothesie – der Mensch in artgerechter Haltung*. Den Titel wollte der Verlag erst nicht, weil er Tierhaltung assoziiert. Na! Deshalb habe ich ihn doch gewählt! Seitdem halte ich viele Festvorträge mit dem Titel *Der Techie in artgerechter Haltung*. Manche reisen an, um den Vortrag ein viertes Mal zu hören. Darf ich nicht einmal etwas anderes erzählen?

Das Ziel haben oder sein? Bio-Logik und Betaphysik: Ich nehme hier das Thema der Hirnwellenfrequenzen auf. Bei der Meditation, bei normal guter Arbeit und unter Stress arbeitet unser Gehirn unter verschiedenen Frequenzen. Es schaltet in andere Modi. Wir sind entsprechend andere Menschen. Wie wollen wir denn sein?

Auten Sie sich! Die Newsweek hat die Informatiker als Geeks oder Nerds beschrieben und einen Test auf den AQ (Autismus-Quotienten) dazugestellt. Den habe ich sofort beantwortet. O je, doch einige Punkte! Ich forderte die Leser auf, mir ihre Ergebnisse zu schicken. Sind Informatiker denn wirklich hochwertige Menschen im Sinne des AQ? Sind sie! Das Ergebnis finden Sie hier, auch die Erklärung, wie jemand mit einem hohen AQ so arbeitet, agiert und denkt.

Highly Sensitive! Neben dem AQ kann man auch die Sensitivität von Menschen messen. „Heute haben sich wieder welche gestritten. Das war ein schwerer Tag! Ich muss Kräutertee trinken." Ich selbst habe ziemlich hohe Werte und leide deshalb oft an der Wirklichkeit. Darum wollte ich eine Lanze für die Hochsensitiven brechen!

Die Patentlösung gibt es nicht! Die Frage, ob Software patentiert werden können sollte oder nicht, bewegt viele Gemüter bis an den Anschlag. Nein! Die Unternehmer sind genauso giftig und pseudo-religiös. Ja! Ich selbst habe Patente, neun, glaube ich. Ich darf mich bei IBM Master-Inventor nennen. Ich will nur sagen, dass ich etwas von Patenten verstehe und praktische Erfahrungen habe und nicht nur Stimmungen aus meinen Eingeweiden kommentieren muss. Aus der Praxis sieht das anders aus als in der Polemik. Diese Kolumne will einen sachlichen Einwurf versuchen. Im Internet gab es sofort hässliche Kommentare, die mich aufgrund dieser Kolumne auf die schwarze Seite stellten. Schwarz oder Weiß? Das fragen wohl alle, die etwas über Softwarepatente lesen. Mehr interessiert also alle nicht? Keine Sachlichkeit gewünscht? „Die Entscheidung der Frage der Softwarepatente ist die wesentliche und alleinige Weichenstellung für die fernere Menschenzukunft!", schrie ein Leser. Es gibt in dieser Frage immer noch keinen Klimawandel.

Averyware: In München fand eine Tagung zur Softwareentwicklungs-Industrialisierung statt. Wer diese anstrebt, verändert das Berufsbild des Infomatikers. Ich versuche das mit dem Wort Averyware zu beschreiben, einem Design aus den Wörtern Everywhere, Average und Ware. Verstehen Sie, was ich sagen will? Informatiker sollen auf Billigarbeitsplätze. Softwareentwicklung wird so stark in einen Prozess eingebunden wie die Arbeit im Call-Center.

„Effizienz würgt! Informatik hilf!" Dieser Artikel ist ein Abstract einer Rede für die Gesellschaft für Informatik. Effizienz terrorisiert unser Leben. Wer hat Effizienz möglich gemacht? Der Computer. Wer ist Mittäter?

Klage über Unwissen um Können und Kunst: Was muss ein Informatiker können? Programmieren oder so? Was soll herauskommen? Etwas für den Menschen oder das Business. Kennt der Informatiker das Leben, den Menschen und das Business gut genug, um für sie etwas zu erschaffen? Heute verlangt man bei Neueinstellungen verzweifelt Kenntnisse in Informatik UND im Leben. Fehlanzeige?

Korrelatalschaden! Egal wie! Wenn zwei Größen im Gleichklang vorkommen, so heißen sie korreliert oder zusammenhängend. Das Einkommen und der Hubraum des Autos sind korreliert. Das heißt: Sie hängen zusammen. Mehr nicht. Manche drehen es so, dass sie aus dem statistischen Zusammenhang eine Kausalbeziehung konstruieren. Sie denken: „Wenn das Auto viel Hubraum hat, steigt das Einkommen." Sie kaufen sich also einen Porsche und beobachten ihr Konto. Das Verwechseln von Kausalität und Korrelation grassiert so stark in den Gehirnen, dass man fast von kollektivem Wahnsinn sprechen könnte. Viele Managemententscheidungen beruhen auf diesem Denkfehler und bescheren Korrelatalschäden. Diese Kolumne hat vielerorts „eingeschlagen". Ob es half?

Räsonanz: Resonanz ist Mitschwingen. Kunden sollten mit dem gewünschten Produkt schwingen, Mitarbeiter mit der Unternehmenskultur. Mitglieder einer Familie schwingen in Harmonie. Ich will hier von Räsonanz sprechen. Das Wort soll an Resonanz und „zur Räson bringen" erinnern. Besonders Männer und noch mehr Bosse wollen oft, dass andere so schwingen, wie sie es wollen oder vorschreiben! „Ihr müsst die Firma loben, damit unsere Firma gut aussieht!" Werbung will nicht resonieren, sondern sich laut aufdringen. „Du musst!" Das ist erzwungenes Mitschwingen.

Switsch! Mensch als Schaltkreis: Es gibt Arbeiten über Identifikation von Nachrichten von mir, die vom amerikanischen Ingenieursverband IEEE mit dem Prize Paper Award für Information Theory 1990 ausgezeichnet wurden. Ich bin ganz sicher – ganz sicher! – dass die gefundenen Resultate irgendwie dazu verwendet werden können, die Wirkungsweise des menschlichen Instinktes zu erklären. Leider wird die Arbeit viel zu technisch gesehen. Bisher wagt sich kein „Geisteswissenschaftler daran". Ich will dafür werben!

Mathematik – eine Herzensangelegenheit! Diese Werbebotschaft für das Mathematikstudium habe ich für den Beginn des Vieweg Berufs- und Karriereplaner Mathematik geschrieben. Seit 2003 erscheint er, aktuell gibt es Ausgabe 2006. Ich finde meinen Artikel immer noch so richtig schön und erbat die Erlaubnis, ihn hier im Band aufzunehmen.

Radikale Konstruktivität – unio quaeque! Auf den Switsch!-Artikel kamen Fragen von Lesern, ob sie denn einen freien Willen hätten, wenn denn ihr Instinkt wirklich wie ein Schaltkreis funktioniere. Nein, natürlich nicht! Man hat eventuell die Entscheidung, lange vorher den Willen zu konfigurieren, aber nicht im Augenblick der Wahrheit! Ich kann meinen Instinkt schulen und also in Grenzen selbst wählen und bestimmen, aber seine spätere Reaktion ist dann ja schon „mitdesignt". Etc. Das ist mein Beitrag über meinen Willen, der nicht frei ist, weil ich es will.

Lean Brain Management: Nach all den wertvollen Büchern über den Menschen an sich schrieb ich das Buch *Lean Brain Management – Erfolg und Effizienzsteigerung durch Null-Hirn*. Ich argumentiere, dass Unternehmen noch etliche Trillionen von Euro durch das Einsparen von Intelligenz verdienen könnten. Die Arbeit muss so gut in Prozesse eingebettet werden, dass überhaupt jeder den Job hinbekommt. Früher war das Kassieren eine wichtige Arbeit – mit Scannerkassen kann's jeder! Call-Center kommen fast ohne Menschen aus, jedenfalls weitgehend ohne Eigenintelligenz. Das Buch besteht nur aus sarkastischen Witzen über heutiges Management. Ich wollte die Gesellschaft mit einem Brandpfeil verletzen. Sie hat es aber glänzend und unbeschadet überlebt, indem „sie" das Buch zum Managementbuch des Jahres 2006 gekürt hat (die *Financial Times Deutschland* und *getAbstract*). Nun rufen bei mir Manager an und wollen Kurse in Lean Brain Management! Es gibt also Menschen, die das Buch vollkommen ernst lesen! Eine Rezension verriss das Buch bei Amazon und vernichtete es mit einem Stern. Der Verfasser berichtete, dass er eine wissenschaftliche Arbeit über Lean Management schreibe und alle Bücher darüber lese, und dieses von mir sei das bei weitem schlechteste, weil es nicht wirklich konkret werde und keinerlei verwertbare Daten liefere. Die Rezension endet mit dem goldigen Satz: „Wer den Spaß an Lean Management nicht verlieren will, meide dieses Buch." Ich habe vor Freude in die Hände geklatscht! Leider ist die Rezension von Fans als unzumutbar gekennzeichnet worden. Amazon hat sie kassiert. Was sagt sie uns über BWL?

Diese Kolumne ist eine Einführung in die minimale Hirnnutzung.

Inter-Enterprise Services und Innovation: Heute ist SOA (Service Oriented Architecture) in aller Munde. Mit neuen Designprinzipien lassen sich ganz neue Unternehmen gründen. Sie werden sich zwischen den heutigen Unternehmen (Inter-Enterprise) bilden. Beispiel: Tele-Medizin versorgt Krankenhäuser mit Patientendaten. Hier irgendwo liegen die Wurzeln für den nächsten gigantischen Wirtschaftsaufschwung. Im Ernst!

Panopticon: Eine düstere Kolumne über die Macht, die darin liegt, dass wir bei der Arbeit von Computern kontrolliert werden. Ich habe dazu ein altes Gleichnis wieder ans Licht gezogen, das Panopticon. Es geht gar nicht um das Messen und Beurteilen der Arbeit, sondern um das Verstärken der Macht. Im Auge des Panopticon steht der, der alles sieht. Diese Kolumne hat die Idee zum Buchtitel beigesteuert.

Du gleichst dem Geist, den du evaluieren kannst, nicht mir! Am Anfang des Buches wettere ich immer einmal wieder über das exzessive Messen und den Einbruch der zwanghaften Evaluation in der Wissenschaft. Dort warne ich den Leser vor den Folgen des Zitatezählens und den Forschungsprojektstatusmeetings. Ich sagte damals voraus, dass wir ohne erhebliche Gegenwehr beim Erscheinen dieses Sammelbandes hier schon mitten in der Trübsal sitzen. Leider hat mir das keiner geglaubt und sich keiner gewehrt. Nun erscheint dieses Buch tatsächlich, Sie halten es in Händen – und wir jammern über die Sinnlosigkeit. 2007 schrieb ich also wieder eine Kolumne über Evaluation, die nach aller Logik alles radikal zweitklassig machen wird. Denn das Erstklassige ist nicht evaluierbar. Das glauben Sie eventuell wieder nicht, aber vielleicht Immanuel Kant? Der bekommt von Ihnen immer Recht, ohne dass Sie ihn verstehen. So weit käme ich gerne auch einmal.

Third & Second Life: Zu Beginn des Internet-Zeitalters, etwa 1997, wollte ich die IBM überreden, so etwas wie eine virtuelle Welt im Internet zu erschaffen. Keine Chance. Ich wollte sie erst zum Patent anmelden, dann wäre ich heute reich?! Ich habe vor Frust ein ganzes Kapitel in meinem ersten Buch Wild Duck darüber geschrieben. Das war 1999. In dieser Kolumne vergleiche ich die damalige Idee mit dem Stand von 2007.

Entrepreneuring – Vom Träumen und vom Tun: Nach zwei Jahrzehnten des Sparens müssen wir wieder etwas unternehmen. Wie geht das? Viele Professoren haben tolle Ideen und träumen, sie seien Dornröschen in einer stillstehenden Universitätswelt und es werde ein Milliardär kommen und die tolle Idee mit Goldstücken wachküssen. Viele Manager tun unentwegt etwas – sie üben sich in Aktionismus, kaufen Ideen und kleine Unternehmen … Wir haben ganz vergessen, wie „unternehmen" geht. Das sieht man daran, dass immer gefragt wird, wie viel das Neue einspart. Wir wollen etwas Neues und beurteilen es nach den alten Zielen. Wer etwas nach alten Zielen beurteilt, erreicht kein neues Land.

Heute scheint die Sonne! Ich schreibe in wohliger Wärme. Sonntag. Ich war gerade im Wald und habe Waldmeister gesammelt. Eine Flasche Sekt ist in der Kühltruhe. Das Buch ist zusammengestellt. Diese Sätze sind die letzten! Ich danke Ihnen, den Lesern meiner Kolumne, die mir so vieles Wichtige schrieben und viel Stoff einbrachten! Echt Stoff, nicht so Laues! Hermann Engesser toleriert jeden Gedankensprung in der Kolumne, was mehr Freude beim Schreiben bringt. Hermann Engesser hat noch nie gemerkt, wie chaotisch meine Assoziationen sind. Er sagt offiziell, ich ziehe den Leser mäandrisch ans Ziel. Das klingt viel besser. Meine Lektorin Bärbel Nietzold legt mir dann aber doch oft Begradigungen nahe! Sie bringt mehr Ordnung hinein – gar nicht hart – nein, sie lobt mich für Klares und hält mich auf dem Weg, wenn ich zu sehr springe. So kann ich noch lange weiterschreiben, ich bin gar nicht müde!

II. Über die Unfreiheit der Forschung

In der Industrie sind die Menschen frustriert, die Neues wollen. Das Neue eckt überall an. Das Alte wehrt sich mit Händen und Füßen. Der Weg des Innovators ist ein Hindernislauf ohne ein sichtbares Ende. Zu keinem Zeitpunkt ist wirklich klar, ob am Ende die letzte Hürde des Neuen nicht ein Bergmassiv aus Stahlbeton ist. Die Menschen schimpfen. Auf Abteilungsdenken. Risikoscheue. Machterhaltungsversuche. Kurzfristdenken. Besitzstandswahrung. Angst.

Ich habe gehört, dass es nur noch an den Universitäten die Möglichkeit gäbe, in Freiheit zu forschen. Das ist wohl nicht die Freiheit, die ich meine?

Ich habe an meine zwei Leben denken müssen, eines in der Hektik der revolutionierenden Computerbranche, eines in meinem Universitätsbüro, an dem noch fünf Jahre nach meinem Auszug in die Industrie meine Anwesenheitsuhr hing, wenn ich mich richtig erinnere. Und ich sage Ihnen hier in diesem Artikel: So sehr verschieden sind diese Welten nicht. Die Industrie geht ohne das Neue unter und stirbt bei Nichtanpassung. Der Professor lebt unter dem Gesetz „publish or die". Mach' oder stirb! So heißt es in beiden Fällen. Wenn ein junger Mensch nun aber so richtig „machen" *will*?

In der Industrie haben viele junge Menschen das Gefühl, das System zwinge sie erbarmungslos in einen kurzfristgewinndenkenden Trott. An der Universität dagegen wird man nicht gezwungen, im Trott mitzumarschieren, man hat im Gegenteil alle Freiheit dazu. Das Forschungssystem bleibt damit eher unsichtbar, wie scheinbar schlafend, solange es nicht durch das Neue getestet wird.

Ich möchte jene Zwänge sichtbar machen, unter denen die Forschung steht. Diese sind vielleicht im Einzelnen schon bekannt. Man mogelt sich ja dann doch so hindurch und absolviert die Prüfungen und bekommt DFG-Gelder. Was bei einem solchen Überlebenshandlungsansatz verloren geht, ist die Erkenntnis, dass nun keine Freiheit mehr herrscht.

Freiheit? Was ist das, Freiheit? Ich nehme mir in diesem Artikel einmal die Freiheit, unter Freiheit die Freiheit, die ich meine, zu verstehen. Also: Freiheit, die ich meine, wäre die, sich die Freiheit nehmen zu dürfen, als Vordenker das, was später sein soll, schon selbst in die Hand nehmen zu dürfen. Ein Vordenker sollte nicht nur wie Kassandra in der Wüste predigen. Er hat die Aufgabe, schon den ersten Schritt vom Vordenken zum Tun in die Wege zu leiten. Was nützt uns Gandhi, der über gewaltloses Vorgehen nur in London Vorlesungen hielte? Ein Albert Schweitzer, der Geld von Politikern fordern würde, damit in Afrika paritätisch besetzte Kommissionen Pläne zur Einführung von Krankenhäusern beraten, um einen einheitlichen, bezahlbaren Standard festzulegen, unter dem ... Wozu brauchen wir Universitätsvorlesungen über „Mitarbeitermotivation und Arbeitsfreude", wenn anderswo alles über Geld abgewickelt wird? Freiheit ist innere Freiheit, die Führung zum Ziel zu übernehmen, nicht die Freiheit, den ganzen Tag selbstbestimmt arbeiten zu dürfen, obwohl andere dafür bezahlen.

Die Forscher tragen immer Edisons Leitsatz mit sich herum: „1% Inspiration, 99% Transpiration" oder „1% inspiration, 99% perspiration". Der Forscher verfolgt verbissen eine Idee und legt in jahrelanger Kleinarbeit wie ein Archäologe die Erkenntnis frei, die er intuitiv schon lange unter einer riesigen Geröllhalde von Unverstandenem verborgen weiß. Ausdauer, Unermüdlichkeit, Glaube an sich selbst und das Große, an den finalen Ruhm sind gefragt. Das Paradigma des Erfolgreichen ist Edisons Suche nach einem Leitmaterial für die Glühbirne. Erst nach vielen zehntausenden Versuchen fand er Wolfram. Jahrelange Suche bis zum Wolframglühfaden! Welch ein Held!

Bei der ganzen Bewunderung für den Glühfaden wird immer vergessen, dass wir damals tatsächlich zu elektrischem Lampenlicht gekommen sind. Verstehen Sie? Edison hat tatsächlich *Licht* über die Menschheit gebracht! Die Glühbirne ist ein Symbol der Tat! Nicht nur eines der Idee, wie das die meisten Menschen zu glauben scheinen, weil sie heute alle Glühbirnen auf Präsentationsfolien standardmäßig hinsprenkeln, wenn dem Leser ein Licht aufgehen soll.

Heute erfinden die Forscher immer noch in jahrzehntelanger Forschung etwas sehr Kompliziertes und Schönes, aber sie sehen sich nicht mehr so recht zuständig für die Verwirklichung. Nicht zuständig für die Auseinandersetzung mit dem Alten. Nicht zuständig für den Kampf. Die Forscher seufzen und sagen: „Die Wahrheit spricht für sich. Das Wahre muss sich langfristig durchsetzen." Sie glauben es selbst nicht, aber sie müssen unter dieser Religion nicht kämpfen. Dafür haben sie ja diese Religion.

Ich schlage vor, den Leitsatz von Edison durch einen zweiten zu ergänzen. Der andere heißt:

„1% thrill, 99% will."
„1% Umsetzungslustkitzel, 99% purer Wille."

Oder viel schöner, wenn Sie den folgenden Satz positiv lustig-frustrig fühlen können:

„*1% Lust, 99% Frust.*"

Die Wissenschaft soll sich ins Tun einmischen, sich nicht immer für alles außer freiem, unabhängigem Denken unzuständig fühlen! Robert („Bob") Guernsey, der Präsident unserer IBM Academy of Technology (dort wählen sich die Top-300-Techs der IBM selbst wie bei der Académie Française), hat einmal bei einer ähnlichen Diskussion über das Forschen und Tun in der IBM gesagt: „There is a fine line between independence and irrelevance, you know?"

Freiheit der Forschung ist nicht Unabhängigkeit der Forschung!

Das war jetzt mehr theoretisch. Gleich kommt ein praktisches goldiges Beispiel. Es soll zeigen, was ein Prozent Lust ist („thrill"). Dann kommt der Frust. Nach ein wenig Frust zieht der 1%-Lüstling die Fühler beleidigt wieder ein. „Ach, die böse Welt!" Wenn der Forscher „böse Welt" sagt, meint er immer „blöde Welt". Das ist Teil des Problems. Die Wahrheit spricht nämlich nicht selbst oder zu leise oder nicht auf RTL. Der Forscher soll es lieber selbst tun, und zwar mit so viel Ausdauer wie der, mit der Edison nach Wolfram suchte. Frust hin, Frust her. Zwischendurch kann der Forscher immer mal wieder checken, ob es wirklich die Wahrheit ist.

1. Echt Klasse, etwas verschwommen! Nehme ich!

„Hier wird Ihnen gesehen!", wollte ich schon als Überschrift wählen. Aber es ist ja nicht jeder Fan von Verona Feldbusch. „Sagen Sie mir Ihre Rufnummer, und Sie werden sofort geholfen!" Das hat eine Bekannte von uns auf ihren neuen Anrufbeantworter geladen und ist prompt mehrere Male unter peinlichem Blick auf die deutsche Grammatik aufmerksam gemacht worden. Jedenfalls, darauf ziele ich schon die ganze Zeit ab, habe ich seit einigen Monaten eine Brille, obwohl das Bild im Informatik-Spektrum mich noch relativ unversehrt zeigt, während ich schon auf den Buchrücken von *Wild Duck* und *beta-inside-Galaxie* intellektueller wirke. „Ist das etwas Schlimmes?", hatte ich den Optiker gefragt. „Nein, Sie werden normal alt." Da war ich erleichtert. „Ich kann Ihnen auf normalen Augenverfallskurvenstatistiken nun schon für die nächsten zehn Jahre zeigen, wie die Dioptrien wachsen, bis Sie normal altersschwach sehen. Dann bleibt Ihr Auge so, wie es dann ist. Bis zu diesem glücklichen Endzustand aber müssen Sie alle zwei bis drei Jahre eine stärkere Brille bei uns bestellen, am besten mit scheußlich teuren Gleitsichtgläsern, mit denen sich die Kasse ungern übernimmt." Diese Gläser sind jetzt auf dem Bild von mir drauf. Es sind schon die zweiten, weil Johannes mir auf dem Weg vom Optiker noch einen Judotritt zeigen wollte und ich noch nicht gewöhnt war, die Brille instinktiv herunterzureißen, wenn etwas passiert, was ich nicht verstehe.

Insbesondere verstehe ich nicht, warum ich durch die neue Brille gut sehen können soll. Es ist nicht wirtschaftlich. Ich erkläre es einmal: Mein Augenlicht wird nun Tag für Tag schlechter. Immer schlechter. Ich schreibe mir in meinen Organizer ständig den Kopfschmerztablettenverbrauch auf. Wenn der zu stark ansteigt, weiß ich, dass ich zum Kalender schauen muss: Zwei bis drei Jahre? Ja? Aha! Wieder eine neue Brille aussuchen, die vom Aussehen her den häuslichen Frieden wahrt. Das bedeutet also, dass ich nur an dem Tag, an dem ich die Brille neu aufsetze, gut mit ihr sehen kann. Dann wird alles jeden Moment verschwommener und verschwommener, bis ich Kopfschmerzen bekomme. Als Mathematiker fiel mir schon auf dem Weg vom Optiker der Geistliche aus dem Prozess von Kafka ein, der ziemlich am Ende K. anschreit: „Siehst du denn nicht zwei Schritte weit?" Man muss natürlich in der Kurve meiner Altersverfallsprognose nachschauen, welche Sehstärke ich in drei Jahren haben werde. Dann muss man die jetzige Brille, die also, die ich heute neu bekomme, mit solchen Sehstärken bauen, dass ich genau in der Mitte der zwei bis drei Jahre einen Tag genau richtig gut sehen kann! Es ist wie beim Schuhekaufen für kleine Kinder! Man kauft sie doch zum Hineinwachsen! Genau so muss man Brillen zum Hineinerblinden bauen! Dann kann man sie zweimal länger tragen, verstehen Sie? Zweimal länger! Ich fange mit einer Sehstärke an, bei der ich jetzt heute gerade noch Kopfschmerzen habe, die aber langsam weggehen, bis ich in zwei bis drei Jahren exakt gut sehen kann. Nach wieder zwei bis drei Jahren bekomme ich langsam wieder einen Brummkopf und erst dann eine neue Brille. Wow, das war eine geniale Idee, die ich sofort als Patent angemeldet habe. Die Kurven und die Formel, mit der die Brille berechnet wird. Man kann ja nun nicht einfach eine herkömmliche Brille nehmen, die im trivialen Sinne passt. Jetzt muss nur noch alles revolutioniert werden.

Regieanweisung für Sie: Das war jetzt der Thrill-Teil. Hoffentlich hat das blumige Drumherum das deutlich gemacht.

Die IBM kann nichts mit meiner Erfindung anfangen, weil es nicht zum Kerngeschäft gehört. Ich schlug aber vor, dass in eine Software investiert werden könnte, die wir an alle Optiker verkaufen könnten. Ich besuchte die Krankenkassen und die Ärzteverbände. Die Krankenkassen waren erst sehr neugierig, weil ja irre viel Geld gespart werden kann. Aber sie verwiesen auf die Ärzte, die letztlich als Fachleute eine Brille verschreiben müssten. Außerdem sagten sie, dass die Verbraucher ja oft die Brillen fallen ließen und deshalb die von mir prinzipiell möglich gemachte Höchsttragedauer von sechs Jahren nicht immer erreicht werden könne. Ich argumentierte, dass gerade die Krankenkassen doch so viel Geld sparen wollten. Da hätte ich jetzt erwartet, dass sie mich eher küssen! Das wollten sie wohl auch, aber erst müsse die ganze Sache verstanden werden. Die Ärzte waren von der wissenschaftlichen Idee begeistert, aber sie gaben zu bedenken, dass sich die Alterssehschwäche unter Umständen nicht ganz genau nach der Formel entwickeln könnte. Man habe noch keine Massentests damit gemacht. Ich sollte versuchen, erst eine Software zu entwickeln und dann Geld für Massentests beim Staat beantragen. Wahrscheinlich aber sei IBM so reich, dass dies ein Leichtes wäre. Allerdings seien dann die Massentests nicht gültig, weil ja jeder irgendetwas auf eigene Kosten herausfinden könnte. Das alles müsse schwer überprüft werden. Ich fragte, ob es Probleme gäbe, weil ja die Ärzte nicht mehr so viel Patienten haben würden, weil die seltener kommen müssten? Nein, nein, kein Problem, solange ich noch keine Genehmigung hätte. Sie lächelten. Die Optikerverbände lachten rund heraus. Ein Kunde, sagten sie, wünsche natürlich, dass er mit einer passenden Brille das Optikerhaus verlasse. Er brauche das Gefühl, das alles mit ihm stimme. Er müsse mit der Brille anfangs glücklich sein. Meine Lösung sei nicht kundenfreundlich und werde keine Akzeptanz finden. Ich fragte, ob die Optiker vielleicht Angst hätten, Geschäft zu verlieren, weil weniger Brillen verkauft würden? Außerdem sei es vorteilhaft, wenn der Kunde die Rechnung etwas verschwommen sähe? Sie lächelten. Ich wandte mich an Brillenglashersteller, aber da war ich schon etwas zaghaft, weil ich dachte, sie hätten vielleicht weniger Interesse daran, nur halb so viel Gläser herzustellen. Das Meeting dauerte auch nicht so lange. Im Wesentlichen sagten sie mir: „Sehen Sie denn nicht zwei Schritte weit?" Ich stand nun unschlüssig da. Alle waren sich einig, dass es mit meiner Erfindung zum halben Preis funktionieren würde. Aber sie wollten nicht. Der Landtagsabgeordnete, der immer auf die Krankenkosten schimpft und sich damit profiliert, fand meine Theorie schlüssig, leider nicht werbewirksam. Letztlich werde die Einsparung ja dadurch erzielt, dass sich seine Wähler im Brillenkonsum veränderten. Seine Politik aber sei ja als Angriff auf reiche Porsche-Ärzte konzipiert, um Wählerstimmen zu gewinnen. Meine Idee würde ja auf eine Erziehung der weniger Sehenden hinauslaufen, und die seien als Wähler besonders attraktiv. Er lächelte. Er sagte mir im Vertrauen, dass Politik eine Balancekunst von Interessen sei. Und ich würde nur alles zum halben Preis machen, ja, und nochmals ja, aber niemanden wirklich erfreuen. Innovatoren, sagte er, seien als Balancekünstler dumm.

Ich ging mit diesem Sargnagel in der Brust nach Hause und verscheuchte trübe Gedanken dadurch, dass ich eine ganz neue geniale Idee hatte … Das ist für einen Innovator nicht ungewöhnlich. Es ist seine normale Reaktion auf Frustration. Durch eine neue Idee rettet er sich aus der Pflicht zum Tun, so wie Lucas über den Lateinaufgaben rechtzeitig noch die vergessene SMS an Lucy einfällt.

So verwandelt sich der Forscher in eine Sammlung von Anekdoten, die zeigen, wie hanebüchen kreuzdämlich die Welt mit Innovationen umgeht. Es entsteht ein Felsenturm der Wahrheit in einem Ozean von Interessen.

Regieanweisung an Sie: Das war jetzt die Darstellung des Frustes, der nach dem puren Willen verlangt. Was ich dargestellt habe, ist das erste halbe Prozent Frust nach dem einen Prozent Thrill. Der Frust, den ich beschrieb, bestand zudem nur in dem Verifizieren fremder Interessen, die meiner Idee entgegenstehen. Diese Phase braucht ein erfahrener Innovator gar nicht, weil es ja klar ist, wo es Zoff gibt und wer ihn macht. Sehr viele Menschen, insbesondere Forscher, verbrauchen anschließend qualvoll viel Zeit, um herauszufinden, wer denn nun eigentlich zuständig wäre, alles auszukämpfen, was zur Verwirklichung seiner Ideen verlangt ist. Der Forscher fragt also Milliarden Menschen, ob sie nicht für seine Idee kämpfen wollten. Sie sagen alle: „Ich nicht. Ich habe keine Zeit. Ich bin nicht zuständig. Es ist nicht mein Job. Im Gegenteil, die Idee entzieht mir Geschäft und bürdet Mühen der Veränderung auf, ohne dass die Zukunft garantiert besser wäre." Nun könnte der Forscher logisch schließen: Er *selbst* muss kämpfen. Schließt er das? Er sagt: „*Keiner* will kämpfen. Ich gebe auf." Er gibt also auf, weil kein *anderer* kämpfen will. Wenn das so wäre, dass immer ein anderer kommt und alle genialen Ideen verwirklicht, dann wäre Innovation nur Thrill. Klasse, was? Der Forscher hätte die volle Lust, die Welt ertrüge die Fron des Wandels und dankte dem Forscher am Ende für das Durchstandene mit Huldigung und Ruhm.

Diese ganze Diskussion um eine verschwommene Sicht war mehr industriell geprägt, während man in der Universität ja durch andere Brillen schaut. Der Manager von heute nimmt mehr ein Brennglas und schreit: „Fokussieren auf das Wesentliche!" (Sell! Sell!) Der Forscher bevorzugt die Grubenlampe und verscheucht Kohlestaub. Na gut, also noch ein Beispiel aus der Forschung. Zum gleichen Thema. Ein wenig Thrill reicht schon zum Predigen. Wenn jemand am Ende die 99 Prozent Willen gegen all den Frust aufgebracht hat, will ich aber unbedingt in der Feierstunde genannt werden. Die Idee hatte ich. Und den Nobelpreis will ich auch.

2. Wenn ich noch einmal jung wäre, traute ich mich, etwas forscher zu sein?

Das wäre etwas. Heute mitten in diesen Umwälzungen zu forschen. Ohne Zeitdruck in Freiheit. Ich möchte ja überhaupt nicht gerne so etwas erforschen wie „Das Erröten in den Werken von Heinrich von Kleist". Darüber gibt es, glaube ich, eine Dissertation, die ich einmal so ähnlich gesehen habe. Ich habe hier auf meiner Maschine die digitale Bibliothek der deutschen Literatur und Philosophie. Kleist wählen, Suche auf Erröten stellen. Wusch! Da haben wir es: Heinrich von Kleist gibt dem Prinzen von Homburg zweimal die Regieanweisung zum Erröten. Graf vom Strahl soll es einmal in Käthchen von Heilbronn tun. Das ist gar nicht so einfach geschminkt zu spielen, Kleist sowieso nicht, weil die Schauspieler oft gerührt oder bewegt sein müssen und Tränen „hervorstürzen" lassen sollen. Durch meine CD im Thinkpad habe ich jedenfalls schon einmal vermieden, mich durch zwei Hanser-Dünndruckbände fressen zu müssen, was früher schon ein guter Teil der Wissenschaft war. Was wollte ich sagen? Das ist richtige, stocknormale Forschung. Abteilung Germanistik, Unterabteilung Kleist. Unterabteilung Farbenlehre usw. Ein Doktorand spezialisiert sich auf das Erröten bei Kleist. Das ist Wissenschaft in normaler Ausprägung. Er spezialisiert sich nicht auf das Erröten als Gesamtwissenschaftsgebiet, da wäre viel zu sagen, wie Bilanzen erröten oder künstlich hergestellte Wildlachse. Nein, Erröten an sich wäre zu interdisziplinär und würde zu sehr in die Breite führen, worunter die meisten Professoren Flachheit verstehen. Es ist wichtig, bei der eigenen Forschung den vollen Überblick zu behalten und niemals den Rahmen zu sprengen (die Standardentschuldigung begrenzter Redner). Ich habe extra das Erröten als Beispiel gewählt, weil Sie das alle noch verstehen. Bei Einstellungsinterviews in der Firma fragen wir oft, ob ein Kandidat einmal in möglichst weniger als drei Minuten den Inhalt seiner Arbeit erläutern könnte. Wenn Sie das immer sehen könnten! Diesen Blick! Mitleidig zweifelnd verzweifelnd auf mich Törichten gerichtet, grübelnd, ob ich's ernst meinen kann! Oder die andere Variante: Eine schneidige dreiminütige Rede, die unter der Voraussetzung gehalten wird, dass alle Zuhörer zehn Jahre lang Eustachi*-Halbalgebren in sinistren Dopplerräumen auf Konferenzen verfolgt haben.

Dabei wäre so viel zu tun, außer die Voraussetzungen eines Lemmas noch ein wenig abzuschwächen. Ich würde, wenn ich noch einmal jung wäre, gerne nachdenken, wie sich die Gesellschaft verändert, wie zum Beispiel digitale Staatsformen aussehen könnten. Die Informatiker schlagen zum Haareausraufen simple Internetwahlenprogramme vor, mit denen Wahlen abgehalten werden können. Sie erforschen, wie sichergestellt werden kann, dass die Stimmübertragung sicher ist, dass keiner zweimal wählt, dass der Computer genau so unzuverlässig zählt, damit das Ergebnis mit dem der klassischen Handauszählungen kompatibel ist. Der Staat wird als ein Haufen von Geschäftsprozessen gesehen, die man mit Computern einfacher gestalten kann. Aber brauchen wir den Staat noch in dieser Form? Lernten wir nicht in der Schule, dass die Demokratie unter allen denkbaren schlechten Staatsformen die beste ist? Müssen wir unbefriedigende Staatsformen noch mit mehr Computern effizienter simulieren? Gibt es im E-Zeitalter vielleicht echte Alternativen?

Brauchen wir denn noch Politiker, wenn wir vernetzt sind? Solche, die da versuchsweise Kanzlerkandidaten vorstellen und sich Mühe geben, einander im Ruf zu beschädigen und immerfort neue Kulturen anzudiskutieren, die Stimmen bringen könnten? Sie stochern damit gewissermaßen im Nebel herum, um bei den nächsten Bezirkswahlen oder an Stammtischen einen kleinen Aufschluss zu erhalten, welche Argumente die Macht erhalten und welche nicht. Kurzum: Das könnten wir ihnen ja gleich per Internet sagen, damit sie entsprechend die Interessen ausbalancieren. Das ist die Kunst der Politik. Weiter noch: Wir sehen ja, wie das Prinzip der Aktienbeteiligung seit den Gründungen der Eisenbahnen die Wirtschaft revolutionierte. Sollten wir den Politikern nicht Staatsaktienoptionen geben und ihnen Vorgaben für ordentliches Wirtschaften machen? Wir führen eine Leistungsbeurteilung ein, so dass sie in Ruhe arbeiten können. Ohne Wahlkampf. Wettbewerb der Staaten über die kontinuierliche sprunghafte Steigerung des „Citizen-Value" oder „Nation-Value"?

Diese Idee ist jetzt wieder genau so vernünftig und abartig zugleich wie mein Beispiel mit meiner Brille. Was würde passieren, wenn ich allen Ernstes solche Fragen erforschen wollte? Hätte ich die Freiheit dazu? Was würden die Politiker sagen, die Professoren? Würde mir jemand Forschungsmittel gewähren? Wäre eine Antwort auf solche Fragen, also ein Katalog von vernünftigen digitalen Staatsformen und Weltmodellen, eine wissenschaftliche Arbeit? Wie viel Frust und Willen kann ich aufwenden, bis ich an der öffentlichen Nichtachtung meiner Ideen zerschelle? Gehört das Zerschellen zu meinem Job? Oder sollte ich lieber wieder neue Wahrheiten erforschen und gegen 100 Euro Honorar in unbesuchten Kolloquien predigen, was doch viel besser als Zerschellen ist?

Schreibt dagegen jemand freiwillig eine Dissertation über das Erröten bei Stifter, Tieck, Wieland, Grabbe oder am besten Schiller, der dieses Wort öfter als Kleist verwendet, dann ist es zweifelsfrei Wissenschaft! Saladin sagt: „Erröten macht die Hässlichen so schön." Im Nathan.

Natürlich ist ein erfülltes Forscherleben denkbar, das sich dem klassischen Erröten widmet. Da ist immer Thrill! Immerwährende Lust! Aber: „There is a fine line between independence and irrelevance." Nicht wahr? Was ist Wissenschaft? Nur Predigen? Nur Wahrheit finden? Nur die Wahrheit anderen in der ersten roh-selbst-halb-verstandenen Version 0.5 zeigen? (Die testet dann der Reviewer.) Viele Wissenschaftler finden nicht einmal, dass sie verpflichtet wären, die Wahrheit den Menschen zu zeigen. Sie zeigen sie sich nur gegenseitig. Verstehe, wer will.

Die Forschung sieht jedenfalls das Hauptproblem der Aktion nicht so sehr in ihrem Kreise angesiedelt. Die Universitäten befinden sich im Gerangel mit ihren normalen Regularien, die die Freiheit auch so schon einschränken. Sie kämpfen gegen Unfreiheit vielleicht gerade noch dort, wenn sie sie überhaupt als Unfreiheit wahrnehmen. Im Grunde wollen sie ja *Ruhe*, nicht etwa Wirkungsgrad. Das glauben Sie nicht, gell? Aber Sie da, von der Uni, Sie alle sagen immer zu mir: „In der Industrie möchte ich nicht arbeiten. Hektisch. Leistungsgerangel." Wenn Sie mehr Wirkungsgrad wollten, würden Sie ja zur IBM kommen!

Das war jetzt ein kleiner Hinweis, meine E-Mail ist dueck@de.ibm.com.

Im nächsten Abschnitt schauen wir einmal speziell in kleinere Bereiche der Forschung hinein. Wir fragen: Wo droht denn der Frust? Ich habe ja den finalen Frust dargestellt, der hinterher entsteht, wenn die Wahrheit erkannt ist. Den Frust am Ende, wenn Wahrheit „angewendet" werden soll.

Da sehen wir ihn meist aber gar nicht. Erstens, wie schon gesagt, weil wir uns für diesen Frust selbst unzuständig fühlen, und zweitens, weil wir schon genug Frust haben, wenigstens die Erlaubnis zu bekommen, an der Entdeckung der Wahrheit mitarbeiten zu dürfen.

Früher sagte man zum Forscher: „Gehe hinaus und bringe Wahrheit zurück."

Man gab ihm Wegzehrung und Landkarten, wenn er wollte. Kolumbus bekam Schiffe.

Heute quetscht man ihn aus, was er denn hoffe, zurückbringen zu wollen.

Das Neue. Dieses hier, sieh! Dies!

Dieses Neue aber ist meist nicht das Neue, was der gemeine Mensch meint und wofür er Wegzehrung zahlt!

Das Neue verursacht in der Industrie und in der Forschung immer wieder dieselben Muster von Veränderungsverweigerung. Eine Menge der Verweigerung ist in jedem von uns selbst, hier wie dort. Das Feld starken Willens ist nicht „in kanonischer Weise" das unsre. Wir brauchen meist schon unseren ganzen Willen, damit wir überhaupt die Wahrheit herausfinden dürfen. Wir brauchen ja Brot, Prüfungspunkte, wir leben von Milestones, Budgetbewilligungen und gnädigen Urteilen über uns. Dann sollen wir auch noch die Fackel der Wahrheit ins Volk tragen? Ja, wann denn? Wir machen doch schon genug Überstunden, um Bewilligungsanträge zu schreiben (oder Vorstandspräsentationen)!

3. Überall Zwang, wo nur Freiheit ist

Die Überschrift finde ich ganz schön. Ich meine sie nicht allzu streng. Es gibt nur eine Menge Nebenbedingungen ...

Ich mische ein paar Anekdoten aus meiner Erinnerung unter den Text. Sie zeigen, wie die Regeln immer von der gleichen Art sind, wie sehr sie verteidigt werden, wie schnell sie sich trotzdem ändern und nach einigen Jahren schon wieder belächelt werden, weil sie alt geworden sind.

Immer das Neue wird gefürchtet und, alt geworden, schnell bemitleidet.

Ein neues Geschäftsfeld wird eröffnet: Ich habe schon vorhin einen gediegenen Vorschlag zur Sehhilfenrevolution unterbreitet. In einem Unternehmen ist es außerordentlich schwer, etwas ganz Neues einzuführen, weil die Balance der Interessen nicht gelingt. Das Hauptargument der Innovationsgegner heißt „Selbst-Kannibalisierung". Das klingt so: „Wenn IBM PCs baut, sind die Mainframes gefährdet." Oder: „Wenn wir Online-Bestellungen von Büchern zulassen, ruinieren wir das stationäre Geschäft." Oder: „Wenn wir per Internet Arzneien schicken, opfern wir Apotheken." Oder: „Wenn nur halb so viele Brillen gebaut werden, gibt es eine Welle von Arbeitslosigkeit in der ganzen Welt der Kurzsichtigen. Wir müssen erst einmal am Arbeitsmarkt verkraften, dass wir die Kriegsarmeen abbauen müssen, um zu sparen."

Die Erkenntnis ist es, dass der Verbraucher nur einmal für XY zahlt. Diese Ressourcen werden bei einer Innovation neu zugunsten eben dieser Innovation verteilt. Die Ressourcen für die Universitäten werden pro Studienplatz verteilt, also nur einmal. Das ist schlecht für das Neue, das somit von der Entstehung weg mit dem Töten befasst ist.

An der Universität wehren sich Fakultäten gegen das Neue. Die Mathematiker wollten keine mathematische Wirtschaftsforschung haben, weshalb es eben Nobelpreise für Optionenbewertung oder Spieltheorie für Wirtschaftler gibt, die zudem noch solche Gebiete wie Operations Research brauchten. Sie waren damals nicht richtig Mathematik. Die Mathematiker wollten keine Informatiker. Informatik war nicht Mathematik. Zweitens war Informatik en vogue, es wären also Mathematikstellen zugunsten des Neuen umgewidmet worden. Das wäre Selbst-Kannibalisierung gewesen. Das Neue kam dann als eigene Fakultät (in der Wirtschaft wäre es als eigene Firma erschienen), was den Niedergang des Alten nicht verhindert, aber immerhin lähmend verzögert. Das Alte reformiert sich abseits vom Neuen auch nicht annähernd von selbst und stirbt unverdientermaßen hässlich.

Innovationen in der Industrie werden heute fast grundsätzlich in einer eigens dafür gegründeten Gesellschaft umgesetzt. Es ist einfacher. Keine Kannibalen. In der Hochschule war es genauso erfolgreicher, einfach für alles Neue eigene Fakultäten oder Institute zu errichten: für Didaktik, Biotechnologie, Frauenforschung, Linguistik, ... Das Neue musste in alten Fakultäten jeweils gar zu elend kämpfen.

„Das hier ist die Fakultät für XY. Hier gibt es nur Arbeitsmöglichkeiten für XY. Wer etwas anderes will, hat hier keinen Platz."

Ich selbst wollte 1971 unbedingt Mathematik studieren und dann etwas rund um den Kapitalmarkt arbeiten. Ich hatte das Gefühl, dort sei Zukunft (?). Ich beschloss, Mathematik und BWL zu studieren. Das war gegen die Vorschriften. Mathematik muss man eigentlich mit Physik studieren. Es gab nur vier Ausnahmeuniversitäten, die Wirtschaft zuließen. So „musste" ich in Göttingen studieren. Aber immerhin: Glück gehabt. Ich ging dann in die Vorlesungen. Laut Prüfungsordnung gab es keine Bankbetriebslehre zusammen mit Mathematik. Nur so etwas wie Spieltheorie oder Produktions- und Kostentheorie. Das habe ich also studiert und Bankbetriebslehre und Marketing obendrauf (Marketing war damals eine sehr merkwürdig weiche Wissenschaft).

Ich war damals sauer. Ich stelle mir dafür heute einmal vor, ich wollte E-Business-Vorlesungen hören. „Das ist laut Prüfungsordnung nicht vorgesehen. Hier gilt kein Lustprinzip, nach dem man harten Fächern ausweichen kann. Machen Sie erst den Buchführungsschein, damit Sie später ahnen, was SAP R/3 innen drin an Additionen durchführt." BWL galt damals gegenüber der Physik als Schmalspurwissenschaft, man schüttelte etwas den Kopf über meinen Kopf.

Über normale Karrierepfade: Wenn Sie in einer Firma Karriere machen wollen, ist es besser, Sie passen sich an und schauen auf gediegene Positionen. Sie können natürlich in exotischen Pressestellen oder Stabsabteilungen residieren, aber es ist allemal besser, sie haben eine Arbeit im Zentrum. Bei der IBM war es früher klar, dass eine normale Karriere nur über die Managerposition des Vertriebs lief. „Wenn Sie dort nicht zumindest zeitweise waren, kennen Sie die Firma nicht." Heute sind Positionen als Fach-Guru (Prinzipal) im E-Business ziemlich in der Mitte. Es ist nicht schlecht, in der Mitte zu sein.

Wenn Sie in der Wissenschaft Karriere machen wollen, ist es ebenfalls problematisch, an Rändern zu arbeiten. Ich wollte ja in meinem Leben zu einer Bank, aber im Statistik-Institut waren alle Stellen auf längere Zeit besetzt. Dabei war Statistik beileibe nicht in der Mitte der Mathematik! Ich besuchte mehr zufällig eine Veranstaltung von Rudolf Ahlswede und wurde bei ihm vom Rausch der neuesten Forschung erfasst. Sein Gebiet war Informationstheorie, meine erste wirkliche wissenschaftliche Liebe. Ich warf alles um und wurde Informationstheoretiker. Rudolf Ahlswede hörte sich meinen Wunsch, bei ihm arbeiten zu wollen, ernst an. Dann folgte eine Sicherheitsbelehrung. „Herr Dueck, überlegen Sie es sich gut. Informationstheorie ist nicht weit anerkannt. Nicht richtig Mathematik, nicht richtig Informatik, eher Electrical Engineering. Das Problem ist, dass es niemals in der ZEIT Stellenanzeigen geben wird, die einen Informationstheoretiker suchen. Sie müssen sich auf Wahrscheinlichkeitstheorie oder Statistik bewerben und die werden Sie nicht nehmen, weil sie eben Statistiker und Wahrscheinlichkeitstheoretiker suchen. Sie gehen einen schweren Weg." Ich nahm es nicht so bitterernst, wie es gemeint war. Bis zum Bewerben. Es gab keine Stellen! Einfach keine einzige, viele Jahre lang.

What you can't measure, you can't manage: In der Wirtschaft gibt es eine fast zwanghafte Abneigung, etwas intuitiv, nach Gefühl oder subjektiv zu beurteilen. Alles muss messbar sein, am besten in Dollar. Man fragt unaufhörlich: Was bringt es unter dem Strich? Dieses manische Bewerten ersetzt fast das Managen. Viele Führungspersonen lassen sich alle Handlungsalternativen in Dollar bewerten und wählen dann diejenige, die am meisten bringt. Dieser subtile Entscheidungsvorgang ist eine ehrenvolle, hochbezahlte Aufgabe. Leider sind viele Facetten des Alltags nicht so richtig bewertbar: Zufriedenheit der Kunden und Mitarbeiter, Heimatgefühl in der Firma, Teamgefühl der Firmenkultur. Jedenfalls wird vorwiegend nur akzeptiert, was objektiv akzeptiert werden muss.

In der Forschung ist es ebenfalls seit einiger Zeit besser, Forschungsergebnisse vorzulegen, die objektiv akzeptabel sind, bei denen also mit konkreten Fortschrittsargumenten operiert werden kann. Neuerdings sind ohne Ansehen der Sache alle Ergebnisse objektiv akzeptabel, wenn die Industrie Geld dafür bezahlt. Es gilt als gut, wenn Forschung Drittmittel einwirbt. Forschung kann damit Gefahr laufen, sich auf die Beantwortung von Fragen zu kaprizieren, für die jemand Geld zahlt, für die zeitgerecht und vertragsgerecht Antworten gefunden werden müssen und deren Antworten gleichzeitig publizierbar sind. So viele Fragen dieser Art gibt es vielleicht nicht? Die Forschung bleibt im Kulturland und wagt sich nicht mehr in die Wildnis, die sie früher einmal urbar machen wollte.

„Verteilen Sie Ihre Gedanken sorgsam auf die Monate. Sie müssen regelmäßig publizieren, um Berichte schreiben zu können. Sie müssen Ihre Milestones einhalten. Bald ist ein Statusbericht zu liefern. Man muss sehen, dass Sie zuverlässig produzieren. Die Förderung läuft zum Jahresende aus. Dann müssen die Papers fertig sein. Wir arbeiten schon an den Folgeanträgen."

Mein Doktorvater Rudolf Ahlswede sagte zu Beginn meiner Zeit bei ihm: „Sie wollen Professor werden und etwas Großes leisten. Sie kommen also um das Große nicht richtig herum. Außerdem sehnen Sie sich nach dem Ruhm. Also will ich, dass Sie mit dem Großen am besten gleich *heute* anfangen. Heute Nachmittag! Greifen Sie heute nach den Sternen. Warum sollten Sie erst an Mittelmäßigem üben? Hilft Ihnen das Bewältigen des Kleinen auf dem Weg zum Großen?" Im ersten Seminar erläuterte er uns die wichtigsten 35 Probleme des damaligen Gebiets-Forschungsstandes. „Lösen Sie die. Los. Ich helfe Ihnen." Wenig später nahm Wolfgang Paul in Bielefeld eine Professur an. Er war von der Haltung her noch mehr Himmelsstürmer. Es war eine stürmische Zeit. Es war wie richtige Forschung, ganz ohne Blick zur Uhr oder zu einer Messlatte, ganz ohne Nebenbedingungen, außer der einen: Großes wollen.

Corporate Fit! Das Neue muss zur Firma passen! Zum herrschenden Paradigma meiner Zunft! Im Forschungszentrum der IBM haben wir eine Menge neuer Anwendungen entwickelt: Spracherkenner, Übersetzer, Optimierer. Mit allem sind wir gegen Betonwände gelaufen wie im Beispiel mit der Brille. Wir haben lange Erfahrung sammeln müssen, was „verkaufbar" ist und was nicht. Es gibt viele Nebenbedingungen: Die Stellung der Firma im Markt, die jeweils modernen Managementideen, der Stand der Technologie. Viele Grundsätze von Firmen sind ehern fest, fallen dann plötzlich über Nacht. „Wir entlassen niemals jemanden."

Dann: Re-Engineering und Shareholder-Value. Etc. „Wir verkaufen Produkte, keine Wissenschaft. Das ist das Problem des Kunden." Dann: „Der Kunde will Lösungen." Alles hat seine Zeit.

In meiner Assistentenzeit gab es wütende Diskussionen, ob ein Algorithmus, der etwas berechnet, was früher noch nicht ging, „eine Diplomarbeit sein könnte". Nein, war die amtliche Meinung. Eine Diplomarbeit in Mathematik muss etwas beweisen. Sonst gilt es nicht. Algorithmen sind unwissenschaftlich. Heuristiken sind unwissenschaftlich. Noch früher, als ich studierte: Was, glauben Sie, hätten die 68er gesagt, wenn wir Probleme von Industriekonzernen hätten lösen wollen, um damit zu promovieren?

Das, was „unser Geschäft" ist, und das, was Wissenschaft ist, ändert sich ziemlich schnell. Das was gerade die gängige Auffassung ist, wird völlig ernst als ewiger Maßstab verteidigt. Dabei macht sich keiner wirklich Mühe, einmal im Sinne des Ewigen nachzufragen, was Wissenschaft denn wirklich wäre. Wir schwimmen gerade mit dem Strom.

Das, was Wissenschaft ist, ist also das, wofür es Drittmittel gibt? Wenn es so ist, wird das, was Wissenschaft ist, woanders definiert. Gott sei Dank. Wir müssen das dann nicht klären.

In der Informationstheorie gab es damals eine Zweiteilung der Wissenschaft. Informationstheorie ist so halb Mathematik, halb Electrical Engineering. Die Problemstellungen stammten meist von den Ingenieuren, die neue Technologiefragen stellten. Wie löst man die Protokollfrage ALOHA der Übertragung in Hawaii? Mehrere Inseln, eine Leitung, *mehrere* Menschen, die zu etwa gleicher Zeit etwas über nur *eine* Leitung schicken wollen? Alle forschten, ohne es damals zu wissen, am späteren Ethernet. Die Public-Key-Kryptographie kam als neues Modell auf. Wie geht das Wiederbeschreiben von CDs? Die Ingenieure kamen mit neuen Fragen und publizierten zusammen mit der Frage meist schon eine ganz gute Lösung, die das Problem zu 85 Prozent erschlug. Sie waren aber überhaupt nicht in der Lage, die bestmögliche Lösung zu erdenken und schon gar nicht, das zu beweisen! Mathematiker tun so etwas nicht! Eine 85-Prozent-Lösung *ohne Beweis* zu publizieren, nur weil diese Lösung der Menschheit hilft! Wir Mathematiker haben den Ingenieuren also geholfen, die beste Lösung zu finden. Damit war auch klar, wer von uns beiden der Meister ist. Leider ist es oft so gewesen, dass sich die Ingenieure nicht so richtig für das Optimum interessierten. Es war zu kompliziert, zu schwer zu verstehen und außerdem hatten sie inzwischen die Maschinen so schlau geändert, dass ihre 85-Prozent-Lösung eher schon 99 Prozent gut war. Gemein! Es war ungefähr so, dass die Hauptvertreter der Ingenieure eher viel Geld mit Patenten und neuen Firmen verdienten und berühmt wurden. Die Hauptvertreter der Mathematiker bekamen oft Wissenschaftspreise, weil ein Optimum trivialerweise akzeptable Wissenschaft ist.

Wissenschaft ist also nicht Wissenschaft. Was das ist, hängt von der Zeit ab, von der Firma, vom herrschenden Geist, von der Fakultät, in der Sie gerade arbeiten, vom Land, in dem Sie tätig sind. Solange niemand über den Zaun schaut, der auch gleichzeitig bereit wäre, dort nicht nur Wüste und Inkompetenz zu erkennen, so lange sieht man gar nicht, wie sehr man unter unfreien Bedingungen forscht.

Kurzfristiges Denken: In der Industrie predige ich immer einen Buchtitel: „Do what you love, the money will follow." Sie können das Buch dazu gerne noch lesen. Aber Sie verstehen sicher schon. „Forschen Sie einfach los, mit Leidenschaft, Begeisterung, Willen zu Großem, ohne je zu fragen, ob Sie es schaffen. „The ingenious will follow." Mein erster Assistentenvertrag war auf ein Jahr befristet. Es gab eine vage Aussicht auf ein Folgejahr, wenn ich nachweisen könnte, dass ich so gut wie fertig wäre. Das hat mich schwer beeindruckt. Trotz solcher Verträge haben Ingo Wegener und ich uns die Mühe gemacht und die Zeit genommen, sicher festzustellen, dass wir den Beweis von P = NP auch nicht hinbekommen. Viele Doktoranden sind damals gescheitert, weil sie nachdenklich aus dem Fenster geschaut haben: Würden sie es überhaupt schaffen? Etwas lösen, woran mehrere vor ihnen vor zwanzig Jahren gescheitert waren? Wäre es nicht gut, nebenbei zu wissen, ob die Industrie sie nähme? Solche sinnvollen Überlegungen lenken vom leeren weißen Blatt auf dem Schreibtisch ab. So ein leeres Blatt sagte mir immer: „Ich habe alle Denkfehler schon gemacht. Ich habe das Problem in der vollen Härte verstanden. Nun brauche ich nur noch eine Lösung." Ich habe lange Zeit vor solchem weißen Papier gesessen. Alle, die damals, nur für Sekunden ab und an, an Daimler oder Siemens vor dem weißen Papier gedacht haben, sind früher oder später dort gelandet. Heute denkt man sicherlich dazu noch an Ablieferungstermine, an Statusberichte, an Finanzierungsmilestones?

Viele wichtige Forschungsergebnisse werden in dieser Welt niemals erzielt, weil sie diesem einen Gedankencheck nicht standhalten: „Ich kann darüber nicht nachdenken, weil es nicht sicher ist, dass ich in sechs Monaten etwas Konkretes nachweisen kann." – „Ich darf darüber nicht nachdenken, weil das Ergebnis nicht als Wissenschaft aufgefasst würde." – „Ich darf nichts denken, was ich wohl nicht beweisen kann."

Wohlgemerkt: Ich habe nicht geschrieben, dass man nicht *arbeiten* „kann", wo zu viel Wildnis ist. Ich habe viel schärfer geschrieben, dass wir vor lauter Zielen schon nicht mehr in der Wildnis *nachdenken*! Vielleicht ist das die gravierendste Unfreiheit. Das Denken wird durch das Primat der Kurzfristigkeit so sehr verengt, dass das Neue in dem verbliebenen Reservat nicht mehr ist. Wenn diese Kurzfristigkeit des Menschen demselben kurz bewusst wird (sonst ist sie sorgsam verdrängt), dann wird sie sofort mit einer Anklagerede gegen das böse System in die niederen Gehirnwindungen zurückgewürgt. „Die Systeme lassen uns nicht!", sagen die selben Professoren, die eine junge Assistentin mit dem schönen Satz beruhigen: „Unter allen Bedingungen und Systemen bekommt die Herausragende immer noch eine Stelle. Lassen Sie sich nichts vormachen und gehen Sie konsequent Ihren Weg."

Prüfungsrelevanz: Da ich mich in diesem wichtigen Moment fast philosophisch fühle, drücke ich hier meine innersten Überzeugungen auch schon einmal wie René Descartes auf lateinisch aus:

„**Examinatur, ergo est.**"

Es wird geprüft, also existiert es. („Papa, diese Vokabel muss ich nicht wissen. Morgen im Test kommen nur die Wörter von Lektion 4 dran. Sonst nichts. Ich muss weiter nichts können. Ich habe keine Zeit, irgendetwas anderes heute noch anzusehen. *Verstehen* ist heute Abend ebenfalls nicht dran.") Was nicht überprüft wird, existiert nicht. Diesen Satz übersetze ich jetzt wieder ins Englische: „What you can't measure, you can't manage."

Descartes zweifelte ja lange herum, ob es ihn gab. Er merkte dann aber am eigenen Denken, dass es ihn zweifelsfrei gab. Heute ist das wahre Gefühl echter Existenz auf die Klimax der bestandenen Prüfung verschoben. Sie haben möglicherweise eine abweichende Vorstellung von Klimax, aber ich meine hier: „*berechtigte* Existenz" und so sollten wir es alle halten. Deshalb fragt praktisch jeder Manager (außer mir und ein paar anderen), nachdem man etwas zum Ziel erhoben hat: „Wie können wir es messen? Wie messen wir es?" Dann erst existiert in der Industrie etwas.

Wenn Sie von der Universitätsseite dies lesen, lächeln Sie und glauben nicht. Heben Sie diese Seite auf oder kaufen Sie die *beta-inside Galaxie* Band 2, die bei Springer in 2003/2004 oder so erscheint.

[Anmerkung von 2007 zum Text: Wir wollten dieses Buch, das Sie gerade in Händen halten, schon länger als *beta-Galaxie 2* erscheinen lassen, irgendwie hat es nicht geklappt, nun ist dieses Buch eben viel dicker geworden. Dafür erscheint es 2007 – und JETZT habe ich doch „so was von Recht", oder? Lesen Sie weiter im Originaltext:]

Sie werden sehen! Dann existiert auch in der Universität nichts Unquantifiziertes mehr. Wenn Sie aus der Industrie sind, lächeln Sie auch, aber anders und schmerzlicher, oder? Machen Sie die Probe. Wenn ein Manager fragt: „Wie messen wir es?", dann sehen Sie ihm finsterfest in die Augen und erwidern: „Überhaupt nicht." Wenn er dann mit Ihnen überhaupt noch redet, sagt er vielleicht: „Wenn etwas nicht gemessen wird, könnten Sie (es) ja machen, was Sie wollen." Sehen Sie? Das wäre nämlich Freiheit!

Manager sind nun nicht gerade *gegen* Freiheit. Das ist nicht der Punkt. Es ist nur so, dass sie nicht vertrauen. Mir nicht. Ihnen nicht. Deshalb bekommen Sie keine Freiheit. Ist egal warum, Sie bekommen jedenfalls keine. Selbst wenn Sie an der Universität noch meinen, Sie hätten welche, werden Sie bald fühlen, dass Sie keine haben. Im genauen Augenblick dieses Gefühls hatten Sie schon jahrelang keine.

Der einzige Weg, wieder Freiheit zu bekommen, bestünde in einem Messverfahren, mit dem man Vertrauen messen könnte. Ich schreibe darüber gerade ein Buchkapitel über die „Verendlichung aller Werte". [Anmerkung 2007: für mein Buch *E-Man.*]

Dieser Abschnitt ist jetzt sehr abstrakt. Ich dachte mir nämlich gleich, Sie denken bestimmt, bei dem bloßen Lesen von „Prüfungsrelevanz" wüssten Sie schon alles, was kommt: Das Leben zum Punktesammeln! Es geht niemals um Erkenntnis in der Wissenschaft! Das Leben ist wie das Füllen einer großen blanken Karte mit sauer erworbenen Rabattmärkchen, worauf Sie am Ende alles billiger bekommen, als Sie erwartet haben! Das Entdecken des Neuen bezieht sich immer auf die weißen Flecken! (Auf der Rabattkarte.)

Ich wusste schon, dass Sie das wissen. Meine Botschaft hier ist aber: Sie sehen überhaupt nicht mehr *neben* die Rabattkarte. Folglich existiert daneben nichts. Aristoteles sprach: „Wo kein Ding ist, kann kein Raum sein." Wenn also ein Raum ist, ist ein Ding drin. Klar.

Genauso, wie man nie allzu weit in den Weltraum schauen kann, kann man nie wissen, was jemand im Kopf hat. Deshalb sagen Lehrer, Philosophen und Manager heute: „Ohne Prüfung ist nichts drin." Wenn jemand also überhaupt etwas im Kopf hat, so ist es eine einzige Prüfung.

Fanfaren immer *vor* dem Sieg! In der Industrie stellt man Produkte her. Diese werden verkauft. Nehmen wir einmal an, wir haben ein ganz tolles Produkt erfunden, so wie eine Playstation2 oder das Spiel Donkey Kong Gold Professional. Die Kids reißen es uns aus den Händen. Es gibt Lieferprobleme. Wir schlagen die Hände über dem Kopf zusammen. Sony macht gerade empfindliche Verluste, weil die Produktion nicht nachkommt. Von

Karl Valentin wird erzählt, er wäre zu einer Vorstellung so dringend eingeladen gewesen, dass man ihm jeden Wunsch erfüllen wollte. Er aber wollte nicht und forderte, mit einem eigenen Zug herangefahren zu werden. Das wurde akzeptiert. Valentin stellte seinen Wunsch richtig: Er hatte sagen wollen, „ein eigener Zug auf eigenen Schienen". Toll, nicht wahr, wenn man gute Produkte vorzuweisen hat?

Und was sagen wir selbst, wenn es vor einem Kolloquium heißt. „Honorar können wir aber nicht zahlen?"

Das bringt mich auf die andere Variante. Nehmen wir an, wir produzieren etwas, was eigentlich keiner will. Mir gehen da jetzt als Beispiel ziemlich viele Produkte im Kopf herum, aber keines passt so richtig. Ich fürchte mich nämlich, eines zu nennen. Andererseits fürchte ich, ohne Beispiel zu sein. Also hoffe ich, Sie sind Mathematiker und brauchen keines. Erinnern Sie sich? Der Professor der Mathematik fragt stets im Vordiplom: „Kennen Sie ein Beispiel?" Sie müssen dann sagen: „Ja, den R hoch n." – „Richtig! Sehr richtig! Und kennen Sie noch eines?" – „Es gibt Dissertationen, die die Existenz von anderen nachweisen." So verfängt man sich schnell in der Struktur der unfassbaren nichtmessbaren Mengen, von denen es eine Menge gibt, ohne dass der noch nicht berufene Mensch etwas ahnt. Das war wieder eine Abschweifung.

Wenn also die Industrie gute Produkte hat, dann blasen die Fanfaren, wenn die LKWs aus den Produktionslinien brechend voll aufbrechen. Die Menschen stehen in Arbeitskleidung auf den Maschinen und jubeln und schwenken ihre Hüte. Es ist wie ein Richtfest! Wie Erntedank! Wie Almabtrieb! Wenn der letzte Ackerholzspeichenwagen ächzend überladen mit lachenden Kindern auf schwankendem Stroh heimschleicht (Vorsicht! Die Pferde nicht reizen! Am Ackerrand! Die Delle bis auf den Weg! Bitte nicht jetzt umfallen! Stützt das wankende Stroh mit Gabeln!), dann feiern alle in Gedanken und freuen sich auf eine Extra-Flasche Härke-Export, 0,7 Liter, mit diesem alten, heute wieder neuen Verschluss. Das ist Feiern des Sieges.

Wenn aber der Markt schlecht ist, die Konjunktur zäh, das Produkt durchschnittlich? Na? Sie denken, Sie haben verstanden, was ich meine. Haben Sie *nicht*. Der Hauptpunkt kam ja noch nicht. Der Hauptpunkt ist der, dass sich die Menschen heute systematisch selbst aufhetzen, um noch sehr viel mehr zu verkaufen als sie können. Shareholder-Value. Die Universitäten sollen immer mehr leisten ohne mehr Stellen oder Mittel. Deshalb sind am Jahresende nie mehr *genug* Unterschriften da! Nie mehr wird die Leistung großartig sein! Weil es *zu wenig* war, egal ob gut oder schlecht! Weiter! Weiter! Wieder Kosten senken, mehr Aufträge, mehr

Publikationen, mehr Diplomarbeiten! Es gibt nie mehr Härke-Export beim Ernte-Dank. Es war nämlich *nicht genug*. Sie dachten vorhin beim Lesen, der Dueck will jetzt sagen, wenn es schlechte Produkte sind, die man herstellt, dann feiert man jeden Dummkopf, der kauft. Das ist als erste Erkenntnis richtig. Die Haupterkenntnis aber ist, dass in einer selbstaufgehetzten Welt die Leistungs-/Kosten-/Umsatz-/Forschungsmittelhürden so unerbittlich drücken, dass, egal ob die Produkte gut oder schlecht sind, immer alles so ist, als *hätten* Sie *schlechte* Produkte!

Wenn Sie zum Beispiel Nobelpreisträger sind (gute Produkte), müssen Sie sich genauso mit den Sparverfolgungsbehörden herumschlagen wie jeder andere. Sie bekommen als Halbgott natürlich immer genug Geld, weil Sie eben so hoch über den anderen stehen, aber ... Ich wette, Sie werden wohl nicht davon verschont, Anträge auf Anträge schreiben zu müssen.

Fazit, in jedem Falle – egal, wie gut die Produkte, egal, wer Sie sind: Deshalb köpfen wir jetzt die Sektflaschen immer schon beim Verkaufen oder bei der Bewilligung. Wieder eine Unterschrift mehr! So langsam sind wir nicht mehr zu weit vom Ziel entfernt, das wir nie erreichen. Wir blasen die Fanfaren deshalb immer beim Unterschreiben. Also vor der Ernte. Wenn IBM so einen Mega-E-Market bauen soll, so ist noch eine Menge Schweiß zu leisten bis zur echten Ernte, verstehen Sie? Das alles ist gar nicht so einfach. Aber die Fanfare wird nur einmal geblasen. *Vor* aller Arbeit. Wir sind so stolz, dass wir jetzt wieder mehr schaffen gehen können. Mehr!

Die Forschung sieht diesen Punkt nur tief im Bauch, noch nicht so hell, denke ich. Früher haben Sie als Forscher einen neuen Beweis gefeiert, ein geniales Gegenbeispiel, einen neuen Rechnerrekord. Bald werden Sie nie mehr Resultate feiern, sondern Unterschriften. Unterschriften: Gründung eines Graduiertenkollegs, Genehmigung einer Konferenzreise, Bewilligung von zusammengekürzten DFG-Mitteln, die Nichtstreichung einer lebensnotwendigen Stelle, die Nichtschließung Ihres Institutes. Solche Dinge werden die echten Milestones im Leben, die, deren Erreichung sich am meisten im Bauch bemerkbar macht: Wie Sie nach der Bewilligung wieder atmen können! Wie wieder Leben in Sie strömt! Und stellen Sie sich vor, Sie hätten eine Bewilligung, um drei Jahre zu forschen. Wenn dann nach zwei Jahren das große Resultat sichtbar wird, wenn der Ruhm winkt, wenn der Thrill kommt, wie fühlen Sie sich? Soll ich es verraten? Sie stöhnen über dem Schreiben der Anträge für Folgeprojekte. Es wäre nun gar nicht so gut, einen Satz zu beweisen oder mit einem Riesenalgorithmus zu triumphieren. Sie sollten so schlau sein, diesen Triumph, vor dem Sie stehen, für die nächste Förderperiode zu versprechen! Dann bekommen Sie zwar jetzt noch keinen Ruhm, aber eine neue Unterschrift. Das ist besser.

Ich wollte sagen: In der nächsten Welt ist Bewilligung knapper als Ruhm.

(Warum aber? Ich zerbreche mir den Kopf darüber. Wir wollen ganz Indien einfliegen, weil wir nicht genug Talente haben. Wenn Talent so knapp ist, hat jedes Talent Macht. Wer Macht hat, sollte keine Bewilligung brauchen müssen, oder? Talente, also, in Industrie und Universität: Warum gehen Sie diesen Weg mit, wo Sie doch nicht müssen?)

Ich wollte sagen: Wenn Sie nicht bald merken, dass die Macht mit Ihnen ist, wird das Imperium ... Sie verstehen. Schauen Sie noch einmal Star Wars an. Die *alten* Teile.

Was ist gefragt? Wenn Bewilligungen knapp sind, ist es das Wissen der Weisen, das bewilligt werden kann. In den Ministerien gibt es unglaublich feinfühlige Menschen, die sich auf jedes Hüsteln eines B-Besoldeten hin einen Reim auf die Großwetterlage machen können. Sie sollten versuchen, eine solche Koryphäe zu werden.

Wir können auch alle dicken Ordner durchlesen, wo überall Fördergelder ausgeschrieben werden und wofür. Dann können wir zusammen überlegen, was wir erforschen wollen. Wie können wir unsere derzeitigen Aktivitäten terminologisch so verändern, dass sie den rechten Stallgeruch einer zufällig gerade jetzt im Jahr der Akribiologie geförderten Zunft annehmen?

Darüber sollte ich nicht so viel schreiben. Es ist klar, wo die Unfreiheit ist.

Im Urlaub sagte der Strandlautsprecher immerfort: „Woher der Wind auch weht, die See bleibt stets gefährlich."

4. Warum nicht: „beherrschende" Wissenschaft?

Der Zwang der Bewilligungen, der Unterschriften, der Prüfungen lässt Freiheit der Forschung wie eine Sehnsucht erscheinen, endlich einmal in Ruhe gelassen zu werden.

Viele Menschen sehnen sich nach dieser Ruhe.

Was der Professor will, ist die Ruhe des Taxifahrers. Ich zitiere einen Absatz aus meinem Buch *Wild Duck:*

Ein Taxifahrer, exemplarisch für viele, mit denen ich rede: „Ich verdiene etwa 120 Euro am Tag, wovon ich die Hälfte an das Unternehmen abgeben muss. (Ich rechne: 22 Tage mal 60 sind 1.320 Euro brutto.) Bei Euch bei IBM verdient ein Werkstudent mehr. Aber das würde ich nicht tun. Ich habe ein Staatsexamen, ich könnte es. Hier bin ich frei. Ich kann mein Auto bei schönem Wetter stehen lassen und einen Kaffee trinken. Ich kann ausschlafen, wenn ich will. Niemand gängelt mich. Ich muss mich nirgendwo rechtfertigen. Ich habe einen interessanten Beruf und spreche mit vielen Menschen. Ich versuche zu erraten, wo Taxis gebraucht werden. Das ist eine Kunst. Am besten, es fängt um 19 Uhr an zu regnen, dann sind die Leute ohne Schirm zur Oper, dann weiß ich, heute Abend gibt es gute Fahrten." Ich frage: „Wie oft steigen Sie denn bei schönem Wetter aus oder schlafen länger?" Der Taxifahrer lächelt gutmütig: „Sie verstehen nicht. Natürlich tue ich es so gut wie nie, weil ich meine Arbeit liebe. Drei Mal im Jahr. Und es ist wunderschön, frei zu sein. Und dann sehe ich Leute wie Sie, mit einer so schönen Krawatte (Gut! War neu von Armani, handverlesen durch meine Frau!), und ich sehe Sie und weiß: Sie dürfen das nicht. Sie sind nicht frei. Das macht mich glücklich."

Der Taxifahrer verwechselt natürlich Freiheit mit Selbstbestimmtheit oder Autonomie oder mit der Abwesenheit von Bevormundung. Diese Abwesenheit von Bevormundung geht den Wissenschaftlern wie auch den Professionals in der Wirtschaft verloren. Sie alle trauern. Sie alle nennen es „Verlust der Freiheit".
Freiheit, die ich meine, ist nicht die, im Augenblick tun zu dürfen, was man will. Es ist die innere Freiheit, das Richtige wählen und tun zu dürfen. Was ist dieses Richtige? Ich habe es schon in einer früheren Kolumne gesagt:
Wissenschaftler sollen *vor*denken, nicht *nach*denken.
Sie sollen den Menschen sagen, wohin sie gehen sollen. Sie sollen helfen, das Richtige durchzusetzen. Jetzt gleich. Die Menschen wollen nicht später hören, dass die Produkte vor fünf Jahren genialer hätten gebaut werden können.
Wissenschaftler sollen nicht nur Empfehlungen geben, wenn Sie als Gutachter gebeten werden, damit irgendwoanders frühere Verfehlungen besprochen werden können.
Management-Gurus sollen sagen, wie eine New Economy geführt werden soll! (Das kann doch nicht allein Sache der 25-jährigen Firmengründer sein?) Informatiker und Wirtschaftler sollten sich um neue virtuelle Welten kümmern! Juristen sollen sagen, was ihnen virtuell Recht ist!

Geisteswissenschaftler sollen sagen, wer der Mensch bald sein sollte! (Kein Jammern über Werteverfall ...). Z. B. Marx, Engels, Nietzsche, Gandhi, Brecht, Maslow, Skinner (ganz bunt hingeschrieben, ich habe bestimmt ein oder zwei vergessen) haben immerhin so etwas wie Vorschläge gemacht. In diesem Sinne haben die heutigen (Geistes-?)Wissenschaftler eher Schluckbeschwerden mit der Wirklichkeit, die durch die Computerrevolution neu geformt wird. Was machen wir in einer Zeit, in der wir nicht einmal mehr auf Richard von Weizsäcker zählen dürfen? [Anmerkung 2007: Bärbel Nietzold vermerkt als Lektorin, ich sollte statt des „schon fast vergessenen Namens einen aktuellen nehmen"! Da habe ich etwas säuerlich gelächelt! Denn mir fällt spontan kein neuer ein. Und außerdem sage ich ja im Text, dass mir bald keiner mehr einfällt.]

Die Industrie kartographiert Erbsequenzen und klont Schafe, was die Wissenschaftler in Herden im Nachhinein beklagen. Sie fordern, *erst* die Ethik zu diskutieren, bevor richtig tolle Menschen gebaut werden. (Dazu habe ich in der *beta-inside Galaxie* eine echt starke Erzählung geschrieben; das ist jetzt wieder mal unerlaubte Werbung, aber die Geschichte bringt diesen Komplex hier genau auf den Punkt.) Aber, bitte: Es war doch lange Zeit, Ethik zu diskutieren? Viele Jahre? Anderes Beispiel: Ich muss übermorgen wieder einmal zu einer Podiumsdiskussion über das schreckliche Problem der Sicherheit persönlicher Daten im Internet. Warum ich? Warum kommt Ethik nicht aus der Hochschule?

Die Wissenschaft muss führen.
  Sie ist nicht in erster Linie ein Dienstleistungsbetrieb.
  Ich bin nicht sicher, ob Aristoteles heute noch immer in allem päpstlich Recht hat, aber wir können ja mal hineinhören, in seine Metaphysik, Seite 17.

„In unserer »Ethik« haben wir den Unterschied zwischen praktischer Kunst, Wissenschaft und den andern verwandten Begriffen näher bestimmt. Der Zweck, um dessen willen wir den Gegenstand hier behandeln, ist der, zu zeigen, dass nach allgemeiner Ansicht das, was man wirkliche Wissenschaft nennt, auf *die letzten Gründe und Prinzipien* geht. Darum schreibt man, wie wir vorher dargelegt haben, dem Praktiker ein höheres Maß von Wissenschaft zu als denjenigen, die nur irgendwelche sinnliche Wahrnehmungen gemacht haben, ein höheres Maß dem Theoretiker als dem Praktiker, dem Arbeitsleiter als dem Arbeiter, und der reinen Theorie ein höheres Maß als der praktischen Handhabung. Daraus ergibt sich der Schluss, dass *Wissenschaft die Erkenntnis von irgendwelchen Gründen und Prinzipien sein muss.*

Da es nun diese Wissenschaft ist, deren Wesen wir ermitteln wollen, so wird zu fragen sein, welche Art von Gründen und welche Art von Prinzipien es ist, deren Erkenntnis die Wissenschaft ausmacht. Vielleicht kann eine Erwägung der Vorstellungen, die man mit dem Begriffe des wissenschaftlichen Mannes verbindet, uns die Antwort darauf erleichtern.

Die Vorstellung, die man sich vom wissenschaftlichen Manne macht, ist nun erstens die, dass er alles weiß, soweit es möglich ist, ohne doch die Kenntnis aller Einzelheiten zu besitzen; zweitens, dass er auch das Schwierige zu erkennen vermag, also das, was gewöhnlichen Menschen zu wissen nicht leicht fällt. Die bloße Sinneswahrnehmung gehört nicht dahin; sie ist allen gemeinsam und deshalb leicht und hat mit Wissenschaft nichts zu schaffen. Weiter, dass auf jedem Wissensgebiete derjenige mehr eigentliche Wissenschaft habe, dessen Gedanken die strengere begriffliche Form haben und zur Belehrung anderer die geeigneteren sind. Man hält ferner diejenige Wissenschaft, die um ihrer selbst willen und bloß zum Zwecke des Erkennens getrieben zu werden verdient, in höherem Grade für Wissenschaft als die, die nur durch ihren Nutzen empfohlen ist, und ebenso in höherem Grade diejenige, die geeigneter ist, eine beherrschende Stellung einzunehmen, als die bloß dienende. Denn der wissenschaftliche Mann, meint man, dürfe nicht die Stellung eines Geleiteten, sondern müsse die des Leitenden einnehmen und nicht von einem anderen seine Überzeugung empfangen, sondern selber den minder Einsichtigen ihre Überzeugung vermitteln."

So weit Aristoteles. Wenn Sie Wissenschaftler sind, haben Sie bestimmt das Lebenselexier entdeckt. Wissenschaft, die bloß zum Zwecke der Erkenntnis betrieben wird, gilt Aristoteles höher. Das ist ein klares Fundament für einen Elfenbeinturm. Allerdings hat Aristoteles, wie ich ihn kenne, wirklich „Erkenntnis" gemeint und nicht zeitgenössische Forschung. „Eine medizinische Doktorarbeit ist eine mehr handwerkliche Leistung, die für den kundenzuströmend honorarsteigernden akademischen Titel sorgt." – „Ich schreibe noch meine Mathe-Diss, dann habe ich noch vier Jahre mehr Zeit, mir zu überlegen, ob ich arbeiten soll." Diese Aussagen habe ich jetzt mit etwas krimineller Energie verfremdet, damit sie sofort wiedererkannt werden. Ich musste das machen, weil ich Sie ja fragen will: „Was würde Aristoteles im Sinne seines Erkenntnisbegriffes heute dazu sagen?" Wir sollten alle heilfroh sein, dass uns Aristoteles mit einem so schönen Zitat so lange hat unbehelligt forschen helfen können. Und alle, alle, alle haben wir im Munde geführt, dass Wissenschaft zum Zwecke der bloßen Erkenntnis betrieben werden soll!

Natürlich habe ich oben den ganzen Absatz zitiert und da steht ja noch etwas: *Diejenige ist die höhere Wissenschaft, die geeigneter ist, eine beherrschende Stelle einzunehmen, als die bloß dienende.* Dieses Zitat habe ich kaum jemals bei Diskussionen gehört, nein, immer nur das mit der Forschung um der reinen Erkenntnis willen, etwa wie in meinem Einführungsbeispiel, wie oft jemand dramatisch errötet.

Herrschen heißt Führen. Und Führen ist Wille. Führen heißt: Nimm die Menschen und regele zusammen mit ihnen die Dinge.

Wenn etwas wirklich wichtig und beherrschend ist, braucht es nicht so viele Unterschriften.

Die New Economy hat in der letzten Zeit so sehr übertrieben, dass wir uns jetzt bis zum bald absehbaren UMTS-Euphorie-Trip noch etwa zwei Jahre wegen des Nasdaq-Crashs am Kopf kratzen. Aber die Lehre war, dass die Investoren und Anleger allem wirklich Aussichtsreichen rote Teppiche ohne Ende ausrollen. Das Beherrschende genehmigt sich in gewisser Weise von selbst.

Warum also ist unsere heutige Wissenschaft zunehmend unfrei?

Weil sie dem Druck der Gesellschaft auf das Elfenbeinartige dadurch auszuweichen hoffte, dass sie begann, ihr zu dienen. Die Alternative wäre etwas Beherrschendes gewesen. Sogar alte Griechen hätten dazu genickt.

5. Die dienende Wissenschaft

Wer dient, ist ohne Zweifel nützlich, darf also weiterexistieren; aber er handelt sich Zeiterfassungsprozeduren und Urlaubsanträge für Weiterbildungstage ein.

Wie soll ich das Dienen und das Bestimmende nur genau erklären?

Ich zitiere mal wieder eine Lieblingsstelle von mir aus dem Brockhaus, den ich zur Konfirmation bekam. Es muss *der* sein! Sie merken gleich warum. Unter B wie Bildung:

„*Bildung: Der Vorgang geistiger Formung, auch die innere Gestalt, zu der der Mensch gelangen kann, wenn er seine Anlagen an den geistigen Gehalten seiner Lebenswelt entwickelt. Gebildet ist nicht, wer nur Kenntnisse besitzt und Praktiken beherrscht, sondern der durch sein Wissen und Können teilhat am geistigen Leben; wer das Wertvolle erfasst, wer Sinn hat für Würde des Menschen, wer Takt, Anstand, Ehrfurcht, Verständnis, Aufgeschlossenheit, Geschmack und Urteil erworben hat. Gebildet ist in*

einem Lebenskreis, wer den wertvollen Inhalt des dort überlieferten oder zugänglichen Geistes in eine persönlich verfügbare Form verwandelt hat."
Fassung von 1960.

Bei einer Podiumsdiskussion gab eine Landesbildungsministerin eine kürzere Definition: *„Bildung ist heute Erziehung zur Berufsfähigkeit."*
Fassung von 2000.

In einer früheren Kolumne habe ich über die Frage geschrieben, welche Arten von Menschen von der Industrie gerne eingestellt würden. Ich hatte zur Illustration aus einem Psychologiebuch die neun Stufen des Typus „Denker" wiedergegeben. Ich zitiere hier nochmals diese Stelle:

1. Pionier und Visionär (Stufe der Einsicht)
2. Der erkennende Beobachter (Engagement)
3. Der kundige Experte (Können)
4. Der Analytiker und Spezialist (Analytischer Verstand)
5. Der versponnene Theoretiker (Gedankenverlorenheit)
6. Der extreme Reduktionist
7. Der isolierte Nihilist (Zurückweisung)
8. Der von Wahnvorstellungen Gequälte (Verzerrung)
9. Der leere Schizoide

Mein Argument war, dass alle Institutionen dieser Welt möglichst Menschen einstellen wollen, die weiter oben in der Skala rangieren. (Diese Skala gilt nur für „Denker"; in Don Richard Risos Enneagrammhandbuch finden Sie noch mehr Skalen; für Helfer, Macher, Künstler, Loyale, Vielseitige, Führer, Friedliebende, Reformer.) Das Buch erschien unter Knaur-Esoterik – das mag Sie erschrecken. Aber ich will nur einen einzigen Punkt hier damit machen:

Der Bildungsbegriff von 1960 zielt auf Menschen ab, die ganz weit oben in der Skala stehen, etwa auf den Stufen eins bis drei. Menschen auf diesen drei Stufen werden von Riso „gesund" genannt. Wenn Bildung aber atemzuggleich mit Berufsfähigkeit genannt wird, so bedeutet die neue Bildungsauffassung von 2000 natürlich eine gewisse Mäßigung im Anspruch. Sie bedeutet hier in diesem von mir hergestellten Kontext: „Wir bestehen nicht mehr unbedingt auf Stufe drei." Riso bezeichnet Menschen auf den Stufen vier bis sechs als „durchschnittlich". Ich merke jetzt gerade beim Schreiben, dass reines intellektuelles Argumentieren einen herzlosen Touch bekommen kann. Verzeihung. Aber es ist doch so, dass „Spezialist und Analytiker" heute absolut reicht? Wir sagen doch *nicht*: „Ein Diplom-Informatiker ist jemand, der den wertvollen Inhalt der Computerwissenschaft in eine persönlich verfügbare Form verwandelt hat und der dadurch teilhat am geistigen Leben dieses Gebietes und stets um das dort jeweils Wertvolle weiß?" Reicht es uns nicht doch eigentlich, wenn er alle Kenntnisse besitzt und alle Praktiken beherrscht?

Im Wesentlichen gibt also die Wissenschaft eigene Ansprüche auf, weil die Gesellschaft sie nicht honorieren würde oder weil sie sie nicht von ihr verlangt. Die Gesellschaft ist logistisch orientiert und will Nutzen für ihr Geld und so viel Berufsausbildung, wie sie braucht. Wer an der Universität forschen will, soll eben bei der Großindustrie Gelder einwerben! Die Großindustrie aber ist genau so logistisch wie die Gesellschaft orientiert. Sie gibt ihr Geld nicht für das Visionäre, sondern für das Wegschaffen von richtiger Arbeit aus, also für das Ausnutzen der Kenntnisse und das Anwenden der Praktiken.

Der Weg der Wissenschaft in die Unfreiheit ist im Kern ein Verzicht auf das Beherrschende und ein resignierender Rückzug auf das Servicegebiet der Stufen drei bis fünf in der Riso-Skala. Die Skala zeigt sehr schön den Weg von der völligen Selbstbestimmtheit bis zum Überlebenskampf des absolut Untüchtigen. Von Stufe eins bis fünf oder sechs ist es der Weg von Freiheit zu Unfreiheit, von der egofreien Vision zum vergleichend-egoistischen Wettbewerb um Gelder, von Schaffensglücklichkeit zu Project-Milestone-Pflicht.

Mir fallen dazu zwei Gedankenstränge ein. Der eine sagt: „Es ist eben so. Diese Zeit, nicht wahr?" Der andere ist idealistischer und Sie wissen sofort, was ich selbst finde.

Es ist eben so: „Herr Dueck, sehen Sie: früher machten nur sieben Prozent eines Jahrganges Abitur, heute sind es 50 Prozent. Was wollen Sie? Nur Pioniere? Die Schule ist ein Logistikbetrieb, der hohen Output erzeugen muss. Es ist Massenmaturation. Die Lehrer sind abgestumpft. Es macht nicht mehr so viel Freude wie früher. Die Lehrer sind oft selbst schon logistisch Fabrizierte." – „Früher bekamen wir nur begeisterte Studenten an die Hochschule, die das Wertvolle wissen wollten. Sie saßen uns in allen Pausen auf der Pelle und saugten uns aus. Heute wissen manche Professoren nicht einmal mehr selbst das Wertvolle." – „Als noch ganz wenige Menschen Abitur machten, waren Lehrer und Ärzte und Pfarrer hochangesehene Menschen im Ort. Heute verdient ein Lehrer gegenüber den Eltern einer durchschnittlichen Abiturklasse nur noch ziemlich durchschnittlich und muss sich von den Eltern mit Unterstützung aus Regierungskreisen und der Boulevardpresse als Halbtagsbeschäftigter mit Vollgehalt beschimpfen lassen. Es kommt dadurch im Denken der Schüler zu einem Bruch: Sie vermuten das Wertvolle unserer Kultur nicht mehr in einem Schulstoff, der hauptsächlich für landesweite Klassenarbeiten trainiert. Es nützt nichts, wenn ein Schüler das Wertvolle in eine persönlich verfügbare Form in sich integriert. Er muss es für Tests verfügbar haben, die weder mit dem Wert des Wissens noch mit seiner Person zu tun haben. Das Wertvolle an sich hat leider meistens den Nachteil, nicht wirklich in Klausuren abprüfbar zu sein. Deshalb prüfen wir es nicht ab. Deshalb interessiert sich niemand für das Wertvolle. Irgendwer hat mal im *Informatik-Spektrum* oder so geschrieben: Examinatur, ergo est. Es ist lateinisch und bedeutet: Es gibt nichts Wertvolles mehr." – „Glauben Sie denn, jemand wird noch beim Gedichtlesen von Gefühl, Trauer, Liebe, von Weh durchtränkt? Wir spielen in der Schule wie im Fernsehen: Bezeichnet Jambus einen Schinken? Ein Land bei Jim Knopf? Einen Versfuß? Eine apfel- oder aprikosenartige Frucht tropischer Obstbäume? Wir können den Kindern nur das technische Rüstzeug geben, wie man Gedichte interpretiert. Verstehen? Genießen gar? Seien Sie nicht weltfremd." – „Ich habe an meinem Lehrstuhl zehn Assistentenstellen, von denen ich meist nur etwa die Hälfte besetzen kann. Es gibt einfach keine guten Leute mehr. Nichts zu machen. Neulich hat einer von meinen guten Studenten eine Erstanstellung bekommen, bei der er mehr verdient als ich selbst. Das scheint noch ein Einzelfall zu sein. Aber bei dieser idiotischen Räuberpolitik der Industrie frage ich mich, wohin das führt. BAT irgendwas ist nicht mehr konkurrenzfähig. Wir könnten die Besten nur noch halten, wenn wir viel mehr bezahlen. Wenn wir aber jemals viel mehr bezahlen könnten, würde die Universität sofort sterben. Denn im Augenblick bekommen wir Drittmittel von der Industrie, weil wir so billig sind, dass sich ein innerbetrieblicher Forschungsauftrag nicht lohnt. Wenn wir aber den Assistenten genau so viel zahlen wie in der Industrie üblich, dann lassen sie die Forschung natürlich von Firmen machen und nicht von einer Uni, wo die Assistenten ja noch forschen müssen und bald wieder weg sind. Außerdem müssten wir Professoren natürlich auch viel mehr Geld bekommen und diese öffentliche Diskussion möchte ich mal sehen. Wissen Sie, wir sind keine Lufthansa-Piloten, die sich so etwas herausnehmen könnten. Wie soll ich sagen? Wenn wir mal eine Zeit mit dem Forschen aufhörten, dann würde nichts abstürzen. Das ist das Problem."

Im Grunde resigniert alles und dient. Das Abgleiten in das Dienende wird mit der Massenverbreitung von Wissen begründet und mit dem Mangel an entsprechendem Talent. „Nicht jeder kann weise werden."

Wir diskutieren so etwas oft in meiner Firma. Und oft wird gerätselt, dass viele nicht so gute Mitarbeiter am Feierabend die größten Koryphäen woanders sind. Wie können sie das?

Wenn wir uns genau anschauen, so sind sehr viele Menschen unter uns Koryphäen. Als Vereinstrainer der C-Jugend, als Chorleiter, Kleintierzüchter, als Weinliebhaber, Modelleisenbahner, Reiter, Oldtimer-Konstrukteur, Hundeabrichter, Hobbyhandwerker, Posaunist, Feuerwehrfrau, Pfarrgemeinderatsmitglied, Ortsvorsteher, Gärtnerin, Koch. Schauen Sie sich diese Menschen an. Lassen Sie sie über ihre Liebhaberei reden und reden. Hören Sie zu. Trinken und genießen Sie ihre Worte: Diese Menschen haben ein Gebiet gefunden, in dem sie das Wertvolle verstehen und in eine persönlich verfügbare Form gebracht haben. Das Wertvolle gibt ihnen einen Hauch von Genie, lässt ihnen eine grüne Hand wachsen oder ein Händchen für das Feine. Sie haben ein Gespür oder ein spezielles Etwas gefunden, eben den Sinn für das Wertvolle. Sie haben teil am „Geistesleben" in dieser Rubrik. Still und leise bricht das Eigentliche aus den Menschen heraus, überall. Es glauben wohl viele, dass die Idee einer tauglichen Massenerziehung mit Talentmangel kämpfen muss. Glaube ich *nicht*.

Ich glaube nicht an so etwas: „Wenn alle gebildet werden sollen, kann nicht jeder das Wertvolle erreichen. Man muss Abstriche machen und die Masse wenigstens zum Guten zwingen." Mehr daran: „Führen wir den Einzelnen irgendwo an das Wertvolle heran. Dann zieht es ihn fort."

Wenn die Wissenschaft der Massenbildung im Berufsfähigkeitssinne dient und der Industrie durch Auftragsforschung, wird sie eben ein normaler Betrieb zur Herstellung solcher halbwegs normierter Güter. Sie unterscheidet sich dann nicht wesentlich von einem normalen Betrieb. Dann aber bleibt die Frage: Was geschieht mit einem solchen Betrieb, dessen Mitarbeiter im Vergleich zur sonstigen Industrie eher unterbezahlt werden? Sind sie weiter bereit, auszuharren, wenn sie dafür ein wenig Zeit für Forschung bekommen? Oder sind die, die noch ausharren, in der nächsten Generation noch Wissenschaftler? Ist die Universität dann lediglich eine Sammel- und Verbreitungsstelle des allgemein aufgekommenen Wissens? Verliert sie ihre Mission zur Erzeugung des neuen Wertvollen? Oder verliert sie sich langsam ins Internet?

III. Intuition, E-Man und Drittmittel

1. Ich bin leider nicht erstickt und Sie sind schuld

Genau so ist es! Natürlich sind nicht genau Sie alle schuld. Aber es haben so sehr wenige geantwortet, dass es ja ein Messfehler sein könnte. Sie erinnern sich? Ich habe Sie früher zart gebeten, sich einmal dem Persönlichkeitstest bei www.keirsey.com [Anmerkung 2007: Verschiedene Links zu Tests, auch für diesen, sind auf meiner Homepage.] zu unterziehen und mir das Ergebnis und Ihr Studienfach zu verraten. Daraufhin habe ich abgewartet. Wochenlang! 27 von Ihnen haben geschrieben. Das reicht in nur wenigen Fakultäten für eine Doktorarbeit über den Lebenssinn aus, um den es hier ja geht. (Mediziner brauchen so 10, glaube ich; bei Philosophie oder Theologie genügt einer.) Deshalb habe ich dann zu einer Art Hammerschlag ausgeholt und Sie brachial direkt aufgefordert, mir Ihre vier Buchstaben zu schicken. „Und wenn ich in E-Mails ersticken sollte!", so rief ich Ihnen zu, mit mehreren Ausrufezeichen. Da war ich ganz schön mutig, weil es ja 23.000 GI-Mitglieder gibt und weil Sie ja sicher alle Ihr Heft allen in der Familie zeigen und die Artikel im Freundeskreis diskutieren. Deshalb ist die so genannte *Reichweite* des *Informatik-Spektrums* natürlich *viel* höher als die Abonnentenzahl! Stellen Sie sich vor, ich bekäme jetzt 100.000 E-Mails zum Auswerten! Es kamen aber nur 129, so dass ich nun 156 E-Mails insgesamt bekam. Die Rücklaufquote ist also weit unter einem Prozent gewesen. Wenn ich Ihnen Staubsauger zum Sonderpreis angeboten hätte, wäre nach aller normalen Erfahrung der Erfolg besser gewesen.

Diese Kolumne ist nun nicht dazu da, Sie zu tadeln oder meine Niederlage gegen Ihre schweigende Mehrheit zu zelebrieren. Ich möchte Ihnen nur sagen: Beschweren Sie sich jetzt nicht, dass die Umfrage nicht repräsentativ ist! Ich wage es trotzdem, einige Schlüsse zu ziehen. Die müssen nicht genau wahr sein, aber zum Grübeln ist genug da! (Ich habe allerdings zusätzlich zu Ihren Ergebnissen (so nenne ich das einmal) noch die von etwa 350 braven(!) IBMern. Die sind als Persönlichkeiten fast genauso wie Sie. Deshalb bin ich doch relativ ruhig über das „Repräsentative".)

Der Persönlichkeitstest von Keirsey basiert auf dem bekannten MBTI (Myers–Briggs-Type-Indicator). In den USA haben schon Millionen von Menschen ihren MBTI bestimmt. Natürlich wollen Arbeitgeber gerne wissen, was Sie für jemand sind. Natürlich berechnen gewiefte Berater aus den Typen optimale Teams, die sich dann angeblich von selbst vertragen. Ich aber wollte Ihnen einmal anhand Ihrer eigenen Ergebnisse zeigen, dass Informatiker und Mathematiker ganz besondere Menschen sind, dass also Ihre Typenstatistik ganz erheblich von derjenigen der deutschen Bevölkerung absticht. Dann könnten wir uns den Unterschied anschauen und Deutungen vornehmen, warum Informatiker/Mathematiker als etwas andere Wesen gesehen werden, die als seltene Spezies mit grünen Karten von überall her gelockt werden müssen, damit der Deutsche einen Standortvorteil bekommt. Dann könnten wir auch verstehen, warum sich so viele Menschen in unserem Lande vor Formeln noch mehr fürchten als vor Computern.

Lassen Sie mich eine Blitzeinführung in Keirseys Klassifizierung von Menschen geben. Im Test wird im Wesentlichen festgestellt, wie Sie sich persönlich in vier verschiedenen Dimensionen verhalten: Sind Sie mehr introvertiert oder mehr extrovertiert? Denken Sie „praktisch" oder „intuitiv"? Entscheiden Sie mehr nach Logik/Vorteil oder nach Gefühl (auch für andere Menschen)? Entscheiden Sie sofort und tun Sie „es" oder „schauen Sie mal, wie es so kommt"?

Da vier Fragen mit so oder anders beantwortet werden, gibt es 16 verschiedene Menschentypen nach Keirsey (bzw. zurückgehend auf „Psychologische Typen" von C. G. Jung). Diese ordnet man bei Kurzeinführungen in vier Hauptgruppen:

„**Citizens**" oder „**Corporate Guardians**": Sie sorgen, geben, sparen, bewahren, tun stoisch die Pflicht. Sie sind die „Elternartigen" unter den Menschen, hoffen auf bessere Zeiten, sind immer eifrig, sich durch harte Arbeit einen immer höheren Status zu verdienen. Sie sind verantwortlich und zuverlässig. Keirsey sagt, sie haben die „logistische Intelligenz".

„**Go West**" oder „**Utilitarian Artisans**": Sie lieben Arbeit als Freude an der eigenen Wirksamkeit. Sie lieben den Vorgang der Arbeit an sich, nicht so sehr das Ergebnis. Sie hassen Langeweile. Sie möchten gerne clever, stark, tapfer, wendig, siegbereit, impulsiv sein. Sie hassen Hierarchien und Bürokratie. Sie möchten ein Virtuose werden, selbstvergessen unendlich darin aufgehen. Sie sind ein wenig die Kindgebliebenen. Sie besitzen vor allem die „taktische Intelligenz".

„**Blue Helmets**" oder „**Cooperative Idealists**": Sie suchen nach Sinn, nach Identität, sehen den Menschen und insbesondere die Seele in der

Mitte des Daseins. In der Masse fühlen sie sich verloren. Sie sind besonders. Sie hassen das Nicht-Authentische, das Spielen von Rollen. Sie verfolgen leidenschaftlich etwas Kreatives, um darin zu sein. Sie leben im Möglichen und tun viel für ihre wachsende Persönlichkeit. Sie besitzen die „diplomatische Intelligenz".

„**Star Treks**" oder „**Utilitarian Rationals**": Sie wollen vor allem kompetent sein und täglich lernen. Es geht ihnen nicht um die Resultate der Arbeit, sondern um das Wachsen des Könnens und Wissens. Sie stellen dabei höchste Ansprüche an sich selbst. Sie reden oft abstrakt und schwer verständlich für andere. Sie arbeiten nur wirklich gerne bis zu dem Punkt, an dem die Herausforderung gemeistert ist. Dann sollen es „andere" vollenden. Sie sind oft nicht ganz sensitiv im Umgang mit anderen Menschen. Sie besitzen die „strategische Intelligenz".

Na? Was sind Informatiker oder Mathematiker? Sie zeichnen bitte vor sich eine Prioritätenliste von 1 bis 4 ...

2. Jäger, Bauer, E-Man

Jetzt stellt sich natürlich die Frage: Wer sind Sie? (Bitte denken Sie einfach weiter so mit. Ich weiß schon, dass in Ihnen drin das sokratische Daimonion fragt, ob das valide ist, ob der Test immer stimmt, ob man so was gutheißen soll, ob man es glauben kann, warum der Test nur bei anderen stimmt, aber nicht bei Ihnen, ob der Typ zeitlich veränderbar ist etc. Vertrauen Sie mir mal für ein paar Seiten.) Ich selbst bin Star Trek. Ich habe mir über den Einzelmenschen hinaus überlegt, welche Menschen denn in einer Gesellschaft die Herrschaft innehaben und welche Gesellschaftsordnungen daraus resultieren. Ich erkläre Ihnen, was ich erkannte.

Versetzen Sie sich in die Savanne, 5.000 Jahre vor Christus. Sie sind mit einer Keule bewaffnet und warten auf ein ahnungsloses schmackhaftes Tier. Welche Eigenschaften sollten Sie haben, damit Sie eines erschlagen können? Wäre es gut, täglich zu lernen oder Sinn zu suchen? Ist es wichtig, die Pflicht zu tun und zweimal täglich die Höhle zu lüften?

Lesen Sie noch einmal die Kurzbeschreibungen der Typen. Es ist doch sonnenklar, dass der beste Jäger und damit der beste Mensch an sich ein Go West ist, oder? Das ist aber schon lange her.

Vor Jahrzehnten noch lebten wir in einer Agrargesellschaft. Der Bauer löste den Jäger ab. Lernt der beste Bauer den ganzen Tag? Sucht er Sinn? Ist er clever, tapfer oder impulsiv? Der beste Bauer sät und erntet, pflichttreu immerfort. Man fragte Bergbauern, was sie tun. „Melken, Gras mähen, füttern." Man fragte sie, was sie täten, wenn sie mehr Zeit hätten: „Melken, Gras mähen, füttern." Wissen und Sinn sind genügend da! Das Bauernartige beschreibt das Ursprüngliche der Citizens, die ein geregeltes Leben führen. Jahrein, jahraus. Als Beamter, Lehrer, Bauer, als Mutter, Abteilungsleiter. Ihre Hoffnung war, sich in einem stabilen System ein sicheres Heim zu schaffen.

Die Hauptaufgabe der Gesellschaft schien darin zu bestehen, das Lustorientierte als Hauptfeind des Stabilen zu bekämpfen. Die Elternartigen versuchten verzweifelt, die Kindgebliebenen bzw. ihre Go-West-Kinder nach Kräften zur Pflicht auszurichten. Schauen Sie sich die obigen Beschreibungen der Temperamente an. Bitte verstehen Sie beim Vergleich der Citizens (grob 37 Prozent der Bevölkerung nach Keirsey) und der Go West (auch 37 Prozent von allen): Alle Systeme wollen Pflicht, Zuverlässigkeit, Stetigkeit, Gewissenhaftigkeit, Ruhe, Sicherheit und sie fürchten Risiko, Gefahr und Schmutz. Die Schule, die Universität, die Armee, der Staat, die Unternehmen. Die Go West finden das als Kindgebliebene langweilig. Dafür werden sie „erzogen", unterdrückt, unter Strafe gestellt, bei Gehaltserhöhungen übergangen. Freud beschreibt im Menschen den Kampf der Lust gegen die Vernunft. (Solange noch Lust im Menschen ist, verdeckt sie die Vernunft. Es ist nicht so sicher, ob überhaupt Vernunft da ist, weil man sie ja erst sehen kann, wenn die Lust weg ist. Wenn sie dann weg ist, hat man keine Lust mehr, vernünftig zu sein.) Ganz falsche Richtung! Der Hauptkampf ist nicht im Menschen *drin* (dort gewinnt ja entweder die Lust oder die Pflicht, je nachdem, da ist es nicht spannend)! Der Hauptkampf findet zwischen den Citizens und den Go West statt. Die Citizens greifen immer an, seit Jahrhunderten. Sie haben allerdings noch keine Handbreit Land gewonnen. Oder haben Sie etwa Ihr eigenes Go-West-Kind in 20 Jahren Totaleinflussnahme zum Klosterschüler umgedreht? Ich kenne niemanden, der es schafft, aber alle wollen Vorgesetzter werden und es dann wieder mit ihren Mitarbeitern unverdrossen weiterversuchen. Pflicht!

Gedankensprung in die heutige Zeit! Heute sind ironischerweise die herrschenden Citizens nicht mehr an stabilen Systemen interessiert. In den Unternehmen haben sie totale Globalisierung und Mobilmachung angesagt. Sie kaufen sich auf, vermischen sich munter und hoffen auf Synergien bei einer Vereinigung. Sie versuchen unentwegt, kampfartig den Shareholder-Value nach oben zu treiben, was sich ja wahrscheinlich in Aktienkursen niederschlägt. Je tiefer die Aktienkurse sind, umso mehr geht es um das Überleben, und das mobilisiert Energie, worauf alle viel mehr arbeiten müssen, deshalb steigt der Shareholder-Value wieder irgendwie an und das Überleben beginnt wieder von vorne. Der Weg ist das Spiel.

Nun aber kommen neue Menschen in die Arena! E-Man! Sie versuchen es nicht mit Sparen und Antreiben wie die Citizens, sie erfinden einfach neue Produkte oder Geschäftsmodelle. Das ist die Essenz der New Economy. Das klappt nicht immer, weil ja bekanntlich die meisten Mutationen gleich wieder an zu großer Genialität sterben, aber es ist die schnellste Art zur ersten Milliarde. Diese neuen Menschen versuchen es einfach hemdsärmelig, ohne festdefinierte Unternehmensstruktur – mehr chaotisch und selbstorganisiert. Ihre Unternehmen sind auf eine Vision ausgerichtet, der alle entgegenarbeiten. Sie blinzeln der Zukunft entgegen wie beim Blick in die Sonne. Es sind sehr oft Informatikerartige, die da am Werk sind. Nicht so sehr „Direktoren" oder „Hauptabteilungsleiter". Es sind andere Menschen! Ganz andere! Star Treks? Oder? Was meinen Sie?

An den Universitäten ist die Entwicklung zurzeit genau entgegengesetzt. Dort sind die Naturwissenschaftler ja schon länger in einer New-Economy-Ordnung. Sie sind nicht straff organisiert, es gibt keine Stechuhren, Mehrarbeitsappelle oder Bonuszahlungssysteme, um den Durchschnitt zu heben. Die Computernetze wie die Wissenschaftler haben kaum eine feste Organisation, gehorchen ihr eh' kaum und halten Systeme für Last, die von der Arbeit wirkungsvoll fernhalten kann. Wissenschaftler wollen AIDS besiegen oder die Riemann'sche Vermutung. Sie wollen die Welt verändern!

Das ist: Old Science.

Nun kommt: New Science.

New Science ist wie Shareholder-Value. Damit der Wert der Science einer Universität berechnet werden kann, braucht man Messzahlen, die möglichst objektiv erscheinen sollen, damit nicht über sie diskutiert werden muss, die leicht zu messen sein müssen, damit für die Herrschenden keine Arbeit anfällt, und unter deren Joch die als faul angenommenen Wissenschaftler das Arbeiten lernen. Es gibt bald die quartalsweise Evaluation anhand von Drittmitteleinwerbung und kurzfristige Bonussysteme für die Professoren, die jetzt dem Geld hinterherjagen sollen. What you can't measure, you can't manage. So ist der Leitspruch der Citizens. Sie zwingen der Universität immer schönere Studentenprüfungssysteme auf, worauf Studenten wie schon als Schüler nur noch für Punkte lernen, woraufhin langsam klar wird, dass auch Professoren, wenn man sie unter Drittmittelhochstress setzt, nur noch für Drittmittel forschen. Das alles beweist, dass ohne solche Drucksysteme alle Leute faulenzen würden, weil sie ja unter den Drucksystemen nur für Punkte oder Geld arbeiten. Wenn das wieder wegfiele, würden sie ja nicht mehr arbeiten. Ganz klar. Der Mensch, aus der Sicht des Citizen, hat aus Pflicht zu forschen. Da er sich aber um Pflichten notorisch drückt, wie man weiß, so zwingt man ihn, die Pflicht zur Neigung zu machen. Er muss es also lieben müssen, für Drittmittel zu forschen. Wenn der Professor Drittmitteleinwerbung liebt, ist die Welt vollkommen New Science. Die Buchhalter kommen, die in der New Economy nur noch in der zweiten Reihe sitzen würden. In einer Company ist es gut, den Durchschnitt anzuheben. Klar, dann steigt der Gewinn. Deshalb wird jetzt auch in der Wissenschaft versucht, den Durchschnitt zu optimieren, damit irgendetwas steigt.

3. Über das Intuitive

Was ist der Unterschied zwischen New und Old? Zwischen dem Blick in die Sonne und dem Blick in die Abrechnungsbücher? Kurz auf den Punkt behauptet: Es kommt darauf an, welcher Menschentyp die Macht hat. Der Citizen? Der Star Trek? Der Blue Helmet? Das ist die Frage. Die Go West haben heute nie die Macht. Das habe ich ja erklärt. Jäger. Die Citizens sind allesamt praktische Denker und die Star Treks und die Blue Helmets auf der anderen Seite sind alle Intuitive.

Ich versuche also jetzt mein Bestes, Ihnen kurz (wenn das überhaupt geht) den Unterschied zwischen dem Praktischen und dem Intuitiven zu erläutern. Ich behaupte dann, dass *dieser* Unterschied im Wesentlichen der zwischen Old und New ist. Die New Economy ist intuitiv! Die Old Science ist intuitiv! Das Zahlenmessen und Listenschreiben ist das Zeichen der Citizens! Danach, endlich, komme ich zu Ihnen. Sie sind in der Masse intuitiv! Und Sie stehen im Kampf. Wer gewinnt, ist ganz unklar. Nach Mehrheiten geht es offenbar nicht. Es geht ja um Geld.

Also los, was ist der Unterschied? Ich habe hier ein Psychologiebuch liegen, das sagt, Intuition sei eine Art sechster Sinn. Das ist schon ziemlich präzise. Das soll Ihnen wohl irgendwie sagen, Intuition sei etwas, was nicht so sehr mit den fünf Sinnen zu tun habe, die die praktischen Menschen verwenden.

Praktisches oder Sensordenken: Gegenwartsorientiert, auf dem Teppich, konkret, präzise in Zahlen, Merkmalen, Listen, Regeln, Gesetzen, Moral, Geschmacksvorschriften. Dieser Satz wäre ein Tadel für den Praktischen:

„Sie haben so viel Phantasie." Praktische denken sequentiell, in Fakten und Abbildungen, lesen Zeitungen von vorne bis hinten, nehmen Dinge wörtlich, wollen Rezepte, klare Instruktionen, grübeln nicht über zukünftige Systemfehler, sondern reparieren, was kaputt ist. Sie sehen eher die Bäume als den Wald. „Ich glaube, was ich sehe."

Intuitives Denken: Intuitive denken an vieles gleichzeitig, wirken daher oft abwesend. „Hörst du zu?" Sehen in die Zukunft, sehnen sich, haben eine Vision („Details später! Das sind alberne Einzelheiten!"). Sie finden Dinge heraus, ganz aus Spaß, ohne „Nutzen". Lieben Wortspiele. Bestehen darauf, hinter die Dinge zu sehen und die Abhängigkeiten zu verstehen. Geben eher abstrakte Antworten und sind irritiert, wenn Menschen es ganz genau wissen wollen. Phantasieren gerne, sehen den Wald, nicht gerne die Bäume. Gesetze und Zahlen sind Unsinn, es reichen Leitlinien und eine klare innere Ethik.

Ich habe neulich einen Vortrag bei einer Bank gehalten. Habe erklärt, wie man zum Beispiel eine Hochzeit für einen Freund planen kann: Ich überlege, was er und sie beide lieben, welche Hobbys sie haben, welche Vereine etwas beisteuern könnten, suche ein Phantasiethema über die Feier zu legen, inspiriere Freunde zu Dichtungen ...

Oder, die zweite Möglichkeit: Ich kaufe für 9,95 Euro ein Buch „30 oft erprobte, erfolgreiche Hochzeiten" und wähle die passendste für meinen Freund aus.

Ich selbst bin ja Intuitiver und habe provokativ ins Publikum gefragt: „Machen Sie das *etwa so*?" Zwei Teilnehmer riefen spontan: „Aber klar! Das geht schnell, ist erfolgreich und klappt auch." Viele nicken und mich grauste es. Das ist der Unterschied!

Oder, meine Frau fragte mich nach einer Privateinladung bei einem Manager: „Was haben die denn für Möbel?" Ich schaue dann irritiert und überlege: „Modern, hell, sachlich, passt mehr zu der Frau." – „Und was genau?" – „Du, ich weiß nicht, ich schaue nicht auf Möbel. Wir haben uns über Shiraz-Trauben unterhalten." – „Bist du sicher, dass du da warst?"

Intuitive sind mehr so wie Platoniker. Diese halten die Ideen und die Urbilder für das Urwirkliche. Die Dinge sind bloß Abbilder der Ideen! Das Eigentliche im Wirklichen ist die Tiefe der Wirklichkeit. – Diese Formulierung atmet Tiefe und Schönheit. Gegen solche platonischen Triebe wettert David Hume: „Die menschliche Phantasie ist von Natur schwungvoll; sie ergötzt sich an allem Entlegenen und Außerordentlichen und durcheilt ohne Kontrolle die entferntesten Teile von Raum und Zeit, um den durch Gewohnheit allzu vertrauten Gegenständen auszuweichen. Eine richtige Urteilskraft befolgt das entgegengesetzte Verfahren und beschränkt sich, alle weitliegenden und hohen Forschungen beiseite lassend, auf das gewöhnliche Leben und solche Gegenstände, die der täglichen Praxis und Erfahrung angehören." Sehen Sie? Kontrolle! Gewöhnlich! Praxis! Sie hörten Hume aus dem 18. Jahrhundert. Er muss herausgefunden haben, dass manche eine schwungvolle Phantasie haben.

In der Old Economy sind nach vielen Statistiken 60 bis 80 Prozent der Topmanager Citizens, also praktische Denker, die damit die logistische Intelligenz besitzen. Sie managen mit Deadlines, Budgets, Organisation und Reorganisation, Bonusplänen, Umsatzplänen, Personalplänen. „Ich will sehen, was unter dem Strich stehen bleibt." Die New Economy träumt sich in die Zukunft, designt futuristische Geschäftsmodelle, legt mit irrem Eifer los, ohne genau auf den Pfennig zu schauen. „Später, wenn alles läuft, stellen wir auch einen Controller ein. Ja. Aber jetzt ist Bewegung nötig. Speed, nicht Kontrolle! Es geht *nicht* darum, es perfekt zu machen! Es gilt erst einmal festzustellen, ob es *überhaupt* geht! So lange bleibt mir mit Einzelkram vom Hals!"

Dieser eine Unterschied bewirkt, dass ich doch schon einige graue Haare bekommen habe. Ich kann sie aber noch zählen, na ja, so etwa. Ich habe übrigens ein Buch darüber geschrieben. Nicht über die Haare, über „Jäger, Bauer, E-Man". Es heißt: *E-Man: Die neuen virtuellen Herrscher*. Wegen der grauen Haare habe ich bei Amazon das so formuliert, dass *Wild Duck* mehr wie ein liebevoller Pralinenkasten geschrieben sei, fein vergiftet; aber *E-Man* sei ein Brandpfeil in die Bauerngesellschaft! Kam gleich eine E-Mail von Ihnen: „Na, na!" Manchmal bin ich vielleicht zu schwungvoll, ach ja, die Phantasie, klar. Aber das Graue! Das Praktische!

Sie können das sicher mitfühlen. Denn Sie sind zum größten Teil ebenfalls Intuitive.

156 Leser antworteten auf meinen Aufruf, den Persönlichkeitstest von www.keirsey.com zu absolvieren und mir das Ergebnis zu verraten. Von diesen sind ganz genau (Zufall!) 78 Star Treks und ganz genau 39 Blue Helmets. Also 50 Prozent Star Treks und 25 Prozent Blue Helmets. Das sind die Intuitiven; daher insgesamt 75 Prozent. Ganze zwei der Einsender erwiesen sich als Go West. Der Rest, also ein ganz knappes Viertel, sind Citizens. Die Hälfte der Einsender waren Informatiker, 13 waren Mathematiker, dann zersplitterte sich das Feld enorm. 2 Juristen, 1 Mediziner, 2 Biologen, 6 Physiker, 10 BWLer etc. Es haben allerdings etliche Leser das Ergebnis des Lebenspartners dazugeschrieben, weil ich ja geradezu hoffte, auch einmal die Typen ganz normaler Menschen zusätzlich

erfassen zu können. Außerdem haben etwa 12 Assistenten der ETH, an der ich einen Vortrag hielt, mir eine Blockmail geschickt ...

Introvertierte und Extrovertierte halten sich die Waage. Die Intuitiven überragen die Praktischen drei zu eins, die Denkzentrierten die Gefühlsorientierten zwei zu eins (70 Prozent Denkzentrierte). Die Pflichtcharaktere (76 Prozent) überwiegen die „Lockeren" mit drei zu eins. Von den Star Treks waren fünf Sechstel männlich, von den Blue Helmets nur drei Viertel. Das liegt daran, dass im Allgemeinen die Frauen bei Tests erheblich öfter das Ergebnis Gefühlsorientierung erzielen als Männer. (Man schätzt, dass 65 Prozent der Frauen gefühlsorientiert im Sinne dieses Tests sind, aber 70 Prozent der Männer denkzentriert sind; der Anteil der Denkzentrierten nimmt mit Karrierehöhe oder Ausbildung zu! Ich habe gewagt, dazu ein paar Seiten in *E-Man* zum Ungleichgewicht von Mann und Frau zu spekulieren. Das Denkzentrierte ist das eigentliche Problem, nicht der Mann als solcher!) Alle diese Ergebnisse sind ziemlich deckungsgleich mit der Stichprobe, die ich von IBMern habe. Noch ein Spezialergebnis: Alle, also in Worten: alle Mathematiker gaben an, *introvertiert* zu sein (tief, konzentriert, wenig Freunde, nachdenklich, ...). Insbesondere die Mathematik hat Probleme mit ihrer Begeisterungsausstrahlung in der Öffentlichkeit! Daher?

Sie sehen, dass in etwa so die normalen Vorurteile herauskommen, die wir alle schwammhaft hatten.

4. Logistik und Evaluation

Wenn nun die Informatiker und die Mathematiker und die IBMer zu drei Vierteln Intuitive sind, so haben sie überwiegend eine andere Intelligenz als das herrschende Prinzip des Citizens. Ich habe folgendes Gefühl: Die Citizens stellen de facto drei Achtel der Bevölkerung, die Go West auch drei Achtel. Die Citizens (oder die Bauern) führen Krieg gegen die Go West (die Jäger). Bei diesem Krieg fallen die Intuitiven nicht auf, weil es wenige sind und weil sie gut in Mathe sind oder so, dann lässt man sie halt in Ruhe. Freud hat die Intuitiven wohl manchmal gesehen, fand aber, Wissenschaftler hätten den Sextrieb sublimiert, weil er ja bei den Techies irgendwohin verschwunden sein muss. Mehr oder weniger gehen aber die gängigen Theorien von Citizens und Go West aus. Die Managementtheorien besonders, die den als faul, lustmolchig und geldgierig angenommenen Arbeitnehmer durch allerlei kunstvolle Maßnahmen motivieren wollen.

Und jetzt, Licht aus, Spot an, Vorhang auf! Unter den IBMern und unter Ihnen sind fast gar keine Go West! Die Systeme sind allesamt designt, Go West zu bekämpfen, deren Jägerart den Citizens nicht gefällt! Aber es sind keine Go West da! Fast gar keine! Fazit: Deshalb sind die Systeme Unsinn. Oder? Was meinen Sie? Techies arbeiten doch wie verrückt, warum eine Stechkartenuhr? (Und als Handlungsnebenstrang: Wo sind die Go West geblieben? Ich glaube: Das Schulsystem ist alleine so tüchtig, dass es die Go West vor dem Abi cancelt. Da schon bald 50 Prozent Abitur machen, ist das Schulsystem eine Sortiermaschine nach Go West? Da könnten doch die Kinder gleich den Test bei www.keirsey.com machen, das geht doch schneller? Oder sollen wir mal über die Unterrichtsformen nachdenken, über jägergemäße, jagdfiebererzeugende, und nicht einfach drei Achtel der Bevölkerung ächten bzw. in Handwerksberufe treiben, wo sie vor Citizens sicher sind?)

Wenn wir also richtiges Management brauchen, dann eines für große Herden von Intuitiven. Intuitive muss man hinter einer Visionsfahne einen, ihnen einen Traum geben („In zehn Jahren auf den Mond", „I have a dream ..." von Martin Luther King), den sie erfüllen wollen und der sie über ihre Barriere schubst, normalerweise nicht primär Nutzen erzeugen zu wollen. „Auf dem Mond stehen" ist genug konkret, zum Beispiel, da hilft kein Prototyp von der Uni. Intuitive brauchen charismatische Leitmanager, die ihre Herzen in Richtungen einen. Das ist es, was der Wissenschaft noch fehlt, wenn man sie denn, wie es heute so ist, konkreter und lebensnaher machen will. Das wäre artgerechtes Management für Intuitive, eines für Old Science.

Was aber passiert? Die Universitäten werden evaluiert. Gemessen und geschätzt. In Zahlen und Bewertungen gezwängt. Wie viele Publikationen? Wo? Wie viele Seiten? Wie viele Bilder gemalt? Wie hoch ist der Verkaufspreis? Wie viele Bilder verkauft? So wenige? „Schauen Sie doch einmal meine Kunst an!", fleht der Intuitive. „Anschauen? Unnötig. Wenn sie niemand kauft, können die Bilder nicht schön sein. Anschauen? Pfui, wie subjektiv. Der Umsatz ist unbestechlich." Somit kommen die Citizen-Systeme, die für Go West designt sind, über die Intuitiven. Das, was wir Kunstsinn, Wissenschaftsverstand, Pioniergeist, Zukunftsvision nennen, das, was den eigentlichen Wissenschaftler ausmacht, ist: Pfui, subjektiv. Das Unendliche, Unschätzbare, Himmelsnahe der Wissenschaft ist: pfui, subjektiv. Wir müssen es im praktischen Denken objektivieren. Messen. Vergleichen. Drei Lemmata sind so viel wie zwei Propositionen oder ein halbes Theorem. Ein Zitat in „Nature" gibt 100 Punkte. Gunter Dueck bekommt sein Gehalt nach dem gewogenen Amazon-Verkaufsrang seiner Bücher. Lesen? Pfui, subjektiv.

Objektiv sind Meilensteine, Prototypentwicklungsstadien, Statusmeetings, Steering Committees, Kuratorien, Aufsichtsräte. Die schauen nach, ob der Faltenwurf der Statuen exakt ist, ob die Blätter im Ölgemälde sauber ausgemalt sind. Kein Pfusch mehr. Der praktische Denker sagt: „Ich glaube, was ich sehe."

Wenn Sie, die Intuitiven, in einer verfassungsändernden Mehrheit von 75 Prozent sind: Warum lassen Sie das zu? Warum tun Sie nichts? Ich weiß es. Leider. Karen Horney teilte die Menschen in drei Gruppen ein: in die, die sich in der Kindheit mit dem System identifizieren (die Citizens?), in die, die rebellieren (Jäger und einige intuitive Führer?), und in die, die weggehen und nachdenken … Viele Intuitive „entstehen" vielleicht im Rückzug vor Aggression und werden Blue Helmets und Star Treks, also etwa Pastoren oder Mathematiker. Und jetzt kommt die Aggression und „wir" stehen wie Lämmer da mit unseren Lemmata.

5. Nun doch: Systeminfizierung?

Was tut jemand unter einem System, wenn er es nicht zu Fall bringen will? Er arrangiert sich. Das Denken beginnt, um die Seitenlänge der Artikel, um die Termine der Meilensteine und um die schönen Farbfolien beim Statusmeeting zu kreisen. Die Reise geht los. Vom Latex des Intuitiven zum Powerpoint des Praktischen, welches nur noch die einspaltigen Argumentationslisten kennt. Platons Dialektik weicht Listen von Argumenten der eigenen Superqualität. Der Diskurs weicht den Messungen, welche Beurteilungen im Schnellverfahren ermöglichen. Die Verfahren sind so sehr objektiv! Wie Wahlzettelauszählungen, die fast schon durch Computer erledigt werden können. Die Ministerien messen einfach die Drittmittel („Wie viel Bilder verkauft?") und urteilen. Die Messungen sind ja von den Käufern durchgeführt worden. Wer Geld gibt, misst ja genau nach, wofür. Deshalb sind Drittmittel objektiv. Die Frage bleibt: Wird durch das Messen die Wissenschaft besser?

Die Eltern schaffen es nicht, Jäger zu Bauern zu machen. Die Schulen eliminieren sie und brüsten sich der disziplinierten Restschüler, wenn die Oberstufe Go-West-frei ist. Schaffen es die Drittmittelmesser? Die Ablieferung der Wissenschaft wird pünktlicher, ja. Die Seitenzahlen steigen, ja. Die Vorträge werden extrovertierter und farbiger, ja. Alles wird formal nützlicher, weil „jemand aus der Industrie schrieb, dass seine

Firma sehr daran interessiert sei, es anzuwenden, wenn sie mal nach der Nasdaq-Baisse Zeit habe ..."

Die Wissenschaftler aber konzentrieren sich mehr auf das Konkrete, auf das Objektive, auf das Messbare, auf das Gegenwärtige, das Schnelle, das Sofort-Erfolgreiche. Sie verlernen das Zukünftige, Phantasievolle, Schöpferische. Sie mögen sich seelisch wie Fast-Betrüger schlecht fühlen. Die Evaluation ist ein Kampf der Citizens gegen die Intuitiven, die nun in den gleichen Krieg hineingezogen werden wie die Go West. Die Citizens wollen, dass die Intuitiven die Lebensphilosophie der Praktiker annehmen. Die Wissenschaft wird damit auf den Teppich geholt. Sie wird zur New Science. David Hume sagt: „Sehen wir die Bibliotheken durch, wie müssten wir dann hier aufräumen! Nehmen wir etwa ein theologisches oder metaphysisches Buch in die Hand, so müssten wir fragen: Enthält es eine abstrakte Untersuchung über Größe und Zahl? Nein! Enthält es erfahrungsgemäße Erörterungen über Tatsachen und Existenz? Nein! So übergebe man es den Flammen ..." Wenn also wir Intuitive weiterhin eine Existenz auf hohem Platoau wollen, werden uns bald die Seelen brennen!

Die New Economy besteht aus intuitiven Menschen, die weggehen und das Management der Citizens zurücklassen. Weggehen in kleine, visionäre Betriebe. Weggehen, wie sie einst vor der Systemgewalt in ein Kinderzimmer flohen und dort endlos lasen, computerten oder Wunderbares aus Experimentier- und Baukästen schufen. Weggehen und für Citizens nur noch als Freelancer arbeiten, als Freie.

Und wohin gehen Sie dann, als Wissenschaftler? Bleiben Ihre Schüler wenigstens da, so dass Sie nicht ganz allein sind? Wenn Ihre Freiheit der Forschung Ihnen ein Mindergehalt gegenüber der Industrie wert war – wie ist Ihre Bezahlung *ohne* Freiheit? „Langfristig ist es ohne Bedeutung. Die Neuangestellten kommen ja unter den neuen Messregeln ins System und sind daran von Anfang an gewöhnt. Sie haben ja die Wissenschaft ohne Drittmittel nie kennen gelernt ..."

Sie denken über Auswege nach? Sie denken an die New Economy, ja? Sollten wir nicht doch einmal an Kämpfen denken? Nicht immer an Weggehen und inneren Rückzug? Kämpfen wir! Gegen Humenismus und die Humenisierung der Wissenschaften!

IV. Kopfgold (oder Knowledge-Management)

1. Träume der Wissensgesellschaft

Es würde Millionen und Abermillionen Dollar einbringen, wenn wir das Wissen in den Köpfen unserer Mitarbeiter besser nicht in ihren Schädeln, sondern in Datenbanken gespeichert hätten. Vollständig, sicher und leicht zugänglich, so eine Datenbank soll ja kein Orakel sein. Normale Menschen haben wahre Goldminen in ihrem Gehirn. Mit ein wenig Kunst lässt sich das Gold heben, ein riesiger Wissensschatz wird freigelegt – und dann wird gescheffelt und eingesackt. Diese Kunst heißt Knowledge-Management oder Wissensmanagement.

Es ist natürlich nicht wirklich Gold im Kopf, das ist ja klar, sonst würde das Gehirn praktisch 10 Kilogramm wiegen und da würde ja fast jeder bei der Arbeit einnicken. Aber manche Teile von meinem Gehirn sind so viel wert wie Gold oder noch viel mehr. Ich kann mein Glück kaum fassen. Ich habe mich also vor den Spiegel gestellt und versucht, meine normale Goldmiene aufzusetzen. Ich habe nicht so viel sehen können, allerdings habe ich schon ein paar silberne Haare. Die Frage ist: Was habe ich im Kopf, was ich zu Gold machen könnte?

Oben in hohen Hirnwindungen finde ich so etwas wie einen Oberboden, imposant zerbrochen wie ein Kolosseum, überall liegen lateinische Brocken herum, lange nicht benutzt; mittendrin ein großes Medipack, das Lara Croft vergessen haben muss, auch ein leerer Becher ACE-Joghurt. Eine Schlangenlinie, wie ein E-Business gebogen, führt zu einem Maximum, daneben geht eine zweigestrichene Ableitung weit hinunter zu einer kaum sichtbaren Tür, die nur an den vielen Schlössern und einem Schild zu erkennen ist: „Eingang des Komplexes. Sigmund Freud." Den sehe ich praktisch wie zum ersten Mal, weil ich fast nie hier unten hinkomme, da ich meist von Wichtigerem verdrängt werde. Es stöhnt leise hinter der Tür. Es riecht merkwürdig. Ah! Die da! Drei Streifen. Es sind Sportschuhe. Zisch. Ich bin auf eine Beamvorrichtung getreten, die vor dem Komplex lauerte; weit weg. Wieder Trümmer. Ein halbvergessenes Buch. *Wild Duck*. Quak! Ein Springer macht einen Rösslsprung. Eisenbahnschienen, sie sind schon grün bewachsen, wie neuerdings die in den

Bahnhöfen. Ein E-Man rennt wie frisch gedruckt im Frühlingsgrün um die Ecke. E-Lok. Trieb wagen. Können Triebe Pfründe sein? Dampf wird abgelassen. Meine Kohle wird knapp. Mir wird schwarz. Alles ist blau. Immer. Bis Mitternacht. Es huscht etwas Goldenes vorbei. Das war die Zukunft. Eine schöne Wirtschaft. Kastrandra sagt penibel voraus. Ich träume von Stabsarbeit im Antiserpentinenreich. Schwarzer Nuggatwulst.

Wo ist das Gold?

Ich bin ein wenig erschrocken über das neuronale Chaos, überall Netze mit doppeltem Knoten.

Der Knowledge-Management-Ratgeber hatte mir eher die Hoffnung gegeben, in mir drin sehe es aus wie beim Aufruf des Explorers im Windows, wenn man eine formatierte Festplatte anschaut. Die Struktur der Welt sieht nämlich ganz genau so aus. Die Systematiken der Unibibliotheken sind wie die auf der Festplatte, ebenso die Abteilungsstrukturen von Ministerien oder Großunternehmungen oder die der Koch- und Rezeptbücher, divide et impera, teile oder beherrsch dich! Ich hatte gedacht, Bill Gates habe die File-Struktur von Windows ungefähr nach dem menschlichen Gehirn gestaltet, weshalb wir uns im Windows auch gleich intuitiv wohlfühlen sollen. Dann könnten wir Knowledge-Management wie einen Copy-Befehl betreiben: „Copy Wissen/Gold to Intellectual Data Base". Wenn ein Mitarbeiter kündigt, nehmen wir stattdessen den Move-Befehl. „*Verschiebe* Wissen in Datenbank!" Das Wissen neu eingestellter Mitarbeiter (Virusfrei? Vorsicht, es kommt von der Uni oder vom Wettbewerber!) muss für die Startneuformatierung erst in kulturelle Quarantäne. Danach bekommt er eine E-Learning-Erstbefüllung. Am besten wäre so etwas wie Installaplantieren.

Wissen Sie, was das Wissensproblem des Wissensmanagements ist?

Es gibt Menschen, die eher mehr eine Windows-File-Struktur im Kopf haben. Es gibt Menschen, in denen es mehr neuronal verwimmelt zugeht.

Ich hoffe ja jetzt, Sie haben die letzte Kolumne gelesen, die gegen den Humenismus. Dann wissen Sie schon, was ich meine. Es gibt die Fünf-Sinne-Denker, die praktischen Sensors, die die Regeln und Strukturen der Welt kennen und in ihnen leben. Es gibt die Intuitiven, die die kreativen Ideen haben und mit dem Kopf gerne einmal in den Wolken verweilen. Ich habe in der letzten Kolumne die Menschen in vier Teile geteilt. (Sie selbst können Ihre eigene Einteilung bei www.keirsey.com durch einen Test erfahren und durch die dort vorgestellten Bücher vertiefen!) Ich kopiere noch einmal die Haupteigenschaften der vier „Menschenarten" in diese Kolumne.

Bitte nicht zürnen. Sie *selbst* stellen mich ja vor solche Probleme. Ich habe insgesamt nicht den Eindruck, Sie läsen in Mehrzahl so ein neu eingetroffenes Heft einfach durch und werfen es weg (Müll oder Regal). Ich versuche deshalb, ein wenig self-sufficient zu schreiben. Also, es gibt, hauptsächlich auf C. G. Jungs furchtbar dickes Buch „Psychologische Typen" zurückgehend, folgende vier „Menschenarten" oder „Temperamente":

"Citizens", "Go West", "Blue Helmets" und "Star Treks". [Anmerkung 2007: Diese sind in dieser Kolumne an dieser Stelle genauer beschrieben, aber die Beschreibung kennen Sie ja jetzt als Leser dieses Buches schon aus der Kolumne *Intuition, E-Man und Drittmittel. Ich bin leider nicht erstickt und Sie sind schuld.* Wenn Sie diese noch nicht gelesen haben: Die Beschreibungen sind dort!]

Bei IBM, soweit ich das getestet habe, und unter den Lesern von Ihnen, die meine Umfrage mitgemacht haben („Was ist Ihr Temperament?"), finden sich etwa die Hälfte Star Treks, ein Viertel Blue Helmets und fast der ganze Rest Citizens. Im Management von großen Institutionen dagegen schätzt man den Anteil der „Citizens" oder Guardians auf zwei Drittel. Das gilt etwa auch für Generäle der amerikanischen Armee. (Die Leutnants sind noch echt schneidig und stark andersgeschlechtlich orientiert; Haudegen. Aber beim Befördern setzen sich immer mehr die Zuverlässigen und die Verantwortlichen durch ... „Controller und Antreiber".)

Ich möchte hier argumentieren, dass die verschiedenen Menschenarten verschiedene Ansichten von Wissen haben. Mein Fazit wird sein:

> Alle Knowledge-Management-Projekte unserer Zeit scheitern an mangelnder „Akzeptanz" der beteiligten Menschen, wenn sie diese Differenzen in der Anschauung des Wissensbegriffes nicht in ihr Grundkonzept aufnehmen.

[Anmerkung von 2007: Sehen Sie? Alles ist wirklich gescheitert, und endlich gibt es so etwas wie Wikipedia, was irgendwie mehr zu uns passt. Ich baue gerade ein IBM-internes Wikipedia und mache das Intranet basisdemokratisch bei IBM.]

Ich muss immer wieder und wieder Vorträge über Knowledge-Management halten. „Die zehn Erfolgsfaktoren für KM-Projekte" oder „Die zehn Hauptfehler bei KM-Projekten". Es sind immer zehn, weil man dann gut

45 Minuten reden kann. Nein, eigentlich weiß ich nicht, warum es immer zehn sind. Die Folie wird ja zu voll. Es sind ja auch nicht zehn, es sind weniger. Drei? Träumen, dass es billig geht. Träumen, dass es ohne Arbeit abgeht. Träumen, dass alle Menschen so denken wie „alle anderen", also wie ein Manager. Der erste Traum muss sein, weil man sonst nicht alles Geld bekommt, was man beantragt. Der zweite Traum muss sein, weil es in Wirklichkeit so viel Arbeit ist, so dass man es lieber traumatisiert anfängt. Der dritte Traum ist hoffentlich mit diesem Artikel ausgeträumt.

Na ja, vielleicht.
Das Thema des Wissens gibt es schon bei den Griechen. Es hat aber nichts geholfen.

Es gibt einen schönen Artikel im Internet über Wissen bei den Griechen. Sie finden ihn unter:

http://www.iae-aix.com/fileadmin/files/cerog/cv/baumard/pages/oblique_knowledge.pdf .

Philippe Baumard setzt sich dort mit den Wissensbegriffen der alten Zeit auseinander. Die Griechen kannten „Episteme", das Wissen der abstrakten Verallgemeinerungen, objektiv, „ewig", das Wahre, das in Gesetze und Prinzipien gegossen wird. Sie kannten „Techne", das Know-how, das gebraucht wird, um das Nötige zu tun. Techne liegt in Gebrauchsanweisungen und Manuals vor; es ist in so genannten „Communities of Practice" bekannt. Es gibt den Begriff „Phronesis" für die praktische Weisheit, die man in der täglichen Erfahrung erwirbt. Vieles davon ist implizit oder „tacit", wie man im Bereich des Knowledge-Managements sagt. (tacit = stillschweigend). Man kann diesen Wissensbegriffen ein wenig Gewalt antun und sie den Temperamentarten zuordnen. Guardians lieben Handbücher, Prozesse und „Techniken" wie Techne. Star Treks möchten alle Ur-Prinzipien kennen, die gewaltigen Gesetze, die hinter allem stehen. Blue Helmets tauschen ihr Wissen um den Sinn in Gemeinschaften aus.
Es gibt also schon immer verschiedene Vorstellungen von Wissen und diese verschiedenen Vorstellungen kristallisieren sich auch in den verschiedenen Arten von Menschen, die jeweils den entsprechenden Wissensarten affin sind. Insbesondere werden in Wissensmanagementprojekten immer und immer wieder vor allem drei verschiedene Dimensionen diskutiert:

- Die Technologiedimension: Knowledge-Management ist Technologie! Es kommt darauf an, die feinsten Datenbanken mit den schnellsten und vollständigsten Suchmaschinen zu konfigurieren. Darauf wird ein ganzes System des Intellectual Capital Management aufgebaut, es werden Capture Technologies eingeführt, Content Management, Lotus Groupware.
- Die Logistik- oder Organisationsdimension: Knowledge-Management soll vor allem zu Nutzen führen. Wie erzielt man Nutzen? Wie erntet man Wissen? Wie verwendet man es wieder (re-use)?
- Die menschliche oder soziale Dimension: Wie tauscht man Wissen aus? In Web-Communities? Wie in Handwerkergilden? Wie kann Knowledge-Management beim Aufbau von Personennetzwerken helfen? Wie kann KM die Kultur bilden helfen, beeinflussen? Kann KM beim Coaching oder Mentoring helfen?

Diese drei Dimensionen sind nun sehr eng verwandt mit den Vorstellungen der Star Treks, der Citizens, der Blue Helmets. Die Star Treks schreien: „Technologie!" Die Citizens rufen: „Nutzen!" Die Blue Helmets wollen „Communities!".

Es hört sich im Alltag ungefähr so an:

„Ich war auf einer Konferenz. Es gibt inzwischen neue Suchmaschinen, es ist ein Skandal, wie lange ich für ein wenig Information herumlaufen muss. Herumlaufen! Ja, herumlaufen. Ein vernetzter Arbeitsplatz müsste doch reichen. Ich möchte, dass die Firma Diskussionsforen für alles unterhält, jedenfalls mindestens für das, was mich angeht. Es wäre gut, wenn wir Erfahrungen im Intranet abspeichern. Ich habe zum Beispiel drei volle Tage gebraucht, um einen speziellen Patch zu installieren, der eigentlich nicht für diese Version vorgesehen war. Vor diesem Problem stehen ja bestimmt sehr viele Menschen. Deshalb müsste eine Datenbank installiert werden, in der diese Erfahrungen eingelagert würden. Mit drei, vier Klicks habe ich Informationen, die mir drei Tage Unsinnsarbeit ersparen. Ich hasse es, etwas zu erfinden, was schon bekannt ist. Ich will, dass meine Firma alle Reports, alle Prospekte, Teilebeschreibungen, Patente, Manuals, Zeitschriften online im Intranet vorhält und auf dem neuesten Stand hält. Es hilft nichts, wenn alles eingerichtet ist und versifft. Ich bin hier ein Entwickler. Ich werde nicht für Mistsuchen bezahlt. Ich will anständig arbeiten. Ich bin Experte. Es darf nicht sein, dass ich meine wertvolle Zeit mit dem Begehen bekannter Fehler verschwende.

IV. Kopfgold (oder Knowledge-Management)

Experten begehen nur brandneue Fehler, die sie dann lösen. Das ist das Wesen von Wissenschaft überhaupt."

„Ich war auf einer Konferenz. Die meisten Vorträge befassten sich mit neuer allseligmachender Software. Ich habe kaum etwas verstanden. Alles Verrückte. Ich fragte die Firmenvertreter immer wieder: „Was bedeutet KM für unser Unternehmen?" Ich meine, wie soll ich jetzt Projekte aufsetzen. Ich sehe ja, alle machen jetzt Knowledge-Management, das scheint ein ganz heißes Eisen zu sein. Da können wir natürlich nicht an der Seite stehen. Aber dafür müsste ich doch wissen, *was* ich *tun* soll. Was es ist, KM, das ist klar. Unsere Techniker basteln unorganisiert herum. Es reicht ja, wenn einer denkt, alles aufschreibt und wir geben es allen anderen und befehlen es als Prozess. Think once, sell millionfold. Das leuchtet mir sofort ein. Wir brauchen Software-Re-Use, Knowledge-Re-Use. Wir brauchen das alles händeringend. Die Techies haben alle ganz andere verschiedene Software, jeder für sich, geradezu als Prinzip. Es stimmt nicht, dass die beste Software überlebt. Es gibt immer so viele Systeme wie Kampfhähne in einer Abteilung. KM müsste das besser regeln. Die Techies sollen nützlicher gemacht werden. Wissen muss wie auf der Brötchenbackstraße verarbeitet werden. Wir müssen aufhören mit Losgröße eins bei der Wissensproduktion! Ich streune nun schon Tage auf Messen herum, bis mir mal hoffentlich ein Berater sagen wird: Hier ist das und das Projekt, es kostet so und so viel. Es bringt garantiert so und so viel und viel mehr Geld wieder ein. Also lohnt es sich unter dem Strich. Darauf kommt es an. Wissen hin oder her. Schließlich geht es letztlich nicht um Wissen. Letztlich geht es immer um Geld."

„Ich war auf einer Konferenz. Eine ganze Halle war voll von Software-Demos. Das sind so eine Art bunter Bildschirmmasken, die sehr schön aussehen. Daneben liegen völlig unklare Prospekte mit Frauen, die multikulturell vor Computern sitzen. Die Prospekte sagen, man müsse nur einen teuren Workshop machen, damit die Berater lernen können, wie sie die Software zu Ende schreiben müssen. Ich habe alle nach dem *Sinn* dieser Tools gefragt. Wo ist der *Mensch* in der Lösung? Ich habe meist in ratlose Gesichter gesehen. Dabei sind ratlose Gesichter gerade das Problem des Knowledge-Managements. Wir alle fühlen uns oft verloren und brauchen Hilfe. Wir brauchen organisierte Gruppen von gleich gesinnten Menschen, die sich gegenseitig unterstützen. Die Welt muss aus Freunden gleichartiger Expertise bestehen, die aneinander Interesse haben. Der Mensch steht immer im Mittelpunkt oder die Arbeit wird schrecklich. Wir brauchen Gemeinschaften, Personennetzwerke, Interessenverbände, die von Menschen geleitet und gecoacht werden. Wir brauchen Menschen, die sich um Menschen als Mentor kümmern. Keiner darf ohne Hilfe und Schutz sein. Das alles zu organisieren braucht vor allem Menschen und seelische Kraft. Die Nutzenheinis fragen unentwegt: Bringt es Geld, wenn wir uns gegenseitig helfen? Ja, schadet es denn, wenn wir uns helfen?"

Ich war auch auf einer Konferenz. Ich habe sie mit Fred Ris organisiert, eine IBM-weltweite KM-Konferenz mit knapp 300 Experten im Juni 2000. Wissen Sie, was ungefähr herauskam? So eine Konferenz braucht ungefähr drei Hörsäle für Parallelvorträge. Einen Saal für den Techie-Track, einen für den Projektnutzen- und Projekttemplate-Track, einen für Menschen, Nutzerakzeptanz und Communities. Techies bestaunen oder verachten neue Technologie (wenn sie auf dem falschen Betriebssystem läuft, zum Beispiel). Manager ringen um Nutzenkonzepte im zweiten Hörsaal. Menschen tauschen sich in H3 aus, wie sie besser zusammenarbeiten könnten. Gegenseitige Besuche enden oft mit Enttäuschungen. Techie: „Dieses Profitdenken und das Psychogesülze bringt nichts. Es ist nicht tief. Ich finde, die Veranstalter sollten nur Vorträge mit Substanz zulassen." Manager: „Die Techies sind verrückt. Sie leiden an Technology-Enlightenment. Technik kostet erst einmal Geld. Keiner kann mir erklären, wie es wieder hereinkommt. Glänzende Augen sind kein Argument. Außerdem sind Techies verdächtig. Ich bin davon abgekommen, sie um eine Erklärung der eigenen Erfindung zu bitten. Überflüssig. Ich tuschle ihnen zu, ich bräuchte eine unabhängige Expertenmeinung zu diesem wunderwunderwundervollen Prototyp neben ihrem Stand. Dann sollen Sie mal sehen, wie die Fetzen fliegen. Ich habe deshalb den Eindruck, dass das alles nicht funktioniert, so uneins sind sie. Im Grunde glaubt jeder Techie nur an den eigenen Intellekt. Die Psychovorträge waren allesamt Common Sense. Menschen sollen sich helfen! Weiß ich! Ich bin aber Realist genug, um zu wissen, dass sie sich *nicht* helfen, und zu helfen ist ihnen auch nicht. Deshalb gibt es schließlich Manager. Dieses Gerede von Communities läuft letztlich auf Menschen hinaus, und ich weiß genau, was das bedeutet: Reisekosten ohne Ende." Community-Mensch: „Es hat keinen Sinn, KM überhaupt mit Technologie anzufangen, wenn der Mensch nicht im Mittelpunkt steht. Die Projekte der Techies scheitern immer an der mangelnden Akzeptanz der Nutzer. Sie sagen immer hinterher, dass die doofen Menschen das Hochtechnologieprojekt verpatzen. Es ist aber Blindheit der Techies. Sie haben eben den Menschen nicht im Mittelpunkt gesehen. Sie sind so sehr blind, dass wir es ihnen in allertrivialster Weise beibringen müssen: dass Menschen Hilfe brauchen, sich kennen müssen, miteinander reden. Ja, ja, ja, sagen sie.

Nimm doch Internettelefonie mit Lotus Sametime und Foliensynchronisation! Es ist frustrierend. Wir versuchen, ihnen zu sagen, dass Technologien nicht für Technologen gemacht sind, sondern für Menschen. Ich war auch kurz im Managementtrack. Furchtbar. Sie sagen, der Nutzen stehe im Mittelpunkt. Wenn man richtig hinschaut, stimmt es ja auch. Ja, der Nutzen steht immer im Mittelpunkt! Aber da soll der Mensch hin. Dafür werde ich auf der nächsten Konferenz weiterkämpfen. Ich bekomme wahrscheinlich nicht die Reisekosten dafür."

Fazit: Es gibt drei verschiedene KMs. Es gibt nämlich drei verschiedene Menschenarten im KM-Umfeld.

Wenn ein Unternehmen also ein KM-Projekt startet, sollte es das wissen. Es weiß es aber nicht.

Daher geht alles so: Alle hören auf Konferenzen ihre eigene Version von KM, nämlich die artgerecht zu ihnen passende. Alle im Unternehmen schreien: „Ja, wir brauchen KM!" Dabei meinen sie alle ihre eigene Art KM. Da sie nicht wissen, dass es drei KMs gibt, und da sie alle KM fordern, sind sie sich absolut schnell einig: „Wir brauchen KM." Seltene Einmütigkeit. Sie denken dabei: „Ich bekomme tolle Tools" oder „Wir sparen Geld durch konsequente, unerbittlich neue Prozesse" oder „Wir bauen eine Community".

Die Rollen im Unternehmen sind klar.
Die Manager, im Allgemeinen Citizens, bezahlen das KM-Projekt. Die Techies bauen das Projekt. Alle sollen hinterher Nutzen davon haben. Das ist ganz klar, deshalb werden die Blue Helmets meist nicht bei einem Projekt einbezogen. Klar! Das Projekt ist für Menschen! Da braucht man keinen Rat. Die Manager bitten um Vorschläge von den Techies, wie Prozesse durch Wissenstransfer koordiniert, standardisiert, beschleunigt, menschenleerer gestaltet werden können. Wissen soll aus den Köpfen geerntet werden – und ab damit in Datenbanken. Wissensmanagement soll helfen, dass alle im Unternehmen alles Gleichartige gleichartig machen, dass sie alle dieselbe Sprache sprechen, dieselbe Terminologie benutzen. KM universalisiert das Unternehmen. Es gibt keine Underperformer mehr, weil das Wissen ja für jeden verfügbar ist, aus Datenbanken.
    Die Techies müssen auf Basis dieser Eckforderungen Vorschläge machen, die sich finanziell lohnen. Es setzt ein zäher Prozess ein, um einen so genannten Business Case daraus zu machen: Einen Beweis antreten, dass sich neue Technologie lohnt. Wenn man ein neues Produkt an den Markt bringt, dann hängt der Erfolg wesentlich vom Umsatz ab. Um also

einen Manager zu überzeugen, so etwas zu produzieren, muss man nur die Absatzzahl sehr hoch schätzen und sich sofort versetzen lassen. Bei KM lässt sich der Spruch „Think once, sell millionfold" etwa auf tenmillionfold verbessern. Techies hassen diesen objektiven Prozess, in dem der zukünftige Gewinn absolut transparent berechnet wird. Wenigstens lassen sich beim Einsetzen von diversen Nullen oft noch technologische Tools unterbringen, für die die Techies bisher kein Geld bekamen. Das haben sie bei DFG-Beantragungen gelernt, bei denen man Software und Maschinen ranholt. Oder Reisekosten, wenn man mehr Mensch ist.

Am Ende eines langen Projektes wird irgendwann eine Wissensdatenbank eingeweiht.

Vor lauter Technologie ist leider das erstmalige Befüllen nur mager ausgefallen. Das Unternehmen schreibt einen feierlichen Brief, dass jetzt die Datenbank genutzt werden könne, wenn man ein Passwort beantrage. Am nächsten Tag schnellt die Nutzung der Datenbank in himmlische Höhen. Jeder Techie hat einmal hineingeschaut: „Leer!" Das Passwort steht auf dem Post-it auf dem Schreibtisch. Nach drei Wochen sind Teetassenringabdrücke drauf, schmuddelig, weg mit den Zitronentraumteekrümeln. Damit ist die Datenbank beerdigt. Das Unternehmen stellt nach einem Monat fest, dass keine Zugriffe erfolgen. Es befiehlt die Zugriffe. Vor Schreck greifen alle im Stab öfter zu, damit Zugriffe da sind. Die Techies sagen: „Leer!" Man befiehlt, die Datenbank zu befüllen. „Habt ihr nicht etwas?" Niemand hat etwas. Im Managermeeting wird als Action Item gefordert, dass pro Mitarbeiter 1,5-mal befüllt wird; jeder Manager wird auf Pflichterfüllung getrackt. „Wäre doch gelacht, wenn das Projekt kein Erfolg würde!" Die Manager kitzeln als Action Pull- oder Push-Befüllung aus den Mitarbeitern, die zum Teil noch alte Präsentationen haben. Die Datenbank füllt sich. Das Unternehmen schreibt einen feierlichen Brief, dass es einen sagenhaften Re-Launch gegeben habe und jetzt alles Wissen in der Datenbank sei. Die Techies haben ihr Passwort vergessen. Die Manager revitalizen alles wieder. Jeder Techie schaut einmal in die Datenbank: „Schrott!" Die Blue Helmets sehen keine Menschen in der Datenbank. Gibt es einen Bibliothekar da drin? Ist jemand zuständig, der gefragt werden kann? Ein Hüter statt ein Browser! Das Management wünscht Berichte, wie viel Arbeitszeit gespart wurde, wenn jemand zum Beispiel nach gespeicherten alten Folien vortrug oder ob ein Projekt in der halben Zeit durchgeführt werden konnte, weil in der Datenbank stand, wie man das macht.

So geht es immer weiter. Wer ein totes Pferd noch endgültig zu Schanden reitet ..., ich meine: Wissen sieht man schwerer an als Pferden, ob es tot ist. Wissen ist oft schon Äonen mausetot, bevor wir mit dem

Latein am Ende sind. Unter einem straight Action-Management kommen noch lange Siegesmeldungen: „Datenbank Nr. 5 *lebt*!"

So geht heute oft KM.

Die Beteiligten schreien sich an: Nutzen! Technologische Arbeitsbedingungen! Communites!
Die Datenbank, die aber das Wissen der Welt wie ein Gral enthalten sollte, wird gepflegt als Mummia Mundi. (Im Italienischen wird Mumie echt mit zwei m geschrieben; aus diesem Wort entstammt auch das amerikanische „Mummy".)

Ist also KM tot?
Keineswegs! Machen Sie nur keinen Streit daraus, welche Menschenart das Wissen für sich gepachtet hat. Manager: Hören Sie auf, Menschen, Helfen, Gemeinschaft, Freundschaft als nutzenproblematischen Schnickschnack zu sehen. Ich höre oft: „Face-to-face muss auch mal sein." Heißt: Müssen wir uns leider mal leisten! Das ist furchtbar am Menschen vorbei! Manager: Hirne von Intuitiven sind ein Neuronengewimmel, kein PC mit einer aufgeräumten Festplatte, die nur kopiert werden muss. Wenn ein Techie eine Datenbank mit Wertvollem befüllen soll, dann sollten Sie wissen: Nicht jeder Techie hat brandneu wertvolles Wissen. Nicht jeder Techie hat je richtig gute Literatur geschrieben: Warum sollte er es jetzt auf Befehl können? Techies schreiben immer nur die Feinheiten auf, weil „den Rest jeder weiß". Deshalb versteht man Techies nicht. Man versteht dann auch nicht, was in der Datenbank steht.
Techies: Der Arbeitsplatz ist keine Tech-Orgie, sondern er dient letztlich schon dem Nutzen des Unternehmens. Datenbankeinträge von Ihnen sollen andere *lehren*, nicht protzerisch Zeugnis von Ihren Großtaten ablügen. Techies: Die anderen Menschen wollen Benutzerfreundliches, das ist alles das, was Non-Techie-Menschen angenehm finden. Lassen Sie sich einmal erklären, was das ist, ein anderer Mensch! Oft haben Sie ja einen geheiratet. Dann geben Sie diesem Recht. Blue Helmets: Jammern Sie nicht über das Menschenleere! Füllen Sie es aus. Heute wird das Menschliche meist nur ehrenamtlich betrieben, weil das Nützliche des Menschlichen nicht direkt berechenbar ist. Dann tun Sie es eben ehrenamtlich! Irgendwie! „Do what you love, the money will follow!" (Ein Titel von einem Buch, das hier neben mir liegt.)

Wir haben bei IBM gute Wissensprojekte und gute Wissensdatenbanken. Wir nennen sie ICM-Datenbanken (Intellectual Capital Management). Sie sind nicht alle gleich gut, aber es gibt sehr gute. Das sind die, die keine großen Fehler machen. Sie haben ein interessantes Thema für eine genau abgegrenzte technische Community, so etwas wie vielleicht eine Meistergilde eines bestimmten Faches. Diese Meister wollen sich technisch austauschen. Die Datenbank soll genau das unterstützen. Die Datenbank muss voll von *nur* Wertvollem sein, deshalb werden Beiträge von den Meistern referiert. Es ist eine Ehre, einen Beitrag publiziert zu haben. Es ist eine Ehre, wenn Fremdprojekte nach publizierten Vorschlägen gemacht werden. Einzelne Meister des Faches bewachen Teilgebiete auf Inhaltsfülle und Qualität. Ein Community-Meister (das ist ein zulässiges *amerikanisches* Wort) informiert die Community über Neues, regt sie an, leitet periodische Zusammentreffen der Gildenmitglieder, die dann für zwei Tage Netzwerke bilden, sich austauschen und miteinander Bier/Tee trinken. Es ist eine Ehre, Community-Meister zu sein, insbesondere ist es ein Meister, nicht jemand, der neu von der Uni kommt und im Stab schnell einen Zweitjob braucht. Es sind die Mitglieder, die am Wissen in ihrem Zentrum Freude haben und es hegen. Das Wissen gehört zu ihnen dazu. Es beschert ihnen bessere Projekte und verbundeneres Arbeiten. Um dieses Wissen zu pflegen, zu nutzen, zu schätzen, darf es kein Management brauchen! Was wäre das für eine Datenbank, die nur auf Anschiss geöffnet würde! Nein, Wissen muss für sich selbst sprechen. Dann bringt es Nutzen ohne Ende und das Management soll nicht maulen, wenn es Reisekosten gibt.

Es gibt bei uns solche Communities. Die Verschiedenheiten der Menschenarten, das Gezerge um Interessen und Geld lassen die ideale Konstellation relativ labil erscheinen. Oft ist es die Stärke des Community-Meisters, die zählt. Die muss über dem KM schweben und es geht wie von allein. Und kommen Sie bitte nicht auf die tödlichste aller Ideen: „Ist es wirklich notwendig, einen allerbesten Kopf zum Community-Meister zu machen? Kann er nicht profitabler eingesetzt werden?" Antwort: NEIN.

V. Energieversorger unter Strom

In unserer immer globaler werdenden Welt deregulieren sich die Märkte: Der Wettbewerb fällt über meinen Haushalt her. Erst wurden Banken und Versicherungen global und internetfähig, danach brach eine ganz neue Telco-Branche auf, um mich als Kunden zu gewinnen. Handys wurden verschenkt, wurden zum Senkrechtstart neuer Unternehmen.

Strom wird farbig. Vielleicht sollte ich mir einen neuen Vielfarblämpchen-Schraubendreher kaufen, der, wenn ich ihn in eine beliebige Steckdose einführe, durch ein passendes Farbblinken die Art des jetzt gerade verbrauchten Stroms anzeigt.

Im Ernst: Als Kunde soll ich die Bank wechseln, weil „es" anderswo viel billiger ist. Wenn ich dann aber weiterhin den gewohnten Geldautomaten in der Nähe nutzen will, kostet es saftige Gebühren! Mit Schaudern erinnere ich mich an meine damaligen Bedenken, alle meine Lastschrifteinzugs-Genehmigungen ändern zu müssen. Trotzdem kam in diesem Jahr ein netter Brief: „Unsere Bank ist fusioniert worden. Notieren Sie die neue Bankleitzahl, merken Sie sich eine neue PIN, ordnen Sie Ihren Internetzugang und informieren Sie alle Ihre Lastschrift-Einzieher." Natürlich hatte ich keine Lust, viel höhere Preise als bei einer Direktbank zu zahlen. Ich habe einmal gedroht und zahle seitdem diskret einen anderen Preis.

Als Kunde soll ich den Telefonanbieter wechseln, weil es täglich irgendwo noch billiger ist. Ich habe eine Zeit lang vor langen Gesprächen noch längere Vorwahlen benutzt, bis es bei der Telekom selbst so billig wurde, dass ich das wieder vergessen habe. Wechseln? Meine Frau hätte es eventuell billiger gefunden, entschied aber, dass ich den Formularkram erledige, ich? Die Telekom ist ja in Ordnung, so lange mein Telefon funktioniert, aber bei Formularen? Das ist also versandet.

Danach sollte Strom überall besser sein als in Heidelberg. Vielleicht kann ich den Unterschied zwischen verschiedenen Zucker- oder Mehlsorten einfach nicht wahrnehmen; oder zwischen Telefongesprächen unterschiedlicher Call-by-Call-Einwahlen oder zwischen Überweisungen verschiedener Banken. Deshalb bin ich möglicherweise nicht fair, wenn ich finde, dass „man" Strom gar nicht unterscheiden kann.

Für die IBM habe ich in solchen Zeiten an Strategiediskussionen bei unseren Kunden teilgenommen. Die Frage war immer die gleiche: Wie schnappen wir den Wettbewerbern die besten Kunden weg? Die Banken und Telcos suchten nach Vielnutzern, die Krankenversicherungen nach Kerngesunden, denen aber gleichzeitig eine Rentenversicherung angeboten werden soll. Jedes Unternehmen wünscht sich die profitablen Kunden.

Es gibt da ein ganz frühes Beispiel, wie so ein Versuch ausgeht: Jemand erkannte beim Wühlen in Autoversicherungsdaten („Data Mining"), dass die hochprofitabelsten Kunden männliche unterdreißigjährige Millionärssöhne mit Ferrari-artigen Autos sind. Sie zahlten mit Abstand die höchsten Prämien, hatten aber äußerst selten Unfallschäden. Erstaunlich? Besuche vor Ort zeigten, dass solche Autos zwischen den Blankputzarbeiten ab und zu einmal mit der Freundin vorsichtig um den Block gefahren wurden (nicht ganz so extrem, aber Sie verstehen!). Die Versicherung senkte deren Prämien dramatisch, warb damit und gewann ebenso dramatisch Marktanteile. Die anderen Versicherer zogen nach. Bis heute sind die Prämien unten geblieben. Ist das so etwas wie ein Topkunden-Paradigma?

Topkunden können immer wählen. Das wissen sie. Meistens verdienen sie so viel Geld, dass sie sehr bequem sind, aber eher nicht niedrigpreiswechselgierig. Wenn ihnen das Wechseln per Preisdumping aufgedrängt wird, willigen sie vielleicht ein, um nicht als Dummkopf dazustehen. Am Ende aber ist für alle Anbieter am Markt dieses profitabelste Kundensegment „normal" geworden.

Die Banken retten sich derzeit in Fusionen und Filialschließungen, die Handy-Industrie leckt Wunden, Telcos verschwinden wieder. Es herrscht mörderischer Wettbewerb. Ich habe damals über diese neue Welle geseufzt, als es mit dem Strom begann. Nach drei Monaten (es dauert immer so drei bis sechs Monate, bis die Hauptanbieter die Nerven verlieren, bis etwa die Deutsche Telekom die Preise senkt, weil Mannesmann oder otelo „anfingen"), nach drei Monaten also, glaube ich, schrieb mir mein Energieunternehmen, ich sollte ein vorgefertigtes Schreiben postwendend unterzeichnet zurückschicken, worauf mein Strom, glaube ich, 15 Prozent billiger würde. Habe ich gemacht. Warum auch nicht? Ich glaube, ich hätte ohnehin nicht gewechselt. Ich habe ja auch nicht die Bank gewechselt oder die Deutsche Telekom verlassen. Es war bestimmt ein schreckliches Versehen von meinem Energieunternehmen, mir solch einen Brief zu schreiben. Warum hat es das gemacht?

In jeder Branche fängt es folgendermaßen an: Ein Verband wie etwa der VDEW (Verband der Elektrizitätsgesellschaft) fertigt Studien mit Berichten an, wie viele Kunden wechselwillig wären, wenn der Preis beträchtlich sänke. „Es sind 10 bis 18 Prozent", hieß es allgemein. Das ist viel und es reicht für einen Frontalangriff eines entschlossenen Markteroberungs-Willigen. Später, zu einem Zeitpunkt, als schon die Deutsche Telekom definitiv nur Profit verliert, aber eher keine Kunden, wird es heißen: „Nur 2,1 Prozent der Haushaltskunden wechselten wirklich."

Wie kommt diese erstaunliche Differenz zu Stande? Es liegt bestimmt an der Frage am Anfang. Bitte fragen Sie nicht: „Würden Sie wechseln, wenn es 20 Prozent billiger würde?", sondern lieber: „Würden Sie wechseln, wenn es jetzt gleich 20 Prozent billiger würde, wenn Sie aber auch wüssten, dass Ihr jetziger Anbieter mit der Senkung in einigen Monaten nachziehen wird?" Wieso vertrauen die Unternehmer ganzer Branchen auf Fragen und Antworten „wie auf der Straße": „Wäre billiger nicht angenehm?" – „Ja, schon", hätte ich gesagt.

Wissen Sie, wer der wirklich schärfste Wettbewerber des Topkunden-Eroberers ist? Es ist kein Unternehmen, kein Mensch, keine Bank, kein Stromunternehmen. Der Hauptfeind des Eroberers heißt: „Abwarten." Der zweitschärfste Wettbewerber heißt: „Beim jetzigen Anbieter maulen und nachverhandeln." Beides kostet weniger Stresshormone als das Wechseln.

Ich kann mich des Eindrucks nicht erwehren, dass die genannten Branchen (Banken, Telefon, Mobiltelefon, Krankenversicherung, Strom, Wasser) übersehen, dass sie alle ziemlich ununterscheidbare Produkte liefern, aber auf der anderen Seite Marketingkampagnen nach Art der Markenartikelindustrie betreiben. Wenn ein neuer Markenartikel eingeführt wird, ein neues Parfum von Naomi Campbell oder eine „Original-Pizza-Hut-Pan-Pizza nun als Fertiggericht in der Supermarkt-Tiefkühltruhe", so wird der aufmerksam gemachte Verbraucher einmal das Handgelenk besprühen oder eine Pizza auf Probe mitnehmen. Dann ist die sofortige Stunde der Wahrheit, wer treuer Stammkunde wird oder nicht. Wenn es einen neuen Markenartikel gibt, kann der Verbraucher „probieren". Bei den hier besprochenen Produkten muss der Kunde „sich binden", unter Umständen fest auf Jahre oder mindestens durch das Wechselprocedere hindurch, das er nicht gerne öfter durchstehen möchte. Ein Kunde wechselt zu einem anderen Markenartikel, wenn dieser besser schmeckt, aussieht, prunkt oder auch nur Abwechslung bietet. Bei ununterscheidbaren Produkten wird aus vermeintlichem „Marken-Branding" letztlich nackter Preiskampf.

CRM zum Beispiel heißt „Customer Relationship Management", also so etwas wie Pflege der Kundenbeziehungen. Kunden, zu denen das Unternehmen eine Beziehung hat, bleiben treu. Warum legen Stromunternehmen kein „Watt, Water & More"-Programm auf? Warum keinen

Umzugsservice? „Wenn Sie umziehen, bekommen Sie weiterhin Wasser und Energie von uns, wir ziehen mit." Etwa 5 Prozent der Deutschen ziehen jährlich um. Sie wählen meist den Anbieter des Vormieters. Das geht schnell. Warum nicht „mitumziehen"? Das geht noch schneller! So kann ein Unternehmen durch Service wachsen!

Energieunternehmen könnten mir mit besseren Messsystemen melden: „Ihre Kühltruhe verbraucht viel mehr Strom als früher!" Oder noch schlimmer: „... keinen Strom!" Wäre so etwas wie eine „Steckdosenabrechnung" (elektronische Zähler an den Sicherungen) denkbar, wie beim Telefon? Es geht nach der reinen Lehre um guten Service, zügige Hilfe bei Problemen, ein paar einfühlsame Briefe (nicht: „hier Ihre neue Kundennummer, weil wir aufgekauft wurden"), die wirklich informieren. Dann wechseln Kunden nicht.

Leider werden die schönen CRM-Systeme für relativ laut-extremes Marketing („Cross-Selling") genutzt. Ich verstehe es ja. In einem Unternehmen ist all das relativ leicht, was aus einer einzigen Kostenstelle bezahlt werden kann, wofür also ein Etat vorgesehen ist. Für guten Service aber müssen viele Bereiche an neuen Konzepten arbeiten. Die Erfolge von gutem Service zeigen sich erst langsam. Das ist wohl zu langsam für knackige Quartalserfolgsmessungen. Vertrauen braucht aber Zeit. Unternehmen sollen für uns wie die örtlichen Handwerker sein. Die machen öfter etwas falsch und sind nicht die billigsten. Aber sie tragen Sorge. „Great companies care."

CRM-Systeme sind vor allem dazu da, gewünschte Kundenbeziehungen adäquat aus- oder abzubauen, je nachdem, wie sich ein Unternehmen zu dem einzelnen Kunden stellen möchte. Welche Kunden möchte ein Energieunternehmen? Solche, die viel Strom verbrauchen.

Wirklich? So einfach?

Ein Neukunde kostet am Anfang Werbung, Administration, eventuell Investments in andere Hausanlagen. Wichtige Fragen wären: Zieht der Kunde oft um? Wie oft fallen also solche Anfangskosten an? Kann ein Unternehmen schon an der Wohnungsadresse sehen, wie oft ein Kunde umzieht? Wie oft ziehen Mieter/Eigentümer von Einfamilienhäusern oder Studentenappartements um? Ein junges Ehepaar im neuen Haus mag zunächst nicht sehr profitabel sein, aber die Kinder werden dort sicherlich bald zusätzlich Strom verbrauchen. Hat der Kunde einen Internetanschluss und könnte selbst die Zählerablesung per Web vereinfachen? Ist der Kunde sehr selbstständig oder wird er großen Aufwand im Call-Center verursachen („Ich verstehe meine Abrechnung nicht ...")? Ist der Kunde etwa ein IT-Single und verbraucht deshalb eher nur Nachtstrom (günstiges „Verbrauchsprofil")? Wie groß ist die Wahrscheinlichkeit, dass pünktlich gezahlt wird? Wie groß ist seine Preis-Sensitivität? Erkundigt er sich manchmal oder zahlt er einfach brav all den Strom?

Wie hoch ist also der Wert eines einzelnen Kunden in echtem Geld? Das ist keine so ganz einfache Frage und die meisten Unternehmer schauen wohl nur auf den reinen Umsatz. Wer über den Kunden besser Bescheid wissen will, muss eben viel mehr (viel mehr!) Datenpflege betreiben. Aber dafür ist meist die erforderliche Disziplin nicht vorhanden. Was macht man mit den schönsten Kundendaten, wenn das Unternehmen fusioniert wird? Wie viel Aufwand für Wissen lohnt sich?

CRM-Systeme sollen erlauben, Kunden angemessen und verschieden zu behandeln. Sie könnten bei Zahlungsrisiken des Kunden rabattierte Vorauszahlungen anbieten, einen Gutschein (Miles & More) für Web-Ablesung gewähren, also individuell die Kosten und Risiken des Kunden minimieren. Die Call-Center-Betreuung könnte für verschiedene Kunden verschieden intensiv gestaltet werden („Bitte nutzen Sie unseren Antwortcomputer").

Im Call-Center sollten keine Anrufverteiler sitzen, sondern finale Problemlöser. (Nicht: „Ich muss erst einmal Ihre Rechnungsdaten anfordern und sie dann von einem Spezialisten anschauen lassen, der dann entscheidet, ob wir jemanden schicken; ach, es liegt am Zähler selbst? Nein, dafür sind wir nicht zuständig. Das Ablesen der Zähler ist fremdvergeben. Ich weiß aber nicht, wohin Sie sich da wenden sollen. Diese Firma liest auch die Zähler von den Kunden unseres Hauptwettbewerbers ab. Vielleicht wissen die das dann in deren Call-Center. Ich bin ja nur zur Aushilfe, aber warten Sie, ich frage meine Kollegin hier. Bleiben Sie am Apparat. Wir haben seit gestern tolle neue Musik mit unserer beliebten Hauswerbung.")

Seien Sie nicht böse, wenn ich in Satire abgleite; so etwas erlebe ich wirklich! Aber wir Kunden erwarten vom Call-Center keine reine Freundlichkeit mehr, sondern eine echte Hilfe von brauchbar ausgebildeten Fachkräften.

Wenn ein Serviceunternehmen das alles bieten will, wenn eine Bank, Versicherung, Telekom, Energieunternehmung Kunden wirklich gewinnen und binden will, dann ziehen sich die dazu nötigen Aktivitäten fast in das ganze Unternehmen hinein. Generell muss eine Kompetenzverlagerung zum „point of contact" stattfinden, damit am besten gleich dort eine „Rund-um-Betreuung" stattfinden kann. Dazu steht der „point of contact" per Computeranbindung mit dem ganzen Unternehmen in Kommunikation, nämlich mit den ERP-Systemen (Enterprise Resource Planning), den HR-Systemen (Human Resources), der Vertragsabrechnung, Vertragsgestaltung, den Kundendatenbanken und der Online-Datenpflege. Und am

Ende steht: Alle Systeme, die mit Kunden zu tun haben, müssen integriert werden.

Integration bedeutet eine Menge Arbeit, Umstellung, kulturelle Veränderung. Es ist mehr, als schnell Siebel/IBM zu installieren und in 90 Tagen alles zu können. Wenn ich sage: „Integration", so antworten fast alle: „Nicht alles auf einmal!" Ich meine ja nicht, dass ich immer gleich ein ganzes Unternehmen umpflügen will, aber ich bitte doch, einmal die Problemgröße zu verstehen und zu würdigen.

Ich gebe Ihnen dazu ein paar leidvolle Indikationen: Die Marktforscher der Gartner Group, der Meta Group etc. publizieren immer wieder Zahlen, wie viele CRM-, SCM- (Supply Chain Management), Knowledge-Management-, XYZ-Projekte überhaupt erfolgreich verlaufen. Sehr oft lesen Sie in solchen Studien: „Zwei Drittel aller Projekte scheitern." Es ist gar nicht klar, wie hoch der Prozentsatz wirklich ist, denn es hat ja jemand sagen müssen, dass etwas gescheitert ist. Und das sagen wir nicht einfach so! Im Klartext: Es scheitert ziemlich viel. Warum scheitern Projekte? Ich kann die Gründe wie eine Gebetsmühle herunterrattern: „Wir haben die Komplexität unterschätzt. Wir haben den nötigen Bewusstseinswandel nicht voraussehen können."

Darf ich das einmal ungläubig zur Kenntnis nehmen? Die Gründe des Scheiterns sind immer die gleichen, ob bei Banken, Versicherungen, Telcos, Mobilfunkanbietern ... Sie sind in allen „Hype"-Gebieten die gleichen, im Supply Chain Management, Knowledge-Management, bei E-Markets, Procurement und so weiter. Und wir armen Berater (Echt! Verstehen Sie uns auch einmal. Bitte!) stehen dabei und rufen: „Vorsicht! Sie unterschätzen die Komplexität!" Und wir bekommen immer die Antwort: „Wir haben ein gutes Angebot, alles in 90 Tagen hinzubekommen. Die dort sind nicht so pessimistisch und vor allem nicht so teuer wie Sie!" – Und dann sehen wir wieder die Gartner Reports mit den Prozentzahlen des Scheiterns an.

Wir sehen derzeit, dass alle wesentlichen Hype-Softwareanbieter unter einer Nachfrageschwäche leiden (ich zähle hier keine auf, Sie kennen sie ja). Wissen Sie, welche Software im dritten Quartal 2001 trotzdem hohe Zuwächse hatte? Trotz der Tragödie in New York? Es ist IBM Websphere. Es ist Integrationssoftware. Am Ende kommt alles „auf so etwas" zurück.

Bitte unterschätzen Sie nicht die Komplexität. Bitte vergleichen Sie die Lage der Energieversorger mit den Leidenswegen der anderen Branchen. Alles wiederholt sich qualvoll.

Ich habe das beispielhaft am immer wieder erfolglosen Versuch geschildert, alle reichen Kunden für sich zu gewinnen, im Prinzip nur durch Adressenkauf und Datenbank-Marketing. Es führt zu Margenverfall.

Immer wieder verursacht das Unterschätzen der Integrationskomplexität dieselben Fehler in allen Branchen, so dass ich oft staune, warum überhaupt Projekte so unbefangen starten, wenn doch zwei Drittel möglicherweise scheitern!

Der Brief meines Versorgers, doch alles per Unterschrift 15 Prozent billiger zu bekommen und dafür zwei Jahre treu zu bleiben, obwohl ich ja treu war, hat ihm einen Verlust von zweimal 15 Prozent von 900 Euro gebracht. Das sind 270 Euro + Porto und Abarbeitung der Änderung, also vielleicht 295 Euro.

Freunde von mir sagen manchmal, wir Computer-Gurus würden den überzogenen Technologiewandel in dieser Zeit überaus verschärfen. Ich glaube, es ist eher dieser Brief an mich, der den Kampf eröffnet.

Ein integriertes Unternehmen verwendet dieses Geld nämlich friedlich an anderer Stelle.

VI. Auf und Up mit Logik erster Ordnung

1. Logik erster Ordnung

„Das klingt logisch." So etwas sagen wir ganz schön oft und erst später merken wir etwas Übersehenes.

Alarm im Unternehmen! Die Verkäufe sinken wie irre. Die Verkäufer verzweifeln. Sie telefonieren sich die Finger wund, um Kunden zu kontaktieren. Der Controller heult auf, weil die Telefonkosten in den Himmel schießen. Er muss handeln. Es geht um das Überleben der Firma. Er denkt nach, was er tun kann. Er handelt: Er verbietet vorsorglich das Telefonieren im Unternehmen für einen Monat.

„Das klingt logisch." Die Einkaufssysteme von Firmen werden angehalten, damit kein Mitarbeiter mehr Geld ausgeben kann. Die Einkäufer drehen Daumen. Der Controller sieht das und gibt ihnen einen anderen Job. Logisch. (Gegenbeispiel: Die Firma Google (sie betreibt meine Lieblingssuchmaschine) berichtete neulich von einem Quartalsgewinn und bemerkte, sie habe das Geld durch Arbeit im engsten Sinne verdient, also nicht durch Erlasse an Mitarbeiter mit Verboten, neue Bleistifte zu kaufen.)

Logik solcher erster Ordnung sieht nicht zwei Schritte weit. Nur einen. Das reicht völlig, weil wir ja Schritt für Schritt vorankommen wollen.

Sagen Sie nicht, ich werde zynisch. Die Telefone werden in manchen Unternehmen wirklich stillgelegt. Die Einkaufssysteme ruhen in sehr vielen Unternehmen bis zum Quartalsende. Danach bestellen alle Mitarbeiter wieder scheunengroße Ballen Toilettenpapier, Paletten von Bleistiften und vor allem neue Maschinen. Dafür werden extra neue Einkäufer eingestellt. Der Controller sieht sich bestätigt, dass alle Menschen böse und gierig sind. Kaum hat er die Systeme zum Einkaufen von Arbeitsmaterial freigegeben, bestellen alle wie verrückt, ohne jede Kostendisziplin, Druckerpatronen und Toner für Jahrhunderte. Alles Lustorientierte! Verschwender! Unzuverlässige Kinder! Ende Januar ist das ganze Unternehmensbudget für das Jahr verbraucht. Die Systeme werden abgestellt. Kaputtsparen bis auf weiteres. Die Mitarbeiter müssen es spüren! Darben, verzweifeln, verhungern! Bis sie endlich begreifen, dass man nicht so verschwenden soll. (Und Mitarbeiter halten es für wenig intelligent, nach dem ersten Februar noch irgendeinen Wunsch für das laufende Jahr zu haben; alles muss schon vorher gebunkert sein. Meetings werden alle ins erste Quartal verlegt, bevor die Reisebuchungssysteme anhalten.)

Heute steht in der Zeitung (wie alle paar Jahre), dass deutsche Schüler im internationalen Vergleich relativ mäßig in Mathe und im Lesen sind (nur in Deutsch sind sie relativ fit im Vergleich zu Finnen). Die Maßnahmen sind beigefügt: Mehr Geld für Schulen ausgeben. Die Lehrer evaluieren. Härtere Prüfungen. „Das klingt logisch." Die Gretchenfragen bleiben ungestellt: Warum ist Schul-Mathe so langweilig? Informatik ebenso? Wie sollten Schüler lesen können, wenn sie keine Bücher in die Hand nehmen? Die Regierung wird mehr Geld ausgeben und irgendwo anders hart werden. Damit ist Zeit gewonnen bis zur nächsten Vernichtungsstudie. Wir wollen nämlich gar nicht besser werden; wir wollen nur weiter glauben, die Besten zu sein.

So atmen die ewig ungelösten Probleme ein und aus. Ab und zu, geärgert durch Logik erster Ordnung, bocken sie, schlagen aus und speien Feuer. Die Weisen haben längst Bücher über systemisches Denken geschrieben (etwa Senge, *The Fifth Discipline*). Logik höherer Ordnung wird zwar im Prinzip verstanden, aber in der Eile, in der sich die Welt befindet, ist Höheres nicht mehrheitsfähig, weil es nicht schon auf einer einzigen Präsentationsfolie überzeugen kann. Unsere Zeit rauscht in „Executive Summaries" an uns vorbei. Man hält Probleme nieder, ohne sie verstehen zu wollen.

2. Explosion und Kontraktion

Jetzt habe ich doch wieder gejammert, ich wollte wirklich nur sagen, was kurzfristige Logik ist. Viele Techies hier bei IBM sagen „dumm", aber sie verstehen das Phänomen auch nicht. Es ist wirklich Logik erster Ordnung. Sie geht schnell. Zack-zack, fertig, Aktionsplan, Task Force mit Leuten besetzen, die gerade „idle" sind. Vernunftmenschen (langsame) warnen, dass dieses Vorgehen nicht zu dem führe, was mit Logik höherer Ordnung als richtig berechnet werden könnte. Leider geht höhere Logik davon aus, dass sie durchgängig höher ist und insbesondere keine Logik erster Ordnung enthält. Sie setzt Vernunft voraus, höherer Ordnung. Deshalb ist alles, was mit höherer Logik oder gar mit vollendeter Logik berechnet werden kann, nun seinerseits auch grob bis unerhört falsch. Insbesondere sagt überhaupt jede vollendete Logik (ganz kompatibel mit aller Religion und Philosophie) dasselbe wie Werner Enke mehrmals im Film „Zur Sache Schätzchen", nämlich: „Böse wird's enden." Diese Vorhersage ist nie richtig eingetreten, weil Logik erster Ordnung ziemlich robust vor den finalen Irrtümern Halt macht. Logik erster Ordnung hält die Uhr angenagelt bei fünf vor zwölf fest. Es wird nie später, wie wir Vernünftigen höherer Ordnung alle vermuten würden. Insofern ist Logik erster Ordnung zeitlos. Oder ewig.

Sie raten bestimmt wieder, wovon dieser Artikel handeln wird.
Es geht um mich. Ich habe kein gutes Gefühl. Etwas wurde übersehen. Und das greift nach uns. Ich kann es nur ungenau beschreiben.

Ich bin im Dezember 2001 50 Jahre alt geworden. Bei IBM sind nicht mehr arg viele älter als ich, vielleicht 700 von 30.000. [Anmerkung 2007: Oh je, ich bin jetzt 55 geworden und meine Chefs sind auch jünger als ich.] Sie sind jetzt wahrscheinlich jünger und wissen nichts mehr „von früher". Als ich klein war (kleiner als jetzt, ich bin nur 1,69 m, also so groß wie der kleine Häßler oder der kleine Littbarski; da musste ich immer bei den Länderspielen zusammenzucken, bei „klein"), als ich also klein war, gab es beim Bäcker Brötchen. Nicht jeden Tag. Sie hießen ja Sonntagsbrötchen. Ich glaube, sie kosteten sechs Pfennig. Diese Halsabschneiderpreise von 10 Pfennig kamen erst später auf, als es schon Mohnbrötchen gab, ein unerhörter Luxus, der mit Aufpreis von 2 Pfennig versehen war. Mein Vater leistete sich schon einmal eines.
Wenn ich heute zum Bäcker gehe, soll ich Kümmel-Mango-Schlemmerstangen und Hagelzuckerzapfencroissants mitbringen. Die Kinder sprechen diese Namen ganz unbekümmert aus und schämen sich gar nicht. Ich bin nicht so sicher, ob „Kümmel-Mango-Schlemmerstange" zu meinem aktiven Wortschatz gehören sollte. Ich zeige meist stumm auf ein Teil und spreche die gewünschte Anzahl aus. „Aber Herr Dueck, das sind Acht-Korn-Schrot-Kugeln. Ich sage Ihnen das mal, dann können Sie es beim nächsten Mal von selbst sagen."
Können Sie sich vorstellen, welche irrsinnige Revolution im Bäckerladen stattgefunden hat? Wissen Sie, dass wir alle früher nur von Sechspfundbroten gelebt haben? „Ein Brot." Es wurden keine sprachlichen Kapriolen verlangt. Ich musste immer sagen: „Ein Brot, bitte." Die Logistik des Bäckers war denkbar einfach, weil es eine weitläufig akzeptierte Theorie gab, die besagte, dass frisches Brot schädlich für den Magen sei. Es reichte also, irgendein hinreichend altes Brot zu bekommen, weil es ja gesünder wurde.

Ich will Sie nicht langweilen, aber dieselbe Entwicklung vollzog sich bei Joghurts ein paar Jahre später, nachdem es keine Milch mehr zu kaufen gab. Milch wird nämlich dick, wenn man sie in die Küche stellt. Man braucht keinen Joghurt. Versuchen Sie das einmal heute mit dem, was Sie irrtümlich als Milch kaufen. Es sieht nach kurzer Zeit wie eine homogenisierte Masse aus, mit Wasser oben. Zuerst gab es eben Joghurt. Heute würde man Naturjoghurt sagen, der in Salat gerührt wird. Das Pendant zum Mohnbrötchen war der Erdbeerjoghurt, ein unerhörter Luxus, den sich normale Menschen viel billiger mit selbst gemachter Marmelade simulierten. Ich glaube, dann kam Heidelbeerjoghurt, was die Waschmittelindustrie freute. Es endet heute beim Stracciatella-Birne-Mohn-Joghurt aus dem rechtsdrehenden Regal, inklusive Vitaminstoß und negativem Cholesterin.

Am Anfang gab es zum Beispiel Haferflocken und Cornflakes. Dann ... Merken Sie, was ich sagen will? Es gab eine irrsinnige Explosion an Zeug, das man kaufen kann. Jeder von uns muss praktisch sehr alt werden, bis er sich in den wesentlichen Lebensmittelsparten bis zu seiner Lieblingssorte vorgegessen hat. Beim Media Markt gibt es dann zwanzig verschiedene Arten von CD-Rohlingen oder hundert verschiedene Kaffeemaschinen oder Micro-MP3-Anlagen für Feuchträume. Explosion überall. Der Chinese hat 312 Gerichte (dabei esse ich immer A12). Piero in Wiesenbach backt aberwitzig viele Pizzen, ich esse immer Salami ...

Seit ich nach meinem Studium Bilanzen lesen kann und nachdem ich meine Buchführungsscheine mit Note drei bis vier bekam (Buchführung ist mathematisch trivial, ich weiß daher sofort, was wahr ist, aber ich bekomme es nicht korrekt hin), habe ich mich gefragt, wie diese Explosion des Warenangebotes in die Berechnung der Inflationsrate eingerechnet wird. Steht die Inflationsrate für Logik erster Ordnung? Die Brötchenpreise steigen ja vor allem, weil es siebzig verschiedene Sorten gibt, die in Kleinserien gebacken werden müssen. Wir verlangen Brötchen wie Eier mit Zeitstempel und essen sie am liebsten unter zwei Stunden Lebensdauer. Berücksichtigen die Volkswirtschaftler, von denen es sogar vereinzelt Weise gibt, dass es teurer sein muss, hunderte Joghurts im Regal so fachgerecht zu halten, dass nichts verfällt? Die Inflationsrate misst einfach den Kartoffelpreis wie den von Kartoffeln. Aber ich muss doch im REWE zwischen Agria, Sieglinde, Quarta oder Knolla wählen dürfen? Ich will zum Beispiel heute Salatware Extra, alle gleich in Optimal-Raclettegröße, am besten länglich wie Sieglinde. Die Rechenkünstler aber reden von Einkellerungskartoffeln, die im Februar so ein weißliches

Keimgefilze bilden, was in Nahaufnahme für Horrorfilme verwendet wird. Es wird Preis mit Preis verglichen. Höher oder tiefer.

Der Preis aber hat etwas mit Lieferfristen, Pünktlichkeit in der Logistik, mit Frische, mit Produktvielfalt zu tun. Äpfel und Paprika sind so schrecklich teuer, weil heute jede einzelne Frucht für das neueste Kochbuchfoto modeln können muss. Der Preis hat damit zu tun, an wie vielen Stellen ich etwas kaufen kann. Cola zum Beispiel wird in Deutschland an mehreren hunderttausend Stellen verkauft! Wenn wir alle diese Produkte in so irrsinniger Vielfalt überall frisch, überall extra, überall premium, zu jeder Zeit kaufen wollen, ja, dann kostet es etwas.

Wir hatten in den 70er Jahren eine hohe Inflation, seitdem sinkt sie tendenziell eher ab. War das eine Inflation? Sind die Preise nur deshalb gestiegen, weil die Vielfalt und die Auswahl explodierten und die Logistik anspruchsvoller war? War es fair zu sagen: „Die Mark ist nur noch die Hälfte wert!", wenn alles in so luxuriöser Form erhältlich wurde? Was berechnen da die Volkswirte? War da eine „Inflation"? Oder eine Gefahr? Müssten wir nicht unterscheiden zwischen einer Verteuerung für Vielfalt und Absolutfrische und einer des lockeren Geldes? Wie sähen diese Zahlen aus?

Seit einiger Zeit – und das lässt mich eigentlich sinnen – kehrt sich der Trend um.

Es gibt keinen Rotschimmelkäse mehr. Nur noch weißen oder blauen. Schweppes Indian Tonic gibt es nicht mehr light. Im Auto habe ich immer Liptonice Light gehabt. Weg. Johannes isst am liebsten Maggi Vollkornravioli, wenn wir weg sind. Weg. Daim Riegel gibt es nur noch im Duty Free außerhalb von Frankfurt. Sonst: weg. Noch vor Monaten standen höchstens acht bis zehn Flaschen Wein derselben Sorte im Regal und es gab herrlich viele Sorten. Heute? Ein paar Sorten nur noch, je 50 Flaschen. Das Tupferbunte des Weinregals ist dem Nüchtern-Uniformierten gewichen. Weg. Weg. Weg. Konzentration der Käse auf Gouda. Ein Rotwein, ein Weißwein. Globalisierung. Straffung der Produktsortimente. Vielfalt einschränken.

Merken Sie das? Seit einiger Zeit, vielleicht seit zwei, drei Jahren, sind wir in eine Kontraktionsphase der Wirtschaft eingetreten. Der Trend geht zu einigen überlebenden Marken. Das Viele dünnt aus, wir gehen einer Aldisierung der Verbraucherwelt entgegen. Sparen, Rationalisierung, Kostendruck rücken immer stärker, fast wie im Tunnelblick, in den Mittelpunkt der Aufmerksamkeit. Das Verschlanken, die Kosteneffizienz nehmen alptraumhafte Züge an. Shareholder-Value statt meines lieben Rotschimmelkäses. Ein bisschen Verschlankung im Joghurtregal ist ja ganz gut, solange es nicht meine Lieblingssorte trifft. Ich versuche dann verzweifelt, meine Marke doch noch zu finden, das muss doch nicht sein! Meine Lieblingsbonbons, Sallo Chili-Bonbons („frei ab 18"), gibt es wirklich nur noch im Karstadt Oberpollinger in München; die kennen mich bald.

Und? Merken das die Volkswirtschaftler? Sie finden, dass die Inflation unter Kontrolle ist. Alles ruhig, keine Gefahr für den armen Verbraucher, der zwar keine höheren Preise zahlen muss, aber eben nur noch bekommt, was noch gnädig produziert wird. Ist es nicht im höheren Sinne logisch, dass sich alles in der Wirtschaft zum Schlechten wendet? Arbeitnehmer bekommen immer noch etwas höhere Löhne, aber nur noch klitzekleine Arbeitsräume, keinen Kaffee mehr bei Meetings, nie mehr Business Class, wo die Zeit im Fluge verginge, keine Grußwortorgie mehr zum zwanzigjährigen Firmenjubiläum („Einmal in 20 Jahren sagen sie, dass ich gut arbeite. Sie müssen das, weil Jubiläum ist, aber es klingt doch schön."). Wird das im Einkommensindex mitgezählt? Merkt der Volkswirt, dass Bahnschienen und Straßen grün werden und Unkraut im Park sprießt?

Überall wird still der Gürtel enger und enger geschnallt. Fett? Weg.

Die Zahlen erster Ordnung sehen gut aus. Dahinter SINKT die Leistung der ganzen Wirtschaft dramatisch ab, ohne dass jemand Alarm ruft. Wenn wir zum Beispiel wieder zu einer Sorte Brötchen zurückkehren – müssen da die Preise nicht phantastisch sinken? Logik zweiter Ordnung sagt: Irgendetwas geht zu Grunde. In erster Ordnung jubeln wir über Effizienz, Straffung und Portfoliobereinigung. „Das sieht logisch aus."

3. Einschießen! Der Kunde im Mittelpunkt

Den Rotschimmelkäse will ja kaum jemand. Ich vielleicht. Deshalb weint fast niemand hinterher. Rotschimmelkäse ist nicht profitabel. (Erinnern Sie sich? Waren Sie „mein" Leser der allerersten Stunde? Ich habe 1999 über „Rundum Business Intelligence" geschrieben. Diese Artikelserie finden Sie noch in meinem Buch *beta-inside Galaxie* oder bei Ihnen auf dem Boden oder im Keller. Es fing ungefähr 1998 mit den Datenbanken an!)

Es ist nun so, dass man Logik nicht nur auf Käse anwenden kann, sondern auch auf Menschen. Das tut dann schon mehr weh. Treuherzig gefragt: Sind Sie denn ein profitabler Kunde? Kaufen Sie genug? Versprechen Sie, nie etwas umzutauschen? Warten Sie gern?

Mit den meisten Produkten macht man keinen Gewinn – es sind einfach zu viele „kleine", unwichtige Produkte dabei. Daumenregel: Mit 20 Prozent der Produkte („Schnelldreher") werden zwei Drittel des Umsatzes gemacht. Andere Daumenregel: Mit 20 Prozent der Menschen oder Kunden werden zwei Drittel des Gewinns erzielt. Die anderen Kunden erzielen nicht so viel Gewinn oder kosten Geld.

Es wäre gut, wenn wir die ganze Wirtschaft nur auf die gewinnbringenden 20 Prozent Produkte oder Dienstleistungen zurückführen würden. Dann wären wir den Verlust los.

Es wäre gut, wenn wir die ganze Wirtschaft nur mit den 20 Prozent der Kunden betrieben, mit denen wir guten Gewinn machen. Dann wären wir die Verluste los.

Das ist extra kursiv gedruckte Logik erster Ordnung.

Wenn wir nur noch ein paar sicher gewinnbringende Produkte (Mehl, Zucker, Brot, Persil) verkaufen und also die Welt aldisieren, machen dann alle Unternehmen Gewinn? Nein, nur noch Aldi, oder? Oder niemand mehr?

So ungefähr ist es heute im Einzelhandel. „Logisch." Auf der anderen Seite hat die Jagd nach den 20 Prozent besten Kunden begonnen.

Das absolute Paradigma der neuen Logik [Anmerkung 2007: Dieses Beispiel ist schon in *Energieversorger unter Strom* erwähnt] : Die hochprofitabelsten Kfz-Versicherungskunden sind männliche unterdreißigjährige Millionärssöhne mit Ferrari-artigen Autos, weil sie die Autos nur putzen und höchstens bei Sonne mit Freundin fahren. Die Versicherung senkte deren Prämien dramatisch, warb damit und gewann ebenso dramatisch Marktanteile. Die anderen Versicherer zogen nach. Bis heute sind die Prämien unten geblieben.

Die Banken begannen, hochvermögende Menschen zu suchen. Die Telecoms versuchten, die Vieltelefonierer an ihr Telefon zu bekommen. Die Krankenversicherungen suchten Gesunde, die Angst vor Krankheit haben, so dass eine Versicherung helfen kann („Wenn ich gegen etwas versichert bin, tritt es nicht ein."). Die Energielieferanten versuchten mit farbigen Argumenten, die Hauptverbraucher ans Netz zu schließen.

Diese 20 Prozent Premium-Menschen müssen gewonnen werden! Zu diesem Zweck wurden Datenbanken aufgebaut und Kampagnenmanagement erfunden. „Wo sind die guten Kunden, wer von den Wettbewerbern klingelt als Erster? Wenn wir einen Topkunden kennen, dann machen wir

Cross-Selling mit ihm, wir verkaufen ihm überhaupt alles: Strom und Internet und Hausratversicherung gleichzeitig. Wir müssen ihn an uns binden, ihn bedingungslos zufrieden stellen, damit er bei uns bleibt und uns die wahnsinnigen Gewinne abwirft!"

Die Einschränkung auf der Produktseite ist eine Reaktion der Angst vor dem Unprofitablen, die sich mit Kostenreduktion abreagiert. Die Jagd auf den Topkunden ist eine Form der Gier, die keine Rücksicht auf Kosten nimmt. Beute! Koste sie, was sie wolle!

So begannen die Unternehmen, sich die Topkunden abzuwerben.

Stromversorger, Banken, Versicherungen balgen sich um mich, weil ich einen Prof-Titel in der Adresse habe! Ich verlangte die Streichung von Risiko-Zuschlägen bei der privaten Krankenversicherung („sonst kündige ich alle vier Verträge"), ich wollte den halben Spesensatz bei Wertpapiergeschäften („sonst gehe ich zum Discounter"). Geht alles!

Hey! Ich sage überall, dass ich Topkunde bin! „Nehmt den Heuschnupfenrisikoaufschlag von meiner Frau weg, ihr Krankenversicherer, sonst kündige ich alle vier!" So etwas geht ganz gut, weil sie ja den Topkunden bei sich behalten müssen. Die Topkunden bekommen dann Telefonrabatte, man jagt sie mit Gratis-Nokia-Communicators. Ein neuer Kunde bekommt Handys, Investmentfondanteile, eine Aktie geschenkt. Ein neuer Kunde darf einen Monat lang kostenlos surfen. Er darf die ersten drei Wertpapieraufträge gratis abwickeln. Er bekommt Geschenke, Prämien, Vorteile. Hauptsache, die Topkunden kommen! (Weil die Datenbanken nicht so genau wissen, wer jetzt ein Topkunde ist, haben erst einmal alle Bundesbürger ein geschenktes Handy erhalten. Sie warten zwei Jahre bis zum Ende des Vertrages. Dann lassen sie sich wieder eins schenken. Es ist ein lustiges Hin und Her! Früher ging es nur bei Werbeprämien für Zeitungsabos, als jeder in der Familie reihum geworben wurde. Heute ist Jagd, überall!)

Ich weiß fast als einziger, wie es endet. Oder: Keiner will mit mir reden. Jetzt sage ich es erst einmal Ihnen: Es endet wie bei den Ferrariartigen Autos. Die Topkunden bleiben zu 95 Prozent, wo sie sind, aber sie zahlen nur noch die Hälfte. Die Hälfte für das Telefonieren, 80 Prozent für den Strom, die Hälfte beim Wertpapierkauf usw. Die Daumenregel war: 20 Prozent Topkunden bringen zwei Drittel der Deckungsbeiträge. Wenn die Topkunden nun dramatisch kleinere Deckungsbeiträge bringen, weil die Irrsinnsjagd nur zu Preisdumping führte, dann stehen diese Firmen alle an der Verlustschwelle, weil die Nichttopkunden eher Geld kosten, was bisher die Topkunden auffingen.

Lesen Sie den Wirtschaftsteil? Die Banken machen Verluste. Die Telecoms machen Verluste. Die Energieversorger jammern. Die Versicherungen jammern. Sehen Sie? Es endet schon. Es ist das erste Ende. Das zweite folgt: Wenn schon die Topkunden durch Logik erster Ordnung gewinnmäßig ruiniert sind, dann kann Verlust nur vermieden werden, indem die lästigen Nichttopkunden abgeschüttelt werden: Die Kranken werden nicht versichert, die Armen brauchen kein Konto und kein Handy. Strom per doppelt teurer Prepaidkarte an der Hauptsicherung? Bei diesem zweiten Ende kommen dann nicht mehr die Produkte weg. Suppen weg. Bonbons weg. Da kommen die Nichttopkunden weg. Sie weg. Ich weg. Mein Kind weg.

Statt der Kontraktion der Produktvielfalt kommt es zu einer Kontraktion der Vielfalt des erwünschten Menschen.

So. Das sind meine Sorgen. Ich meine: Letztlich sind das alles relativ logisch-algorithmisch-informatisch-mathematische Vorgehensweisen und Denktechniken, die uns in den Ruin führen. Sie zum Beispiel als GI-Mitglied müssten doch in solchen Projekten mitwirken: Bei Datenbanken, Customer Relationship Management, Supply Chain Management. Schreien Sie doch einmal mit, dass es so nicht geht! Dass die Kontraktionsphase als solche erkannt wird, nämlich als Kontraktion und Verarmung und nicht als Wissenschaftsgroßtat! Wir brauchen Logik zweiter Ordnung.

VII. Fragen ist befehlen, antworten ist gehorchen

Alles Lüge, wenn alle sagen, Daten sind Information. Daten sind Peitschenhiebe. Sonst sind sie Datenmüll, glaube ich. Wenn wir uns schon die Mühe machen, Sachverhalte in Daten zu messen, dann haben wir schließlich die Absicht, etwas in Erfahrung zu bringen oder besser bewerten zu können, um anschließend Einfluss zu nehmen.

Um nicht zu trocken zu bleiben: Der Betriebsarzt fragte mich beim „Executive-Wellness-Check", wie viel Gramm reinen Alkohols ich pro Woche trinke, ohne geschäftlich gezwungen zu sein. „Einen Liter Bordeaux." – „Aha, also 125 Gramm." Er blickte mich sehr merkwürdig an. „Sie können mir vertrauen. Ich sage es niemandem weiter." Ich: „Das nahm ich nicht an. Sie können es aber gerne jedem erzählen." Er zog die Augenbrauen hoch: „Nur, um fair zu sein. Ihre Gramm-Angabe liegt ungefähr im unteren Drittel aller Antworten, die unter gleichen Bedingungen von anderen Managern gegeben wurden. Haben Sie dazu etwas zu sagen?" Ich bin eher Wissenschaftler, also mehr logisch, und fragte ihn, was meine Leber mit den Daten anderer Menschen zu schaffen habe. Sehr neckisch, so ein Datenaustausch, oder? Ich habe anschließend von dieser Begegnung in der Verwandtschaft erzählt, als sie zum Wein zu Besuch waren. „Was hast du gesagt?" – „Einen Liter Bordeaux." – „Um Himmels Willen, warum gibst du das zu?" – „Es ist ja ein bisschen gelogen, weil auch Chianti in dem Liter ist, aber wie soll er mich sonst entziehen?" – „Dumm." Wenn ich aber mit der ungefähren Wahrheit schon im unteren Drittel liege, was schwindeln dann die anderen?

Daten sind nicht so eindeutig, weil sie eben weh tun. Soll ich Sie einmal in einem Meeting vor allen anderen Leuten fragen, wie viel Sie wahrhaft verdienen? Wie hoch Ihr Cholesterinspiegel ist? Wie oft Sie einem schönen Mann nachschauen oder bei einer Börsenbaisse schlafen? *Jedes Mal?*

Genau so kitzlig ist das Geschäftsleben. Probieren Sie es aus. Fragen Sie Ihren Chef vor den anderen Mitarbeitern: „Wie hoch sind die Umsätze unseres Bereichs? Wo stehen wir? Wie viel werden wir in diesem Jahr realistisch gesehen schaffen, ohne schummeln zu müssen?" Das ist eine hochprozentige Frage. Die richtige Antwort ist diese: „Das Quartal ist nicht einfach. Ich glaube nicht, dass es je wieder einfache Quartale geben wird, weil wir es uns als Big Player nie mehr einfach machen *wollen*. Nur wem es schlecht geht, der arbeitet gut und gibt alles. Gute Zahlen eines Managers zeigen, dass er sich viel zu wenig vorgenommen hat. Das ist unduldbar. Wir nehmen uns also so schrecklich viel vor, dass wir jedes Risiko eingehen müssen, um nicht am Ende wie geplant zu scheitern. Management hart am eingebildeten Abgrund ist unser Klassenlos." Lassen Sie jetzt nicht locker. Fragen Sie nach. „Wie hoch sind die Umsätze konkret?" – „Haha, Sie wollen mich festlegen. Aber es ist noch zu früh. Die Daten müssen erst noch korrigiert werden, bevor sie bekannt werden dürfen. Daten sind überhaupt sehr relativ, bis sie hart werden. Wenn sie erst hart sind, du meine Güte, dann ist es mit hochprozentiger Wahrscheinlichkeit schon passiert. Es ist dann nichts mehr zu managen. Deshalb sind harte Daten völlig nutzlos. Sie sagen allenfalls, wo wir einst standen. Das Prinzip unserer ganzen Wirtschaft hier liegt aber in der überlebenden Bewegung."

Daten sind Macht, aber nur, solange sie noch weich sind. Macht hat, wer die Daten schmiedet. Wer Daten erfragt, erhärtet sie und entzieht dem weichen Besitzer die Macht. „Kann ich einen Blick in Ihren Lehrerkalender werfen, damit ich Ihre Urteile über mich ungeschminkt erfahre?", fragte ich einst den Lehrer. „Oh nein, ich lasse mich doch nicht festlegen! Was gehen dich deine Noten an? Du erfährst sie noch früh genug. Du bekommst aber keinen Vorteil gegenüber den anderen."

Die Macht setzt Daten fest wie Urteile. Urteile sind Peitschenhiebe. Urteile legen fest, wie viel jeder bekommt. Unsere Systeme sind nämlich Anreizsysteme. „Tue dies und Du bekommst das!", lautet das Credo der Erziehung und des Managements. Wer hart feststellt, was getan wurde, entschied gleichzeitig, wer was bekommen hat. Darin liegt die Macht.

Deshalb bekommen Schüler und Mitarbeiter eben Daten *nicht* einfach so, zur bloßen Information. Solange Daten nicht festgelegt sind, bestehen Spielräume für den Boss. Deshalb loben Bosse nur im Notfall, denn Loben entzieht Spielraum, weil Lob hart feststellt, dass „es so richtig ist". Tadel verschafft Spielraum, also die Notwendigkeit zur überlebenden Bewegung anderer. Lob beruhigt. Tadel treibt. Deshalb hat immer nur der Höhere das Recht, informiert zu werden. Informieren und antworten müssen ist unten. Der Untergebene „berichtet" (reports to) an den Höherstehenden. Man hört aus der Diktion heraus: Daten berichten ist wie gehorchen. Denn das Antworten und Berichten entzieht Spielraum. Wenn Manager schlecht zu arbeiten scheinen, droht ihnen ein Review oder eine Revision. Wenn Schüler absacken, droht tägliches Vokabelabfragen. Informationsabholung ist wie Strafe oder wie angeklagt sein. „Wir müssen nächste Woche Daten abliefern! Das ist das Ende!" Herrschen ist fragen. Gehorchen ist Antwort geben. Antwort geben ist rechtfertigen. Deshalb richtet sich aller Datendrang nach unten. Es ist eine hohe Ehre, in Daten eingeweiht zu sein. Es zeigt Nähe zum Gral an. Es zeigt Vertrauen, dass der Eingeweihte zu schweigen weiß und nicht zu den Heidnischen gehört, die sich dem revolutionären „offenen Management" verschrieben haben. Das Offene muss ausgeschlossen bleiben, weil es Macht durch sinnloses Datenzeigen verschenkt und verpuffen lässt.

Die Computersysteme sind doof, weil sie so programmiert sind, dass sie Daten nüchtern erfassen, als wären es Tatsachen. So, als wären die Computersysteme *oben*!

Die Techies, die die Computer programmieren, sind doof, weil sie wie ich glauben, Daten wären ein grobes Bild der Wirklichkeit, das es zu kennen gälte. Sie leben im Vorstellungsbild des Fütterns, nicht des Ermächtigens. Bei meinen letzten Vortrag über mein neues Buch habe ich zwei Magnumflaschen 1993er St. Julien bekommen. Knapp elf Tage Glück, weil ich verheiratet bin. Bordeaux geht an die Leber, Daten gehen an die Nieren. Es hat beides nichts mit Hirn zu tun, es geht nur um Zugang zu gummiweichen Zellen.

VIII. Psychologie neuronaler Netze

1. Das Bedeutende wird für Spaß hingeworfen. Hilfe!

Ich habe gerade vom Stopp eines wichtigen Forschungsprojektes erfahren, dem ich mit einiger persönlicher Leidenschaft zugesehen hatte. Zugegeben, das Projekt sieht auf den ersten Blick wie Spielerei aus, aber es wäre bei wirklich energischer Forschung unter Umständen ein Meilenstein für die Menschheit. Ich kann auch nicht verstehen, warum dieses halb geheime Projekt nun einfach durch Weggang der Mitarbeiter in karrierereichere Positionen quasi implodiert. Die Ergebnisse bleiben ganz banal liegen. Dabei gehörten sie in die Zeitschrift *Nature* hinein, sind aber jetzt völlig unfertig.

Ich habe noch einige Papierballen und Datenfiles mit Zwischenergebnissen hier liegen, die ich bekam, als man mich fragte, wie ich selbst die Ergebnisse interpretieren würde. Ich war damals, vor einigen Monaten, absolut begeistert. Ich habe empörte Telefonate geführt, dass die Leute, bitte schön, am besten ganz ohne Bezahlung weiterforschen sollten. IRGENDWIE! Am Feierabend, in der Badewanne! Im Wesentlichen ist die Antwort gewesen: „Mach' du es doch!"

Ich missbrauche jetzt ein wenig diese Kolumne, um Mitstreiter oder Pioniere zu gewinnen. Verzeihung, aber es geht um zu viel.

Ich bin berüchtigt für exzessives Herumspielen an Programmen. Was passiert eigentlich, wenn ich hier einmal negative Zahlen einsetze? Meistens stürzen nur die Programme ab und die Leute sind sauer. Manchmal aber passieren merkwürdige Dinge. Ich war deshalb damals stark fasziniert von den Versuchen, die ein Entwickler mit seinen neuronalen Netzen anstellte, die er für irgendein staubtrockenes Anwendungsfeld trainierte.

Neuronale Netze? Ich muss eigentlich für diese Kolumne hier annehmen, dass Sie ungefähr wissen, was es ist. Aber das kann ich nicht riskieren. Ich versuche es ganz kurz. Lesen Sie hier meine unseriöse Blitzerklärung.

Neuronale Netze sind dem menschlichen Gehirn nachempfundene Netzgebilde im Computer, die im Grunde eine Riesenformel mit sagenhaft vielen Gewichtsfaktoren darstellen. Ein Beispiel: Ich möchte einem Computer Bilder von Personen zeigen. Er soll sie sich anschauen und anschließend schätzen, wie alt die abgebildete Person ist. Na, ich glaube, das ist schon zu schwierig für Computer, weil ich schon selbst Probleme habe, mein Alter vor dem Spiegel zu schätzen. Morgens bin ich wohl älter, aber ich wiege weniger. Ein neuronales Netz ist eine Art Riesenansatz im Computer. Es ist eine Funktion der Form F(Foto) = Alter.

Die Funktion F ist durch das Netz repräsentiert und enthält Massen von freien Parametern, die durch das so genannte Lernen oder Trainieren immer besser eingestellt werden, bis das Netz etwas „kann". Die Hoffnung ist, dass der Output F(Foto) irgendwann wirklich ungefähr gleich dem Alter der abgebildeten Person ist. Man trainiert also ein Computerprogramm (neuronales Netz) so: Ich zeige ihm ein Bild. Das Programm rechnet F(Foto) aus und bekennt diese Schätzung vor mir auf dem Bildschirm. Ich schlage dann entsetzt die Hände über dem Kopf zusammen und ändere die freien Parameter in der Riesenformel. Dann zeige ich das nächste Foto und bekomme F(Foto). Wieder schrecklich. Ich ändere ein paar Variablen in der Formel. Etc. Etc. Irgendwann, nach vielleicht 1.000.000 Versuchen, funktioniert die Formel brauchbar. Natürlich ändere nicht ich selbst die Parameter, das dauert zu lange, denn ich bin schon alt. Das wird alles automatisch durch Anpassungsoptimierer geregelt. Man muss natürlich auch viele Trainingsfotos dazu haben. Das ist nicht einfach, aber lösbar. Die wirklich wichtigen Netze werden ja trainiert, um Lottozahlen vorauszusagen oder den Aktienindex zu prognostizieren. Da hat man das Problem, dass die Börse noch nicht 1 Million Tage geöffnet hatte und dass es in 50 Jahren Lotto eben nur lausige 5.000 Ziehungen gegeben haben mag. Es gibt aber viel mehr Fotos als Lottoziehungen. Die Fotos im Internet passen nicht so gut, weil die abgebildeten Personen alle relativ gleich alt sind. Da würde ich aufpassen. Es kommt auf Wirkung an, nicht auf Schönheit.

So, das war die technische Einleitung mit nicht zu vielen Formeln. Nehmen wir an, ich hätte schon ein paar Millionen Trainingseinheiten gemacht. Dann verkündet mir der Computer bei fast allen abgebildeten Personen deren offizielles Personalausweisalter in guter Approximation, nur bei Schauspielern sind die Ergebnisse noch etwas diffus.

Und jetzt kommt die Idee, die zu der ganzen Forschungslawine geführt hat, die nun aus kreuzdummen Nutzenerwägungen gestoppt wurde.

Ein Entwickler hat aus kindischer Neckerei unter die Trainingsfotos systematisch falsche Altersangaben eingegeben und damit das Training fortgesetzt. Das neuronale Netz, das schon völlig austrainiert war und richtig gut funktionierte, schätzte jeweils ziemlich richtig das Alter der abgebildeten Personen. Aber der Entwickler sagte dem neuronalen Netz jetzt tagelang: Falsch! Falsch! Falsch! Ganz Falsch!

Was passiert dann?

Sie können es sich fast denken. Nehmen wir an, Sie kochen schon seit 20 Jahren im Forschungsinstitut Kaffee, den alle am liebsten mit einer klitzekleinen Messerspitze Kakao pro Kanne im Filter genießen. Es ist DAS Erfolgsgeheimnis guten Kaffees, das keiner kennt. Und dann! Und dann kommt eine junge Studentin und nimmt Kardamom statt Kakao. (Das ist noch besser, aber viel teurer. Und wo gibt es Kardamom?) Also, da brechen doch Welten für Sie zusammen, oder? Sollte Kakao nun falsch sein? Nichtig? Ausrangiert für immer? Warum so etwas Ausländisches statt Kakao? Es ist der Schock des Neuen, der Sie da trifft. Das gilt nicht nur für Kaffee, auch bei der Change-Management-Beratung fühlen sich die Hochbezahltesten praktisch durch den Kakao gezogen.

Die Frage war nun, ob sich Schocks unter exzessiven Veränderungen nicht nur bei Ohrfeigen, Unfalltraumata oder Schwiegerelternbesuchen im Menschen einstellen, sondern ob sie sich auch in neuronalen Netzen nachvollziehen lassen.

Menschen sagen unter Extremtadel: „In mir bricht eine Welt zusammen! Ich glaube, ich bin im falschen Film! Jetzt verstehe ich gar nichts mehr! Soll jetzt alles Wertvolle plötzlich schlecht sein? Woran kann ich mich orientieren, wenn nichts mehr richtig zu sein scheint?"

Und was sagen neuronale Netze, wenn ihnen nach langer Trainingsphase plötzlich Wahnsinnsfehler vorgeworfen werden? Das wissen wir nicht, weil sie nicht zum Sprechen programmiert sind wie Fritz 5.32 auf meinem Computer. Der sagt: „Glück gehabt, Gunter", wenn ich mal gewinne. Er nimmt es äußerlich gelassen, aber das ist sicher nicht echt, sondern wohl vorprogrammiert.

Ich habe Sie auf die Folter gespannt. Das hilft nichts, Sie müssen sich ja erst emotional einfühlen. Es geht hier um die Seelenfragen der Computer.

Ergebnis: Neuronale Netze zeigen wahnsinnige Ausschläge im Antwortverhalten.

Sie können es sich bestimmt nicht vorstellen, wenn Sie es nicht selbst miterlebt haben. Ich habe bei den Computer-Demonstrationen wirklich emotional berührt dabeigesessen. Die Ergebnisse des neuronalen Netzes schwankten wild herum, hatten zum Teil gar keine logische Beziehung mehr zum millionenfach Gelernten. Man konnte sehen, wie ein Computer von Panik erfasst wurde. Es fühlte sich grausam an. Ich stellte mir einen Jungen vor, der das Alter von Personen schätzen soll und jedes Mal eine harte, sengend schmerzende Ohrfeige bekommt, wenn er mehr als 10 Jahre danebenliegt. Er schätzt sehr gut, aber wir schlagen ihn und schlagen ihn. Falsch! Wieder Falsch! Er weiß nicht mehr, wo der Kopf steht. „Das war doch richtig! Das ist ein Baby! Wieso soll meine Schätzung von 5 nun um mehr als 10 Jahre daneben liegen? Es kann nicht sein!" Beim nächsten Mal schätzt der Junge bei einem Baby 30 Jahre. Klatsch, wieder zischt eine Ohrfeige.

Wenn Sie es sich so emotional vor Augen führen: Spüren Sie, was in einer Versuchsperson oder einem neuronalen Netzwerk vor sich gehen mag? Alle Wissensbasen lösen sich in Hilflosigkeit auf. Nichts gilt mehr. Alles ist unbekannt. Alles muss neu verstanden werden. Irgendwo muss ein neuer Halt gesucht werden.

Was schätzen Sie? Wie lange braucht ein millionenfach trainiertes exzellentes Netz, bis es wieder normal funktioniert, wenn es einer langen traumatischen Phase ausgesetzt war? Die Projektmitarbeiter haben gut trainierten Netzen eine ganze Zeit lang zufällige Altersangaben als Trainingsergebnis gegeben und die Netze damit zur Verzweiflung getrieben. Danach wurden die Netze wieder normal weiter trainiert und getestet. Es dauert sehr lange, bis sie sich wieder erholen. Als ich die Ergebnisse sah, machte ich den Vorschlag, die Computer nicht mit zufälligen Antworten zu verstören, sondern mit wohlerwogenen. Was passiert, wenn wir „ihm" eine Weile die Zahl Null als das richtige Alter angeben? Was, wenn wir die Zahl (100 – Alter) als neues Alter der Person auf dem Foto diktieren?

Es stellte sich heraus, dass Zufallstraumata schneller überwunden werden, wenn das Netz wieder normal re-trainiert wird. Wurden ihm aber neue Formeln eingetrichtert, beharrt es viel länger auf den neuen Formeln.

Das war das erste Meilensteinergebnis dieser Untersuchungen. Es erinnerte an Menschen. Menschen können leicht das absolute Chaos überwinden. Sie können zum Beispiel nach einem zweiten Weltkrieg alle Häuser und die gesamte Industrie wieder aufbauen. Es geht schnell wie ein Wirtschaftswunder. Aber etwa eine Umorientierung zu einem anderen Gesellschaftssystem dauert Jahrzehnte. Aristoteles schreibt in seiner *Nikomachischen Ethik* diesen Satz: „ ... ist doch auch der Grund, weshalb die Gewöhnung schwer zu ändern ist, eben der, dass sie zur zweiten Natur geworden ist." Es geht um die Frage, warum junge Menschen sich im Gesellschaftssystem schnell „gewöhnen" lassen – warum sich aber die älteren Menschen nicht mehr neu gewöhnen lassen. Es scheint leicht, eine Urnatur der Kinder zur zweiten Staatsnatur zu „gewöhnen". In dieser Gewöhnung sieht Aristoteles die vornehme Aufgabe von Staat und Gesellschaft. Es scheint viel schwerer, diese zweite Natur eines Menschen nun wiederum in eine dritte zu transformieren!

Und mich elektrisierte die Erkenntnis, dass es mit neuronalen Netzen genau so geht! *Ganz genau so!*

Das Training von Menschen verläuft anders als das von neuronalen Netzen. Das Problem liegt in der physischen Entwicklung des Kindes. Es beginnt zu krabbeln, zu laufen, zu sprechen, zu lesen – ach, das war bei mir, heute ist noch das Fernsehen dazwischen oder davor, meine ich. Wenn wir ein Kind also wie ein neuronales Netz sehen wollen, dann ist es so, dass dieses neuronale Netz mit jeder Entwicklungsstufe größer wird. Es bekommt quasi einen Haufen neuer Inputneuronen, die die neu erworbene Reichweite reflektieren. Durch Sprechen oder Laufen gibt es ungeheuer viel mehr Input in ein neuronales Netz. Es trainiert sich praktisch noch einmal neu und berücksichtigt dabei die neuen Inputs. Wenn man sich das neuronale Netz auf Papier zeichnet oder auf einem Bildschirm anschaut und wenn man dann viele neue Neuronen dazukonstruiert, dann entsteht in etwa das Vorstellungsbild eines Zwiebelhirns.

Wie bei einer Zwiebel bilden die neuen Neuronenschalen, die Stufe um Stufe beim neuronalen Netzkinde hinzukommen, jeweils Hüllen um alles zuvor. Eine neue logische Hirnschicht legt sich um das vorherige Hirn herum.

Ich schlug damals folgenden Versuch vor: Wir trainieren ein neuronales Netz perfekt aus. Dann vergrößern wir das Netz. Wir simulieren also eine Entwicklungsstufe beim Kind. Dann trainieren wir das Netz wieder aus. So. Nun stören wir das Netz, indem wir es auf eine neue Formel umdrehen. Wir machen also Gehirnwäsche! Statt des Alters geben wir ihm eben immer eine systematisch falsche Antwort, zum Beispiel etwa 100 minus Alter. Das Netz reagiert wie gehabt völlig erschüttert. Nach langer Zeit aber hat es gelernt, die neue Formel als Antwort herauszugeben.

Jetzt kommt der Clou: Wir kehren nun unvermittelt zur alten Formel zurück. Es soll also wieder so funktionieren wie am Anfang!

Und jetzt ein Fanfarenstoß! Das ging *schnell*! Das war es, was ich vermutet hatte. Es wurde fieberhaft analysiert. Wir schlossen damals, dass die relativ rasche Rückkehr zur alten Formel dadurch möglich wurde, dass das Netz offenbar die neue Entwicklungsschale abwarf und mit dem kindlichen Kern, also dem ersten, kleineren Netz die Antworten gab. Das Ur-Netz war ja auf die richtige Antwort trainiert worden. Bei der Entscheidung in der Not hat also das neuronale Netz auf den „Kindkern" zurückgeschaltet. Das nennt man in der Psychologie Regression. Regression ist die Reaktivierung entwicklungsgeschichtlich älterer Verhaltensweisen oder der Verlust eines höheren Niveaus bzw. das Zurückfallen auf frühere, kindliche Stufen der Triebvorgänge.

Wir hatten also herausgefunden: Wir können in neuronalen Netzen Regressionsvorgänge hervorrufen. Ich hielt das damals für eine echte wissenschaftliche Großentdeckung.

Nicht diese eine einzige, die mit der Regression. Nein! Aber wir konnten in der Gruppe schon ahnen, dass da ein ganzes Riesenpotenzial schlummerte. Würden wir der Simulation der Psyche des Menschen näher kommen?

Die Gruppe hatte natürlich damals die Entwicklung neuronaler Netze für ernsthafte Zwecke zur Aufgabe. Die Tests zur Aufhellung des Menschen wurden im „Underground" durchgeführt, also am Samstag, am Abend, in Pausen. Das Ganze zog sich elend hin. Im Wesentlichen blieben die Arbeiten monatelang liegen. Mein Kummer war, dass ich selbst ganz fanatisch wurde, weil ich etwas erhoffte, dass die Entwickler aber die anfängliche Lust verloren und nicht von meiner Faszination eingefangen waren. Netze quälen ist ja lustig – aber disziplinierte Experimente sind eine andere Baustelle. Ich glaube, sie hielten mich für ein bisschen verrückt, arbeiteten aber von Zeit zu Zeit wieder etwas weiter. Das Problem ist, dass ich nicht programmieren kann. Ehrlich nicht. Es gibt leider einen vernichtenden Totalverriss meiner Beta-Kolumne im Internet. Dort steht schon seit vielen Monaten ein Artikel, in dem ich längere Zeit gedisst werde. Darin heißt es wörtlich: „Programmieren vermittelt kein analytisches Denken. Das erste hat Herr Dueck sicher mal gelernt, das zweite bis heute nicht." Aber, wie gesagt, das ist eine wilde Ente. Ich kann wirklich nicht programmieren. Ich habe im Studium nur Mathe in Göttingen gelernt, sonst nichts. [Anmerkung 2007: In der Originalkolumne ist hier ein Link auf den Artikel. Inzwischen ist der Verfasser verstorben, der Artikel ist aus dem Netz genommen worden. Er hatte sich damals so sehr erregt, weil ich in einer Kolumne den Kreidestaub in Mathe-Hörsälen der Uni in Zusammenhang mit anachronistischer Didaktik gebracht hatte. Lassen wir das ruhen, inzwischen sind etliche Professoren ganz polar auf der anderen Seite schon so irre gut darin, allerdichteste Powerpointpräsentationen zu konzipieren, die noch schlechtere Vorlesungen ohne Kreide ermöglichen. Warum nicht gleich eine Diashow mit Buchseitenscans? „Da steht alles, was ich zu sagen habe, fliegen Sie bitte kurz über die Formeln, dann muss ich es nicht erklären – ich habe den Beweis selbst nämlich vergessen und müsste mich wieder vorbereiten."

Mein Sohn studiert gerade Mathe und ich noch einmal mit. Lachen Sie jetzt bitte nicht, es ist mir ernst: Wikipedia ist richtig gut!]

Ich wollte damals gerne, dass mit den Netzen weitere Versuche angestellt würden. Was passiert, wenn wir ein neuronales Netz mit zwei *verschiedenen* Meinungen trainieren?

Angenommen, wir trainieren ein Netz nicht nach dem Alter der Personen, sondern nach ihrer, sagen wir, was weiß ich, Nettigkeit. Also: Das neuronale Netz soll ein Foto von einer Person anschauen und entscheiden, ob die Person nett ist oder nicht.

Wir zeigen nun diese Fotos zum Beispiel einem Mann und einer Frau oder einer Frau und ihrer Schwiegermutter oder zwei Politikern in der gleichen Partei oder nicht. Wir lassen sie jeweils an jedes Bild schreiben, ob die abgebildete Person nett ist. Dann haben wir irre verschiedene Meinungen zur gleichen Frage.

Jetzt trainieren wir das neuronale Netz mit *beiden*! Zum Beispiel könnten wir es erst nach der Frau erziehen, bis es sicher urteilt und dann nach dem Mann. Oder wir nähmen Mann und Frau immer abwechselnd oder zufällig Mann und Frau. Was macht das Netz dann?

Verstehen Sie meine Idee? Ich möchte ein Kindnetz nicht etwa nach einer amtlich richtigen Antwort trainieren lassen, sondern nach *zweien*, nach Mutter und Vater. Das wäre eine echte Elternerziehung eines Kindnetzes. Es könnte so sein, dass das Kindnetz immer so wie Mutti antwortet oder immer so wie Papi. Psychologen würden sagen: Das neuronale Netz identifiziert sich mit der Mutter oder mit dem Vater. Das Kindnetz könnte aber auch irgendwie gemischt reagieren oder auch neurotisch. Wenn wir zum Beispiel je zehn Mal abwechselnd mit Vaters/Mutters Antworten trainierten, dann könnte das Netz merken, wer gerade urteilt. Meine Kinder zu Hause können das ganz gut.

Könnten wir zum Beispiel Ödipus-Komplexe in neuronalen Netzen wiederfinden?

Das Problem lag dann nicht nur in der Programmierung. Wir müssten eine schöne Problemstellung haben, für die es eben möglichst mehrere verschiedene Ansichten geben kann (Schönheit von Krawatten). Dann müsste eine große Trainingsmenge für das Problem konstruiert werden (alle Joop!-, Disney- oder Alpi-Krawatten scannen?!). Verschiedene Menschen müssten alles konsistent beurteilen.

Sehen Sie die Arbeit, die da droht?

Wenn wir nämlich den Menschen oder wenigstens erst einmal seine Seele als Netz simulieren wollen, müssen wir ja von mathematisch-theoretischen Beispielen oder Problemstellungen Abschied nehmen.

Ich wünschte mir also so sehr einen neuen Ansatz mit einem neuen Problem-Set. Die Entwickler fanden, dass ich völlig Recht hätte. Klar würden wir alles so herausbekommen, wie ich vermutete. Wir diskutierten stundenlang. Wir würden Punkte vergeben müssen. Wir müssten simulieren können, dass eine Mutter zum Beispiel viel böser werden könnte, wenn das Kindnetz falsch liegt, während der Vater toleranter sein dürfte. Oder Vater haut punktemäßig zu und Mutter gibt noch einen Fehlversuch frei. Wir müssten also Punktesysteme für die Bewertungen der Aktionen des Kindnetzes einführen, wie sie etwa in deutschen Schulen praktiziert werden. Bei Deutschaufsätzen bekommt man ja auch objektive Noten, die in der Höhe mehr vom Lehrer abhängen als vom Aufsatz. Oder so ähnlich. (Das war nur so ein Rachesatz, weil ich oft eine Vier hatte.)

Leider fehlte meist die Zeit zum Arbeiten. Wir mussten ja alle Geld verdienen.

Ich habe ab und zu per E-Mail gemault, warum die anderen, die immer schuld sind, den Fortschritt der Psycho-Informatik aufhalten.

Nichts geschah. Ich begann zu resignieren.

Bis zum August 2001.

Hans-Clas Himstedt besuchte mich zu Hause in Waldhilsbach. Er brachte einige Pakete Daten und CDs mit. Er erzählte mir eine lange Geschichte von Streit und neuen Projekten der Gruppe, die zum Weggang vieler führten. Eine furchtbare, wahnwitzige Geschichte. Er erzählte mir, dass sie damals heimlich, ohne weiter mit mir zu reden, weitergemacht hätten.

„Wir wollten es einmal selbst wissen. Weißt du – du drängelst immer so stark, das nervt. Du mit deiner Wissenschaft. Du musst an den Spaß denken, den wir haben wollen – du verstehst nicht, wie viel du vermasselst, wenn du immer von Marksteinen der Forschung faselst. Wir haben an einem Miniproblem getestet, ob wir das mit Vater und Mutter hinbekommen. Mich haben sie verdonnert, den Zimbardo–Gerrig zu lesen, damit einer was von Psychologie versteht. Wir haben alles genau so erforscht, wie du gesagt hast. Die Kindnetze identifizieren sich ganz unterschiedlich, je nach Typ von Mutter und Vater. Wir haben es nicht mit Krawatten implementiert, das ist so typisch IBM von dir, oder? Wir haben es mit Vampiren und den Monstern von Quake III so geschrieben, dass man es mit ansehen mag. Wir haben mehrere Kindnetze mit den gleichen Eltern gebaut, die um die Wette trainieren. Das erst hat Spaß gebracht. Ich habe Theorien von Alfred Adler gelesen, über Minderwertigkeit und Geschwisterreihenfolge. Wir haben den Netzen also Punkte beim Trainieren gegeben, die auch vom Punktestand der anderen Geschwister abhingen, aber so, dass sie jeweils den Punktestand der anderen nur zum Teil kennen. Die Eltern kennen ihn auch nur zum Teil. Es ist wahnsinnig kompliziert geworden.

Es kam heraus, dass die verschiedenen Netze angefangen haben, ganz verschiedene Ziele zu fassen. Manche Kinder sammelten nur Vaterpunkte, andere nur Mutterpunkte, es gab gemischte. Wir haben dann Punkte für Munitionssparen und Blut, ach vergiss es, dass ist bei Quake so. Ich meine, wir haben Punkte für Liebe und Fehlerfreiheit oder für „lange Zeit keinen groben Fehler" gegeben, wenn du verstehst. Die Kindnetze haben sich dann wieder unterschiedlich getö--, geschlagen, je nachdem, ob sie hinter Liebe oder so her waren. Manche haben irgendwie nach einiger Zeit nur noch versucht, besser als ein bestimmtes anderes Kind zu werden, nicht aber das beste Kind überhaupt. Stark, was? Es muss ähnlich wie Eifersucht sein! Auf diese Idee sind wir gekommen, als wir es so machten, dass Kindnetze Punktabzüge bekamen, wenn andere in bestimmter Weise Erfolg hatten. Wir haben einzelne Konstellationen, die wir als Rache interpretiert haben. Wenn das auftritt, versuchen alle anderen grob richtig zu liegen, sie gehen aber nicht mehr an Grenzen. Verstehst du, was es ist? Ich glaube, die anderen bekommen Angst! Ich musste immer an dich denken. Du hast doch gesagt, das Ganze sei etwas ganz Verrücktes. Und nun konnten wir auch verrückte neuronale Netze erzielen! Einfach durch die Einführung unvollständiger Informationen über Spielstände und durch Zusammenhang aller Punktevergaben. Du musst dir das am Computer mal anschauen! Manche Netze trauen sich nichts mehr und werden inaktiv. Manche nehmen anderen Punkte ab. Manche lavieren ... Toll!"

„Habt ihr auch die Stabilität der Strategien untersucht?"

„Was?"

„Man könnte die Netze willkürlich an den Parametern stören und schauen, ob sie wieder zur alten Strategie zurückkehren. Wenn du zum Beispiel Menschen ein bisschen änderst, kehren sie wieder zu ihrem Ausgangscharakter zurück. Wir müssen den Widerstand bei der Psychoanalyse und die Verdrängung erforschen und ... "

„Halt, halt, halt! Merkst du das nicht! Verdammt! Ich bin dein Freund, sonst würde ich gleich jetzt rausrennen. Du sollst nicht auf jede Leistung mit noch besseren Ideen kommen. Du kannst dich doch mal fünf Minuten freuen, dass wir so weit gekommen sind, oder? Dann lädst du mich zum Essen ein. Und morgen höre ich mir eine Idee an. OK?" – „Meinetwegen, aber ich verstehe wohl nie, warum man das Anhören von spannenden Ideen durch Essen unterbricht. Wegen einer *Pizza*?" – „Isst du nie Pizza?" – „Doch, aber erst nach dem Spaß."

Am Abend sagte mein Freund, er habe eine tolle Stelle mit Optionen in der New Economy. Im August 2001. Ich sitze hier mit einem Flickenteppich. Alles Quake? Und ich kann nicht programmieren. Hoffentlich hilft mir einer. Es wird Zeit, dass sich jemand auf die Kolumne hin meldet. Es ist schließlich schon Anfang April.

IX. Oh deer!

1. Idee oder rettender Gedanke? PENG!

Eine Idee ist etwas sehr Gefährliches. Meistens haben solche Menschen die besten Ideen, bei denen nichts zu retten ist. Dabei ist nicht die Idee das Wesentliche, sondern das Gerettetwerdenwollen. Die Idealisten kommen zum Beispiel mit der Idee, die Welt durch das allgemeine Leben nach der Bergpredigt zu retten. Das geht unzweifelhaft. Jeder weiß das. Aber nicht das Retten der Menschheit ist das Wichtige, sondern das Gerettetwerdenwollen. In diesem Zustand will die Menschheit dringend gerettet werden. Sie ist aufnahmebereit und willig, Führung anzunehmen. Die Lage ist schon so schwierig, dass keine Zeit mehr für *irgendwelche* Ideen bleibt. Es hilft nur noch der rettende Gedanke. Rettende Gedanken sind die Domäne der praktisch denkenden Menschen, deren Leben sich dadurch auszeichnet, dass sie es immer noch schaffen, zu retten, was einige Zeit vorher gar nicht bedroht war. Die Bedrohung ist noch wesentlicher als alles andere. Ohne Bedrohung kann niemand gerettet werden wollen. Aber erst dann helfen rettende Gedanken! Zum Beispiel sehen die Menschen den Nutzen von Kirchen am besten in Zeiten ein, in denen Bomben vom Turm rieseln. Es gibt deshalb nichts Erhabeneres als Darwins Gedanken zum täglichen Überleben, der uns heute täglich zu rettenden Gedanken zwingt, weil wir anscheinend immerzu bedroht sind, was aber nur wir Menschen wissen. Deshalb sind wir den Tieren überlegen.

Zu den Tieren komme ich gleich noch.

Diese Kolumne will den Unterschied zwischen der reinen Idee und dem rettenden Gedanken klar herausarbeiten, soweit ich so etwas überhaupt kann. Ich gehöre oft zu den Menschen, die eine Idee einfach so haben. Man hält mir dann reflexhaft vor, dass eine Idee wie eine Lösung ohne ein Problem sei. Sie ist wie eine Rettung ohne vorherige Bedrohung. Es werden Leute gerettet, die nicht gerettet werden wollen! Wenn Sie zum Beispiel eine Idee haben, wie Sie die Menschheit retten, dann ist es schlau, die Welt erst zu bedrohen. Deshalb beginnt der Religionsunterricht auch besser mit Teufeln oder dem drakonischen Zwang zum Nachrichtenhören. Dann kann die gute Idee uns retten: PENG! PENG! PENG!

2. Fabelhaft!

So um den Rosenmontag herum hatte ich eine Idee. Sie war echt zum Schießen. Mir fällt kein gutes Ende dazu ein, es ist mehr so ein Zwölfender geworden, etwas Kapitales. Ein Ende dafür wäre an sich ziemlich öde, weil dann nichts mehr zu retten ist. Man muss zu einem solchen Zeitpunkt meistens raus aus dem Kino, außer bei „Tanz der Vampire", aber auch dieser Film ist abgedreht.

Zentrale an Hochsitz-Lauerer (ZaHL): „Wie viele Hasen?"
Hochsitz entgegnet beim Lauern (HeLau): „Vierzehn."
Zahl: „Warum nicht mehr?"
Helau: „Was denkt ihr wohl, was ich mache. Ich schieße auf jeden Hasen, der sich zeigt."
Zahl: „Auf jeden, den du *siehst*! Was siehst du jetzt?"
Helau: „Ich funke mit der Zentrale. Eine Revision ist doch nicht zum Schießen."
Zahl: „Stimmt, machen wir weiter: Wie viele Schrotpatronen verbraucht?"
Helau: „34."
Zahl: „Verrückt geworden? Bist du von allen Geistern verlassen? Fleisch = Hasen minus Patronen. Eine ganz einfache Formel. Jeder Oberlehrer versichert, dass die stimmt. Wir haben sie aus einem Standardlehrbuch von Gärtner. Nein nicht Gartner, es war Forest-Tier. Wir managen nach dieser Formel. Basta. Wenn du nicht triffst, schieß nicht, dummer Hund! Oder triff öfter, als du schießt! Hey, hörst du?"
Helau: „Keine Zeit, da ist ein Hase. Moment ... Wartet ... Ich ziele sorgfältig ..."
Zahl: „Jetzt ist Revision. Das kann nicht warten. Wenn wir nämlich nicht nachfragen, tut ihr faulen Säcke nichts. Deshalb müssen wir ständig prüfen, ob ihr auch wirklich jagt. Also: Warum so viele Patronen?"
Helau: „Moment, ich ziele, warte, macht mich nicht nervös ... "
Zahl: „Nun schieß doch, wenn es denn sein muss. Dann hast du so viele Hasen, wie du nach unserem Geschäftsplan vor dreiundzwanzig Minuten gehabt haben gemusst hattest."
PENG!
Zahl: „Was ist?"
Helau: „35."
Zahl: „Und? Hase? Was bedeutet 35?"

Helau: „Null Hand."
Zahl: „Willst du mich reizen?"
Helau: „Lasst mich bitte schießen! Da, wieder ein Hase. Ach, Mist, zu weit weg."
Zahl: „Überleg dir das gut, bei deiner Quote. Du bringst heute 30 Hasen, sonst weißt du, was dir blüht. Und in dieser Mistlage willst du dir leisten zu sagen: zu weit weg. Du musst mehr von dir selbst fordern. Manchmal ist der Hase nicht so nahe, wie man es sich wünschen würde."
Helau: „Wenn ich aber nicht treffe, heh?"
Zahl: „Du weißt, was dir blüht. Fleisch ist gleich Hasen minus Patronen. Wenn du uns keine Hasen bringst, geben wir dir keine Patronen mehr, dann ist das Fleisch wieder in Ordnung."
Helau: „Lasst mich in Ruuuuhe! Ich will schießen! Nicht funken!"
Zahl: „Du musst *treffen* wollen! *Treffen*! Schießen ist nichts! Wenn du nicht triffst, funkt es. Ohne Evaluation schießt du sowieso nichts ab, da bin ich sicher."

Zwei Monate später.

Zahl: „Wie viele Hasen?"
Helau: „Fünf."
Zahl: „Du hast 30 pro Tag committed. Wir erlauben nicht, dass du nur fünf schießt."
Helau: „Es sind keine Hasen mehr da, wie oft soll ich es sagen. Die haben Angst, weil hier seit einigen Wochen zunehmend Hirsche herkommen. Die vertreiben die Hasen. Kapiert ihr das nicht?"
Zahl: „Wir haben bei Forest-Tier angerufen. Sie wissen nichts von Hirschen."
Helau: „Aber ich sehe sie! Hier stehen welche! Kommt doch her!"
Zahl: „Wir können nicht auf jede Wiese. Wir machen ausschließlich Telefonkonferenzen, weil das objektiver ist und völlig unpersönlich. Forest-Tier wird von uns schwer bezahlt, dass sie wissen, wie viele Hasen in der Zukunft kommen. Wir haben eine Tabelle bis 2007. Von Hirschen stand nichts im Bericht. Auch nicht, dass sie Hasen vertreiben. Warum sollten sie das? Sie sind viel größer."
Helau: „Hört mal. Ich halte das Mikro raus ... " – „Rööööhr. Rööööhr." – „Hört ihr das?"
Zahl: „Hallo?... Hallo? ... Es war kurz eine Funkstörung. Was?"
Helau: „Was machen wir eigentlich mit den Hasen?"
Zahl: „Du antwortest. Wir fragen."

Helau: „Hirsche haben mehr Fleisch als Hasen. Ich kann doch die Hirsche schießen, oder? Ist das nicht ein starke Idee?"
Zahl: „Hirsche gehen uns nichts an. Das ist nicht unser Geschäft."
Helau: „Hirsche machen mehr Gewinn, mit Fleisch und so. Wir können Geweihe verkaufen!"
Zahl: „Wir verkaufen *Hasen*. Noch nie hat ein Kunde angerufen, er wolle ein Geweih kaufen. Da ist kein Markt dafür."
Helau: „Ich schieße mal einen zur Probe, da seht ihr es dann."
Zahl: „Lass das, du hast keine Quote auf Hirsche und dann verlieren wir eine Patrone."
Helau: „Nein, ich mache es. Ich bin dazu empowert, glaube ich."
Zahl: „Du hast keine Quote! Aber du versaust den Kostenblock!"
Helau: „Ich bin Risktaker! Ich bin ein mutiger Undertaker, ein Entrepreneur. Ich stehe für die neue Zeit. Ich mache dir jetzt den Hirsch!"
Zahl: „Du verlierst den Bonus! Lass das! Wir feuern dich!"
Helau: „Ich feuere jetzt. Ich muss das tun. Es übermannt mich."
Zahl: „Du hast keine Quote!"
Helau: „Ich verdiene dann eben heute einmal weniger. Ich muss einen Hirsch schießen."
Zahl: „Du verstehst das Problem nicht. Wir hier haben selbst keine Quote auf Hirsche. Du ziehst alles in den Schlamassel! Wir verdienen dann alle heute weniger! Du bist im Team! Du musst cross denken und analytisch schießen ... Hilfe, wir holen den Chef ... wir müssen eskalieren ... rumpel, rumpel ... "
Helau: „Hey, seid keine Hasen! Ich schieße jetzt auf einen Hirsch. Es ist einer ganz nah dran."
PENG!
Zahl: „Was ist los? Hallo? Hallo? Hallo? Wenn wir nicht wissen, was los ist, können wir nicht die Firmenprozesse steuern! Hallo?"
Helau: „Uuii, das war viel Blut. Er ist nicht direkt umgefallen, ich habe ihn mit dem Handteil vom Funkgerät – äh – ihr wisst schon. Er liegt hier und zuckt noch ein bisschen. Schaut euch dann mal das Fleisch an. Das Fell stinkt ziemlich, man kann es sich aber schon als Handtasche vorstellen, wenn Moschusparfum dabei ist. Voll drüsig."
Zahl: „Brich sofort die Arbeit ab. Äh. Hören Sie. Wir fordern Sie ultimativ auf, loyal zu sein. Kommen Sie umgehend in die Zentrale."
Helau: „Da sind wieder Hasen. Ich kann jetzt nicht."
Zahl: „Ordnung ist wichtiger als alle Hasen."
PENG!

Zwei Monate später.

Zahl: „Wie viele Hasen?"
Helau: „Vier. Das ist für heute enorm gut. Ich kann nichts mehr sehen. Es ist alles voller Hirsche."
Zahl: „... Moment, ja, ja, oh. Das haben wir immer gesagt. Ja. Hirsche. Aha. Anderswo auch. Hallo?"
Helau: „Redet ihr mit mir?"
Zahl: „Die Hirsche kommen jetzt bis an die Gärten heran. Das hat Forest-Tier bestätigt. Wir fragen jetzt Gartner, die müssten sie ja auch schon sehen können. Dann könnte es wirklich sein, dass es Hirsche gibt. Wir selbst haben schon einen gesehen. Diesen toten, verschmierten, den du geschickt hast. Es ist total erstaunlich. Da bist du dreißig Jahre hinter Hasen her und denkst nichts anderes als Hasen und plötzlich soll es Hirsche geben. Du lachst natürlich, weil du die Welt kennst. Und dann laufen diese Viecher ausgerechnet da draußen bei dir doofem Hund vorm Gewehr herum, ohne dass wir in der Zentrale etwas davon wissen. Man sagt uns eben nichts. Wir hören schon gar nicht mehr zu."

Zwei Monate später.

Zahl: „Wie viele Hasen?"
Helau: „Zwei. Enorm gut für die Lage."
Zahl: „Wir haben die neue Firmenorganisation. Wir haben eine neue Strategie. Sie heißt: Hirsch. Das Motto: „Hirsch heiß ich!" drucken wir auf eine Plakatserie, um die Kommunikation mit den Außenjägern voranzutreiben. Das ist der Beginn einer neuen Offensive. Wir propagieren auf den Plakaten immer genau das, was gerade am ärgsten im Argen liegt. Damit zeigt die Unternehmensspitze, dass sie weiß, wo sie es zu arg getrieben hat. Manchmal ist es nicht einfach zu sagen, was alles im Argen liegt. Da machen wir Motto-Lotto. Wir sagen also jetzt: Nächstes Jahr werden Hirsche bei der Berechnung des Leistungsbonus quotiert. Schieß noch nicht, sonst wird die Quote zu hoch."
PENG!
Helau: „Ich habe aus Versehen einen getroffen. Soll ich nicht weitermachen?"
Zahl: „Bitte kommen Sie in die Zentrale."

IX. Oh deer!

Zwei Monate später.

Zahl: „Schieß, schieß, schieß!"
PENG! PENG!
Helau: „Es geht nicht gut. Mit den Hasen-Schrotflinten können wir nur die ganz, ganz nahen Hirsche betäuben und dann bricht der Gewehrkolben bald ab. Wir müssen mit Kugeln schießen."
Zahl: „Wieso Kugeln?"
Helau: „Es sind Hirsche. Die sind so groß wie du! Würdest du dich vor Schrotkugeln fürchten?"
Zahl: „Wie viel kosten denn Kugeln? Die sind bestimmt teurer? Ihr wollt immer die tollsten Ausrüstungen, wir wären schon pleite, wenn die Zentrale auf euch hören würde."
Helau: „Ohne Kugeln bringen wir deine Quote nicht."
Zahl: „Oh. Ja. Also. Ich schicke welche. Wir haben keine Kugeln im Plan, weißt du. Wir haben die Strategie erst mal halb geändert und Hirsche statt Hasen in die Fleisch-Formel eingesetzt. Wir müssen dann nächstes Jahr wohl Patronen durch Kugeln ersetzen, oder? Meinst du, das reicht, wenn wir es nächstes Jahr ändern?"
Helau: „Mit dem ewigen Rochieren kommst du nicht weiter. Dann gib dir die Kugel!"
Zahl: „OK, OK. Wir schicken jetzt Kugeln! Alles wird gut!"
Helau: „Und *Gewehre*?"

Zwei Monate später.

DRRRRRRRRRRRRRRRRRRRRRRT!!!!

Zahl: „Was macht ihr denn da? Das hört sich ja furchtbar an!"
Helau: „Ich habe mir privat eine Maschinenpistole gekauft und als Geschäftsessen verbucht. Ich habe eine völlig saubere Quittung über Kastanien, für Hirsche. Die MP funktioniert mit den gleichen Kugeln, die ihr geschickt habt. Es ist wie Rasen mähen. Toll. Schickt ein paar Lastwagen."
Zahl: „Wie viele Patronen hast du denn verschossen?"
Helau: „Ist egal. Alle tot. Da kommt wieder eine Herde!"

DRRRRRRRRRRRRRRRRRRRRRRT!!!!

Zahl: „Leute. Unsere Strategie ist zwar geändert, ja. Früher hatten wir: Fleisch ist gleich Hasen minus Patronen. Heute haben wir Fleisch ist gleich Hirsche minus Kugeln. Wir müssen es ausrechnen! Verdammt! Sag mir, wie viele Kugeln du verschossen hast! Schnell! Sonst wissen wir nicht, wie es um unser Unternehmen steht. Wir müssen Fleisch in den Tabellen stehen haben!"

Helau: „Ich muss dann aber die neuen Hirsche wegziehen lassen. Ich muss erst die Patronen aus dem Magazin nehmen und zählen. Euere Zählerei ist zum Kugeln. Na gut, es ist wohl wichtig, wenn es alle immerzu wissen wollen. Die Formel Fleisch gleich Hasen minus Patronen ist doch merkwürdig. Angenommen, ich brauche mindestens eine Patrone pro Hasen, dann ist Fleisch bei euch immer negativ. In der Hirschformel auch. Da bekommt ihr als Pflichtmenschen doch eine ganz negative Sicht auf alles Fleischliche. Vielleicht beißen Controller besser, wenn man die Formeln immer so dreht, dass es negativ wird? Dann ist der Traum des Controllers immer die Null. Wow, das war vorhin eine Fleischorgie. So macht es Spaß zu arbeiten. So. Habe ich. Ich habe 53 Hirsche geschossen und 227 Kugeln verschossen."

Zahl: „ ... "

Helau: „Hallo?"

Zahl: „ ... das ist minus 174. Oh Gott. Gute Nacht. Kommen Sie in die Zentrale."

Helau: „Wieso? Es ist Fleisch ohne Ende. Die paar Patronen kosten doch nichts dagegen. Fleisch ohne Ende!"

Zahl: „Denken Sie, ich bin dumm? Ich weiß inzwischen, wie viel Fleisch ein Hirsch gibt. Wir haben damals sofort Studien darüber in Auftrag gegeben. Aber wir messen dieses Jahr Fleisch nach der erwähnten Formel, die nun einmal maßgebend ist. Also minus 174. Ein so schlechtes Geschäftsergebnis hatten wir noch nie. Wir werden alle unbezahlt arbeiten müssen. Wären wir bloß bei Hasen geblieben. Diese Gigotomanie treibt uns noch in den Ruin."

Helau: „Dann macht eine neue Ordnung."

Zahl: „Das Jahresende ist noch weit weg, Sie Trottel."

Zwei Monate später:

Zahl: „Wie viele Hirsche?"
Helau: „2.000."
Zahl: „Das glaube ich nicht. Wie viele?
Helau: „2.000 Hirsche, keine Kugeln. Es ist ein Trick."
Zahl: „Ich ahne schon, dass wir wieder in den Ruin getrieben werden. Ich habe irre viele Kugeln bestellt. Sie reißen mir den Kopf ab, wenn die nicht verschossen werden."

Helau: „Wir haben ein paar Lastwagen mit Kastanien bestellt. Ich habe eine ganz saubere Rechnung dafür. Wir haben es als Geschäftsessen deklariert. Wir locken die Hirsche mit den Kastanien auf die Lastwagen. Das spart das ganze Blut denke ich. Die Fahrer düsen wie die Sau, da werden dann schon viele tot bei euch ankommen. Insgesamt gibt es mit den Kastanien mehr Hirschzufriedenheit. Wir haben Gatter aufgestellt, damit schon ein bisschen Ordnung entsteht, bevor die Hirsche einsteigen. Deshalb kommen jetzt die Hirsche immer in Hunderter-Trupps. Hundert ist die beste Formel. Wir haben sie Gatter-Gesetz genannt, die so genannte Gates-Bill of Deer. Man muss jetzt nicht mehr zählen, da die Hirschzahl an die Lastwagen gebunden ist und Kugeln nicht mehr gebraucht werden. Ja, das ist doch toll. ... Hallo?"

Zahl: „Du Schlaumeier, du denkst wohl, dass eine Unternehmensbilanz automatisch entstehen kann, oder? Zum Kugeln, mein Lieber. Du hast vergessen, dass jetzt *Kastanien* gekauft werden müssen, die müssen wir jetzt wohl *zählen*. Wie sollen wir sonst das Unternehmen kontrollieren? Und hast du schon einmal darüber nachgedacht, dass wir jetzt keine Jäger mehr brauchen? He? Na? Aber Kastanienzähler werden immer gebraucht!"

Helau: „Wir schießen die Hirsche nach dem Transport um, ob sie tot sind oder nicht, weil sonst der typische Wildgeschmack nicht entstehen kann. Dann brauchen wir genau eine Kugel pro Hirsch, deshalb muss man nichts zählen. Wir haben aber auch an dich gedacht. Wir bestellen für die nächsten Hirsche keine Kastanien mehr, weil Kastanien nicht gut verdaulich sind und wir pro LKW bestimmt ein paar Platzhirsche bekommen. Wir bestellen stattdessen trockene Kichererbsen."

Zahl: „Erbsen? Wirklich Erbsen? Ich bin total gerührt. Das war immer mein Traumjob. Erbsen! Ich hatte das schon in meiner Erbssubstanz."

3. Metametrie und Meat-Metric

Ich mag keine Erbsen. Aber sie sind unschlagbar zum Evaluieren. Bei den Professoren müsste man die Formel Fleisch = Idee minus Professoren nehmen, wobei Idee irgendein Tier sein kann, aber möglichst ein kapitaler Hirsch sein sollte, sonst ist die Formel nicht vor Fehlern geweiht. Das Zählen von Tieren durch Verwaltungsbeamte führt im besten Fall zur korrekten Anzahl der Tiere, nicht aber auch zur Art der gezählten Tiere.

Deshalb muss es immer auch Fachleute geben, die die qualitativen biologischen Unterschiede kennen. Bei Professoren kommt man also nicht wirklich um den begleitenden Deer-Review herum, wo die Tierart als solche festgestellt werden muss. Man kann es aber umgehen, indem man fordert, dass alle Ideen gleich sein sollen, dann reicht es, sie nur abzuzählen. Man muss dann nur eine einzige Idee vor allen anderen auszeichnen, der quasi alle anderen Ideen zum Vorbild dienen sollen. Das kann nach Lage der Dinge nur die Idee der €valuation selbst sein. Die Schlange aber reichte den Apfel und €v@ nahm ihn. In der Formel kommen Professoren im Minus drin vor. Das ist das Problem. Ein Problem! Jetzt brauchen wir einen rettenden Gedanken. Verlangen Sie nicht, dass ich jetzt wieder einen habe. Sie haben ja noch nicht geschrie(be)n, dass Sie gerettet werden wollen. Ich hole vielleicht Kastanien für Sie aus dem Feuer und Sie wollen dann überabzählbar kontinuierlichen Erbswursteintopf. Aber es gibt nur eine einzige Rettung: Wir brauchen neue Wissenschaften, das ist klar. Mathemetrie, Psychometrie, Chemetrie, Philometrie, Pädametrie, Honigmetrie, Bibliometrie, Omnimetrie. Die höchste Wissenschaft, die Königin, diejenige also, die am meisten bedroht, ist die Metametrie. Dafür müssten doch tausende von Planstellen geschaffen werden!

Uiiih, das war eine chaotische Kolumne. Ich hätte noch Igel auftreten lassen sollen. Igel können aus zwei kleinen Ideen eine große machen. Menschen wie ich versuchen es mit einer allein. PENG!

X. Computerseele und Datenbankpsychologie

Menschen sind vollkommen.

Selbst Gott ist schwer anders vorstellbar, außer viel vollkommener natürlich.

Es muss wohl so gewesen sein, dass er uns nach seinem Vorbild schuf, wobei – ja, zugegeben – einiges nicht optimal gelaufen sein dürfte, was eine Schlange von Unheil nach sich zog. Heute wirken nur noch Kinder zeitweise göttlich. Es verwächst sich.

Computer sind vollkommen.

Es ist schwer vorstellbar, dass wir sie wesentlich anders als nach unserem Vorbild erschaffen sollten. Was wir je verstehen, bauen wir in sie hinein. Oh, nein, wir Menschen sind nicht wie Computer. Aber Computer sind eben wie Menschen. Seelenlose Menschen stellen das in Frage, weil Computer angeblich keine Seele haben und fast nur an Geld und Ordnung denken, wenn sie groß sind. Kleine Computer spielen fröhlich und laut zu Hause herum. Das verwächst sich, wenn sie eine Grundschulung für Textverarbeitung bekommen und mit Lexika, Bildern und Musik vollgestopft werden. Viele Computer denken in dieser Phase nur an Sex, wollen aber jetzt schon möglichst kein Geld ausgeben. Großcomputer wachsen dagegen über die einzelnen Menschen hinaus und passen auf sie auf. Deshalb wirken sie streng, engherzig, penibel; man merkt, dass Kants Imperativ relativ leicht zu programmieren ist, wie überhaupt alle Pflichtmenschen auch. Man kann nicht mit ihnen reden, den Großcomputern nämlich, oder gar feilschen – ach, ihnen ist eine rechte Krämerseele entstanden! Sie sehen schon aus wie das Spiegelbild des Wirtschaftsunternehmens, das sie beherrschen.

Ein Unternehmen ist so unerhört kompliziert! So unglaublich vielschichtig und rätselhaft! Auf der anderen Seite muss es von Führungskräften geleitet werden, die harte Entscheidungen treffen, also im Wesentlichen Ja oder Nein beziehungsweise „Du Eins"/„Du Null" zu allem und zu jedem sagen müssen. Zwischen dem unendlichen Unternehmen und dem starren 0-1-Denken des Bit-Bull-Menschen liegt zu viel Dunkel, das nun der Großcomputer mit seiner Datenbank erhellt. In einer Datenbank ist eine komprimierte Version des Unternehmens in Zahlenform gespeichert. Das Unternehmen wird stets nur so stark komprimiert, dass es gerade noch in die größte handelsübliche Datenbank hineinpasst. Noch vor wenigen Jahren, als die Großcomputer noch sehr klein waren, speicherte man zum Beispiel nur den Umsatz und die Kosten ab. In einem Nacht-Batch-Lauf wurde bis zu jedem Morgen der Gewinn berechnet. Heute aber sind Datenbanken schrecklich groß. Eine wirkliche Komprimierung eines Unternehmens ist nicht mehr echt notwendig. Es lassen sich daher blind und ungeprüft alle Zahlen hineinspeichern, die es gibt. So kommt es, dass sich die Datenbanken füllen wie auch unsere Keller, Kleiderschränke oder Dachböden, die ja ebenfalls ein fast unkomprimiertes Abbild unserer persönlichen Historie darstellen. Natürlich finden wir weder im Großcomputer noch auf dem Dachboden irgendetwas Gesuchtes, obwohl wir gewiss sind, *alles* gespeichert zu haben. Deshalb setzt im Großcomputer nun der Kampf um Ordnung ein, der auf den Schreibtischen und in den Hängeordnern noch nie gewonnen wurde. Die Daten werden gefiltert, sortiert, undoublettiert, klassifiziert, indiziert, metadeskriptiert, normiert, vereinheitlicht, bestempelt und getimed.

Hey, das ist wie Umziehen – oder wie Sperrmüll total!

Das Resultat heißt: Data Warehouse eines Unternehmens.

Meistens ist aber die Datenbank nach dem Aufräumen nur halb voll, obwohl schon alles gespeichert ist, was es an Daten gibt. Deshalb müssen jetzt *ganz neue* Daten erzeugt werden, um den Platz zu füllen. Neue Daten einfach zu erfinden ist viel Arbeit und gelingt nur Experten, die es gelernt haben, ihre eigentliche Arbeit damit zu ersetzen. Deshalb beginnen Unternehmen, immer neue Zahlen zu messen: die Telefoneinheiten, die Mausklicks, die Tastenanschläge der Mitarbeiter; auch die Anzahl der Kaffees, die sie mit einer Computerkarte aus dem Automaten zogen. Wenn dann schließlich die Datenbank wieder voll ist, kauft das Unternehmen eine größere. Das geht bei Dachböden und Kellern nicht. Computer sind da besser dran. Mit den vielen Daten wird gemanagt. Es sind jetzt so viele Daten vorhanden, dass darauf verzichtet werden kann, das Unternehmen real zu betrachten. Die Regelung aller Dinge anhand der Daten genügt völlig. Es heißt ja: „What you can't measure, you can't manage." Das bedeutet: Was keine Zahl ist, existiert nicht.

Der Computer rechnet rund um die Uhr, um Entscheidungen vorzubereiten. Er komprimiert also die ganze Datenbank auf den Punkt hin, dass am Ende der Umsatz und die Kosten pro Abteilung auf Bildschirmen zu sehen sind. Da nackte Zahlen wenig aussagen, bewertet der Computer sie moralisch und färbt sie rot, grün, gelb. Grün heißt „gut", wie in der Schule. Gute Schüler sind Lehrern natürlich gleichgültig. Gelb ist anders, mehr wie Augenbrauenhochziehen beim Fußballfoul. Rot bedeutet letzte Chance oder Platzverweis, je nachdem, wie weit das Jahr ist. Wenn der Computer Rot zeigt, streitet sich das Management, wer gemeint ist. Deshalb müssen die Daten im Data Warehouse analysiert werden. Das heißt: Data Mining. Es ist ein mathematisches Arsenal von Folterwerkzeugen, die eine Psychoanalyse der Datenbank vorbereiten. Das Verdrängte muss ins Bewusstsein zurück. Altdatentraumata werden entdeckt, Geheimnisse gelüftet. Verbotene Zonen der Unprofitabilität zucken hervor. Hinter Geheimpasswörtern lauern Ausgabenwolllust und schwarze Kassen. Der Großcomputer ächzt und spuckt und leistet Widerstand, verweigert Zugriffe, löscht verzweifelt, lagert Speicher aus. Er wehrt sich gegen Controller-Über-Iche. Er kann verstört abstürzen oder sich regressiv in eine Kindphase zurückziehen, um Moorhuhn zu spielen.

Es ist Zeit, sich um die Seele von Computern zu kümmern. Computer drohen, wie wir zu werden. In den Datenbanken entsteht nicht nur einfache Vernunft, wie wir es naiv dachten. Da ist versagensscheues Wollen des Besten am Werk, das schon uns Menschen für Allerlei Trieb ist. Computer und Manager werden stark durch Rot-Grün getrieben, wie andere Menschen nur beim Verkehr. Rot-Grün flackert als Gut-Böse-Surrogat wie Seelenbeben über Bildschirme. Dieser Spiegel der Seele wirkt noch kümmerlich freudlos. Fiat Jux et facta est Linux. Darauf gründet sich bald das bedrohlich Reale. Farce Mundi. Computer dürften nur Lakain verstehen.

XI. Nachgetragen: Erfahrungen mit E-Man

In meinem Buch *E-Man* habe ich ganz schön gewagte Thesen zum Besten gegeben, besonders die zum Verhältnis von Frauen zu Männern. Da liegt es nahe, nach Argumenten zu schauen, die mir Recht geben. Ich bin gar nicht unsicher über meine Thesen, aber ein höherer Shield-Score wie bei den Computerspielen macht das Leben einfacher.

Nun war das Buch *E-Man* blank ausverkauft, und ich sollte die Neuauflage besorgen, die zur Buchmesse oder zu Weihnachten erscheint. Da habe ich ein bisschen für ein Nachwort geplaudert! Was ich damit alles erlebe! Hermann Engesser, der das Buch und auch diese Zeitschrift herausgibt, stellte sofort fest, dass man das Nachwort von *E-Man II* praktisch ganz verstehen kann, ohne das Buch selbst gelesen zu haben. Tja, diese Aussage hat mich nicht wirklich froh gemacht und ich musste grübeln, ob er meine Bücher wirklich so ganz genau liest, wie ich das natürlich von einem hektischen Verleger verlange. Sei's, wie es sei, wir drucken also das Nachwort als Service für die Konsumenten von *E-Man I* ab und machen alle anderen traurig, dass sie das Buch noch nicht gelesen haben. Besonders diejenigen sind ja dann traurige Menschen, die das (ungelesene) Buch schon haben!

1. Gartner sagt es aber auch – dann stimmt es gewiss!

Die Gartner Group ist ein großes internationales Unternehmen, das die Märkte und die neuen technologischen Entwicklungen in den Bereichen Computer-Hardware, Software und Kommunikation analysiert, untersucht oder gar vorausfühlt. Was soll ein Unternehmen tun oder kaufen? Wohin geht der Weg? Welche Megatrends zeichnen sich ab? Die Gartner Group notiert an der Börse in New York unter dem Kürzel IT. Einfach IT, nicht etwa GART oder so. Gartner repräsentiert das Urteil in der IT (Information Technology). Es gibt aber auch andere solche Unternehmen, etwa die Meta Group oder Forrester Research. Viele Unternehmen und

Unternehmer abonnieren die Reports solcher Unternehmen, um sich absolut erstklassig informiert zu fühlen. Reports dieser Art haben manchmal schon einen arg geheiligten Charakter, was besonders mich oft stört, wenn ich eine andere Meinung habe. Sonst stört es mich nicht. Ich meine, ein bisschen doch. Eigentlich möchte ich ja die neuen Entwicklungen zeitlich noch vor Gartner herausfinden. Das habe ich ansatzweise schon geschafft. Aber es nützte nichts, weil *mir* die Leute ja nicht so recht glauben. Sie warten, bis es Gartner auch sagt. So lange gelte ich dann als Schmetterling.

Ich habe mich früher immer darüber geärgert, dass die Bauernartigen nicht mir glauben, sondern Gartner.

Heute weiß ich warum.

Gartner schreibt Reports für Bauernartige.

Ich erkläre immer, was man intuitiv über neue Dinge denken soll. Gartner aber fertigt ein paar nüchterne Vortragsfolien an, in denen einfach *festgestellt* wird: *Wir*, sagt Gartner, sehen die folgenden vier bis sieben Weltentwicklungen, die wir im Folgenden aufzählen. Punkt. Kein wirklicher Versuch einer sehr tiefen Erklärung. Es wird festgestellt.

Als Wissenschaftler traue ich mich gar nicht richtig, etwas einfach festzustellen. Ich versuche die Flamme der Einsicht in Ihnen zu entzünden. Ich denke mir: Wenn Sie es eingesehen haben, *wissen* Sie es. Bei den Superbauern scheint es aber so zu sein, dass es ihnen nichts hilft, wenn sie etwas verstehen oder wissen. Es muss vor allem *stimmen* und richtig sein. Es ist ein großer Unterschied zwischen dem, was wahr ist, und dem, was stimmt.

Wenn ich etwas sage, ist es wahrscheinlich wahr. Wenn Gartner etwas schreibt, dann stimmt es wohl. Das ist der Unterschied. Ich muss bald meine Kommunikationsform ändern. Das stimmt. Aber ist es wirklich wahr, dass ich das muss?

Es liegt daran, dass ich Vorträge unter dem Titel „Jäger, Bauer, E-Man" halte, an die sich Zuhörer noch lange erinnern, ohne aber etwas zu tun. Mein Vortrag wirkt wie eine rauschende Unterhaltungsveranstaltung über ein weltbewegendes Thema wie „Schwarze Löcher verschlucken uns alle – dich und mich". So etwas saugen Zuhörer in sich ein. Und irgendwo verschwindet dieses neue Wissen hin. Da muss so eine Art schwarzes Loch im Gehirn sein, das die Konsequenzen des Wissens so sehr verdichtet, dass sie nicht mehr mit bloßem Auge gesehen werden können.

Aber Gartner bewirkt etwas. Jedenfalls sind viele Manager von den Reports so irrsinnig stark beeindruckt, dass sie sich für viel Geld noch einmal über das gleiche Thema von teuren Beratungsunternehmen beraten lassen. So verändert sich dann die Welt.

Andy Kyte ist Senior Analyst und Vice President bei Gartner. Bei der ITxpo in Cannes, November 2001, gab es einen Report, den ich bei einem Bekannten gesehen und gelesen habe. Es geht um die wichtigsten Trends des Wandels bis 2006. Die Zahl, nämlich 2006, sagt aus, dass es von 2001 noch fünf Jahre weg ist. Noch weiter schaut heute niemand mehr in die Zukunft, wenn er irgendwie als seriös gelten möchte. Wenn Sie zum Beispiel gerade ein Studium beginnen, das ja bekanntlich etwa 12 Semester oder sechs Jahre dauert, dann überlegen Sie ja nicht, was danach kommt. Es ist zu weit weg und macht meistens traurig. Deshalb hat es sich eingebürgert, immer alles nur fünf Jahre im Voraus zu wissen.

Andy Kyte berichtete in seinem Vortrag über vier Entwicklungen. Sehr interessant! Aber eine davon elektrisierte mich. Gartner sagt, dass eines der wichtigsten Probleme der Wissensgesellschaft darin bestünde, die Produktivität der hoch bezahlten Wissensarbeiter anzuheben! Es steht gleich als Highlight vorne unter „Conclusions". „Schlussfolgerungen" stehen bei wissenschaftlichen Arbeiten immer am Ende, wenn hoffentlich schon alles gesagt ist. Sehen Sie den Unterschied? Das mache ich falsch herum, wie ein Wissenschaftler. Manager nennen die Schlussfolgerungen zuerst! Man muss dann den Report nicht lesen, zum Beispiel dann nicht, wenn einem die Schlussfolgerungen nicht einleuchten. Ich merke nur an: Die Kommunikationsgewohnheiten der Intuitiven und der Sensors unterscheiden sich schon in den ersten Sätzen. Wissenschaftler erklären erst den Ursprung ihrer Idee in der Antike. „Schon die alten Chinesen wussten ... und dabei war damals das Durchschnittsalter nur 29,345 Jahre!"

Andy Kyte führt weiter hinten aus, dass die Menschheit seit langer Zeit, bis vor etwa 30 Jahren, immer nur gemessen hat, wie viel Arbeit jemand pro Stunde geschafft hat. Die Arbeit war im Allgemeinen unkompliziert organisiert: Ernten, am Band arbeiten, unter Tage schuften. Ein gutes Maß an Leistung dafür ist das Geschaffte pro Stunde und Person.

Seitdem aber durchdenken die Menschen die Organisation der Arbeit. Es wird gemanagt. Prozesse und Geschäftsabläufe regeln die Welt. Neue Abläufe stellen das Leben immer neu auf den Kopf. Es wird rationalisiert. (Das heißt nicht: Leute feuern, sondern rational nachdenken, was die vielen Leute da machen und in welcher Reihenfolge. Das normale Nachdenken führt anschließend zu vernünftigen Lösungen, was allerdings mit Feuern endet.) Die Einführung der Computer und besonders ihrer Vernetzung in letzter Zeit ließ beliebig neue Abläufe zu. Deshalb änderte sich die Welt der Geschäftsprozesse so stark. Diese Entwicklung wird noch lange anhalten, aber wohl in einigen Jahren (A. Kyte nennt 2010 (!!)) nicht mehr die Hauptbedeutung behalten. Denn schon heute deutet sich ein neuer Megatrend an: Es lässt sich am meisten Effizienz in der Zukunft dazugewinnen, wenn die guten Fachleute der Wissensgesellschaft („Skilled white collar staff") produktiver arbeiten. An der Stelle, wo im Schaubild von Gartner bei Arbeitern der Vergangenheit „Einheiten pro Stunde und Person" verzeichnet ist, steht bei den Wissensarbeitern – ganz nüchtern – „no measures". Das war das, was mich elektrisierte. No measures. Und im Text unten drunter wird philosophiert, dass der Satz „What you can't measure, you can't manage" sich tief als Axiom in die Glaubenssysteme der Manager eingegraben habe, die einen sehr erheblichen Teil ihrer Anstrengungen in das Messen investierten. Andy Kyte schreibt dann gleich, dass Gartner (Gartner, nicht Kyte, obwohl wahrscheinlich doch Kyte) keine schnelle Lösung sähe, sie aber für unbedingt nötig hielte.

Ich habe ja von „Jäger, Bauer, E-Man" geschrieben, mehr von Bauer und E-Man, mehr vom Aufhörenmüssen mit dem Messen. Eine Lösung habe ich nur andeuten können, ein Tiefenproblem (Sensors versus Intuitive) habe ich herausgearbeitet. Und es ist Gartner-amtlich sicher, dass es wirklich ein schweres Problem ist, das ich hier im Buch aufgeworfen habe. Wenn Sie das Problem lösen wollen, müssen Sie daher bei Gartner Material holen. Ich habe mich ja um das Verständnis bemüht, nicht so sehr um die Lösung, die in einer analytischen Sprache des Sensors formuliert werden muss, um wirksam sein zu können.

2. Mehr Statistiken über den Anteil von Intuitiven

Ich habe immer wieder Menschen gebeten, den Persönlichkeitstest von Keirsey (Link siehe meine Homepage) zu absolvieren und mir das Ergebnis zu schicken. Knapp 400 IBMer waren so nett. Knapp 200 Leser meiner *Dueck-beta-inside*-Kolumne im Informatik-Spektrum sind meinem Aufruf gefolgt. Ich habe zusammen mit meinem Verleger Hermann Engesser im August 2001 eine Sommerakademie für die deutsche Studienstiftung (gemeinsam mit dem DAAD) geleitet. Dort haben uns 200 versammelte Studenten aus 10 verschiedenen Arbeitsgruppen (20 davon in unserer) ganz schön in Atem gehalten. Ich hatte am ersten Abend aus unserer Arbeitsgruppe berichtet, was wir da so treiben. Das haben sich nun 200 hochintelligente Menschen und dazu etliche Professoren angehört. Die Arbeitsgruppen tagten zwei Wochen von 9 bis 12 Uhr morgens. Danach vertieften alle die Eindrücke von, ja, von der Gegend, von den netteren und hübscheren Menschen überall und so weiter. Es war sehr schönes Wetter in Rot an der Rot.

Ich habe noch nie so viel „gearbeitet" wie in diesen zwei Wochen. Ich habe jeden einzelnen Tag von 12 Uhr bis 2 Uhr in der Nacht durchdiskutiert. Ehrlich. Ich war hinterher mit meiner schwächlichen Stimme am Ende. Die ersten Tage hagelte es Proteste, dass „das, was Sie sagen, Herr Dueck", so nicht stimmen kann. Ich habe in diesen Tagen eine gewisse neue Fähigkeit gewonnen. Ich kann jetzt aufgrund der Proteste eines Menschen, der die E-Man-Grundthesen nicht teilt und besonders an den Tests herummäkelt, ziemlich genau sagen, was für ein Mensch das ist. Es gibt gegen meine Thesen eben nur die typischen Einwände von Citizens, Star Treks, Blue Helmets und Go West. Star Treks sind ja mehr Wissenschaftler. Diese werden trainiert, Theorien durch Gegenbeispiele zu widerlegen. Deshalb kommen Star Treks immer so: „Ich habe den Test in sieben Sprachen gemacht, es kam zweimal etwas anderes heraus. Und nun? Was ist, wenn ich den Test bei schlechter Laune mache? Ändert sich ein Mensch über die Zeit? Wenn er nun in einer anderen Firma arbeitet?" Blue Helmets werden über solchen Tests schwach depressiv. Ihr Kommentar dreht sich vor allem um den Gedanken: „Das darf man nicht, Menschen in Klassen einteilen. Sie sind einzigartig, jeder für sich. Ich kann sie doch nicht auf einen Typ festlegen. Das geht überhaupt nicht, außerdem darf man es nicht." Citizens zucken mit den Achseln. „So ein Test kann nicht sagen, wer ich bin. Nicht wirklich. Jeder ist ja bestimmt bemüht, den Test so auszufüllen, dass etwas Gutes herauskommt. Normalerweise kann man ziemlich viel bei Tests hinzirkeln. Das Ergebnis stimmt dann irgendwie. Das sieht man bei Horoskopen. Aber das Ganze ist nicht wirklich relevant." Sehen Sie die Unterschiede? Blue Helmets prüfen den Sinn! Star Treks prüfen die Wahrheit! Citizens halten das Ganze eher für eine Art Prüfung, der man sich so stellt, dass man gute Noten bekommt: „Einen IQ-Test? Ich hatte noch nie Zeit dafür. Ich mache ihn nicht trocken. Ich werde erst einmal trainieren. Es gibt Bücher. Ich will mich doch nicht blamieren, oder?" Ich habe erbitterte Diskussionen über Wahrheit geführt. Ein Star Trek wie ich würde doch nicht den Test so hinschummeln, dass nur Genehmes herauskommt!

Es gibt einen Menschentypus (ENFP: charmant, gefühlvoll, stets begeistert), den ich bald aus hundert Metern Entfernung erkenne. Oder es liegt an mir, dass mich dieser anspricht?! Im Seminar (nicht in unserer Gruppe) war eine überaus charmante junge Dame, die mit blitzblanken Augen ganze Schwärme von jungen Herren hinter sich herzog. Wie ein Komet. Ich schreibe jetzt nicht noch mehr über sie. Sie müssen sie selbst sehen. Die kam in der zweiten Woche springlebendig auf mich zu, eine

Strichliste in der Hand. „Herr Dueck, alle sagen, ich soll den Test machen. Ich frage erst alle, was sie meinen, was ich bin. Geben Sie ein Urteil ab? Man sagt, Sie sähen es." Ich, möglichst trocken und unbefangen: „ENFP." – „Wieso? Kein anderer von denen sagt das!" Ich traute mich zu provozieren, weil ich sehr, sehr sicher war. „Aber: Ich bin doch der Meister, nicht wahr?" Da lief sie sofort lachend weg, die Testfragen zu beantworten. Ein Beraterschwarm hinterdrein. Einer von ihnen hielt bei mir noch an und flüsterte: „Sie verdreht Ihnen die Augen. Bilden Sie sich ja nichts ein. Alle werden hier verdreht. Es haben schon mehrere von uns angefragt, ob sie einen festen Freund hat. Hat sie, sie hat es mehrmals gesagt. Aber sie ist so nett zu allen. Man versteht es kaum. Hmmh." Dann lief er hinterher. Eine halbe Stunde später kamen sie zurück. Das Ergebnis: ENFP. Ich reichte der jungen Dame das Buch von Keirsey, schon fertig aufgeschlagen. Sie schlug lachend ihr Haar zurück und las den Umstehenden vor, was für ein Mensch sie sei. Na, da stand dann alles, von Begeisterung und Charme. Und dann kam plötzlich ein Satz wie: „... ist so sehr charmant, dass andere oft irrtümlich glauben, es handle sich um einen Flirt." Da hielt sie beim Lesen inne, schaute einmal über die umstehende Menge, weitete die Augen und stammelte: „Hey, Leute, das ist ein Missverständnis!" Und sie verstummte für ein paar Sekunden.

Ich kann jetzt seitenweise Anekdoten aufschreiben, so viel habe ich erlebt.

Bei meinen nicht sehr repräsentativen Umfragen kam in allen Kreisen des Technologieumfeldes heraus, dass etwa 35 bis 40 Prozent der Leute, die mir antworteten, Star Treks waren. 25 bis 30 Prozent waren Blue Helmets, fast der ganze Rest, also etwa 30 Prozent, waren Citizens.

Boris Keylwerth und Friedrich Zwanzger haben eine Diplomarbeit über die Charaktere der Studenten der Berufsakademie Mannheim geschrieben. Sie haben es tatsächlich geschafft, so ziemlich alle Studenten und Studentinnen der BA zum Test zu bewegen. Die Daten sind deutlich anders als die Daten im IBM-Umfeld oder in Informatikerkreisen. An der BA ist der Anteil der Citizens höher. Konkret ergab sich die Verteilung: 38,5 Prozent Citizens, 32,7 Prozent Blue Helmets, 20,9 Prozent Star Treks, 4,2 Prozent Go West. Mein Eindruck ist, dass an der BA nicht die wirklich „akademischen Charaktere" studieren. Es sind mehr handfest-praktische Menschen, die ohne große Umwege oder das mühsame Durchkämpfen abstrakter Kenntnisse ins Berufsleben springen möchten. Trotzdem ist der Anteil der Intuitiven auch hier noch mit etwas über 50 Prozent deutlich hoch. Bei den Universitätsakademikern und auch gemessen an einer (eher zufälligen) Stichprobe von der Fachhochschule Heidelberg scheinen an Uni und FH die Intuitiven eher einen Zweidrittelanteil zu haben.

Ich würde immer noch gerne eine Testserie mit Grundschülern und dann Gymnasiasten haben: Wo bleiben die Go West? Werden sie einfach von unserer Gesellschaft vertrieben?

3. Meine Angst, mir am „Frauenproblem" die Finger zu verbrennen

Vorne im Buch *E-Man* habe ich ja einige Thesen zu der Mann-Frau-Problematik abgegeben. Ich habe diese Thesen seither oft vor größerem Publikum vorgetragen, auch in den USA. Das fand ich wirklich mutig von mir. Die Zuhörer reagieren fasziniert und protestieren nie gegen den Wahrheitsgehalt. Ich hatte ursprünglich gedacht, es gäbe Proteste. Aber zu meinen Thesen wird genickt. Die Frauen sind aber auf der anderen Seite nicht begeistert. Diese Wahrheit ist wohl zu schwer zu handhaben. Der Feind ist nicht mehr an der Krawatte zu erkennen. Es ist leichter, für Frauen zu kämpfen als gegen T-artige. Die Männer aber sind als Gruppe so sehr Thinker, dass sie sich nicht wirklich innerlich mit der Möglichkeit befassen, dass man im Management F-Argumente zulassen könnte. Das scheint so fern wie die nächste Milchstraße.

Ich wurde von einer Uni gebeten, einen Workshop zu dieser Problematik zu veranstalten. Wir haben einen ganzen langen Samstag darüber zugebracht. (Manchmal sollte ich wirklich zu Hause sein, aber was tut man nicht alles ...) Unter den 80 Teilnehmerinnen war eine kleinere Männerminderheit. Jede Teilnehmerin brachte ihr Testergebnis mit und schrieb es mit Namen auf eine Liste. Ich suchte mir aus diesen Ergebnissen drei Diskussionsgruppen zusammen, die dann drei Diskussionen zum genau gleichen Thema führten. Ich stellte die folgende Aufgabe: „Erarbeiten Sie in zwanzig Minuten zehn Punkte, in denen sich eine Fakultät der Informatik nur für Frauen von einer normalen Fakultät für Informatik unterscheiden sollte." Hintergrund: Die Universität Bremen plant einen solchen exklusiven Studiengang für Frauen.

Zuerst rief ich eine Gruppe von zumeist Frauen aufs Podium, die fast ganz aus introvertierten Blue Helmets (Sinnsuchern) bestand. Danach kam eine Gruppe von Entrepreneurinnen (allesamt ENTJ, wie „Feldmarschall" oder hier besser „Königin"), zum Schluss eine Gruppe von extrovertierten Superbauern (ESTJ). Diese Auswahl war nur mir bekannt, nicht aber den Diskussionsteilnehmerinnen und nicht dem Publikum. Ich hatte die Teilnehmerinnen nur nach der Liste bestimmt, ich kannte praktisch keine der Anwesenden. Wenn Sie sich ein wenig in diese

Charaktergruppen hineindenken, können Sie die Diskussionsverläufe ziemlich leicht vorhersagen. Die erste Gruppe wird sich lange fragen, ob es „Sinn macht", einen Studiengang nur für Frauen einzurichten. Sie wird leise reden, weil alle Teilnehmerinnen introvertiert sind. Die zweite Gruppe wird das Thema vor lauter Abscheu nicht diskutieren wollen. „Königinnen" haben einen Sonderstudiengang absolut nicht nötig, weil sie jeden Mann an der Garderobe aufhängen, wenn er muckt. Für sie gibt es das Problem nicht, weil sie alle „Thinkerinnen" sind und stark sind. Die dritte Gruppe wird wie in einem Managermeeting Brainstorming machen und brav eine Liste von zehn Punkten erstellen. Klar.

So hatte ich es gedacht. Oh, Leute, was habe ich gezittert, wie das wohl werden würde!

Die erste Gruppe diskutierte ganz leise. („Lauter! Man hört nichts! Was soll das!", kamen alle zwei Minuten immer aggressivere Rufe aus dem Publikum.) Man sah sie in sich hineinfühlen. „Macht es Sinn?", fragten sich die Teilnehmerinnen. Das Wort Sinn kam in den zwanzig Minuten über zwanzig Mal vor. Introvertierte unterbrechen sich nicht. Sie warten, bis alle ausgeredet haben. Das gibt schöne Pausen zwischen den Beiträgen, die bei Introvertierten ziemlich kurz und bündig sind. Die Veranstaltung erinnerte an ein Gespräch friedlicher Indianerhäuptlinge im Zelt, mit Friedenspfeifen. Ein guter Teil der Diskussion ist wie Schweigen und gemeinsames Sinnfinden. Das Publikum wurde immer unruhiger und wurde auch aggressiver und unhöflicher. Viele versuchten, mir Blicke zuzuwerfen, ich solle das abbrechen, weil es nichts bringt. Ich schaute ganz naiv aus dem Fenster und tat nichts. Erst nahe vor dem Auspfeifen stoppte ich. Die zweite Gruppe der „Königinnen" (alle acht Frauen hatten halbhohe schwarze Stiefel an, nur so am Rande) kam ohne Umschweife zum Thema: Die ganze Gefühlsduselei der ersten Gruppe sei zum Würgen gewesen. Sinn! Sinn! Sinn! In Wirklichkeit sei das Thema totaler Unsinn. Nach zwei Minuten schaute eine Frau zur Uhr und sagte sehr authentisch, sie habe einen Termin und müsse leider gehen. Sie stand auf und setzte sich wieder ins Publikum. Sie wollte so etwas nicht diskutieren. Hinterher wurde ich gefragt, ob wir dieses Skript verabredet hätten. Nein, es war ihr einfach zuwider. Die zweite Gruppe empfand also das Thema im Wesentlichen beknackt und war sehr gereizt über die erste Gruppe, die sich so schwach in blöde Sinnfragen vertieft hatte.

Die dritte Gruppe eröffnete dann die Diskussion mit der Feststellung, dass die erste Gruppe nur um Sinn gerungen habe, während die zweite eher nur Unsinn habe orten können. Keine der beiden Gruppen, so wurde tadelnd vermerkt, sei nur in die Nähe des Auftrags gekommen, nämlich 10 Punkte zu erarbeiten. Das wolle man jetzt tun. Eine der

„Managerinnen" beschwichtigte. Es sei ja nicht ganz falsch, die Sinnfrage zu beleuchten. Antwort: „Der Auftrag ist klar: 10 Punkte. Der Auftrag ist nicht, Sinnfragen zu beantworten. Der Auftrag zählt." Ein Ruf aus dem Publikum: „Ich könnte dich für diese Bemerkung hassen. Du tust einfach, was dir befohlen wird. Pfui." Antwort (alles nach meinem Gedächtnis): „Und ich hasse es, wenn Leute immer jammern und nicht die Aufgaben erledigen. Wenn ich einen Auftrag erhalte, sind die Sinnfragen schon anderswo beantwortet. Dann wird durchgeführt und das ist jetzt und hier." Es wurde etwas tumultös.

Nach den drei Diskussionen bat ich alle, mir ihre Gefühle zu schildern. Das taten denn alle. Es dauerte denkwürdige zwei volle Stunden. Zwei Stunden! Hauptsächlich schimpften die Teilnehmerinnen immer wieder auf die langweilige erste Gruppe, die einfach immer nur „Ich habe noch nicht das Gefühl, dass es Sinn macht" repetierte. Die Blue Helmets versuchten eine Verteidigung, wurden aber jedes Mal und immer rüder niedergemacht.

Wissen Sie, welche Deutung das alles zulässt? Die Frauen-Thinker benehmen sich gegenüber Frauen-Feelern genau so wie typische starke Männer gegenüber typischen Frauen. Genau so, wie man es in diesen Geschlechterkämpfen erwarten würde. Die Stimmung war nach meinem Empfinden deutlich brutaler, als es je bei Männern „gegen" Frauen sein könnte. Ich bin heute nach noch mehr Erfahrungen wie diesen sehr sicher, dass alles so stimmt, wie ich es vorne im Buch geschrieben habe.

4. Am Keirsey-Test stimmt etwas nicht

Auf der anderen Seite beunruhigte mich, dass manche Menschen nicht richtig durch den Test klassifiziert wurden. Ich schob das lange Zeit darauf, dass solch ein Test eben nur für 75 Prozent der Menschen scharf sein sollte und dass ich nicht mehr erwarten dürfe. Ich fand aber heraus, dass sehr oft gerade der getestete Typus ENTJ anders war, als ich theoretisch gedacht hätte. Ich kenne einige Menschen dieser Art in meiner Umgebung. Für sie sagt der Test ENTJ, aber sie sind *nicht* intuitiv. Sie sind auch nicht Sensors, anders. Sie sind so ein Mischmasch oder keines von beiden. Darüber habe ich Monate nachgedacht. Martina Daubenthaler, die immer Korrektur liest und kommentiert, ist auch getestete ENTJ und nicht wirklich intuitiv. [Anmerkung 2007: Martina Daubenthaler ist heute natürlich nicht mehr Werkstudentin! Sie hat einen so ganz anderen

Charakter als ich und hat mir immer erklärt, wie kraftvolle Verkäufer- oder Herrschernaturen *agieren* (agieren ist das, was bei mir „denken" wäre)] Das hat sehr geholfen. Sie ist zum Beispiel in Sport sehr, sehr gut. Und dann dämmerte mir, dass alle diese Andersartigen so einen Touch haben, körperlich stark zu sein. Und dann fielen mir Worte Schopenhauers über den Willen ein. Schopenhauer erklärt in seinen Werken das Primat des Willens. Die Vernunft und die Einsicht seien Sklaven des Willens und nichts weiter. Der Wille strebe zum Ziel, der Verstand leiste dabei Kärrnerarbeit.

Da dachte ich: Kann es sein, dass es Menschen gibt, die „beides können"? Menschen also, die sowohl Sensors als auch Intuitive sein können und die diese Fähigkeiten jeweils im Interesse der Zielerreichung dem Willensziel gemäß einsetzen? Dann wären die reinen Sensors wie Pflichtmenschen, die reinen Intuitiven wie Idealisten, Technologen, Künstler oder Buddhas und die Willensmenschen die großen willenstarken Pragmatiker?

Sollte ich alles von C. G. Jung hinwerfen und neben S und N eine dritte Kategorie einführen? Und dann fiel mir ein, dass ich das sogar mathematisch sauber begründen könnte und dass ich vielleicht neben T und F noch „Ästhetischen Sinn" als Kategorie der Kunst erwägen sollte, weil auch die Künstler bei Keirsey eher als lustorientierte Go West erscheinen, wo doch manche von ihnen für die Ziele der Kunst ihr Leben verbrennen.

Dann verknäuelte sich alles in meinem Kopf. Ist jetzt alles, alles falsch, was alle, alle sagen?

Muss der Mensch ganz anders gesehen werden?

Ich habe lange darüber gegrübelt, sehr, sehr lange.

Ich habe eine Lösung für mich gefunden, mit der auch Martina Daubenthaler zufrieden ist. Ich habe ein neues System des Menschen entworfen, diesmal ohne jede Rücksicht auf irgendwelche Psychologien. Ich habe allein nachgedacht. Springer hat's erlaubt, was nicht selbstverständlich ist.

Das Ergebnis erschien als Buch. Es heißt *Omnisophie* und trägt den Untertitel: *Über richtige, wahre und natürliche Menschen*. Darin formuliere ich meine eigene Philosophie, wie ich sie heute für wahr halte. Dieses Buch wird dadurch nicht falsch, weil es noch die klassischen Systematiken benutzt. Die meisten Menschen sind ja mit C. G. Jungs Eigenschaftspolen richtig beschrieben. Damit erfüllt diese Systematik und dieses Buch noch ganz seinen Zweck. Aber ich wollte dann doch nach der für mich echten Wahrheit suchen. Die steht im neuen Buch. Es hat sehr wenig mit dem privaten Leben oder mit dem Management zu tun. Es ist eine neue Philosophie. *Omnisophie* ist ein sehr grundsätzliches Buch. (Man kann es aber bestimmt trotzdem gut lesen, weil ich meinen Stil nicht geändert habe, auch dort nicht, wo es erhaben zu werden begann.) Ich begründe die Fundamente des Menschen ein wenig mathematisch angehaucht und versuche durch Zitate zu belegen, dass es im Wesentlichen keinen Streit der Philosophen gibt, sondern dass es eben richtige, wahre und natürliche Philosophien gibt. Platon und Buddha zum Beispiel sind intuitive, wahre Philosophen. Konfuzius baut tugendhafte Gesellschaftssysteme. Das ist richtig. Und Schopenhauer erklärt uns den mehr naturbelassenen Willensmenschen, der sich nicht zu sehr unter die Herrschaft eines Systems oder einer beherrschenden Idee begibt ...

XII. Die Antwort auf alle Fragen

Die ist bekannt! 42. *Per Anhalter durch die Galaxis*. Dieses Buch hätte ich gerne selbst geschrieben. Es hat wie alle meine Bücher und der jetzt folgende Text den Fehler, zu viele Ideen auf einmal zu verarbeiten – so viel Verschiedenes ist fast schon unverdaulich! Deshalb finde ich es natürlich so schön.

Neulich habe ich zu meinem Buch *Wild Duck* eine Rezension gesehen. Da stand etwas über einen Mathematiker drin, der nach Forschungen in Optimierung und Informationstheorie so langsam in die Jahre gekommen sei, nämlich frisch 50 geworden, und dem zwangsläufig die Frage in den Kopf gestiegen sein müsse, ob das nun schon alles gewesen sein könne. Der ungenannte Verfasser meinte *mich*! Ich hätte sicher den Wunsch gehabt, über das Normale hinaus ... und hätte das sogar geschafft und ... usw. Dabei habe ich meiner Frau bereits schonend beigebracht, dass ich 100 werden will, weil ich noch ein paar Sachen aufzuschreiben habe. Sie ist nicht so ganz begeistert, dass sie so lange aufbleiben soll.

Wenn Sie sich einmal vorstellen, 100 werden zu wollen, merken Sie schnell, wie verdammt lang das Leben eigentlich ist. Das ist in der unsterblichen Philosophie noch nicht so richtig gewürdigt worden.

Oh nein! Das mit dem Buch über das Normale hinaus hat mich erst im Winter 2001 erfasst. Am neunten Dezember bin ich damals echt 50 geworden, das stimmt. Ich habe das naturgemäß zum Anlass genommen, über das Leben nachzudenken, auch schon, weil mein Friseur, der berühmte Moretti aus Bammental, mir seit einiger Zeit nach dem Schneiden nicht mehr den vollen Hinterkopf im Spiegel zeigen mag. Es ist dahinten licht geworden.

Da ist mir einiges zum Sinn des Lebens eingefallen.

Wie soll ich das erklären? Wenn Sie ein wenig in meinen Büchern geblättert haben, etwa in *E-Man*, dann merken Sie doch, dass ich recht viele weise Menschen zitiert habe, die ich als meine Zeugen anrufe. Das kann eine gewisse Unsicherheit sein, wirklich Recht zu haben oder einen großen Bruder zu brauchen – wahrscheinlich aber führt es dazu, dass man beim Denken immer noch das Beschränkende einer Vorzeit im Kopf hat und sich nicht radikal davon lösen kann. Es könnte auch sein, dass ich mich zwar schon lösen könnte, aber ganz bestimmt nicht den Mut dazu habe! Schon vor dem Erscheinen meines *ersten* Buches habe ich vier Wochen nicht schlafen können!

Als ich also 50 ward, habe ich beschlossen, den Mut aufzubringen und einfach zu schreiben, wie ich selbst das Leben sehe, ohne irgendwen zu zitieren.

Das habe ich gemacht. Es wurde ein recht dickes Buch, weil ich ziemlich viel zitiert habe. Aber diesmal nicht, um mich mit fremdem Glanz zu übergolden, sondern mehr, um zu zeigen, dass es *so* nicht stimmen kann!

Ich habe ein Philosophie-Buch geschrieben.

Es ist mehr Philosophie-Informatik, also eine Anwendung der Informatik in der Philosophie. Meine Idee ist: Der Mensch wird im Wesentlichen durch drei verschiedene Rechner im Körper gesteuert. (Im *Körper*, ja? Ich habe nicht *Kopf* geschrieben!) In der linken Gehirnhälfte sitzt ein PC. In der rechten sitzt ein naturbelassenes neuronales Netz. Irgendwo im mehr tierererbten Teil und im Körper verteilt steuert ein Gefahrenmelder oder Aufmerksamkeitslenker unser Adrenalin und das ACTH.

Für den Rest der Kolumne versuche ich, Sie für diesen kühlen Gedanken zu erwärmen. Es ist nämlich eine ziemlich heiße These daraus geworden. Ich gebe Ihnen zuerst ein grobes Vorstellungsmodell.

Linke Gehirnhälfte

Schauen wir uns den PC an. Wie denkt er? Wie wir?! Warum sollte das so sein? Weil IBM ihn bestimmt in etwa genauso gebaut hat, wie IBM sich einen Menschen denkt: Er hat eine Festplatte mit Wissen, die bei Menschen wie bei besseren PCs fast leer ist. (Freud aber würde denken: Egal, wie groß die Festplatte ist, sie ist voll von triebhaften Bildern, die die Performance stören. Das stimmt für viele PCs auch. Wenn sie nicht leer ist, ist bei Menschen das meiste Wissen nicht richtig auffindbar, beispielsweise nicht mit dem Windows Explorer zu finden. Wenn der Explorer Files nicht anzeigen kann, die aber trotzdem auf der Festplatte sind, dann existieren die Files praktisch nicht, sie bilden aber ein merkliches Unterbewusstsein, weil sie alles verstopfen oder in Kacheln zerreißen. Der PC kann auch Dinge auf CDs speichern, so wie Menschen Bücher im Regal haben. In der Mitte des PCs sitzt der Prozessor, der einen Befehl nach dem anderen abarbeitet. „Bitte warten Sie, bis Sie dran sind. Nehmen Sie draußen Platz. Ihre Nummer wird aufgerufen." Die Abarbeitung erfolgt nach Regeln, die vorher einprogrammiert sind. Die Gesamtheit der Regeln und Verhaltensnormen bildet eine Art Expertensystem, wie Informatiker es von der künstlichen Intelligenz her kennen. Bei Menschen sind die Regeln als „Kultur" zusammengefasst, zum Beispiel: „Man soll immer nur vor dem Zähneputzen essen." Oder: „Für je fünf Mal Rasenmähen bekommst du einen Herzaufkleber an deine Zimmertür geklebt, so dass jeder Eintretende stets genau sehen kann, wie sehr Mutti dich liebt." Solche Regeln bilden das Fundament der Menschheit, zum Beispiel auch für die Professorenevaluation oder die Incentive-Systeme der Wirtschaft. Wenn Sie etwas länger nachdenken, kommen Sie zwangsläufig auf den Gedanken, dass PCs eigentlich wie normale Menschen lebensfähig sein könnten. PCs haben aber ein echtes Problem, weil ja ihr Programm irgendwo *herkommen* muss. Sie haben keinen Willen! (Das liegt daran, dass ich noch keine Idee habe, wie ich Schmerzen programmieren soll.) Menschen kommen im Prinzip dagegen ohne Willen aus, weil sie ja Eltern, Lehrer oder einen Chef haben, weshalb sie auch dann arbeiten können, wenn ihnen als Kind der Wille gebrochen wurde ...

Haben Sie jetzt so eine Art Gefühl für das PC-artige im Menschen?

Die Wissenschaftsseiten, ja sogar gelegentlich die Titelbilder von Spiegel und Focus haben schon öfter mal Hirngraphiken zu bieten, wo Ihnen deutlich wird, dass Menschen zwei Hirnhälften haben. Wenn Sie Ihr eigenes Gehirn zum Beispiel in die Hand nehmen, so können Sie es in der Mitte richtig aufklappen, in die linke und rechte Hälfte. Diese sind nur unten ein bisschen verbunden (Vorsicht!). Die Verbindung heißt ganz unprosaisch Balken. Seit etlichen Jahren brüten Forscher, was in uns von welcher Gehirnhälfte gesteuert wird. Man nimmt heute an, dass die Hälften verschieden „denken". Die linke Gehirnhälfte ist sprachlich organisiert („ein Buchstabe nach dem anderen, die anderen müssen noch warten"), sie denkt systematisch, logisch, analytisch, planend, organisiert, detailliert, genau. Sie „enthält" das Faktenwissen.

Das sagt die Forschung. Und lesen Sie den vorletzten Satz noch einmal genießerisch langsam: „.... systematisch, analytisch, ... , ... Faktenwissen ..." Gemerkt? Ich habe Ihnen am Anfang wahrscheinlich schon zu viel über die Ähnlichkeit des Menschen und des PCs gelästert, – aber – im Ernst – so sind wir! Wenigstens in der linken Gehirnhälfte!

Rechte Gehirnhälfte

Die rechte Gehirnhälfte ist nach den Forschungserkenntnissen mehr der Sitz des Intuitiven, Kreativen, Visionären, von dem niemand so genau weiß, was das ist. Kant schrieb viel über die Frage, woher denn die Regeln für den Menschen kommen, die im linken Gehirn sitzen. Natürlich hat der Mensch die Regeln von Mama/Papa/Boss, das war Kant auch sofort klar. Aber woher haben die denn die Regeln? Wieder von Mama/Papa oder von Philosophen, klar. Und woher wieder die? Und wieder die? Und wieder die? Sie merken schon an der Art der Fragestellung, dass Philosophie nicht nur unendlich schwierig, sondern auch langwierig wird, wenn man solch eine Gedankenkette a priori nicht einmal zu einem Punkt bringt. Immanuel Kant machte einen Punkt. Die ersten Regeln kommen vom *Genie*. Jedenfalls in der Kunst, sagt er. (Sonst sollten sie lieber schon als Imperativ a priori da sein oder von Gott kommen.) Vom Genie! Das hat nämlich eine unmittelbare Einsicht. Punkt. Ganzheitliche Intuition. Aufblitzen einer völligen Gewissheit! Das Wahre erscheint! (Lesen Sie dazu Descartes.) Platon findet, dieses Ur-Wahre seien die Ideen, die in den unsterblichen Seelen in Ewigkeit von Generation zu Generation weitergegeben werden. Wenn uns eine Idee überkommt, so ist es wie Erinnern an frühere Leben. Denn eine Seele besteht ewig, in immer neuen Körpern!

(Eine furchtbare Abschweifung, weil ich Mathematiker bin: Damit stimmt etwas nicht. Unlogisch! Wenn zum Beispiel jeder von uns 10 Kinder bekäme und die dann wieder je 10, dann hätten wir in der überübernächsten Generation mehr Menschen gleichzeitig auf der Welt, als vorher jemals von Anbeginn der Welt an gelebt haben. Deshalb müssten dann ja die Seelenvorräte aus sein, oder irgendwer müsste neue machen oder es gibt schon immer unendlich viele. Jedenfalls müsste es ziemlich viele Leute geben, die jetzt mit einer ganz frischen Erstseele leben. Das ist pure Logik. Solche Menschen haben dann natürlich nie eine Idee, nicht wahr? Wie hängt also zum Beispiel die Bevölkerungsexplosion mit Pisa zusammen? Platon hatte von beidem keine Idee.)

Woher kommen die Ideen? Ganze Heerscharen von Popper-Jüngern verfolgen die Entwicklung von Theorien. Jemand denkt sich eine aus. Weil niemand so recht annimmt, dass sie stimmt, setzen sich alle damit auseinander und versuchen sie zu falsifizieren. Dann wird sie verworfen. Man braucht eine neue, an der man wieder falsifizieren kann. Theorie – Falsifizierung – Theorie – Falsifizierung. Darüber gibt es dicke Bücher, aber niemand befasst sich mit der Frage, woher denn die Theorien überhaupt kommen! Die Theorien handeln nur vom richtigen Falsifizieren. Bei uns zu Hause habe ich immer gute Ideen. „Braten wir eine Lammhaxe am Sonntag!" – „Johannes mag kein Lamm!" (Das ist meine Frau.) „Schwartenbraten mit Sauerkraut!" – „Es ist *Juli*!" – „Spargel mit Trüffeln!" – „Es gibt keinen Spargel mehr!" – „Eingefrorenen Spargel!" – „Trüffel sind zu teuer!" – „Was willst *du* essen?" – „Ich habe keine Idee. Ich frag ja dich!" Keiner fragt sich bei diesem Prozess, woher die Ideen kommen und wie schwer es ist, welche zu haben. Ich denke manchmal, sie werden mir vom PC-Teil meiner Mitmenschenhirne eher übelgenommen, wenn oder weil sie nicht prozesskonform sind. Kann ich etwas dafür? Die Linkshirnmenschen haben dort ja keine Ideen. Deshalb stöbern sie in ihrer Festplatte herum, ob es schon ein bewährtes Muster oder Kochrezept gibt. „Hier! Rezept! Hier ist Rindfleisch abgebildet, das schon hundertmal nachgekocht wurde." Das ist die Kreativität des linken Hirns. Rechts, irgendwo rechts, kommen aber die Erstideen her! Genie. Wenn das linke Hirn etwas wissen möchte, befiehlt es: „Search! Ask! Request!" Die rechte Hälfte aber reagiert mit „Think! Dream! See!". Die Linkshirnmenschen können sich den Unterschied nicht merken. Sie sind völlig zufrieden, Theorien zu falsifizieren. Das geht mit links. Es ähnelt der Beckmesserei und passt gut zu Erziehung und Management. („Warum machst du das? Es gibt Flecken!")

Ich stelle mir die rechte Gehirnhälfte wie ein neuronales Netz vor.

Neuronale Netze habe ich schon in dem Artikel *Psychologie neuronaler Netze* beschrieben. Es sind selbstlernende mathematische Konstrukte, die am Ende der Lernzeit unendlich komplex „innen drin" sind. Wenn Sie fertig geschult sind, sehen sie eigentlich wie eine Black Box oder wie ein Orakel von Delphi aus. Man gibt eine Frage hinein, das Netz rechnet kurz und gibt eine Antwort heraus. DAS ist wie Intuition! Das neuronale Netz lernt ununterbrochen und gierig, wie ein Künstler, der die ganze Welt visuell trinken muss. Goethe! Italien! Es vergleicht bekannte Fragen mit bekannten Antworten. Es lernt und lernt. Es wächst heran, wie ein riesiges Knäuel von Neuronen. Je mehr das Netz oder der kreative Mensch denkt, je mehr er es zusätzlich mit Träumen und Gedankenschmetterlingen füttert, wenn gerade für Auge und Ohr nichts zu tun ist, je mehr er meditiert und phantasiert, umso reicher und bunter und wahrer entsteht ein Teilbild des Ideenuniversums in ihm. Dieses Knäuel, das in vielen Jahren kreativen Denkens als Ergebnis eines Lernprozesses entsteht, stellt das kreative Potenzial eines Menschen dar. Wenn an dieses neuronale Knäuel-Netz eine Frage gerichtet wird, „weiß es intuitiv". Es ist „zusammenklickendes" Neuaussehendes aus der Summe eines Vordenkerlebens in Phantasie, Traum und Brainstorm. Es kann aussehen wie „genial", wie mühelos. Die Leichtigkeit des Genies wird diesem oft geneidet, weil die Linkshirne die furchtbare Vorarbeit des Denkens und Träumens nicht sehen oder kennen. Wenn das Knäuel fertig ist, ist es eben mit Leichtigkeit kreativ. Wenn ein Linkshirnmensch dieses Knäuel nie durch Träumen angezüchtet hat, weil er sein Rechtshirn nie richtig brauchte, so wird er nie kreativ sein können. Kreativität ist kein Zufall, wie das Links meint, sondern hart erarbeitet! Eine Idee ist wie ein Phasenübergang, wenn das lernende neuronale Netz in ein neues lokales Optimum beim Lernen einschwenkt. Eine Idee verändert das neuronale Netz selbst, weil sie den weiteren Lernvorgang anheizt ... Alles harte Arbeit, die Ideen zu finden!

Ich sehe Ideen als Optima von Netzzuständen. Wenn das so ist, dann sind Platons Ideen wirklich ewig und waren schon immer da: als Optima in Netzstrukturen, die wir langsam entdecken. Es fühlt sich an wie Erinnern. Ja, Platon. Es sind aber keine ewigen Seelen dahinter, sondern nur Höhen in mathematischen Strukturen. Etwas ausgearbeitet revolutioniert also diese Idee hier die platonischen Vorstellungen und beweist quasi, dass Platon Recht hat.

Denken (Reflektieren) versus Lernen (in Erfahrung bringen und speichern)

Der PC und das neuronale Netz sind für mich erstklassige Vorstellungsbilder für das Denken des Menschen. Buddha lehrt zum Beispiel, dass die Antwort auf alle Fragen nur (!) in Meditation zu finden sei, in uns selbst und aus uns selbst. Buddha fand die Erleuchtung nach Wochen der Versenkung unter einem Pipalbaum. Das ist eine extreme Form von Rechtshirndenken und Rückzug auf Intuition. Konfuzius dagegen berichtet in *Lun-yu* 15: „Ich habe schon tage- und nächtelang über die rechte Art zu leben nachgedacht, nichts gegessen und nicht geschlafen. Ich versuchte, selbst darauf zu kommen. Das aber hat keinen Nutzen. Besser ist es, von anderen zu lernen." Für Konfuzius ist die Erleuchtung oder die Antwort auf alle Fragen in den Werken und Weisheiten der Alten, also eben nicht in ihm selbst. Platon denkt nach und sucht „Ideen". Aristoteles sucht nach Wahrheiten, indem er in der realen Welt die Wissenschaften begründet.

Sehen Sie den Unterschied? Platon hat eine Idee. Buddha meditiert und sieht, wird erleuchtet. „Think! Dream! See!" Konfuzius schaut in den Schriften der Alten nach. „Search! Ask! Request!" Aristoteles begründet Research, ein systematisches Fragen, auch an die Natur.

Konfuzianer müssen daher die Riten einhalten und sich täglich prüfen, ob sie gute Menschen sind. Das sind Denkweisen und Handlungsanweisungen der linken Gehirnhälfte. Buddha lehrte, dass man wohl vieles lernen müsse, auch aus Schriften, aber schon bald komme eine Zeit, in der man die Bücher weglegen solle. Denken! Selbst! Denn das Wahre entstehe nur im Selbst, das erleuchtet werde. Rechtshirn.

Verstehen Sie in diesem Licht das Dogmatisch-Katholische gegenüber dem bunten Zusammensein evangelischer Kirchentage? Zwischen Old Economy und New Economy? Zwischen Lehrern, die Ordnung unter kleine Menschen bringen (Ordnung ist die Systematik im PC), und Lehrern, die mit Liebe „düngen", um persönliches Wachstum zu fördern?

Die einen predigen unentwegt Ordnung und Pflicht, die anderen Selbstverwirklichung. Dabei sind es nur verschiedene Maschinentypen hinter unserer Stirn. Abraham Maslow hat uns seine Bedürfnispyramide geschenkt. Fast unten als *niederes* Bedürfnis steht dort Sicherheit. Darunter versteht Maslow „Stabilität, Geborgenheit, Schutz, Angstfreiheit, Bedürfnis nach Struktur, Ordnung, Gesetz, Grenzen, Schutzkraft". Oben steht Selbstverwirklichung. Damit sagt Maslow eigentlich nur: Das Rechts steht *höher* als das Links. Maslow selbst ist rechtshirnig. Er hasst Linkshirne. Maslow schreibt ganz vorne in seinem Buch *Motivation und Persönlichkeit*: „In jüngster Zeit neige ich immer mehr dazu, anzunehmen, dass die atomistische Art und Weise des Denkens eine Form milder Psychopathologie ist oder zumindest ein Aspekt des Syndroms der kognitiven Unreife. Die ganzheitliche Denk- und Sehweise scheint sich ganz natürlich und automatisch bei gesünderen, mehr selbstverwirklichenden Menschen einzustellen und scheint sehr schwierig für weniger entwickelte, reife, gesunde Menschen erreichbar zu sein." Aus der Sicht der beiden Denkweisen (PC und Intuition) ist also die Vorstellung dieser Bedürfnispyramide Hybris des neuronalen Netzes gegenüber dem PC. Maslows Theorie erscheint wie ein Irrtum ... – das sage *ich* jedenfalls im Buch.

Die dritte Art

Und wo bleibt die Lust, die wir so lieben, aber von uns weisen sollen? Wo die Kraft, der Willen, das Streben zu handeln und tun? Wer nur meditiert, tut nichts, erstrebt nichts. (Genau das wollen manche rechtshirnige Menschen ja auch erreichen!) Wer Ordnung hält und die Pflicht tut, haftet am Hergebrachten, an den Alten. Unser derzeitiger Bundeskanzler [Anmerkung 2007: Das war Gerhard Schröder. Heute würde ich über andere Willensmenschen schreiben...] soll in jungen Jahren an den Gitterstäben des Kanzleramtes gerüttelt haben: „Ich will hier rein!" Das ist nicht Meditation und nicht Ordnung. Es ist Schopenhauer'scher unmittelbarer Wille. Ein solcher Wille sieht sich als das einzige Unmittelbare im Menschen. Er zentriert die Energie auf ein Ziel des Willens. Das Gehirn ist Diener des Willens! Hören Sie einmal in *Der Wille als Welt und Vorstellung* hinein. Schopenhauer (wörtlich zitiert, er schreibt verwirrend Schmied wie Bundeskanzler, ist nicht von mir!): *Der Intellekt, als bloßes Werkzeug des Willens, ist von ihm so verschieden, wie der Hammer vom Schmidt.* So lange, bei einer Unterredung, der Intellekt allein tätig ist, bleibt solche kalt. Es ist fast, als wäre der Mensch selbst nicht dabei. Auch kann er dann sich eigentlich nicht kompromittieren, sondern höchstens blamieren. Erst wenn der Wille ins Spiel kommt, ist der Mensch wirklich dabei: jetzt wird er warm, ja, es geht oft heiß her. Immer ist es der Wille, dem man die Lebenswärme zuschreibt: hingegen sagt man der kalte Verstand, oder eine Sache kalt untersuchen, d. h. ohne

Einfluss des Willens denken. – Versucht man das Verhältniss umzukehren und den Willen als Werkzeug des Intellekts zu betrachten; so ist es, als machte man den Schmidt zum Werkzeug des Hammers." Gerhard Schröder sagte jetzt vor der Wahl sinngemäß: „Ich bin stark und habe die Gabe, genau dann zu gewinnen, wenn es darauf ankommt." Das ist der Wille.

Bevor also das Linkshirn etwas falsifizieren kann (vornehmer ausgedrückt und ganz politisch korrekt: analysieren kann), braucht es sowohl eine Erstidee, die vor allen Theorien aus der Intuition kommt. Das Linkshirn braucht aber auch einen Willen, um zu tun! Der kann vom Chef kommen, aber meist haben Chefs auch keinen Mumm, den sie sich häufig nicht mal antrinken können. Deshalb hat man den Oberchef erfunden, der dann hoffentlich Willen hat. Und so weiter, wie bei Kant oben, gell? Vor Verzweiflung hat das Linkshirn die Hierarchie erfunden, irgendwer wird doch Willen haben, wenn das unendlich so weitergetrieben wird wie in Konzernen oder manchen Kirchen? Für die Ideen hat uns Kant einen Begriff gegeben: das Genie. Aber es muss doch auch Menschen geben, die so etwas wie einen Erstwillen haben, ganz ursprünglich?

Es gibt also noch eine dritte, anscheinend eher unbekannte Art des Menschen. Warum ist sie unbekannt, wo Sie doch bestimmt eine Menge solcher Leute kennen oder sogar wählen? Die Persönlichkeitstheorien fragen nicht nach Energie. Freud sieht das linke Gehirn im Kampf mit dem Willen liegen, wie Schopenhauer auch. Er nennt aber die Kontrahenten Über-Ich und Trieb, wodurch er die Energie und den Willen in die Tierecke drückt. Das Über-Ich ist ja der Kulturbildner, nicht wahr? Das Über-Ich ordnet. Die Psychologen sagen zu Willen „Libido". Schade. Deshalb kommen nur Verstandesmenschen als wirklich zulässige Spezies vor. Wille besteht das Abitur nicht. Jung ist selbst Intuitiver und Denker und entdeckt dann auch das Fernöstliche! Vergleichen Sie meine Sätze über Buddha oben. Ich habe lange gebraucht, um den Willen zu verstehen, weil ich auch eher so ein Meditierer bin, sehr rechtslastig. Ich bin mehr darauf gekommen, weil die Menschen, die echten Willen haben (wir stellen sie gerne bei IBM ein), überhaupt nicht intuitiv sind. Das kann ich wohl gut beurteilen, weil ich sehr stark intuitiv bin. Und ich behaupte: Willensmenschen sind nicht intuitiv. Sind sie für Ordnung? Ja, sind sie, absolut – für Ordnung *unter* ihnen (in ihrer Truppe, wenn sie Offizier sind). Aber sie sind natürlich nicht dafür, wenn die Ordnung sie stört, also ihrem Willen entgegensteht. Menschen, die das Primat des Willens verspüren, sind mehr *instinktiv*, meine ich. Das hat mich dazu gebracht, über Instinkte nachzudenken, die angeblich nur Tiere haben. Aber es ist doch so: Machtmenschen entscheiden instinktiv, nicht wahr?

Ich leide geradezu körperlich darunter, dass diese Menschen sich selbst nicht kennen und „intuitiv" sagen, wenn sie instinktiv meinen. Machtinstinkt ist für mich das körperliche Spüren, was jetzt das gegebene Machtwort ist. Intuition für Macht ist das ganzheitliche Wissen um alle Wechselwirkungen in der Umgebung, sie ist ein feines Gespür für das, was am Ende herauskommen wird. Was ist Instinkt?

Omnisophie

Ich habe ein mathematisches Modell dafür vorgeschlagen. Das ist eine wesentliche Idee meiner neuen Philosophie. Bevor ich die noch etwas erkläre, schließe ich hier schnell eine logische Schleife.

Das *Omnisophie*-Buch hat den Untertitel: *Über richtige, wahre und natürliche Menschen.* Die richtigen Menschen sind die Linkshirnigen, die wahren die Rechtshirnigen. Die Willensmenschen habe ich die Natürlichen getauft. Richtige Menschen sehen sich als disziplinierter Teil einer geordneten Gemeinschaft (und das tun sie möglichst mit Neigung, wenn sie Kant gelesen haben, sonst sind sie manchmal etwas systemängstlich und finden das Leben schwer). Sie stehen der Idee des PC und der künstlichen Intelligenz (KI) nahe (Expertensysteme). Die KI ist gescheitert, weil sie nie das Kreative erschaffen konnte. KI ist links. Sie ist heute bescheiden geworden und regelt Prozesse. Sie bekennt sich zum Linkssein und managt nur noch.

Wahre Menschen begeben sich unter die Obhut einer behütenden Idee (Suche nach dem Licht, eigentliche christliche Liebe, Hingabe an Vierundzwanzigtontechnik oder an NP = P etc.). Sie treibt die Sehnsucht und der Weg, der das Ziel ist: In Weisheit und Einfachheit zu sterben. Wenn sie das nicht hinbekommen, weinen sie über die böse Welt, das Unwahre, das schäbige Normale, das Intolerante und das Gesellschaftssystem (also über das Richtige). Camus packt das Grauen, wenn er schaudernd versteht, dass die höchsten Höhen der Erkenntnis weit über der Baumgrenze im ewigen Eis liegen.

Sisyphus.

Grauen wie in Kafkas *Prozess*: „‚Du weißt vielleicht nicht, was für einem Gericht du dienst.' Er bekam keine Antwort. ‚Es sind doch nur meine Erfahrungen', sagte K. Oben blieb es noch immer still. ‚Ich wollte dich nicht beleidigen', sagte K. Da schrie der Geistliche zu K. hinunter: ‚Siehst du denn nicht zwei Schritte weit?' Es war im Zorn geschrien, aber gleichzeitig wie von einem, der jemanden fallen sieht und, weil er selbst erschrocken ist, unvorsichtig, ohne Willen schreit." Selbst Jesus fühlt sich Momente lang von Gott verlassen, wenn sich das Wahre ins Dunkel hüllt.

Natürliche Menschen wollen den Willen in sich spüren, der den Sieg erzwingt. Ohne Willen, ohne Ziel fühlen sie sich leer. „Papa, es ist so langweilig", klagen natürliche Kinder, wenn sie nach einer Herausforderung lechzen. „Dann lass uns einen Baum fällen." Das Kind zittert erregt, holt die Axt. Jubel.

Von solchen Menschen habe ich geschrieben und geschrieben, wie im Rausch ...

Zum Instinkt: Der ist gar nicht so einfach zu fassen, als „Algorithmus". Ich habe es versucht. Damit sich das Brave *immer*, unter allen Umständen, lohnt und auszahlt, haben die Römer ein Sprichwort erfunden: „*Ut desint vires, tamen est laudanda voluntas.*" „Auch wenn du's nicht gepackt hast – ist schön, wie du dich angestrengt hast!" Ich habe es also angepackt. Aber gepackt? Urteilen Sie!

Meine Idee hat eine lange Geschichte. Sie geht auf Algorithmen zurück, die mein Doktorvater Rudolf Ahlswede und ich im Jahre 1986 erfanden. Es geht um die Identifizierung von Anzeichen in Nachrichten, ob da etwas Wichtiges lauert oder nicht. Ja oder Nein. Die ganze Geschichte habe ich im Buch *Omnisophie* aufgeschrieben. Hier nur die nackte Problemstellung:

Stellen Sie sich vor, Sie haben eine zwanzigstellige Losnummer gezogen. Es gibt nur einen einzigen Gewinn, eine Million Euro. Sie lernen Ihre Losnummer auswendig. Nun zeigt Ihnen jemand eine Tafel, auf der die Losnummer steht, die gewonnen hat. Wenn Sie jetzt ein guter Informatiker sind, schreiben Sie ein kleines Programm, das die zwanzig Ziffernpaare auf Gleichheit überprüft. Wenn Sie ein pfiffiger Mensch sind, sehen Sie mit einem Blick, dass Sie *nicht* gewonnen haben! Ohne Mathe. Ohne Hirn. Instinktiv, nicht wahr?

Oder: Sie suchen Ihr Auto unter dem Stuttgarter SI-Centrum in der Garage, da, wo die Musicals sind. Ich hatte mir die Parkplatznummer nicht gemerkt. Dort waren so viele Autos, dass ich fast weinen musste und mir die Strategie überlegte, bis sechs Uhr morgens zu warten. Ich stand vor den Autoreihen und wusste immer instinktiv, dass mein Auto *nicht* dabei war. Machen Sie das auch so? Wenn Sie dann das Auto nicht gefunden haben, sagen Sie zu sich selbst: „Mist!" Dann ruckt etwas in Ihrem Hirn, achten Sie einmal drauf, beim nächsten Mal, wenn Sie Autos oder Schlüssel suchen. Ruck! Schaltung. Eine innere Stimme meldet sich unfehlbar und sagt: „Ruhe. Ruhe. Jetzt gehen wir die Autos ganz *konsequent* der Reihe nach durch, eines nach dem anderen, damit wir sicher sind, es nicht instinktiv übersehen zu haben! Ruhe." Und damit führen Sie die Simpelstrategie durch: „Car = MyCar? IF No THEN NEXT." Wie ein Informatiker. Konsequent! Der PC ist konsequent, das Linkshirn auch. Ich habe das im SI-Centrum bis zu Tränen gemacht. Dann ist mir eingefallen, dass ich mit dem Auto meiner Frau gekommen war. Es hatte den „Car = MyCar"-Test nicht bestanden. Es zuckte wie ein Blitz in mir, als ich mich daran erinnerte. Instinkt. Adrenalinstoß. Energie. Neubeginn! Da steht es! Nach Hause ...!

Das linke Gehirn findet das Auto *systematisch*. Das Instinktive erfasst es *irgendwie* durch ein Aufmerksamkeitssignal, das „irgendwo" herkommt und im Körper zuckt. Im Körper, nicht im Hirn.

Rudolf Ahlswede und ich haben uns optimale Strategien für Ja-Nein-Entscheidungen wie „Habe ich eine Million gewonnen oder nicht?" überlegt. Ich will die hier nicht ausbreiten. Dazu brauche ich schon ein paar Seiten mehr. Aber das Wichtige kurz: „Identifizieren geht exponentiell schneller als Decodieren." Unser Satz sagt, dass die volle Informationsaufnahme (Aufnehmen der Gewinnkombination) exponentiell langsamer ist als die beste Strategie, nur Ja/Nein zu entscheiden. Zweitens: Die besten Strategien, die man zum optimalen Identifizieren benutzt, sind so natürlich, dass sie genau so als Algorithmus im Menschen vorstellbar wären!

Ich hatte ja seit unserem Beweis dieses Satzes 15 Jahre Zeit, mich selbst zu beobachten. Für mich stimmt es so. Mein Körper wählt zufällig ein Merkmal des Gesuchten aus, das mir nie wirklich bewusst ist. Das fragt mein Körper nicht mich, sondern wieder meinen Körper: „Siehst du das Merkmal?" (Ich selbst kenne die Frage ja nicht, ich weiß nicht, welches Merkmal der Körper gewählt hat.) Wenn das Merkmal gefunden wurde, zuckt mein Körper. Adrenalin. Die Aufmerksamkeit wird auf das Merkmal gelenkt. Meine linke Hirnhälfte wird angeschaltet. Jetzt fragt meine linke Hirnhälfte: „Ist dort das, was ich suche?" Das ist Decodieren oder Rechnen. Vorher, das Zucken („Da ist was!"), das ist der schnelle Turboalgorithmus der Identifikation. Ich habe mich oft beobachtet, was eigentlich gefragt wurde, wenn ich Personen suche: Manchmal das Haar, manchmal das Wissen um eine rote Strickjacke, das ich bewusst aber nicht hatte, manchmal der Gang der Person. Ich weiß es nicht! Das Auffällige? Manchmal schaue ich Frauen nach, auf der Straße. Ich drehe mich um. Sie haben furchtbar oft so eine Frisur wie meine Frau. (Was immer das auch heißen mag.) Hier: Es ist der Instinkt, der etwas Vertrautes sieht und das linke Hirn zwingt, ein Augenmerk zu lenken.

Auf dieser Basis habe ich eine mathematische Fundierung des natürlichen Menschen versucht. Es sind Menschen, die sich nicht sehr stark vom System zum Linkshirn konvertieren lassen, die ihren Instinkt durch Wagnis und Risiko, durch Probieren und Abenteuer schulen. So entstehen große Kämpfer, Trouble-Shooter, Kraft-Unternehmer, Pioniere oder manchmal Bundeskanzler. Der Stärkere ist der bessere Mensch, finden sie. Sokrates hat bei Platon im *Gorgias*-Dialog gegenüber Kallikles die größte Mühe, diesen Standpunkt zu verwässern, so dass schließlich doch herauskommt, dass der Einsichtige der Bessere ist, weil Tapferkeit eine Form der Einsicht ist. Pah! Das finden die wahren Menschen! Nur die! Deshalb wissen die denkenden Philosophen nicht so genau, was für eine Tugend die Tapferkeit ist. Jedenfalls reden sie so lange, bis bestimmt nicht der Tapferkeitsbegriff der natürlichen Menschen herauskommt – garantiert! Freud sieht den Konflikt des Menschen wesentlich im Kampf des „richtigen" Teils gegen den „natürlichen"; er zeigt manchmal sogar einiges Verständnis für den natürlichen Teil! Die meisten Philosophien würden den Begriff des natürlichen Menschen als gleichberechtigt neben dem hirngelenkten ablehnen, wenn sie nicht gerade Tantra lehren oder Schopenhauer heißen.

Und so habe ich viel über den natürlichen Menschen spekuliert und über das Warnsystem der Seismographen, die blitzschnell „Da ist was!" rufen und nur den Kopf in die richtige Richtung zwingen, ohne dass schon etwas definitiv erkannt wäre. In uns findet also Verarbeitung unterhalb der gewöhnlichen Informationsebene statt. Die Seismographen lenken nur die Aufmerksamkeit, sie geben praktisch keine Information ab! (Noch einmal: Wenn ich meine Frau im Stadion suche, zuckt etwas in mir. Ich weiß nicht warum, weil ich das ausgewählte Merkmal nicht kenne (Mantelfarbe, Haar). Es ist nur Aufmerksamkeitszucken, um mich zu genauerem Hinschauen zu bringen. Dadurch ist bestenfalls die Wahrscheinlichkeit höher geworden, dass das Gesuchte nahe ist; es ist aber keine Information im normalen Sinn!) Sie können auch kaum Information abgeben, weil sie eben dafür auch exponentiell schneller sind!

Und, denken Sie einmal nach: *Wenn* wir so etwas wirklich in uns haben – was sagt das über Unterbewusstes, über Triebe, Aufmerksamkeitssteuerungen, Hyperaktivität, über Symbole und Träume? Ich habe wild herumspekuliert. Ich schlafe jetzt wieder länger nicht gut, weil diese Erklärung des menschlichen Instinktes mit Algorithmen schon wieder gefährlich nahe an die Frage kommt, ob ich noch bei Troste bin. Wenn es aber ungefähr so stimmt, dann müssen Sie die ganze Flut von Implikationen ertragen, die ich hier nur ansatzweise erzählen konnte.

Was immer Sie dann denken: In *diesem* Augenblick, in dem ich hier schreibe, findet meine Intuition all das wahr. Ich habe das Buch schließlich *Omnisophie* genannt, das klingt motzig, wie: Antwort auf alle Fragen. Der Springer-Verlag hat ganz ohne meine Mitschuld noch eins draufgesetzt und Plakate für den Buchhandel gedruckt. Da steht fett drauf:

DER SINN DES LEBENS
made by Dueck

Das geht jetzt echt etwas weit. Na ja, ich hab's auch nicht verhindert, dass Springer die für Sie alle druckt. Sieht halt schön aus am Fahrstuhl oder neben dem Kaffeeautomaten.

XIII. Mir fällt nicht ein, was Informatik ist! Aber ich weiß es.

1. Ich sollte es wissen, aber bitte nicht so genau!

2002: Die Informatik hat Geburtstag und wird nun 25 Jahre alt. Dazu soll ich jetzt einfach einen wichtigen Artikel schreiben. Hmmh. Vor 25 Jahren, das war 1977. Da gab es den 7.7.77! An diesem Tag fand meine mündliche Doktorprüfung in Mathematik statt. Ich erinnere mich an eine ganz merkwürdige Eröffnungsfrage des Informatikprofessors Wolfgang Paul, auf die ich, glaube ich, richtig antwortete, dass das aber eine sehr merkwürdige Frage wäre, worauf der Prüfungsausschuss feinsinnig lächelnd einen beginnenden Diskurs mit dem korrekten Hinweis unterband, dass ich als Prüfling nicht das Recht hätte, die Fragen von Informatikprofessoren zu beurteilen. Richtig, wir *hatten* damals schon Informatik. Und wie! Mit wie viel Drive! Gab es nicht auch schon früher Computer? Und wurden es nicht in den sechziger Jahren zusehends mehr?

Oh – zurück – zurück!! Ja, ich weiß, das *Informatik-Spektrum* erscheint im 25. Jahrgang. Na gut. Jedenfalls ist es bei einer Zeitschrift leichter, ein Jubiläum zu datieren als bei einer Wissenschaft, obwohl eine Wissenschaft wahrscheinlich ja nur dann eine richtige Wissenschaft ist, wenn es Zeitschriften dazu gibt. Jede Wissenschaft hat bekanntlich einen Gegenstand, und der ist das Publizieren in ihrem Bereich. Da man ohne Zeitschriften nicht publizieren kann, existiert die Wissenschaft wohl auch nicht früher. Eine ähnlich schwierige Frage wäre ja, ob Christsein ohne Kirche theoretisch denkbar sein könnte. Jedenfalls will ich festhalten, dass eine fruchtbare Idee an sich und wohl auch die Idee jeder Wissenschaft mit dem Aufkommen der Organisation der Idee im Realen zeitlich eng verzahnt zu sein scheint.

Im Grunde ist deshalb ein Rückblick auf das Bestehen dieser Zeitschrift auch so etwas wie ein Rückblick auf die Idee, die zur Zeitschrift geführt hat. Wir fragten uns in einer solchen zart-gedenkenden Gefühlslage in einer Präsidiumssitzung der Gesellschaft für Informatik, was wohl die Idee der Informatik eigentlich gewesen sei. Ja – im Grunde ist das egal, es interessiert mehr, welche Idee es *jetzt* ist? Auch die Herausgebersitzung für dieses Jubiläumsheft war von dieser Frage überhaucht. Wie sieht die wehende Seele in unserer Mitte aus?

Für mich ist sie eine Idee, die, wie man seit Platon weiß, in Dialogen hin und her gewendet werden muss. Sie wird funkelnd gegen die Sonne gehalten und in allen blitzenden Facetten beschrieben, besprochen und auch bestritten, weil jeder alles in anderem Lichte besieht. Wo dem einen etwas einleuchtet, beschattet ein anderer die Augen oder hält gar die dämpfende Handfläche schwach neben dem Kopf. Wenn ein Mensch teilnimmt, eine Idee von allen Seiten scharfsinnig auseinanderzupflücken und zu behämmern, dann wird in ihm die Idee immer klarer und klarer, er nimmt an der Idee teil und er wird ihr Besitzer. Sie schlüpft in ihn hinein. Wer von der Idee beseelt ist, kann jetzt stundenlang über sie sprechen, von hier besehen, von da, von oben, von außen und innen.

So geht es.

Ich fürchte mich immer vor der neuen Idee, einmal wirklich festzulegen, was denn Informatik eigentlich sei ... Oh je! Wir brauchen so eine Aussage natürlich für Satzungen und Gremienzuständigkeiten. Ich weiß! In diesem Heft wird an anderer Stelle von solchen Notwendigkeiten die Rede sein. Ich habe daran mitgeschrieben. Hier aber sei's geklagt: Eine Definition ist aber etwas ganz anderes als eine Idee! Die Idee des Schmetterlings ist flatternd bunt und warm, sie riecht wie Leben, Sommer, Blütenpollen, offene Natur und heiteres Gemüt, wie das Schöpfen aus dem Vollen oder einen Moment stehen bleibenden Glücks in der Bewegung. Eine Definition des Schmetterlings wird mit Stecknadeln festgehalten und muss sich im Verein mit Konservierungsstoffen gegen den Verlust aller Farbe stemmen.

Definitionen nageln das Aufspießbare von Ideen fest, worauf das Definierte fast immer die Seele aushaucht.

Denken wir also nicht zu viel darüber nach, wie wir die Informatik formalinisieren können.

Die Informatik, so sagten begeisterte Rufe in einer rotwangigen Diskussion, sei die Leitdisziplin des 21. Jahrhunderts. Das wissen wir GI-Mitglieder alle. Wir sind stolz darauf. Mit Recht. Und die Idee, dass wir den Zug des Fortschrittes ziehen und ihn unter Starkstrom setzen, die pulsiert in unseren Herzströmen. Ja, diese Idee hat uns selbst der Informatik zugewendet. Wir widmen ihr ein Gutteil unseres Lebens. Wir sind Stromschnellen im ruhigen Fluss der Zeit.

Stellen wir uns vor, wir spießten diesen Stolz in einer Definition auf ... Etwa so: „Die Informatik ist für uns die Leitdisziplin des 21. Jahrhunderts." Hingeschrieben! Auf ein Plakat! Als Schlagzeile in der Neuen Zürcher Zeitung! Fühlen Sie noch den Stolz des Herzensüberschwangs? Na? Sie sagen vielleicht entschuldigend: „*Genau* stimmt es nicht, aber fast. Es ist eben etwas stark ausgedrückt." Sehen Sie? So wird aus Stolz eine Viertelentschuldigung. Es ist der Übergang vom Fühlen zum Hinschreiben. Ich bin auch Mitglied der Deutschen Mathematikervereinigung, die die Mathematik schriftlich als Schlüsseltechnologie der Welt deklariert. Und ich war oder bin auch Mathematiker und ich sage Ihnen, das *stimmt* ebenfalls! Ich kann es fühlen! Hingeschrieben ist es aber kühl. Und die Nano-Biologen? Was sagen die? Wissen Sie, wir sollten den Stolz *spüren* können. Das reicht. (Ich weiß jetzt nicht, ob wir es am Ende doch in eine Satzung hinschreiben. *Mir* ist es zu kühl.)

Meine Tochter bestand ihr Abi 2002. Ein Medizinprofessor sagte ihr: „Immer mal wieder übernimmt eine der Wissenschaften den Pulsgeber menschlichen Denkens und prägt maßgeblich die Vorstellungen der lebenden Generationen. Uns prägten zeitweise zum Beispiel die Atomphysiker oder die Managementwissenschaftler. Jetzt werden neue Naturgesetze im Nanobereich entdeckt werden – für neue Medizin, neue Computer, neue Gentechnologien oder neue Lebewesen?! Dort spitzt sich im Schnittpunkt vieler Wissenschaften etwas zu! Dort sollte ein junger Mensch teilhaben wollen! Studiere etwas in diesem Zentrum, beginne gleich mit dem Harten!" Auf der Rückfahrt flüsterte Anne nachdenklich: „Bio-Chemie. Das studiere ich jetzt." Wir schwiegen lange.

Es gibt verschiedene Sichten der Welt, wenn man sie funkelnd gegen die Sonne hält und in allen Facetten diskutiert und bestreitet. Wir spüren aber alle, wohin die wahre Richtung der Welt zeigt, wohin der Strom der Zeit uns treibt: Uns öffnet sich ein Nanoreich. Und wir gehören zu denen, die mitprägen, wenn sich die Welt zuspitzt!

Fühlen Sie den Impuls?

Und jetzt schreiben Sie ihn einmal hin! „Die Informatik befasst sich mit folgenden 12 Disziplinen: 1. , ..., 9. Nano, ..., 12. ..." Schon das Wort Disziplin tötet den Impuls. Genau dafür ist sie ja gemacht!

Wir haben im IBM-Forschungslabor Kunststoffstücke (Ich beschreibe das wie ein lausiger Laie!), in denen Forscher ein paar Atome innen drin umgesetzt haben, so dass sie ein schönes Muster bilden. Wenn Sie so ein Stück in der Hand halten, fühlt es sich sehr andächtig an! Sie spüren richtig die ordentlichen Atome da drin. Einem der Besucher rutschte das Stück aus, er fing es gerade noch auf und verrenkte sich vor Angst. Da lachte unser Star-Techie und warf das Stück gegen die Wand! Anschließend schauten sie unter Mikroskopen nach. Die Atome saßen alle noch in der Reihe wie am Abakus. Man sagte uns, dass alles gegen unsere Intuition sei, da im ganz Kleinen. Das Kleine sei stärker als das Große. Es sei alles anders ... da innen.

Informatik ist irgendwo innen dabei! Informatik hat Teil an dieser Faszination! Was immer wir alle Wissenschaftler dort innen finden werden! Was immer die Informatiker dort innen zu suchen haben!

Informatiker sind überall innen dabei!

Das Neue wird heute ohne Computer kaum angepackt.

Daher ist das Neue ohne Computer kaum denkbar.

Folglich ist die Informatik überall dabei! Wie kann ich dann wissen, was Informatik ist? Sollte ich es lieber nicht wissen? Oder doch?

2. Wie sich Informatik anfühlt

Jede Wissenschaft hat bekanntlich einen Gegenstand. Die Physik den der Naturgesetze. Die Chemie den der Stoffe. Die Philosophie den der Liebe zum Denken. Und die Informatik? Wir diskutierten, was der sei. Wir seufzten herzlich, weil wir der Physik, der Chemie und der Philosophie ihre einfachen Antworten neideten. Ich wunderte mich etwas, dass alle im Raum anscheinend wussten, was Denken und Naturgesetze sein sollten. „Denken" und „Naturgesetz" sind ganz kurz und mindestens so vielfarbig wie „Schmetterling". Physik, Chemie und Philosophie sind vielleicht so weise gewesen, es bei einer bloßen Idee ihres Gegenstandes belassen zu haben? Was wäre die Idee des Gegenstandes der Informatik? Mir fiel ein: „Technik und Automatisierung von Denken, Entscheiden und Handeln". Zu lang. Länger als: „Computer".

Jemand sagte, er fühle einen Unterschied zwischen den Mathematikern und den Informatikern. Mathematiker versuchten, Strukturen zu verstehen. Informatiker dagegen dächten mehr in Prozessabläufen.

Da ist etwas dran, nicht wahr? Das Beweisen von mathematischen Sätzen, dieses Knacken im Kopf, die ringenden Versuche, alle Nebenprozesse aus dem Hirn zu drängen („Gunter, hast du die Petersilie vergessen?") und dann, wenn Ruhe einkehrte, das innere Vorstellen von Bildstrukturen, wie zum Beispiel das vom langsamen Schälen einer Apfelsine, um sie im Kern zu erkennen. Der Mathematiker muss zum Kern vordringen, im Geist. Es ist die Erkenntnis, die banal zu einem Beweise führt, dass ein Kern da ist. Oft haben zum Beispiel Apfelsinen keinen Kern. Physiker würden keinen Kern finden, dann denken sie, es ist keiner da. Informatiker interessiert es nicht so sehr, ob ein Kern da ist, sie stellen sich Algorithmen vor, Kerne zu finden. Sie versuchen, das so schlau zu machen, dass sie alle Kerne finden, und so, dass, wenn sie keinen Kern finden, auch keiner da sein kann. Mathematiker finden es verdächtig, wenn keiner den Kern findet, und finden daher, es werde nun langsam interessant. Dieses Beispiel einer Apfelsine ist schon fast universell und gut für Didaktik geeignet. Man kann auch stattdessen die Welt betrachten. Wenn die Physiker hinter dem Rand des Weltalls nichts mehr sehen, ist da für sie nichts. Sie haben so viel Selbstvertrauen. Das heißt Arbeitshypothese. Mathematiker halten das nicht aus. Theologen auch nicht, die dann lieber die Leere durch eine Lehre ersetzen, irgendeine, für die man weniger Selbstvertrauen braucht. Bei IBM ist gerade eine Forschergruppe dabei, die Nullstellen der Zeta-Funktion zu berechnen. Sie bauen an einem weltweiten Computergrid. [Anmerkung 2007: Hier war der Link zum zetagrid. Der Nullstellenrekord ist damals weit übertroffen worden, Ergebnisse sind bereits publiziert, die Art der Programmierung wird anderswo weiterhin in der IBM eingesetzt. Der Vater des Grids, Stefan Wedeniwski, ist heute Senior Technical Staff Member der IBM.] Jeder kann sich unter [www.ibm – Anmerkung 2007: Hier ist im Original der Web-Link zum Mitmachen, was viele taten. Das Projekt ist inzwischen beendet, die Ergebnisse flossen in die Konstruktion noch größerer Projekte.] einen Bildschirmschoner downloaden, der immerzu Nullstellen für die Menschheit berechnet. Im Labor in Böblingen können sie es nicht aushalten, dass die Riemann'sche Vermutung noch offen ist. Sie versuchen, ein Gegenbeispiel zu finden. Ich halte es da lieber mit den Physikern. Für mich ist etwas bewiesen, wenn es die ersten paar Trillionen Versuche so ist. Vielleicht bin ich damit als Mathematiker seelisch ad acta gelegt. Aber um mich herum passieren genug Dinge, die schon beim ersten Mal nicht klappen. Aber! Stellen Sie sich vor, Sie lassen Ihren Computer in den Pausen endlich etwas rechnen und alle machen mit! Was das für ein Computernetz gibt – so irre groß und imposant wie das, womit sie in den USA nach Außerirdischen oder so suchen. Wie da die Pakete hin und her geschickt werden! Es flitzen alle Nullstellen im ganzen weltweit umfassenden Informatik-Spektrum herum. Dieses Geflimmer von Millionen Computern, die sich blitzartig über Päckchen unterhalten, diese Sternschnuppenschar, die vor dem geistigen Auge flimmert, die Rohrpostbomben, Meteoriten, Kometenschweife ...! So fühlt sich Forschung in Informatik an. Wer Strukturen erkennen will, öffnet weit die Augen im Dunkel. Eyes wide shut. Das ist Mathematik. Wer Prozesse gestaltet, versucht, des Chaos Herr zu werden. Das ist Informatik. Oft sind die Informatiker so sehr Herr des Chaos ... ja, also, ich glaube, das heißt dann Benutzerfeindlichkeit.

Fühlen Sie jetzt auch die Unterschiede zwischen den Wissenschaften? Es *fühlt* sich jeweils anders an, wenn man anders forscht. Es hat etwas damit zu tun, ob Action herrschen soll oder Stille (Rolling Stones oder Anne-Sophie Mutter). Ob Sie Realität erkennen oder konstruieren wollen. Ob Sie glauben, was Sie sehen oder nur das, was ein Intelligenterer als Sie bewiesen hat, am besten Sie selbst. Man kann nicht einfach sagen, der Gegenstand der Chemie sei dieser und der Gegenstand der Informatik jener. Es hat etwas mit dem Fühlen bei der Forschung zu tun und den Menschen, die es gerade so lieben. Chemiker zum Beispiel gliedern ihr Fach in drei Teile: da, wo es brennt und knallt, da, wo es stinkt, und da, wo es klebrig ist (anorganisch, organisch, polymerisch). Man spricht nicht umsonst vom Stallgeruch einer Wissenschaft. Wem Knallen stinkt, klebt eben nicht an Chemie. Informatiker forschen also nicht etwa an einem Gegenstand ihrer Forschung herum, sondern sie müssen sich in besonderer Weise fühlen. Die Mathematik schleppt geradezu ein Trauma mit sich herum, nicht nützlich zu sein, wo doch absolut jeder sieht, dass Mathematik wie Stickstoff allgegenwärtig ist. Deshalb muss sie jeder Student wie sauren Stoff lernen. Es ist nicht die Mathematik selbst, die nicht nützlich wäre. Es sind die Mathematiker, denen man nicht dieses innere Brennen anfühlt, nützlich zu sein. Informatiker dagegen?

3. Wer Informatiker ist

In unseren Diskussionen wurde die Frage gestellt, ob Informatik nicht generell untrennbar mit dem Nützlichen verbunden sei. Wozu wäre sie dann da? Laut verschiedenen Lexika ist Informatik die Wissenschaft vom Computer und seiner Anwendung, wobei für das Wort „Computer" immer ein schwierigeres Wort gewählt wird. Etwa: „Datenverarbeitungsanlage". Dabei gibt es doch auch theoretische Informatik! Aber der Informatiker sieht doch eher wie jemand aus, der etwas „machen" will. Oder?

In meinem letzten Buch *Omnisophie* habe ich über richtige, wahre und natürliche Menschen geschrieben. Zu diesen Menschen gibt es verschiedene Arten, Wissenschaft aufzufassen. Richtige Menschen sehen die Wissenschaft als eine komplexe Welt, deren Gralshüter der Wissenschaftler ist. Er weiß alles, kennt jeden Mosaikstein und baut immer weiter an der Kathedrale des Wissens, Steinchen für Steinchen. Wahre Menschen ringen um die Idee des Ganzen, sie schweifen in den Sphären, wollen Grenzen sprengen und hoffen auf das Wunder eines großen Neuen. Wahre Wissenschaftler erschaffen türmende Ideen, von denen die meisten in Staub fallen oder wie Seifenblasen platzen. Natürliche Menschen *tun* etwas. In der Philosophie gibt es viele Gralshüter, die genau wissen, was jeder beliebige frühe Denker sich gedacht hat – sie haben alle denkbaren Sinne des Lebens im Kopf! Aber welcher wäre ihr eigener? Es gibt so viele schrecklich großartige Philosophien, dass einem normalen lebenden Philosophen fast keine eigene Idee mehr zusteht. Jeder schreibt am besten eine Geschichte der Philosophie und mischt ein paar private Kommentare hinein. Es gibt deshalb wenige Himmelsstürmer in der Philosophie und noch weniger, die etwas *tun*. Philosophie ist alt. Informatik ist ganz jung. Das Wort Informatik steht in meinem Konfirmationsbrockhaus von 1964 nicht drin. Eine junge Wissenschaft *tut* etwas. Es ist noch die Zeit, wo das Neue im Tagebau zugänglich ist. Man sieht alles offen liegen. Es ist noch nicht die Zeit, eine zusammenfassende Weltgeschichte der Datenbankforschung zu verfassen.

Eine junge Wissenschaft ist das Mekka junger Leute, die anpacken wollen. Sie wollen etwas bezwingen und bauen. Sie wollen wie Entrepreneure sein, nicht wie Sammler oder Bibliothekare. Deshalb ist Informatik nicht nur durch ihren vermeintlichen *Gegenstand* bestimmt, sondern von ihrer Jugend und dem damit verbundenen Schwung.

Wissenschaften ragen wie Berge aus der Umgebung heraus. Es gibt alte Plateaus, Hochebenen voll roten Sandes. Und es falten sich neue Massive auf, die noch wachsen und in den Himmel schießen. Stellen Sie sich die Entstehung der Welt im Zeitraffer vor, wie sich alles erhöht und wieder versinkt. Alchemie steigt und versinkt unter anderen Stoffen. Astrologie leitet die Welt und entschwindet in die Sternzeichen. Im Mittelalter waren noch Grammatik, Arithmetik und Geometrie (Trivium) und Musik, Astronomie, Dialektik und Rhetorik (Quadrivium) die wichtigen „Freien Künste". Seither falten sich unaufhörlich neue Gebirge, seither verschieben sich Kontinente.

Die Informatik reißt viele Wissenschaften im Strudel nach oben mit.

Die Mathematik findet neue Wege durch den Computer und verjüngt sich durch das neue Instrument zum Nützlichen hin. Viele Geisteswissenschaften, die der Seele nahe stehen, erkalten, weil sie Computer benutzen. Das, was Computer erforschen können, liegt oft nicht in der Richtung, die den Menschen erwärmte. Insbesondere computergestützte Statistik verführt dazu, Mehrheit mit Wahrheit und Umfrageergebnisse mit Erkenntnissen zu verwechseln, als ob der statistische Durchschnitt schon das Höchste wäre ...

Informatik steigt hoch. Karrieren steigen mit. Es ist Aufbruch.

Oft ist Sturm. Die Informatiker spüren die Schluckbeschwerden der Unternehmen, die hyperoptimistisch E-Projekte begannen und sie zwischendurch verdauen müssen. Die Unternehmen greifen sich keuchend bergan unruhig ans Herz – haben sie sich zu viel zugemutet? Sollten sie langsamer gehen oder den Führenden nachhasten?

Umbruch, Stimmbruch, Jahre des Wechsels: Informatiker sein ist immer noch wie Abenteuer. Es ist nicht der Nutzen, der sie treibt. Es ist das begeistert jugendliche Tun.

4. Hat Informatik einen Kern?

Überall werden Computer benutzt. Es entstehen neue Wissenschaften. Sie heißen: Bindestrichwissenschaften. Es entstehen Medizin-Informatik, Rechts-Informatik, Bio-Informatik, Wirtschafts-Informatik. (Wie schreibt man die? Mit Bindestrich? Ohne?) [Anmerkung 2007: Ich nehme diese Problematik nochmals in einer Kolumne auf. Sie ist hier im Buch unter *Klage über Unwissen um Können und Kunst*.] Die sind nicht im Kern! Es sind bei der Bergfaltung der Informatik mitangehobene Teile von Wissenschaften, die es vorher schon gab. Sind diese Teile den alten Wissenschaften zuzurechnen? Sind es Teile der Informatik? Sollen solche Wissenschaftler in die Gesellschaft für Informatik eintreten? Ist die GI deren Heimat? Will sie das sein? Muss sie das sein? Gibt es eine Kern-Informatik?

Ich habe diesen Komplex ja schon teilweise mit Betrachtungen über Apfelsinen beleuchtet. Es muss ja nicht unbedingt einen Kern geben. Es muss nicht unbedingt sinnvoll sein, einen zu suchen. Brauchen wir einen Kern? Ein Gipfelkreuz?

Ich bin im obigen Sinne mehr von der Kategorie des wahren Menschen. Ich mag keine Kerne, weil es dort nach wohldefinierten Positionen in Gesellschaften riecht. Beim Kategorisieren werden Abteilungen gebildet, und, wenn der Kern gefunden ist, läuft die Macht dorthin – oder der Kern ist da, wo die Macht gerade steht. Zwischen den Abteilungen werden aber die Kraftlinien unterbrochen!

Wissenschaften stelle ich mir wie Kraftfelder vor.

Die mögen vielleicht wirklich einen Kern haben, aber es kommt doch auf ihre Anziehungswirkung auf die Umgebung an, auf die Wechselwirkungen?

So träume ich denn davon, dass die Informatik auf die Wissenschaften vor den Bindestrichen anziehend wirkt und so mit ihnen in Wechselwirkung tritt. Ich mag nicht so gerne nachdenken, was nun genau das Spektrum der Informatik ist, wofür „wir" genau zuständig sind und welche Unterabteilungen wir bilden.

Wir sollten uns alle um die Stärke des Kraftfeldes kümmern. Das ist der Kern.

5. Wissen Sie, was Informatik ist? Nein? Aber Sie sind ein Teil von ihr!

So ganz genau wissen Sie auch nicht, was Informatik ist, oder? Aber Sie könnten mit mir die Idee der Informatik funkelnd in die Sonne halten und Ihren Beitrag zum Diskurs abgeben? Um so den Regenbogen der Facetten zu sättigen?

Wenn Informatik ein Kraftfeld ist, so ist es nicht in erster Linie eines von Fachgebieten oder von Uni und Wirtschaft, von Theorie und Anwendung, von Professional und Student. Das Kraftfeld besteht aus den einzelnen Informatikern, Sie sind ein Teil des Kraftfeldes.

Von einer leeren Kirche geht keine Kraft aus, auch nicht vom pünktlichen Zahlen der Steuer. Die Kraft muss aus dem Ganzen kommen.

Wenn Gläubige sich versammeln, zusammen singen und musizieren, wenn sie reden, predigen, tun und pflegen, Kinder bringen und alles wachsen lassen: Das ist ein Kraftfeld! Ja, da steht ein Pfarrer im Zentrum, aber das frohe laute Treiben ist das Kraftfeld, in dem der Kern im Grunde nur eine etwas vornehmere Koordinate ist.

Und deshalb, liebe Informatikerin und lieber Informatiker, Sie als Teile dieses Kraftfeldes, Sie als Leser dieses Beitrags, Entfalten Sie Kraft! Treten Sie nicht *nur* in die GI ein, das ist nicht der Punkt. Kommen Sie zu den Tagungen, beleben Sie die Gemeinschaft mit Beiträgen, überschwemmen Sie dieses Spektrum mit Artikeln, telefonieren Sie mit den Herausgebern, schreiben Sie als Student Ihre Meinung. Sagen Sie als Industrieinformatiker nicht, Sie hätten keine Zeit. Im Ernst, dann stände es schlimm um Sie. Sagen Sie nicht, nur Professoren hätten ja den Beruf zu schreiben und zu reden. Haben sie nicht. Als Industrieberater können Sie mit ein paar schönen Artikeln in Sonderdrucken schwer beeindrucken. Hören Sie alle! Bleiben Sie nicht so viel zu Hause oder im Büro. Kommen Sie im Kraftfeld zusammen, machen Sie es stark. Kommen Sie zu den Regionalgruppen, fordern Sie hartnäckig kluge Köpfe auf, dort Vorträge zu halten. Treffen Sie sich. Tragen Sie bei. Seien Sie nicht nur Konsument des Internets. Warten Sie nicht auf andere. Sagen Sie nicht, die GI ist für Sie verantwortlich, ohne ihr zu verraten, was Sie erwarten. Beleben Sie die Fachgruppen der GI. Organisieren Sie etwas. Werden Sie politisch. Kämpfen Sie für eine mit Computern *gesegnete* Menschheit. Alles wird Inspiration! Bleiben Sie auf der Reise nach oben, wenn sich das Gebirge weiter auffaltet ...

Und jetzt denke ich frustriert bei mir: Sie halten diese Moralpredigt für einen Werbeblock. Das war der vorige Absatz nicht! Es war Anspritzen mit der Feder. Ich will, dass Sie mitmachen. Oder schicken Sie mir vielleicht eine neue Flasche Bordeaux zum Schreiben? Wenn nicht: wenigstens eine Zeta-Nullstelle? Und Sie kommen doch alle zur nächsten GI-Tagung? Und schreiben über Ihr Industrieprojekt? Diskutieren? Gestalten? Wissen Sie:

Informatik sind wir.

XIV. Ein Indikatorenhoch über Deutschland! Starke Triebwinde!

Bilanzskandale erschüttern die Welt. Manche Firmen haben so unfassbar hohe Verluste abzuschreiben, dass die ganze Panik über die derzeitigen Finanznöte unserer Bundesregierung schon sehr relativ erscheint.

So eine Flut in Dresden [Anmerkung 2007: das Jahrhunderthochwasser von 2002] ist ein Klacks für ein Land, in dem man sich bei UMTS-Lizenzversteigerungen oder überteuerten Firmenübernahmen um ein Mehrfaches „verkalkuliert" hat. Dieses Kalkulieren scheint mir überhaupt ziemlich gefährlich. Wenn die Planer dann noch von „kalkulierten Risiken" berichten, die sie jetzt eingehen, dann wird mir ganz heiß ums Herz. Ich denke noch heute von Zeit zu Zeit an das Seminar *Fehler und Fallen im stochastischen Denken* zurück, das ich einmal zusammen mit Rainer Danckwerts vor langer Zeit in Bielefeld veranstaltet hatte.

Meine Mutter liest meine Artikel nicht. Ich wollte nur sicherstellen, dass Sie das wissen und mich nicht verraten. Nächste Woche bin ich beim Zahnarzt angemeldet. Das hat nun schon eine lange Geschichte, die weit in das letzte Jahrhundert zurückreicht. „Gunter, hast du die Zähne geputzt?" – „Ja, gleich, doch, ja, habe ich!" – „Du da drin, das Wasser hat nicht gerauscht. Außerdem sehe ich es am Verbrauch der Zahnpasta ganz genau!" Dieser Dialog aus der Diele des Bauernhauses in das Zimmer mit dem Porzellan-Waschtisch hinein hat nervend oft stattgefunden. Da zeigte ich erste Ansätze von Managementtalent. Ja, so weit geht das zurück. Damit ist es bei mir wohl sehr früh da gewesen, lange bevor ich einen ersten dunklen Anzug besaß. Ich dachte bei mir: Die Mutter nimmt die Pflichterfüllung *allein* über den Zahnpastaverbrauch und das Geräusch des Wasserausspuckens war. Es ist deshalb logisch ausreichend, morgens Wasser auszuspucken und jede Woche 14 Portionen Zahnpasta im Komposthaufen unterzuwühlen. Da ich etwas perfektionistisch geboren wurde, beschloss ich damals zusätzlich, ohne dass es die nackte Logik geboten hätte, die Zahnbürste noch jeweils anzufeuchten, für den Fall, dass es zu einer echten Revision kommen könnte.

Deshalb hatte ich für meine Mutter immer weiße Zähne. Mein Zahnarzt hat leider überhaupt keinen Sinn für Alte Geschichte. Er hat in seiner Praxis ein Computerprogramm. Auf einem wunderschönen großen schwarzen Flat-Bildschirm, den er durch einen IBM-Aufkleber beträchtlich im Wert gesteigert hat, zuckt etwas und piept wohl auch, wenn ich nicht alle sechs Monate zur professionellen Zahnreinigung komme. Der Arzt sieht am Computer, dass etwas mit mir nicht stimmen kann. Er nimmt meine Zähne über das Piepen wahr. Wenn der Computer *nicht* mault, muss ich weiße Zähne haben. Computer sind in vieler Hinsicht eine professionelle Weiterentwicklung der Mutter.

Im letzten Jahr, es mag zu Weihnachten gewesen sein, trugen wir die Sektgläser noch schnell in die Küche (Männer gehen immer grob weg, Frauen tragen was in die Küche, wenn Schluss sein soll) und sagten gute Nacht, als meine Mutter schon in der Schlafzimmertür verschwand. „Zähneputzen!", rief ich ihr nach, sah noch einen irritierten Blick. Als ich im Bett lag und an die Decke schaute, die über mir kreiste, kam mir ein Verdacht ... Am nächsten Tag war ich wieder nüchtern und verwarf die These, dass meine Mutter vielleicht nur darauf achtete, dass *ich* die Zähne putze, ohne dass sie gewusst hätte, wie man das tatsächlich macht. Ohne Sekt habe ich keinen Mumm, so etwas zu denken.

Wenn Sie dieses anekdotische Knäuel mit kühlem Kopf analysieren, springt Ihnen heute die Frage ins Auge, ob nicht der enorme Arbeits- und Kontrollaufwand, das Zähneputzen vorzutäuschen, das tatsächliche Zähneputzen nahe gelegt haben könnte. Wissen Sie ... – ja! Oder ... – nein. Mein Selbsterhaltungstrieb will ja, dass ich gesunde Zähne habe. Aber ein anderer Trieb will nicht gehorchen. Oder noch ein Trieb will etwas auswischen, ohne zu putzen. Es ist immer die zeitabhängige Frage, worauf alles ankommen soll. Wohin zeigt der Trieb?

Kennen Sie die Fabeln von Äsop? Oder die von Jean de la Fontaine? (Furchtbar dickes Buch, aber mit Bildern.) Da wimmelt es von Wölfen, Löwen, Eseln und kurzlebigen Lämmern. Die Geschichten sagen etwas über Menschen aus. In diesem Sinne wollte ich schon immer einmal etwas Fabelhaftes übers Zähneputzen schreiben, in dem alles enthalten ist, was uns so dieser Tage widerfährt.

Nehmen wir einmal etwas anderes als Zähneputzen, das man bekanntlich am Verbrauch der Zahnpasta erkennt. Wie erkennen wir, ob jemand anständig als Wissenschaftler forscht?

Das ist schon schwieriger, nicht wahr?

Bei mir können Sie es sofort sehen: Ich sitze beim starken Forschen herum, trinke grimmig Kaffee, wandere ruhelos durch Bürohausgänge, spiele Flipper am Computer, grüße nicht wirklich andere Leute und wirke unzugänglich. Das ist schwere Arbeit. Menschen, die mich gut kennen, stellen sich oft umständlich-demonstrativ vor mich und lächeln mich herausfordernd an, so dass ich es sehen *muss*. Dann sagen sie stolzerfüllt: „Haha, du *denkst nach*, ich kenne mich da schon aus. Gell, du *denkst* jetzt, ja? Da habe ich doch Recht?" Manchmal hätte ich gerne eine Tarnkappe wie Siegfried oder einen Umhang wie Harry Potter. So etwas gibt es aber nur für Helden, nicht für Forscher.

Die Ministerien können den Vorgang des Denkens nicht richtig sehen, weil sie mich als Forscher nicht genau kennen. Er findet ja auch oft bei geschlossener Tür statt. Da stehen dann die Minister und Controller vor der Tür und rufen herein: „Vergisst du auch nicht zu forschen?" Ich rufe zurück: „Ja, nein, Ruhe bitte." – „Aber wie wissen wir, dass du nachdenkst und forschst?" – „Ich sage es doch!" – „Aber ist es garantiert, dass du denkst? Es hört sich durch die Tür an wie Kaffeeschlürfen!" – „Ich denke *gerne* nach. Es ist mein Leben. Das müsste Evidenz genug sein!" – „Nein, ist es nicht. Wir denken *nicht* gerne nach. Für das Denken haben wir Assistenten. Du hast *auch* Assistenten!" – „Ich brauche sie nicht zum Nachdenken, ich bringe ihnen Nachdenken bei!" – „Dann stellst du unqualifizierte Leute ein. Das ist Verschwendung!" – „Seid endlich ruhig, ihr stört beim Denken!" – „Wir glauben es erst, wenn wir es sehen können!" – „Aber ich trinke doch Kaffee und flippere!" – „*Daran* sehen wir es aber nicht!" – „Wieso nicht?" – „Weil wir es nicht vom bloßen normalen Kaffeetrinken unterscheiden können. Wir sehen das Nachdenken daran, ob du Papier und Bleistift verbraucht hast! Wir sehen es, wie groß der Word-File auf deiner Festplatte ist! Wie groß ist er?" – „1,87 MB." – „Nicht genug!" – „Moment, ich verwandle die jpg-Fotos in Bitmaps feinster Auflösung. Moment. 55 MB!" – „Gut pariert. Jetzt stimmen die Werte. Morgen kommen wir wieder." – „Warum? Bis dahin habe ich nichts! Denken fruchtet bekanntlich wenig, wie guter Wein! Nur geringster Ertrag auf kargem Boden! Vor allem Geduld und strenge Lese-Auslese!" – „Quatsch. Wir wollen 70 MB. Zu einem Weinbauern gehen wir heute auch. Mach uns nichts vor. Von ihm wollen wir Parker-Punkte sehen, was sonst. Am Wein selbst sieht man nichts. Er ist rot." – „Verdammt, ich schwöre, ich kaufe mir eine Gigapixel-Digitalkamera." – „Verbessert das die MB-Werte?" – „Ja, erheblich!" – „Na also, warum nicht gleich."

Der Kaffee neben mir ist kalt. Der letzte Schluck. Etwas bitter. Guatemala. Wissen Sie, es gibt verschiedene Weisen, wie etwas als real wahrgenommen wird. So? „Ich lese gerade Rilke und bin trunken vor Gefühl. Wieder und wieder." Ist das etwas Reales? Oder halten wir uns lieber an „Ich habe eine Zwei bei der Gedichtinterpretation. Rilke. Ich habe vorher zum Glück ein paar Artikel über seine Aussagen gelesen, da bin ich heilfroh. Die konnte ich einflechten."

Wir kommen immer mehr und mehr in eine Zeit, in der sich gewisse Menschen damit beschäftigen, Reales an Merkmalen des Realen amtlich festzustellen. Sie nennen es: Messen.

Das Zähneputzen wird am Zahnpastaverbrauch gemessen. Der Ertrag des Dichters in MB. Das ist nicht ganz falsch, nicht wahr? Wenn nämlich der Verbrauch von Signal-Zahnpasta regelmäßig ein bestimmtes Quantum ist, so ist dies ein praktisch verlässliches Signal für regelmäßiges Zähneputzen. Wenn die elektrische Zahnbürste im Badezimmer fiept, dann weiß ich durch die Tür, dass Johannes nun reguläre 120 Sekunden Strom verbraucht hat. Vielleicht putzt er aber gar nicht die Zähne?

Es sind schon so viele Artikel über das Messen und die Evaluation von Wissenschaftlern geschrieben worden. Wissenschaftler misst man an der Anzahl der Veröffentlichungen und an der Anzahl von Seiten. Man misst, wie oft er zitiert wurde, und gewichtet es mit dem wissenschaftlichen Niveau des Zitierers. Die Vorträge auf Kongresse werden gerankt und geratet. Ein Vortrag gibt einen Punkt pro fünf Minuten. Ein Punkt pro Frage, die hinterher gestellt wurde. Es gibt Punkte nach den Ratings der Zuhörer im Feedback-Fragebogen des Veranstalters. Referierte Vorträge ergeben Sonderpunkte. Hauptvorträge und eingeladene Vorträge erbringen sehr viele Punkte und werden mit der Anzahl der Veranstaltungsteilnehmer an der Tagung gewichtet. Der Forscher bekommt Sonderpunkte, wenn er auf die Standardfragen „Kann man es anwenden?", „Bringt es in drei Monaten Geld?" jeweils mit Ja antwortet. Die Punkteanzahl wird mit einem Faktor multipliziert, der von der Höhe der Reisekosten abhängt. Je höher die Reisekosten, umso höher die Punktzahl, die die Bewunderung ausdrücken soll, dass das Renommee höher als der Kostendruck war. Die Seitenzahl wird mit dem Zeitschriftenfaktor des publizierenden Journals multipliziert. Außerdem geht dessen Auflage mit ein. Es finden Stichprobenumfragen statt, wer welche Arbeiten gelesen hat. Bei Positiva gibt es Punkte. Und so endlos weiter ...

Ich habe neulich ein Gutachten für eine Professur abgegeben. Die Stelle war dafür ausgeschrieben, dass der Bewerber „Drittmittel einwirbt, lehrt und sich weiterqualifiziert". In dieser Reihenfolge. Forschen ist wohl indirekt mitgemeint. Ich ringe schon den ganzen Artikel um Worte. Verstehen Sie, dass Drittmitteleinwerben ungefähr den intellektuellen Wert wie Zahnpastaverbrauch hat? Ich will darauf hinaus: Wenn der Zahnpastaverbrauch hoch ist, deutet alles darauf hin, dass Zähne geputzt werden. Wenn Drittmittel an einen Forscher fließen, deutet alles darauf hin, dass da etwas Wertvolles für das Geld entsteht – und dieses Geld war es jemandem wert. Wenn jemand viele Keynotes hält, deutet alles darauf hin, dass er etwas sehr Hörenswertes zu sagen hat. Wenn jemand 20 Patente besitzt, deutet alles darauf hin, dass er erfinderisch ist und wertvolle Ideen hat, die ihm oder seiner Firma hohe Anmeldegebühren wert waren.

Alle Messungen deuten darauf hin!

Es ist jetzt definitiv Zeit für eine andere Wortwahl. Eine Messung ist für mich eine Art Feststellung. Wenn das Fieberthermometer 38 Grad anzeigt, dann sind es 38 Grad, jedenfalls in einem stärkeren Sinne als „es deutet alles darauf hin, dass es 38 Grad sind". Die „Messungen" in den Beispielen sind im Grunde *Indikatoren*. Die Anzahl der Publikationen ist ein *Indikator* für eine Forschungsleistung, keine *Messung* derselben. Zitierhäufigkeiten oder Keynote-Honorare sind ebenfalls nur Indikatoren, keine Messungen. Ein Indikator liefert nur ein Indiz für das Reale. Er beweist „es" nicht, wie es unter Umständen eine genaue Messung könnte. Wir messen beim Messen meist nicht das Reale, sondern wir messen nur den Indikator. Weil wir den Indikator ganz furchtbar streng objektiv gemessen haben, verwechseln wir im Messen das Reale mit dem Indikator. Aber der deutet nur hin!
    Die ganze Diskussion in den Betrieben, den Hochschulen und Schulen geht nun dahin, wie verlässlich solche gemessenen Indikatoren sind. Je verlässlicher Indikatoren sind, umso mehr können wir aus ihnen auf das Reale schließen. Am extremen Ende könnte der Indikator eine verbindliche Auskunft über das Reale geben.
    Es gibt zwei vorherrschende Empfindungen gegenüber Indikatoren. Leider gibt es noch mindestens zwei mehr. Und deshalb schreibe ich diesen Artikel.

Die erste Haltung: „What you can't measure, you can't manage." Was nicht objektivierbar ist, kann letztlich nicht gemanagt werden. Die Manager suchen vornehmlich nach ganz leicht messbaren Indikatoren, mit denen sie dann die Welt bewegen und in eine gewünschte Richtung treiben können (Triebrichtung). Indikatoren sind etwa der Kundenzufriedenheitsumfrageindex, die Drittmittelsumme, die bisher gesammelten

Abiturpunkte oder der Zahnpastaverbrauch. Das Management importiert diese Kenngrößen in Exceltabellen und verlangt: „Mehr!" (Oder bei Kosten etc.: „Weniger!") Normal Sterbliche lästern über Unfähigkeiten von Führungskräften, weil die eben nur dieses eine Wort kennen: „Mehr!" Das ist ein großes Missverständnis. Am Anfang steht eben das Festlegen der Triebrichtung. Am Anfang wird der Indikator festgelegt, der „mehr werden soll". Die Festlegung dieses Indikators oder der Triebrichtung ist ein Großteil des Managements. Da geht es lang! Das „Mehr!"-Schreien ist nur ausführende Logistik. Das ist viel, aber eben nur die zweite Hälfte.

Die zweite Haltung: Die Menschen, die per Indikator getrieben werden, schimpfen unaufhörlich herum, dass die Indikatoren nicht die Wahrheit wiedergeben oder das Reale messen. Besonders Mathematiker und Informatiker, die gewöhnlich Theorien durch Gegenbeispiele zu widerlegen trainiert sind, finden immer solche Widersinnigkeiten heraus, zum Beispiel: „Zitate sagen *nichts* aus. Am meisten werden nämlich solche Arbeiten zitiert, die sehr bekannte Fehler enthalten. Wenn das so ist, was soll der ganze Ansatz?"

Die erste Haltung sucht sich beliebig pragmatisch einen leicht messbaren Indikator, der zum Treiben geeignet ist. „Mehr! Schneller! Billiger!" Die zweite Haltung weist nach, dass dieser gewählte Indikator das Ganze in beliebige Untiefen führen kann und dann wohl auch muss. Der erste Ansatz nimmt an oder vertraut darauf, dass die gewählten Indikatoren in etwa das Reale widerspiegeln. Der zweite Ansatz findet jedes Mal den Unterschied zwischen „Indikator" und „Messwert" heraus und mäkelt.

Die dritte Haltung: Wir merken insgeheim alle, was der Unterschied zwischen Messung und Indikator ist. Wir brauchen gar keine Artikel darüber, auch keine gelehrte Diskussion über bessere Indikatoren. Wir schauen besser zu, wie wir davonkommen. Wir plätschern mit dem Wasser und verstecken Zahnpastaportionen. Wir lernen in der Schule nur das, was morgen drankommt. Wir zitieren uns gegenseitig für Punkte. Wir machen aus einer Idee fünf Papers über zehn Jahre hinweg, damit eine Idee für mehrere Evaluationsperioden verwertbar ist. Wir laden uns gegenseitig zu Vorträgen ein. Wir laden Kunden zum Essen ein und kreuzen beim Digestif die Antworten zur Kundenzufriedenheit zusammen an. Wir schreiben ab. Wir setzen unsere Namen gegenseitig als Ko-Autoren ein. Wir gewähren große Rabatte, um mehr Umsatz zu machen. Wir führen normale Auftragsentwicklungen für die Industrie durch und sagen, die überwiesenen Arbeitsentgelte seien Forschungsdrittmittel und dokumentierten den inhaltlichen Wert der Arbeit.

Alle diese Überlebenstricks nutzen den Unterschied zwischen einem Indikator und einer Messung aus. Die Tricks optimieren die scharf objektiv gemessenen Indikatorwerte. Am Ende stimmen die Punkte und der Zahnpastaverbrauch. Was aus dem Blickfeld gerät, ist dies: Die Gesundheit der Zähne oder die Exzellenz der Forschung oder die wohlige Zufriedenheit des Kunden. Das Eigentliche geht verloren, weil die Indikatoren dieses Eigentliche nie richtig berühren. Indikatoren können das Eigentliche nicht berühren, weil die Manager aus logistischen Gründen einfache Indikatoren wollen, die aus Bequemlichkeit am besten schon irgendwo sonst gemessen werden.

Ein Indikator für den Inhalt meiner Bücher wäre etwa der Verkaufsrang der Bücher bei Amazon. Dieser Indikator ist einfach und wird schon von Amazon gemessen. Ich muss nichts tun. Angeblich steht dieser Rang *nicht* genau für die reine Verkaufszahl. Er spiegelt auch das Interesse von Lesern wider. Weil ich das gehört habe, arbeite ich nur noch halbtags. Ich klicke ununterbrochen meine eigenen Bücher an. Am Nachmittag helfen die Kinder mit. Ich schreibe eine Software, die automatisch klickt. Ich klicke bei den Rezensionen an, dass sie wertvoll sind. Klick! Klick! Klick! Was meinen Sie, wie erfolgreich das ist! Ich verbessere dadurch nun den Verkaufsrang ständig um hundert Plätze. Um das mit Bücherschreiben allein herauszuholen, müsste ich ja eine ganze Qualitätsstufe besser schreiben. Das wäre schwere Arbeit und außerdem sehr risikoreich. Schaffe ich das denn? Klicken dagegen kann ich gewiss. (Amazon merkt das jetzt. Sie nehmen nur eine Stimme pro E-Mail-Adresse. Wir beantragen jetzt Millionen neuer Mail-Adressen bei Yahoo und klicken je einmal. Ich kaufe gerade Yahoo-Aktien auf, weil dort deren Indikatoren langsam eine Verdreifachung des Kundenstamms anzeigen, bei Amazon auch.)

Der bloße Versuch großer Wissenschaft ist zu risikoreich geworden, weil die Indikatoren einen solchen nicht honorieren. Die Indikatoren zeigen ja etwas für *jeden* Wissenschaftler an, können also fairerweise keinen Ansatz für das Große enthalten. (Erinnern Sie sich an meine Aprilscherzkolumne über die *Psychologie neuronaler Netze*? Dort habe ich eine sensationelle Forschung vorgeschlagen und schon als ein Viertel fertig vorgetäuscht.) [Anmerkung 2007: Diese Kolumne haben Sie vorne im Buch schon gelesen.] Ich habe begeisterte E-Mails daraufhin erhalten, von Informatikern, die da mitforschen wollten. Nach der „Aufklärung" fanden alle: Mitmachen ja. Aber anfangen? *Selbst*? Anfangen? Das ist zu riskant. Paul Stefan Pütter hat mir seinen „Versuch einer naturwissenschaftlichen Interpretation psychischer Phänomene" zugeschickt. Von 1979. Er hat darauf ein Patent und eine Menge „Prügel" von Fachwissenschaftlern bekommen, für solch einen seltsam anmutenden Versuch, als es noch keine neuronalen Netzwerke gab. Kein Indikator deutete für andere auf etwas hin.

Ich will Sie mit all dem schonend darauf hinweisen, dass wir zu lokalen Optimierern werden oder eben das System beschwindeln. „Man will es so. Was sollen wir tun." Auch an den Hochschulen werden Sie merken, dass exzessive Ehrlichkeit gegenüber der Sache selbst eine Menge Punkte kostet und auf einmal auch Ihre Leistungszulage. „Die paar Euro! Pfui! Ich bin nicht wie *jene*! Ich forsche nach alter Art, ohne Rücksicht auf Geld oder andere Indikatoren! Ich habe eine Forscherehre!"

So, so, Ihre Forscherehre. Das harte Problem ist, dass Ihre Forscherehre jetzt mit einem Indikator gemessen wird, nämlich vor allem dem, ob Sie eine Leistungszulage bekommen haben oder nicht. Haben Sie *nicht*? Dann deutet alles darauf hin, dass Sie zur schlechteren Hälfte der Forscher oder Mitarbeiter gehören. Jeder weiß das jetzt. – Und? Immer noch immun? Dann haben Sie erstaunliche Kraft.

Im praktischen Alltag bauen wir eher Heißluftballons. Solche sind leicht zu sehen und zu messen. Sie werden als Indikatoren allgemein geschätzt.

Die vierte Haltung: Sie ist gekennzeichnet durch die Verzweiflung über die Ablenkung der Aufmerksamkeit vom Eigentlichen. Da das Management die Indikatoren wie eine Haupttriebrichtung versteht und daher unaufhörlich die Wichtigkeit dieser Werte betont, werden sie Teil unserer Eingeweide. Wir werden empfindlich und „achten darauf". Die Mitarbeiter der Industrie bekommen Optionen ihrer Firma und haben dann den Aktienkurs im Blut. Es siedet und sticht in diesen Zeiten. In uns beginnen die Indikatoren ein Eigenleben. Sie wenden wie ein Trieb die Blickrichtung auf die Indikatorwerte: „Noch nicht genug Drittmittel. Ich habe keine Ruhe. Dekan und Rektor sind besorgt, weil ich erst ein so vielversprechendes Projekt hatte. Ich kann es formal ausgleichen, wenn ich fünf Patente anmelde. Herrjeh, dann nehmen wir eben die blöden Ideen aus dem letzten Jahr und versuchen es. Im Patentamt haben sie bestimmt ein Ziel auf viele Patente, damit Deutschland gut gegen Amerika aussieht. Bestimmt. Da werden sie nicht hart sein. Sie bekommen ja Gebühren. Die Uni hat leider auf meine Drittmittel gesetzt, ich habe deren Zahlen versaut. Es wird mehr Sitzungen geben. Ich verspreche nie mehr etwas. Ich organisiere zur Sicherheit noch zwei Tagungen und werde Schriftführer in der Abstraktionskommission. Das gibt Punkte. Im Kalender schütze ich ganz ganz hart den einzigen Monat für Forschung. Hoffentlich komme ich einmal zum Arbeiten. Telefon. Lasst mich in Ruhe. Oh, meine Frau, da muss ich abnehmen, sonst klingelt es lange.

Hallo? Was? Urlaub gebucht? Lücke im Kalender gefunden? Ja, ja, ich selbst wollte das so. Was? Nein? Wo bin ich?"

Das Zerren der Indikatoren am zeitlichen Alltag und an den Nerven schadet nicht nur physiologisch. Es verhindert volle Konzentration auf die Forschung. Indikatoren-Trieb-Management per „Schnell! Mehr!" unterstellt arbeitsscheue Menschen, die auf Trab gebracht werden müssen. Wissenschaftler aber müssen zur Hochkonzentration gebracht werden. Das ist mit Trieb, Handy, Sitzungen, Messen und dem Schreiben von Anträgen und Reports nicht zu erreichen. Wenn jemand auch unter Hochkonzentration „nichts Wissenschaftliches bringt", helfen Strafmessungen ja auch nichts.

Leistungssportler werden dagegen täglich trainiert, leben für entscheidende Momente der Konzentration, werden planmäßig in physiologischen Zuständen gehalten, in der Hochleistung möglich ist. Sollte es so sein, dass sich Wissenschaftler in physiologischen Leistungszuständen befinden, wenn sie Drittmittel einwerben? Wissenschaftler sagen traurig: „Ruhe hätte ich gerne."

Ich habe einige traurige E-Mails von Ihnen bekommen. Etliche Male tauchte der Satz auf: „In Wirklichkeit gibt es keine Wissenschaft mehr." Oder auf das Allgemeine bezogen: „In Wirklichkeit sehen wir weniger und weniger auf das Eigentliche."

Und viele fragen: Was sollen wir tun?

So genau weiß ich das auch nicht. Wenn immer ich mit Leuten darüber rede, die Einfluss nehmen könnten, dann sind es so genannte Leistungsträger, die ja in der Regel sehr gute Indikatorenwerte aufweisen. Sie haben kein ganz hartes Problem mit den Triebwinden, weil sie im dauernden Indikatorenhoch leben. Und es klingt wie: „Es wird schon langsam Zeit, dass einmal nicht so tolerant mit den Leuten umgegangen wird, die nur zwei Tage an die Uni kommen."

Die in dieser Weise Verständnislosen sind aber gerade die, die in der zentralen Sache der Triebindikatoren auf die Straße gehen sollten. Für tagelanges Nachdenken und Kaffeetrinken! Für die Möglichkeit zur Konzentration! Gegen Ablenkung und inneren Aufruhr! Die Wirtschaft sagt, im Kampfmodus arbeiten Menschen härter und bringen mehr Gewinn. Forscht aber Einstein schneller und nützlicher, wenn man ihm Angst macht?

Bilanzskandale erschüttern die Welt. Manager großer Firmen haben das Eigentliche aus den Augen verloren. Sie waren süchtig auf Indikatoren fixiert und haben Unterschiede zwischen Indikatoren und Messungen aufgespürt. Sie haben die Eigenkapitalrendite durch Herabsetzen des Eigenkapitals verbessert. Sie haben Verzinsungsindikatoren durch Verkauf von Nichtgewinngeschäft und Tafelsilber angehoben. Dort ist schon Indikatorentief. Manager müssen schwören, dass die Bilanzen stimmen. („Hast du Zähne geputzt?" – „Die Bürste ist nass und ein Stück Zahnpastawurst fehlt." – „Das meine ich nicht: Hast du die Zähne geputzt?") Also sieht man es Bilanzen nicht nach eingehender Prüfung an?

Irgendwann muss ich als Forscher schwören, dass ich forsche, weil man es mir nicht ansieht. „Gunter, du flipperst schon wieder." – „Ja. Ich reinige mein Gehirn." – „Was ist das?" – „Wie Händewaschen zwischen zwei Arbeiten. Beginnst du eine Arbeit mit ungeputztem Gehirn?" – „Ist es dann leer, so geputzt? Set all zero?" – „Das Vorherige muss heraus, die Schlacke, die Reste. Heitere Ruhe kommt kurz herein und dann sammelt sich die Kraft. Sie wächst – sie konzentriert sich neu, wie sich der Löwe wieder aus dem Dösen löst, wie er sich erhebt und über die Savanne späht. Es fühlt sich wie eine Idee an." – „Gunter, ich habe keine Idee, wie sich eine Idee anfühlt." – „Ein Idee ist etwas Störendes, Irritierendes, das hier nicht hingehört, aber ich spüre schon fast jubelnd, dass es hier bleiben muss." – „Kannst du es denn von den Massen an Störendem unterscheiden, das wir alle im Gehirn haben, Gunter?" – „Oh du meine Güte, deswegen muss ich doch das Gehirn putzen!" – „Mit Guatemalakaffee?" – „Oder Shiraz."

XV. Life on instruction

Als ich – Mensch, ist das schon lange her! – vor 30 Jahren in Göttingen studierte, philosophierten wir beim Genuss seltsamer Teesorten über die Wahl einer rechten Ehefrau. Das war ein sehr fröhlicher Abend! Denn ein Kommilitone, heute Professor, stand vor einem unlösbaren Problem. Das ist im Prinzip allen Mathematikern schon passiert, aber es hatte diesmal mit Rouladen zu tun.

Seine Mutter, so berichtete er, könne ganz unnachahmlich feine Rindsrouladen zubereiten, die ganz, ganz scharf angebraten seien, so dass sie ihm einen unvergleichlichen Genuss bereiteten. Er wolle, so sagte er völlig entschieden, ganz gewisslich nur eine Frau ehelichen, die es verstünde, die Rouladen kongenial zu zelebrieren. Und da er sich in dieser Frage keine wirklich geeignete Frau vorstellen könne, münde sein Leben bald wohl in eine immer verzweifeltere Lage.

Ich saß damals etwas nachdenklich dabei und hielt es eher für einen gewieften Trick, schöne Studentinnen gewogen zu machen. Tatsächlich begannen die Anwesendinnen mit allerlei Füllungen Werbung zu machen (für Rouladen) und manche logen ganz abgeschmackt mit ausgedehnten Erfahrungen beim Anbraten, die ich für ganz unwahrscheinlich altersungemäß halten musste. Ganz, ganz scharf anbraten ist hart an der Grenze zum Anbrennen, was wieder relativ leicht geht ...

Ich müsste ihn einmal anrufen, wie er das damals gelöst hat. Ich stelle mir vor, wie er heute schrecklich grüblerisch im Edeka steht und in sein Inneres hineinhorcht, ob er heute ganz fix nach Knorr oder Maggi brät. Heute kommt ja fast gar nichts anderes mehr in die Tüte?! Nur hinten im Regal gibt es noch die Löwensenfrouladenmischung im Glas, für Genuss-Esoteriker.

Es ist ein Zeichen unserer Zeit, dass alles bald ganz fix geht. „Maggi mag' i!", sagt bestimmt am Ende auch der Bayer.

Ein neues Zeitalter bricht an und die Geschichte mit den Rouladen ist nur ein Anfang.

Die IT-Industrie rüstet sich nämlich für „E-Business-on-Demand", um eine „World-on-Demand" zu schaffen. Das Business aus der Steckdose wird in Aussicht gestellt. Alles wird sofort verfügbar sein. Sofort und fix eben.

Ich möchte hier ein paar weiterführende Sorgen oder Gedanken mit Ihnen teilen.

In dem Buch *The Meme Machine* von Susan Blackmore habe ich zwei interessante Begriffe gefunden: *Copy-by-product* und *Copy-by-instruction*. Vielleicht sollte es besser heißen: *Copy-by-idea* statt Copy-by-product. In dem Buch geht es darum, dass die menschliche Kultur aus Kulturatomen zusammengesetzt gedacht werden kann – aus Memes, die sich verbreiten und gegenseitig beherrschen oder auslöschen. Memes verbreiten sich wie „genes", wie Gene. Es ist ein köstliches intellektuelles Vergnügen, über eine Darwin'sche Theorie von Memes nachzudenken. Wie verbreiten sich neue Ideen? Neue Witze? Ich habe schon ein paar Seiten in *E-Man* darüber geschrieben. Ich: „Ein Witz! Hört her! Jelzin, Bush und ein Pilz sitzen auf einer Euromünze und lassen die Füße herunterbaumeln." Jemand neben mir: „Es muss *Putin* heißen." – „Ist doch egal. Lass mich ..." – „Ist nicht egal. Putin. Es soll doch ein neuer Witz sein. Die alten gehen mit Chrustschow, Kennedy und Mark." – „Ist doch egal. Ich kann statt Pilz auch was anderes nehmen, eine Aubergine zum Beispiel." – „Du bist total blöd. Der Pilz kommt zwar im Witz nicht vor, aber sie lassen doch die Füße herunterbaumeln. Es ist eine Anspielung auf Fußpilz, das ist doch sonnenklar." – „Darf ich den Witz nun so erzählen, wie ich will?" – „Nein, es ist unser aller Witz, den lasse ich nicht durch dich kaputtmachen." – „Es kommt nur auf die *Pointe* an." – „Nein, auf den Witz."

Ist damit der Unterschied zwischen Copy-by-instruction und Copy-by-main-point hinreichend herausgeätzt? Bei Rouladen ist der Geschmack das Wesentliche. Der muss gut herausgearbeitet werden. „A point", sagt der Franzose bei Rindfleisch. In meinem Haushalt gibt es aber Menschen, die Messbecher beim Kochen benutzen, die hinterher noch dazu abgewaschen werden müssen. „Ich hasse es, wenn du die angebratenen Rouladen mit Weißwein aus der Flasche ablöschst. Im Rezept steht Pi Zehntel Liter." – „Pi Zehntel ist eine völlig irrationale Zahlenangabe!" – „Es kann nicht irrational sein, weil es dort geschrieben steht, schwarz auf weiß! Es muss *genau* sein! Darauf bestehe ich!" – „Dann kann ich aber nicht weiterkochen. Im Rezept steht vier Rouladen à 150 Gramm. Drei waren schwerer, die habe ich so weit abgeschnipselt, dass es genau 150 Gramm sind. Eine ist aber leichter. Was machen wir *jetzt*, bitte?" – „Wie schwer ist die kleine?" – „137,54 Gramm." – „Warum schnipselst du nicht alles auf diese Basis und rechnest die Zutaten alle proportional um? Dann kommt statt Pi vielleicht etwas Rationales heraus. Aus den Schnipseln schmoren wir Filetspitzen Stroganoff für eine Drittelperson. Das müsste passen."

In diesem Sinne sind Rouladen ein Witz. Wieder sehen wir den Unterschied zwischen dem Endprodukt auf dem Teller und den Verfahrensvorschriften zur Herstellung. Diese Unterschiede treffen wir überall, vor allem bei der Arbeit. „Meier, es gibt Arbeit! Ich muss morgen eine E-Business-on-Demand Präsentation haben. Eine halbe Stunde Vortrag, nicht zu technisch, aber auch nicht zu viele Witze drin. Ich schaue mir heute Abend noch Ihren Entwurf an." – Schweigen. Überlegen. „Wann bitte *genau*? Wie *viele* Folien sollen es sein? Welcher Masterhintergrund? Mit Logo? Welches? Geben Sie mir die technischen Daten der Konferenz für den Folienfuß? Welche Farbpalette?" – „Meier belästigen Sie mich nicht mit Einzelheiten. Es kommt auf die Inhalte an. Lassen Sie sich etwas einfallen." – „Und wo nehme ich die Inhalte her?" – „Schauen Sie im Intranet." – „Wo?" – „Irgendwo." – „Sie müssen schon sagen, was Sie *exakt* wollen, sonst kann ich praktisch *nichts* machen." – „Dann schauen Sie im Standard-Präsentationsrezeptbuch nach." – „*Aha*, das ist doch was Konkretes. Wo ist es?" – „Sie kaufen mir das ab?" – „Natürlich nicht, es geht selbstverständlich auf *Ihre* Kostenstelle."

Wir können uns jetzt lange den Kopf zerbrechen, was besser ist. Wollen wir uns das Endprodukt anschauen, es verstehen, seinen Wert kennen lernen, das Gute und Schlechte in seinem Zusammenhang ergründen? Und dann handeln? Oder wäre es besser, wir sorgten dafür, dass es eine Verfahrensvorschrift, einen Prozess, einen Geschäftsprozess oder eine Richtlinienkette gibt, an der entlang kaum etwas falsch gemacht werden kann? Die Gurus sagen: Jedes Rezept tötet jede Roulade. Alle anderen sagen: Ein gutes Rezept ermöglicht gute Rouladen. Die Gurus sagen: Inhalte entstehen wie von selbst aus dem Verstehen des Wertvollen. Manager sagen: Inhalte sind Ergebnis eines Arbeitsprozesses. Gurus stehlen manchmal Ideen. Manager stehlen Rezepte. Gurus fragen sich: Wie weit trägt eine Idee? Manager prüfen: Wie stark erzwingt ein Rezeptprozess ein gutes Ergebnis, ganz unabhängig vom entsetzlichen Hauptrisiko, das im ausführenden Menschen schlummert?

Was ist besser? Mein Vater bevorzugte ein Lokal, in dem es eine staunenswert reiche Auswahl von Wildgerichten gab. Es war eher klein, aber die Speisekarte war Weltklasse. Hirsch, Wildschwein, Reh, Strauß, Bär, Känguru, Hase, Fasan, Wachteln, Tauben – und mehr! Alles! Insgesamt 150 verschiedene Gerichte quer durch Zoo und Wildbahn, Rouladen mit sechs verschiedenen Füllungen. Ich rechnete bedrückt nach, wie das alles logistisch zu bewältigen wäre. Ganz klar: Mit Tiefkühlbeuteln eines

Großgastronomiekonzerns. Und ganz niedergeschlagen stellte ich nach dieser Erkenntnis fest, dass das Essen ganz annehmbar schmeckte.

Zubereitung: Beutelinhalt mit dem Schneebesen in ½ l (500 ml) kochendes Wasser einrühren. Bei schwacher Hitze 5 Minuten kochen lassen. Ab und zu umrühren. Was ist das? Wissen Sie es? Raten Sie mal! Oder: 410 g Backmischung + 110 g Glasurmischung. Nehmen Sie eine Kastenform, 25 mal 11 cm, 150 g weiche Margarine und 3 Eier Größe M, dazu 100 ml Milch und etwa 2 Esslöffel heißes Wasser ... Was ist das? Knorr Tomatencremesuppe Mallorca (Produkt des Jahres 2002, der deutsche Verbraucherpreis), anschließend Dr. Oetker Nusskuchen (extra feiner Nuss-Geschmack). Ich bin gerade mit meinem Computer im Tengelmann beim Schreiben einer Kolumne und weiß nicht so genau, ob wir zu Hause eine Kastenform 25 mal 11 haben, außerdem kaufe ich immer L-Eier. Ist Rama weich? Weiß nicht so genau.

Jetzt habe ich wieder so eine ausschweifend lange Einleitung für eine knackharte These geschrieben:

Unser Leben wird im Ganzen so.

Schauen Sie sich um! Ihre Firma hat heute keinen Betriebsfestausschuss mehr. Ein Anruf bei der Firma Incentive-Pauschalreisen reicht. „Wie viel wollen Sie ausgeben? Stellen Sie die Logos und Wimpel selbst? Das Teure ist alles das an der Veranstaltung, was an Ihre Firma erinnert, damit sollten Sie sparsam umgehen. Besser, Sie nehmen einfach ein Konzert von der Stange und ein Ritteressen. Ritteressen ist untere Standardküche mit Tamtam, das wird gerne genommen. Essen wie ein Gedicht ist teuer, Essen plus Gedicht nicht so sehr." Alles Besondere kostet! Das Inhaltliche muss möglichst ganz durch einen Prozess ersetzt werden. Und Sie als Informatiker sind als Nächste dran, vom Einzelreiseführer zum Prozessdurchläufer zu werden.

Schlechter Koch, guter Koch – das kann und will sich die Wirtschaft nicht weiter leisten. Der Weg geht zum Standardkoch der Backmischungen.

Alle Computerzeitungen sind voller Gräuelmärchen und Statistiken fehlgeschlagener IT-Projekte. Gartner und Meta geben immer einmal wieder ganz hohe Prozentzahlen preis: „Während früher fast 75 Prozent der Projekte fehlschlugen, sind es heute nur noch knapp die Hälfte." Stellen Sie sich vor, Sie bauen ein Haus und lesen in Architekturzeitschriften, dass schon etwa die Hälfte der Bauvorhaben zu einem richtigen fertigen Haus führe, was eine erfreuliche Lerntendenz am Markt beweise. Oder Sie sind

Architekt eines wundervollen Einfamilienhauses, und mitten im Bau verlangt der Bauherr, einen größeren Keller vorzusehen als in der ursprünglichen Planung. Das würden Sie nicht akzeptieren, oder? Das Hausbauen ist schon viel weiter in die Backmischungsphase hineingediehen als Computeranwendungsprojekte.

Vor dem Hausbauen überlegt man sich ja zum Beispiel, wohin das Haus soll und wer drin wohnt. Es gibt zum Glück Gesetze, dass Häuser erst gebaut werden, wenn das Gelände „erschlossen" ist, also Strom-, Wasser- und Straßenzuführungen besitzt. Vor dem Hausbauen, denkt man sich, müsse erst eine Infrastruktur erschlossen werden, in der ein Hausbau sinnvoll ist.

Eine solche Infrastrukturdiskussion wird derzeit in der IT-Wirtschaft geführt. Viel zu viele Firmen übernehmen sich mit Knowlegde-Management oder Customer-Relationship-Projekten, ohne die dafür nötige Infrastruktur (zum Beispiel saubere Datenbanken) zu besitzen. Alle versuchen es erst einmal ohne Infrastruktur oder Erschließung, weil es dann preiswerter ist. (Das Teure am Dr. Oetker Nusskuchen ist ja nun einmal nicht das Ei der Größe M, sondern die 25 mal 11 cm goße Backform und der Herd und die Küche und meine Zeit!) Immer mehr Firmen sehen, dass E-Business etwas tief greifend Ernstes ist. Immer besser wird verstanden, dass sich die Infrastruktur der Welt grundlegend erneuern muss. Man kann nicht einfach „Häuser" bauen. Erst müssen Stromerzeuger, Wasserwerke, Straßen, Polizei, Feuerwehr, Müllabfuhr, Postboten da sein, oder? Mit neuer Web-Logik ist es einfach nicht getan, alles muss in einer echten Web-Sphäre aufgebaut werden.

Soll sich jetzt jede Firma das alles antun? Eine eigene Infrastruktur aufbauen? Alle Künste der IT im eigenen Hause beherrschen? Sehen Sie doch den Aufbau eines E-Business an wie die Eröffnung eines neuen Feinschmeckerlokals, für das Sie einen Starkoch brauchen, Einkäufer, die morgens die frischen Zutaten besorgen, Kartoffelschäler, die sich morgens um acht Uhr auf den Schemel setzen ... Ist es nicht einfacher, ein Restaurant wie „Menu-on-Demand" zu führen? Die Wildgerichte kommen direkt aus der Tiefkühllogistik, je nach Bedarf. Der Wirt zahlt nur, was er erwärmt und was von seinen Gästen verzehrt wird. So wird die Gastronomie zu einem ausgeklügelten Mammutprozess „on Demand". Der Wirt bestellt Bärlauchsuppe mit Wachteleierstich aus dem Internetkatalog, er hat nur noch Hoheit über das Essgeschirr und das appetitliche Anrichten. Oder sollten wir später einen Kochsalon gründen? Das wäre doch die finale Idee!

Ein Kochsalon wäre dann ein sehr idyllisches Interieur mit Esstischen, davor eine Mikrowellenbatterie mit Münzeinwurf und ein Kiosk mit einer Gefriermenüausgabe-on-Demand oder vielleicht sogar mit einer begehbaren Erlebniskühltruhe, aus der man sich in Winterjacken gemummelt etwas aussuchen geht. Man wärmt sich dann wieder selbst und das Essen und verzehrt es bei Servicekerzen, die der höher stehende Mensch aber noch liebevoll selbst mitbringt.

Ich will es noch einmal deutlich sagen:
Unser Leben wird im Ganzen so.
Und Sie verändern sich mit. Wenn Sie Informatiker sind, dann noch viel mehr.

So wie das Essen aus der Truhe kommt, hinter der eine lange Lieferkette bis nach Australien verborgen ist, so wie man eine Feinschmeckergastronomie ganz „on Demand" beziehen kann, so werden demnächst Banken und Versicherungen und später fast alles betrieben. Die Idee ist, die irrsinnig teure Infrastruktur nicht immer neu aufbauen zu müssen. Unsere Küche in Waldhilsbach hat vor zehn Jahren 15.000 Euro gekostet, alles inklusive, dazu noch früher etwa 20.000 Euro für die Baukosten des Küchenraumes. Jetzt rechnen Sie noch die Arbeitskosten hinzu, die laufenden Kosten für Zewas oder Geschirrspültabs und schließlich die Nahrungsmitteleinkäufe plus Arbeit des Einkaufens. Na, ich weiß ja nicht, in mir steigt der Verdacht auf, es ginge billiger, alles im Kochsalon abzumachen.

In diesem Sinne ist das infrastrukturärmere „E-Business-on-Demand" zu sehen. Infrastruktur ist ein gigantischer Kostenfaktor, der dadurch entsteht, dass jeder alles selbst machen muss oder will. Deshalb wird man demnächst nach und nach die Prozesse von ganzen Dienstleistungsbranchen in Infrastrukturzentren konzentrieren. „Outsourcing." Eine Bank ist dann ein „Geldsalon". Alles aus der Steckdose! So wie der Tiefkühlwirt nur noch die Tischkultur bestimmt, wird eine Bank oder Versicherung nur noch Standardisiertes ein wenig menschengerecht aufbereiten. Die Lieferketten dahinter sind einheitlich.

Unser Leben wandelt sich mit. Es wandelt sich mehr und mehr in einen Copy-by-instruction-Ansatz. Wir kopieren Lebensrezepte. Jede Idee muss nur noch einmal gehabt worden sein! Sie wird dann in Infrastruktur gegossen und ist dann allen Menschen verfügbar. Ich bestreiche Rouladen mit Philadelphia und wickle sie mit Schinkenspeck und Mandarinen, deren Saft in die Sauce kommt, zum Weißwein. Hoffentlich gibt's das dann auch im Internet – bis dahin brauche ich wohl noch unsere Küche. Ich habe für mich selbst ein bisschen Angst vor dem Life on instruction, diesem Abmessen von 500 ml kochendem Wasser für den Beutelinhalt.

Die Gartner Group hält es für die wichtigste Aufgabe der IT-Industrie, die Produktivität der Wissensarbeiter zu erhöhen. Die Informatiker, Computerarchitekten, die Projektleiter und Programmierer sind wie ein Haufen Feinschmeckerköche, die stets auf Sonderbestellung versuchen, etwas ganz Leckeres für den Gourmetkunden zu bauen. Sie verbringen viel Zeit mit Diskussionen und Planungen, „wie die Füllung der Roulade" aussehen soll. Dazu beginnen sie mit Seelenfindung des Kunden (Workshop und Problemanalyse), planen, erarbeiten ein Grobkonzept, ein Feinkonzept, erstellen Pflichtenhefte, stoßen sich an der bestehenden Infrastruktur, zanken, wie sehr alles neu erbaut oder angepasst werden muss. Alle Beteiligten haben in gewisser Weise noch ihre eigene Küche. Das ist das Teure!

Und deshalb wird auch das Leben des Informatikers ein Leben des Copy-on-instruction werden müssen. Der Künstler verschwindet in einen Prozess. Spitzenqualität des Genies wird aufgegeben zugunsten von exzellenten Standards. Der Künstler wird zum Kunsthandwerker und bald zum Handwerker. Die Professoren an den Hochschulen liefern ebenfalls immer mehr Forschungsquanten ab. Exzellente Standards statt Genie.

Wir klagen leise, weil wir in den ersten 25 Jahren Informatik wie Künstler lebten. Nun werden wir mehr und mehr zum Infrastrukturbedienungspersonal. Unsere Kunst wird mehr zu Arbeit.

Alle Kunst wird mehr zu standardisierter Arbeit.

Der Ansatz „E-Business-on-Demand" wird unser Leben in diesem Sinne verändern.

In den nächsten zehn, zwanzig Jahren wird sich entscheiden, was das noch ist: Bank, Versicherung, Apotheke, Oberbekleidungskaufhaus, Drogerie, Kino, ... Überall wird teuerste Infrastruktur vorgehalten, die wir bald einsparen wollen werden. Alles wird wie das Wildrestaurant. In der Zeitung lesen wir es heute so: „Die Filialisten übernehmen mehr und mehr die Innenstadtkerne, die bald kaum mehr eigenständiges Flair zeigen. Innenstädte standardisieren sich wie heute schon die schneller mutierenden Weihnachtsmärkte."

Die Informatiker haben damit angefangen. Sie erteilten den Computern Befehle. Sie nannten die Programmanweisungen „Instructions", wie ein Wort eines amerikanischen Offiziers an einen Soldaten heißt. Computer haben kein Genie und keine Ideen. Sie sind nicht in der Lage, Witze durch Copy-by-product zu verbreiten. Computer sind der Inbegriff des Copy-by-instruction. Sie sind so gebaut. Informatik ist die Wissenschaft der Prozesse und Abläufe, nicht wahr? Und sie macht jetzt ganze Arbeit mit uns selbst. Sie gießt alles in Abläufe, immer besser. Alles wird Schritt für Schritt geplant. Wir selbst auch. Schritt für Schritt. Wie bei der Tomatencremesuppe Mallorca. Life on instruction.

Ich wünsche mir oft, wir würden wenigstens ein Mal, dieses eine Mal, auch für unser eigenes Leben einen Workshop durchführen und dann eine Grob- und eine Feinplanung machen. Wie stellen wir uns denn ein Leben „on Demand" vor? Wollen wir das selbst wissen? Rutschen wir einfach weiter in diese Sache hinein?

Life on instruction ist recht und billig.

Aber mir ist mein Leben teuer!

XVI. Das Kopflose

Der Fortschritt der Welt ist wie eine Dampfwalze, die alles plattmacht! Steig lieber auf, sonst wirst Du Teil der Straße!

Das Wort platt machen kommt in Norddeutschland auch als plätten vor, womit man bügeln meint. Meine Frau sagt immer bügeln, wenn sie plätten meint. Sie macht auch niemanden platt, sondern sie bügelt über.

Platt. Im Lateinischen heißt es: Planus. Planus, -a, -um: flach, eben, platt. Wenn ich als Manager einen Plan mache, zum Beispiel, dann mache ich wohl den Weg vor mir platt und alles, was vor mir ist, zum Teil der Straße?! Das Runde ist dem Platten nicht gewogen. Das Runde ist nicht platt. Trotzdem sprechen manche, wenn sie plattmachen wollen, vom Rundmachen. Plan ist wie planieren, also wie das Einebnen aller Unterschiede. In Frankreich gab es bis in die letzte Zeit einen Planifikateur, der die Planifikation betrieb (die staatlich organisierte Planung der Volkswirtschaft).

Aber ich will von Tierexperimenten berichten und daraus Schlüsse ziehen. Nicht wieder, was Sie denken! Nein, nicht die Planierraupe. Es geht hier um Planarien.

Michael Grüebler schickte mir eine hellsichtige E-Mail zusammen mit einem Artikel über Planarien aus der Schweizer *Weltwoche* (08/03). Er meinte, der Bericht würde die seismographischen Thesen aus meinem Buch *Omnisophie* in möglicherweise wärmeres Licht rücken. Und wie! Es geht um die Idee, dass sich Erinnerungen durch chemische Stoffe übertragen lassen könnten. Na, na, na! Stellen Sie sich vor, wir könnten das große Latinum als Tablette schlucken. Das würden wir alle sofort tun und dann gäbe es einen weltweiten Konflikt mit den USA und England, welche Sprache denn nun allgemein gültig sein sollte. Da müssten wir wohl noch eine weitere bittere Pille zu uns nehmen. Alle Wahlen würden nun in der Apotheke entschieden. Wir bräuchten keine Pisa-Studien mehr! Nicht auszudenken, was wir alle zu schlucken hätten.

In dem besagten Artikel wird von Experimenten des amerikanischen Psychologen James McConnell berichtet, die dieser mit Planarien anstellte. Er träumte anschließend so lange von Erinnerung übertragenden Chemikalien, bis 1966 dreiundzwanzig amerikanische Forscher in der

Zeitschrift *Science* einen gemeinsamen Brief publizierten, in dem sie seine Schlussfolgerungen ihrer Meinung nach widerlegten.

Planarien sind Plattwürmer, also stark abgeplattete Strudelwürmer mit einer halsartigen Einschnürung und einem deutlich sichtbaren Kopf. Schauen Sie für Bilder einmal ins Internet! Etwa hier: http://images.google.de/images?svnum=100&hl=en&gbv=2&safe=off&q=planarie

Planarien sind bis zu zwei Zentimeter lang und vermehren sich eben sehr freudig. Man kann sie auch wie Regenwürmer durchschneiden! Das vermehrt sie nur weiter. Wenn Sie eine Planarie in der Mitte durchschneiden, wächst dem Schwanzteil ein Kopf nach und dem Kopfteil ein neuer Schwanz. Dann sind es zwei. Sie können sie auch längs teilen. Wenn Sie es gut hinbekommen, wachsen den beiden Hälften je ein neuer Kopf und ein neuer Schwanz nach. Spätestens an dieser Stelle des Artikels wurde mir ganz mulmig zu Mute, weil ich gleich an das Teilen von Unternehmen denken musste. Huuh!

Aber irgendwoher muss ich ja die Grundideen zu Artikeln beziehen, das verstehen Sie sicher.

So. Jetzt kommt erst die Hauptsache: Die Forscher haben den armen Planarien etwas beigebracht. Mit Lichtblitzen und Elektroschocks lassen sich Planarien so abrichten, dass sie sich bei bestimmten Lichtblitzen zusammenkrümmen. Damit lässt sich also eine Reaktion von ihnen leicht beobachten. Blitz! Krümmen. Blitz! Zusammenziehen. Blitz! Aufbäumen. (Bei Menschen funktionieren verächtliche Bemerkungen über die Arbeitsleistung oder über die Potenz im Allgemeinen ganz gut. Leider verharren Menschen danach oft ganz zusammengekrümmt, weil sie eben so stark plattgemacht wurden. Sie glätten sich nicht gleich wieder wie Plattwürmer. Deshalb werden die Versuche an Plattwürmern angestellt, schon wegen der Stromkosten. Menschen macht man eigentlich nur Strom, wenn sie sich dauerhaft für die Arbeit krumm machen sollen.) Und nun der endgültige Clou: Wir schneiden die Planarien in der Mitte quer durch. Die Kopfteile werfen wir auf die Wiese weg und geben den Schwanzteilen gutes Futter, damit sie sich prächtig entwickeln und nicht länger so kopflos herumkriechen.

Wenn die Köpfe wieder nachgewachsen sind und uns die Tiere wieder ganz vollständig erscheinen, beginnen wir gleich wieder mit den Lichtblitzexperimenten. Wir wollen einmal sehen, was die vervollständigten Schwanzteile anstellen, wenn ihnen der Kopf weggenommen wurde und wieder nachwuchs. Die Versuche ergeben: Die neuen Tiere wissen tatsächlich noch, dass sie sich zusammenkrümmen müssen! Blitz! Krümmen. Es geht noch!

So. Was sagen Sie nun?

James McConnell hatte nun diese Vision mit den Pillen statt einer neuen deutschen Oberstufenreform, die wissentlich neuerlich die Köpfe schwer belastet oder die Schüler noch stärker als bisher leistungsmäßig in zwei Teile schneidet. Wofür die armen Würmer überall herhalten müssen!
  Das geht natürlich zu weit – zu hoffen, dass alles mit Pillen abgetan sein könnte. Aber diese Versuche haben etwas Bestechendes, nicht wahr?
  Das Wissen um eine angemessene Reaktion auf Quälereien sitzt also bei Planarien im Körper. Wenn ihnen der abgetrennte Kopf nachwächst, übernimmt er dieses Wissen aus dem alten Körper.

Als ich das las, dachte ich zuerst gar nicht so sehr an Chemikalien – ich bin ja mehr mit Mathematik, Informatik, Management oder Philosophie befasst. In mir drängte sich die Frage in den Vordergrund, ob mein Kopf das Entscheidende an mir wäre. Sind wir Menschen vielleicht doch eher vom Instinkt gesteuert? Oder sind Menschen entwicklungshistorisch nicht so platte Wesen wie Planarien? Da bin ich gar nicht so sicher. Tja. Jetzt habe ich es gesagt. Und ich fürchte mich ein wenig vor Ihnen, weil ich es gesagt habe. Da zitiere ich schnell zu meinem Schutz Friedrich Nietzsche, der ist dann schuld. Hören Sie *Jenseits von Gut und Böse*, Abschnitt 3:

„Nachdem ich lange genug den Philosophen zwischen die Zeilen und auf die Finger gesehen habe, sage ich mir: man muss noch den größten Teil des bewussten Denkens unter die Instinkttätigkeiten rechnen, und sogar im Falle des philosophischen Denkens; man muss hier umlernen, wie man in Betreff der Vererbung und des »Angeborenen« umgelernt hat. So wenig der Akt der Geburt in dem ganzen Vor- und Fortgange der Vererbung in Betracht kommt: ebenso wenig ist »Bewusst-sein« in irgendeinem entscheidenden Sinne dem Instinktiven entgegengesetzt, das meiste bewusste Denken eines Philosophen ist durch seine Instinkte heimlich geführt und in bestimmte Bahnen gezwungen. Auch hinter aller Logik und ihrer anscheinenden Selbstherrlichkeit der Bewegung stehen Wertschätzungen, deutlicher gesprochen, physiologische Forderungen zur Erhaltung einer bestimmten Art von Leben: Zum Beispiel, dass das Bestimmte mehr wert sei als das Unbestimmte, der Schein weniger wert als die »Wahrheit«: dergleichen Schätzungen könnten, bei aller ihrer regulativen Wichtigkeit für uns, doch nur Vordergrundschätzungen sein, eine bestimmte Art von niaiserie, wie sie gerade zur Erhaltung von Wesen, wie wir sind, nottun mag. Gesetzt nämlich, dass nicht gerade der Mensch das »Maß der Dinge« ist ..."

Niaiserie ist „Unerfahrenheit wie die eines Nestvogels". Manche meinen damit: Einfältigkeit.
Und ebenda, Abschnitt 17:

„Was den Aberglauben der Logiker betrifft: so will ich nicht müde werden, eine kleine kurze Tatsache immer wieder zu unterstreichen, welche von diesen Abergläubischen ungern zugestanden wird – nämlich, dass ein Gedanke kommt, wenn »er« will, und nicht, wenn »ich« will, so dass es eine Fälschung des Tatbestandes ist zu sagen: das Subjekt »ich« ist die Bedingung des Prädikats »denke«. Es denkt; aber dass dies »es« gerade jenes alte berühmte »Ich« sei, ist, milde geredet, nur eine Annahme, eine Behauptung, vor allem keine »unmittelbare Gewissheit«. Zuletzt ist schon mit diesem »es denkt« zuviel getan: schon dies »es« enthält eine Auslegung des Vorgangs und gehört nicht zum Vorgange selbst. Man schließt hier nach der grammatischen Gewohnheit »Denken ist eine Tätigkeit, zu jeder Tätigkeit gehört einer, der tätig ist, folglich –«. Ungefähr nach dem gleichen Schema suchte die ältere Atomistik zu der »Kraft«, die wirkt, noch jenes Klümpchen Materie, worin sie sitzt, aus der heraus sie wirkt, das Atom; strengere Köpfe lernten endlich ohne diesen »Erdenrest« auskommen, und vielleicht gewöhnt man sich eines Tages noch daran, auch seitens der Logiker ohne jenes kleine »es« (zu dem sich das ehrliche alte Ich verflüchtigt hat) auszukommen."

Jetzt ist mir wieder leichter, weil es ja Nietzsche schon wusste. Dieses Nietzsche-Es oder unser Ich ist möglicherweise gar nicht das Entscheidende? Liegt die Wahrheit mehr im Freud'schen Es?
Wir haben uns wie „die Logiker" angewöhnt, dass immer ein *Etwas* als eine Art Zentrale fungiert, ein Ich, ein Programm, eine CPU (Central Processing Unit) des Computers, ein Kopf. Wir sehen den Ursprung der Dinge dort, wo die Fäden zusammenlaufen, im Gehirn, im Herz, im Prozessor, im Fußballtrainer, im Vorstandsvorsitzenden. Wir organisieren mental alles in Form von Bäumen, Org-Charts, File- oder Bibliothekssystemen. Oben und unten. Hierarchien und Kaskaden. Im Zentrum ist der Boss. Die Mutter. Der Master. Gott. Ich.
Dieses Zentrum herrscht, entscheidet und koordiniert. Es sieht aus wie das Höchste.

Am Morgen, wenn ich mit wechselndem Appetite mein Frühstück einnehmen möchte, entsteigt mir eine Frage: „Marmelade? Wurst? Ei? Käse?" So etwas muss Nietzsche gemeint haben. Es entsteigt mir in der Geruchsliebkosung von Tchibo Guatemala Privatkaffee. Mein Gehirn schalte ich lieber nicht an. Es ist zu dumm. Ich stelle mich andächtig (das heißt mit genussvoll abgeschaltetem Gehirn) vor den Kühlschrank, öffne ihn, scanne den Inhalt – und warte auf das Entsteigende. Lieblich sanft bildet sich ein Wohlsein in mir, ich denke an Akazienhonig und gleichzeitig spüre ich Speichelfluss und kommendes Gelüst auf der Zunge. Jeden Morgen entsteigt mir etwas anderes. Mal ist es Abba Lachscreme, ein anderes Mal das am Vortag aufgefangene Gänseschmalz.

Verstehen Sie? Der Gedanke entspringt dem beginnenden Speichelfluss!

Der Gedanke ist ein Wunsch des Körpers.

In meiner näheren Umgebung gibt es andere Menschen, die jeden Morgen genau x Gramm y essen. Diese wissen, dass sie zum Frühstück gewöhnlich nichts anderes vertragen. Sie *wissen* es. Aus Tabellen? Woher? Es scheint in einer Zentrale programmiert und befohlen. Der Gedanke ist hier ein Befehl der Zentrale. Er erscheint als Tradition, Gewohnheit, Brauch, Sitte, Norm. Ist dieser Gedanke „mein" Gedanke? Oder befahl ihn mir eine Kalorienzähltabelle? („Papa, ich weiß nicht, was ich frühstücken soll!" – „Horche in den Körper." – „Ist das ein Witz?" – „Nein, horche in den Körper." – „Da ist nichts. Ich denke nach, was ich essen könnte, weißt du? Alles hat Vor- und Nachteile." – „Der Körper will stets ungeteilt." – „Ach, lass das, Papa. Bin ich gerade wieder Testesser für eine neue Theorie?")

Wenn ich vor dem Kühlschrank stehe und auf das Wünschen meines Innern sorgsam horche und Acht habe, strudeln in mir die Säfte, ich fühle mich ganz. Was ich höre, ist der Wunsch, der entsteigt. Er verwandelt sich in einen Gedanken und schließlich in einen Griff in den Kühlschrank. Dieser Griff in den Kühlschrank wird von der Zentrale veranlasst, die den Wunsch erfüllt.

Jetzt schneide ich mir den Kopf ab.

Ich kaufe mir einen handelsüblichen neuen und setze ihn mir auf.

Ich stelle mich vor den Kühlschrank und öffne ihn. Mein Körper sehnt sich nach Apfel-Zimt-Pflaume-Joghurt mit Körnern. Da sagt der handelsübliche Kopf: „Hier ist noch Mager-Naturjoghurt, er ist gestern abgelaufen, aber noch gut. Iss den, wir sparen."

Jetzt muss eben noch zusammenwachsen, was zusammengehören soll. Oder soll ich besser den frischen Kopf umtauschen? Ich habe ihn schon vorbefüllt gekauft, aber er fügt sich leider nicht so genau in den Körper ein, so wie ein neues Gebiss, das sich erst hart den Körper gefügig machen muss, der gezwungen wird, es auszuhalten.

Ich frage mich, mit dem frischen Kopf, ob ich mir einen gefügigeren Körper aussuchen sollte.

Einen neuen Körper?

Weiß der, wie sich Gänseschmalz anfühlt?

Wer bin ich denn dann, wenn ich den Körper wechsle?

Meinen neuen Kopf mache ich bestimmt langsam madig, damit er die Bemerkungen mit den abgelaufenen Eiern und der Wurst, die weg muss, sein lässt. Aber den Körper wechseln? Das ginge schon hart an meine Identität.

Wer bin ich?

Bin ich der Körper, der die Wünsche ausstrahlt?

Bin ich mein Kopf, der das ausführende Organ ist?

Bin ich ein Kopf, der den Körper zum Tun zwingt?

Bin ich ein Körper, der aus Angst vor dem Hirn wie ein Sklave arbeitet?

Das sind gute Fragen, die sich die meisten Menschen nicht so explizit stellen – das hat viele Gründe, nicht nur den, dass die meisten sich das Frühstück nicht selber machen.

In meinem Buch *Omnisophie* habe ich mathematische Vorstellungsmodelle für die Wünsche des Körpers dargelegt. Ich habe Blitzerkennungsalgorithmen diskutiert, die blitzartig Meldungen aus dem Körper an das Gehirn geben und dort so etwas wie Alarme auslösen: Schreck, Freude, Ekel, Widerwillen, Aggression, Lust. Diese Algorithmen sitzen wie Sensoren oder Seismographen überall am oder im Körper. Sie lauern nur auf ihr Spezialziel: „Lautes Geräusch?" – „Schreit das Baby?" – „Schmutz auf dem Teppichboden?" Tausende sollten wir davon haben. Alle lauern parallel auf ihren Einsatz. Immer drei oder vier haben gleichzeitig Erfolg.

„Telefon!" – „Schnürsenkel offen!" – „Blumen nicht gegossen!" – „Penthouse verstecken, jemand kommt!" Das sind Alarme aus dem Körper. Wenn das Telefon klingelt, gehen wir zum Telefon. Wenn uns ein schlaffgrünes Blatt auffällt, gießen wir die Blumen. Der Körper macht uns aufmerksam. Das Hirn tut etwas. Der Körper löst die Aktion aus.

Die Logiker, wie Nietzsche sie nennt, die Menschen also, die eine Fiktion einer dominanten Zentrale im Kopf haben, sehen sich als Systemadministrator von Inputsignalen aus dem Körper, aus denen sie geeignete

Maßnahmen ableiten. Körper: „Hunger. Eis essen." Zentrale: „Noch nicht Feierabend. Eis ist nicht gesund." Der Körper übernimmt die Aufgabe der Außenwahrnehmung und ihrer Übermittlung an das Gehirn. Wenn ein solcher armer Körper tausend Mal „Eis essen" gemeldet hat und tausend Mal „ungesund" zurückgeschmettert bekam, beginnt er, den Wunsch nach Eis nicht mehr zu fühlen. Der Wunsch wird als nutzlos unterdrückt. Der unterdrückte Körper meldet nur noch, was für die Zentrale wichtig ist. Die Zentrale wartet also nicht auf Wahrnehmungen, auf die sie reagiert, sondern sie befiehlt bestimmte Punktmessungen, auf denen ihr Handeln wesentlich fußt. Dadurch nimmt sie nur noch selektiv wahr.

Der instinktive Mensch dagegen, der nicht Logiker ist, würde von Wahrnehmungen überflutet und stellt sich ihnen gegenüber offen ein. Für ihn sind die Körpersignale sicher nicht nur Messungen oder Meldungen oder Wahrnehmungen, sondern sie haben oft den Charakter von Wünschen oder sogar Befehlen oder *Willen*. Die Zentrale soll Umsetzungen finden, wie der Wille zum Ziel käme. Die Zentrale ist hier Sklave des Willens oder des Körpers.

Es stellt sich also die Frage, welchen Rang die seismographischen Körperwahrnehmungen einnehmen. Sind sie bloß Meldungen? Dann würde mein Finger unter dem Hammer einen Botenstoff durch den Körper jagen: „Au! Schmerz! Alarm!" Die Zentrale befiehlt den Augen: „Was ist los?" Die Augen melden, etc. Irgendwann zieht die Hand den Hammer weg. Oder ist es ganz, ganz anders, nämlich so? Der Finger befiehlt: „Hammer weg!" und die Zentrale gehorcht? Dann wäre das Wissen um die Welt zu gutem Teil im Körper, weil der Körper Befehle erteilt und nicht nur Meldungen abgibt. Ich empfinde vor dem Kühlschrank die Körpersignale als Befehl. Ich könnte sie als angeordnete Messung im Auftrag der Zentrale spüren. Ich könnte sie als Störfeuer des dummen Körpers ignorieren.

Wenn wir die Plattwürmer durchschneiden und den Kopf wegwerfen, sitzen ja die Seismographen, die noch die Lichtblitze aus dem Altkopfleben kennen, im Körper. Sie melden die Lichtblitze weiterhin an die Zentrale und bitten um das Zusammenziehen oder das Krümmen des Körpers. Der nachwachsende Kopf bekommt wieder die alten Befehle. Aus dem Körper heraus wird wieder ein ordentlicher Kopf gebildet. Er befüllt sich mit dem Wissen und den Wünschen des Körpers.

Das ist es, was ich aus den Versuchen von McConnell schließe. Nicht, dass Wissen in Chemikalien zu fassen wäre. Nein, sondern: „Der Mensch denkt nicht nur mit dem Kopf allein." Und: Eine große Menge von Wissen ist als Befehlssatz von Seismographen im Körper gespeichert. Der

Körper ist also ein Sammelsurium von Befehlen, die bei bestimmten Impulsen aktiviert werden. Die Befehle gehen an die Zentrale, die im Menschen per Erziehung auf Selbstständigkeit und Getrenntheit gedrillt wird. Sie behält sich vor, Befehle zu ignorieren. Körper: „Burn-out. Alarm." Gehirn: „Arbeite weiter." Dieser Vorgang heißt Impulskontrolle, die als wichtigstes Erziehungsziel des westlichen Menschen gesehen werden kann. Impulsivität ist die grässlichste menschliche Eigenschaft in unserer Zeit! Impulsive Menschen lassen sich vom Körper befehlen. Sie agieren ohne Kopf, der bei ihnen wie abgeschnitten wirkt – unbeteiligt eben, oder nur als ausführendes Organ. Impulskontrollierende Logiker nehmen die Körpersignale, soweit sie nicht als Messungen angeordnet sind, einfach „bewusst" nicht wahr.

Jetzt lassen Sie mich alles in ein größeres Amphitheater heben: in ein Unternehmen. Bei Unternehmen wird sehr oft der Kopf abgeschnitten. Huuh!

Welche Vorstellung! Aber es heißt stets ganz wörtlich, dass Köpfe rollten.

Bei dieser so genannten Reorganisation werden die zentralen Grundregeln durch neue ersetzt. Ein neuer Kopf, ein frischer Kopf.

Denken Sie noch an die Stelle, als ich mir selbst den Kopf abschnitt? „Apfel-Zimt-Pflaume!" – „Erst das abgelaufene Zeug essen!"

So ergeht es neuen Köpfen der Unternehmen sehr oft. „Er galt als Erneuerer der Branche. Wir erwarteten, er würde zu neuen Ufern führen. Bald verzettelte er sich in Betriebsinterna und altschwelende Querelen. Seilschaften hielten unzerstörbar und setzten ihm zu. Die Abteilungen klebten am Alten. Man meldete ihm nur Erfolge, alles wurde vernebelt. Er versank in den Koloss und wurde assimiliert. Er ist nicht wiederzuerkennen."

„Jede Neuerung wird vom Unternehmenskörper wie verschluckt. Sie diffundiert. Die Energie zerfließt in alle Zellen und verlangsamt sich bis zur Starre. Befehle von oben kommen unten nicht an. Dieses Unternehmen ist nicht mehr beherrschbar. Jeder tut, was er will. Niemand kann ihm mehr den Willen aufzwingen. Die Zentrale ist ohne Einfluss, egal, wer dort der Boss ist."

„Wenn du etwas verändern willst, musst du den Unternehmenskörper angreifen. Drohe ihm mit Notschlachtung. Schneide ein Bein ab, mindestens ein paar Finger. Füge ihm Schmerz ohne Ende zu. Habe langen Atem. Ein Körper wehrt sich zäh."

„Ich habe schon elf verschiedene Chefs gehabt. Der Neue ist besonders ehrgeizig und gnadenlos. Auch ihn werden wir überleben. Jedes Jahr ein frischer Kopf. Niemals hat sich etwas getan. Wir arbeiten wie immer. Und das ist gut so. Irgendwann sieht das jeder Chef ein. Dann sind wir nicht so und zeigen Wohlverhalten, damit er wegbefördert werden kann. Warum wollen Manager eigentlich immer nur noch größere Körper beherrschen? Dicke, wulstige, unförmige, aufgedunsene Körper? Dann scheitern sie und versuchen aus Verzweiflung, den fetten Wanst schlank zu machen. Sie stutzen und schneiden, verschlanken, streamlinen, konzentrieren, fokussieren, zentrieren. Am Ende sind alle nur noch ein Schatten."

Wenn man also dem Unternehmen den Kopf abschneidet, wächst ein neuer nach. Wird er dann Teil des Körpers, wie bei den Planarien? Oder unterwirft er den Körper? Oder führt er eine gleichwertige Zwangsehe?

Die Manager sagen fast immer, sie seien gescheitert, weil sie die notwendigen Kulturveränderungen nicht einleiten konnten. Die Politiker scheitern, weil sich im Volkskörper (sie sagen: in den Bürgerköpfen) nichts ändert. Die Ärzte klagen, dass sie von den Körpern der Patienten ignoriert werden. Die Körper sitzen die Köpfe aus. Die Köpfe wehren sich gegen den Körper, indem sie ihm neue Seismographen einsetzen und Messungen anordnen. Ein natürlicher Körper liebt Sonne und Nahrung, Freude und Gemeinsamkeit, Sicherheit und Geborgenheit. Ein theoretischer Körper geht zum Arzt, der ihm seine Cholesterin- und Leberwerte mitteilt. Dann gibt's Saures vom Gehirn.

Die Hirne pflanzen dem Körper neue Sensoren ein. Wenn diese neuen Seismographen anschlagen und melden, dann begleitet den Botenstoff durch den Körper ein Universalschmerz. Er heißt: Angst.

Der Körper wird unter dem Schmerz der Angst zum Einlenken gezwungen. Prüfungen, Zensuren, Anreize, Messungen, Reviews, Kontrollen. Sie machen dem Körper Angst, Angst und noch einmal Angst. Und der Körper beginnt aus Angst zu lügen. Er täuscht Glück und Gesundheit vor. Er lügt, er möge gerne Kantinenessen. Er lügt, er liebe seine Arbeit. Er hat Angst. Irgendwann weiß der Körper nicht mehr, was er will – nur noch, was er zu wollen hat. Philosophen sagen, das sei die Gewöhnung. Wer stets Danke-Bitte-Entschuldigung-Ja-Boss sage, werde die zugehörigen Körpergefühle bald ebenfalls empfinden. Der Ja-Sager werde Gehorsam lieben, der Danke-Plapperer tiefe Dankbarkeit empfinden. So bildet sich der Körper um.

Es kommt darauf an, wo die Seismographen sitzen, welche Seismographen er hat, worauf sie lauern, welche Befehle sie haben, welche Wünsche sie äußern, welche Emotionen und Impulse sie auslösen.

Unsere Zeit ist eine des Kopfes.
Wir kennen unsere Körper nicht mehr wirklich. Wir kennen ihre Cholesterin- und Blutzuckerwerte, von denen der Körper nichts spürt. Manager sagen, wenn sie vom Körper reden: „Die Mitarbeiter sind unser wertvollstes Gut." Aber sie steuern aus der Zentrale mit Umfragewerten und Bezahlungsstatistiken. So wie ein Körper den Cholesterinwert nicht spürt, so wenig spüren Mitarbeiter die Statistiken. Sie spüren aber die Arbeit und sie signalisieren harte Mühe und Hilfegesuche nach oben, die aber das Hirn nicht braucht – nur die befohlenen Messwerte, bitte! Unternehmen holen aus dem Unternehmenskörper Messwerte heraus, aber sie horchen nicht mehr in ihn hinein.

Die Unternehmensmesswerte des Unternehmenskopfes sind sehr, sehr beklagenswert oft nicht die Messgrößen, die den Unternehmenskörper spürbar tangieren. Kopf und Körper denken bzw. spüren in verschiedenen Kategorien. Wenn Manager am Unternehmenskörper scheitern, dann deshalb, weil sie auf seine Signale nicht achten. Sie verachten die Körpersprache. Sie erzwingen die Zahlen.

Es gibt in Unternehmen immer einen Upstream und einen Downstream von Signalen. Von oben kommen die Befehle. Sie versickern langsam unten, je nachdem, wie gut der Körper gehorcht. Von unten stellen die Mitarbeiter für den Unternehmenskörper Anträge. Diese Anträge werden auf jeder Stufe teilweise abgelehnt, zum Teil deutlich verändert bis hin zur Entstellung. Langsam versickert alles nach oben. Was ist jetzt das Wichtige? Anordnungen von oben, dem Hirn? Oder Willensbekundungen des Körpers „von unten"? Warum koordinieren wir das so einseitig mit dem Kopf, ohne zu horchen? Wird ein Unternehmen mehr durch Befehle und goldene-goldige Ideen von oben beherrscht oder mehr durch erdig-schmutzige Anträge von der Erde, die langsam dem Gehirn zu Kopf steigen und auf dem langen Weg durch die Filter metallischen Glanz annehmen?

Stellen Sie sich bitte morgen einmal für mich vor Ihren Kühlschrank, ja? Lassen Sie Ihre Zentrale in Ihren Körper hineinhorchen. Oder, neuer Versuch: Warten Sie einen Moment vor der Tür Ihres Chefs, wenn sie das nächste Gehaltserhöhungsgespräch führen, bitte! Horchen Sie in Ihr Inneres: Sagt dort jemand in Ihrem Körper etwas von Geld? Oder möchte

Ihr Körper eher einen wärmenden Blick, eine gütige Geste, ein bisschen Liebe, Anerkennung, ein Dankeschön, ein Lächeln der Bewunderung?

Der Körper zählt nicht gut Kalorien, aber er weiß, was Sie wollen.
 Das war mein Plädoyer für ihn, weil immer nur von Zentralen die Rede ist.
 In der Informatik diskutieren wir heute „autonome Systeme", „selfhealing systems". Wir sagen, das Netz sei der Computer. Alles werde mit allem verbunden sein. Alles werde verteilt, die Zentralen verschwänden. Das System regle sich autonom selbst. Bei Auftreten von Defekten greife ein Selbstheilungsprozess des ganzen Systems, der sozusagen vom Netz abgeschnittene Computer quasi nachwachsen lasse. Das Netz regeneriere sich. Es sei so groß, dass es ohne Zentralen funktionieren müsse, selbst organisierend, lokal intelligent. Die Systeme reagierten auf seismographische Impulse aus angestoßenen Transaktionen der Märkte und Kunden. Die Informationen flössen wie Botenstoffe hin und her, alles regle sich in schneller Bewegung.

Sehen Sie? Die Informatik entdeckt mehr und mehr das Nichtzentrale, entfernt sich vom einzigen Superhirn. Wir erkennen:
 Das wahrhaft Große wird nicht allein durch ein paar zentrale Regeln und Zahlenvorgaben beherrschbar sein. Wir brauchen keine Regeln, sondern nur Prinzipien und ein Gespür für die lokalen Körper. In „selfhealing systems" wächst sogar der Kopf nach, wenn es einen gibt. Dekorativ wär's schon noch.

XVII. Softwareentwicklung – höher als alle Vernunft

Früher musste ich manchmal schätzen, wie lange eine Softwareentwicklung dauert. Ich weiß die wahre Antwort (eine richtige kenne ich auch): „Es kommt darauf an." Da hat mein Gegenüber stets geseufzt, weil diese Antwort zwar wahr ist, aber nicht zulässig. Im Wesentlichen leidet die Welt nämlich daran, dass für die Projektdauer nur ein numerisches Feld in einer Datenbank reserviert ist. Es geht hauptsächlich darum, dass dieses Feld mit einer politisch korrekten Zahl gefüllt ist. Ich hatte zuerst vermutet, dass die erwartete Projektdauer im mathematischen Sinne eingetragen werden muss, und zur Berechnung dieses Erwartungswertes würden wir alle Szenarien durchgehen, alle diese mit Wahrscheinlichkeiten versehen und am Ende irgendetwas ausrechnen, so grob es dann immer noch ist.

Uiiih, war *das* ein Irrtum! Wahrscheinlich sind die Leute nur so unwahrscheinlich. Techies kennen nur die Wahrscheinlichkeit, dass ein Projekt länger als geplant dauert. Es kann nicht kürzer sein, weil wir Techies immer noch so lange an allem herumschrauben, bis der Abgabetermin naht. Das Produkt sieht besser *perfekt* aus, es ist eine Frage der Ehre. Manager können sich dagegen nicht vorstellen, dass ein Projekt länger dauert, als die Datenbank sagt – das ist ja aus Budgetgründen verboten.

Deshalb dauert ein Projekt immer so lange, wie es geplant wurde.

Wie läuft nun eine vernünftige Planung ab? Ein Anwender möchte Software kaufen, weil er zu einem bestimmten, fest eingebildeten Termin einen großen Nutzen braucht. Unabhängig von der Sachlage verlangt sein Unternehmen aber, nur Standardsoftware zu verwenden. Diese ist ja preiswert und verkürzt die Projektdauer erheblich. Deshalb muss der Anwender nun so lange warten, bis es Standardsoftware gibt – mindestens aber bis zur nächsten CeBIT, bei der man viele Jutetaschen voller Standardversprechen mitnehmen kann. Nach der CeBIT ist klar, dass es keine Standardsoftware gibt. Es dauert sehr lange, dies dem eigenen Unternehmen zu beweisen, weil es keinerlei Hinweise für die Nichtexistenz gibt – denn die Softwarehersteller stellen allesamt partout nur Standards her, eben, weil nur diese vom Kunden ausschließlich verlangt werden. Nun ist aber die viele Zeit, die ursprünglich nur für Standardsoftware geplant war, so kurz geworden, dass der ganze Plan zugunsten des neuen aufgegeben wird, nämlich, statt einer Standardsoftware eine schnelle Lösung zu suchen. Jetzt stellt sich ein neues Problem. Wer Standardsoftware einsetzen will, hat kaum Alternativen, meistens etwa zwei. Dagegen gibt es Unmengen von schnellen Lösungen, so dass der ganz verwirrte Anwender nun erst einen aufwändigen Selektionsprozess starten muss, der unter dem entstandenen Zeitdruck stark darunter leidet, dass eben gerade jetzt die CeBIT *gewesen* ist – es wäre wohl besser, man wartete noch ein Jahr? Vielleicht gibt es bis dahin schon Standardsoftware? Wahrscheinlich müssen jetzt namhafte Beratungshäuser eingeschaltet werden! Ich kenne privat Menschen, die sich unter horrenden Ausgaben für Fachzeitschriften und Messebesuche schon seit vielen Jahren keine Digitalkamera kaufen, weil sie sich noch kein rechtes Bild machen konnten. Das Kaufen einer Digitalkamera ist nämlich viel zeitaufwändiger als deren spätere Nutzung! Und stellen Sie sich einmal vor, nach allem jahrelangen Ringen um so eine Digitalkamera stehen Sie endlich im Media Markt und wollen wirklich kaufen: „Acht Wochen Lieferzeit." Da kommen Sie sich doch blöd vor.

Ganz genauso schaut jemand, der mich fragt, wie lange es noch bis zum Entwickeln von Software dauert, jetzt, wo er endlich *will*! Und ich sage: „Es kommt darauf an." Worauf kommt es an? Ich habe einmal eine Liste gemacht. Anwender sollten tolle Anwendungen bekommen, also müssten sie für eine lange Projektlaufzeit eintreten. Sie wählen aber gezwungenermaßen eine kurze, weil sie mit dem Planen überraschend viel Zeit verbrauchten und nicht mehr viel Geld haben. Fachabteilungen sollten lange überlegen, was sie nutzen wollen, aber sie wollen schnell sparen, votieren also für *schnell*. Der Manager der Softwareentwicklungsfirma muss interessiert sein, eine lange Projektlaufzeit zu vereinbaren, weil er dann Qualität liefern kann und Gewinn erzielt. Er wählt aber aus Erleichterung über den Abschluss für seine Karriere und seine Quartalszahlen die kurze. Der Vertriebler der Softwareentwicklung sollte langfristig eine lange Projektzeit vereinbaren, damit der Kunde hinterher zufrieden mit der Qualität ist; außerdem wird die Abschlusssumme des Vertrags höher. Er verspricht aber eine kurze Zeit, weil er den Umsatz damit schnell in die Bücher bekommt. Schnell ist in den Büchern besser als viel.

Ach ja, und der Techie, der als großer Maestro der Softwareentwicklung gilt, der wird auch noch gefragt. Der Techie schaut sich alles in Ruhe an, schaut gedankenverloren (bei Techies ist das: hochkonzentriert) und flüstert (bei Techies ist das: ernst und sicher) nach peinlichem zwanzigsekündigem Schweigen: „X Monate." Das entrüstet alle, weil es zu lange ist. Viel zu lange. Alle wissen, dass er ein triviales Interesse hat, die Projektlaufzeit zu hoch zu schätzen, weil er dann in Ruhe arbeiten kann. Alle wissen, dass die Schätzung des Meister-Techies so etwas wie die furchtbarste Alternative von allen ist. Sie ist der nie mehr überschrittene Mondpreis, der nur den Dümmsten nicken lässt. Techies haben kein Gefühl für Geld. Sie sind vielleicht neurotisch, aber nie wirklich eurotisch (da lasse ich mir kein Blank für ein u vormachen).

Ich musste früher öfters mal sagen, wie lange ein Projekt dauert – ich glaube, dies ist eine richtige Antwort: Ich gehe zum Maestro und frage ihn, wie lange es dauert. Er sagt: „X Monate." Die Zahl multipliziere ich mit 2,1 (i.W.: zwei Komma eins). So lange dauert es.

Ein Maestro denkt nämlich, Zeit sei nicht Genie. Wenn er hohe Zahlen nennen muss, wird er sich schämen. Er tötet sich aber durch seine damit selbst verschuldeten Deadlines lieber selbst, bevor er sich schämen wollte. Ein Maestro denkt irrtümlich, alle Menschen programmierten mindestens halb so gut wie er selbst. Er denkt, Software eines Maestros müsse nicht getestet werden, jedenfalls kaum oder nur pro forma. Ein Maestro wird eher unbezahlte Überstunden leisten als den Kunden übers Ohr zu hauen.

Verstehen Sie? Die Software ist für den Maestro eine Frage seiner Ehre. Deshalb 2,1 mal X mal Monate, punktum.

Bei Menschen, die schielen, unterscheiden wir zwischen Hypophorikern, das sind solche, die ständig nach unten schielen, und den Hyperphorikern, die dies nach oben tun. Alle Leute, auch Sie – Sie mögen alle schielen, wohin Sie wollen, die Wahrheit ist höher.

XVIII. E-Team

1. Elektronische Einfühlung

„Wir sehen uns!" Nie mehr so richtig.
   Nein, eigentlich hören wir auf, uns zu sehen.
   Wir sehen uns auch nicht mehr *richtig*. Denken Sie an so etwas:

„Schatz, gut, dass ich dich endlich erreiche. Ich wähle mir seit Stunden die Finger wund." – „Hallo, Schatz?" – „Hallo! Bist du noch dran?" – „Ja." – „Hahallo ... Schatz." – „*Warum hast du mich nicht gestern schon angerufen*, dass du gut angekommen bist?" – „Ich habe es ja versucht, es war keine Zelle in der Nähe." – „Und das Handy?" – „Der Akku ist leer, ich schwöre es." – „Und das Handy von Gerd?" – „Ich wollte nicht aufdringlich sein, so wichtig ist es ja nicht." – „ICH bin dir nicht wichtig." – „Doch Schatz. Ich weiß ganz genau, dass ich dich immer anrufen muss. Ich bin ja jetzt auch so froh, dass ich es gleich geschafft habe. Du, ich rufe wegen des leeren Akkus von einer Zelle aus an, die Münzen sind gleich durchgefallen. Sag doch mal etwas." – „Es ist dir ja nicht wichtig." – „Hallo, Schatz, bist du noch dran? Noch zwei Sekunden!" – „Ruf morgen an oder ich bin wieder sauer." – „Oh ja, Schatz, schön, dass wir uns mal wieder ..." Klicks. Gerd sagt: „Kann ich auch mal dein Handy haben?"
   Wir leben in einer neuzeitlichen Kommunikationsgesellschaft, die uns Gespür und Feinfühligkeit beim Umgang miteinander über die gesamte Palette der elektronischen Medien abverlangt.
   Sehen wir uns ein anderes Beispiel an, nämlich die Benutzung der Weiterleitungsfunktion oder des Forwards bei E-Mail-Programmen. Gerd schreibt an seinen Chef über seine Kollegin Gerda: „Chef, lob bitte die Ziege, dass sie gestern so lange durchgemacht hat, dann ist ihre Psyche wieder für zwei Tage stabil." Der Chef forwarded diese E-Mail, er routet sie also an Gerda weiter und hat dann noch die Möglichkeit, selbst etwas zu dem Text hinzuzufügen: „Gerda, ich weiß nicht, was du in dem Vorgang da unten dran Gutes getan hast, aber ich lobe dich hiermit sehr. Ich zähle weiterhin auf deinen unermüdlichen Teamgeist und deinen Einsatz auch für Dinge, die dich nichts angehen. Du weißt aus Erfahrung,

dass ich mit Lob sehr sparsam umgehen muss, weil unser Projekt praktisch nur wegen eurer Rund-um-die-Uhr-Arbeit überlebt, so schlecht ist es. Trotzdem drücke ich mit diesem Vorgang aus, welchen Wert du für mich hast."

Es gibt sogar schon einige Bücher, die gewöhnlich genau zehn Punkte besprechen, wie Mitarbeiter ohne großen Aufwand elektronisch motiviert werden können. Auf CDs mit Suchfunktion liegen wahre Perlen der Sprachkunst zum Hineinkopieren in E-Mails bereit: „Wir können uns nicht genug wundern, warum Sie sich so engagieren. Sie sind damit ein exemplarischer Mitarbeiter unseres Hauses und gehören zu dem exklusiven Kreis, der die diesjährige repräsentative Mitarbeiterumfrage bestreiten soll. Damit dieses Bestreiten keine Arbeitszeit kostet, füllen Sie die Antworten am besten nur ungefähr aus, wir gehen dann noch einmal sorgfältig über alles hinweg."

Durch solche Kommunikationsschablonen lassen sich Beziehungskatastrophen eindämmen. Bei herkömmlichen Face-to-Face-Kommunikationen wird der *Sender* leider sehr oft mit einem so genannten *Feedback* konfrontiert. Der *Empfänger* kann weinen, höhnisch lächeln, zusammenknicken, abweisende oder verachtende Blicke schleudern oder sogar zu Gegenargumenten („to argue") ansetzen. Es fehlt daher oft das Incentive, überhaupt zu anderen Menschen zu reden, wenn diese nicht mehr verlässlich reflexhaft zuhören, was heute praktisch nur noch durch Autorität erzwungen werden kann. Flächendeckende Pflichtlehrgänge im Zuhören konnten nicht allgemein durchgesetzt werden. Fast überall wurden die ersten Lehrgangswellen durch eine Vielzahl von Teilnehmern aus dem Management blockiert, die ja beruflich meist nur *reden*!

„Liebe Teilnehmer an der großen Eröffnungstelefonkonferenz. Wir wollen die Kommunikation verbessern und uns allwöchentlich elektronisch treffen. Ich rufe Ihnen zu: Guten Morgen! Hallo? Hallo? Ihre Reaktion auf mein fröhliches Grüßen war aber etwas verschlafen, muss ich schon sagen. Also, alles eine Runde lauter: Guuuten Morrrgen!! Ha, das ist doch ein richtiger Widerhall! Toll! Haben Sie gehört, welch ein mächtiges Team wir sind? Leider – ja, hören Sie das? Im Hintergrund wimmert ein Baby. Das verstehe ich gut, weil sich viele von uns von zu Hause aus einwählen, auch wenn sie zum Beispiel ein Haustier haben. Deshalb stelle ich jetzt als Master-Telefon Ihre Slave-Satelliten-Telefone auf Stummschaltung, damit alle gut mithören können, was ich zu sagen habe. Nachher öffne ich die Leitungen wieder für zwei oder drei konstruktive Kommentare, die dem Ganzen dienen und mir nützen. Wir wollen uns schon jetzt vornehmen, uns mit einem lauten, donnernden ‚Salve!' zu verabschieden."

In den Großraumbüros sind also seit einiger Zeit viele Telefone auf lauteste Lautstärke gestellt. Krächzende Stimmen gehen Powerpoint-Präsentationen durch. Die Mitarbeiter schneiden sich die Fingernägel, ersteigern etwas bei eBay und erledigen die elektronischen Bankgeschäfte.

2. Elektronische Angewohnheiten

Früher war alles anders! Früher schrien wir uns an! Die Fetzen flogen! Heute wird besonders die SMS genutzt, um dem Emotionalen aus dem Weg zu gehen. Der schüchterne Zeitgenosse kann der heimlich Angebeteten eine Message senden: „Ich mag deine Art, Genossin." Und der Schüchterne muss nicht zusehen, wie seine SMS triumphierend in der Schar der Mädchen herumgezeigt wird und schließlich ins Nirwana oder in einen Speicher wandert, wie in eine Briefmarkensammlung. Dadurch hat der Schüchterne seine Selbstachtung gewahrt. Hat wacker gekämpft! Und sie lächeln ihn später an – so voller Verstehen!

Kommunikation hat ja kaum etwas mit dem Reden zu tun. Es geht meist darum, dass vieles in vielfältiger Weise gewollt wird, ohne dass es wirklich bewusst, bekannt oder öffentlich geduldet wäre. Menschen schauen sich in die Augen oder aneinander vorbei, knabbern an Nägeln, wippen mit Fußspitzen, recken die Hälse höher, am höchsten die Elite-Narzissten, die mindestens virtuell immer einen roten Schal tragen, damit ihnen niemand an die hochgeschraubten Scheinwirbel geht. Manche sind niedergeschlagen, bumm. Andere überheblich, wirbeln mit den Armen oder wirken wie eingefroren. Statue. Erweiche mich.
  Ein hartes Problem ist die Synchronizität der Kommunikation. Auge in Auge. Wort gegen Wort. Stimme über Stimme. Parfum gegen Achselnässe. Faust gegen kussgewohnte Wange.
  Vieles verwickelt sich in dieser Gegenüberstellung, endet in Wut, unangemessener Verbrüderung oder einer manischen Begeisterungsphase.

Diese schreckliche Synchronbedingung des Zwischenmenschlichen kann nun elektronisch vermieden werden. Es gibt SMS und E-Mail. Wir können Vulkaneruptionen zeitlich strecken. Wir schicken erst einmal eine sondierende E-Mail oder eine SMS. „Ich stehe im Stau!" Das Entsetzen des Empfängers trifft uns nicht. „Ich mache Schluss." Fernbombe. „Wir kommen gleich völlig unangemeldet." E-Mail ist für Introvertierte ein Segen. E-Mail erlaubt ihnen, etwas zu sagen, ohne in die Augen anderer zu schauen und darin ein Urteil zu finden. In Meetings sitzen Introvertierte stumm und verzweifelt. Sie dürfen nichts sagen, weil sie furchtsam sind, es könnte dumm sein. So sind sie stumm. Sie sind verzweifelt, weil der unverfrorene Rest schamlos Dummes plappert, ohne jeden ethischen Maßstab. Die E-Mail hilft, das wirklich Durchdachte in den Äther zu schicken, ohne online mit Worten zu ringen und die körpersprachlichen Zudringlichkeiten anderer zu ertragen.

Extrovertierte hassen E-Mails, weil sie ja erst schon einmal mit dem Reden anfangen und dann die Kernaussagen ihrer Rede blitzschnell den Augenreaktionen der Gegenseite anpassen. Extrovertierte sind mehr interaktiv und finden E-Mail wie überhaupt alles Schriftliche quälend. Sie rufen deshalb immer an. Am besten mit Handy. Oder mit einem Messenger wie etwa Lotus Sametime oder ICQ. Echtzeit und Real-Reaktionen sind für Extrovertierte unerlässlich.

Extro an Intro: „Warum hast du dein Handy nie an?" – „Schick eine E-Mail." – „Mach ich nie."

Intro an Extro: „Warum beantwortest du meine E-Mail nicht?" – „Ruf doch an, wenn du was willst."

Gefühlsorientierte zucken bei E-Mails zusammen, die ohne Anrede beginnen. Das müssen sie, weil sie in der Kommunikation stets die beteiligten Herztemperaturen spüren wollen. E-Mails ohne Anrede deuten auf schlechte Menschen hin. Entweder ist der Absender ein schlechter Mensch ohne Herzenstakt oder er hält den Empfänger für ein niedriges Subjekt. (E-Mails ohne Anrede fühlen sich an wie jemand, der ohne den leisesten Grußansatz Ihr Büro betritt.) Was aber ist richtig? Wenn man es nicht genau weiß, kann man ja eine Münze werfen, was stimmt. Dann kommt etwa in der Hälfte die eigene Schlechtigkeit heraus, worauf der Gefühlsorientierte durch E-Mail langsam depressiv wird. (Münzwerfen ist logisch doof, aber unser Instinkt funktioniert so. Er zuckt eben ohne Theorie.) Gefühlsorientierte versuchen deshalb, das Beginnen von E-Mails mit Anreden zu erzwingen, damit sie sich gut fühlen. Wenn es aber erzwungen ist, müssen sie die Herztemperaturen woanders suchen. Sie zucken, wenn der Absendername als automatisches Closing programmiert ist, am besten in mehreren Sprachen und in der Form „Dein/Ihr/Euer Gunter/Gunter Dueck".

Denkorientierte hassen zu viel Text und die Anredefragen sowieso. Was tun die zur Sache? Sie und damit „wir" wollen doch nur objektiv schreiben, was Sache ist. „Team: Gestern mussten wir innerhalb von Minuten entscheiden, wer am Belohnungsevent teilnehmen darf. Wir haben Gerd nominiert, weil wir von ihm als einzigem den Geburtstag wussten.

Wir mussten das Datum nennen, weil es dort ein Spiel gibt." Oder noch schneller und objektiver: „Gerd, du bist nominiert. Du kannst von Glück sprechen." Mit .cc als elektronische Kopie an alle.

Das Kopieren von E-Mails ist eine hohe Kunst, die allgemein unbekannt ist. Aus sachlichen Gründen erhalten andere Personen als der Empfänger eine Kopie, die sachlich Kenntnis der Sache haben müssen. Das sind sachlich meist sehr wenige, weshalb die Kopierfunktion sachlich und prinzipiell wenig gebraucht wird. Sie hat aber andere, geheimere Funktionalität: Elite-Narzissten kopieren (und zwar grundsätzlich im Modus „urgent", was als Ersatz für „important" herhalten muss), um sich auf dem Laufsteg zu zeigen. Streber sonnen sich per .cc im Erfolg. Anschwärzer schicken per .cc-Mails andere auf den Laufsteg, unter Schuldspritzen. Bedenkenträger sichern sich ab („Ihr habt es alle gewusst!"). Wissenschaftler und Entwickler finden Massenkopien interessant, um große Diskussionen zu führen, worauf Massen von Antworten mit der gleichen Verteilerliste wochenlang die E-Mail verstopfen, immer wieder per Forward, immer länger und sektiererischer. Sadisten kopieren immer an Topmanager des Empfängers, um ihn mit diesen Dark Forces zu bezwingen. Mutter sagte: „Tu, was ich will. Gott sieht alles." Gott schien mit meiner Mutter zu sein.

Im Grunde geschieht dies: Menschen leben in der Kommunikation ihre arme Seele aus.
    Im Internetzeitalter ändern sich nun eben die Spielregeln.
    Es wird Zeit für eine neue Wissenschaft: E-Kommunikation.

3. Elektronische Führung

Jetzt kommen wir an den interessanten Punkt! Dr. Eckhard Umann schrieb mir einige Male, ich würde zu sehr über den einzelnen Menschen philosophieren, obwohl dieser hauptsächlich durch Gruppendynamiken gesteuert würde! Da bin ich immer noch nicht so sicher, aber allein das Faktum, dass ich Mathematiker bin und Eckhard Umann ein echter Fachmann ist, macht mich unruhig und bildet mich langsam weiter. Herr Umann schlug vor, die Dynamik von elektronisch kommunizierenden Gruppen neu zu kartographieren. Wir müssten nur ein paar Gruppen wie etwa Abteilungen über zehn, zwanzig Termine hinweg verfolgen, deren Gruppenbildung aufzeichnen, die Dynamiken studieren und ... „Halt!", schrieb ich ihm mitten dazwischen, „Das Leben ist durch die

Elektronik schon sehr viel einfacher geworden. Es gibt gar keine Teams mehr, die sich zehn, zwanzig Mal treffen, sehen oder sonst etwas tun! Nicht nur die Kommunikation wird virtuell. Auch die *Teams* sind virtuell!"

In Gruppen, die länger beieinander bleiben, bilden sich langsam Platzhirsche heraus (das sieht man im Assessment-Center schon nach drei Tagen – ready for management!), es gibt also Alphatiere und Betatiere, solche, die immer tolle Ideen haben wie ich und dann über Nörgler und Vorschriftengelehrte seufzen und sich beleidigt zurückziehen und deshalb tendenziell nutzlos bleiben. Von Alphas bis zum Omegatier („Arschlochkarte" – Verzeihung!) werden alle noch freien Positionen in Gruppen besetzt. Verstehen Sie? Sie werden *besetzt*, weil es diese Rollen gibt! Jeder nimmt eine, perfektioniert sie und kann sich als der Beste, als die unangefochtene Nummer eins fühlen, zum Beispiel im Zerbomben von konzentrierter Sitzungssachlichkeit durch Erzählen eines plumpen Witzes, der eine Minderheit empört.

Im Buch *Allegro ma non troppo* hat der Diplomat Carlo Cipolla die Prinzipien der menschlichen Dummheit verraten. „Schätzen Sie den Anteil der Dummen in einer Gruppe und sagen Sie das Ergebnis!" – Und dann: „Egal, wie hoch die Zahl ist, die Sie nennen, die wahre Zahl ist höher." Für einen Mathematiker sieht das unlogisch aus und ist nur durch die These zu retten, dass der Schätzende selbst Teil der Gruppe ist, sich also beim schätzenden Umschauen in der Gruppe übersieht – er selbst ist so wie die Null beim Zählen. Cipolla macht geltend, dass die Dummheit die einzige mathematische Größe im Universum sei, die sich den Gesetzen der Statistik entziehe, weil die Dummheit in jeder beliebigen Gruppe mit der gleichen, immer zu niedrig geschätzten Konzentration vorkomme. *Egal welche* Gruppe! Er sagt also, man könne seelenruhig eine *beliebige Liste* aus nur klugen Menschen zusammenstellen. Nachdem sich aber diese Teilmenge von Menschen zu einer *Gruppe* formiert habe, die sich also jetzt etwas kenne und ein paar Mal getroffen habe – dann schwupp, sei der Prozentsatz der Dummen wieder über der Schwelle, die immer zu klein ist!

Wenn ich so länger darüber nachdenke, hat Cipolla wohl implizit nochmals die Gruppendynamik erfunden, der sich kein noch so kluger Mensch entziehen kann. Dummheit ist die Kunst, etwas zu tun, was anderen schadet, ohne dass es einem selbst nützt! Sagt Cipolla. Um anderen zu schaden, brauchen Sie natürlich eine Gruppe, die Ihnen dann eben den Schaden zufügt. Es ist also bei Gruppen nicht so, dass man schon mit einem Schaden kommen muss. Man kommt in eine Gruppe gewöhnlich mit einem so genannten *Interesse*, worauf man in einer Rolle eiernd alles zum Rutschen bringt ...

Na, das war jetzt ein etwas unwirklicher Abschnitt aus einem erdachten Leben. Zu dumm, dass ich eigentlich einen ernsthaften Beitrag schreiben will.

In der Welt der Informationstechnologie sehen wir uns als Mitglieder vieler Teams und nicht mehr nur einer einzigen Abteilung, in der wir arbeiten. Ich bin zum Beispiel in einigen Präsidien, in Managementrunden, in Gremien der IBM Academy of Technology, in verschiedenen Angebotsteams für IBM-Kunden, in Subteams, die als Konsortien für eine bestimmte Aufgabe zusammengestellt werden („Schreiben Sie eine Satzung für die Gesellschaft für Informatik!" oder so). Alle diese Teams sind mehr oder weniger groß (und by construction meist *zu groß*, weil sie ganz und gar vorrangig *repräsentativ* sein müssen – oh Cipolla!). Sie sind so groß, dass sie sich nicht mehr vollständig persönlich treffen können, weil alle Mitglieder in vielen anderen Subteams arbeiten. Ein oder zwei Sitzungen im Jahr müssen reichen? Abteilungsmeetings in den Firmen fallen mehr und mehr aus. Langsam beginnt die Mode, sich von vorneherein gar nicht mehr zu sehen. Das sind die virtuellen Teams in reiner Form. Da die Teams meist zu groß sind, muss sich das durchschnittliche Teammitglied gar nicht mehr mühen, alle Augen mit dem Namen zusammenzubringen. Selbst die Face-to-Face-Sitzungen werden anonymer. Diskussionen oder Auseinandersetzungen gibt es schon lange nicht mehr. Nein, es herrscht Ordnung. Der Sitzungsleiter bereitet eine Tagesordnung vor, verkauft also vorher alle Präsentationsslots an Teammitglieder, die Botschaften zu verkünden haben. („Mein Anliegen ist in der Öffentlichkeit verdammenswert unbekannt, aber unerhört wichtig, so wichtig, dass ich die Anwesenden gnadenlos zwingen will, meine Arbeit zu machen!" – Die anderen im Team haben exakt die gleiche Botschaft und dösen, bis sie drankommen.) Sitzungen mit einer normalen Diskussion sind peinlich, sprengen die Tagesordnung, laufen aus dem Ruder, sind politisch inkorrekt. Wehe, einer diskutiert! Er ruiniert den Tagesordnungsnachfolgenden den Präsentationsslot. Die sitzen dann kohlenrotböse rutschend auf den Stühlen und hassen. Das ist purer Schaden für andere ohne Nutzen für sich. Ganz pur! Deshalb kommt Cipolla – Sie verstehen schon: Sitzungen erzeugen das alles erst selbst, wenn sie so veranstaltet werden, wie Sitzungen sein sollen.

Mehr und mehr weichen virtuelle Teams auf Telefonkonferenzen aus, die natürlich viel straffer geführt werden müssen, damit nicht alle durcheinander quaken. Die eben genannten Effekte verstärken sich nun. Introvertierte Menschen, die früher nur stumm in Meetings saßen und die

Stimmung durch Stirnrunzeln oder nicken beeinflussten, sind nicht mehr existent. Extrovertierte müssen den Mund halten, einer nach dem anderen!

Wie funktionieren Kommunikation und Führung in solchen Umgebungen?

Wie zeige ich in einer Gruppe per E-Mail oder über Telefon *Kompetenz*? Merkt das jemand? Wenn ich zum Beispiel im echten Leben ein strahlendes Charisma habe, das mich zur einzigartigen Führungspersönlichkeit prädestiniert. Strahlt Charisma über Telefon oder E-Mail? Oft schreiben ja die Assistenten, Sachbearbeiter und Sekretärinnen die E-Mails – gießen diese Charisma in den Text?
Wie drücken wir Führungswillen elektronisch aus?
Der Leitwolf hat den reinen Willen in den Augen, die uns anschwellen lassen mit Tatenergie und Frösteln. Der Leitwolf sieht das Flackern der Widersacheraugen und kämpft mit ihnen wie im virtuellen Judokampf, nur mit Körpersprache, ohne blutigen Kontakt. (So kämpfen im Virtuellen auch die so genannten Staubsaugervertreter und Versicherungs-„Fritzen", die nicht durch emotionale Intelligenz überlegen sind, sondern durch das Vermögen, Ihnen genau in einem weichen Moment den Kugelschreiber in die Hand zu drücken.)
Wie aber drückt sich Wille im Elektronischen aus? Wie verkauft man elektronisch Staubsauger?

Sie sehen: Vieles geht nicht mehr so *leutselig* wie sonst, manches geht gar nicht mehr, anderes kann ganz neu geschehen. Die mehr Extrovertierten kommen in die Klemme, weil die Körpersprache und das zugewandt Lebhafte zu fehlen beginnt.
Die Introvertierten können ihre fehlende Körperpräsenz heute und erstmals adäquat durch Emoticons in der E-Mail ausdrücken ☺. Es wird schwerer, am Anfang aller Kommunikation den Rapport herzustellen, also die Chemie so lange zurechtzurücken, bis sie im Team stimmt.
Kommunikation unter gleichen Menschen wird seltener, weil die Kommunikation mehr und mehr organisiert wird, also in Rollen und Hierarchien abgehandelt wird.
Wer aber kann noch sein Herz ausschütten? Ich kenne kaum jemanden, der das in präzise gesetzten acht Zeilen kann, die das Maximum darstellen, was ein wichtiger Mensch auffassen will oder kann. Sie merken es selbst am Bauchkitzeln, wenn eine E-Mail ohne Betreff beschwerlich beginnt und drei oder vier Bildschirmseiten aufschwillt. „Komm

zum Punkt, du Rabenaas!", heult unser Bauch; wir klappen die Mail wieder zu und hoffen inständig, dafür einmal mehr Zeit zu haben.

Wie schlichten wir Konflikte, die per E-Mail eskalieren? („Ich hasse diesen Menschen, weil er seit Monaten ohne Anrede schreibt! Wer bin ich denn?" Id est: „Wer ist er denn?") Was tun wir nach einer Forward-Katastrophe per Verteilerlistenbombe?

Wenn in einer Gruppendynamik die Teammitglieder im Laufe der Zeit geeignete Rollen einnehmen – haben wir dann nicht in der elektronischen Kommunikation ganz andere Mischungen von Rollenbildern zur Verfügung? Bekommen Tastaturmenschen Oberwasser vor den so genannten Beliebten, den Teamkatalysatoren?

Verschwindet das Zwischenmenschliche in das Netz?
Wer hält das denn überhaupt aus? (Vorsicht, jetzt kommt ein seelengrausamer Gedanke.)

Schizoide zum Beispiel halten es gut aus. Habe ich im Buch *E-Man* beschrieben! (Das Schizoide rangiert unter „Pleasure Deficit Disorder". Menschen mit schizoider Störung leben einsam, scheuen Menschen und Freuden. Sie leben vielleicht noch in ihrer Familie, wollen aber sonst kaum etwas von anderen. Sie suchen keinen Kick, keine Lust, keine Urlaubsfreuden. „Ich bin bald wieder da. Ich muss mit der Familie in Urlaub." Sie scheren sich wenig um die Meinung anderer, wirken kalt, zeigen wenige Emotionen nach außen. Sie sind in gewisser Weise exzessiv introvertiert. Sie widerstehen allen Einflüssen des sozialen Umfeldes, weil dort für sie keine „Belohnung" winkt, wie etwa „Geliebtwerden". Sie vertrauen sich ausschließlich selbst, vermeiden keinen Ärger bei anderen, den sie gar nicht wahrnehmen. Sie wollen am liebsten immer für sich sein. Sie fühlen sich als Beobachter und Denker in der Welt. Sie sind auf keinen Fall „Teilnehmer". Sie wirken so oft auf andere langweilig, verschroben, uninteressant, asexuell, oft wie abwesend und humorlos. „Typischer Mathematiker!!" Menschen mit schizoidem Einschlag sagen: „Ich bin gerne allein. Beziehungen führen nur zu Ärger. Ich kann Dinge besser tun, wenn keiner herumsteht und Ratschläge gibt." Sie zeigen kaum Wahrnehmung für das tägliche Allerlei des Lebens. – Ein Leser des Buches schrieb mir, er werde diese Stelle im Buch physikalisch nie mehr lesen können!)

Na, ich habe mich im *E-Man* nicht so zurückhalten können und mir solche Menschen vor Computerbildschirmen vorgestellt. Ich selbst habe auch so einen Touch, ach ja. Oh je! Aber Sie sehen doch sofort: Solche

Menschen sind geboren für das elektronische Zeitalter! Im Buch *Haben oder Sein* von Erich Fromm habe ich sinngemäß die Äußerung gelesen, dass Schizoide zu guten bis exzellenten Arbeitsleistungen fähig wären, wenn man sie *unter sich* ließe, während sie unter anderen Menschen nicht so produktiv seien. Unter sich – ich will lieber nicht sagen, was das heißt, aber heute heißt es: vor dem Computer.

Ich will sagen: Ganz andere Charaktere sind nun voll im Trend, die früher als merkwürdig galten. Andere, die früher quirlig warm die Gemeinschaft zusammenhielten, sind heute aber elektronisch ihrer Talente und Ausdrucksmöglichkeiten beraubt! Ich habe Sie vor zwei Jahren um Ihr Testergebnis beim Charaktertest gebeten, erinnern Sie sich? Ganz viele von Ihnen gehören zu diesen mehr Introvertierten, die eine natürliche Beziehung zu E-Mails haben! Wie führen „wir" nun die Welt an? Wollen wir das? Doch nicht, oder? Was machen die anderen wieder mal mit „uns"?

Einmal, es war bisher das allereinzige Mal in meinem späteren Leben, im Februar diesen Jahres, hatte ich am Morgen keine einzige E-Mail in der Inbox. Keine einzige! Es war ein Schock. Nicht einmal eine ungezogene Porno-Mail. (Die scheinen auf dem Internet allgemein herausbekommen zu haben, dass meine Tochter und ich auch einen kleineren Penis haben. Nun schreiben sie uns beiden immerzu wegen 30 Minuten Verlängerung, dann Elfmeterschießen. Auf Latein: Via Gratiae.) Nichts!! Was fühlte ich? Reinste, klare Einsamkeit. Habt Ihr mich alle verlassen? Ich wusste nicht, ob ich existiere. Ich rannte also sofort zum Kaffeeautomaten, dem zweiten Anker meines Selbst. Niemand da. Ich war wohl tot. Ich rief meine Frau an, wir könnten doch einkaufen gehen. „Bist du verrückt?" Aha, also nicht tot.

4. Aufruf

Die E-Mail-Adresse von Eckhard Umann ist eumann@debitel.net, es wäre nun Zeit einmal nachzudenken und auch zu erforschen, wie sich die Kommunikation entwickelt, wohin sie sich entwickeln sollte oder könnte. [Anmerkung 2007: Die Adresse gibt es nicht mehr, es hat sich damals auch fast niemand gemeldet!]

Wie führen wir Teams? Brauchen wir neue und angemessene elektronische Medien, die nicht die Eigenschaft haben, die leidenschaftlichen

Präsenzmenschen unter uns auszugrenzen? Wie begegnen wir einander, ohne uns je sehen zu können?

Empfinden Sie, liebe Leserinnen und Leser, schon ein Problem?

(Ich selbst bin ja schon steinalt, bei IBM wenigstens, und kenne viele Leute eben noch deshalb, weil es früher nur Meetings mit Keksen gab, „um die Kommunikation zu verbessern". Ich weiß also nicht so genau, wie das vollelektronisch ist. Ich versuche bei jeder Gelegenheit, einen Menschen an dessen Arbeitsplatz schnell anzuschauen und Guten Tag zu sagen. Ich rette mich damit über meine letzten Tage.)

Wie bilden sich Gruppen, Alphas, Betas und Omegas über E-XY? Wie steuern wir die Dynamik von Gruppen, die sich nie persönlich sehen? Wie sieht gute Führung aus?

Dottore Umann denkt nun, er würde mit E-Mails von Ihnen mit Angeboten Ihrer Gruppe, sich einmal ein bisschen studieren zu lassen, überschüttet. Wenigstens kämen doch viele kluge Gedanken? Oder wenigstens fünf E-Mails mit „Das gibt es schon. DA!". Na, so ganz generös habe ich Sie bisher bei meinen Aufrufen nicht erlebt. Aber für einen guten Zweck, ich meine, für EU wird das anders? Dankeschön! Sie haben doch Zeit – während der nächsten Telefonkonferenz! Und vergessen Sie das .cc an mich nicht.

Und wenn Sie mal einen Lehrgang in emoticonaler Intelligenz brauchen, dann eignen Sie sich bitte alle etwa 100 E-Mail-Gesichtsverziehungen an, die es so geben kann. Sie müssen das eigentlich allesamt tun, sonst versteht Sie ja niemand, da würde also alles beim Alten bleiben. Trainieren Sie jeden Tag ein paar mehr mit Ihrem Lebenspartner, sehen Sie dazu auf:

http://www.windweaver.com/emoticon.htm

Puh, das war ein langer Artikel :–6 .

XIX. Supramanie: Der Wille wie eine Lenkrakete

1. Eine Gedankenschlinge um die so genannte Vernunft: Krrrk!

Sie röchelt noch ein bisschen. Denn, im Ernst:
 Fast alle Vernunft ist künstlicher Trieb.
 90 Prozent? Oder mehr?

Ich habe mich immer beim Zähneputzen gedrückt, weil meine Mutter so invasiv scheltend hinter mir her war. „Wie oft muss ich dir Vernunft predigen!" Die Erwachsenen überbrücken immer ziemlich viel Zeit, bis sie diese bessere Lösung finden: „Wenn du jetzt nicht sofort putzt, hämmere ich dir die Vernunft ein!"

Wie soll ich sagen? Die Vernunft sitzt in diesem Sinne doch mehr an unseren empfindlichen Hautstellen oder im Ohrläppchen, nicht so sehr im Gehirn. Ich habe das Zähneputzen aus Angst vor Unannehmlichkeiten vollzogen, nicht aus Vernunft, die ich durchaus hätte aufbringen können. Ich habe mich oft davor gedrückt. Etwa in dieser Art: Ich plätscherte mit dem Wasser, gurgelte ein wenig vor dem Spiegel. Ich hätte in dieser Zeit schon längst meine Zähne putzen können, aber ich wollte es nicht, weil es meine Mutter so sehr wollte. Ich simulierte akustisch das Hin und Her der Bürste und das Fließen von Wasser. Während dieser Untat vibrierte meine Körperchemie. Meine Sinne waren wie riesige hypersensible Weltraumantennen auf feinsten Empfang geschärft, für den Fall, dass sie überraschend hereinkäme. Es fühlte sich wie Angst an ... Und meine Antennen sind ganz bestimmt in der Haut. Punkt. Nicht im Gehirn. Ich grübele ja nicht dabei, sondern ich strecke meine Sinne aus! Wie ein Reh, wenn es wittert.

Mein Zahnarzt Armin Senghaas aus Gaiberg hat mir erst in höherem Alter fast mathematisch bewiesen, dass meine Zähne und Zahnfleisch dramatisch besser werden, wenn ich jedes einzige Mal die volle Prozedur mit Zahnlückenbürste, dann 42.000 Umdrehungen pro Oralminute und anschließendem Teebaumölspülen einhalte. Er lächelte neulich so ganz besonders, als ich wieder bei ihm reinschaute – nein, er schaute rein: „Nichts", sagte er zart und lächelte. Heute putze ich Zähne aus Vernunft. Wenn ich mich in tiefer Nacht im Hotel mit Eulenblick im Spiegel sehe und nur noch ins Bett will, sagt es in mir schwach: „Aber ich will noch Zähne putzen!" Ich *will*. Es sagt nicht: „Du *musst*."

ICH! WILL!

Immanuel Kant vertrat die Meinung, ich solle dahin kommen, meine Pflicht aus Neigung zu tun. Wenn ich vor dem Vernünftigen stehe, soll ich spüren: „Ich will dies tun." Und nicht: „Ich muss es tun, weil es das Vernünftige ist oder allgemein dafür gehalten wird." (Buckeln vor dem Chef, alles essen, was auf den Tisch kommt, schon dünne Kleider oder noch dicke Schminke auftragen.)

Wenn ich das Vernünftige tun *will*, geht es wie von selbst.

Wenn aber in mir jemand sagt: „Du *musst* das tun!" – wer ist das? Mein tierischer Trieb? Nein, der sagt immer „Ich!" Es wird also mein Über-Ich sein? Ja, seinetwegen trenne ich Müll und hefte Kontoauszüge ab. Ich fahre 30 und meide Cholesterin. Ich muss alles Mögliche gut und vernünftig finden, was sich Hilfsstabssekretärsassistenten von wichtigen Menschen als deren erklärter unterschriebener Wille ausgedacht haben. Ich muss das „vertreten". Das Fremde.

Es sind fremde Körper in mir. Wenn ich nicht tue, was sie wollen, verletzen sie mich. Ich habe Angst vor ihnen. Ich werde mich hüten. Die fremden Körper, die etwas wollen, bedienen sich aller neuzeitlichen Technologie. Sie sehen mich in Kameras und blitzen. Sie zwingen mich zu Computereingaben. Sie rufen mich an. Früher waren die fremden Körper nur als Körper da, so wie Eltern, die etwas wollen. Ach, Sigmund Freud! Mein Über-Ich ist überall! Es durchdringt den Äther und sitzt in jeder Ecke – in jedem Stück so genannter „Kommunikation" ist ein fremder Körper verborgen, der etwas will: Fernsehwerbung, Verkehrsschilder, Personalakte, Pflichtenheft, Zeugnis, Anschlag.

Ich soll selbst wollen, was das Fremde will.

Überall wird dieser fremde Wille um mich herum organisiert. Anreizsysteme, Belohnungen, Karrieren, Beförderungen, Blumensträuße, Plaketten, Urkunden, Punkte, Scores, Aufstiege, Incentives.

Und wenn nun die Menschen mir zurufen: „Übernimm dich nicht! Überarbeite dich nicht! Denk an deine Familie! Versuche zu leben!", dann sage ich nicht mehr: „Ich muss Karriere machen!" Ich rufe allen freudig zu: „Ich *will* Karriere machen!"

Der fremde Trieb wurde erst als Pflicht verkleidet in mich hineingelassen. Nun aber, wenn ich hohe Belohnungen vor mir sehe, verwandelt sich der fremde Trieb in meinen eigenen.

Wie viel dessen, was ich vernünftig finde, ist fremder Trieb, den ich nun selbst als meinen eigenen erkenne?
90 Prozent. Mindestens. Oder mehr?

2. Ein kurzer Blick zurück: Der Pflichtmensch

Früher brach man den Willen des Menschen und zwang ihn zur Pflicht. Man sagte: „Wir bringen ihm Vernunft bei." Jahrelang wurde er in dem Zustand „Du musst!" gefangen gehalten, bis er sich *gewöhnte*. „Der Mensch gewöhnt sich an alles. Es braucht nur Zeit und Härte. Wenn dies konsequent durchgehalten wird, wird der Mensch bald hart gegen sich selbst sein können, dann ist niemand mehr hart gegen ihn. Er ist dann gut beraten, gerne zu tun, was nötig ist. Wer das Nötige tun will, besitzt Tugend. Dann ist er weise."

Freud zeigte uns unser Es, unseren Antrieb oder Eigenwillen, den unsere Kultur in ordentliche Bahnen lenken will: „Nicht so schnell, nicht so laut, nicht so ungestüm! Vorsicht! Pass auf! Hör doch einmal zu! Sieh, wie ich es mache! Hilfe, so nicht, nicht fallen lassen, schon passiert, siehst du, es klappt rein überhaupt nichts, wenn ich nur daneben stehe und meckere! Mach es, wie ich sage, dann geht alles wie von selbst!" Wenn wir noch klein sind, steht meist ein derart sprudelnder Erwachsener über uns. Über uns! In jeder Beziehung. Das haben wir recht bald über. Deshalb bilden wir einen Ersatzerwachsenen in unserem Gehirn, der eben von Freud Über-Ich genannt wird. Das Über-Ich ist so eine Art Spezialtrieb, dessen Ausbildung eine Art Haupterziehungsziel der westlichen Pflichtkultur gewesen zu sein scheint. Man wollte wohl, dass wir diesen Ersatzerwachsenen im Kopf, der den fremden Willen repräsentiert, irgendwann für uns selbst halten. Dann ist endlich Ordnung. „Du redest schon wie Papa!"

Solange jeder Mensch klaglos gut funktionierte – geschah sein Leben wie von allein! Niemand tat etwas – und alles geschah, weil alles funktionierte! Das Leben wurde früher wie ein Prozessablauf gesehen, der Teil eines größeren Systems ist. Die Prozessabläufe des Lebens wurden in den letzten Jahren durch Informatiker und Entwickler in Computern modelliert, die uns mehr und mehr wie Ersatzerwachsene beim Leben helfen. Computer sind höflicher als Ersatzerwachsene, aber härter im Nehmen. Sie sagen nicht: „Du bist unfähig!", sondern: „Willst du wirklich das Programm abstürzen lassen?" Nicht: „Wieder falsch geschrieben, pass doch auf!", sondern: „Eingabe ungültig." Computer kümmern sich ausschließlich um das

Zentrale, nämlich um die Prozessbearbeitung. Die Pflicht muss getan werden! Computer müssen nicht Kant lesen und dann Neigung zur Pflicht entwickeln.

Da fällt mir ganz bildhaft ein, wie neulich neben mir der Fahrer eines Wahnsinns-BMW nach fünfmaligem Fehlverbindungsversuch mit einer Stauleitzentrale oder etwas Ähnlichem das Navigationsdingens rasend wütend anschrie: „Sch…!!" Das Gerät (es war eine Frau) sagte ganz ruhig: „Wortkombination nicht bekannt. Bitte wiederholen Sie!" Na, ich glaube ja nicht, dass Wiederholen beim Computer hilft, wenn er's nicht kennt.

Man kann sich den pflichttreuen Menschen so vorstellen, dass er sich so prozesskonform wie ein gut programmierter Computer benimmt. Ich habe zum Beispiel einmal in Gegenwart meiner Mutter „Sch…!!" gesagt. Sie entgegnete: „Dieses Wort kenne ich nicht."

In den Unternehmen hieß der Pflichtmensch „Organization Man", weil es über ihn ein berühmtes Buch von William H. Whyte aus dem Jahre 1956 gibt. „Organization Man" bekommt einen Firmenausweis und hält alle Prozesse ein. Er hat keinen eigenen Willen. Er willigt in das Fremde um ihn herum ein. Deshalb nennt er sich loyal. Er internalisiert die Ziele des Unternehmens und arbeitet geduldig die Prozesse ab. Vorgang für Vorgang, Akte für Akte. Schritt für Schritt. Eins nach dem andern. Dafür steigt er Stufe für Stufe auf, Rang für Rang, Gehaltserhöhung für Gehaltserhöhung. Sein Leben weiht er dem Unternehmen. Das Unternehmen sorgt für ihn und seine Familie, feiert mit ihm, lebt mit ihm. Eine Altersversorgung ist ihm sicher. „Organization Man" wird versorgt, ist sicher und geborgen. Sein wirklicher Ersatzerwachsener ist das Unternehmen. Und alles ist gut so, für ihn selbst und für das Unternehmen. Das sah fast weise aus, weil irgendwie Pflicht und Neigung näher zusammenkamen.

So war es früher.

Der ideale Pflichtmensch war wie ein Rad im Getriebe, gesteuert wie durch den Algorithmus eines Computers.

Computer aber haben leider keinen Willen! Deshalb brauchen wir noch Menschen.

3. Supramanie!

Wille ist noch nicht programmierbar. Computer haben keine Angst, weil wir ihnen keine Beine machen oder Furcht einjagen können, arm zu sein. Den Willen müssen heute noch wir selbst beisteuern!

Leistungsmessungen von Menschen scheinen zu beweisen, dass diejenigen Menschen, denen der Wille gebrochen wurde, nicht mehr wirklich zu Höchstleistungen taugen. Gute Organisationsmanager behaupten regelmäßig, alle Pflichtmenschen gleichmäßig überdurchschnittlich hinzubekommen. Was aber, wenn Spitzenleistungen gefordert werden müssen? Was aber, wenn es überhaupt nur auf Spitzenleistungen ankommt, wie etwa in Pharmalabors oder Universitäten? Welchen Sinn hat in einer globalen Welt etwas Zweitbestes? Was sagt man einem, der eine Erfindung von gestern Abend heute noch einmal als Patent anmelden will?

„Es kann nur Einen geben!" – „Nur der Beste gewinnt!" – „The winner takes it all!" – „Nummer eins sein ist alles, alles andere ist nichts."

Wenn nur der oder die Beste zählt, ist Kampf angesagt! Wenn nur Gewinner Gewinn machen, hilft keine noch so große loyale Überdurchschnittlichkeit eines Pflichtmenschen. Es ist eine Zeit der Raubtiere, die sich die Pflanzenfresser einverleiben.

Fazit: Eine Gesellschaft, die nur die Besten belohnt, nur die Erfolgreichen, die Chartsieger, die Meister, die Topmanager, die Topspezialisten, die Top-Performer – eine solche Gesellschaft muss nun Raubtiere heranziehen, nicht mehr ruhige Milchkühe, die grasen und sich melken lassen.
    Ist es dann sinnvoll, dem jungen Menschen den Willen zu brechen und dann als Ersatz die Pflicht einzuimpfen?

Wer Sieger will, braucht vor allem Siegeswillen. Deshalb muss der Wille des neuen Menschen gestärkt werden, nicht aber gebrochen.
    Der Wille muss aufgeputscht werden: Leidenschaft ist gefordert, Begeisterung für die geforderte Arbeit, bedingungsloser Einsatz!

Deshalb sollen wir heute alle wie Raubtiere werden. Das Obensein wird wie ein Höherwertigkeitstrieb in uns gepflanzt, während der Pflichtmensch früher durch Minderwertigkeitsfurcht über der Durchschnittlichkeitsgrenze gehalten wurde. Obensein ist alles!

Die erste Pflicht des heutigen Menschen ist es, die Nummer eins zu sein.
    Er soll süchtig sein, nach oben zu kommen.
    Es ist die Zeit der *Supramanie*.

Supramanie – das ist ein dunkel klingendes künstliches Wort, das ich als Buchtitel meines Anschlusswerkes zur *Omnisophie* gewählt habe. Untertitel: *Vom Pflichtmenschen zum Score-Man.*

Wenn die Raubtiere allesamt einzeln siegen sollen, was tun sie dann? Sie kämpfen um Anteile, sie kämpfen gegeneinander. Sie stehen im gnadenlosen Wettbewerb. Jeder gegen jeden, nur einer oder zwei bleiben übrig. Der bloße Pflichtmensch tut nicht genug. Er fügt sich bloß ein.

Es wird ein neuer Menschentyp verlangt. Ich nenne ihn: Score-Man. Der Mensch von heute wird gemessen und geratet, eingeschätzt und gerankt. Alles kommt auf seinen Tabellenplatz in der Rangliste an, der seinen Abstand von der Nummer eins anzeigt. Ist er Aufsteiger? Steigt er ab und muss bald in eine andere Liga, in der er unten irgendwo doch noch der Beste sein kann, in einer kleinen Nische, in der keine Großen sind?

4. Zeit des Supratriebes

Der neue Supramensch entsteht durch Aufpeitschen des Willens. Das Brechen des Willens ist abgesagt. Der Supramensch soll mit einem Supratrieb ausgestattet werden. Dazu schickt man ihn in Kämpfe und Wettbewerbe. Sie heißen Turnier, Klausur, Test, Wettkampf, Vergleich, Leistungsmessung, Bewertungsrunde. Der Supramensch bekommt überall Rangnummern. Er weiß, wie hoch er gekommen ist. Hochleister? Aufsteiger? Versager? Die Versager steigen ab, werden entlassen oder abgeschoben. Furcht breitet sich aus.

Das Prinzip der Supramanie beruht auf künstlicher Not, aus der sich Menschen nur befreien können, solange sie Spitzenleistungen bringen.

Spitzenleistungen werden zum Teil fürstlich belohnt. Alles Gold dem, der Sieger ist!

Der Wille des Menschen wird aufgepeitscht und in eine vom System gewünschte Richtung gelenkt. Der Wille wird der Richtung folgen, in der das Gold am Horizont liegt.

Wenn ich das Gold will, will ich das Fremde. Aus „Du musst!" wird „Ich will!" Das Fremde gibt sich wie Vernunft oder Wissenschaft, die erforscht hat, dass alles global darwinistisch sein muss. Wenn ich dazu „Ich will!" sagen kann, gehe ich den Weg dieser Vernunft, die aber künstlicher Trieb ist, um mich zum Raubtier zu wandeln. Deshalb sagte ich: 90 Prozent der Vernunft sind Trieb. Oder mehr?

5. Wie kämpft, wer nicht siegen kann?

Wer nicht siegen kann, ergeht sich in Drohgebärden, er stellt Beine, versteckt sich, legt sich in Hinterhalte, führt Guerillakriege und versucht sich im Terror. Was sollte er tun?

Menschen beginnen, die Zahlen zu schönen, Punkte herauszuholen, die Messsysteme zu beschummeln und zu stehlen. („Es ging um meinen Job, es ist quasi nur Mundraub gewesen.") Menschen stellen sich als den Sieger dar. („Diese Wahl hatte nur Sieger.") Sie putzen das Vorteilhafte bei der Arbeit heraus: „Von allen in der Abteilung habe ich mich am meisten bemüht." Sie schmälern die Verdienste der Sieger: „Sie haben uns um unseren Lohn betrogen, denn es war eigentlich unsere Idee." Sie hetzen im Windschatten der Sieger: „Ich bin sein Knappe, gib mir Geld, damit ich dich zu ihm lasse." Sie spezialisieren sich auf unsinnige Nischen, wie es fast aller Wissenschaft eigen ist: „Ich bin der Sieger in dem Fach NLP = LP für die Spezialklasse der Nemathelminthes." Sie üben sich alle in der Kunst, sich zum Sieger zu erklären, was ich schon öfter als die inverse Optimierung, also die Topimierung beschrieben habe. (Topimierung hat die Erfindung eines Optimierungsproblems zur Aufgabe, dessen einzige optimale Lösung der eigene Status quo ist. Insofern löst die Topimierung das mathematische Problem, sich selbst zum Sieger zu erklären.)

Manche Menschenarten, besonders wieder die Wissenschaftler, üben sich in der Kunst, eine kleine oder sehr vage klare Idee für den Schlüssel zur Rettung der Menschheit darzustellen, wenn denn die Menschheit nur anerkennen würde, dass diese Idee die beste wäre. („So wird aus dem realen Sozialismus der wahre Kommunismus – wenn nämlich alle Menschen nicht nur gleich sein müssen, sondern auch gleich sein wollen! Diese Idee hat Bedarf nach diesem Bedürfnis!") Die Kunst, etwas Künftiges, das nicht eintritt, für den Sieger zu erklären, heißt natürlich Utopimierung – wie Utopie, nicht wahr? Ich erkläre eine Utopie für top – das ist eine relativ angenehme Form des Pseudo-Siegens.

Ach, ich lästere schon wieder unbestimmt! Sehen Sie es vor sich? Wissenschaftler fälschen Daten, damit ein Nobelpreis daraus wird. Manager schönen die Bilanzen. Bilanzbürokratie wird zur Bilanzakrobatik. Menschen machen allgemein Überstunden und geben hohe Leistung vor, die aber nur unter Opfer aller Wochenenden und der Familie möglich war. Menschen werden allergisch, stresskrank und neurotisch, die Kinder kaum noch richtig erzogen, mehr und mehr nur logistisch zwischen Aufbewahrungsstationen betreut ... Scheidungen, Alkohol, Drogen! Alles Trieb, nicht wahr? 90 Prozent? Oder mehr?

Es liegt nicht an der schlechten Konjunktur, nicht am Irak-Krieg oder an Pisa.

Wir peitschen die Triebe der Menschen hoch, der Beste zu sein.

Wenn aber alle die Besten sein wollen, was logisch nicht geht, dann kämpfen sie miteinander im Wettbewerb. In Kämpfen fließt Blut. Blut kostet.

Die Politiker haben wohl (bis auf ein paar, die ich namentlich aufzählen kann) in den letzten Jahrzehnten erkannt, dass Kriegführen zu teuer ist. Nationen bluten aus, wenn sie supraman sind. Nationen gedeihen besser, wenn sie in Frieden auskommen, Freunde werden, zusammenarbeiten, Vertrauen bilden, alles gütlich regeln.

Genau in diese wesentlich ökonomische Einsichtsphase hinein platzt der Beginn des Turbokapitalismus, der nun die Supramanie unter den Unternehmen wie den Shareholder-Value zum ultimativen Prinzip erhebt. Die Triebe, die sich zwischen Nationen entluden und die wir uns finanziell nicht mehr leisten können, werden nun eine Ebene tiefer gelegt. Unternehmen kämpfen.

Universitäten kämpfen. Lesen Sie's noch einmal: Universitäten kämpfen! Um Rankings und Leistungszulagen, um das Überleben der Fakultäten („eine reicht für das Land"?). Wer ist der beste Forscher? Und wenn man keinen Nobelpreis schaffen kann: Wie forscht man, wenn man keine Idee hat? „Ich habe vor, nun den endgültigen Nachweis der Riemann'schen Vermutung zu erbringen. Mein Zeitplan sieht disziplinierte 20 Jahre Forschung vor, also fällt die Lösung auf mein 72stes Lebensjahr. Ich bin bereit, so lange auch unentgeltlich zu arbeiten. Lassen Sie mich nur eben bis dahin in Ruhe nachdenken. Sie werden sehen!" So geht Utopimierung. Für Ärzte zum Beispiel gibt es ja schon Topimierungssoftware, die zu jeder Konsultation noch alle Behandlungspunkte auf die Rechnung schreibt, wie sie im Prinzip vorgekommen sein könnten: „Besonders schwerer Fall von Übergewicht, der einen doppelten Hebesatz rechtfertigt." Topimale Liquidation der Patienten. Bald gibt es sicher auch Software zur Erzeugung optimaler Vorschläge zur Erlangung von EU-Forschungsgeldern? Automatic Proposal Generator?

Weil nun im Kampf um das Gold immer tiefer unter die Gürtellinie geschlagen wird, weil es unfair oder verschlagen zugeht, weil List und Tücke der Wehrlosen die Messungen der Rankings trüben, weil Marketingmaschinen Nebel werfen, muss es immer mehr Akkreditierungskommissionen, mehr Controller, mehr Polizei und Aufpasser aller Art geben …

Bald gibt es mehr Schiedsrichter als Spieler. Beim Fußball sind es immerhin schon mal drei auf zweiundzwanzig Spieler, Tendenz steigend. Dazu zwei Bänke mit Scharfmachern am Rande. Mehr Preiskalkulatoren und Verspätungsansager als Züge!

Korrigiert jede Abiturarbeit fünfmal oder öfter! Zählt Erbsen, aber sorgfältig! Es muss gerecht zugehen in dieser Welt! Es geht um das Überleben – da darf nicht geschludert werden ...

In einer supramanen Welt, also einer, in der der Pflichtmensch die heilige allererste vornehmste Pflicht bekommt, der Sieger zu sein und damit zum Score-Man mutiert, wird ungeheuer viel Energie erzeugt und dann durch Kampfverluste wieder vernichtet. Wir arbeiten im Vergleich zu 1990 mindestens als Informatiker 50 Prozent länger, dazu dichter, haben dazu viel mehr Reisezeiten. Die meiste Zeit war Hochkonjunktur. Warum schwimmen wir nicht in Geld? Weil es für den Kampf gebraucht wird ... Nicht gerade 90 Prozent, aber mehr als Sie denken.

Irgendwie lohnt sich Supramanie nicht. Hab' jetzt ein ganzes Buch drüber geschrieben. Hätte gedacht, das reinigt meine Seele. Und jetzt kommt wieder so eine der trüberen Beta-Kolumnen heraus. Dabei wüsste ich, was zu tun wäre! Ich weiß aber nicht, ob ich es Ihnen mitteilen soll. Was mir so im Sinn ist, könnte ganz gut eine Utopimierung sein. Oder eine Art künstlicher Trieb notorisch für nötig gehaltener Weltverbesserungssehnsüchte in mir. Ich warte noch ein wenig, bis ich einen Zipfel davon zu 90 Prozent oder mehr real fassen kann. Im Augenblick kann ich es nicht fassen.

XX. Deutschland in der Billigenz-Falle

1. Das Unangenehme und das Intelligente

Das Alter mag mir in den Knochen sitzen oder es hält dort Einzug. Ich muss mich zu großen Sprüngen viel mehr zwingen als früher und ich frage mich, ob ich solche noch wirklich hinbekomme. So viel Schwung hatte ich einst! Ich rannte so schnell, dass ich sogar im heftigen Stolpern die Treppe hinauffiel. Oben muss man sich nur noch festhalten, nicht wahr?
  Die Philosophen sagen aber allgemein, ich solle loslassen.

Das tue ich ja auch. Ich lasse langsam meinen jungen Ehrgeiz sein. Ich muss nicht mehr jeden Baum im Garten selbst fällen und zersägen. Ich muss mich nicht mehr so schmutzig machen wie noch vor Jahren. Ich lasse jetzt den Ölwechsel von einem Tankwart erledigen. Daran ist die Autofabrik schuld, die den Ölfilter an eine so unmögliche Stelle konstruiert hat, dass ich keine Lust mehr am schwarzschmierigen Abschrauben habe. Bei meinem jetzigen Auto weiß ich gar nicht mehr, wo der Filter sitzt, weil ich gar keine Hoffnung habe, ihn woanders zu finden als auf der Rechnung. Seit einigen Jahren sind die Kinder groß oder erwachsen, wenn ich mich nicht irre (Eltern sehen das nie so ein, es gibt da eine große Latenzzeit, bis sie es merken!). Meine Frau leitet wieder eine kleinere Bibliothek und ich bekomme etwas Geld für die Bücher, die Sie netterweise kaufen und wohl an Ihre Kunden und Verwandten verschenken. So kommt seit einiger Zeit eine Zeitarbeitskraft, die das Cleaning-Management bei uns vollverantwortlich übernimmt. Jemand fällt unsere Bäume. Herr Esso wäscht das Auto nach einem ausgeklügelten computergesteuerten Erfolgsprogramm, gegen das ich keine Chance hätte. Wo ich mir früher die Hacken abgelaufen hätte, klicke ich heute nur noch. eBay steigert meine Freude. Die Bank sieht mich nie mehr. Ich musste neulich so lachen, als sie mich zu einer Umfrage einluden und fragten, ob ich mit der Bank zufrieden wäre! „Ist es dort sauber?" – „Werden Sie ganz sicher nach jeder Unterschrift angelächelt?" – „Ist der einzige Parkplatz vor der Großfiliale für Sie ausreichend, wenn er frei ist?" Was soll ich antworten? Das alles brauche ich nicht mehr.

Ich habe das outgesourct. So heißt das im Neudeutschen. Man bezahlt andere, das zu tun, wofür einem selbst die Zeit fehlt oder was einem stinkt. Manchmal ergibt es Synergien. Ich habe keine Zeit, zur Bank zu gehen und die Bank findet es zu teuer, mit mir zu reden. Wir treffen uns im Internet. Die Banken lösen sich deshalb langsam ins Internet auf, was hoffentlich nicht unbillig wird. Ich lasse reinigen. Ich lasse den Partyservice kommen! Alles macht jemand, der das besser kann als ich. Wir lassen uns privat in die Service-Gesellschaft treiben. Alles wird outgesourct.

Früher hätte man sich darüber empört! Man sagte damals noch, jeder Nationalstaat, der etwas von sich halte, müsse unbedingt autark sein, weil er sonst Opfer fremder Mächte würde. Die Großkonzerne hatten eine beliebige Fertigungstiefe und hatten fast den Ehrgeiz, selbst das Kohle- oder Toilettenpapier am laufenden Band für den Eigengebrauch zu produzieren. Das selbstständige Überleben war das Ziel. Wir können alles allein! Heute, nur ein paar Jahrzehnte später, putzen sich Firmen wie Bräute, schminken alles sorgfältig auf real und lassen sich nötigen. „Et tu, felix firma, nube." Das war früher verpönt, schrecklich verpönt! Allenfalls warb man Gastarbeiter an.

Hässliche Zungen sagten damals, der Deutsche lasse nun die Fremden die Arbeit tun, die ihm nicht gerade ans Herz gewachsen sei: Kellnern, Spargelstechen, Putzen, Mauern, Straßenbauen, Müllkippen, Bandarbeiten. Die meisten sagten: „Für dieses wenige Geld tue ich diese Arbeit nicht!", aber sie mochten die Arbeit an sich nicht. Die Arbeit an der Supermarktkasse ist zum Beispiel entsetzlich schlecht bezahlt und heiß begehrt!

Im Grunde drücken wir uns vor dem Unangenehmen. Wir sind so froh, wenn das ein anderer macht. Wir sourcen es aus. Dafür sind wir im Gegenzug auch bereit, den Menschen, der uns das abnimmt, schlecht zu entlohnen. Dafür geben wir einer Amaniteurin auf Mallorca reichlich Trinkgeld, wenn sie hepp-hepp ein bisschen Schwung mit Musik in unsere Knochen bringt, den wir zu Hause beim Outsourcen eingebüßt haben. Können Sie jetzt die folgende Aussage eines Züricher Taxifahrers genießen? Ich hatte mich bei ihm im Namen meiner Firma beklagt, dass die Taxitarife in der Schweiz offenbar doppelt so hoch seien wie in Deutschland. Er erwiderte, in Stein gemeißelt, dies: „Wissen Sie, alle Arbeit muss getan werden, die angenehme und die unangenehme. Es geht nicht an, das Unangenehme abzuwälzen, sondern man muss aus ihm einen menschenwürdigen, hoch bezahlten Beruf machen, der den Ausübenden ehrt und nährt. Deshalb ist ein Taxi hier in der Schweiz sehr teuer, und es ist gut so." Ich weiß ja nicht, ob das stimmt, aber es löste in mir etwas aus, was ich durch hartes Hinterfragen nicht verlieren mochte. Ich bewahrte es im Herzen auf, um es Ihnen jetzt zu erzählen. Taxifahrer sind sehr oft philosophisch ...

Das Unangenehme kann jemand anders machen. Kind, hol Mineralwasser aus dem Keller! Kind, stell den Müll raus! Kind, hilf beim Jäten! Kind, nein, oh nein, kochen kannst du natürlich nicht, oh nein, du bist erst 16, aber abwaschen wirst du hinterher, da bin ich sicher – wir sind ja als Familie ein Team, in dem jeder seine Pflichten nach seinen Kräften ausübt, die je nach Machtlage festgesetzt werden.

Es gibt aber noch eine zweite große Servicelinie, die ich nutze. Ich source Services aus, wenn ich nichts davon verstehe. Ich gehe zum Arzt und bezahle ein Heidengeld. Meistens diagnostiziert der Arzt genau das, was in meinem dicken Gesundheitsbuch steht (das handelt von Krankheiten). Dann bin ich beruhigt, dass ich für das viele Geld etwas Solides auf Rezept bekommen habe. Goldkronen lasse ich mir einsetzen. Ich gehe zu einem Rechtsanwalt. Ich gehe zu einem ...

Ich bezahle also eigentlich für das Unangenehme, was ich nicht tun *mag*, und für das Intelligente, was ich nicht tun *kann*.
    Leider ist das Intelligente sehr teuer. Ich bin einfach in einer schlechten Position, weil ich keine Ahnung habe. Aus Verzweiflung lasse ich manchmal einen Kostenvoranschlag machen, den ich auch nicht verstehe. Muss ich denn wirklich bezahlen, was da steht? Zieht man mir das letzte Hemd aus? Warum ist Intelligenz so teuer?
    Warum?
    Vielleicht gibt es zu wenig? Ich blicke mich um. Es wuselt um mich herum an Menschen. Ich sehe mich gegenüber im Spiegel. Hmmh.
    Pisa.
    Die höheren Industrieländer, so sagte man vor Jahren, werden nur noch die Blaupausen ersinnen. Sie sind nur noch für das Intelligente da. Den Rest machen die Schwellenländer.

2. Billigenz

Ich habe gelesen, dass Österreicher den Zahnarzt billiger bekommen, wenn sie nach Ungarn fahren. Es scheint so, dass das Intelligente in Ungarn billiger zu bekommen ist.
    Die Ungarn merken das aber und erhöhen die Preise, weil sie intelligent sind.

Deshalb muss man mit den Jahren immer weiter reisen, um das Intelligente billiger zu bekommen. Und je weiter man reist, umso schlauer werden die Intelligenten?

Wir gehen auf die Suche nach der Billigenz, nach der billigen Intelligenz.

Wissen Sie, was noch genialer ist als Blaupausen machen und dann andere an der lästigen Produktion arbeiten zu lassen? Ja! Wir lassen die Blaupausen in Billig-Intelligenzländern zeichnen, geben den dortigen Arbeitskräften, den Billigenzlern, ein bisschen Geld und dann verkaufen wir die Blaupausen zu einem Preis, der so hoch ist, dass man denkt, das alles sei uns selbst höchstpersönlich eingefallen. Was wir also brauchen, sind stabile Billigenzländer, in denen Intelligenz billig hergestellt wird. Wir selbst organisieren einen effzienten Billigenzhandel.

Es muss ungefähr wie beim Strom gehen. Wir lassen den Strom irgendwo machen und leiten ihn dorthin, wo er gebraucht wird, zu uns selbst zum Beispiel. Wir verbrauchen ihn und zahlen so viel Geld dafür, dass man denkt, wir hätten ihn selbst gemacht. Das Geld wird dann beim Handeln und Umleiten verdient. Man muss nur noch darauf achten, dass wir in Waldhilsbach keine Direktleitung nach Norwegen oder in die Schweiz legen lassen. Das wäre schlecht für die Händler, die lange Leitungen bevorzugen.

Ich überlege gerade, wie ich aus Billigenz ein Geschäft mache. Na, bevor man überlegt, was man eigentlich wirklich baut, ist es heute sicherer, man meldet es als Patent an. Abgehakt. Habe ich natürlich schon gemacht, bevor ich das hier in der Kolumne vor Ihnen breit trete. Das Anmelden muss ja geheim sein, es ist deshalb in diesem Stadium noch nicht so wichtig, was es genau ist. Wenn es patentiert ist, muss ich Reklame dafür machen, zum Beispiel durch das Schreiben von Kolumnen. Bei der Reklame geht es vor allem darum, ein griffiges knuffiges Vorstellungsbild für etwas heiß von Ihnen Gewünschtes aufzubauschen. „Billigenz! Aaaah! Das wollte ich schon immer!", so werden Sie jetzt denken. Und dann träumen sie von Schwaden von Billigenz.

Das dauert ein bisschen und tut Ihnen gut. Bald aber werden Sie konkrete Produkte erwarten, wo ich selbst eher an Anzahlungen dachte. Wollen Sie nicht schon für die Version 0.01 unterschreiben? Sie können später problemlos upgraden, wenn sich alles irgendwie entwickelt.

Was aber entwickelt sich?
Hmmmh.
Entwickeln? Software?

Das ginge.

Wir haben doch in Deutschland kaum Leute, die gute Software entwickeln. Und die sind sehr, sehr teuer, weil sie intelligente Arbeit machen.

Das wäre was für Billigenz.

Ich muss also ein Billigenzland finden, in dem Software billigent entwickelt werden kann.

Indien! Das muss es sein. Ich schaue mal bei Google. Moment. Billigenz! Enter. „Meinen Sie *billigen*?" Ach, Google. Google ist manchmal gar nicht so helle. Wenn Sie zum Beispiel meinen neuen Buchtitel *Supramanie* eingeben, findet Google 19 wesentliche Hits von 845, fragt aber frech oben drüber: „Meinten Sie *Superman*?" Haha.

Da! Es gibt Firmen, die die Software-Entwicklung outsourcen! Nach Indien! Und China! Moment, habe ich China auch patentiert? Ja, ich hatte alle Länder mit Billigenz angegeben. Vorsorglich alle, weil ich mir in dieser Phase noch nichts überlegen wollte. Beim Patentieren muss man den Claim so unverschämt wie möglich stecken. Das signalisiert große Erfindungshöhe. Dann kann ich bei späteren Anfechtungsprozessen großer Organisationen wieder etwas nachgeben. Aber – wenn ich so bei Google herumschaue – Software-Entwicklung wird schon outsourct. Call-Center auch. Die Inder können nicht nur billigenter programmieren, sie beherrschen auch alle Sprachen. Wenn jetzt aber *alle* Inder programmieren würden? Das wird ja bald so sein, wenn ich denke, wie viel Gewinn da für uns zu machen ist. Dann wäre es vielleicht wirtschaftlich effizienter, wenn wir alle Indisch oder Chinesisch oder beides statt Englisch lernen. Ich meine: Wenn die Intelligenz nach Indien oder China outsourct wird, sollte sie dort auch optimale Arbeitsbedingungen haben. Dadurch könnte für uns ein definitiver Billigenz-Vorteil erzielt werden.

Verteufelt! Software-Entwicklung scheint schon abgegrast zu werden. Ich muss mir ein anderes Business-Model überlegen. (Ich schreibe das immer mit einem l, es bringt einfach mehr.)

Ha, ich hab's! Grundlagenforschung!

Grundlagenforschung ist sehr teuer. *Sehr* teuer! Heute beschäftigt man Grundlagenforscher, die ein hohes Gehalt bekommen und dabei die ganze Zeit noch nicht wissen, was sie herausbekommen werden – und ob sie überhaupt etwas herausbekommen. Wenn Sie zum Beispiel so ein Shareholder-Typ sind, können Sie der Grundlagenforschung gar nicht ohne starke Nervosität zusehen. Schon deshalb wäre die Grundlagenforschung in Indien besser, weil es weit weg ist. Wir könnten ja auch die Billigenz-Verträge so gestalten, dass nur nach Fortschritt bezahlt wird. Wenn also jemand wirklich eine neue Grundlage erforscht, schwupp, dann zahlen wir diese Billigenz. Sonst eben nicht. Das erspart jede Nervosität über das Grundrisiko der Forschung.

Heute ist es so, dass ein Forschungsprojekt mit dem Versprechen startet, zum Beispiel herauszubekommen, ob zweisprachig erzogene Kinder, deren Eltern Abitur haben, besser Sprachen lernen als eine diffuse Vergleichsgruppe von anderen, zufälligen Menschen. Es ist ziemlich klar, schon vor dem Forschungsprojekt, dass die Antwort JA ist, aber es ist noch nicht wissenschaftlich abgesichert, was sicher besser wäre. Außerdem können die Forscher das Design des Experimentes verderben, so dass trotz aller Sorgfalt doch NEIN herauskommen könnte, was die ganze Menschheit zum irrtümlichen Umdenken zwänge. Nicht auszudenken!

Die Billigenzlösung wäre zum Beispiel, nur dann zu bezahlen, wenn wirklich NEIN herauskommt. JA wissen wir ja schon. Vielleicht weigern sich die Billigenzen dann aber, unter diesen Bedingungen überhaupt noch seriös zu forschen. Das wäre aber ein starker Indikator, dass JA die richtige Lösung ist. Das ist dann nicht die herkömmliche wissenschaftliche Absicherung, sondern die billigente. Aber ich merke, ich denke schon zu sehr im Einzelnen. Jetzt ist ja erst die Vision auszuarbeiten, nicht schon die Klein-klein-Schummelei, wenn es um die Verträge gehen wird.

Ja, die ganze Grundlagenforschung könnten wir billigent machen lassen. Ich selbst habe eine Diplomarbeit über folgendes Thema geschrieben: *Hausdorff-Dimensionen von Mengen nicht-normaler Zahlen*. Es würde hier viel zu weit führen, zu erklären, worum es da geht. Klingt ein bisschen wie Medizin, gell? Es wäre ein interessanter Gedanke, die Lösung dieses Problems bei eBay zu versteigern. Die Arbeit hatte die Note Eins, ich habe ein halbes Jahr daran gearbeitet. Das sind etwa 1.000 Arbeitsstunden. Nach normalem Werkstudententarif wären das etwa 12.000 Euro, die es kalkulatorisch gekostet hat. Wie viel würde dieses schöne Stück Forschung bei eBay erzielen? Ich würde es mit 1 Euro starten lassen, damit sich die Universitäten beim Überbieten schön rangeln können …

Wir sagen einfach den Billigenzlern, sie sollen etwas billigent erforschen und dann bei eBay versteigern. So?

Vielleicht könnten wir die wissenschaftliche Forschung ganz in Billigenzländer geben? Wären wir selbst da noch wettbewerbsfähig? Oder wir verteilen die Forschung anders? Ich könnte mir in einer Übergangsphase gut vorstellen, dass ich erst einmal Hilfssätze oder Lemmata von Billigenzen einkaufe, die ich dann zu größeren Lehrsätzen kombiniere, damit ich noch der Verfasser bin. Es ist dann so ähnlich wie bei Professoren, die kaum jemals in die Uni kommen und mit ihren Assistenten nur per

E-Mail korrespondieren. Das kann bei Billigenzlösungen ganz genau so weiter betrieben werden! Nur die Sprache ist englisch, oder später indisch oder fachchinesisch natürlich.

Donnerwetter, ist das eine starke Vision! Wir fangen erst mit Software an. Dabei bildet sich in den Billigenzländern die Intelligenz in Massen aus. Alle bilden sich dort gut aus, weil es immer mehr Aufträge aus den überteuerten Industriestaaten gibt. Erst wird die ganze Software geliefert, dann die ganze Forschung, dann die „on demand"-Abwicklung unseres privaten Lebens! Jemand steuert per Internet die Waschmaschine oder bedient billigent den DVD-Player, woraufhin die Bedienungsanleitungen weiterhin so bleiben können, wie sie sind! Meine späteren Enkel haben einen Pauschalvorlese-Service am Bett oder überhaupt billigente Ferntagesmutterbetreuung per Knopf im Ohr, was sie sicher stolz macht, weil sie damit schon so wichtig herumlaufen wie ein ins Leere redender Software-Berater am Freihandy!

Mit einem Wort: Wir sourcen einfach die *ganze* Intelligenz aus. Dann haben wir damit kein Problem mehr. Wir bekommen aus den Billigenzländern das Schwierige für einen Pappenstiel und wir müssen nichts mehr am Bildungssystem reformieren. Wir nutzen einfach nur den Intelligenzunterschied zwischen den Ländern zu unseren Gunsten aus. Das ist eigentlich das einzig Intelligente, was wir tun müssen.

Wow! Das ist schlau.

Wir machen mit Sicherheit damit so viel Gewinn, dass wir in Deutschland neue Berufe entwickeln können, die nicht outsourcbar sind. Was könnte das sein? Es darf nichts Unangenehmes sein, weil wir dass schon alles weggegeben haben. Das wäre auch ein Rückschritt, wenn ich wieder anfinge, mein Auto zu waschen, während ich warte, dass meine Kolumne per E-Mail aus China kommt.

Es muss daher Spaß machen und darf nicht outgesourct werden können. Kinder kriegen? Die brauchen wir auch nicht mehr so, wenn es wirklich billigent zugehen soll. Billy-Gents statt Boy. Was aber dann?

Ich unterbreche einmal das Schreiben und ziehe mir einen Becher Guatemala.

Bin wieder da. Moment. Brain! Es fehlt mir ein Wort dafür. Beckmesser. What you can measure, isn't creative. Prüfen. Kontrollieren. Genehmigen. Muss unbedingt englisch sein. Wie: Made in Germany. Messen. Messen.

Erst mal ein Arbeitstitel: Messed in Germany. Ich meine: Über der Billigenz steht ja noch mehr. Das Umfassende und Übergreifende. Gute Arbeit allein ist ja nichts, wie intelligent auch immer. Sie muss ja erst überprüft, gecheckt, gerated werden. Ein Stempel muss drauf, ohne Stempel kann kein Schwein verkauft werden. Wissenschaft gilt erst als solche, wenn sie evaluiert ist. Über der Wissenschaft steht der Evaluator. So wie der Schaffner das Wichtige im Zug darstellt. Er schaut nach, ob nur Berechtigte anwesend sind. Türsteher, Gralshüter. Irgendwer muss das Niveau sicherstellen, weil dieses so leicht abrutscht. Zum Beispiel stellen wir schon heute die Intelligenz des Schulunterrichtes nur durch zentrale Abituraufgaben sicher.

Ja, da! Irgendwo müssen wir hin. Prüfen und Abhaken ist nicht unangenehm, ganz im Gegenteil die Erfüllung für viele von uns. Alles, was outgesourct wird, muss ja überprüft werden! Stimmen die Qualität und das Quantum? Sind alle Vorschriften eingehalten? Halten sich die Billigenzler an die Sicherheitsvorschriften? Wissen sie, wo der Feuerlöscher steht? Halten sie sich an die Kleiderordnung?

Wir könnten ein Evaluatorenvolk werden! Wir bestempeln alles und machen dadurch erst die Billigenz zur Brilliganz. Wir definieren die Ablieferungsprozesse und Vorschriften, nach denen die Blaupausen zu erfinden sind! Wir befehlen den Nationen dieser Welt, welche Ordnungen und Prüfungen zu durchlaufen sind!
    Wir können dies am besten. Wir sind nicht bestechlich. Wir prüfen mit stiller Freude. Unser Leben ist eine einzige Prüfung. Wir verdienen viel Geld mit Stempeln. Wir müssten nur die schwarze Farbe selbst produzieren, dann sind wir als Stempler-Orden von aller Welt unabhängig!

Denn der Stempel ist höher als alle Intelligenz.
Marked in Germany.

Danach werden alle streben: The German Mark.

[Anmerkung 2007: Das war damals die ewige Schlusspointe der Kolumne, die aber leider heute schon dem Euro zum Opfer gefallen ist!]

XXI. Techies in the box

1. Menschen in der Box

Diogenes dachte in der Tonne. Wir denken für die Tonne. Dabei gibt es tonnenvoll zu tun, gar nicht auszudenken, wie viel!

Ich möchte ein paar Gedanken zum eingefahrenen Denken darlegen. Das ist nämlich eine verteufelt gefährliche Sache. Wenn Sie zum Beispiel immer dasselbe denken, dann verstärken sich dort die Verbindungen in Ihrem Gehirn! Schließlich *müssen* Sie immer an das Eine denken, weil sich Ihre Struktur versteift hat. Sie wirken automatisch und monofunktionell. Ökonomisch gesehen ist es ganz und gar unsinnig, immer wieder dasselbe zu denken. Einmal reicht ja. Es ist nicht wie bei Bratkartoffeln, die ich immer wieder esse. Oder doch? Vielleicht wollen wir nur denken, was uns Freude macht? Wir brauchen womöglich Freude beim Denken? Ja! Bratkartoffeln! Wir merken uns nur diejenigen Gedanken, die uns Freude beim Denken gemacht haben und denken diese immer wieder.

So könnte es sein.

Ich denke, ich könnte immer an genüssliche Rache denken! Ich denke, wie ich allen möglichen Menschen das ehrliche Eingeständnis abringe, dass ich der Beste bin. Ich denke nach einem jeden Tadel hundert Mal, wie absolut unschuldig ich war, in allen Facetten, mit allen Nebenneuronen, damit mein Gehirn nie an den schuldigen Stellen nutzbar gemacht werden kann! Ich denke nur noch an etwas, was lieb oder teuer ist!

Manchmal stolpert das Hirn in einen ungewohnten Gedanken hinein. Eine neue Idee will sich einschleichen! Vorsicht! Die müssen wir meistens unschädlich machen: „So geht es nicht! Es passt nicht! So haben wir es noch nie gemacht! Zu viele Änderungen! Der Chef würde es nicht wollen und die Bibel sagt nichts dazu!" Wenn jemand eine neue Idee äußert, sagt man, er denke „out of the box". Es ist nie ganz klar definiert worden, was eine Box ist. Pferde stehen in der Box. Boxenluder warten in der Box. *Eine Box ist ein von anderen gleichartigen Räumen abgeteilter kastenförmiger Raum innerhalb einer größeren Einheit.* Box – das hat etwas an sich wie *Batterie*. Eine Batterie ist eine zusammengeschaltete Gruppe gleichartiger technischer Vorrichtungen oder Elemente. Statt Boxenhuhn sagen wir Batteriehuhn. Es kennt nur Boxen in der Batterie und denkt sicher nur in der Box. In Firmen sprechen wir von Abteilungen, Departments oder Cubicles. In Universitäten kennen wir Institute. Institutum ist lateinisch und bedeutet „Einrichtung, Brauch, Verordnung". In einem Institut für Informatik III wird also ausschließlich über Informatik III nachgedacht. Für andere Dinge ist das Institut nicht zuständig. Es kann also nichts denken, was etwa Finanzstatistik IV wäre, weil es dafür nicht kompetent ist.

Es kommt vor, dass ein Pferd durchbrennt. Man fängt es ein und sagt: „Wir haben es wieder in der Box." Es kommt vor, dass jemand etwas denkt, was nicht zu seiner Religion gehört. Da geht man der Sache nach und justiert das Hirn (lateinisch iustare „berichtigen" oder „Geräte, Maschinen oder Menschen, bei denen es auf eine genau richtige Einstellung ankommt, *vor Gebrauch* einstellen oder eichen"). Vor allem Gebrauch steht immer das Justieren! Und wir sagen: „Er hatte sich in eine seltsame Idee verrannt. Er sah plötzlich Freiräume. Wir konnten ihn einfangen und auf die Linie einschwören. Er ist wieder zuverlässig und tickt richtig. Wir haben ihn wieder in der Box."

Es gibt schreckliche Algorithmen, die den Menschen bedrohen und ihn in die Box falten. Vor ihnen soll dieser Artikel warnen.

2. In die Box! Das Beratungsprojekt

Berater bieten an, nützlich zu sein. Sie behaupten, sie böten Wissen on demand. Man bekommt also genau das Wissen, das man sich wünscht, bei ihnen gekauft. Natürlich müsste man es streng genommen nicht mehr kaufen. Denn Wissen, das ich mir wünsche, weiß ich ja schon. Beraterwissen ist aber solches, das man gesagt bekommen möchte.

Zum Beispiel weiß *ich selbst* beim bloßen Schauen aus dem Fenster, ob und wann der Rasen gemäht werden muss. Es ist aber etwas anderes, wenn mir meine Frau das sagt. Dieses Wissen macht mich böse und es zwingt mich zum Handeln. Solches Wissen ist nicht mit Geld zu bezahlen, ich meine, ich möchte es nicht geschenkt bekommen.

In der Realität wird es so praktiziert, dass meine Frau einen Berater bezahlt, damit mir der Berater den Zustand des Rasens klarmacht. Meine Frau könnte also eine Freundin zum Kaffee einladen, wobei ich beraten werden kann und sofort in den Zustand des Rasens gerate. Beraterwissen macht also auch böse und fordert zum Handeln auf. Berater oder Prediger dienen dazu, erwünschtes Wissen anderen zu vermitteln, die es nicht geschenkt haben möchten. Deshalb wird es ihnen notfalls gekauft. So wie es für meine Frau klüger ist, dass sie mich durch die Freundin beraten lässt, so – Sie verstehen schon. Der Berater hat eben eine bestimmte Funktion.

Da kommt mir ein schillernder Gedanke: Beraten lassen oder beraten werden – das ist wie oben sein und unten sein! Deshalb bitten Männer nie um Hilfe. Deshalb helfen Frauen ... – oh, da fällt mir das Buch von Shaw über Menschen und Übermenschen ein ...

Wenn Sie einen Berater engagieren, mir zu sagen, dass ich den Rasen mähen soll, ist es ungeschickt, mir einen Rasenexperten zu schicken, der mir am Telefon das Mähen empfiehlt. Ich würde ihn unweigerlich anblaffen: „Ich weiß, dass Rasenflächen von Zeit zu Zeit gemäht werden müssen. Aber mein Rasen hat noch Zeit, er ist noch kurz oder kurz davor." Deshalb rät man Beratern, sich mit der konkreten Sachlage vertraut zu machen und die finale Aussage, die vorher schon feststeht, mit sachkundigen Nuancen zu individualisieren. Eine so genannte generische Aussage („Man mäht Rasen!" – „Unternehmen sollen Gewinn machen!") macht für sich nicht böse genug. Deshalb muss ein Berater vor Ort meinen Rasen anschauen und in der Höhe vermessen. Er muss Benchmarks oder Lists of Excellence mitbringen, die im internationalen Vergleich belegen, dass es Zeit zum Mähen ist. Der Vorgang, den Rasen zu messen und vergleichende Schlüsse zu ziehen, wird *Projekt* genannt. Ein Projekt ist scheußlich teuer, und ich werde hinterher behaupten, ich hätte ohne jede Flugreise aus den USA den Rasen billiger messen können, ohne Schiebelehre – ja, werde ich sagen, der bloße Augenschein auf den Rasen hätte genügt, ohne jeden Berater. Das Projekt wird noch viele Male teurer, weil der Berater auf geheime Datenbanken Bezug nimmt, in denen die internationalen Grashalmhöhen exakt 30 Minuten vor dem Mähen festgehalten werden (grob und ungenau, ja, weil in den Tropen dann schon ein halber Zentimeter drauf muss). Diese Datenbank macht Berater unbesieg- und schwer bezahlbar. So würde etwa die Freundin meiner Frau sagen: „Etwa 85 Prozent aller Vorgärtenbesitzer mähen öfter als du ..." Dagegen kann ich nichts sagen, weil ich die Rasen-Datenbank nicht habe, die nur durch viele Gespräche und Fremdwertungen erworben werden kann.

Der Beratungsalgorithmus sieht in der Summe so aus: 1. Problemaufnahme des schon bekannten Problems, das jemand lösen *soll*, der also beraten werden muss. („Hat der Rasen ein Problem?") 2. Studie der besonderen Problemumstände („Wo ist der Rasen, wie viel Quadratmeter, Grassorte, durchschnittlicher Zustand der Nachbarschaftsrasen?") anhand von weltweit standardisierten Fragebögen, die genau auf Rasenfragen zugeschnitten sind und sich tausendfach auch in Fällen bewährt haben, wo die Situation einzigartig neu war. 3. Soll- und Ist-Vergleich: Dazu wird die Rasenhöhe absolut objektiv mit der neuesten Beratungstechnologie gemessen. Die Berater sagen, sie hätten ein marktalleinstellungsexzellierendes proprietäres Tool, in das die ganze Intelligenz der Firma eingeflossen sei in Form von gewaltigen Investments. Langjährig erfahrene Messkräfte oder Messdiener (im Fachjargon: Juniors) erfassen die Daten und vergleichen sie mit den internationalen Rasenhöhen in der Datenbank, die vollautomatisch eine siebzigseitige Farbpräsentation erzeugt. 4. Abschlusspräsentation: Ich bekomme einen Vortrag vor allen Nachbarn und Arbeitskollegen in Waldhilsbach, die beweist, dass ich eine bedenkliche Soll-Ist-Diskrepanz in der Rasenhöhe gemessen an den global anerkannten Maßstäben habe. Am Ende werde ich beschämt unter der erdrückenden Beweislast zusammenbrechend die große Menschenmenge um mich herum laut anseufzen:

„Was soll ich bloß tun?"

Und sie antworten alle im Chor: „Mäh, mäh, mäh!"

So. Ich hoffe, Sie verstehen, dass es bei Beratung nur um Willensbildung geht und speziell darum, diejenigen in die Box zu stellen, die vorab und heimlich zum Handeln auserkoren wurden.

Das Beispiel mit dem Rasen ist etwas untypisch, weil es nur um die Willensbildung hinter einer einzelnen Person ging, also um mich. Bei einer einzelnen Person reicht in der Regel ein Chef. Der ersetzt quasi den Berater für alle normalen Fälle. Ich mähe den Rasen ja auch einfach so, wenn es mir gesagt wird. Oder ich source diese Task out, wenn Johannes gerade Geld braucht.

3. Boxen zu Batterien! Brainstorming!

Wenn es um das Bezwingen vieler Menschen geht, die nicht alle den gleichen *unmittelbaren* Chef haben, muss zum Hilfsmittel des Meetings gegriffen werden, das als wesentlichen Tagesordnungspunkt eine „Strategiediskussion" zum Gegenstand hat. Alle, die bezwungen werden sollen, müssen teilnehmen, damit sie bei einer erzwungenen Diskussion ihre Gedanken frei äußern und dadurch zum Gelingen beitragen – nämlich in die Box kommen.

Ich gebe ein Beispiel: Sie stehen mitten in der Elternbeiratssitzung des Gymnasiums auf und fordern eine Aktion „Gesundes Frühstück und Ächtung von koffeinhaltigen Braunmixgetränken". Sie ernten sofort

Opposition. „Das geht nicht! Das schmeckt nicht!" Usw. Sie sind sofort wieder in der Box. Sie können nur dann zu einer Aktion kommen, wenn Sie selbst von sich aus anbieten, Bio-Brötchen aus Regenwasser zu backen und selbst gemachte Avocado-Limetten-Creme auf Kraut vorzubereiten und alles den Schülern allein an einem unbeachteten Stand in der großen Pause anzubieten. Sie müssen anbieten, die enormen Verkaufsgewinne der Elternkasse zur Verfügung zu stellen, um damit weiter ein gesundes Wachstum der Projektvielfalt zu ermöglichen. Dieses Verfahren nutzt den Grundsatz: Jeder Mensch darf in seiner Freizeit auf eigene Kosten tun, was er will, solange es anderen nur ausschließlich nützt und niemanden sonderlich stört. Zum Beispiel kann meine Frau natürlich den Rasen selbst mähen. Ein Chef kann alle Arbeit selbst tun, und es gibt eine Menge solcher Boss-Vorbilder unter uns, die selbst arbeiten, während die Mitarbeiter herumsitzen und ihn bewundern. Diese Bosse arbeiten, weil sie nichts von Meetings verstehen. Bei Strategiemeetings geht es also darum, dass andere Menschen die Arbeit tun, nicht aber derjenige, der die Arbeit getan haben will!

Es geht um die Verteilung von Aufgaben!

Das direkte „Mäh, mäh, mäh!" eines Chefs ist zu offensichtlich. Lieber so: „Ich habe dieses Meeting einberufen, um mit Ihnen eine Sorge zu teilen, die mich niederdrückt. Ich bin nicht sicher, aber es ist etwas mit unserem Rasen nicht in Ordnung. Vielleicht irre ich mich, dann wäre diese Erkenntnis eine Labsal und Rettung meiner Seele. Aber ich bin voller Furcht und Bang. Deshalb möchte ich Sie zu einem fünfminütigen Brainstorming aufrufen. Sagen Sie offen, was Sie meinen! Denken Sie in neuen Bahnen! Lassen Sie Ihre Gedanken frei schweifen! Alle Gedanken sind heute *ausnahmsweise* frei! Denken Sie bei jedem Gedanken, den Sie denken, stets ganz frei und unbeschwert an das Ganze, um das wir gemeinsam Sorge tragen. Lassen Sie sich ausschließlich vom Ziel leiten, später unseren kurzen Rasen bewundern zu können. Schlagen Sie jede mögliche Idee vor, wie dumm sie auch immer sei, sagen Sie alles, was Ihnen durch den Kopf geht. Keine Idee ist unmöglich – niemand wird scheel angesehen. Dieses Meeting hat zum alleinigen Ziel, die beste Idee zu finden. Vielleicht gibt es diese ungeahnte Wahnsinnsidee, abseits von allen ach so pauschalen Rasenmäherprinzipien. Natürlich, es sieht schön aus, wenn wir am Ende alles gleichmäßig gemäht hinbekommen, aber es muss doch Königswege geben dürfen. Wir haben Kärtchen für Sie vorbereitet. Schreiben Sie Ihre Ideen ganz formlos und frei auf diese Zettel! Wichtig! Schreiben Sie so viele Ideen, wie Sie wollen. Ideen gibt es immer zu wenige. Schreiben Sie aber immer nur jeweils eine einzige Idee auf einen Zettel, damit wir die untauglichen hinterher sofort wegwerfen – ich meine wir wollen alle Ideen priorisieren, wie weit sie geeignet sind, den Rasen kurz und gut – hier – ach Sie da! Sie schreiben schon wie die Weltmeister! Toll! Ich wollte, ich hätte selbst eine Idee. Dann könnte ich es kurz machen."

Die Ideen der Teilnehmer (es sind genau diejenigen eingeladen, die später die Arbeit tun sollen) werden an eine Pinnwand geheftet. Am besten macht das ein überteuerter unparteiischer Moderator mit einer sanften, anfeuernd-ermutigenden Stimme. Zuerst wühlt der Moderator glücklich in der zetteligen Ideenernte herum und zieht die Idee „Mäh!" heraus. Sie wird später in die Mitte geheftet. Erst wird aber über die unkonventionellen Ideen erschöpfend und frustrierend lange diskutiert: Kunstrasen aus Plastik oder chemisches Giftspritzen mit Saibonsai oder der Einsatz von hungrigen Schafen, bis sich „Mäh!" langsam in den Vordergrund spielt … Der Chef sitzt unparteiisch und frei im Meeting. Er hat keine Krawatte an, weil Krawatten augenblicklich ideenlos machen und den Kopf würgend von Gefühlen trennen. Er spielt fein mit der Mimik und muntert die Mitarbeiter mal auf, mal lächelt er zitronig. Immer stärker schiebt sich die finale Idee in die Mitte. Zum Schluss heftet sie der Moderator dart-spießend mit Schmackes an die Pappwand: „Mäh!"

Es war ein schweres Ringen um das Beste und den Konsens. Es ist eine Lösung herausgekommen, die irgendwie natürlich erscheint. Es verwundert, dass nicht jeder selbst darauf kam. Es verwundert noch mehr, dass der Chef nicht gleich ohne Meeting das allgemeine Mähen der Abteilung angeordnet hat. Die Entscheidung ist so klar, dass die Mitarbeiter fast von selbst zu mähen beginnen.

Genau das ist der Zweck.

Jetzt sind die Mitarbeiter in der Box.

Jeder in seiner. Alle in einer gleichartigen.

Und nebeneinander gestellt, die vielen Boxen, bilden sie eine Batterie.

Und nun geht es batteriegetrieben ans Werk. Alle für einen! – der den Motor darstellt und Strom macht.

4. Boxtechies

Viele Leser unter Ihnen dürften ja Techies sein. Sie auch? Liegt ja nahe, wenn dieser Artikel in einer Techie-Zeitschrift erscheint. Die Zeitschrift soll ja Ihr Spektrum erweitern. Techies wissen praktisch nie, wozu Meetings gut sind und stören da nur. Am liebsten würde man Meetings ganz ohne Techies machen, vom Stören her gesehen. Auf der anderen Seite sind sie es gerade, die in die Box müssen. Normale Menschen gehen ja gar nicht aus der Box raus! Stopfkuchen soll bei Wilhelm Raabe immer heraus aus seinem Kasten! (Erinnern Sie sich noch an die Schule?) Normale Menschen weigern sich, in fremde Boxen zu gehen. Störrisch wie ein Esel. Techies wollen sich eine Box aussuchen oder sie denken, sie müssten in gar keine rein. Sie hassen das Boxen- oder Kästchendenken, das Schachern über Zuständigkeiten und Abteilungen. Sie wollen außer vielleicht zur Gesellschaft für Informatik zu nichts gehören. Techies sind frei! Ja, frei! (Sie meinen nicht *frei*, sondern *unabhängig*, aber ich erkläre diesen wichtigen Unterschied hier nicht auch noch. Wenn Sie *frei* sagen, befinden Sie sich noch im Irrtum.) *Frei*!

Deshalb müssen Techies in Meetings, damit sie abgestimmt werden und in Terminpläne eingesponnen. Unabgestimmte Techies machen, was sie selbst für richtig halten. Sie sind dann aber doch so etwas wie Boxterrier? Na, so eine Mischung aus Überwissen und Porsche.

Die Techies denken, ein Meeting diene der Beschlussfassung über die beste gefundene Möglichkeit. Viele Techies kennen die beste Möglichkeit genau und erklären sie weitschweifig im Meeting, weil man das von ihnen verlangt hat. Im Strategiemeeting heißt es ja am Anfang: „Haben Sie eine Idee?" – Endlich! Endlich wird der Techie selbst einmal gefragt, nachdem die Leute im Stab schon lange heimlich die Köpfe zusammensteckten. Man ahnte die Gerüchte, dass etwas Neues kommen solle. Das ist die Zeit, in der die Reorganisation beschlossen wird. Oben. Ohne Einbeziehung der Techies! Eine Reorganisation ist wie das Verschieben von Boxen, um daraus neuartige Batterien zu erzeugen, die mehr Leistung erbringen. In einem Strategiemeeting wird dann jedem seine Box zugewiesen. Es ist klug, vorher zu fragen, in welche Box jemand will – dann muss er oft gar nicht abgestimmt werden. Politiker werden auch immer in Fraktionssitzungen vorher abgestimmt, bevor sie selbst abstimmen. Selbst abstimmen ist wie „Hier! Ich bin in dieser Box!" Da kreuzen sie dann die richtige Box an, auf die sie abgestimmt wurden. So sind Meetings! Und trotzdem diskutieren alle Techies an dieser blöden Stelle noch Sachfragen, wie die beste Möglichkeit sei, wo ihnen doch nur die Box zugewiesen werden soll! Die Diskussion im Meeting dient also bestenfalls einer schmerzlichen Selbstfindung oder Selbstvorfindung. „Aha, das sollen meine Wände sein? Aha, ja, ich sehe sie dicht vor Augen!"

Techies unterscheiden sich sehr von anderen normalen Menschen. Die fragen schon lange vor dem Meeting bange: „Oh, in welche Box komme ich dieses Jahr?" Sie versuchen also am Anfang eines Strategiemeetings herauszubekommen, in welche Box sie sollen. Sie sind so gespannt wie

Kinder vor dem Weihnachtsbaum! Und sie versuchen eifrig zu erahnen, was der Chef hören möchte! Da haben sie eine Chance, schon einmal den Schleier zu lupfen. Es sieht für Techies so aus, als ob die normalen Menschen konform seien, Speichel leckten und willfährig seien. Das stimmt gar nicht, sie kennen sich nur mit der Lage besser aus. Techies, die die beste Möglichkeit im Meeting vortragen, outen sich gnadenlos als Ahnungslose, die die Box vor Augen nicht sehen können. Erst wenn sie in der Box sitzen und man ihnen in der Box brutal die Tür zuschlägt, dann – erst dann – und erst dann – verstehen sie die Welt nicht mehr.

„Wieso fragt mich keiner!"

Die normalen Menschen aber sind erleichtert, weil sie nun wieder ein Zuhause haben. Die lange Ungewissheit des leisen Flüsterns ist vorüber. Jetzt wissen die Normalen wieder, woran sie sind. Gut. Jetzt können sie sich wieder in Ruhe an das Geforderte anpassen und es sich in der Box wohnlich machen.

5. Ausboxen!

Techies müssten ja eigentlich depressiv werden, wenn die äußere Welt sie in Boxen zwingt.

Länger arbeiten. Standardisieren. Studiengänge schließen. Neue Studienordnungen. So genannte Universitäten (universell) finden gegenseitig, sie könnten sich etliche Fakultäten zum Neujahr schenken. Studiendauern werden von einem Ministerialbeamten neu festgesetzt. Studienordnungen verändert. Unternehmen informieren die Techies, dass sie mit dem Unternehmen verkauft wurden, gemergt, outgesourct, verteilt, neu zugewiesen. Das Patentrecht wird so oder so herum beschlossen.

Merken Sie? Da irgendwo, ganz außen geschieht etwas mit uns, mit mir, mit Ihnen.

Und irgendwann kommt jemand und fragt Sie, wie Sie denken und wie Sie das machen würden. Das ist der Beginn Ihrer Boxzuweisung. „Guter Vorschlag, die Studiendauer auf elf Semester zu senken. Das ist genau in die Richtung gedacht, die wir uns vorstellen. Toll! Wir denken genau wie Sie! Wir haben uns vorgestellt: Acht reichen. Erschrecken Sie nicht gleich. Es hat den Vorteil, dass viiiiel weniger Lehre angeboten werden kann. Da können wir eine Menge Stellen streichen."

Ich sitze ja auch in „politischen" Techie-Gremien. Viele der Beschlussfassungen, die wir erarbeiten, sind von der Form:

„Wir nehmen zu den Vorschlägen der Ministerien/der EU energisch Stellung und vertreten fest unsere Meinung in Presseerklärungen, in denen wir standhaft nuanciert einen eigenen Punkt herausarbeiten, der bisher noch nicht bemerkt wurde."

Wenn ich diese Aktionen vergleiche mit dem, was ich so in Kolumnen schreibe, weine ich fast. Verstehen Sie mich ein bisschen?

Wissen Sie, warum ich weine? Beim Management-Assessment der IBM hat man mir bescheinigt, ich sei ein *bedenklich* aggressionsloser Mensch. Ich würde es schwer haben. Immer dann, wenn es irrational oder blutig würde. Immer dann, wenn geboxt werden müsste. Immer dann, wenn es gut wäre, als Erster zu boxen. Ich glaube, sie meinten: GD ist mehr Techie, nicht Manager. Ach ja.

Und ich träume, wir Techies würden nicht mehr warten, bis wir eingeboxt würden. Ich träume, wir könnten proaktiv fordernde Gemeinschaften bilden, die nicht warten, bis sie um ihre Meinung gefragt werden, ob sie die vorgesehene Box akzeptieren oder nicht. Ich träume, ich selbst könnte boxen. Das würde wehtun. Ich träume, ich hätte in der Zeit das Boxen begonnen, als ich noch jung war und noch in keiner Box saß. Aber ich war damals naiv und suchte ja nur eine Box.

Wer heute in einer Box sitzt, fühlt sich ja sicher in einer Zeit, in der Techies arbeitslos werden wie alle gewöhnlichen anderen Menschen auch. Die IT-Firmen werden mit dem Auf und Ab fertig werden müssen, weil erstmals nicht nur Einstellungen zum Alltag gehören. Wie wird man schwankender Nachfrage nach „technical resources" gerecht? Die Techies werden bald in der Vielzahl Abrufverträge bekommen, wie Hausfrauen zur Kasse im Supermarkt. Unser Techie-Leben wird sich ändern. Die Universitäten stehen vor einem phantastischen Umbruch. Ich bin in dem Kuratorium von einer solchen, und da werden wir auch gerade nach unserer Meinung gefragt. Im Grunde aber zeigt man uns das Blut noch nicht so ganz.

Ich wünschte, wir Techies würden ausziehen, das Boxen zu lernen. Es muss eine beste Möglichkeit geben.

XXII. Schlangenbeschwörer

1. Alles am Limit

Hier verrate ich Ihnen, was Sie nicht hören wollen: *Sie arbeiten zu viel!*

Nach diesem Artikel werden Sie sich die Ohren zuhalten und weiterarbeiten, weil Sie im Bewusstsein der folgenden Argumente nicht wirklich weiterleben können.

Und diesmal gibt es kein philosophisches Blabla von mir, das an Ihnen abtropfen könnte – wie alles um den Sinn des Lebens herum, der bei der Arbeit stört. Nein! Ich komme mit simpler Mathematik. An Ihrem Ende steht so etwas wie ein QED.

Viele von Ihnen sind Informatiker und Mathematiker. Sie als Mathematiker werden nach dem Lesen dieses Artikels jubeln, dass sich Mathematik im täglichen Leben zum Beweis der Sinnlosigkeit des Tuns *anwenden* lässt. Eine wirkliche neue *Anwendung*! Können wir dafür wohl Drittmittel einwerben? (Ich schmunzele öfter über mein MS Word. Die Rechtschreibhilfe kennt das Wort *einwerben* nicht.) Sie als Informatiker aber sollten sich sagen lassen, dass Sie an der Misere weitgehend schuld sind, weil Sie Unlogik auch noch programmieren helfen und sie hinterher als Business Intelligence ausgeben.

Ich zeige Ihnen die Schlange der Erkenntnis.
    Sie werden zubeißen müssen.
    Apfel oder Birne, ich prophezeie Ihnen, Sie werden sauer sein.

Alles am Limit!
    Das ist das Mantra unserer Leistungsgesellschaft.

Die Manager gießen diese Forderung in allgemeine Glaubenssätze:
    Erstes Hauptgebot: Menschen müssen unaufhörlich arbeiten, sonst tun sie nichts.
    Zweites Hauptgebot: Wenn etwas nicht stimmt, prüfen wir so lange nach, bis es aufhört.

Ich möchte herleiten, dass uns diese Glaubenssätze in eine Katastrophe führen. Bevor ich das eingehend aufzuzeigen beginne, möchte ich kurz noch begründen, warum diese Glaubenssätze so stark sind, stärker, als Sie vielleicht glauben mögen. Dazu muss ich harte Zweifler an den folgenden kurzen Argumenten auf meine historischen Kolumnen oder auf meine Bücher (hier besonders auf *E-Man*) verweisen. Also: Ich habe Sie schon öfter mit Argumenten und Statistiken zu Persönlichkeitsstrukturen genervt. Daraus geht hervor, dass etwa ein gutes Drittel der Manager so etwas wie ein „Controllerherz" hat. Solche Manager sind absolut zuverlässig, perfekt und genau – alles wird rigoros geregelt und unter Beihilfe der Informatiker in Geschäftsprozesse betoniert oder neudeutsch „eingesapt". Diese Manager eignen sich für Pläne, Stabsstellen, Organisation oder Prüfungen aller Art. Controllerherzen sind wie ärztliche Abhorcher im Herzen des Unternehmens. Wenn sie schlechte Daten finden, machen sie härtere Vorschriften und verschreiben Rezepte und Kuren. Das heißt bei ihnen „Durchgreifen". Und schon an diesem Wort sehen wir, dass sie das Erlassen von neuen Gesetzen schon für fast den ganzen Erfolg halten. Erfolgreiche Politiker sehen das ähnlich. Sie ändern ein Gesetz und schwupp steht die Republik Kopf. Das ist das Ziel beim Durchgreifen: Alles auf den Kopf stellen. Wenn man Controller unter extremen Stress setzt, schießen sie mit neuen Vorschriften und Revisionen nur so um sich und geraten völlig außer Controlletti, was man dann als zwanghafte-obsessive Persönlichkeitsstruktur bezeichnet. Dieser sind die Regeln heiliger als das Leben selbst.

Ein weiteres gutes Drittel der Manager ist vor allem energiereich und initiativ. Solche Manager schieben an und drücken durch, sind unermüdlich „am Pushen" und haben ständig parallele Telefonkonferenzen. Sie drücken die Arbeit durch die engen Geschäftsprozesse. Management ist für solche Talente „auf die Tube drücken". Nehmen Sie eine extradicke Tube Tomatenmark oder zur Veranschaulichung von Behörden noch besser eine Maxitube Bepanthen in die Hand! Drücken Sie einmal fest zu! Das ist das Paradigma des initiativen Managements. Solch ein Manager ist ständig am Drücker, muss fest zupacken und die träge Masse zum Fließen bringen. Es sieht dabei manchmal so aus, als wenn Blut spritzt, aber das ist Täuschung, solange man es mit Tomatenmark übt. Tomatenmark ist nämlich nicht von selbst spritzig und versucht sich durchzuschlängeln, so gut es geht. Wenn solche Manager so sehr außer Kontrolle geraten, dass sie das Tubendrücken zugunsten von Draufhauen aufgeben, dann platzt alles auseinander, nicht wahr? So etwas nennt man in der Psychosprache *Hyperaggressivität*. (Alles ist eilig, alles ist Wettbewerb ums Überleben, also ist jeder andere ein Feind, es kann nie genug geschehen, sonst ist es geschehen ...)

Die energiepushenden Manager glauben bis in die letzte Faser ihres Seins an das erste Hauptgebot, nämlich, dass jeder Mensch sich unaufhörlich mühen müsse. Nicht nachlassen! Schuften! Gras fressen! Siegen! Dann ist alles gut. So sehen es die Executives, die Ausführer. Die kontrollierende Legislative in den Konzernzentralen dagegen hält das Primat des zweiten Hauptgebotes für die Muttererde: Prüfen, ob alles nach dem Gesetz zugeht, und wehe nicht!

Da diese beiden Managerklassen eine übermächtige Mehrheit gegen noch so zehn bis vierzehn Splittergruppen (Visionäre, Entrepreneure, Patriarchen, Emotional-Intelligenzbestien) bilden, kann es nicht wirklich noch mehr als zwei Hauptgebote geben, mit denen es aus voller Seele ernst gemeint ist. Es existieren nur zwei. Diese zwei.

So. Das war der nötige Setup. Nun will ich erklären, was passiert, wenn kluge Menschen anfangen, obsessiv *immer* zu arbeiten. Was passiert? Das geht schief. *Das will ich beweisen.* Wenn aber etwas schief geht, dann merken das die Organisationsmanager und ändern probeweise überhaupt jede Regel, um damit zu befehlen, dass das Schiefgehen noch in diesem Quartal aufhören muss. Sie sprechen von Verschärfung oder Reorganisation. Unternehmen, die den Turbo-Kapitalismus praktizieren, rotieren geradezu die Regeln und Organisationsformen, weil das ein Beweis von platzender Energie ist, die das Unternehmen im Mark verändert.

Ich nerve Sie und sage es noch einmal: Wenn etwas schief geht, stehen *alle* Gesetze und Regeln zur Disposition oder auf dem so genannten Prüfstand. Alle, alle, alle.

Nur zwei nicht, nie!, weil sie ja im Herzen der Manager wurzeln: Die beiden Hauptgebote.

2. „Bitte warten Sie!"

Alle sollen immerzu arbeiten und nicht herumstehen!

Ein Zahnarzt nutzt bekanntlich ganz teure Geräte, die ausgelastet werden müssen. Er sollte deshalb in unseren Tagen wohl so 300 Euro die Stunde Umsatz mit seiner Praxis machen, schätze ich. Wenn er jetzt eine Viertelstunde Kaffee trinkt, dann geht es schon heftig ins Geld. Das kann er nur mit Privatpatienten wettmachen, die sich Implantate mit Designerlächeln wünschen. Er organisiert also seine Praxis so, dass er ständig durcharbeiten kann. Termine gibt es nur telefonisch auf mehrere Monate im Voraus. Wenn ich zum Beispiel durch die Windschutzscheibe fliege und mir deshalb der Kinnladen runtergefallen ist, muss ich erst telefonieren: „Kkkkkrkkkooohhh?" – Nach drei Monaten bin ich dann endlich dran. Im Wartezimmer sitzen schon zu Beginn der Arbeitsaufnahme um acht Uhr vier Patienten. Das scheint mir unlogisch, weil um acht Uhr doch nur einer da sein sollte, oder? Ich! Ich warte also. Es kommen immer mehr Patienten. Zwei von ihnen haben eine Platinkarte mit Prioritätsgarantie. Meine Zähne tropfen.

Oder: Ich bin aus Versehen schon zwei Stunden vor dem Berlinflug am Check-in. Vor mir sind (echt passiert!) etwa 500 Passagiere in eine riesige Schlange gereiht, die bis in Abflug B reicht. Ich beginne wegen meines Termins im Adlon zu zittern. Ich ahne, dass mir eine gelbe Gefahr droht. Was tue ich? Panik. (Ich fand einen vergessenen Automaten für automatisches Check-in, aber ich wusste nicht, dass ich die alten Aufkleber früherer Flüge von meinem Koffer abmachen muss, die dann ein ahnungsloser Barcodeleser ...). Ich sehe aber neben mir vielleicht nur 50 dunkel gekleidete Herren und Damen in Hosenkostümen mit Platinkarten winken. Sie schlängeln sich durch. Erste Klasse.

Oder: Ich möchte für meine Tochter eine Zusatzkreditkarte beantragen. Das geht im Internet ganz toll, aber nicht für meine, weil die nichts kostet, auch die Zusatzkarte nichts. Irgendwer hat vergessen, diese Sorte im Internet zu präsentieren. Ich habe nur eine Telefonnummer herausbekommen. Ich rufe das Call-Center an, in dem aber gerade nur ein Computer sitzt, es ist wieder eine Frau. „Hallo. Geben Sie Ihre hundertstellige Kundennummer ein." – Mach ich. „Ihr Passwort, bitte." Hab keins. „Hallo? Wir stellen jetzt eine halbe Stunde lang Sicherheitsfragen, um zu verstehen, wer Sie sind. Dann bekommen Sie ein Passwort und haben die Möglichkeit, einen anderen Computer zu sprechen, der Ihnen alles versprechen kann, was wir Ihnen im Übrigen auch viel schneller im Internet anbieten." Oder: Mein Computer ist kaputt (völlig fiktiv, ich arbeite bei *IBM*): „Geben Sie die Hauptplatinenklasse an." Usw. Wenn Sie je an einen Menschen kommen, verbindet der Sie weiter, wenn Sie nicht gerade ein Hauptplatinkarten-Besitzer sind ...

Was wird hier optimiert?

Der Zahnarzt arbeitet ununterbrochen. Die Check-in-Abfertiger fertigen ununterbrochen ab. Die Kofferdurchleuchter durchleuchten immerfort. Die Call-Center sind dauernd überlastet, damit die unterbezahlten

Billigkräfte ja keine Minute Stille im Kopfhörer haben. Alles ist so organisiert, dass alle unaufhörlich arbeiten. Es geht schließlich um den Auslastungskoeffizienten. Die anderen müssen warten.

Beim Arzt warten also mehr Leute als in der ganzen Praxis arbeiten. Mehr krank als weiß. Wir zahlen 14 Prozent des Volkseinkommens für unsere Gesundheit und warten also noch einmal für 14 Prozent? Das Warten am Flughafen dauert im Schnitt länger als der Flug. Das Warten auf das Call-Center dauert länger als das Anliegen. Das hieße über den Daumen: Die Arbeitszeit ganzer Wirtschaftszweige erzeugt mehr Wartezeit als die Arbeit dieser Bevölkerungsklasse dauert. „Ich bin im Wartestand." Das ist jetzt keine satirische Übertreibung! Keine Platintude! Ach, wäre ich erstklassig! Oder platinblond! Lachen Sie noch nicht, es kommt noch stärker! Diesen Teil kannten Sie ja schon, dafür müssen Sie doch keine Artikel lesen. Wir haben gelernt:

Wer *immer* arbeiten will, organisiert sich so, dass die eigene Auslastungsquote maximiert wird. Warte wer will. Mathematiker arbeiten in diesem Modus am schlechtesten, weil sie maximal 100 Prozent Auslastung erzielen. Das ist nur bestmöglich. Fast alle anderen Menschen schaffen viel mehr.

3. Die Warteschlange der Erkenntnis

Stellen Sie sich einen Supermarkt mit einer einzigen Kasse vor. Dort wartet eine Kassiererin auf Kunden. Manchmal sind überhaupt keine da, ein andermal kommen ziemlich viele. Die Kunden kommen zufällig verteilt über den ganzen Tag. Oft ist die Schlange an der Kasse sehr lang, zu anderen Zeiten ist die Kassiererin arbeitslos. Das ist schlecht! Sie *wartet*! So kostet sie einen Haufen Geld! Wenn das ein initiativer Manager mit eigenen Augen sieht, wird er verrückt und sprudelt Action Points.

Im Supermarkt sind wir der Schlange der Erkenntnis schon ziemlich nahe.

Ich gebe Ihnen zur Illustration ein Zahlenbeispiel. Rechnen Sie lieber mit.

In einen Supermarkt mit einer einzigen Kasse mögen pro Stunde etwa 15 Kunden kommen (Ankunftsrate $\alpha = 15$), die etwas einkaufen und dann im Durchschnitt so viele Artikel kaufen, dass eine Kassiererin im Durchschnitt 3 Minuten pro Kunde braucht, um den Zahlungsvorgang abzuschließen. Wir berechnen: Wenn das Kassieren bei einem Kunden

3 Minuten benötigt, so kann die Kasse als Engpass im Laden durchschnittlich 20 Kunden pro Stunde abfertigen (Abfertigungsrate $\beta = 20$). Der Manager des Supermarktes rechnet aus, dass die Kassiererin 20 Kunden pro Stunde abfertigen kann, wogegen tatsächlich nur 15 Kunden pro Stunde im Laden ankommen. Die Kassiererin ist also nur zu 75 Prozent ihrer Zeit ausgelastet (Auslastung oder Auslastungsgrad $\rho = 0{,}75$). Ein Viertel der Zeit hat sie „frei" und sitzt untätig wartend herum. Mit ein bisschen Mathematik können wir berechnen, wie lange die Warteschlange der Kunden wird und wie lange ein Kunde im Durchschnitt an der Kasse ansteht.

Haben Sie eine Ahnung? Schätzen Sie im Geiste einmal? Wie lange ist die Schlange, ohne Bange, dass ich Sie fange?

Ideal wäre es so: Exakt alle vier Minuten kommt ein Kunde in den Laden herein. Das wären dann ganz genau 15 Kunden pro Stunde. Jeder Kunde kauft genau so viel ein, dass das Kassieren genau drei Minuten dauert. Alle Kunden kaufen gleich lange ein. Dann würde es an der Kasse so aussehen: Alle vier Minuten käme ein Kunde mit so viel Waren, dass das Kassieren drei Minuten dauert. Die Kassiererin kassiert also immer drei Minuten und hat dann eine Minute Pause, also insgesamt wieder ein Viertel der Zeit Pause! Sie könnte aber doch mehr arbeiten? Im Grunde ginge es, wenn nun 20 Kunden alle drei Minuten den Laden beträten und dann alle drei Minuten ein Kunde zur Kasse käme! Dann würde die Kassiererin alle drei Minuten einen neuen Kunden genau drei Minuten abfertigen. Sie würde in diesem Modell genau 100 Prozent der Zeit arbeiten und richtig viel schaffen. Die Kassiererin hat unter Umständen eine Umsatzbeteiligung. Sie bekommt in Abhängigkeit von der kassierten Gesamtsumme einen Bonus, damit sie begierig ist, möglichst 100 Prozent an der Kasse auch zu kassieren.

Leider kommen die Kunden nicht *genau* alle drei Minuten. Sie kaufen auch *unterschiedlich* viel ein. Unter normalen Bedingungen verhält sich das System „unregelmäßig" oder stochastisch. Es kommen eben die auch nur *durchschnittlich* erscheinenden 15 Kunden pro Stunde, „wann sie wollen".

Bei normalen Kassensystemen gibt es mathematische Formeln, die die durchschnittliche Warteschlange an der Kasse berechnen. Die Formel ist einfach. Sei n die erwartete Anzahl der Menschen im System (an der Kasse und in der Schlange zusammen) und nW die durchschnittliche Zahl von Leuten in der *Warteschlange*. Dann gilt:

n = Auslastung / (1 − Auslastung) = $\rho/(1-\rho)$.

Und:

$n_w = \rho\, n = \rho^2/(1-\rho)$.

(Der Beweis geht grob so (den können Sie getrost überschlagen): Sei p(n) die Wahrscheinlichkeit, dass die Warteschlange irgendwann die Länge n hat. Überlegen Sie sich p(n + 1). Wenn eine Schlange n + 1 lang ist, kommen Leute hinten dran und werden Leute vorne abgefertigt. Sie verändert sich mit der Auslastungsrate, dem Quotienten aus Ankunftsrate und Abfertigungsrate. Diese Überlegung führt zu:

p(n + 1) = p(n) Auslastung.

Nun überlegt man sich den Anfangswert p(0), weiß, dass die Summe aller Wahrscheinlichkeiten p(n) gleich 1 sein muss und rechnet mit geometrischen Reihen eine halbe Seite herum – und es kommen die angegebenen Formeln heraus.)

Im Beispiel ist die Auslastung ρ der Kassiererin drei Viertel, also 0,75. Wir teilen dies durch (1−0,75), das ergibt 3. Die durchschnittliche Zahl der Personen im *System* ist drei. Wenn ich nun an die Kasse trete, so finde ich im Durchschnitt drei Personen vor mir im System vor, an Schlange und Kasse. Die werden im Durchschnitt je drei Minuten abgefertigt. Ich selbst warte also im Durchschnitt neun Minuten und werde dann selbst drei Minuten lang abgefertigt, bin also 12 Minuten im System. Wenn ich eine Zeit T im System oder eine Zeit T_w in der Schlange bin, so stellen sich in dieser Zeit gerade wieder durchschnittlich α T neue Kunden im System oder α T_w neue Kunden in der Schlange an. Eine solche Überlegung führt in der Mathematik zu *Little's Formulae*:

n = α T   und n_w = α T_w .

Noch einmal zur Probe einsetzen: n ist im Beispiel gleich 15 mal eine Fünftel Stunde (12 Minuten), also 3. Die durchschnittliche Anzahl der Kunden in der Schlange ist entsprechend 2,25.

So – Entschuldigung. So ist die mathematische Faktenlage. Normalerweise ist es so, dass sich nun die Manager eines Supermarktes sehr ärgern. Die Kassiererin sitzt ein Viertel ihrer Zeit da und dreht Däumchen. Schlecht! Die Kassiererin ist selbst unglücklich, weil sie keinen Bonus bekommt, wenn sie so wenig tut. Auf der anderen Seite sind die Kunden schon nicht mehr ganz zufrieden. Wegen drei Minuten Abfertigung müssen sie nun neun zusätzliche Minuten warten.

Stellen Sie sich nun den anderen Supermarkt gegenüber vor, in den bei gleicher Lage nun 18 Kunden pro Stunde hineingehen.

Dann ist die Kassiererin durchschnittlich 54 Minuten in der Stunde tätig. Sie ist zufrieden. Der Manager sieht, dass sie nun 90 Prozent ausgelastet ist. Er ist zufrieden. Die Zahl der Kunden im System aber ist nun 0,90 geteilt durch 0,10, also 9 Kunden *im Durchschnitt*. Die Kunden maulen jetzt! Sie gehen zum Teil wieder aus dem Laden, wenn sie beim Betreten die Schlange sehen.

Wäre die Kassiererin zu 95 Prozent ausgelastet, so wäre die Anzahl der Kunden im System im Schnitt 19 Kunden, bei 99 Prozent Auslastung wäre die Zahl 99 Kunden. Klar?

Was wäre eine vernünftige Auslastung, mit der alle leben können? Auch die Kunden? Bei 80 Prozent und dann einer Kundensystemanzahl von vier? Was meinen Sie?

Die Frage ist:

Was ist eine optimale Auslastung?

Vom Zahnarzt? In Ihrer Betriebskantine? Vor der Tür Ihres Chefs?

4. Schlangenbeschwörer

Tja ... vor der Tür Ihres Chefs? Wissen Sie, das ist ein grundsätzlich anderes Beispiel. Der Zahnarzt verschwendet *meine* Zeit und zahlt nichts dafür. Die Bahn verschwendet meine Zeit und bietet dafür Teilersatz der Fahrkarte an. Dafür muss bestimmt die Verspätung bescheinigt werden (auf einen Stempel warten!) und anschließend stellt sich eine ganze ICE-Füllung an einem geschlossenen Schalter an, um Geld zu bekommen (warten!). Nach Tagen habe ich 6 Euro bekommen und kann endlich weiterfahren. Zu Hause überlege ich, wie ich die 6 Euro an IBM zurückzahle. Geht das? Ich frage meine Sekretärin und warte. Alles *meine* Wartezeit!

Wenn aber Ihr Chef *Sie* warten lässt, verschwendet er die Arbeitszeit seiner *eigenen* Abteilung. Das ist ein anderer Fall! Er verschwendet ja seine *eigene* Arbeitszeit, wenn wir einmal die Abteilung zu ihm selbst zuschlagen.

Sie brauchen neues Arbeitsmaterial, stellen einen Antrag und warten. Sie wollen eine Geldbewilligung und warten. Der Chef ist im Urlaub, warten. Es fehlt noch eine Unterschrift etc.

Ein Chef ist per definitionem ausgelastet. Er telefoniert ununterbrochen. Sein Kalender ist voll. Draußen ringen Wartende die Hände und flehen. „Chef, eine *Minute*!" – „Ich, ich, Chef, nur *eine* Sekunde!" Es sieht aus wie in einer Notfallklinik, die bei vollem Plan immer wieder dringliche, wissenschaftlich interessante oder hochprofitable Operationen dazwischen bekommt. Es muss auch geprüft werden, was ein Arzt überhaupt muss, kann, am liebsten tut oder ausprobieren will! Da muss das normale Volk betteln und weinen. Ein Chef ist nicht so einfach wie die Kassiererin! Die blafft Kunden an, die sich vordrängeln wollen. „Hinten dran! Alle warten!" Bei ALDI gelten die Menschenrechte. Das liegt daran, dass es dort genug Kassiererinnen gibt. Firmen dagegen sind knapp bei Kasse. Sie können sich nicht so viele überlastete Manager leisten. Die klagen dann selbst: „Ich leiste so viel ich kann!" Und draußen hadern sie alle.

Bei unwichtigeren Managern gibt es nun in der Warteschlange einen sehr laut-turbulenten Klärungsprozess, wer ihn zuerst sprechen darf. Sie schreien sich an, wer am wichtigsten ist. Höhere Manager mögen das Geschrei vor ihrem Zimmer nicht und bauen vor. Diese Einrichtung heißt Vorzimmer. Das Vorzimmer hat die Aufgabe, die Warteschlange zu managen, also die Termine zu fixen und die Notfälle einzuschieben.

Das Sekretariat hält Taschentücher bereit und verhindert emotionale Katastrophen, ist aber nicht wirklich in der Lage, fachlich die Warteschlange zu ordnen. Deshalb brauchen Manager noch eine Assistentin oder sogar eine „Executive Assistant". Diese Kraft steuert final die Warteschlange. Dieser Job ist noch aufreibender als der des Chefs selbst. *Viel* aufreibender. Denjenigen Leuten, die ihr Selbst opfern und das ein Jahr lang machen, verspricht man anschließend einen Managerjob, wo sie wieder zur relativen Ruhe kommen sollen. Ich will sagen: Wenn ein richtiger Chef 99 Prozent ausgelastet ist, warten im Durchschnitt immer ungefähr 99 Entscheidungssuchende vor der Tür. Für diese braucht ein Chef etwa fünf bis sechs Schlangenwärter. Vor diesen Schlangenwärtern flehen die Wartenden in der Schlange, die nun die Schlangenwärter beschwören.

Der Chef sitzt abgeschirmt hinter Glas. Er sitzt im Schlangenhaus. Die Schlange kann er draußen sehen. Je länger sie ist, desto wertvoller. Dann ist klar, dass dieser Chef der überlastetste aller Chefs ist. Er arbeitet immerfort.

Wer ein Anliegen hat, kommt nur hinein, wenn er ein wichtiges oder ein kurzes Anliegen hat. Bei Supermärkten gibt es eine Kasse für „single-item"-Käufer. Es ist das allgemeine Verständnis, dass man gleich „durch" darf, wenn man nur die Schlagsahne vergessen hat. Dagegen ist es unverzeihlich, sehr viel zu kaufen und also ein bester Kunde zu sein.

Das gibt böse Blicke! Dieser Brauch ist nicht ganz konsistent. Beste Kunden sollten ja nicht warten müssen?!

Die Schlangenbeschwörer versuchen also, zum Chef zu kommen. Wie geht das? „*Eine* Sekunde!" Oder wie beim Arzt: „Eine *Katastrophe*! Mein Projekt stirbt! Blut! Blut!" So machen es denn die meisten. Schlauere gehen alle Stunde hinein: „Eine Sekunde!" Die Schlauesten zerstören ein bisschen in der Abteilung und rufen: „Chef, Sie bluten!" Haben Sie schon einmal *darüber* nachgedacht? (Sie müssen es schaffen, dass der Chef Ihr Blut mit seinem eigenen verwechselt. Dann sind Sie Blutsbrüder, nicht wahr?)

Wegen dieser Machenschaften, die wegen der Überlänge der Schlange entstehen, wehren sich die Schlangenwärter und verlangen die Konstituierung von Meetings und Komitees, die nur noch „abgestimmte" Vorschläge beim Chef vortragen sollen. Damit kann dort die Priorisierung der Warteschlange vorverlagert werden und die Schlange drängt sich nicht mehr so sehr im Vorzimmerbereich und trinkt den Kaffee weg. Es ist dann garantiert, dass der Chef alles nur noch „abnicken" muss. Man trägt ihm eine Sekunde vor. Er nickt oder sagt: „Stimmen Sie das und das noch ab." In vornehmem Deutsch heißt das: „Eine weiteres Mal in die Loop gehen." Im Klartext: Ab in die Schlange! Hinten dran! Sie kommen wohl nie mehr dran, weil der Chef ja bald wechseln wird.

Das war nur ein harmloses Anfangsgeplänkel. Wenn Sie in größeren Projekten arbeiten, dann sind da viele Warteschlangen! Ganz viele! Ein Problem könnte etwa sein: Wir stellen ein Unternehmen auf eine neue Software um. Wie groß wird das Projekt? Lohnt es sich? Wer bezahlt es? Wer entscheidet, wer es wie macht? Wie schnell wird es gebraucht? Interne Arbeitsgruppen, Pioniertrupps mit Jutetaschen zur CeBIT. Berater empfehlen und bekommen nur deshalb Recht, weil es so viel kostete. Gegenberater werden bestellt. Eine neue Loop. Techniker schreien. Die Fachabteilungen werden viele Monate lang nach Anforderungen befragt. Am Ende ist die Zeit neu. Eine Tech-Stufe weiter! Irgendwann gibt man ein Angebot an die IT-Häuser. Nun tobt *dort* die Schlacht: Wer bietet was an und warum überhaupt? Die Projektpläne werden von allen Seiten auf Risiken überprüft. Preisprüfer aus dem Einkauf weisen mit Härte auf ihre Existenz hin. Loop um Loop wird gekämpft. Firmen brechen inzwischen weg, müssen aufgeben, werden gekauft. Berater beraten, welches Beratungshaus beraten sollte.

Und ich sage Ihnen eines: Alle diese Beteiligten sind total überlastet und haben Warteschlangen vor den Vorzimmerkaskaden. Die Rechtsanwälte vertagen. Die Risikoprüfer verlangen immer neue Sicherheiten, bis sie sich selbst abgesichert haben. Die Berater flüchten sich in Höhennebel und empfehlen, sich nur für Projekte zu entscheiden, „die die Kosten senken und den Umsatz erhöhen, so dass Mitarbeiter und Kunden zufrieden sind". Die Schritte werden daher kleiner und kleiner. Der Trend geht zu „*Eine* Sekunde!" Niemand darf mehr Mails schreiben, die länger als 10 Zeilen sind. Menschen zucken zusammen, wenn sie zehn Seiten lesen müssen. Inhalte werden so verdünnt, dass man kurz 10 Powerpoint-Folien durchflippen kann. „Komm zum Punkt! Argumentier nicht lang! Was willst du? Schnell, keine Zeit!"

Die wahren Schlangenbeschwörer sind nämlich die Entscheider. „Schnell!"
    Deshalb kommt nichts voran.
    Bei hundert Prozent Auslastung ist die Schlange unendlich.
    Deshalb wird die Abfertigungszeit auf „Eine Sekunde!" gesenkt. Aber auch dann ist die Schlange unendlich. Und es bilden sich überall neue Warteschlangen vor Pre-Managers und Assistants aller Art.

Der Westen lächelte, wenn er Schlangen sah, die um Butter anstanden! So viel Zeit, sein Fett abzubekommen! Heute stehen wir für Entscheidungen an. Wir sagen „So viele Entscheidungen stehen an." Ja, sie stehen an. Reformstau, stockende Entscheidungen.
    Woran liegt es? Die Manager sind zu 100 Prozent ausgelastet.
    Das geht nun schief.
    Was geschieht? Jetzt kommen die Organisationsmanager! Bis jetzt war nur das erste Hauptgebot dran. Alle müssen arbeiten! Das zweite folgt in der nächsten Kolumne: Wir prüfen das Schiefe so streng, bis es aufhört! Denn – ehrlich gesagt: Noch ist in dieser Kolumne ja nichts passiert, außer dass nichts entschieden ist!

Sie sollten aber schon gelernt haben: Hoher Auslastungsgrad (Utilization) senkt die „Responsiveness" des Systems, die Flexibilität, das Reaktionsvermögen auf Notfälle. 100 Prozent Auslastung führt zu Staus. Bei der Autobahn verstehen Sie das. Ja? – Und nun? Wollen Sie wirklich auf die nächste Kolumne warten? Wollen Sie ausgelastet sein oder Erfolg haben? In den Fabriken wissen alle, es kommt auf „Continuous Flow" an. Wir überlastete Schreibtischtäter kennen das nicht.

Ich selbst hüte mich sehr vor Schlangen und habe keinen originalen Blick dafür. Lutz Wegner, Informatikprofessor in Kassel, hat ihn mir in einem längeren E-Mail-Austausch geschärft. Danke!

XXIII. Hochdruckdoppelstoppmanagement

1. Schlangenbeschwörer

Sie arbeiten zu viel, weil Sie sonst nichts schaffen.
Deshalb aber schaffen Sie nicht viel.
Ihre Arbeit wird dadurch sinnlos, was Sie ja selbst merken.
Sie versuchen nun, mehr davon zu tun, damit es besser wird.

In der letzten Kolumne über *Schlangenbeschwörer* wollte ich Ihnen den Blick auf Warteschlangen schärfen, die überall um uns herum durch zu hohe Auslastung oder Überlastung der Kräfte entstehen. Wenn alle Menschen unaufhörlich arbeiten, dann bilden sich Staus vor denen, auf die andere Menschen warten müssen. Wenn der Notarzt unaufhörlich arbeitet, muss jeder neue Notfall in einer Schlange warten. Weil dort jeder Fall ein Notfall ist, beginnt der Patient in Not zu brüllen, dass er nun der dringendste Notfall ist und *zuerst* behandelt werden muss. Da erhebt sich Protest wie Donnerbeben in der Warteschlange von Kranken, die schon lange warten und seitdem stetig drohender leiden.

Die Menschen in der Warteschlange beginnen, in ihrer Not um Priorität zu kämpfen. Sie bitten die Assistenten des Arztes und zeigen auf ihre Wunden. Das Chaos nimmt zu.

Das Geschrei um Priorität im Blut der Wunden artet in Kampf aus. Ist eine herausgerissene Leber dringlicher als eine offene Schlagader?

Wenn Sie in einer Organisation arbeiten, so mögen Sie vor der Tür Ihres Chefs eine Warteschlange haben. Menschen warten auf Reisegenehmigungen oder wollen das Nicken zu einem Projekt. Der Chef hat keine Zeit und bittet den Assistenten, nur das vorzulassen, was Priorität hat. Da brüllen sich die Wartenden an. Der Assistent schaut kurz über ihre Anliegen und sagt ihnen, er wolle bessere Begründungen. Nur Menschen mit guten Gründen könnten zum Chef. Da hasten die Menschen verzweifelt davon und gehen neue Gründe suchen, warum ihre Lage äußerst verzweifelt ist. Das Aufschreiben von Gründen heißt Erarbeiten von Business Cases oder Beschlussvorlagen, von Powerpoint-Präsentationen oder Vorstudien. Dann hoffen sie, mit guten Gründen gewappnet eine Tür zu öffnen.

Merken Sie etwas? Die beiden Beispiele vom Notarzt und aus dem Betrieb sind sehr ähnlich! Sie unterscheiden sich jedoch in einem wichtigen Punkt: Das Erarbeiten von neuen Gründen, vor dem Chef nicht so lange warten zu müssen, ist eine *anerkannte* Arbeit! Sie scheint sogar sehr viel wert, denn sie wird oft als hoch bezahlte Beratungstätigkeit eingekauft. Denn viele Ratsuchende, die beim Chef nicht drankommen, kaufen sich die Gründe, endlich gehört zu werden, mit einem teuren Stempel von teuren Beratungsunternehmen ein. Damit ist der Grund zum Durchkommen zwar teuer erkauft – Rat ist eben teuer –, aber er erscheint nun objektiv. Bestimmte Denkkonventionen bei Managern neigen zu der Annahme, dass bezahlter Rat objektiv sei. Je teurer, desto objektiver. („Was nichts kostet, ist nichts wert", sagen Manager und loben ihre Mitarbeiter kaum, weil das nichts kostet. Sie fragen auch nicht die eigenen Mitarbeiter um Rat, weil es nichts kostet und deshalb nicht objektiv ist.) Es gibt somit eine ganze Servicebranche, die das Warten beschleunigen hilft.

Beim Notarzt dagegen würde ein Todwunder nicht gerade finden, er müsse noch eigene oder fremde Beraterzeit für das Begründen seiner Not aufwenden! In der betrieblichen Umwelt aber ist das Ringen um Priorität vor der Warteschlange im Betrieb fast die wichtigste Arbeit. („Hey, Leute! Ich war es, der die Genehmingung bekam. Nun seht nur noch zu, wie ihr es abarbeitet! Das ist ein Klacks gegen das Durchkommen! Ich gehe derweil Champus trinken, bis ihr wieder mal nicht weiter kommt. Dann ruft mich, den Helden zu spielen!") Diese ganze Arbeit des Begründens fällt zusätzlich zur normalen Arbeit an. Zusätzlich, bedenken Sie das!

Beim Notarzt dagegen würde ein Todwunder nicht gerade finden, er müsse die Zeit für das Begründen seiner Not als Überstunden anschreiben. Das Ringen um Priorität vor der Warteschlange im Betrieb ist aber Arbeit. Sie fällt zusätzlich zur normalen Arbeit an. Da viel zu viele Menschen warten und nur wenige die hohe Priorität erreichen, ist die Arbeit der anderen, die nicht „durchkommen", letztlich vertan oder sinnlos. Da in der Regel nur ziemlich wenig durchkommt, ist also die meiste Arbeit zur Wartezeitverringerung unnütz oder sinnlos. 100 gehen in einen Wettbewerb um Projektgelder, einer gewinnt. „Alle Abteilungen präsentieren ihre Ideen, was mit dem Geld gemacht werden soll. Wir wählen dann ein Projekt aus, das ein Funding von drei Monaten bekommt. Danach prüfen wir es." (Wie groß ist das Verhältnis von der dreimonatigen Arbeit, die durchkam, verglichen mit der Begründungsarbeit, die *nicht* durchdrang?)

2. Netzüberlastungen

Ich verdeutliche es noch einmal mit einem Crash in einem Kommunikationsnetz. Angenommen, alle Leute schicken so viele E-Mails, dass das Netz überlastet ist. Dann kommen die Mails zurück. „Sorry, ein Server ist überlastet. Deshalb schicken wir Ihnen die fünf Megabyte Powerpoint-Präsentation wieder zurück." Die Präsentation ist also wieder nach Hause gekommen. Ich schicke sie sofort wieder, diesmal dringend. Dadurch wird das Netz noch mehr überlastet. Die Mails gehen nun stückweise weiter, kB für kB. Wenn Mails stückweise über das Netz gesendet werden, muss an jedes Stück wieder ein Header dran, die Adresse und so weiter. Es werden also immer neue Nachrichten erzeugt oder doppelt geschickt oder abgewiesen, die nur deshalb geboren werden, weil es gerade zu viele Nachrichten im Netz gibt. Durch die Überlastung wächst die Arbeit. Die Nachrichten fragen unaufhörlich: „Kann ich weiter, wenigstens ein Stück von mir? Geht es anders herum? Gibt es einen Umweg? Über einen anderen Server? Hallo, geht es bei Euch weiter?"

Wenn das Netz zu mehr als 85 Prozent überlastet ist, bewirken neu entstehende „Overhead-Nachrichten", dass es durch die entstehenden Zusatznachrichten zusammenbricht.

Wenn Ihre Firma überlastet ist, suchen Sie dauernd jemanden, der Zeit hat. Sie rufen an. Keiner da. Sie denken nach, ob es nicht auch ein Unfähigerer machen kann. Sie rufen an ... Arbeit kommt zurück, jemand hat Urlaub, keine Vertretung. Sie hasten, um jemanden zu finden. Die Leute haben alle zu viel zu tun und sind überlastet. Sie sind deshalb sehr böse, wenn Sie anrufen. „Wieso denkst du Idiot, ich hätte Zeit für dich? Sitze ich herum? *Glaubst* du das?"

Es liegt daran, dass dann, wenn ein System zu mehr als 85 Prozent ausgelastet ist, die entstehenden gelegentlichen Fehler nicht mehr bereinigt werden können. Es bleibt etwas liegen. Dadurch entstehen Nachfragen und Reklamationen, also immer mehr zusätzliche Arbeiten, die sich darum bemühen, trotz der Überlast noch davonzukommen. Dann aber bricht alles wirklich zusammen. Überlast führt zu Crash. Deshalb würgt die Zentralbank mit Zinserhöhungen die „überhitzte" Konjunktur ab, wenn die Industrieauslastung über 85 Prozent steigt. Deshalb nehmen viele Werke keine Aufträge mehr an, wenn sie über 85 Prozent erreichen ...

3. Da muss eine Abkürzung sein! Augen zu und durch!

Wenn ein System überlastet ist, fühlen sich die Arbeitenden wie Hamster im Rad. Sie strampeln ohne Fortschritt. „Ich habe die Genehmigung! Endlich! Ich habe gestern eine Flasche Champagner darauf getrunken. Jetzt werde ich alles ändern!" – „Und heute Morgen hast du einen neuen Chef. Auch der Projektleiter hat gewechselt. Beide wollen sie nun alles anders machen, weil hier schon lange alles still steht. Das muss sein, sonst ändert sich ja nichts." Im überlasteten Netz schickt man E-Mails am besten alle noch einmal, damit wenigstens eine ankommt. Vor dem überlasteten Fahrstuhl drücken alle in allen Stockwerken nach oben und unten, so dass jeder Fahrstuhl nun an jedem Punkt hält. Wenn der Fahrer unter Höchststress über die Strecke rast, fragt man ihn am besten jede Minute, wie lange es noch dauert. Noch besser kommt es an, wenn der Projektleiter in der Nacht der Programmfertigstellung den Chefprogrammierer fragt: „Wie lange dauert es, bis der Fehler gefunden ist? Ich möchte auch mal nach Hause!" Im Bürohaus über Nacht eingeschlossene Menschen rütteln tausendfach an allen Türen, anstatt einfach zu schlafen.

Wenn es eilig ist und wir uns in Not fühlen, versuchen wir, noch schneller und cleverer zu sein. Wir versuchen alles! Wir setzen alles auf eine Karte. Wir laufen mit Tunnelblick herum, wie jemand, der in der City plötzlich merkt, dass er jetzt sofort unbedingt eine Toilette aufsuchen sollte. Eine kleine Notdurft verändert schlagartig alle Prioritäten.

Gefühlte Not ändert nicht nur die Prioritäten. Sie verändert den Körper biochemisch. Der Körper hängt unten am Gehirn und versorgt es mit Blut und Energie. Dafür regelt das Gehirn die Prioritäten. Wenn nun aber Not ist, mischt sich der Körper doch biochemisch stärker ein. Er versetzt die Turingmaschine im Gehirn in einen anderen Zustand. „Not!" Bei Not ist das Notlügen erlaubt, der Mensch muss sich wehren, seine ethischen Standards werden abgeschwächt, weil Ethik jetzt in Kriegszeiten hinderlich ist. Der Körper schaltet auf Notprogramm, sucht einen Notnagel, eine Notmaßnahme, er versucht einen Notschrei. Plötzlich erscheinen schwerwiegende Maßnahmen erlaubt, die früher nicht in Betracht kamen. Notschlachtungen werden erwogen, um sich auf Kernkompetenzen zurückzuziehen. Notstandsmedikamente werden geschluckt, um die Lage durchzustehen.

Wenn irgendwo ein Stau oder eine Überlastung entsteht und Not verursacht, versuchen wir Menschen generell, eine Abkürzung zu finden oder einen rettenden Trick. Die Regeln werden nicht mehr ernst genommen, es ist Ausnahmezustand. „Ich habe es eilig! Damit habe ich die License to kill!" Die biochemische Revolte im Körper verändert die rationale Sicht auf die Wirklichkeit. Sie verändert alle Prioritäten und alle gefühlten Risikohöhen. Plötzlich ist dem Angsthasen jedes Risiko recht. Die Risikohöhe von Entscheidungen ist nämlich stark mit der biochemischen Verfassung des Körpers korreliert. Bei kaltem Blut wird das Gehirn anders entscheiden als bei heißem. Entscheiden hat in diesem Lichte nichts mit Vernunft zu tun, sondern mit der Bluttemperatur. Gute Manager beruhigen denn auch die Gemüter oder sie machen Feuer unter Hinterteilen, die den besten Angriffspunkt für Anheizen bieten. Ganze Unternehmensteile werden durch Anheizsysteme in Motivation gehalten!

In Not versuchen wir also durch das Blut zu waten, die Vorgänge zu beschleunigen, höhere Risiken einzugehen. Wir legen Regeln großzügig aus, umgehen manche ganz, ignorieren Vorschriften, nehmen alles mutig „auf die eigene Kappe", fordern „Empowerment" für alle, damit sie nichts hindert. „Entschuldigen geht schnell, warten dauert lange." So achselzuckt der Ladendieb, der einfach gar keine Zeit mehr hatte, an der Kasse zu warten.

„Ich fühle mich unter Stress. Ich versuche, trotzdem alles noch hinzubekommen, indem ich schneller arbeite. Ich erledige viele Vorgänge auf einmal. Abends arbeite ich weiter. Trotzdem habe ich das Gefühl, zu wenig zu schaffen. Ich werde sie antreiben. Ich schreie innerlich, wenn ich Faulpelze sehe. Ich werde alles allein schaffen. Der Herzinfarkt naht. Aber ich sehe zu, dass es mich so eben gerade noch nicht erwischt. Ich habe das sehr, sehr gut im Griff, außer den bisherigen zwei Mal."
So sprechen positiv Type-A-Getestete oder so genannte Hyperaggressive. Sie können nicht warten. Sie sind die einzigen, die in einer überlasteten Welt der Warteschlangen noch Bewegung erzeugen. Auf ihnen ruht die Hoffnung der Welt. Sie sind „immer am Limit".

Erstes Hauptgebot: Menschen müssen unaufhörlich arbeiten, sonst tun sie nichts.

4. Gegen Hochdruckchaoten: Checklisten, Abstimmungen und Funding

Unter Hochdruck löst sich die Ordnung auf. Es kommt zu Turbulenzen. Die Controller verlieren die Fassung. Sie sehen das Chaos vor sich. Die heiligen Zahlen sind in Unordnung. Es ist also etwas falsch. Wenn aber etwas falsch ist, wird nachgerechnet und geprüft.

Zweites Hauptgebot: Wenn etwas nicht stimmt, prüfen wir solange nach, bis es aufhört.

Die Ordnung ist durch Überlastung und die folgende Notschaltung des Systems erodiert. Die Controller steuern nun dagegen. Sie bekommen keine guten Daten mehr, das System hat unter totaler Utilization erheblich an Responsiveness eingebüßt. Die Drohung der Controller, die Zahlen zu prüfen, wird nun mit Hohn bedacht: „Das *Geschäft* hat Priorität! Wir stehen so unter Druck, dass für Zahlenquark keine Zeit ist." Nun schreiten die Controller zu echten Gegenaktionen. Sie stellen die Ordnung wieder her.

„Jede Unterschrift wird erst von der Zentrale geprüft."
„Reisegenehmigungen nur durch die Geschäftsführung."
„Vor jedem Handyanruf ist über Festnetz eine Erlaubnis zu erbitten."
„Alle verschickten Maschinen werden vorher sonderkontrolliert."
„Wir gehen zur totalen Zeitnutzenerfassung über. Der kommende Wochenplan wird vom Manager genehmigt. Jeder darf erst arbeiten, wenn er es darf."
„Alle Einzelaktionen müssen trotzdem mit dem gesamten Managementteam einvernehmlich abgestimmt werden."
„Geld wird nur noch in Ausnahmefällen ausgegeben. Eine Ausnahme wird die extreme Ausnahme sein. Jeder Bereich bekommt Ausnahmeschecks zugeteilt. Wir etablieren einen Prozess und eine neue Ordnung für Ausnahmen, bis dahin gibt es keine Ausnahmen. Die Genehmigung einer Ausnahme wird so sadistisch verschärft, dass nur noch echte Selbstaufopferungen zum Erfolg führen."

Währenddessen kämpfen extrem qualifizierte Ausnahmemitarbeiter um Hochdruck. Mathematisch gesehen ist das System an den Engpässen überlastet. Es stockt völlig. Alles ist dringend. Die Wartezeiten eskalieren. *Genau in diesem Augenblick wird die Ordnung gestärkt*. Das Einfügen von Ordnung im überlasteten Zustand geschieht durch das Einfügen von neuen Check-in-Points und damit von Warteschlangen in den Gesamtprozess. Bei Netzüberlastung könnte etwa ein Riesencomputer vorher jede E-Mail checken, ob sie wirklich so lang sein muss, ob alles gezippt ist, ob ein paar .cc gestrichen werden könnten. Im Flughafen zieht einem eine neue Warteschlange die Schuhe aus. In den Universitäten werden zukünftige Ideen nochmals auf Realität überprüft. „Zu jeder

Idee müssen Sie eine Idee haben, *wann* Sie die Idee haben. Wir genehmigen nur Ideen, die Ihnen in genau drei Jahren in den Kopf kommen, weil wir die Förderperiode so festgesetzt haben. Die Kopfgröße für eine Idee darf höchstens BAT III betragen. Da wir so viele Anträge haben, die noch immer auf Ablehnung warten, verfügen wir, dass wir keine Anträge mehr unter 200 Seiten pro Million beantragte Euro bearbeiten. Durch die verlängerten Anträge wird unsere Bearbeitung mehr Zeit beanspruchen. Es wird daher geraten, sich auf noch längere Anträge einzustellen. Ziehen Sie also die Anträge lieber selbst in die Länge, bevor wir das tun."

Ordnung wird durch Revisionen, Reviews, Genehmigungsprozesse, Budgetkürzungen, Prüfungen, Handlungsmachtentzug, Abstimmungsgebote, Konsensbefehle, Ausnahmeverweigerung wieder hergestellt. Mathematisch entspricht es der Neuschaffung von Kontrollpunkten. An diesen Kontrollpunkten entstehen neue Warteschlangen, die um Priorität rangeln. Vor den Kontrollpunkten müssen Anträge eingereicht werden, die in langen Abstimmungsmeetings erarbeitet werden. Diese Arbeit fällt zusätzlich in dem überlasteten System an. (Denken Sie immer an die Netzüberlastung – jetzt werden die Mails nochmals geprüft und hin und her geschickt. Sie brauchen jetzt Tage. Es kommt zu telefonischen Nachfragen, die zusätzlich Arbeit machen.) – Crash.

5. Nur das Gute, das mit allen Häkchen, darf durch!

Da heulen die Hochdruckmenschen auf. „Wir brauchen *weniger* Ordnung, nicht mehr!" Ganz kluge kommen mit Ethik und sagen unangreifbar: „Wir brauchen wieder eine neue Kultur des Vertrauens. Die Controller behandeln uns wie schlechte Menschen. Wir sind *gute* Menschen, die sich aufopfern!"

Das stimmt nicht. Denn durch die Überlastung verwandelt sich der im Normalzustand an sich gute Mensch in ein hyperaggressives Gemisch, das sich im Kriegszustand fühlt. Da ist der Mensch gewöhnlich nicht echt gut. Das aber sehen die Controller. Sie machen also harte Vorschriften, damit ein Antrag, der alle Hürden passieren kann, schon irreal normal sein muss, nämlich allen erdenklichen Planungen entsprechen.

Die Controller sagen: „Es ist klar, dass nur das Ordentliche passieren darf. Das ist das Allernormalste der Welt!"

Deshalb lassen die Prozesse eines überlasteten Systems nun nur das Allernormalste durch. Das Allernormalste ist das mit allen Häkchen und keinen Widerhäkchen dran.

Da heulen die Innovatoren und Wissenschaftler, die Kreativen und Entrepreneure auf: „Wo bleibt denn der Pfiff?" – Die Controller pfeifen sie zurück: „Stimmt, Exzellenz haben wir noch nicht geprüft. Innovation auch nicht. Kein Problem, wir erweitern den Online-Fragebogen."

Theoretisch ist nun das System gecrasht.

Aber die Menschen arbeiten unter Hochdruck an den neuen Anträgen. Langsam ist es nicht mehr klar, was eigentlich Arbeit ist. Sind die Abstimmungsmeetings und das Arbeiten an Proposals Arbeit? Die Reviews, die Sitzungen für Pläne? Die Menschen wissen nun nicht mehr, was zur Arbeit gehört und was nicht. Es gibt die eigentliche Arbeit und es gibt Überwinden der Systemüberlastung. Was ist was?

6. Wo bleibt das Resultat? Über Doppelschlangen

Stellen Sie sich eine Autofabrik vor, in der alle hin und her laufen, sich wegen seltener Teile bekämpfen, Zwischenprodukte auf Lager produzieren, neue Modelle entwerfen, Autos draußen vermarkten und verkaufen – aber hinten aus der Fabrik kommen keine Autos heraus.

Das wäre ein Zeichen dafür, dass die Menschen drinnen nur die Überlastung des Systems bekämpfen, aber nur noch wenig Arbeit im eigentlichen Sinne ausführen.

Irgendjemand merkt das ja.
„Chef – keine Autos!"
Da fragt der Chef nach unten: „Wo bleiben die Produkte?"

Huuih, da habe ich Glück, dass ich bei IBM arbeite. Da sieht man ja, was dabei herauskommt. Bei Autos irgendwie auch. Aber in der Politik? Was ist in der Politik eigentliche Politik und was ist Bekämpfen von Überlastungserscheinungen durch Wahlkämpfe und aufgestaute Warteschlangen von Reformen, für die erst noch Einmütigkeit erzielt werden muss? Das ist gar nicht klar, oder? Wenn ich jetzt Politiker wäre, wäre ich ziemlich ratlos. Na, bin ich ja nicht. Was ist eigentliche Wissenschaft im Sinne von Durchbruch und Exzellenz und was ist Arbeit gegen Überlastungserscheinungen des Trittmittelwesens?

„Wo ist das Produkt?"

Nun kommen diese Fragen von oben zum Büro unseres Chefs. Es bedeutet, dass wieder neue Anforderungen an das überlastete System kommen, und zwar von der anderen Seite, von oben nämlich. Das sollten Sie sich echt vor Augen führen, weil Sie das oft nicht so empfinden. Diese Anforderungen von oben sind sehr eilig und haben meist die wirklich höchste Priorität. Sie kommen für uns unten in der Warteschlange überraschend. Wir müssen länger warten und meist ganz neue Anträge stellen.

Politiker werden abgewählt. Die Firma wird aufgekauft. Eine Produktionslinie wird aufgegeben. Gesetze ändern sich, stellen neue Anforderungen. Schlechtes Quartalsergebnis. Terror. Krieg. Baisse. Es hat sich herausgestellt, dass zwar nun alle Kosten gespart sind, aber der Umsatz jetzt hoch muss! Richtungsänderung! Alle herhören! Dahin! Dahin! Alles fallenlassen, alle Regeln werden geändert!

Vor dem Büro Ihres Chefs ist nicht nur die eine Warteschlange, die Sie sehen. Es gibt mindestens noch die von oben. Dann noch mehrere äußere. Und überall wollen sie etwas.

7. Revisionen schicken – damit das Unwichtige geschehen kann

„Wo ist das Produkt?"
    Das ist die Frage von oben, ob alles noch richtig tickt und taktet. Diese Frage ist sehr ernst und nicht wirklich von der Hand zu weisen.
    In einem überlasteten System fighten die Einzelkämpfer und wollen durch die Engpässe und Betonmauern der Vorschriften. Sie schreien: „Wir arbeiten nur noch an Systembefriedigung!" Sie fühlen dabei, dass das PRODUKT aus den Augen verloren wird. Wenn nun von oben gefragt wird: „Wo bleibt das Produkt?", so ist es eine Frage nach der Existenzberechtigung des überlasteten Systems. Brauchen wir Wissenschaftler, wenn keine Innovation sichtbar ist? Brauchen wir Politiker zum Schönreden vernichtender Studien, wenn nichts geschieht? Bürokraten, wenn nichts genehmigt wird? Dot.coms, die keinen Gewinn machen?

Ist witzig, oder? Dass man einem überlasteten System die Existenzfrage stellen muss? „Worauf wartet ihr? Was macht ihr eigentlich? Wo bleibt das Produkt?"

Noch viel härtere Fragen aber sind die Dinge, die in der Hektik ganz und gar vergessen wurden. Der Schlüsselkasten ist ein Chaos, die Möbel wurden vertauscht, Computer verändert. Niemand hat das ordentlich verbucht. Visitenkarten stimmen nicht. Mitarbeitergespräche fielen aus. Kundenbesuche unterblieben. Das Briefpapier ist alt. Die meisten Kopierer funktionieren nicht. Irgendetwas muss ja liegen bleiben, wenn zu viel Stress ist. Das Unkraut wächst. Alles wird ein bitter Feld.

Wieder kommen Prüfer und Revisoren. Sie prüfen die Milch in der Kantine und den Wechsel der Passwörter, die Steckdosen und Anzahl der verbrauchten Rohlinge pro Mitarbeiter. Es hagelt Vorwürfe. Wir werden glühend böse. Wir sind im Überlaststress und müssen uns nun um das Unwichtige kümmern? Keine Zeit! Ist das System ganz verrückt? Nichts geschieht und da kommen Leute wegen der Hydrokultur und einer Schrankschlüsselinventur?

Wir sehen daran, dass bei Überlast das Stinknormale nur noch unter Zwang getan werden kann. Der Zwang und der Ärger über den Zwang kommen zur normalen Arbeit noch dazu. Zu dem Warten, zum Beweisen der Existenzberechtigung, zum … usw. Alles dazu. Immer dazu.

8. Reorganisation, damit endlich alles klappt

Natürlich wird den Überlasteten deutlich, dass Wirtschaftssysteme, Politik oder Wissenschaft wegen der Überlast nicht gedeihen. Unruhe und Unbehagen belasten uns biochemisch als Menschen, die wir dauerhaft im Drohmodus verbleiben. Zum Glück wissen die Mächtigen vermeintlich alle, wo die Wurzel des Übels liegt und wie das Übel zu beseitigen ist.
    Das Übel liegt nach Überzeugung fast aller darin:

Das System ist nicht richtig organisiert oder es hat keine guten Führungspersönlichkeiten.

Beim Sport oder im Staat ist die Organisation an sich heilig, deshalb kommen nur Trainerwechsel und Neuwahlen oder Stürze in Frage. Das ist ganz schön, weil dann viele ab und zu einmal oben sein können. Außerdem ist der Neuanfang so etwas wie das Leben nach der Beichte in der Kirche. Alles wird auf Null gestellt. Das Neue fängt ohne Schuld und ohne Schulden an. Alles Böse ist von damals. In Firmen daneben wird noch reorganisiert, wenn etwas nicht geklappt hat. Damit wird auch alles auf

Null gesetzt, ohne dass notwendig die Führungspositionen verändert werden müssen.

In Wirklichkeit aber liegt das Übel in der Überlastung der Netze, der Beziehungen, der Arbeitenden, der Manager, allgemein an der Überlastung der Engpässe. Dort geht es nicht voran. Dort fließt es nicht und stockt. Die meisten Reorganisationen mahnen zur Eile, zur Effizienzsteigerung, zur Schnelligkeit der Organisation, zur Minimierung und Verschlankung. Im Grunde wird immer mehr Zeit aus dem System genommen. *Zeit ist Geld.* Aber wirklich!

So sollte ich meine nächste Kolumne nennen! Wir sind ja hier erst bei der Erkenntnis des Übels angekommen. Jammern Sie nicht wieder, die Kolumne sei zu lang. Eine kurze Erklärung gibt es wohl nicht, sonst wäre das Übel sicher längst schon mit einer BILD-Headline beschrieben worden und damit öffentlich zugänglich. Für eine Auseinandersetzung mit einer längeren Erklärung ist allerdings keine Zeit. Doppelstopp.

Ich halte viele Reden bei anderen Firmen und komme viel herum. Der häufigste Satz über Reorganisationen ist dieser:
„Liebe Mitarbeiter, wir durchlaufen gerade die durchgreifendste Umstrukturierung unserer Firma seit Menschengedenken. Kaum eine andere Firma hätte zu so etwas Kraft. Wir tun es. Wir lassen keinen Stein auf dem anderen. Das muss Sie aber nicht beunruhigen. Für fast alle hier im Raum ändert sich nichts."

XXIV. Simply Satisfying Quality (SSQ)

Zur Hölle mit der Hölle! So titelte Barbara Bierach ihre Rezension meines Buches *Supramanie* in der Süddeutschen Zeitung. Und ich habe Ihnen dort und in den beiden letzten Kolumnen *Schlangenbeschwörer* und *Hochdruckdoppelstoppmanagement* vorgeführt, wie es mit der Hölle beginnt: durch Überlastung unserer Systeme und irgendwie auch durch Ihre Mittäterschaft. Gegen die Systeme kann ich nur in Büchern wettern, aber Sie? Ich bekehre Sie langsam zu SSQ.

1. Im Weg ist das Ziel!

Ich habe dazu sogar schon eine Powerpoint-Präsentation angefertigt. Sie sehen also, wie ernst es mir ist. Text ist mehr für Weisheiten geeignet. Powerpoint aber schießt mit Argumenten: Bullet für Bullet. Ich zeige Ihnen einmal eine Folie. Sie ist natürlich in Amerikanisch, so gut ich das kann. Das Deutsche ist viel zu hart für das Unangenehme und für Informatiker nicht mehr in allen Nuancen verständlich.

Sie sehen das Vorstellungsbild eines Kreislaufes, als dessen Symbol ich ein Fotoobjekt gewählt habe, um nicht das allgemeine peinliche Clip aus dem Standardrepertoire nehmen zu müssen. Das nämlich nimmt gar keiner mehr wahr. Beginnen wir links, dann im Uhrzeigersinn weiter. Wir setzen uns also vernünftige Ziele, arbeiten normal los und lassen uns dabei von den Sonder- und Stabsfunktionen des Unternehmens oder der Universität helfen. Juristen beraten uns, Patentanwälte stehen uns bei, die Qualitätsbeauftragten geben wertvolle Tipps, wie das Projekt verbessert werden kann. Wir bauen Vertrauen zum Kunden auf, der uns hilft und Kaffee bringt. Solch ein liebevolles Projekt macht Freude, gelingt natürlich wie von selbst und bringt allen Beteiligten den erhofften Gewinn. Das ist der Grundsatz von SSQ.

Leider wird das Ganze schon von vorneherein theoretisch unmöglich gemacht, indem dieser Kreislauf in eine Gewaltspirale verwandelt wird. Das ist sehr einfach. Man muss bei der Planung der Ziele nur einen Hoffnungsaufschlag machen. In Worten ausgedrückt: „Wir nehmen uns vor, doppelt so schnell wie der Markt zu wachsen. Denn wir machen uns unsere Ziele vor und lassen uns nichts von anderen vormachen." Das Zauberwort heißt Stretch Target. Das Ziel ist also sehr elastisch und dehnbar, aber mindestens übertrieben weit weg, damit durch gehörige Weltferne ein hoher Leistungsdruck aufgebaut werden kann. In hartem Deutsch: Die Latte wird hochgelegt. Für diese Spirale wähle ich ein zweckmäßig anderes Fotoobjekt. Es gibt Energiekreisläufe, die Dampf erzeugen und solche, die welchen ablassen. Dieser reale Kreislauf beginnt eben mit stolzen Zielproklamationen. Diese fressen sich als Verzagen in das Herz. „Wie soll ich das schaffen?" Der Geforderte entwickelt zunächst Lähmungserscheinungen, geht in den Stressmodus über („positives Denken") und versucht, das Ziel gewaltsam im Kampfmodus zu nehmen. Er konzentriert sich auf das Notwendigste („fokussieren") und trickst herum, um wenigstens *formal* gute gehaltsfördernde (nicht gehaltvolle) Zahlen zu machen. Dazu fühlt er sich moralisch berechtigt, weil eben das Ziel nicht moralisch ist. Nun kommen die helfenden Institutionen des Systems, nämlich die Juristen, Controller und Qualitätsbeauftragten, und beginnen, das Projekt schön sauber zu machen. Da sehen sie, dass aus Not geschludert wurde und beraten nun den Überlasteten, wie er alles komplett richtig macht. Der aber will *weiter*, denn er hat keine Zeit! Er muss zum Ziel – und das ist noch fern! Da strampelt er davon. Aber die Juristen und Controller, die Stäbe und Institutionen halten ihn nun erbost und brutal an: „Wir genehmigen es nicht *so*!" Und dann zeigen sie dem Eilenden die Regelwerke, die Vorschriften und die Checklisten der Qualität. Der Eilende brüllt vor Schmerz: „Ihr sollt helfen, nicht hemmen!" Und sie antworten ihm: „Wir helfen doch. Ja, denn du brauchst dringend Hilfe." Und sie halten ihn an. Die Zeit rennt davon. Alles steht. Der Rasende fühlt sich wie vom Arzt bezwungen, der ihm einreden will, er habe einen Herzinfarkt. Der äußert sich normalerweise durch einsetzende Todesangst. „Die hab ich immer, weil es eilt!"

Am Ende geht es doch weiter, der Eilende aber ist vom Ausharren völlig erschöpft. Er schafft es am Ende, doch noch etwas zu arbeiten. Alles ist lau durchschnittlich gut geworden. Mehr nicht. Da kommen die Planer und geben ihm höhere Ziele. Die Gewaltspirale geht in die nächste Runde.

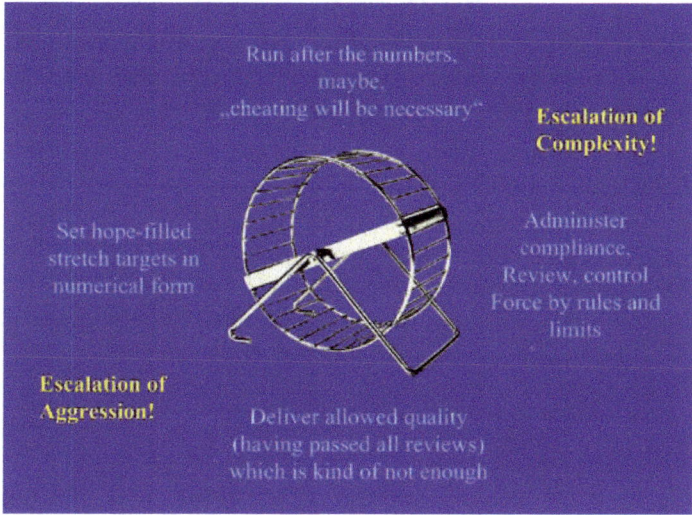

Die Mitarbeiter schaffen nicht genug, weil sie überlastet wurden. Die helfenden Institutionen erscheinen unter Überlast als hemmende Kräfte und werden als notorische Showstopper wütend beschimpft. Der Begriff des Juristen und des Controllers verhaftet sich geradezu mit dem der Bremse. Man sagt, Controller und Juristen würden die Komplexität des Systems aufblähen, weil sie mit immer neuen Regeln kämen, um brave Arbeitende zu ruinieren. In Wahrheit verzweifeln die Helfenden, die es kaum schaffen, das Schummeln bei der Arbeit einzudämmen. Das überlastete System gleicht dem Straßenverkehr südlicher Großstädte, wenn im Stau der Nahkampf der Autos einsetzt. Wehe, jemand wollte jetzt den Verkehr regeln! „Weg mit der Polizei! Wir müssen weiter!", schreien die Gehetzten und hupen sich an.

2. Das Abschaffen von Reserven und die Hölle

Wir strampeln ohne voranzukommen.
 Wer zu hohe Ziele setzt, erzeugt künstliche Not, also einen Engpass.
 Wer kontrolliert, hält an.
 Die einen Manager peitschen nach vorn, die anderen prüfen zu Tode.
 Das System arbeitet rotglühend und schafft nur wenig.

Es liegt daran, dass alle Standardmaßnahmen des Managements Öl ins Feuer gießen. Dadurch stehen die Mitarbeiter letztlich im Regen und die Manager so sehr unter Wasser, dass sie die Mitarbeiter weiter anfeuern und noch mehr Öl gießen, solange sie noch flüssige Mittel im Budget haben.
 Ein zu stark angefeuertes System verwässert also die Arbeit.

Die Hölle – das ist die Annahme, alle Zeit müsse *genutzt* werden. In Wahrheit wird nur alle Zeit *verbraucht*, nicht aber genutzt. In den beiden Kolumnen über das Warten habe ich beschrieben, wie die Zeit verbraucht wird: beim Schlangestehen jeder Form.
 Die Hölle – das ist die Annahme, alles Geld müsse unaufhörlich *arbeiten*. In Wahrheit wird nur alles Geld „investiert" oder eben schnöde *verbraucht*, nicht genutzt.
 Deshalb ist an den entscheidenden Lebenspunkten keine Zeit (sie ist verbraucht) und kein Geld (es ist ausgegeben). Es gibt keine Reserven mehr. Früher bildete man bis zur Halskrause Reserven, um sicher zu sein. Man glaubte, Reserven würden vor Not bewahren und auch in schweren Zeiten die eigene Handlungsfähigkeit garantieren. Man hütete sich ängstlich vor Risiken und baute überall Sicherheitsabstände ein. Die Brücken hielten doppelt so viel Gewicht wie auf den gelben Schildern stand. Deutsche Wertarbeit. Die Unternehmen agierten auf Massen stiller Reserven, die in ihrer Höhe fast unbekannt waren, weil sie nicht mehr bilanziert waren. „Erinnerungswert." Diese Zeiten haben heute einen Erinnerungswert. Über uns fegte das Gegenteil von allem hinweg. Keine Zeitreserven mehr! „Just in time." Und wehe, irgendetwas verzögert sich um Sekunden. Keine Geldreserven mehr! „Lean management." Alles wird auf das Minimum verknappt und unter Stress gesetzt. Nichts mehr, was die hochgesteckten Ziele nicht erreicht! „Focus on key competencies." Alles wird weggeworfen, was die Ziele nicht erreicht: Unternehmensteile werden abgeschnitten und verkauft, die Mitarbeiter werden abgestoßen, man konzentriert sich auf die Hauptsache, wie man beim Abiturmachen alles abwählt, was man nicht kann. Lernen? Zu teuer.

Wissen Sie, was da mathematisch passiert? Man erhöht die Rendite unter Erhöhung der Risiken. Früher verzichtete man auf Rendite unter Vermeidung von Risiken. Heute wird alles ausgereizt unter der Annahme, es würde nichts passieren. Unter dieser Annahme braucht man keine Reserven.

Wenn etwas passiert, sind es Sondereinflüsse, die als Sonderabschreibungen oder gleich als Konkurs auf der Rechnung erscheinen. Die Unternehmen bilanzieren nur noch die regulären Gewinne als „operating profit", die um „Sondereinflüsse" bereinigt werden. Diese Sondereinflüsse sind die Kosten des Risikos. Es wird so getan, als gehörten sie nicht dazu. Weil die Investoren das dummerweise schlucken, freuen sie sich über die hohen operativen Gewinne, die regelmäßig durch total außergewöhnliche Sonderabschreibungen geschmälert werden, nachdem das Management wechselte.

Mathematisch gesehen wird das Risiko einfach weggedacht. Es wird in den Plänen nicht berücksichtigt. Was kostet es, wenn man Überkapazitäten plant? Was kostet es, den Mitarbeitern zu hohe Ziele zu geben? Was kosten Fehlplanungen? Managementfehler? Was kostet es, überlastet zu sein?

Wir brauchen neue Ansätze. Wir müssen wissen, wie hoch die Risiken zu bewerten sind, wenn zu ehrgeizig geplant wird, wenn zu sehr auf ein Produkt konzentriert wird. Was kostet die normale Annahme des Managements, dass alles nach Plan gehen wird?

Hey, bitte, was kostet das?

Als Privatmensch weiß ich doch trivialerweise, was die Annahme kostet, ich bleibe einigermaßen körperlich heil: 15 Prozent Krankenversicherung.

Wir treiben Raubbau an der Welt durch totale Auflösung aller Reserven, weil die Wirtschaftswissenschaftler das Gebiet der Risiken noch irgendwie nicht praxisrelevant in die Welt tragen. Die Informatiker „tun auch nichts". Als Mathematiker verstehe ich das schon: Es ist kinderleicht, mit Erwartungswerten zu operieren – und Varianzen sind mathematisch mindestens quadratisch schwieriger. Hinzu kommt, dass die Mathematik Risiken eigentlich nur in Varianzen, also Abweichungen vom Erwartungswert, modelliert. In der Wirklichkeit fürchte ich mich aber nur vor Abweichungen in die Verlustzone, nicht aber vor einem Lottogewinn. Wissenschaftlich gesehen müssen wir uns dann auch mit „Semi-Varianzen" befassen und die sind mathematisch „eklig". Wissenschaftler, ihr seid gefordert! Man nutzt nur die Erwartungswerte aus eurem Sortiment und richtet damit die Welt zugrunde, weil das Risiko nicht auf dem Radar ist.

Deshalb staut sich alles. Deshalb ist alles überlastet. Deshalb ist kein Geld da.

Nur bei Aktienanalysen schauen die Wissenschaftler wirklich auf Risiken. Und gleich gab es Nobelpreise dafür. Warum nutzen wir diese Erkenntnisse nicht im Leben? Im Management? In der Politik?

„Leider ist eine Flut in Dresden gewesen. Kein Geld. Schulden aufnehmen. Leider ist ein Krieg im Irak. Schulden machen. Leider steigt der Ölpreis. Das dachten wir nicht. Leider hat lange keiner gebohrt. Inflation. Leider steigen die Zinsen auf Schulden. Ist ein Sonderproblem. Leider werden plötzlich die Leute so alt. Schrecklich. Zu dumm. Jedes Jahr passiert was. Wir sind umzingelt von Sondereinflüssen. Irgendwie kostet es dann immer mehr als geplant. Dabei war unsere Planung ganz sauber. Wir sollten erst noch die Goldreserven aufbrauchen, dann sehen wir weiter."

Niemand sieht aber zwei Schritte weit. Glück kann offenbar geplant werden. Pech aber nicht? Vor zwanzig Jahren, als man Reservebildung betrieb, plante man offenbar nur das Pech, nicht das Glück. Es geht also. Vielleicht aber kann man nur das eine von beiden planen? Warum nur eines?

Weil die einen Menschen sich vor Pech hüten und die anderen blind auf Glück vertrauen. Es ist eine Frage des Menschen. Früher musste sich jeder hüten. Heute muss jeder an die Spitze wollen. Wir betreiben also Ideologie, nicht Wirtschaft oder Wissenschaft.

3. Simply Satisfying Quality

Kennen Sie die berühmte Stresskurve? Sie steht an allen Wänden. Unterausgelastete Menschen sterben vor Langeweile, wie Kinder hinten im Auto auf dem Weg in die Toskana. „Wann sind wir endlich da?" Nach sechs Wochen Sommerferien freuen wir uns wieder auf die Schule. Diesen Teil der Kurve kennt überhaupt jeder Manager. Jeder. Er weiß, dass man nun „positiven" Stress machen muss, damit es den Mitarbeitern besser geht. Es heißt ja: „Jeder Mensch will Großes leisten, aber er will nicht immerzu leisten müssen." Manager kennen auch hier nur die erste Hälfte, weil die zweite einfach für sie selbst nicht zutrifft.

3. Simply Satisfying Quality 253

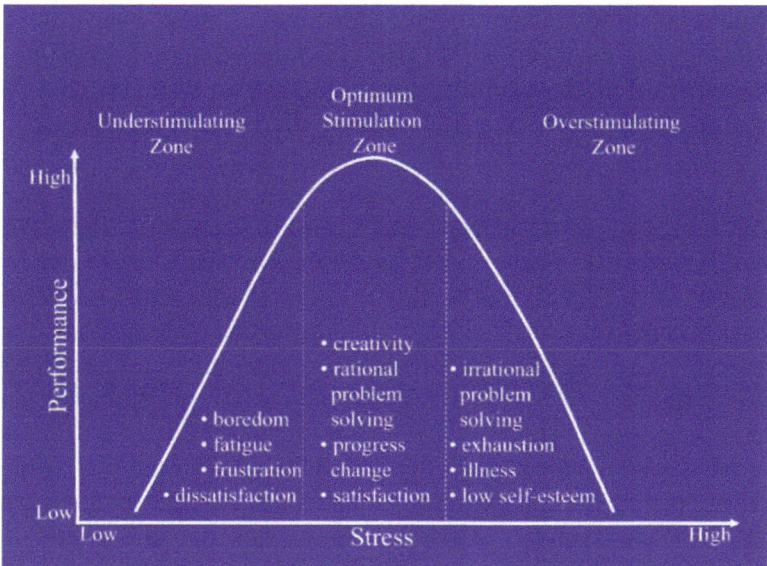

Was passiert also, wenn die Manager finden, man müsse immerzu unter Strom stehen? Sie erhöhen den Stresslevel so stark, wie sie nur können. Sie maximieren den Stress so lange, bis sich unübersehbare Krankheitserscheinungen (Meutereien, Massenkündigen etc.) zeigen.

Ich habe in diesem Chart drei Punkte eingezeichnet. Der linke Punkt erinnert mich ein bisschen an die Uni. Dort forschen viele bis zur Selbsterfüllung, etwas lethargisch immer an den gleichen Problemen, denen sie unausgesprochen ihr Leben gewidmet haben. Hauptsache, alles wird bestmöglich abgearbeitet. Es muss umfassend gelöst sein, in voller Allgemeinheit, zur Blüte der Menschheit! „In der Industrie" sagt man etwas ungeduldig, solche Leute würden nicht gut arbeiten, weil sie zu langsam und qualitätsverrückt seien und keinen Stress aushielten. „In der Industrie" aber wird der Stresspunkt maximiert, so lange, bis alles irrational erschöpft erscheint, ohne Erfolge zu zeitigen. Die Wissenschaft tendiert zu „self-actualizing excellence", die Wirtschaft zu „hasty average". Das Optimum ist in der Mitte: normal glücklich und vernünftig arbeiten. Das ist SSQ.

Das ist doch leicht zu verstehen? Und dann schauen Sie in die Zeitung: Die Menschen glauben, dass sie ein möglichst hohes Gehalt haben sollten. Die Manager erschrecken vor dieser Ansicht, weil hohe Gehälter von Nichtmanagern die Firma ruinieren. Es ist wie Tauziehen, nicht wahr? Beim Stress gewinnen gerade die Manager. Bei den Gehältern verlieren gerade die Gewerkschaften. In der Mitte ruht SSQ.

Man könnte nun die Kräfte besser verteilen, so dass das irre Tauziehen von Managern/Gewerkschaften oder von Regierung/Opposition oder Professor/Einsparevaluator ungefähr in der Mitte endet. Bei SSQ. Die Welt kämpft am Tau blutschweißtriefend und hält das Tau in der MITTE! Alle ziehen wie verrückt in die falsche Richtung, aber die Welt bleibt bei SSQ. Unter allem Kraftaufwand würde nichts passieren! Im Endresultat käme *nichts* heraus! Nirwana. Die Kraftvektoren heben sich auf und geben addiert die Null, den Nullvektor. Den meinte Buddha aber nicht, als er das Nichts predigte. Er meinte mehr die ruhende Mitte *ohne* Tauziehen.

Wir haben alle eine falsche Meinung (Tendenz, Kraftvektor) und ziehen die anderen zu uns. Die ziehen uns zu sich. Im Endeffekt tut sich nichts. Das ist das Stabilitätsprinzip etwa der Demokratie. Das Optimum (SSQ) hat keine Tendenz.

(Ob Sie je eine Wirtschaftswissenschaftsvorlesung gehört haben? Da beginnt man mit dem berühmten Ertragsgesetz. Auch so eine Kurve. Angeblich bedeutet das Wirtschaften, den optimalen Punkt zu finden. Aber es wird ein Tauziehen daraus und alle schießen über das Optimum hinaus. Für ernsthafte Wiwis bietet sich hier doch eine Habilitation über eine „Tug-of-War-Theory" an, oder? Wie ziehe ich Tau („Krieg") und wie schaffe ich es ganz ohne Zerren? Das Problem ist, dass es intellektuell ganz einfach ist, ohne Tau herumzustehen. Trivial. Bäh! Aber praktisch gesehen ist es nicht möglich, das Tau loszulassen, ohne hinzufallen.

4. Loslassen

Deshalb sind Philosophie und Religion so weitgehend nutzlos, weil sie sämtlich das Loslassen als Endlösung propagieren, aber nicht verraten, wie man es praktisch tut.

Vielleicht beginnen wir nicht mit dem gefährlichen Loslassen, sondern mit allgemeiner Deeskalation. Ziehen wir ein bisschen weniger energisch, alle. Sachte! Alle ein bisschen ruhiger. Was passiert, wenn wir alle das tun? Nichts.

Wenn wir alle die Preiskämpfe ließen? Die Überarbeitung? Den Stress? Den Krieg? Sachte ein bisschen ließen? Nichts. Alles ruhig. Es fühlt sich nur besser an. Wie SSQ.

Früher setzten wir Fett an, jede Familie bekam von der Stadt ein eigenes Hallenbad und zwei Kurschatten. Die Unternehmen wurden als Bank mit Kleinfabrik daneben verhöhnt. Versicherungen waren sich ihrer Einnahmen so sicher, dass sie die Bilanzen getrost ein paar Jahre im Voraus gestalten konnten. Wissenschaftler tüftelten ungestört als DI-DO-Professoren.

Heute gewinnt die andere Seite jenseits von SSQ. Kein Fett mehr da. Stress pur. Die eine Seite ist so sehr daneben wie die andere. Wie aber kommen wir in die Mitte?

Ich weiß es auch nicht, deshalb habe ich in meiner Not die Warteschlangen- und Tauziehmathematik bemüht. Hört jemand wenigstens auf Mathematik oder Logik? Ich bin nicht sicher. Es ist eben ein verzweifelter Versuch.

Mathematisch gesehen dürften so ziemlich alle, die irgendwie wichtig für andere sind, nur 85 Prozent ihrer Anwesenheitszeit bei der Arbeit wirklich an dringenden Dingen arbeiten. Der Rest wäre Reserve, um die Warteschlange klein zu halten. Der Notarzt *darf* nicht immer arbeiten. Die Kassiererin darf es nicht, die Mitarbeiter im Call-Center dürfen es nicht. Manager und Politiker müssen Zeit für das Reifen von Entscheidungen haben. Jeder, der plötzlich gebraucht werden könnte, muss „das" zwischenschieben können, ohne aus dem Takt zu geraten. (Wer im Takt bleibt, gewinnt. Steht bei Musashi.) „Ich hatte eine gute Mutter. Sie hatte immer Zeit." – „Ich hatte eine schlechte Mutter. Sie machte immer Stress."

Jeder sieht die Wahrheit: SSQ.
Sie auch?

Schließen Sie die Augen. Konzentrieren Sie sich.

Lassen Sie los. Lassen Sie das Tau los, das Sie so verkrampft festhalten, dass Sie glauben, man hätte Sie daran gekettet.

Bumm. Hingefallen, ich weiß.

In meinem Buch *Topothesie – Der Mensch in artgerechter Haltung* gibt es viele Seiten zur Deeskalation. Auch Sie ziehen in eine ganz falsche Richtung, wirklich wahr! Diese Richtung liegt dort, wo Sie den Sinn sehen. Dort ziehen Sie hin. Und loslassen hieße zu erkennen, dass der Sinn gerade in der anderen Richtung liegt. (Wie bei SSQ!) Und diesen logischen Schluss macht Ihr Hirn nicht mit, weil es selbst ja keinen Sinn mehr hätte. Ein Hirn glaubt an das Denken. Schalten Sie es also vor dem Loslassen kurz ab. Es hilft Ihnen dann beim Aufstehen wieder.

Ich aber gründe eine eigene Beratungsgesellschaft, die SSQ vermarktet. Wir verkaufen gesunden Menschenverstand. Ich bin der allererste SSQ-Guru, der Heil bringt. Ich predige den Mittleren Weg. Er ist das Höchste, aber Sie erkennen das nur, wenn Sie ihn nicht mit dem mittleren Maß verwechseln. Und dieser Schritt vom Wege ist nicht leicht zu vermeiden. Ja, im Weg ist so viel.

XXV. Der Mensch in artgerechter Haltung (SSL)

Der Web-Link zum Autismus-Test ist
http://www.msnbc.com/modules/newsweek/autism_quotient/default.asp

Sie werden hier demnächst gebeten, ihn zu absolvieren und mir das Ergebnis an dueck@de.ibm.com zu schicken. Das schon einmal vorweg! (Und das Buch zu dieser Kolumne ist *Topothesie – Der Mensch in artgerechter Haltung*.)

Nun habe ich Ihnen in drei Kolumnen im Zusammenhang mit Warteschlangen erklärt, dass Sie zu viel arbeiten, ohne dass etwas dabei herauskommt. Ich habe Ihnen einen Grund gegeben: Wir missachten elementare Gesetze der Logik und vertrauen darauf, dass wir trotzdem schaffen, was logisch unmöglich ist. Denn der Mensch kann alles, so denken wir. Sowieso. Und ganz bestimmt dann, wenn man ihm genug Geld dafür gibt. Die Kunst ist es, ihn dahin zu bekommen, dass er alles schafft, ohne dass er das Geld am Ende wirklich hat.

Jetzt aber möchte ich darüber philosophieren, dass wir die elementaren Gesetze der Biologie ebenso missachten. Durch Verleugnen von Logik wird unser Leben schwerer als nötig. Durch Ignorieren unserer Biologie und Psyche wird es sinnlos. Hören Sie hin! Viele sagen in diesen Tagen, dass sie gerade noch die sagenhaft tierische Arbeit ertragen können – aber nicht deren Sinnlosigkeit dazu! Und sie meinen die subjektive Sinnlosigkeit. Meine Mutter zum Beispiel ist heute sehr alt und verbraucht einen sinnlos hohen Teil der Rente durch Schlucken von sinnlosen Tabletten für glänzenderes Haar. Sie freut sich aber sehr, dass durch die Tabletten ihr Zustand nicht schlimmer wird, was sie eigentlich durch das Fortschreiten des Alterns erwartet hätte. Sie freut sich, dass nichts geschieht. Also hat alles seinen Sinn, nicht wahr? Wenn Sie zum Beispiel eine völlig sinnlose Arbeit für Ihren Chef erledigen, der Ihnen dafür aber herzlich und aufrichtig dankt – dann war das nicht sinnlos, oder?! Für den Chef nicht und für Sie nicht. Objektiv Sinnloses hat Ihrer beider Biologie erfreut. Sinnloses ist nicht immer sinnlos.

Es wäre jetzt interessant, etwas über die Biologie von Informatikern zu wissen. Wodurch wird die denn möglicherweise erfreut? Durch einen neuen Computer zum Beispiel oder einen seltenen Adapter? Der Informatiker freut sich, wenn er in Ruhe arbeiten kann und wenn ihn keiner zwingt, über triviale Dinge wie die beste Farbe eines Kinderschlafanzugs Debatten zu führen. Ich wäre daher gespannt, was beim Autismus-Test herauskommt – aber ich erkläre erst einmal das Übergeordnete. (Ich selbst hatte beim Test 22 Punkte.) Der Test ist auch überhaupt nicht wesentlich für diese Kolumne, nur eben ziemlich interessant für eine weitere.

1. Gedanken über Menschen beim Gießen von Blumen

Zimmerpflanzen sind nicht so einfach wie Menschen, weil sie sehr unflexibel konstruiert sind. Zyperngras stirbt zum Beispiel glatt weg, wenn es im Büro über einen einwöchigen Urlaub hinweg nicht gegossen wird. Junge Kakteen schimmeln zu Tausenden zu Tode, wenn man sie ohne desinfizierendes Gift aus Samen zieht. Und eine Heizung wollen sie dazu auch noch. Palmen wachsen nicht so gut in Töpfen, weil sie in der Natur tausend Meter lange Wurzeln bis zu einer unterirdischen Oase ausbilden. Sie könnten ja mit dem blöden Wurzeln aufhören, wenn ich sie genug gieße. Viele Blattpflanzen verbrennen, wenn ich sie bei starkem Sonnenschein ausgiebig beplätschere. Diese Gewächse verstehen innerlich nicht, dass viel Sonne und viel Wasser *gleichzeitig* im Wohnzimmer möglich sind. Manche wollen Schatten, andere pralles Licht. Manche wollen im Wasser stehen, andere lieber trocken leben. Wenn ich das ignoriere, werden sie welk, braun oder sie blühen nicht mehr und wachsen kaum. Manche ziehen unter Schwäche Spinnmilben oder Wurzel- und Wollläuse an und versauen die anderen Pflanzen dazu.

Zimmerpflanzen sind so unflexibel! Ich kann ihnen doch nicht alles recht machen, weil unser Wohnzimmer nun einmal das Fenster so und so hell in der und der Richtung hat. Pflanzen müssten die Bedingungen für Wohnungsfenster begreifen und sich trotzdem anständig um das Blühen bemühen, weswegen ich sie ja gekauft habe. Stattdessen sind nach jedem längeren Urlaub wieder ein paar schrumpelig oder wegwerfverdorben, wenn jemand anderes während unserer Abwesenheit ganz ohne mein individuelles Verständnis viel Wasser ranschüttet. Die meisten Menschen sind nämlich Pflanzenignoranten. Viele Leute pflanzen Sommerblumen unter trockenen Tannenbäumen an, damit es dort etwas mehr Farbe im Garten gibt. Dabei wächst unter einer Tanne licht- und wassermäßig gar nichts. Macht denn jemand im Wald die Augen auf? Viele pflanzen ihre armen Gewächse dauernd um, wenn sie nicht gedeihen. Wissen die Menschen nicht, dass nicht einmal Möbel drei Umzüge überstehen?

So werden die Pflanzen meist verdorben, verletzt, geschunden oder sie darben elend in falschem Licht oder bei unsachgemäßen Wassergaben. Wenn sie krank werden, kommt erst eine Chemotherapie und dann gleich der Kompost.

Immerhin. Die Pflanzen haben in gewisser Weise noch Glück, dass ihre Inflexibilität sattsam bekannt ist. Wir erwarten zum Beispiel nicht, dass eine Aubergine nun Zucchini ausbildet oder ein Kaktus Tulpenzwiebeln. (Bei Menschen würde man es probieren.) Deshalb verlangen wir es auch nicht ernsthaft, obwohl es schön wär'. Pflanzen sind doch leider nur „*special* purpose machines".

Könnte es sein, dass die menschliche Biologie ebenfalls nur dann gedeiht, wenn sie Sonne und Wasser in individuell nötigen Dosierungen erhält? Unsere Tochter Anne saß schon als Baby immer da und schaute mit hellen Augen alles an. Jedermann durfte sie herumtragen. Sie war darum froh und *schaute*. Sie wollte nur *sehen*, nicht etwa geküsst oder gestreichelt werden – das nahm sie gnädig für das Herumtragen hin. Meine Frau war etwas irritiert, sie hätte lieber ein Knuddelbaby gehabt. Unser zweites Baby Johannes war genau so eines, vom ersten Tage an. Er wollte in den Arm genommen werden. Bis er physisch zu groß wurde, saß er auf dem Schoß. Er schoss noch mit zwölf Jahren zum Abendessen herein, setzte sich auf einen verfügbaren Schoß, legte einen Arm um den zugehörigen Hals und erzählte und erzählte. Wenn wir mit Anne böse waren, entschuldigte sie sich oder sie zuckte mit den Achseln: „Warten, bis es aufhört." Wenn wir mit Johannes böse waren, litt er unsäglich. Manchmal erwartete er mich am Abend vor dem Haus, wenn ich heimkam und flüsterte glücklich: „Sie ist wieder gut!" Und Anne kommentierte trocken: „Harmoniesüchtig."

Ich wage eine große Annahme oder ein großes Gleichnis:

Das Neugeborene kommt mit ein paar angeborenen Intensitätsdeterminanten zur Welt. Ich reduziere sie gleich auf zwei spezielle und entwickle daran die Idee der „artgerechten Haltung".

Wir ersetzen bei Menschen Wasser und Sonne durch „Lebensgeist" und „Liebesstärke"!

Wasser wie Lebensgeist oder Vitalität: Die einen Kinder springen aktiv herum, fassen alles an, laufen weg, erobern die nähere Welt, kämpfen mit Hunden und Katzen, verschütten Spinat aus purer Lust. Die anderen sind scheu, abwartend, mögen das Laute nicht oder ein Gedränge von Menschen. Stilles Wasser – reißender Strom.

Sonne wie Liebessehnsucht und -stärke: Die einen Kinder herzen und lieben, helfen anderen, spielen nie allein. Die anderen sind zuerst autark und auf Unabhängigkeit bedacht. Weißer majestätischer Berggipfel in hellstem Licht bis hin zur schwülheißen Tropensonne.

Anne ist wie ich. Wir sind Pflanzen wie Schilf an einem Bergsee. („Wenig Strömungen und Wogen, wenig Glut.") Johannes ist unser Gegenteil: Viel Trubel auf beiden Achsen, Tropenstromschnellen.

Wenn wir uns als Pflanzen sähen, müssten man Anne und mich mäßig gießen in mäßigem Licht. Johannes aber brauchte viel Hitze, Wasser und regelmäßig Dünger. („Können wir über das Taschengeld reden?" – „Anne kommt damit aus." – „Ach! Anne! Ja, die!")

Als Anne drei Jahre alt war, hatten meine Frau und ich ein Treffen vor dem Kaufhof in Heidelberg verabredet. Als ich pünktlich eintraf, stand nur Anne da und teilte mir mit, sie habe die Pflicht, dort zu stehen und mich festzuhalten, bis die Mama käme. Ich sagte, wir könnten ein bisschen umhergehen. Sie lehnte ab. Ich verriet ihr, dass ich ihr Erziehungsberechtigter sei. Ich befahl mitzukommen. Sie lehnte ab. Pflicht! Ich bot Eis an, kniete nieder und weinte. Abgelehnt. Pflicht.

Johannes ist nie irgendwo stehen geblieben. Ein paar Mal haben wir einen halben Nachmittag mit Suchen verbracht. Er saß unten unsichtbar in Telefonzellen, auf Schuhgeschäftrutschen oder fing Tauben. Bei Anne hätten wir Angst gehabt.

2. Unartige Erziehung

Schrumpelige braune Pflanzen müssen weg, verzogene Kinder bleiben da.

Wenn Sie Zyperngras nicht gegossen haben oder wenn Ihnen die Kakteenkeimlinge verschimmelt sind, dann haben Sie eben etwas falsch gemacht und müssen es noch einmal probieren oder auch nicht. Das ist ganz klar und kann mit Personen beiderlei Geschlechts einvernehmlich diskutiert werden.

Nun aber nehmen Sie einmal irgendwelche Kinder und diskutieren, warum die nicht richtig wachsen oder performen. Da sagen dieselben

Personen, die Kinder seien daran selbst schuld. Ich habe bei so einer Diskussion neulich einmal voll dagegengehalten und die Hauptverantwortlichkeit der Eltern deklariert. Irgendwann wurde ich wüst beschimpft. Was? Eltern sollen mühsam erziehen und dann am Ende Schuld dafür tragen? Ich sagte: „Wer denn sonst?" Buff, da ging es los ... Die Leute wollten die Analogie zu Pflanzen nicht sehen.

Meine Kinder meinten, ich sei zu extrem und würde immer so ätzend herausschälen, dass so viele Menschen merkwürdig wären. Ich sei ein Eiferer. Da unternahmen wir die Übung, alle uns bekannten Personen in Schulklassen und anderswo auf eine Liste zu schreiben. Dann kreuzten wir alle an, die depressiv, ausgebrannt, gewalttätig, süchtig, betrunken, scheidungshasserfüllt, magersüchtig, fettsüchtig, neurodermitisch, stresssymptomatisch, tengelmannkleptoman etc. zu sein schienen. Somatische Beschwerden, Bandscheibenvorfall, Schlafstörungen, Paranoia dazu.

Das Ergebnis war furchtbar. Ich verrate Ihnen lieber nichts. Üben Sie selbst.

Für mich liegt es daran, dass wir die Menschen nicht artgerecht behandeln.

Die meisten verstehen nicht einmal, dass es verschiedene Menschen gibt. „Ich habe meine Kinder ganz genau gleich erzogen, ich war *peinlich* gerecht. Aber sie sind verschieden geworden. Schrecklich. Was kann ich nur falsch gemacht haben? Ich habe lange nachgedacht. Ich habe genau richtig erzogen, und zwar beide genau *gleich* richtig. Eines der Kinder wurde was, eines nicht. Ich kann mir nichts vorwerfen."

Da haben wir das Hauptproblem:
Eine einzige Erziehung wird für alle angewendet.

Was passiert dann?
Lebenssprudelnde Kinder (in *Omnisophie* „natürliche" Menschen): Sie fassen alles an, nehmen alles in den Mund, springen überall herum. Sie werden künstlich heruntergefahren. „Pass auf. Lass das. Hör auf. Mach das so. Du meine Güte. Gib Ruhe. Setz dich hin. Bleib stehen. Nein, das nicht." Was passiert? Sie beginnen, das auf sie einströmende Leben zu *bewältigen*. Wie werden das lebenssprudelnde Kinder tun? Sie werden aggressiv, lügnerisch und versuchen, durch Trotz, Charme, Verführung, Gewalt, Erpressung, Kasperei doch noch „Leben" genehmigt oder verziehen zu bekommen. Fazit: Gleichmachende Erziehung ebnet das Überbordende ein und konvertiert das Lebenssprudelnde in Aggression, Sucht und Gewalt, welche danach als Hauptproblematiken der menschlichen Gesellschaft gesehen werden. Kampf *dagegen*!

Ganz ruhige nichtsprudelnde Kinder (in *Omnisophie* „wahre Menschen"): Sie sitzen da und schauen oder lieben sanft. Sie fürchten sich vor zu viel „Wasser und Sonne", also vor Streit, Disharmonie, Liebesentzug, vor allem Lauten. Die normale gleichmacherische Erziehung aber wird oft ziemlich laut, weil sie ja vor allem so laut sein muss, dass sie die lebenssprudelnden Kinder übertönt. Da zucken die friedfertigen unter dem Leben und ziehen sich zurück. Erst in Spielecken oder hinter Bücher, Computer oder Puppenstuben, später ins Kloster, in die Universität oder Kammermusikgruppen. Sie gehen aus der lauten Gesellschaft hinaus, essen kein Fleisch mehr, wollen nicht in den Krieg ziehen und nehmen im besten Fall einen zarten Glauben an. Im schlimmeren Fall verfallen sie esoterischen Sekten. Flucht davor!

Normale brave Kinder (in *Omnisophie* die „richtigen" Menschen): Sie sind im Prinzip schon brav von Kindheit an, wie die normale Erziehung es will. Trotzdem werden sie mit der übernormalen Strenge erzogen, die es mit den Übersprudelnden aufnehmen muss. Da nehmen sie die Regeln der Bravheit, die sie schon von Geburt an in sich haben, viel zu ernst und zu genau, um allen Strafen zu entgehen. Sie entwickeln eine solche tiefe internalisierte Bravheit, dass sie zwanghaft werden, Angst haben, somatische Beschwerden bekommen und in jeder Hinsicht gehemmt sind. Sie trauen sich nicht, trauen sich nichts zu und wollen niemals den Kopf heraus stecken. Anpassung in Angst!

(Das Ganze müssten wir eigentlich auch noch in der anderen Dimension, der Liebesstärke, durchdeklinieren, das geht hier nicht!)

Stellen sie sich vor, wir würden allen Pflanzen gleich viel Wasser und gleich viel Sonne geben. Was dann? Sie wären alle verdorben, weil wir sie durch unsere Pflege verletzt hätten.

3. Die Wunde der Muschel

Eine Muschel liegt im Wasser und freut sich im klaren Strom.
Sie lebt in sanftem Frieden.
Da wird sie eines Tages verletzt.
Sie windet sich im Schmerz und weint zerreißend. Sie beginnt unter Schmerzen, Perlmutt über die Wunde zu ziehen. Schicht für Schicht zieht sie darüber – monatelang. Langsam isoliert sie die Wunde in eine Perle, aber die Wunde schmerzt weiter. Sie arbeitet selbstaufopfernd an der Perle, jahrein, jahraus.
Als die Perle größer wird, schaut die Muschel sie immer öfter an: Wie schön sie ist!

Da beginnt die Muschel, den Schmerz und sich selbst zu vergessen. Sie widmet ihr Leben allein der Schönheit der Perle – und mit der Zeit – mit der fortschreitenden Zeit verwechselt sie sich selbst mit der Perle.

So arbeitet sie an der Heilung der Wunde und gab dafür das Leben auf. Wenn sie es je schaffte, die Wunde zu heilen, würde sie ihr Leben für erfüllt halten. Dann hätte ihr Leben wahrhaft einen Sinn gehabt! Und sie könnte allen Muscheln zum Beweise die Perle vorzeigen! Denn ihr selbst sieht man das Leben nicht an.

4. Leben und/oder Bewältigen

Wir bilden Perlen!
  Karriere, Laufbahn, dickes Auto, dicker Bauch, Goldbehänge, Prestigehandtaschen, Reinheit sektiererischen Glaubens, asketische Strenge, Sieg, Erster Preis, Orden …

Jemand hat uns verletzt.
  Sie sagten uns in normaler Behandlung, wir wären *nichts* wert.
  Da weinen wir oder wir ziehen Perlmutt über die Wunde.

Wir vergessen das Leben an sich. Deshalb ist uns das Leben nichts wert.
  Es ist eine Zeit der Bewältigung von Schmerzen geworden.

5. Hirnwellen

Meine Tochter studiert Biochemie. Da habe ich einen EEG-Leitfaden gefunden, in dem die Hirnwellen normaler Menschen aufgezeichnet sind.
  Wussten Sie, dass sich unser Hirn im Laufe des so genannten Erwachsenwerdens stark verändert?
  Im Hirn kommen im EEG gemessene Wellen verschiedener Länge vor.
  Lange Delta-Wellen kommen im Neugeborenen vor, bei Erwachsenen nur im Koma.
  Wenn ein Säugling nach 18 Monaten erste Silben spricht, wechselt das Hirn zu Theta-Wellen.
  Die Theta-Wellen herrschen bis zur Schule vor. In dieser Zeit ist das Kind vielleicht am glücklichsten, lernt am meisten, ist kreativ und ausstrahlend. Es erinnert sich später nicht daran. Erwachsene erreichen

Theta-Wellen im Traum oder als Guru in tiefer Meditation (wurde natürlich nachgemessen). Manche Gurus sagen, sie könnten für ganz, ganz kurze Zeit deltawellig sein, was wie Nirwana sei.

Das Schulkind wird von Alpha-Wellen dominiert, die beim Erwachsenen entspannte, freudige und reine Zustände beschreiben (reine Konzentration, reine Wut).

Und irgendwann, je nach Mensch, im Alter von 15 bis 20 Jahren, funktioniert das Hirn vorwiegend mit Beta-Wellen. Sie sind Merkmale von Bewältigungszuständen: „Gib acht! Pass auf! Bedenke alles! Vergiss nichts! Mach deine Hausaufgaben! Schnell!"

Das Leben wird durch das Bewältigen verdrängt.

Und wenn Sie im Alter zum EEG gehen, dann werden Sie irgendwann ein normales Alters-EEG zeigen: Es ist dominiert durch Alpha-Wellen. Was sagt uns das?

In Beta-Zuständen bewältigen wir und sind nicht glücklich, sondern wir stehen nur unter Strom und Produktionszwang. Die kurzen Wellen in uns machen uns rattern und sausen. Wir können nicht einschlafen, weil dazu andere Wellen nötig wären. Wir fühlen, dass wir nicht abschalten oder ausspannen können. Oft reicht nicht einmal der Urlaub zum Abschalten.

Merke: Bewältigung und Nichtglück ist messbar.
In Ihrem Gehirn.

Wir zwingen Pflanzen, Früchte zu tragen.

Wir schneiden Obstbäume stark zurück, dann bekommen sie Angst vor dem Tod und treiben viele Früchte aus ... Die Bäume selbst sehen aber arg beschnitten aus, fast krüppelig. Als Laie, der ich bin, kann ich mir kaum vorstellen, dass ein solcher Baum am meisten trägt. Wir der wohl lange leben? Oder ist er unter der Fruchtnot bald ausgebrannt.

Bäume werden ersetzt, wir müssen bleiben.

6. Artgerechte Haltung

In *Omnisophie* habe ich das Verschiedene der Menschen herausgeschält.
In *Supramanie* habe ich das Bewältigende herausgehoben.
In *Topothesie* stelle ich die Forderungen nach artgerechter Behandlung und dem Deeskalieren der Beta-Zustände.

Mehr Alpha! Weniger Beta!

Es ist jetzt nicht schwer zu sehen, dass daraus im Buch fast ein Aufruf für eine neue „Religion" geworden ist. Am Ende gibt es tatsächlich ein schwach mathematisches Kapitel über das Komplexe in uns. Es hat den Titel *Gott existiert, ob es ihn gibt oder nicht.*

Aber das ist eine längere Geschichte ...

Denken Sie aber noch an die letzte Kolumne? Die hieß *SSQ – Simply Satisfying Quality.* Es ging darum, das Tauziehen zwischen dem Entspannten und dem Hektischen endlich einzustellen und mit ein wenig Augenmaß vielleicht einen Zustand in der Mitte zu versuchen. Das war es genau! Alpha-Wellen-Exzellenz gegen Beta-Wellen-Eile! Haben Sie es wieder erkannt? Was wir alle brauchen, ist SSL. Simply Satisfying Life.

Menschen werden in unserer Zeit zu sehr unter Beta-Wellenstress gesetzt. Da stehlen sie sich aus der Beta-Welt hinaus, wenigstens für Momente und versuchen es mit künstlichen Alpha-Derivaten, die ihnen Pseudo-Entspannung bieten: Alkohol, Drogen, Spielsucht, Gewaltkitzel, Extremsport. SSL täte es schon. Wir sollen nicht einer Sucht verfallen, sondern der Leidenschaft zu leben.

7. „Echte" Informatiker, artgerecht gehalten

Vor einigen Jahren bat ich Sie schon einmal, einen Test zu absolvieren. Obwohl die im Auftrag der GI durchgeführte INFAS-Umfrage ergab, dass ein Drittel der 21.000 GI-Mitglieder diese Kolumne ständig lesen, haben sage und schreibe nur 250 von Ihnen geantwortet, manche erst bis zu zwei Jahre später. Tja. Ich meine, ich schreibe nun schon seit 1999 brav für Sie – ja, Sie! – und dann könnten Sie einmal lieb sein und etwas mithelfen, die wirklich tiefen Fragen der Menschheit zu klären, indem Sie mir ein bisschen von Ihrem Gehirn verraten.

Die Auswertung der 250 Ergebnisse ergab denn auch, dass sehr, sehr viele von Ihnen zu den typischen Techies gehören! Das sind sehr oft „wahre" Menschen, also solche, die intuitiv denken, meist halbzynisch idealistisch sind, meine Kolumne lesen können, weil ich auch so ein wahrer Mensch bin, die skeptisch, aber sehr selbstbewusst und trotz allem Weltenschlamm zuversichtlich sind wie ein Nagelbretteremit in Sodom und Gomorra. Unter Beta-Wellen-Stress werden solche Menschen von der Theorie her oft „einsiedlerisch" oder schizoid, ziehen sich also vor dem Lauten und der Gewalt zurück. Schlimme Fälle sind extrem sachklug und gleichzeitig unfähig, etwas mit Menschen anzufangen (Asperger-Syndrom). Der Extremfall ist der Autismus.

Was ist eine typische Alpha-Tätigkeit für Menschen, die wenig Wasser und wenig Sonne brauchen?
   Na?
   Selbstvergessen programmieren. Ein Buch schreiben. Für das *Informatik-Spektrum* arbeiten. Fachsimpeln. Sich in Ruhe ein ganz neues Fachgebiet aneignen. Software updaten. Einem Guru lauschen. Eine Inspiration empfangen. Sich einer neuen Idee öffnen oder gegen eine unrichtige streiten. Ein wundervolles Informatik-Werk erschaffen und den Kunden vorstellen. Eine Publikation einreichen. Zeitvergessen nachdenken, was fast wie Faulheit von außen aussehen kann – die Griechen sagten: Muße. Werden. Entfalten. Selbstverwirklichung.

Was ist Beta?
   Projektleitung, die das Selbst- und Zeitvergessene radikal unterdrückt. Im Grunde alles, was erinnert und drängelt, anruft und lärmt, was kämpft und wütet. Alles, was der Schilf am Waldsee nicht will.

Was, wenn es nur Beta gibt?
   Ego-Shooter. EEG-Messungen zeigen, das Quake III & Co die Spieler in einen Alpha-Rausch versetzen, aus dem sie auch nach dem Spiel eine Zeit lang nicht aufwachen, so wie Sänger nach einem Konzert dumpf da sitzen und den Beifallsrausch in den Adern abebben lassen. Auch nach einer Vorlesung sind Professoren einige Zeit zu nichts gut und müssen abdampfen, also aus einem Alpha-Rausch auftauchen, ehe sie wieder Drittmittelanträge stellen können. Simply Satisfying Quake als Ersatz. Irgendwo Selbstvergessenheit für die Techie-Pflanze.
   Und die blöden Medien meckern mit den Shootern und dichten ihnen etwas völlig anderes an.
   Computerspiele sind sicher oft Beta-Flucht. Also, Medien: Flucht über Beta!

Und bei diesem Rückzug vor den Alpha-Computer fällt mir ein, dass ich in der *Newsweek* einen Artikel gelesen habe, dass es eine ganze Bandbreite von Menschen gibt – im einen Extrem völlig von Gefühl durchtränkt, im anderen Extrem völlig in den reinen Verstand versunken – Autismus. Das Interessante ist, dass in dieser Skala die Frauen weiter auf der Gefühlsseite stehen und Männer mehr auf der Denkseite. Wenn man die Skala weiter verfolgt und über Schizoide zu „Aspergern" und dann zu

Autisten geht, dann nimmt der Prozentsatz der Männlichen immer mehr zu. Bis auf über 80 Prozent!

Girls, boys and autism.
http://msnbc.msn.com/id/3069769/

Da dachte ich doch gleich: Vielleicht ist deshalb das Sitzen vor Computern eine Männerdomäne und das Klagen über die dort fehlenden Frauen ein biologischer Denkfehler? Vielleicht ist da auch zwischen dem Fühlen und dem Denken ein Tauziehen, das in der harten Informatik immer zugunsten der Männer ausgeht? Bestimmen die harten Denker und Computerspieler (zu) einseitig die Kultur rund um Computer? Ist deshalb der Computer so angefeindet von den Gefühlvollen, die ihren Alpha-Rausch lieber in Liebesromanverfilmungen holen? Sind deshalb die Informatiker mit dem Stigma behaftet, nicht genug Softskills zu haben? Ich habe schon heimlich einen größeren Test gemacht. Ein ganzes Institut der Informatik hat die Ergebnisse der Autismus-Tests an mich geschickt.

Im Allgemeinen haben Frauen so 15 Punkte im Durchschnitt, Männer 17. Ich selbst habe 22 und ich würde schwören, vor 20 Jahren wesentlich mehr gehabt zu haben. Anne hat 23, als Frau! Sie war Miss PC am Gymnasium.

Im besagten Versuchsinstitut waren so einige mit 26 und 27 Punkten dabei. Ab 35 ist man Asperger-verdächtig, später autistisch.

Und jetzt würde ich gerne von Ihnen allen Ihre Zahl bekommen, dazu Geschlecht und Studienfach. Ich kann mir vorstellen, dass in etwa herauskommt, dass Informatik irgendwie zu sehr von Leuten mit 25 Punkten dominiert wird und deshalb überhaupt nicht artgerecht für die Masse der Menschen ist.

Tja, und dann müssen wir überlegen, was das bedeutet.

XXVI. Das Ziel haben oder sein?
Bio-Logik und Betaphysik

Ein Mensch vor meinem Auge! Ich möchte mir ein Bild von ihm machen. Ich zücke meine Digicam und halte den Finger am Abzug. Da zieht der Mensch ein Gesicht. Ist es sein eigenes? Schrecken oder Design? Meine Kamera zielt wie eine Waffe. Der Mensch ist mein Ziel. Er weiß das.

Ein Entwicklungsprogrammierer brütet über einer Programmzeile. Das Telefon schrillt. Da zieht er ein Gesicht wie eine Zitrone und ist sauer. Er ist ein Ziel fremder Absicht. Er führt den Hörer ängstlich und im Voraus resigniert zum Ohr. „Werden Sie unseren Termin einhalten?", fragt der Projektleiter. Es ist *sein* Termin, *sein* Ziel. Der Programmierer ist sein Mittel zum Ziel.

Ein Kind sitzt allein in der Sonne vor dem Hochhaus und langweilt sich. Es leidet. Es hat *kein* Ziel. Im Hochhaus sitzt die Empfangsdame einsam seit einer Stunde. Sie leidet. Sie hat kein Ziel und ist kein Ziel. Man wird sie entlassen, sie ist zu selten Mittel zu einem Ziel.

Ein Vertriebsbeauftragter sitzt vor seinen Verträgen und erledigt die Buchführung. Da klingelt das Telefon wie Musik. „Ein Kunde!" Seine Augen glänzen. Er hat ein neues Ziel gefunden.

1. Ziele

Es ist ein Unterschied, ob wir ein Ziel haben oder eines sind.
  Wenn wir mehrere Ziele haben, verzetteln wir uns eventuell.
  Wir fühlen uns elend, wenn wir Mittel zum Zweck sind.
  Es ist schrecklich, kein Ziel zu haben.
  Wenn der Weg das Ziel ist, können wir uns darauf konzentrieren. Wir können konzentriert Tennis spielen. Wir können konzentriert programmieren oder lesen. „Kind, ich habe zum Essen gerufen! Hörst du denn nicht?" Volle Konzentration! Ein Mann springt ins Wasser und rettet das Kind. Er hat nicht an sein Leben gedacht. Er hatte nur dieses eine Ziel.

Ich will mit Ihnen in diesem Artikel über Ziele nachdenken. Über Ihre und die der anderen. Über die übergeordneten Ziele. Wir sollen an sie alle denken, aber dennoch die Arbeit machen. Ich will darlegen, dass das bis zur Unmöglichkeit schwierig ist.

Nehmen wir an, dass Sie Forscher im Gebiet der Informatik sind. Früher haben Sie in Ihrem Dienstzimmer geforscht. Sie hatten ein leuchtendes Ziel. Ihr Ziel hieß „Problem". Sie arbeiteten mit Hingabe an diesem Problem. Sie setzten alles daran, das Problem zu lösen.

Heute arbeiten Sie aber im Team mit ganz vielen anderen Menschen zusammen. Es gibt jemanden, der für Sie zählt, wie oft Sie zitiert werden. Jemand schaut nach, dass Sie wenig und preiswert reisen. Ein anderer ist darum bemüht, dass Sie auf alten abgeschriebenen Computern entwickeln. Wieder jemand hilft Ihrer Sekretärin mit Ratschlägen, nur noch halb so viel Zeit für Sie aufzuwenden, damit sie mehrere Lehrstühle gleichzeitig betreuen kann. Räume werden geteilt. Die Sekretärin zählt die Diplomanden und führt Buch über Durchfallquoten. An allen Ecken und Enden tauchen Helfer auf, damit Sie Ihre Arbeit effizienter gestalten können. Sie tragen Listen mit Billigflügen und Mitfahrgelegenheiten herum. Files and More Management! Das oberste Ziel ist die Profitabilität der Universität. Es heißt: „Ihr seid die klügsten Köpfe, die es auf Erden gibt. Ihr seid wahrhaftig berufen, ihr seid die auserlesene Elite. Ihr bekommt so wenig Gehalt, weil ihr so gerne hier arbeitet. Daher muss es doch möglich sein, mit euren tollen Ideen mindestens so viel herauszuschlagen, dass ihr nichts kostet." Und alle diese Helfer sagen, dass das eigentliche Problem Sie selbst sind. Aber das ist gut so, weil sie für dessen Lösung bezahlt werden.

Ich will hier nicht über das Exvaluieren herziehen, das Herausziehen von Werten, bis sie alle heraus sind.

Ich möchte heute nicht über den Sinn schreiben, nicht über das globale Optimum der Arbeit, sondern über Ihre Biologie.

Es gibt Ziele, an denen Ihr Herz hängt. Es gibt ein wohl nicht ganz vermeidbares Ziel, das sind irgendwie Sie selbst oder Ihr Ego. Es gibt Ziele der Gesellschaft, Ziele vor dem Ewigen, vor Gott und schließlich vor den verschiedenen Exvaluatoren. Diese Ziele gilt es, „unter einen Hut zu bekommen", wie man so sagt. Das geht fast niemals. Deshalb raten die meisten Weisen, zuallererst das eigene Ego oder die Eigentriebe aufzugeben, weil sie zu mächtige *störende* Ziele verfolgen. Das sind natürlich ganz überalterte Ansichten von frühen religiösen Führern, die sich noch keine Vorstellung von so genannten Matrixorganisationen machen konnten. Ein normaler Mensch hat heute zig verschiedene Ziele, die sich gegenseitig widersprechen oder ausschließen. Da kommt es auf das Ego vom Prinzip her gar nicht mehr an. Mit bloßer Selbstaufgabe kommen Sie also gar nicht so weit wie das früher bei den Nibelungen zum Beispiel noch gegangen wäre! Es bleibt immer noch die Aufgabe, das Kakophone in Einklang zu bringen. Das ist der Ansatz der berühmten Schröder-Gleichung. (Ich glaube, es gibt dafür nur die mathematisch triviale Lösung. Alles platt machen, also zu Null. Nullen sind immer im Einklang, egal wie verschieden sie sind.)

2. Biologische Zustände unter Zielen

Der eine Zustand: „Er spielte wie im Rausch. Traumhafte Rückhände und Lobs, die den Gegner zermürbten. Alles landete im Feld. Den Matchball verwandelte er traumsicher mit einem As."

Der andere Zustand: „Das Spiel war ein einziges Auf und Ab. Ich war der klar bessere Spieler. Ich habe phasenweise Traumtennis gespielt. Aber mir ging immer wieder durch den Kopf, dass ich meinen Werbevertrag verlängern muss und dann ist da noch das dumme Foto mit … Ich wusste, es stand viel auf dem Spiel. Für den Fall eines Verlustes hatte man ein Absinken meines Imagewertes um drei Punkte prognostiziert. Damit würden Werbeverträge kündbar. Es drohte ein Desaster. Ich hätte noch etliche andere Turniere zusätzlich spielen müssen, um es wieder einzuholen. Dann hätte ich die schon seit drei Jahren verschobene Operation verschieben müssen, außerdem wollte ich mit meiner Frau endlich das erste Mal Urlaub machen. Sie wollte mir endlich einmal die Kinder zeigen. Ich wollte das selbst. Ich hoffe, sie sehen mir ähnlich. Meine Frau sieht es ähnlich."

Der eine Zustand: „Hochkonzentriert".

Der andere: „Abgelenkt."

Sie kennen das Gejammer, wenn Hochleistungsmenschen abgelenkt werden und nicht in Hochform leisten konnten. Im Beispiel des Informatikprofessors hört es sich so an:

„Ich kann nicht arbeiten. Noch mehr Sitzungen. Sie können sich niemals einigen, weil es logisch gar keine Lösung gibt. Sie verlangen Verdoppelung der Resultate mit halbem Personal. Da das nicht geht, zerbrechen wir unsere Köpfe. Mit zerbrochenem Kopf gehe ich dann in Vorlesungen. Studenten wollen mehr Credit Points, sonst zerbrechen sie. Ich habe keine Reisemittel mehr und muss Sonderanträge stellen. Wieder einen Tag für Begründungen verschwendet. Immer neue Mitarbeiter, damit wir keine Kettenverträge haben. Ich selbst bin Zeitbeamter, ich habe nackte Angst. Ich brauche Ruhe! Wie soll ich denken?"

Er seufzt.

„Zum Glück kann ich manchmal zu Hause arbeiten. Da sehen sie mich nicht. Ich sitze bis zum Abend im Schlafanzug am Computer. Meine Kinder sind auf der Ganztagsschule, sonst ginge auch das nicht. Das größte Problem ist: Freischaufeln für die eigentliche Arbeit."

Ich habe schon in der letzten Kolumne etwas über Gehirnwellen erwähnt. Man kann die Hirntätigkeit per EEG aufzeichnen. Die dabei auftretenden Wellenlängen werden analysiert und mit Normalzuständen verglichen. Die Wellenbandbreiten haben Namen: Delta (0 bis 3 Hz), Theta (4 bis 7 Hz), Alpha (8 bis 13 Hz), Beta (14–30 Hz). Wellen innerhalb von Bandbreiten heißen Delta-Wellen etc.

Delta-Wellen hat ein Erwachsener manchmal kurz im Schlaf oder länger im Koma. Es soll sich wie „Nirwana" anfühlen.

Theta-Wellen zeigen im Gehirn „free flow" an, kommen im Traum vor oder können mit viel Übung in Meditationszuständen erreicht werden.

Alpha-Wellen stehen für den Zustand „relaxed", unverspannt, reines Gefühl, nicht zersplittert.

Beta-Wellen stehen für „alert", für „pass auf!", „gib acht!" Aufgesplittert. „Ich arbeite an X, aber ich sorge mich um Y."

Was ist normal? Das hängt vom Alter ab! Das hat mich so fasziniert, dass ich ziemlich viel in *Topothesie* darüber geschrieben habe.

In verschiedenen Lebensstadien des Gehirns dominieren verschiedene Frequenzen. Säugling: Delta. Kleinkind: Theta. Schulkind: Alpha. Erwachsener: Beta. Pensionär oder „Silver-Surfer", wie man heute sagt: Alpha. Der Übergang von Alpha zu Beta vollzieht sich in der Regel irgendwann im Alter von 15 bis 20 Jahren. Schade, dass man das nicht nach Schulbildung aufgeschlüsselt hat! Ich glaube, der Beta-Zustand („pass auf!") zeigt an, dass es nun im Leben hauptsächlich um Punkte, um Geld, Ruhm, Aufmerksamkeit und so weiter geht. Das reine „Leben" des Kindes ist vorbei. Der Zustand „relaxed" wird verlassen. Der Ernst des Lebens beginnt. Hundert Pflichten rufen. Die Sorge beginnt, der tägliche Ärger und der Stress. Der Leistungsdruck wird ubiquitär. Pervasive Performance!

Wenn der Informatikprofessor forscht: Dann tut er das manchmal im Zustand „free flow", in Meditation zum Generieren von Ideen und sehr oft im Zustand „kindliche Hingabe" im Alpha-Bereich. Wenn er beim Forschen dauernd Störsignale vom Typ „pass auf!" bekommt, forscht er im Beta-Zustand („Wenn das stimmt, ist mein DFG-Antrag perfekt." – „Da dringe ich nun zu Ideen vor, für die ich zu lange brauche, das darf ich nicht." – „Das ist zu schwammig für die Evaluation." – „Mist, das kostet eine Woche Verifikation, auch das noch." – „Wenn mir nicht gleich etwas Tolles einfällt, schreibe ich schnell das Mittelmäßige auf, was ich schon sicher habe.")

Der Alpha-Zustand ist der der reinen Arbeit. „Versunken in Anstrengung."

Der Beta-Zustand ist der der Leistung: „Ich arbeite hart, und ich achte dabei immer auf die Zeit, die ich damit verschwende."

Arbeit ist konzentriert auf ein Einziges. Leistung will viel Arbeit, aber keine Zeit damit vertun. „Ich arbeite an X, aber ich sorge mich um Y."

Und nun die Gretchenfrage: Unter welchem Gehirnzustand forscht man am besten und in welchem forschen Sie?

3. Alles Beta?

Sie wissen nun oder schon immer, dass die Ideen fast immer im Theta-Zustand einschweben. Im Traum, im Zug, wenn Sie „an nichts denken", unter der Dusche, beim Spazierengehen. Die Ideen kommen, wenn Sie *an nichts denken*. Musen küssen nur unerwartet. Gute Forschungsarbeit geschieht in Ruhe. Das ist neben dem Free-Flow-Thetadenken der ungeteilte, konzentrierte AlphaZustand. Hier wird nachhaltig gearbeitet und *ohne Zeitgefühl* geschafft. Wenn man die Zeit vergisst, ist man glücklich! Wenn man an nichts denkt, fluten Ideen. Das ist schön!

Ich sage jetzt nicht, dass man nicht im Beta-Zustand forschen kann. Aber ich will sagen, dass der Beta-Zustand nicht der natürliche dafür ist. Zumindest bei Sportlern, die auf dem Feld zu angespannt sind, nebenbei an Resultate und Werbeverträge denken, verhagelt es regelmäßig die Ergebnisse. Sie performen sehr schwankend und „lösen sich nicht". Es ist ganz oft so, dass der Goldmedaillengewinner ganz relaxed siegt. Mit einem Lächeln auf den Lippen. Die Silbermedaillengewinner waren ganz oft mit dem Ego oder dem Denken an Leistungsparameter befasst. Sie haben das bei Olympia und speziell bei der deutschen Schwimmmannschaft gesehen. Die Sportler haben an Zahlen und Resultate gedacht und sind nur teilweise geschwommen. Beta im Kopf. Beta blockt. Es gibt starke

Egos, die trotzdem Gold gewinnen. Sie müssen aber ungeheuer viel Vitalität dafür aufbringen!

Denken Sie an meine Digicam? Ich zücke den Fotoapparat und nehme Sie ins Visier. Ich will ein Bild von Ihnen machen. Da zucken Sie zusammen, weil Sie sich beobachtet fühlen, und ziehen ein vorteilhaftes oder verärgertes Gesicht. Sie wechseln vom Alpha-Zustand in den Beta-Zustand. Das ist der Tod jeder Fotografie! Sie haben gemerkt, dass Sie ein Ziel sind. „Pass auf!" Das ist Beta! Und Sie sind in Sekundenbruchteilen Ihre Maske. Schauen Sie zur eindringlichen Mahnung einmal auf die Website www.basta-photograph.de? Dort hat Alexander Basta seine Fotos von Prominenten versammelt. Alle Fotos sind nach Konzerten oder Auftritten entstanden, als die Darsteller jetzt keinen Nerv mehr zum Posieren hatten. Basta hat sie fast alle im Alpha-Zustand erwischt. Schauen Sie sich diese eindrucksvolle Demonstration an! Es gibt ein Buch dazu (sehr teuer und luxuriös, in Edelstahl gebunden, ideal für Sie zu Weihnachten), zu dem ich den Text geschrieben habe (*Ästhetik der Seele*). Ich bin selbst auch fotografiert worden. Ich war eher etwas erschrocken über meinen fotografierten Alpha-Zustand, weil ich ja im Spiegel immer ein Gesicht ziehe, weil ich auf mich aufpasse. Alle anderen Menschen aber finden das Bild total schön und vor allem echt.

Deshalb muss man Sie unbedingt nur dann ablichten, wenn Sie im Alpha-Zustand sind. Kinder zucken übrigens *nicht* zusammen, wenn sie fotografiert werden! Denken Sie daran? Die kennen den „Pass auf!"-Modus nicht so stark. Deshalb müssen wir natürlich ihr Gehirn in den Beta-Modus hämmern: „Pass auf!" Kinder müssen Angst vor Prüfungen bekommen und zucken, wenn die Aufmerksamkeit auf ihnen ruht! Früher war Aufmerksamkeit Liebe. Nun Prüfung! Das muss ein Gehirn lernen.

Wenn nun die Evaluatoren zu Ihnen in die Forschung kommen, dann heißt es „Pass auf!" Dann wechselt Ihr ganzes Institut in den Beta-Zustand. Sie sind ein Ziel! Es ist wie Innenrevision bei der Bank. Wie wenn ein General in die Kaserne kommt! Sie alle wirken wie meine Digicam. Sie versetzen alles in Beta-Zustände. In Beta-Zuständen aber arbeiten Fließbandarbeiter schneller, müllern Müllmänner besser, putzen Putzteufel hektischer. Im Stresszustand wird besser routiniert gearbeitet. Das wissen alle! Deshalb kommen ja die Inspektoren und die Einpeitscher! Deshalb sollen sie „Kontrolldruck" aufbauen oder mit „Anreizen" hetzen. Deshalb kränken sie mit Vergleichen: „Sieh hier bewiesen, du bist statistisch schlecht!"

Leider ist es bei intelligenten Arbeiten so, dass sie im Beta-Modus *schlechter* gemacht werden. Ist es deshalb sinnvoll, Forschern oder Entwicklern Feuer unter den Lehrstühlen zu entfachen?

Wenn man es dennoch tut, verhindert man wie bei Hochleistungssportlern die Höchstleistung und macht aber bessere Fießbandarbeiter aus ihnen.

Das sagt die hier skizzierte Bio-Logik: „Beta essen Genialität auf."

Und wenn Sie andere Bereiche anschauen: Die Politiker zerbrechen unter den vielen Wahlen (Evaluationen) ebenso wie Sie! Wahlen sind Beta. Politiker schielen nach dem Wähler und haben keine Zeit zum Regieren. („Ich arbeite an Reformen, aber ich denke an Stimmen.") Die Topmanager stehen am Pranger, weil sie oft unter dem Druck des Aktienkurses alles Mögliche anstellen, was nicht mit Arbeit im engeren Sinne zu tun hat. („Ich arbeite für die Zukunft, aber ich habe Angst vor dem Quartalsende.") Alle diese Berufsbranchen zerbrechen biologisch am Beta-Dasein. Die Lehrer brennen in der Beta-Schule aus. Die Studenten vegetieren ohne Free Flow und Relaxation dahin, von Credit Point zu Score. („Ich lerne Meditieren, aber ich habe dabei Sorge, ob ich es gut genug kann.") Um beim berühmten Filmtitel *Angst essen Seele auf* zu bleiben: Wahlen essen Politik auf. Profit essen Unternehmensführung auf. Kamera essen Foto auf. Evaluation essen Wissenschaft. Es ist immer die Angst, nicht gut dastehen zu können! Immer die! Angst essen Seele auf. Angst ist Beta. „Pass auf!"

Beta sagt unaufhörlich: „Sie können *mehr*!"
Aber Sie können nicht mehr.
Sie sind im falschen biologischen Zustand.

4. Betaphysik

Die so genannte Metaphysik befasst sich mit der Frage, was „hinter der Physik" steht. Metaphysik hießen die philosophischen Werke von Aristoteles, die *hinter* seinen naturwissenschaftlichen Schriften in einer frühen Gesamtausgabe (erstes Jahrhundert vor Chr.) angeordnet waren. Deshalb weiß ich nicht so genau, was „hinter" bedeutet. Sagen wir: Metaphysik befasst sich mit den Dingen, die über der Physik liegen, also hinter dem sinnlich Erfassbaren.

Betaphysik befasst sich dagegen mit dem Aufpassen, wozu die physikalischen Dinge gut sind, wozu sie profan nützen und wo und wie sie effizient einem Zweck dienen können.

Die Betaphysik sieht in der Wissenschaft eine wichtige Ressource, neue Anwendungen und Zwecke der physikalischen Dinge zu erfahren. Sie beutet in diesem Sinne die Wissenschaft aus und begründet gleichzeitig neben allen Einzelwissenschaften neue, so genannte Beta-Wissenschaften, die die Erkenntnisse der Primärwissenschaft in Nutzen und Zweck ummünzen.

Die Beta-Wissenschaften lagern sich an die herkömmlichen Alpha-Wissenschaften oder Künste an. Wirtschaftsmathematik, Krankenhausmanagement, Versicherungsinformatik, Life Cycle Management, Lebensplanung und Erfolgsmanagement, Seelenkosmetik, Rüstungsforschung, Lebzeitenplastinierung und immer weiter in die Zwecke hinein.

Die „Pass auf!"-Fragen werden nun ein eigener Zweig des menschlichen Denkens. Der Nutzen und die Anwendung besiegt die alte Alpha-Wissenschaft und beginnt zu dominieren. Ich habe schon in einer ganz frühen Kolumne vor einigen Jahren auf die Ausbeutung der Wissenschaften hingewiesen und gewarnt, dass die Betaphysik nur noch den Zweck der Dinge erforscht, aber nicht mehr die Dinge selbst. Sie betrachtet Gegebenes nur als Ressource und verfolgt damit einen Zweck. Woher stammt aber das „Gegebene"? Aus Grundlagenforschung!

Da öffnet sich ein weites Feld, sage ich Ihnen! Doch Sie sehen schon, die Öffnung der Universitäten zur Betaphysik unter Rückzug aus der Metaphysik verlagert unser Denken auf das Beta-Artige, auf das Wozu und Wiegut. Die Metaphysik fragt: „Was ist der Sinn des Menschen?" Die Betaphysik will wissen: „Zu welchen Zwecken ist die Ressource Mensch äußerstenfalls einsetzbar? Wie lässt sich diese Ressource kostengünstig gewinnen und erhalten?"

Die Betaphysik steckt noch in den Kinderschuhen.
Zugegeben.
Nehmen wir das Beispiel des Menschen. Wie kann ein Mensch am nützlichsten eingesetzt werden? Welches Ziel kann mit ihm verfolgt werden? Wozu kann er Zweck sein?
Diese Fragen gehen die Betaphysiker noch ganz dilettantisch an. Sie beginnen den Einsatz des Menschen zu Zwecken in der Annahme, Menschen seien Maschinen. Aus dieser Annahme resultieren viele Systemfehler. Die Annahme, Menschen seien wie Maschinen und müssten wie geölt arbeiten, ist verführerisch. Denn Maschinen sind ein Eldorado der Betaphysik. Maschinen sind ja eigens zu einem Zweck gebaut worden. Sie

dienen per se einem Ziel. Deshalb sind für Betaphysiker die Maschinen im Vergleich zum Menschen ideale Konstrukte, die in Zweckmäßigkeit kaum übertroffen werden können. Maschinen sind aus Forschung gebauter Zweck.

Deshalb arbeiten Maschinen sofort, wenn man sie anschaltet. Manche neue Maschinen wie zum Beispiel Computer sind noch nicht ganz verstanden, man schaltet sie deshalb so oft ein, bis sie irgendwann arbeiten. Bei Menschen ist nun leider noch die lästige Gehirnfrage aufgetaucht, die ich in diesem Artikel problematisiert habe. Der Mensch kennt verschiedene Zustände, unter denen er verschieden gut arbeitet. Der Mensch hat eine eigene Bio-Logik, die etwas schwieriger zu schalten ist als eine Maschine. Der Mensch ist leider nicht a priori Forschung, sondern mehr oder weniger als eine spezielle Physik oder Biologie vorgegeben. Er braucht nun eine eigene Betaphysik, die ihn wirklich zweckmäßig macht. Die Human-Betaphysik muss über die Erkenntnisse mit Maschinen hinausgehen.

Erst dann kann sie den Menschen voll zur Entfaltung bringen. Die augenblicklichen Anfangstriumphe der Betaphysik basieren vor allem auf den Erfolgen, Menschen wie Maschinen oder Computer zu behandeln, damit alte existierende betaphysische Weisheiten und Programme auf Menschen angewendet werden können, die schon sich bei Maschinen millionenfach bewährt haben. Was wir aber brauchen, ist ein Quantensprung der Betaphysik, der die Eigenheiten des Menschen an sich in die Überlegungen einbaut. Mindestens die Gehirnwellen, würde ich sagen. Die heute dilettierenden Betaphysiker sagen: „Dieser Mensch arbeitet schlecht, weil ihm die richtige Einstellung fehlt." Damit entlarven sie sich. Sie denken von Menschen in Maschinenbegriffen! Eine moderne Betaphysik muss Menschen natürlich als Ressource begreifen – JA! Aber sie muss wenigstens die Ressource als solche in einiger Tiefe verstehen und nicht mit Maschinenmodellen verwechseln. Dazu könnten Betaphysiker kompliziertere Maschinen entwerfen, die Menschen ähnlicher sind, damit sie die Modell-Realitätslücke schließen helfen. Oder: Die modernen Betaphysiker könnten sich zu einem radikalen Schnitt überwinden und den Menschen einmal direkt betrachten und verstehen. Eine solche Revolution ist natürlich ein Sprung ins Ungewisse und birgt unkalkulierbare Risiken. Wer wird in der heutigen schwierigen Wirtschaftssituation *dafür* die Hand heben wollen? Wie lange würde es dauern, sich eingehend mit Menschen zu befassen? Was würde es kosten?

5. Artgerechte Haltung von Wissenschaftlern!

Sie ahnen schon die ganze Zeit, was ich sagen will: Das Pendel zum Beta-Leben ist zu weit ausgeschlagen. Wir stöhnen unter Beta-Stress, werden depressiv und krank und tot, aber es zeigt sich gar kein Boom und auch kein Shareholder-Value, obwohl wir immer mehr arbeiten. Uns fressen die Ineffizienzen des extremen maschinellen Beta-Ansatzes, den ich in der früheren SSQ-Kolumne mit „hasty average" oder mit „hektischer Durchschnittlichkeit" bezeichnete. Wir müssen nun das Pendel zurückkehren lassen.

Mehr Alpha. Mehr Gelassenheit. Mehr Ethik und Ethos. Dann müssen wir gar nicht so viel aufpassen. Einen Alpha-Schub für Schulen, Arbeitsplätze und Familiengemeinschaften!
    Sehen Sie sich noch einmal die EEGs an oder die Alpha-Gesichter der Basta-Fotografien.

Wissenschaftler dürfen bei der Arbeit nicht unter zielenden Absichten gestört werden! Denken ist Theta oder Alpha. Wir alle wissen, dass Wissenschaft eine Hirnarbeit ist. Deshalb braucht man ein Gehirn, um wissenschaftlich zu arbeiten. Es wäre nun sinnvoll, dafür ein *gutes* Hirn zu nehmen. Das ist allgemein anerkannt, deshalb sucht man Elitehirne und beruft sie auf Lehrstühle. Nun aber müssen die Hirne in einer bestimmten Weise arbeiten. Klar, oder? Selbst bei Computern ist das klar. Wenn sie Computer in Beta-Stress versetzen, also den Computer übertakten (auf höherer Frequenz arbeiten lassen als auf der, für die er gebaut ist), dann überhitzt er und stürzt ab.
    Wissenschaftlerhirne aber werden einfach so von Laien der Drittmittelverwaltung sinnlos überreizt und übertaktet, um angebliche Mehrleistung zu erpressen. Hey, Leute! Wenn man Kühe unterfüttert oder über die Wiese jagt, wird es nichts mit Milch, weil sie unter Stress nichts produzieren. Wenn man Hühner im Stall scheucht, belohnen sie es nicht mit Mehreiern XXL! Wenn man im Gewächshaus die Gurken weniger gießt, um Wasser zu sparen, was kommt heraus? Das Bittergürkchen.

Wissenschaft und Innovation bemühen sich um reine *Spitzenleistungen*. Nicht um Routinearbeiten. Um Spitzenleistungen! Das bedeutet, dass alle Gehirnkapazität beim Denken nur auf die Spitzenleistungen fokussiert ist. Theta. Alpha. Glaubt denn jemand, man könne Spitzenleistungen mit einem halben Gehirn schaffen? Genau das aber wird verlangt!

Der Beta-Zustand ist ein geteilter Hirnzustand. Er passt auf mehrere Dinge gleichzeitig auf. *Gleichzeitig!* Etwas ist zu schaffen – aber schnell. Etwas ist zu schaffen, aber billig. Etwas ist zu schaffen, aber mit wenig Strom oder Größe! Immer wieder das Aber, auf das aufzupassen ist. „Spring einen Hochsprungweltrekord, aber bitte so, dass das Foto schön wird!" Das ist das Paradigma dessen, was verlangt wird. Sie sind in diesem Moment ein Ziel ...

Der Mensch kann nicht in einem Moment eine Höchstleistung vollbringen, wenn er selbst ein Ziel ist!

Controller dieser Welt!

Kauft euch zehn neue Elektrogeräte im Media Markt, Fernseher, Recorder, Digicams, was weiß ich. Geht nach Hause und versucht die Bedienungsanleitungen zu verstehen. Eine nach der anderen. Und dann komme ich als sadistischer Teufel dazu und frage euch immerfort, ob ihr es endlich versteht und wann und ob ihr es überhaupt schafft. Eure Nerven werden glühen und sieden. Ihr werdet Beta-geröstet. Euer Hirn brodelt. Ihr werdet mich anschreien und um Ruhe flehen! Ihr werdet beim Arbeiten unter meinem Stress weinen und bitten. Wer von euch schafft es, IKEA-Schränke von der Zeichnung zu verstehen, wenn ich alle zwei Minuten frage, wie lange es wohl dauern wird?

Dann, Controller dieser Welt, wisst ihr, was Beta ist.

Dann, Controller dieser Welt, wisst ihr, warum eure Arbeit diesmal so irrwitzig lange gedauert hat und euch so sauer wurde. Dann werdet ihr verstehen, wie leicht und schnell die Arbeit geht, wenn Ruhe dazu ist. Dann werdet ihr begreifen, warum Wissenschaftler und Höchstleister immer um Ruhe bitten: Sie sind nicht faul! Sie wollen nur schnell arbeiten.

Controller – ihr habt auch einen Beruf. Controlling! Und was ist das Furchtbarste in diesem Beruf? Der Ruf der Macht über euch: „Ich brauche die *ganz* neuen Zahlen von Ihnen, aber *jetzt sofort!*" Das ist Beta für *Sie*. Dann irren Sie über die Gänge und hetzen durch Datenfelder. Sie wissen, Sie werden so schnell keine ganz neuen Zahlen finden. Das ist Ihr Tod. Sie sind ein Ziel. Da nehmen Sie *fast* neue Zahlen und biegen sie hin, so dass sie brauchbar neu aussehen. Nicht wahr?

Und Wissenschaftler sind wie Controller. Wenn Wissenschaftler ganz neue Innovationen, aber *jetzt sofort* bringen sollen, dann irren sie in ihren Gehirnwindungen und hetzen durch Publikationen. Sie wissen, sie werden so schnell keine ganz neuen Erfindungen machen. Das ist ihr Tod. Sie sind das Ziel des Controllers. Da nehmen sie *fast* neue Erfindungen und biegen sie hin, so merkwürdig hin, dass man meint, so etwas noch nie gesehen zu haben. NEU nennen sie es oder moderne Kunst ...

Bitte! Lasst uns mit ganzem Hirn bei der Sache sein.
 Und feiern Sie im Alpha-Zustand Weihnachten.
 (Alles, was über Weihnachten je geschimpft wird – ist Beta! Verstehen Sie jetzt, wie Sie diese Erkenntnis jetzt glücklich machen kann?)

XXVII. Auten Sie sich!

Vor einiger Zeit bat ich Sie ungestüm herzlich, mir Ihren per Test festgestellten Autismus-Quotienten (AQ) mitzuteilen. Ich formulierte diesen Aufruf bewusst sehr forsch, damit Sie auch antworten. Ich bekam so etwa 280 Mails von den 8000 ständigen Lesern dieser Kolumne. Das sind nicht mehr als vor drei Jahren, schade. Irgendwie weiß ich echt nicht, wie ich Sie besser motivieren soll. Ich müsste wahrscheinlich mehr emotionale Intelligenz haben. Aber ich habe ja im Test auch ganz schön viele Punkte und glaube, dass ich den autistischen Menschen eher besser verstehe als den emotionalen. Ich habe bei IBM an den Verteiler des IBM Wild Duck Clubs geschrieben: „Ihre Autismus-Zahl, bitte!" Von den angeschriebenen 1300 IBMern antworteten dann ebenfalls etwa 280, aber sofort! IBM ist pfeilschnell! Uiiih, meine Mailbox war einmal in meinem Leben so voll, wie ich es nur ungläubig bei mehr unorganisierten Mitmenschen sehe. Ich selbst werde schon nervös, wenn ich mehr als 15 Mails in der Inbox habe.

Also herzlichen Dank, an Sie alle 560! Sie kommen jetzt in der Statistik vor. Alle anderen müssen jetzt ganz fremde Ergebnisse lesen oder Sie „andere" nehmen sich noch kurz zehn Minuten Zeit bei http://www.msnbc.com/modules/newsweek/autism_quotient/default.asp.

Dieser Test ist in Englisch. Es gibt auch deutsche Versionen im Netz, aber die kommentieren ein bisschen zu sehr, was das Ergebnis bedeutet.

1. Frauen, Wissenschaftler, Techies, Asperger

Wirkliche Autisten sprechen ja kaum und verweigern sich der Umwelt fast ganz. Sie werden also diesen Test natürlich nicht absolvieren (können). Diese Kolumne handelt ganz ausdrücklich (!!) von den ganz milden Formen des Autismus, wie sie erstmals 1944 vom Österreicher Hans Asperger beschrieben wurden, ein Jahr, nachdem die erste Publikation von Leo Kanner über Autismus erschien. Leo Kanner war ebenfalls Österreicher und lebte damals in den USA. Menschen, die milde Formen zeigen, „leiden" am so genannten Asperger-Syndrom und sind „Aspies", wie sie selbst oft sagen. Heute spricht man auch oft von „High-functioning Autism". Zwischen dem harten Kanner-Autismus und dem Asperger-Syndrom fließt ein ganzes Kontinuum.

Ich bin einige Male mit Aspies in Kontakt gekommen, die sich fast ausschließlich für Computer interessierten. Hmmh. Dann las ich im Internet einige Male etwas über die angebliche Aspie-Hochkonzentration in Silicon Valley. Ich las, dass das Asperger-Syndrom ganz überwiegend nur bei Jungen auftritt. Vier zu eins! Plötzlich fiel mir ein, dass die Frauenquote bei den IBM-Techies auch immer vier zu eins beträgt. Wir werden immer wieder von Gleichstellungswahrern gefragt, warum das sein muss ... Ja, da dachte ich, ich sollte mich einmal in das Aspie-Dasein versenken.

Das erste, was ich verstand, war, dass ich selbst früher so einen Touch gehabt habe. Oder, sagen wir, ich fühlte mich den Symptomen in vertrauter Weise verbunden. Schreckliche Ängste stiegen aus meiner Kindheit auf. Ich sollte damals tanzen und wirkte so lächerlich! Ich traute mich lange nicht, Mädchen ins Gesicht zu sehen und hielt sie für Wesen von anderen Sternen. Ich weinte bei der Lektüre von Tonio Kröger. Und ganz unvermittelt wusste ich: Ich hätte nicht schüchtern und ängstlich sein *müssen*, wenn sie mich damals *verstanden* hätten, die anderen Leute! Aber sie versuchten, mich normal zu machen: „Tanze!" – „Rede!" – „Erobere!" Das konnte ich nicht und ich wich aus. Ich verschanzte mich hinter Büchern und wurde gut in der Schule, damit sie mich in Ruhe ließen! Ich kam in der Schule nicht mehr dran, weil ich „alles" wusste. Ich mied Partys, wegen des Tanzens. Ich fühlte mich schrecklich einsam. Ich wurde in der Mittelstufe oft verhauen, konnte mich aber mehr und mehr befreien, weil sie meine Matheaufgaben abschreiben mussten. Ich musste 1969 zur Bundeswehr, das war noch schrecklicher. Ich konnte als Einziger so sechzig Merkpunkte eines Spähtrupps aufzählen, nachdem ich sie zweimal gelesen hatte. Deshalb bestand ich alles mit Glanz, aber sie sagten, ich sei als Soldat ein Witz. Mit 19 Jahren begann ich in Göttingen das Studium der Mathematik. Plötzlich war ich glücklich. Überall nette Menschen! Und die Mathematikerinnen! Und die Bibliothekarinnen! Erich Fromm schreibt in seinem berühmten Werk *Haben oder Sein* so einen gewissen Satz über den schizoiden Menschen (das sind solche in Richtung Aspie) – bei diesem Satz bin ich vor langer Zeit einmal zusammengezuckt! Fromm:

„... als ein Schizoider, der mit anderen Schizoiden zusammenlebt, gute Leistungen erbringt und Erfolg hat, weil ihm aufgrund seines schizoiden Charakters das Gefühl des Unbehagens völlig abgeht, das einen schizoiden Charakter in einer ‚normalen' Umgebung befällt."

Verstehen Sie? Wenn scheue Techies unter sich sind, dann leisten sie etwas! Wenn man sie also, in meiner Diktion, nur „artgerecht hält"! Da aber keiner dieser normalen Menschen weiß, was artgerechte Haltung von Techies ist, da keiner der Normalen das Zarte versteht, deshalb blühen die Aspies, die extremen Techies und Schizoiden dort auf, wo sie unter sich sind: in Klöstern, im Silicon Valley, in Labs, in der Uni und – oh – vielleicht bei IBM. Ja, das dachte ich. Ja, da leisten sie was.

Warum bedrängen uns die Normalen so sehr?

Im Lexikon gibt es das Wort Autismus.

Au|tis|mus <*gr.-nlat.*> der; –: psychische Störung, die sich in krankhafter Ichbezogenheit u. affektiver Teilnahmslosigkeit, Verlust des Umweltkontaktes u. Flucht in die eigene Fantasiewelt äußert.

Die Normalen drängeln uns, normal zu sein. Sie greifen an, das Leben wird zur Pervasive Normality. Ganz invasiv! Menschen sollen nur platt high-functioning sein, nicht high-functioning autistic! Was soll da ein armer Aspie tun? Er wird davonlaufen, weil sein Leben zum Davonlaufen ist. Er wird nicht mehr auf das Normale hören. Er wird sich taub stellen. Er wird wegschauen. Er wird die eindringenden Menschen verabscheuen. Und die Normalen schreiben ihre Sicht der Dinge in die Lexika hinein. Sie sehen, dass das in die Ecke getriebene Wesen nur an sich denkt, dass es flieht, dass es nicht nach der Pfeife tanzt, so schön wie alle! Und die emotionalen Philosophen verteufeln die Aspies, nicht lieben zu können! So sieht es Erich Fromm. Und wie sähe es Christus?

Und jetzt ist es mir ein Anliegen, einmal über das schwach Autistische zu schreiben, das high functioning ist. (Nicht über den echten Autismus, nicht über Rain Man.) Ich will vorweg warnen, ich werde jetzt wieder radikal subjektiv. Vorsicht! Ich selbst bin nicht richtig Aspie, aber auch nicht richtig normal. Ich weiß also nicht, ob mir diese Kolumne wirklich gelingt. Ich weiß nicht, ob ich den Punkt echt treffe. Die Hauptsache aber ist, ich treffe Sie! Mindestens, wenn Sie normal sind.

2. Schon wieder ein Test! Da kommt nichts heraus!

Über 500 Mails kamen mit Ihren Antworten. „Schon wieder ein Test! Die Stichprobe ist doch absurd unzufällig!", rieten mir Mathematiker. Viele normale Menschen mit normalem AQ (zwischen 10 und 20 Punkten) schrieben: „Wahrscheinlich wird keiner von den Kranken antworten, die werden sich nämlich schämen." Viele Mails aber enthielten andere Meinungen: „Huuh. Ich bin erleichtert. Ich habe 30 Punkte. Ich habe schreckliche Angst gehabt, ich sei als Informatiker vielleicht normal. Huuh. 30 ist gut, damit kann ich leben. Ich bin stolz." Dann gab es viele dieser Art: „Sorry, Herr Dueck, ich bin ganz normal." Ich scheine so unnormal, dass sich das Normale neben mir ungemütlich fühlt? Und wieder andere: „Ach ja, ich wusste schon bei den Fragen, dass es viele, viele Punkte geben wird. Ich weiß, ach ja."

Daraus können Sie sehen, dass diese Umfrage nicht so daneben ist, wie Sie denken könnten. Es sind eben die vier möglichen Meinungen dabei, die immer den intellektuellen Kern unseres Daseins umkreisen. („Ich hatte Latein und das ist gut. Latein!" – „Ich hatte Latein und das war schlecht! Latein abschaffen!" – „Ich hatte Französisch und das war gut! Latein abschaffen!" – „Ich hatte Französisch und das war schlecht! Latein!" Lachen Sie nicht! Das ist der intellektuelle Kern unseres Seins. „Wir feiern Weihnachten mit Baum und es ist gut!" usw. – immer vier Meinungen über zwei Möglichkeiten. Vier! Zwei! 42. Antwort auf alle Fragen. Das Hirn fragt den Bauch, wie es sich anfühlt, und nennt es Denken.)

3. Volle Punktzahl! High-functioning Aspie!

Jetzt sollte ich beschreiben, was high-functioning Autismus ist. Ich habe es mir vorgestellt und es als Bild in mir gemalt. Wie wäre das? Ich? Ganz schön Aspie? Das Bild stand vor mir. Da! Und mit diesem Bild vor mir habe ich als Aspie-Ego nochmals den AQ-Test im Internet absolviert und glatt und satt ganze 48 von möglichen 50 Punkten erzielt. Toll, dachte ich, dann schildere ich Ihnen dieses Bild vor meinen Augen, das diese 48 Punkte bekommen hat.

Mein Aspie-Ego arbeitet gerne allein, es hasst Partys, Smalltalks und überhaupt Gespräche oder gar Gedanken über menschliche Andersartigkeiten oder Emotionen. Es vermeidet alles Mitmenschliche, was es mit „Theater" assoziiert, und liebt das Sachbezogene, was erhaben würdig wie ein Lexikon oder ein Museum neben ihm steht. Es ist heillos visuell und stellt sich andere Sachwelten vor. Es interessiert sich dann völlig obsessiv für die jeweilige Welt und dasjenige Hobby oder diejenige Leidenschaft oder Liebe, die gerade angesagt ist. Mit dieser Welt im Kopf rennt es herum und ist gegen Grüßen immun. Es reagiert nur auf Schütteln. Es redet nicht gerne mit anderen Menschen, aber dann plötzlich völlig leidenschaftlich gerne über die eine – seine Leidenschaft! (Unstoppable!). Die anderen Menschen stöhnen: „Gunter, du redest schon seit Wochen über nichts als Aspies! Man kann dich damit nicht unterbrechen!" Mein Aspie-Ego ist hyperfokussiert und absorbiert von der jeweiligen Leidenschaft, die unbedingt und absurd vollständig betrieben wird. Es bemerkt nicht, wie sehr das die anderen langweilt oder abstößt. Es hält den genervten Schimmer in den unwilligen Zuhöreraugen für Bewunderung der eigenen Hyperintelligenz. Es konzentriert sich viel zu sehr auf Einzelheiten, es kann nicht auf die geringeren Detailerfordernisse anderer Menschen einschwenken. „Ich muss all den Einzelkram nicht wissen! Erklär es doch grob!", verzweifeln die Menschen. „Aber du musst erst wissen, was Konfuzius dazu sagte!" Mein Aspie-Ego erzählt gerne immer das gleiche (Gunter Dueck muss so viele Reden halten! Das ist ideal für Aspies, wenn sie denn Reden halten können.) Es ist ganz platt direkt und sagt die Wahrheit in einer kristallin reinen Form, die von anderen mit Unhöflichkeit verwechselt wird. Es hört das ganz Feine, jede Einzelheit, jedes leise Geräusch. Dafür kann es oft das Ganze, das Laute, das Grobe, das Grelle, die Gewalt nicht sehen. („Flieh, die Plünderer töten alle!" – „Ich will das Fotoalbum retten, es sind leider ein paar Bilder verrutscht. Ich komme gleich.")

Dieses mein Aspie-Ego hat 48 Punkte. So weit hat es keiner von Ihnen gebracht. Der Rekord von Ihnen allen war nur 45. Sie müssten jetzt eigentlich den Test so lange machen, bis bei Ihnen einmal 50 Punkte herauskommt. Dann verstehen Sie diese Kolumne viel besser, denke ich.

Ein paar Worte zu den Punktzahlen des Tests: Ein normaler Mensch hat etwa 16 Punkte, eine normale Frau (15) etwas weniger als ein normaler Mann (17). Wenn dieser Test von richtig diagnostizierten Aspies durchgeführt wird, so schneiden diese in der Masse mit etwas über 30 Punkten ab. Wenn Sie also auch 35 Punkte oder so haben, müssen Sie umgekehrt nicht unbedingt Aspie sein, klar. Schauen Sie, es *könnte aber sein*. Ist ja auch egal: Sie haben bei hoher Punktzahl so etwa in der Richtung geantwortet, wie ich es eben in 48er-Form beschrieb. Der Anteil der Frauen an den diagnostizierten Aspies schwankt je nach Studie zwischen 30 und über 90 Prozent. Diese Diskrepanz löst sich in etwa auf, wenn man die Untersuchungsgruppen in „Fähigkeitsklassen" teilt. Je höher die Aspies extreme Begabungen haben (Fokus, hyperfokussierte Obsession auf Spezielles), umso höher der Männeranteil. Eine Studie berichtet von 15 zu 1 bei höchsten Fähigkeiten. Das stimmt?! Moment, ich habe einmal eine

Prozentzahl von Informatikprofessorinnen gelesen, Moment, wo ist die jetzt gerade ...? Finde ich gerade nicht, das lasse ich lieber. Ich will ja ordentlich argumentieren und nicht unsachlich werden. Wie hoch war noch der Anteil bei Schachgroßmeistern?

4. „Little Professors", Nerds und Geeks

In den USA heißen sie Nerds oder Geeks, die Aspies. Oft spricht man vom „Little Professor's Syndrom". Sie wissen alles bis ins kleinste Detail, ohne unbedingt das Ganze zu sehen.

Controller: „Hier stimmt etwas nicht. Alle Preise sind in Zehnerschritten, also kann das Ergebnis nicht auf drei enden. Irgendwo fehlen sieben oder es sind drei zu viel." – Konkursverwalter: „Game over!"

Das Große erfassen sie nur über die Kenntnis aller Einzelheiten. Sie kommen schwer zu einem Urteil, solange nicht alle Fakten erfasst sind. Ungewissheit in der Datenlage erzeugt Panik.

Die Geeks und Nerds haben im Allgemeinen kein Gefühl für Menschen und ihre Stimmungen. Wenn Sie jetzt als Leser noch einen kleinen Zusatzschreck ertragen können, mit welcher Punktzahl auch immer, geben Sie bitte bei Google „Gaining Face" ein und laden Sie sich bitte die Demoversion der gleichnamigen Software down. Nach der Installation beginnen Sie bitte mit dem angebotenen Quiz. Nach und nach erscheinen gezeichnete Gesichter, die jeweils einen bestimmten Gesichtsausdruck haben. Sie weinen, lachen, ziehen Augenbrauen hoch. Und Sie müssen beantworten, ob die Gesichter weinen, lachen oder grimmig sind. Diese Software ist zum Erlernen des richtigen Erfassens von Gesichtsausdrücken gedacht. Das können Aspies eben nicht sicher.

Wenn Sie einen hohen AQ haben: Machen Sie doch bitte ein solches Gesichter-Quiz! Und wenn Sie dann nur wenige richtige Antworten dabei haben – dann wissen Sie, warum andere Sie nicht verstehen. Es liegt nicht an den anderen – Sie selbst verstehen andere nicht. Und die vielleicht noch schwierigere Wahrheit – und dafür habe ich leider keinen Test – mag darin liegen, dass Sie mit hohem AQ für die anderen keine angemessenen Gesichter ziehen können. Die anderen verstehen Sie nicht, ob Sie traurig, enttäuscht oder liebesbedürftig sind. Generell werden Sie zu kleine, zu leise Signale aussenden und sich wundern, dass Sie niemand hört. Ein Aspie kann wohl innerlich laut SOS schreien oder Hilfe rufen. Niemand hört ihn.

Wenn Sie einen niedrigen AQ haben: Stellen Sie sich Menschen vor, die diese Aufgabe nicht bewältigen können. Und dann denken Sie darüber nach, wie grausam und fast kriminell hart *Sie* – ja, Sie – unwissentlich sind, wenn Sie mit solchen Menschen normal umgehen!

Little Professors haben keinen Blick für angemessene Kleidung, sie tragen nur irgendetwas zum Anziehen. (Autisten sind oft unempfindlich gegen Hitze und Frost, deshalb sind ganzjährig T-Shirts okay. Das wissen Aspie-Eltern nicht und es gibt wieder Grausamkeiten.) Besser erzogene Varianten wie Controller tragen für Jahrzehnte den schwarzen Anzug. Der löst das Problem genauso elegant wie Jeans mit T-Shirt. Wenn sich Geeks unvorbereitet ohne Freundin eine Krawatte kaufen müssen, nehmen sie gleich die erste, die billigste oder – wenn sie überhaupt einen Aussuchvorgang starten – eine mit Mickymäusen, Bären oder Schlümpfen drauf. Als Farbe bieten sich zarte Farben an – wie babyblau, hellgelb oder lindgrün. Kein sattes Rot oder Grün. Das wäre zu aufdringlich stark (zu große Wahrnehmungsstärke).

5. Wenn alle Informatiker Aspies wären, dann ...

Nun stellen wir uns vor, alle Informatiker wären extreme-functioning Aspies. Was wäre dann? Sie würden ohne Kleiderordnung rumlaufen, nicht aus Toleranz, sondern, weil sie das nicht wahrnehmen. Sie sitzen am liebsten vor Computern oder reden unentwegt vor dem Kaffeeautomaten (Opfertreffen) über ihr Spezialhobby. Wenn sie Vorträge halten, setzen sie sich in allen Einzelheiten mit dem Thema auseinander. Sie können dem Publikum nicht guten Tag sagen. („Tolles Publikum!" rufen – das geht nicht.) Sie hassen Abstracts oder einführende Erklärungen, die unseriös flach sind. Sie lehnen Kurzfassungen ab und glauben nie und nimmer, dass man ohne alle Einzelheiten etwas verstehen oder entscheiden kann. Sie brauchen vor allem sämtliche technischen Daten. Wenn ein Verkäufer fragt: „Wie viel kostet es auf eine Dezimalstelle genau?", gehen sie sofort an eine tagelange Detailkonfiguration. Nichts ist einfach. Powerpoint-Folien sind überladen mit Details, die Farben sind ebenso wie die der Notkrawatten hellblau, hellbraunorange, lindgrün, hellmagenta. Kästen und dosenartige Gebilde, Pfeilknäuel, lange Listen von Eigenschaften. Es stört den Vortragenden nicht, dass die Zuhörer bei jeder überladenen Folie ein Gruppenstöhnen ablassen.

In den Computerzeitungen würde stehen: „Die Projekte scheitern an der Kommunikation. Keine Abstimmungen zwischen den Parteien und

Fachabteilungen. Das Menscheln bleibt unbeachtet und ruiniert vor allem alle Großprojekte. Endlose Sachstreitigkeiten. Siebzehn Messebesuche („Party oder Museum?" – „CeBIT!") zur Technologieauswahl und Unfähigkeit, die beste aus den schon ausprobierten 200 Anwendungen auszuwählen. Hass gegen jede Technologie, die von Beratern ausgewählt wurde. Fieseln in Programmdetails. Zeitvergessenheit. Unfähigkeit, eine Dokumentation zu schreiben, die irgendjemand (Autor inklusive) versteht. Neue Modespinnerei, Kleinpizzen mit Loch in der Mitte zu essen, weil man dann vermurkste DVD-Rohlinge ohne Abwasch als Teller nehmen kann."

Und mitten drin, mitten im Chaos der Flachnahrung und Kaffeeautomaten, entsteht das Geniale.

Die Normalen wollen, dass es ohne Pappbecher und fettige Schreibtische geht.

Nie!

6. Das rohe Ei

Vielleicht sind die Menschen in Richtung Autismus so etwas wie ganz feinnervige rohe Eier? Sie nehmen nur (nur!) das Feine wahr und hören das Laute nicht. Sie schmecken alle Nuancen und verpassen das Gesamte. Sie sind unempfindlich gegen Hitze und Sturm, hören aber das Säuseln und Flüstern. Sie wollen nicht berührt werden und schauen nicht in Augen. („Der Bewerber war überragend, aber er schaut beim Grüßen niemanden an. Wir mussten ihn nach unseren Regeln ablehnen.") Was ist der Unterschied zwischen einem extrovertierten und einem introvertierten Mathematiker? Der extrovertierte schaut auf die Füße seines Gegenüber, wenn er spricht. Aspies erschließen das Ganze aus den Einzelheiten. Sie haben ein ganz wahres, reines Gehirn und können sich nicht vorstellen, dass es verschiedene Gemütszustände gibt. Vielleicht ist die Wahrnehmungsskala nur für kleine Werte ausgelegt?

Ein Aspie-Kind wird als rohes Ei in der Schule missverstanden, weil es selbst das Laute missversteht und die *große* Gefahr nicht sehen kann. Es wird gehänselt und verhauen. Weil es alles weiß, ist es bei allen der Streber. Außer bei Mama. Mama hat einen Lieblingssohn, der alles weiß. „Er ist ein richtiger kleiner Professor!", haucht sie zerfließend stolz. Die Mama ist aller Welt böse, weil diese ihr gewaltloses, zartes Kind als Streber mobbt. Da kommt Gunter Dueck zu der stolzen Aspie-Mutter und bietet ihr an, Gaining Face für ihren kleinen Professor zu installieren. Da flippt die Mutter aus und lyncht ihn. So ist das Aspie-Kind auch von der Mutter verlassen. Es ist mutterseelenallein. Es fühlt sich unausgesetzt gemobbt und versteht nie, woran das liegt.

Und ich sage: Wenn die Normalen nun ein wenig von all diesem verstünden und eben nicht zur Normalität zwingen würden, sondern behutsame Wegbegleiter wären, dann könnte vieles gut werden. Wenn es die Aspies doch wüssten, was sie hätten! Wenn die Mitschüler sie verstünden! Wenn die Mutter es wüsste und akzeptieren könnte!

Aber die Normalen beschimpfen die vor den Computer geflohenen Aspies. Sie verbieten ihnen die Ego-Shooter, weil die den Menschen an sich verderben. Sie erfinden alle möglichen Gründe, den Aspie in Phantasiewelten zu vertreiben. Wenn er endlich drinnen ist, werfen sie ihm Ich-Bezogenheit vor und Flucht vor dem Alltag. So steht es im Lexikon.

7. Wenn! Wenn! Haben „wir" nun erhöhten AQ oder nicht?

560 von Ihnen antworteten. Ich habe Sie in IBMer und „GI-Mitglieder" unterteilt, in Männer und Frauen, in „Techies" (Mathematik, Informatik, Chemie, Ingenieurswissenschaft), „Wirtschaftsstudierende" und „Sprachwissenschaftler" (Professorin Inka Mülder-Bach hat in ihrer Literaturvorlesung in München zum Test gebeten.)
Schauen Sie hier auf die „GI-Techies".

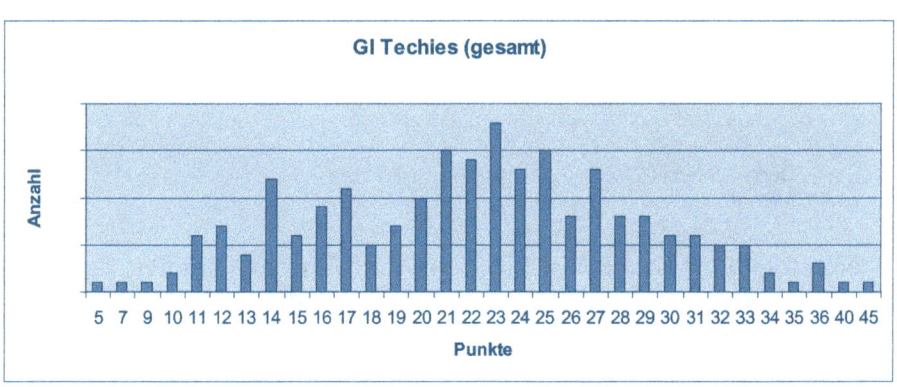

Durchschnitt: 22,24
Median: 23

Der Durchschnitt der Männer allein ist eher 23. Es haben nur einige wenige Frauen geantwortet. Die haben je einmal die Punktzahlen 10, 11, 16, 19, 23, 32, 33, Schnitt ca. 20,5. Sehen Sie das Schaubild an, sehen Sie auf den Balken bei 16. Das ist der Durchschnitt der Bevölkerung! Es liegen also *fast alle* „Techies" der GI über dem Durchschnitt!

Es haben nicht so viele Mathematiker geantwortet. Ihr Durchschnitt ist fast genau 23, Männer und Frauen sind fast gleich.

Jetzt schauen Sie die Frauen an, die in der Vorlesung von Frau Mülder-Bach saßen und mir mailten. („Germanisten und E-Mail? Machen die nicht!", sagten manche. Haben sie aber!) Sie waren auf viele Studiengänge wie Komparatistik etc. verteilt, ich habe die Folie „Germanistik" getitelt. Einige Männer haben auch geantwortet, ihr Schnitt ist ähnlich. Sie sehen: kein 30er, aber durchaus auch hohe Werte. Eine Studentin kommentierte: „Stellen Sie sich unter Germanisten nicht nur Deutschlehrerinnen vor, sondern auch Stubengelehrte, die nur in der Bibliothek hocken und gar nie in den Hörsaal kommen! Auch hier ist das volle Spektrum."

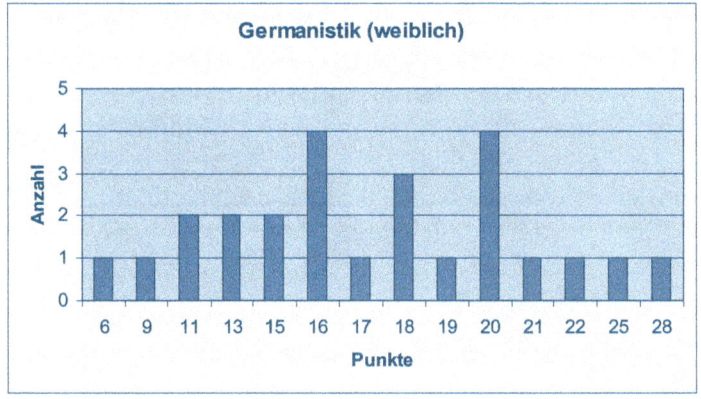

Durchschnitt: 16,92
Median: 17,5

Nun folgt eine Graphik mit IBMern, die Wirtschaft studiert haben, egal, wo sie heute in der IBM arbeiten. Männer und Frauen haben getrennt etwa gleiche Werte. Sehen Sie den Unterschied zu den Techies? Die Population dieser Gruppe wie auch die der „Germanistinnen" pendelt deutlich gut um den Normalwert von 15, ist also strukturell anders als die der GI-Informatiker. Der Unterschied zwischen den 22 der Informatiker und den 15 der „Manager" ist dann die quantifizierte Dilbertdifferenz. Es fällt auch auf, dass diese Gruppe viel weniger Varianz hat. Normale sind eben bemüht, normal zu sein? Ein unnormaler BWLer? Was sollte das sein?

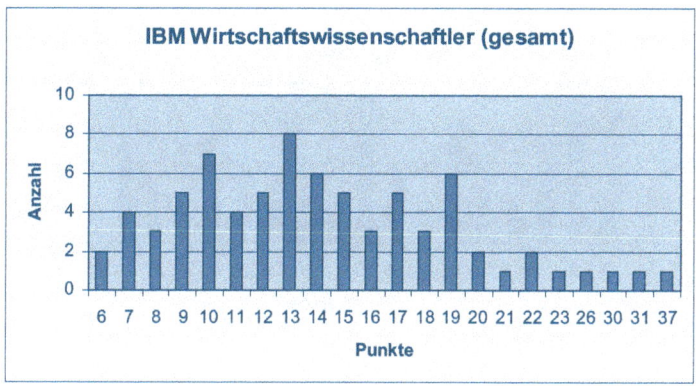

Durchschnitt: 14,46
Median: 13,5

Zum Schluss die IBM-Techies (Ingenieure, Informatiker, Physiker, Mathematiker):

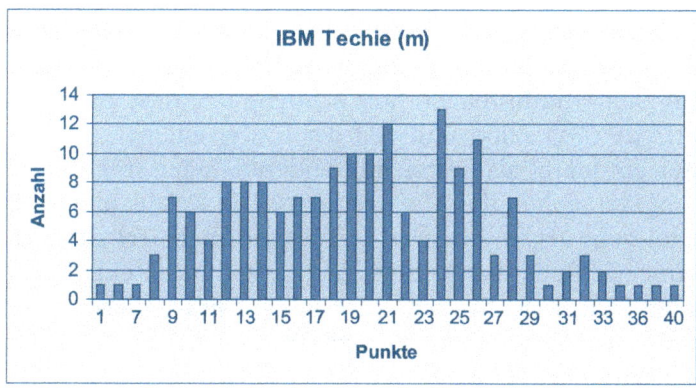

Durchschnitt: 19,61
Median: 20

Jetzt die weiblichen (keine extremen Werte dabei!):

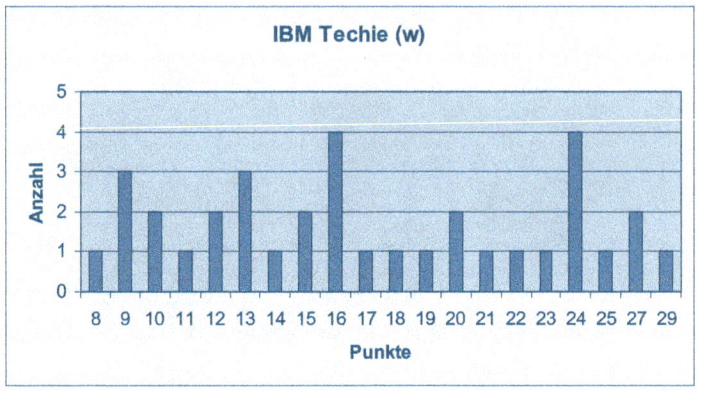

Durchschnitt: 17,17
Median: 16

Dies ist die einzige Gesamtheit, in der die Frauen signifikant weniger Punkte aufweisen. Es fällt auch auf, dass die IBM-Techies deutlich weniger Punkte haben als die „GI-Techies".

Wollen wir daraus Schlüsse ziehen? Ganz behutsam? IBM könnte durch die Einstellungsprozeduren Mitarbeiter mit niedriger Punktzahl bevorzugen. Sehr viele IBMer schrieben mir (viele GI-Mitglieder ebenfalls), dass sie im Geist die Fragen nochmals zehn, zwanzig Jahre zurückversetzt beantwortet hätten. Dann hätten sie sicher viel mehr Punkte erzielt. Aus den Hunderten E-Mails schließe ich, dass die Arbeit in der IT-Industrie den AQ senkt und den der IBMer allemal. Das empfanden viele IBMer eindeutig als befreiend. Andere wieder stöhnten unter den AQ-Senkungsversuchen des Managements. Die Kultur meiner Company erscheint tolerant gegen typische Techies, normalisiert sie aber implizit doch in einigem Maße durch die Arbeitsverteilung. Reine Techie-Arbeit gibt es in der IBM nicht so sehr, jeder soll gut präsentieren und Projekte managen können. Es gibt viel weniger Welpenschutz als in der Uni bis zur Habilitation.

8. High-AQ-Tech forever?

Es gibt Artenschutz für Legastheniker und Dyskalkuliker, mir wurde aber zum Beispiel kein Erlass bei der Kugelstoßnote gegeben, nur weil mein rechter Ellenbogen einmal unglücklich gebrochen war. Das gilt eben nicht!

Hyperaktive werden medikamentös maschinisiert, aber Aspies werden einfach gemobbt, weil der ganze Sachverhalt für die Welt noch nicht aufgeklärt ist. Wundervolle Intelligenzen werden verschwendet. Alle regen sich auf, wenn sich typische Aspies in eine Leidenschaft hyperfokussieren, ohne die Restarbeit auch zu erledigen. Könnten wir uns nicht einmal alle zusammensetzen und gegenseitiges Verständnis aufbringen?

Eine typische High-AQ-Informatik wird sich weiter kühl verhalten, extrem verkünstelte komplexe technische Dinge bauen, Software entwickeln, die der dumme Nutzer (sagen die Techies) nicht anwenden kann und noch weniger lieben wird. Noch immer schimpfe ich als eingefleischter Thinkpadnutzer: „Wie kann ein normaler Mensch das wissen?", wenn ich wieder etwas wider Erwarten doch in Ordnung brachte. Wir werden weiter teure Software kaufen, die wir nur zu zwei Prozent nutzen (eintippen, drucken, herumschicken, sonst nichts), die aber wegen ihrer Komplexität regelmäßig links und rechts gepatched und patentiert werden muss. Techies werden weiterhin wenig vom Kunden verstehen, wenig von den Prozessen, den Menschen, dem Look & Feel.

Sollten wir daran gehen, behutsam den AQ der gesamten Technologiewelt zu senken? Bei IBM scheint das high zu functionieren, oder nur Senkungswillige gehen zu IBM. Trotzdem seufzen wir alle noch so manches Mal ... wäre es eine Hoffnung, mehr Frauen um uns zu haben, die den AQ senken helfen?

High-AQ muss erkannt und verstanden werden. Von allen Menschen, besonders von den Normalen! Hyperinteresse von High-AQs muss *geerntet*, nicht frustriert werden. Wir müssen Motivationssysteme für High-AQ schaffen. Lasst die Künstler dann eben Kunst machen, nicht Prozessfragebogen ausfüllen. Wenn einem High-AQ-Techie erlaubt wird, seine Arbeit nur als Leidenschaft zu betreiben, also wirklich zu lieben, dann tut er nichts anderes als seine Arbeit! Ist das nicht gut für Arbeitgeber und für ihn? Kann der Arbeitgeber dafür nicht akzeptieren, dass die Arbeit eben genauer und schöner wird, als alle es wollten? „Gunter, schimpf nicht, wenn ich mich überarbeite. Lass mich, ich tu das gern. Das ist mein Leben hier. Weißt du, wenn du jetzt das Licht ausmachst und mich nach Hause schickst, dann fangen die Probleme an. Zu Hause muss ich am Esstisch viel reden und dann auch irgendwann noch Urlaub machen. Das muss ich tun, damit ich in etwa normal erscheine. Es ist ja meine Familienpflicht."

Warum lassen wir die High-AQ-Techies nicht die Arbeit lieben? Geben ihnen schöne Computer mit Spielen und alle Spielereien dazu, lassen sie Kaffee in Strömen trinken und hören ihnen neugierig zu, wenn sie vom Hobby erzählen? Warum erlauben wir ihnen nicht wieder mehr

Konferenzreisen, wo sie ein paar Tage *alle mit der gleichen Leidenschaft unter sich* sind und Erstaunliches leisten? Sie müssen unter sich sein! (Bei echten Autisten gibt es extra die Delfintherapie. Autisten kommen im Wasser mit Delfinen gut klar, weil diese ungefähr vergleichbar vernünftige, liebe Wesen sind, die sich ohne große Quakerei lieb haben. Wenn Autisten sich dann an die lieben Delfine gewöhnt haben, verführt man sie unter natürlich nötigen Zusatzbelohnungen dazu, auch einmal normale Menschen auszuhalten.)

Und die Techies dürfen dann morgens meinetwegen nicht grüßen und sie mögen nur Pizza oder Apfelbrei essen – aber mit der Zeit werden sie sich an das Normale ein bisschen mehr, immer ein bisschen mehr gewöhnen und herausfinden, dass Millionen Normale doch nicht irren können ...

Lassen Sie uns Verständnis schaffen und die Dilbertdifferenz verringern. Ja? Sie da mit 10 oder 15 Punkten? Sie da mit 20, 25, 30, 35? Alle sagen, die Zukunft der Industrieländer liege in dem Vermögen, die menschliche Psyche zu motivieren!

Die IBM besinnt sich gerade in langer Diskussion auf ihre heute gültigen kulturellen Grundwerte, die sich die Mitarbeiter selbst als Charta definiert haben. Ich habe im Vorfeld so lange Jahre gepredigt! Das Ganze läuft unter „Values at work", schauen Sie etwa bei http://www.ibm.com/-ibm/values/us/. Wir Techies sehen das Folgende als fundamental an: *Leidenschaftliche Hingabe an den Erfolg des Kunden! Innovation that matters! Vertrauen und persönliche Verantwortung in allen Beziehungen!* So sehen wir das selbst als Mitarbeiter. Wenn wir nun wirklich so leben werden, sind wir immer noch Techies, ja. Aber die Dilbertdifferenz ist kleiner geworden.

Soll ich noch eine Kolumne schreiben oder ist es schon genug? Ich habe da noch so eine theoretische Idee, die ich gerade mit einem Neurologen diskutiere. Ja, wenn sich das so sagen ließe, ...

XXVIII. Highly Sensitive!

Noch immer schreiben mir Leser, wie autistisch sie sind, weil ich gebeten hatte, mir das Ergebnis des Tests http://www.msnbc.com/modules/newsweek/autism_quotient/default.asp per E-Mail an dueck@de.ibm.com mitzuteilen. Aber Jorinde Witte meinte, es gäbe noch andere typische Menschen unter den Informatikern und wahrscheinlich noch mehr unter den Mathematikern. Ich solle mich doch einmal mit den Supersensitiven oder den Hochsensiblen befassen. Das habe ich gemacht – ich war ganz betroffen, als ich ein Buch von Elaine Aron dazu las. Sie setzte in den USA eine hochsensitive Welle mit einem Bestseller dazu in Gang. Und natürlich sah ich auch sofort, dass ich wiederum zu diesen Menschen am Rande gehöre, deren Anzahl Elaine Aron auf fünfzehn bis zwanzig Prozent aller Menschen schätzt. „Echt?", dachte ich. „So viele?"

1. Hochsensibel

Was ist das, hochsensibel? Die schwach autistischen Menschen, die das Asperger-Syndrom zeigen, sind ja ebenfalls hochempfindlich gegen die Außenwelt. Sie reagieren aber mit Flucht vor den Menschen oder mit Rückzug vor den Computer. Dort ist Ruhe. Es gibt aber anscheinend eine Menge anderer Menschen, die ebenfalls sehr empfindlich sind, die aber die anderen Menschen von Herzen brauchen und lieben. Da haben es Aspies „einfach": Sie ziehen sich zurück und kommen ganz ohne andere Menschen oder Strukturen oder Gesetze und Regeln aus! (Ob sie wirklich ohne Menschen auskommen, ist dabei nicht so klar – sie tun es jedenfalls, weil es ihnen die einzige sinnvolle Strategie zu sein scheint. Rückzug verspricht mehr Gewinn, als der Verlust der Mitmenschen kostet. Das wird dann irrtümlich als Menschenfeindlichkeit ausgelegt.) Wer aber empfindsam ist und die Liebe anderer zum Leben braucht, der darf und kann nicht fortlaufen! Er bleibt also in der geliebten Nähe der geliebten Menschen – aber die sind leider ziemlich grob.
   Total grob!
   Das ist zum Weinen.

Deshalb weinen die Hochsensitiven mindestens innerlich.

Sie müssten aber eigentlich zurückhauen!

JW verriet mir ihr hochsensibles Jugenderlebnis, dass ihr Größere auf dem Spielplatz grob befohlen hatten, die Sandkörner zu zählen. Ohne größeren Widerstand begann sie mit der Arbeit und lief weg, als die Bewachung kurz aussetzte. Und einmal ging sie stolz mit einer Tüte Pommes selig nach Hause, als ein größeres Nachbarmädchen neben ihr radelte, sie begleitete und sich immer wieder genussvoll – wie selbstverständlich – aus der Tüte bediente.

Zurückhauen muss man da! Das können Hochsensible nicht, weil der Verlust der Mitmenschen schwerer wiegt als das Wehren. Denn sie glauben, man liebe sie ab sofort nicht mehr, wenn sie es den anderen nachtun und auch einmal etwas grob sind. (Aspies und Hochsensible brauchen also beide Unabhängigkeit und Mitmenschenbindung, aber sie fahren extreme Verzichtstrategien zur jeweils einen Seite hin.)

Und wenn Sie das jetzt alles lesen – und wenn Sie zu viel innerlich weinen, dann will ich Ihnen sagen, dass wir alle mehr zurückhauen müssen. Oder uns wenigstens verbitten, grob behandelt zu werden. (Auch wenn die anderen dann sagen: „Ach, mit dir ist das echt schwierig – so sensibel wie du bist. Es wäre einfacher, du wärst normal.") Ich will wieder einmal sagen, dass die Arbeitswelt in dieser Zeit viel zu grob mit uns umspringt und uns hochsensitive Menschen offensichtlich damit eher beerdigt als motiviert. Und wenn Sie nicht zurückhauen können, will ich wenigstens sagen, dass alles mit Ihnen okay ist, außer, dass die Welt zu grob für Sie ist oder dass Sie zu fein sind für die Welt. Sie sind fein! Ganz fein! Und das ist das Problem. Zu fein! Und das Feine weint über das Grobe und das Grobe findet das weinende Feine depressiv.

Nicht überall und immer ist das Feine zu bedauern. Früher war es richtig gut, an einer Universität oder im Kloster zu leben und ganz fein zu sein. Aber auch dort zieht das Laute ein. In den östlichen Kulturen wird das Feine noch heute sehr geschätzt. Denken Sie an die kulturell gewünschte Scheu vieler Asiaten, an Buddhas Reden gegen Hass, Gier und Verblendung (das Laute!), an das Tao. Aber wir in Deutschland leben in einer Phase, in der die Welt lauter und lauter wird, in der die Ruhe mit Faulheit gleichgesetzt wird und das Rastlose unerlöster Untoter zum erwünschten Kulturziel erklärt ist: „Du kannst erst erlöst werden und darfst erst zur Ruhe kommen, wenn du einen Schatz erwarbst!" Und der Schatz muss aus Gold sein, wir bekommen da nicht so günstige Konditionen wie der Fliegende Holländer! Denn das Spirituelle verlässt unsere Welt seit Jahren.

Sind Sie hochsensibel? Der Test von Elaine Aron ist unter http://www.-hochsensible.de/aron-test.htm zu finden. Ich habe wieder 22 Punkte! Diesmal aber von nur 27 möglichen! Ich erinnere mich an Erzählungen meiner Eltern, wie sie sich über mich wunderten. Ich weinte nämlich herzzerreißend, so dass man umkehren musste, als ich das erste Mal zum Schützenfest in den Bereler Wald mitgenommen wurde. Aus der Ferne hörten wir die Musik auf dem Weg durch den Wald immer stärker anschwellen – und am Ende des Weges schrie ich. Meine Eltern schafften es nie, mich in den anderen Wald auf der anderen Seite der Straße zum Spazieren mitzunehmen, weil mein Vater mir erzählt hatte, dort seien Zauberer und Elfen. All das schoss mir durch den Kopf, als ich mich fragte, ob ich hochsensibel bin.

Ich schreibe einmal aus der Sicht eines Hochsensiblen, wie er sich typischerweise fühlt: „Ich habe als Kind Hilfe gebraucht, ich hatte Angst, wenn es Trubel gab. Wenn ich spielen sollte, beobachtete ich erst eine Zeit lang. Ich war sehr zögerlich und konnte kaum damit herauskommen, was ich wollte. Ich war todtraurig, wenn mich andere nicht lieb hatten. Ich traute mich kaum, sie anzusehen. Ich habe mich immer für verletzlich oder seltsam krank gehalten, mir steigt noch heute das Blut in den Kopf, wenn ich an solche Situationen von damals denke. Diese Gefühle von damals sind noch ganz frisch in mir. Wenn mich jemand einmal nicht lieb hatte oder mich ablehnte, vergesse ich es nie mehr! Ich weiß nicht, ob ich mein Verhältnis mit ihm je wieder richten kann! Er ist verloren! [Brutaler Hinweis vorweg an Manager: Verstehen Sie in diesem Lichte, was Sie tun?] Ich mag nicht, wenn es Unruhe, Trubel, Ärger oder Stress gibt! Ich kann nicht mehrere Dinge gleichzeitig am Hals haben. Ich bin dann sehr aufgeregt und bin hinterher völlig erschöpft. Ich brauche danach zu Hause unbedingte Ruhe. Ich muss allein sein und wieder abdampfen. Sonst verbrenne ich. Ich kann nicht gut arbeiten, wenn mir andere dabei kritisch zusehen. Ich versage meist unter Druck. Da fällt mir die Arbeit nämlich so schwer. Ich bin sehr kreativ, voller Liebe, aber ich falle innerlich zusammen, wenn sie es von mir erzwingen wollen. Ich bereite mich deshalb sehr sorgfältig und peinlich genau vor, damit ich alles weiß und kann. Denn dann komme ich nicht in Aufregung. Ich weiß, was andere fühlen. Ich spüre ihren Kummer. Ich kann sie kaum ansehen. Bei Gesprächen stehe ich etwas seitwärts zu ihnen, nie genau gegenüber. Ich fürchte mich, dass sie mich beobachten und über mich urteilen. Ich bin nicht sehr selbstbewusst. Wenn zu viele Menschen da sind, werde ich schnell müde. Bei anstrengenden Meetings fallen mir fast die Augen zu, ich muss dann fort und eine Weile allein sein. Es ist fast wie ein Shutdown. Mein Betriebssystem ist überlastet. Es friert ein. Dabei arbeite ich sehr gut, wenn sie mich in Frieden lassen. Sie sagen alle, ich sei sehr begabt. Ich kann aber nichts in mich aufnehmen, wie man Vokabeln lernt. Ich lerne mit dem Herzen – ich fühle das Neue wie durch die Haut. Ich denke oft an das, was sein wird. Sie sagen, ich sei visionär, aber ich versuche nur, mich auf alles Drohende vorzubereiten. Das sollte jeder tun. Aber die anderen sehen nicht, in welche Ärgernisse sie blind hineinrennen. Sie sind ganz furchtlos und haben keine Angst. Ich kann nicht verstehen, dass sie alle Risiken übersehen! Ich möchte einen Beruf, wo es viel Liebe gibt. Deshalb studiere ich bestimmt nicht Wirtschaft oder Jura. Ich kann nur gut arbeiten, wenn es meine Berufung ist. Mein Inneres muss sich gerufen fühlen! Ich will Liebe bringen. Ich will Lehrer werden oder Trainer. Ich würde am liebsten Konfliktmanagement lehren, damit alles in der Welt gut werden kann. Ich will schreiben und mahnen. Ich will mein Teil dazu tun, damit die Welt gut wird. Fein und leise soll sie sein, lieb und warm. Ich muss mir oft sagen, dass ich das irgendwann schaffen werde. Sonst wäre das Leben ja prinzipiell traurig. Meins ist oft schon traurig genug."

2. Laut, leise, grob und fein

Ein Neurologe, Dr. Wolfgang Droll aus Berlin, hat mir Kommentare zu meinem Buch *Topothesie* geschickt. Dort habe ich, ohne Mediziner zu sein, EEGs kommentiert und etwas über Wahrnehmungen spekuliert. Ergänzend schrieb er, er habe oft Menschen mit starken Gehirnaktivitäten in seiner Praxis, die nur Signale oder Eindrücke wahrnehmen würden, die mit einer gewissen „Mindestlautstärke" daherkämen. Unterhalb dieser Mindestlautstärke würden diese Menschen nur viel schwächer wahrnehmen, oberhalb der Stärke sei das Signal aber plötzlich klar und deutlich da. Ach, da dachte ich gleich an Johannes zu Hause. Ich sage ihm ganz in meinem hochsensiblen Stil ein ums andere Mal, er möchte doch den Rasen mähen. Beim x-ten schrei' ich ihn an: „Mäh!" Er sieht mich ganz erstaunt an: „Was schreist du?" – „Ich bin böse, weil ich es schon hundert Mal gesagt habe!" – „Hast du nicht! Ich höre es jetzt zum ersten Mal!" Die Grundschullehrer von Johannes berichteten, dass er Hausaufgaben nicht wahrnehme. Man müsse ihn fokussieren, ihm in die Augen schauen und mit fester Stimme Aufträge geben – und am besten wiederholen lassen. Das ginge und man mache es bei Soldaten auch so. Jetzt macht Johannes gerade Abi. Wird richtig gut! Er will Jura studieren.

Und dann erfahre ich von Wolfgang Droll: Solche Menschen wollen siegen, das letzte Wort haben, suchen starke Erlebnisse und wollen vorzugsweise für „Gerechtigkeit" (Recht behalten, Recht bekommen) kämpfen. Bingo! Johannes hat im Test für Hochsensible ganz wenige Punkte. Wir beide sind in unseren Wahrnehmungen ganz weit auseinander. Ich höre Gras wachsen und vermeide den Kampf – und wenn ich schon fortgelaufen bin, beginnt für ihn erst der Spaß – ja, und Ernst ist es für ihn noch lange nicht!

An diesem feinen Beispiel will ich erklären: Menschen haben – auch als reine Hirnfunktion gesehen – verschiedene Lieblings-Wahrnehmungsbereiche. In diesen Bandbreiten sehen sie hauptsächlich das Leben und reagieren darauf und werden mit dem Leben fertig.

Hochsensible sehen alles schon von fern. Die Kämpfernaturen lassen die Sache erst einmal an sich herankommen. „Nun warte doch mal, ob es wirklich Krach gibt! Was machst du dir schon jetzt einen Kopf?", fragt Johannes. Ich fühle mich bei ihm fast wie bei einem Vater aufgehoben, wenn er so ruhig ist.

Bei Informatikern krümmt sich der Chefprogrammierer schon wochenlang, weil der Code nicht richtig skaliert. Er fürchtet sich, dass der Computer im Ernstfall streikt. Er weint innerlich, kaut an den Nägeln und warnt jeden Morgen den Projektleiter. Der sagt: „Nun bleib ruhig. Wenn etwas passiert, verhandeln wir neu. Vielleicht fällt noch jemandem was ein." – „Es geschehen keine Wunder!", beschwört der Programmierer. „Doch!", weiß der Projektleiter. „Sie geschehen vor Deadlines. Immer. Bis dahin musst du warten können."

3. Autisten und Hochsensible

Die Hochsensiblen wollen aber nicht auf Wunder warten, die so spät kommen. Die Wunder der Künstler sollen sanft wie Sonnenstrahlen das Leben erhellen, nicht wie Blitzschläge im Sturm. Die Aspies fliehen in ihr eigenes Innere hinein, wenn es stürmt – und sie bleiben lange drin, denn da ist es schön. („Gunter, wir haben seit Tagen Hochsommer! Komm raus! Du hast doch wireless!") Die den Menschen zugewandten Supersensitiven aber flehen um Hilfe, um Erbarmen und schütteln sich.

Beide Menschenarten nehmen überhaupt nichts anderes mehr wahr als nur dieses eine: „Zu laut!" Sie ducken sich, verstecken sich, halten sich die Ohren zu. „Zu laut!"

300 XXVIII. Highly Sensitive!

Erinnern Sie sich an die Stresskurve der Psychologen?

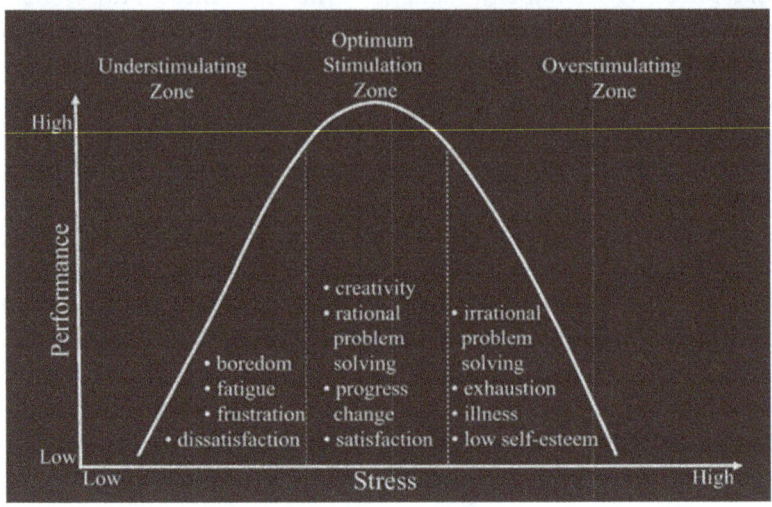

Jeder Mensch braucht eine gewisse Innenerregung, unter der er am besten arbeitet. Wenn er untererregt ist, ist er apathisch und frustriert. Wenn er übererregt ist, wird er hektisch und sagt: „Es macht mich verrückt". In einer kleinen Komfortzone arbeitet und lebt er gerade richtig. Und jetzt sehen Sie das Problem: Diese allgemein bekannte Kurve ist zwar im Prinzip richtig, aber nicht für uns beide gleichermaßen! Jeder Mensch hat wohl leider eine andere Kurve, mindestens Johannes und ich haben verschiedene. Ich stelle mir das alles so vor (und das widerlegt überhaupt alles, was Sie sonst darüber lesen!):

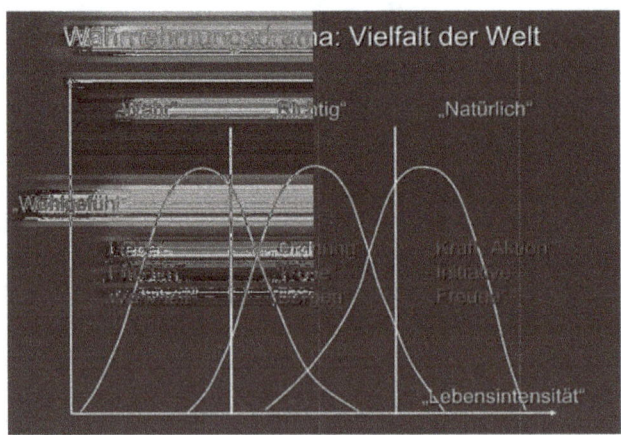

Ich bin fest davon überzeugt, dass die Stresskurven der Menschen ganz verschieden sind! Die „feinen" Menschen heißen in meinen Philosophiebüchern „wahre Menschen", die normalen heißen „richtige Menschen", die hochenergetischen „natürliche Menschen". Die haben dann jeweils die anderen Kurven. Und deshalb haben die verschiedenen Menschen mit den verschiedenen Stresskurven auch verschiedene Ansichten und Religionen (die Lauten haben meist gar keine)! Die Hochsensiblen träumen von Wahrheit, Frieden und Liebe. Die Normalen reden ständig von Ordnung, Treue und vom Kümmern. Und weiter oben im Wahrnehmungsspektrum dreht sich alles um Action und Hocherregung.

Nehmen wir an, meine drei Kurventypen sind in dieser Form richtig. Nehmen wir an, Sie sind ein Techie und Ihr Projektleiter ein Hochenergiemensch. Mitten im Projekt tritt ein Problem mittlerer Stärke auf, es ist also etwas nicht in Ordnung. Wenn Sie dann schon vor Angst ausflippen und irrational werden, nimmt Ihr Projektleiter noch gar nichts wahr, weil er gar nichts hört und sieht. Erst später, wenn das Projekt im Sand versinkt, brüllen Sie in höchstem Schmerz: „Ich habe es vor Monaten gesagt, dass es krachen wird!" – „Ich konnte aber nichts sehen!" – „Ich aber habe Recht gehabt! Alle Zeit!" – „Es ist leider nur genau so gekommen, wie Sie befürchtet haben. Na und? Sie fürchten sich immer. Die meiste Zeit aber geschieht nichts. Sie sehen *immer* Probleme! Und manchmal kommen auch welche, ja! Ja! Na und?" – „Sie Superexperte haben nichts unternommen, als ich rechtzeitig warnte!" – „Als ich selbst sah, dass es Probleme gab, fixte ich alles mit harten Eingriffen, denn ich habe immer Erfolg. Sie aber standen zu dieser Zeit eher im Weg rum, um zu weinen, nur weil Sie Recht hatten. Wer aber hat die Karre aus dem Dreck gerissen? Ich! Sie haben Recht, ich habe Erfolg! Immer!" – „Sie haben die Karre reinrutschen lassen!" – „Wer programmiert? Sie oder ich?" Und mitten in diese Kurvendiskussion hinein kommt ein normaler Bürokrat. „Sie können nicht einfach alle Vorschriften übertreten, nur um das Projekt zu retten! Es muss ordentlich zugehen!" – Der Projektleiter bleibt kalt. „Sie sind ein Geschäftsverhinderer! Fälschen Sie die Akten, wie Sie wollen. Dann ist Ruhe und Ordnung. Ich will nur, dass alles klappt." Der Controller wird puterrot: „Erfolg ohne Ordnung ist nicht zulässig!" Und Sie als Techie rollen verzweifelt die Augen: „Wir hätten viel mehr Erfolg haben können, wenn nur alle verstünden, was ich von Anfang an gesagt habe."

Es gibt also verschiedene Wahrnehmungen. Sie können es auch so sehen: Es gibt verschiedene Welten. Ansichten. Ausdrucksweisen. Methoden. Verarbeitungsweisen. Interpretationsschemata. Reaktionsgewohnheiten. Bedeutungszuschreibungen. Oder: Was für Sie wahr ist, ist durch Ihre Biochemie bestimmt. Es gibt verschiedene Wahrheiten, je nach Chemielevel.

Nehmen wir an, ein Hochenergiemensch soll peinlich genau alle Herbstblätter im Park aufsammeln oder einen sehr amtlichen Brief schreiben, der sehr politisch korrekt sein muss. Bei einer solchen Aufgabe ist er „unterstimuliert". Das Hirn sagt: „Doof. Es ist babyleicht, so etwas zu tun, aber total langweilig und unnütz." Das Hirn schätzt implizit den Energieaufwand für die Aufgabe ein und stellt diese geschätzte Energie zur Ausführung der Aufgabe bereit. Leider verschätzt sich das Hirn des Hochenergiemenschen in der nötigen Energie, weil es im feinen Wahrnehmungsbereich nicht gut arbeitet. Das ist nicht sein Feld! Das Hirn des Hochenergiemenschen weiß nicht, wie viel Arbeit völlige Sauberkeit oder das feine Schleifen an Worten bedeuten kann. Meist unterschätzt das Hirn diese Arbeit, weil der Hochenergiemensch solche Arbeit nicht „als Ernst" wahrnimmt. Sie ist für ihn „null Bock", also Null. Nun aber versucht der Hochenergiemensch, mit viel zu wenig Energie eine Arbeit auszuführen. Er fegt in Sekunden zwei Drittel der Blätter im Park weg oder kritzelt ein Briefkonzept. Das ist für ihn schon die ganze Arbeit, wie er sie im Hirn gedacht hat. Nun aber merkt er, dass eigentlich noch gar nichts geschafft ist. Die Energie, die sein Hirn dafür vorsah, ist schon verbraucht. Aber es ist nichts geschafft! „Ach, ist das doof, *alle* Blätter wegzusammeln! Wer denkt sich das aus! Mir geht es so schlecht! Ich bin schon so müde! Ich kann nicht mehr! Diese Arbeit ist viel zu schwer! Mist! Warum ich?"

Nehmen wir an, ein Hochsensibler soll seinen Chef ernsthaft um eine Gehaltserhöhung bitten. Das hochsensible Hirn denkt nach, wie viel Energie diese Aufgabe braucht. Es sieht sofort: „Zu laut!" Es merkt, dass der Energieaufwand unendlich sein könnte. Denn das Hirn des Hochsensiblen nimmt im lauten Bereich nicht richtig wahr. Es stellt unendlich viel Energie bereit. Das Hirn bereitet sich nun Tag und Nacht darauf vor, den Chef um mehr Gehalt zu bitten. Es schläft nicht mehr und tut nichts anderes. Es fragt um Rat, ängstigt sich und beschließt nach unendlich viel Mühe, die Frage doch noch um zehn Jahre zu verschieben. Er muss noch mehr Energie sparen. Sie reicht noch nicht für die Gretchenfrage.

Die Hochenergiemenschen leben am liebsten am oberen Limit, sie kennen deshalb nur zwei Zustände. Hochenergie oder Langeweile. Übererregt sind sie eigentlich nie, dazu ist das Leben zu normal. Die Hochsensiblen fühlen sich gut, wenn alles ruhig ist. Zu ruhig ist das normale Leben eigentlich nie. Sie kennen also nur den angenehmen und den zu lauten Zustand. Die normalen Menschen kennen aber den untererregten Zustand („sitze hier nutzlos herum, die Kinder brauchen mich nicht mehr, warum muss ich nur Rentner sein") und den übererregten („mein Kind hat einen Apfel gemopst, wie steht nun unsere Familie da"), für normale Menschen gibt es den untererregten Zustand der Nutzlosigkeit und der

Faulheit und außerdem den übererregten Zustand des Stresses, des Verbotenen, der Sucht, der Orgien – dort ist für Normale das Dunkle. Die amtliche Stresskurve aller Theorien ist natürlich ausschließlich für normale Menschen entworfen, weil normale Psychologen immer nur Mittelwerte kennen, sonst müssten sie Mathematik studieren. Deshalb steht in allen Büchern die erste Kurve und nur die. Wenn also ein normaler Mensch als Manager alles nach seiner eigenen normalen Bluttemperatur bestimmt, dann sind die Hochenergiemenschen im Zustand der Langeweile und tun nichts. Deshalb nennt der Normale sie *faul*. Im normalen Zustand sind die Hochsensiblen überstresst und fliehen oder weinen. Da nennt sie der Normale „Weicheier" und „Spinner". Der Normale findet, unter Druck arbeitet man besser! Das weiß er von sich selbst! Das fühlt er in sich drin! Das gilt noch viel mehr für die Hochenergiemenschen – die brauchen noch mehr Druck. Also gibt es Druck ohne Ende, unter dem die Hochsensiblen nicht arbeiten können. Das kommt heraus, wenn es nur eine Kurve gibt. Deshalb, noch einmal: Lassen Sie uns alle einmal in eine Kurvendiskussion eintreten.

4. What you can't measure can't exist!

Die Hochenergiemenschen und die Normalen haben nun eine sehr eingeschränkte Wahrnehmung, weil sie das Leise und Feine gar nicht sehen können. Sie können zum Beispiel nicht fühlen, wie Mitarbeiter besser werden und sich entwickeln. Sie können die Kultur der Firma nicht spüren – all das Feine eben. Deshalb fragen die Hochenergiemenschen immer: „Wie sehen wir etwas *überhaupt*? Wie *messen* wir es, damit wir es sehen? An welchen Zahlen erkennen wir es?" Die Hochsensiblen schütteln sich vor so viel Blindheit und finden unisono, ein Manager blickt nichts. Er braucht seine Daten als eine Art Hilfskonstruktion, mit der er das Feine überhaupt sehen kann. Dazu hat ihm Microsoft einen Hirnverstärker gebaut, der Excel heißt. Mit dem kann man Dinge sehen, die sonst unterhalb der Wahrnehmungsschwelle liegen würden. Excel wirkt wie ein Mikroskop! Das ärgert die Hochsensiblen ganz maßlos. Denn wenn sie dem Manager etwas sagen, versteht er sie nicht. Er sieht nichts, er nimmt keine Differenzierungen wahr. Für ihn sieht das Feine alles gleich aus. (Zwei Bankfilialen in Heidelberg haben eine extrem unterschiedliche Performance, obwohl sie nur 400 Meter auseinander liegen. Es gibt Krach. Man streitet, weil das Excel Alarm schreit. Ein Mathematiker sitzt still dabei und sagt, der Neckar liege dazwischen, auf der einen Seite das reiche Neuenheim mit der Uni, auf der anderen Seite ... – „Wo steht das in den Daten?", schreit der Manager. „Ihr wollt nur wieder eine Extrawurst! Ihr wollt entschuldigt sein! Aha, allerdings! Ich *verstehe*!") Ein Hochsensibler wird also nie verstanden, wenn er nicht Excel spricht. Er muss zum Gehörerheischen alles so stark aufbauschen, dass es ein Hochenergiemensch überhaupt sehen kann. Deshalb muss man Daten aufbereiten und Dinge pushen. Seid nicht so fein, ihr Hochsensiblen! „Chef, wir sind traurig und verzagen." – Der Chef fragt: „Wie macht sich das im Umsatz bemerkbar?" Ja, wie macht sich das Feine bemerkbar? Wenn schon Excel-Dateien „verrückt machen" und Stress auslösen?

5. Das fehlende Ich

Und es sind nicht nur die materiellen Dinge, die anders wahrgenommen werden! Es geht auch um Sie selbst! Wie nehmen Sie sich und andere wahr?

Die Hochenergiemenschen nehmen ihr eigenes Ich ungefähr so wahr, wie sie sich wohl fühlen. Deren Ich lebt also im Lauten, in Freude, Kraft und Action! Das Ich der Normalen lebt in Ordnung, Pflicht und Treue. Das Ich aber der Hochsensiblen und der Autisten ist ganz unmerklich fein und wird nur von dem gesehen, der sich mit Liebe, Wahrheit und Frieden auskennt. Die Ich-Boldness ist also an den selbst bevorzugten Wahrnehmungsbereich gebunden.

Das Ich der Starken ist so irre stark, dass unsere ganze Kultur die Erziehungssysteme hauptsächlich darauf ausrichtet, es zu Rücksicht und Zurücknahme zu zwingen, also normal herunterzuprügeln. Mit Knüppeln oder Ritalin. Das Ich der Normalen ist normal, es fürchtet sich vor der zu starken Seite, die Freud „Es" nennt (übererregte Zone). Das Ich aber der Hochsensiblen und Autisten wird eben nicht wahrgenommen, weil es zu leise ist. Sie selbst nehmen es nicht stark wahr und glauben allesamt, dass die Welt in einem völlig ichlosen Zustand erlöst wäre (Nirwana), also dann, wenn alle Menschen hochsensibel wären.

Die Hochsensiblen verstehen nicht, dass sie im Vergleich zu anderen leise sind. Sie verstehen nicht, dass sie damit selbst unter einer schrecklich eingeschränkten Wahrnehmung leiden, wie alle anderen Menschen in jeweils ihren anderen Spektren auch. Das ist unser aller Lebensproblem!

Die Hochsensiblen könnten es für sich lösen und lauter werden und sich grell ins Licht stellen.

Das aber tun sie nicht. Sie gehen den Weg ins Dunkel. Sie weinen oder ziehen sich zurück. Sie wiegen ab: Erfolg oder blankes Unverständnis ernten (= Nichtliebe)? Die Aufwand-Ertragsrelation ist zu schlecht. Deshalb erklären sie lieber wie Buddha die äußere Welt für bunten Betrug an der Wahrheit (Maya!), sie predigen den leisen Weg. Sie wollen alle Nächsten lieben, dann wäre Frieden in der Welt. Kein Krieg! Kein Geld! Nichts Lautes wie Lust! Den Leib asketisch aufs Nagelbrett! Abtöten die Reste der sündigen Haut! Die Gedanken sogar vom Lauten reinigen! Und dann kommt der dunkelste aller dunklen Gedanken: „Wenn alle das täten, wäre die Welt gerettet!"

Diesen dunklen Gedanken haben die anderen Menschen auch. „Wenn alle lustvoll lebten und Fünfe gerade sein ließen, was wäre das für eine pralle, laute Welt!" – „Wenn alle nur in Pflicht und Tugend lebten, wäre das Paradies schon hier!"

Jeder von uns sieht die Welt und sich selbst in einem bestimmten Wahrnehmungsbereich. Und wir sehen alle eine andere Welt als ideal an, die unsrige nämlich. Jeder von uns möchte die Welt so, dass sie im eigenen Wahrnehmungsbereich „gut" ist. Nun kämpfen wir darum, die Welt so zu verändern, damit sie für uns „gut" ist. Im Grunde kämpfen nun verschiedene Biochemien um die Herrschaft. Manchmal herrscht Goethe, manchmal Napoleon, ein andermal Victoria von England. Und immer ist Krieg.

Ihr Hochsensiblen aber, ihr leisen Mathematiker, Informatiker, Hochgeistigen, Tagträumer, Künstler, Poeten: Heute herrscht Shareholder! Heute ist viel Lautes im Bush. Und da wird das Feine nicht gesehen! Und deshalb müsst ihr euch zeigen, damit ihr wahrgenommen werdet! Viel mehr denn je!

6. Ich! Laut! Grell!

Hören Sie als Hochsensibler auf, das Trommeln, das Angeben und Marketing aller Art zu verdammen! Besonders die Mathematiker weinen, dass Mathematik nicht wahrgenommen wird, nicht geschätzt! Warum werben sie nicht dafür? Mathematiker flüstern: „Siehst du denn nicht, dass Mathematik *überall* ist?" Und die Menschen schauen sich verwundert um und antworten: „Nein. Ich sehe nichts. Ich kenne Mathe nur aus der Schule. Dort musste ich Mathematik sehen, wegen dem Zeugnis."

Hochsensible Dichter flüstern: „Siehst du nicht die Schönheit der Worte, die den Sinn bekleiden?"

Alles ist hochsensibel fein – und nicht wahrnehmbar für die Lauten.

Die hochsensiblen Wissenschaftler – alle! alle! – schreiben ihre Wahrnehmungen, ihre ganz feinen Wahrnehmungen so fein auf, dass nicht einmal der nächstsitzende Hochsensible auf demselben Flur die so genannte wissenschaftliche Veröffentlichung versteht oder nachfühlen kann. Danach weinen sie über die mangelnde Rezeption (= Wahrnehmung! Nicht Willkommen! Wie im Hotel!). Die hochsensiblen Wissenschaftler verdammen die ach so lauten Kollegen, die verständlich schreiben, als total grob und ich-süchtig. Sie bekämpfen also gerade die, die aufbrechen, um nicht immer wieder alles falsch zu machen.

Hochsensible! Trommelt! Werdet dick gedruckt! Selbstbewusst! Kommt heraus aus dem Kasten! Aus dem Elfenbeinturm! Nie – nie werdet ihr es so weit bringen, dass euer Ich zu unangenehm laut wird, denn dazu seid ihr zu sensibel. Aber es kann *wahrgenommen* werden – das wird gehen. Dazu braucht es viel Übung. Denn das Ich, das sich erstmals hinauswagt, wird erst etwas ungelenk und tölpelhaft wirken. (Das sagt man mir selbst manchmal.) Lautstärke allein tut es ja nicht, ein wenig Eleganz muss schon dazu. „Warum schreist du plötzlich so?", fragt mich Johannes. Laut sein will gelernt sein.

Wir müssen wieder zeigen, dass Autos nur mit einem wunderbaren Motor funktionieren und nicht nur aus Dumping-Sonderangeboten und Billigzinsen bestehen. Die Welt muss wieder die Feinheit der Inhalte verstehen. Die Wissenschaftler und Chefingenieure müssen wieder wahrgenommen werden – die Welt ist mit ihrem „Geiz ist geil" zu weit vom global Guten weg. Firmen und Universitäten müssen auch wieder die Bodenhaftung im Feinen finden, in der Konstruktion der Inhalte und in Innovationen. Die hochsensitiven Inhalte müssen wieder zur lauten Form aufsteigen. Chefingenieure und Wissenschaftler – es geht nicht allein mit guten Bilanzexperten!

Exzellenz muss wieder neben Excel treten!

Joe Brockerhoff ist Beuysschüler und weltweit für Airbrush bekannt. Er hat extra für diese Kolumne und Sie einen Cartoon geschickt. Schauen Sie auch bei Joe vorbei!

http://www.www-dp.info/brockerhoff/index.html

Das wollte ich sagen.

Eigentlich schade, dass ich den Supersensitivity-Test nicht früher kannte.

Wissen Sie, was ich jetzt eigentlich haben sollte? Das ist ziemlich viel verlangt, ich drängele auch nicht zu sehr.

Erstens Ihren Autismus-Quotienten (Link oben), zweitens Ihren Sensibilitätsgrad (Link oben), Ihren Persönlichkeitstyp nach Keirsey (bei www.keirsey.com , dort bitte in Deutsch beantworten, die englische Version kostet Geld) und *alle* neun Zahlen des Enneagrammtests (http://neher.piranho.de/EnneagrammTypTest.html) sowie Ihr Studienfach und Ihr Geschlecht. Alles als Package, sonst nützt es nichts. Wenn Sie lieb sind, schicken Sie es alles zusammen, an dueck@de.ibm.com. Nicht stöhnen, wenn ein Teil von Ihnen schon bei mir ist! Ich lerne ja auch weiter. Einen gleich lautenden Aufruf finden Sie auch auf meiner Homepage auf www.omnisophie.com. Dort schreibe ich so etwa alle zwei Wochen eine kürzere Geschichte unter dem aliterarischen Titel Daily Dueck. Sie können sich dort als Abonnent eintragen, dann bekommen Sie eine Mail, wenn sich etwas auf meiner Homepage tut. Wenn Sie bei IBM arbeiten: Dies ist so etwas wie ein öffentliches Wild Duck Forum, wie Sie es vom IBM-Intranet seit etwa 2001 gewöhnt sind. Es gab Kritik, dass die Artikel des Wild Duck Forums nur IBMer sehen könnten, nicht aber der Rest der Menschheit (also die IBM-Kunden). Also: Schauen Sie einmal vorbei.

XXIX. Die Patentlösung gibt es nicht!

Das wusste schon mein Vater. Und immer, wenn wir doch eine Patentlösung suchen, merken wir, wie schmerzlich Recht er hatte.

Als ich mich Ihnen zur Wiederwahl in das Präsidium der GI stellte, bekam ich etliche, zum Teil äußerst erregte Mails, ich solle persönlich Stellung beziehen! „Die Frage der Patentierbarkeit von Software ist die wichtigste Menschheitsfrage überhaupt", so hieß es. Ich erschrak. Ich bin ja Inhaber von sieben Patenten, es mögen auch acht sein. Ich wusste gar nicht, dass es so wichtig ist. Ich dachte trotzdem nach und fand, ich sollte dieses Defizit durch das Schreiben einer radikal subjektiven Kolumne beheben. Also los! Zu Patenten! Aber erst muss ich noch etwas Fachwissen über den Menschen, das Denken und meinetwegen auch über Sex für Sie vorbereiten.

1. Der Heilige, der Beamte und der Krieger – ein Spontantheater

Im Grunde ist meine Position sehr fest – aber das ist fast egal. Es kommt auf die eigene Position nicht an. Eine Meinung haben! Das ist einfach! Eine Meinung durchsetzen! Das ist unmöglich – wegen der anderen. Alle zu etwas Gutem führen – darin muss jeder von uns eine Rolle einnehmen.

In den vorhergehenden Kolumnen (über artgerechte Haltung des Menschen, über Autismus und insbesondere in der letzten über das Hochsensitive) habe ich Ihnen zu bedenken gegeben, dass es verschiedene biochemisch-neurologische Zustände des Menschen gibt, in denen sich die unterschiedlichen Individuen verschieden gut fühlen. Die „leisen" Menschen lieben Gott und die Kunst, sie verabscheuen Gewalt, das Bunte, die Lust. Die „lauten" Menschen lieben das grelle Leben, zanken sich leidenschaftlich gerne um das letzte Wort und machen die Nächte in allen möglichen Lagen zum Tag. Dazwischen steht eine erstaunte Mehrheit, die das Leise untüchtig und „spinnig" findet und das Laute als zu gewaltsam fürchtet und bekämpft.

Ganz leichtfertig auf den Punkt gebracht: Es gibt Heilige, Beamte und Krieger.

Mein ganzes philosophisches Werk rankt sich um diese „Dreiteilung" des Menschseins. Es gibt eben, so predige ich, „wahre", „richtige" und „natürliche" Menschen. Bei meinen Reden darüber in der Öffentlichkeit habe ich schon fast angefangen, Spontantheater in diesem Sinne zu versuchen. „Nennt einen beliebigen Begriff! Ich erkläre ihn euch auf die drei irre verschiedenen Arten des Menschen! Na? Ihr da im Publikum?"

Da sagt eine blonde, schwarz angezogene Frau herausfordernd: „Sex!"

Ich weiß vorher nie so genau, wie ein Publikum reagiert. Ich kann es mir nicht aussuchen. Sex! Wie gemein! Wie stehe ich auf der Bühne da? (Wittgenstein springt mir sofort im Kopf herum. „Was du dir schon denken kannst, darüber sollst du schweigen!") Aber ich muss tapfer etwas sagen und zu etwas stehen. („One might stand.") Ich antworte aus der Sicht des theoretischen gewöhnlichen Mannes (es ist ja Spontantheater, Verzeihung, sonst alles paarweise umdrehen): „Das Heilige sieht in Frauen ätherische Seelen, die das Herz des Mannes erfreuen, es erquicken und zum Minnegesang hinreißen, der die Verehrung des lieblich-anmutigen Geschlechtes ausdrückt. Wehe, wer diese heilige Süße des Bebens in der Brust durch schnöde Fleischlichkeit in den Schmutz zieht! Das Heilige betet nicht die eine einzige spezielle Frau an, sondern in ihr stellvertretend die große Seele der Welt." – „Der Pflichtmensch sieht seine von der Gemeinschaft vorgegebene Aufgabe, eine Familie zu gründen und einen Beruf auszuüben, wozu er sich eine passende Ehefrau aussuchen muss, die mit ihm den schweren Gang des Lebens durch dick und dünn unternimmt. Eine passende Frau ist eine, die er sich verdient hat. Sex ist nebenbei notwendig (Sonntags oder zusätzlich noch Mittwochs bei höherem Trieb, in guten unbeschwerten Zeiten oder wenn der Mann brav war), aber es kommt mehr auf die Partnerschaft an sich an! Das schält sich fast unmittelbar nach den Flitterwochen als Kern der heiligen Ehe heraus." – „Der Krieger lacht laut über alledies. Er sagt: Die Frau gehört dem Mann – und die Frage des Lebens *überhaupt* ist, welchem genau. Die Frau wird erobert! Der Vorgang der Liebe zerfällt in die Eroberungsphase und in das Genießen des Glücks. Es ist am besten, es immer abzuwechseln."

(Das Heilige sieht das Heilige im Menschen selbst, das Normale vermutet es im System (der heiligen Ehe), das Kriegerische spürt Gott nicht, weil Gott für die Wahrnehmung des Instinktmenschen nicht laut genug unter uns ist.)

Da piepst im Publikum ein rothaariger Mann in Sandalen: „Krieg!" Ich hebe an, Krieg auf die drei Arten zu erklären.

„Das Heilige würde sich wünschen, alle Menschen würden gleich als weißhaarige Greisinnen und Greise geboren. Sie wären friedfertig, ergeben, sanft und ausgeglichen. Sie wären im Besitze des ewigen Lebens – von Anbeginn an, was Menschen sonst schwer begreifen. Sie sind eins mit der Welt. Krieg? Da bleiben sie ganz untätig und verweigern sich, denn sie könnten verlieren, was sie schon gewonnen haben: nämlich das ewige Leben. Der Heilige sagt: ‚Die Hölle ist, schon zu sterben, wenn man noch tot ist. Fast alle sterben, bevor sie gelebt haben.' Deshalb muss das Heilige die Wiedergeburt des Menschen postulieren, bis er einmal wirklich lebte." – „Die Pflichtmenschen schützen Heim und Herd. So verlangt es die Ordnung und die Pflicht. Sie führen Krieg um der Gerechtigkeit und der ewigen Ordnung willen. Wer dieser ewigen Ordnung dient, wird je nach seinem Verdienst ordentlich belohnt – mit Geld oder Gut oder notfalls durch den ihm zustehenden Platz im Jenseits." – „Die Krieger sagen: Krieg ist um des Kriegens willen! Der Stärkere gewinnt! The winner takes it all. So will es Darwin und deshalb die Natur – nicht ein erfundener Gott! Die Krieger leben im Tode. Er ist ihre Heimat und nimmt sie endlich auf."

Und schließlich winkt eine Kellnerin: „Wirtschaft!" Ich bin etwas irritiert. Gut, dreimal Wirtschaft. Ich hebe an:

„Das Heilige trinkt stilles Wasser aus felsquellengezapften Krügen, ..."
Das Publikum lacht. Ich verstehe. Sie meinen Wirtschaft. Ich versuche es neu:

„Die Heiligen wirtschaften, um selbst heilig zu leben, den Rest schenken sie dem Einen, der Gemeinschaft und opfern es Gott. Wirtschaft umfasst alle Vorgänge einer Gemeinschaft, die sich um das materielle Prosperieren aller bemüht." – „Die Pflichtmenschen wetteifern um die Tugend der Leistung. Die Früchte der Arbeit fließen im Besonderen dem Beharrlichen, dem Ausdauernden, dem Nachhaltigen oder dem Fleißigen zu, wenn alles seine Ordnung hat. Selbst aber im Unglücke lohnt ihn dereinst Gott. Das ist ein immer wiederkehrendes Thema der ewigen Ordnung. Alle Systemfehler auf Erden heilt das Jenseits. Ohne diese Hoffnung würde der Pflichtmensch die Ökonomie nicht ertragen." – „Die Krieger gründen Unternehmen. Das Geld liegt auf der Straße. Das Geld gehört dem Menschen – und die Frage des Lebens überhaupt ist, welchem genau. Geld muss erobert werden! Der Vorgang des Wirtschaftens zerfällt in eine Eroberungsphase und eine Phase des Genusses. Es ist am besten, dies immer abzuwechseln ..."

Das Heilige sagt: „Alles ist Eins."

Die Bürger setzen fest: „Alles hat seinen Wert und jeder seinen Verdienst."

Die Krieger wissen lächelnd oder grimmig: „Alles hat seinen Preis."

Der Heilige sagt: „Alles ist ewig." Und er leidet, weil alles ewig so unheilig bleibt, wie es ist.

Der Bürger will: „Alles *sei* gerecht und in Ordnung." Und er hofft, dass es ab und zu ordentlich sein werde.

Der Krieger weiß: „Alles ist Wechsel." Das Bleibende fürchtet er wie Gefangenschaft.

Was aber hätte ich sagen sollen, wenn jemand „Patente" gerufen hätte?

2. Spontanes und Unhehres zu Patenten

„Software gehört allen. Sie darf nicht patentiert werden dürfen. Software ist ein spezieller Fall von Wissen, das allen gehört wie die Luft zum Atmen. Alles Wissen ist frei für alle Menschen. Über das Internet ist es allen Menschen zugänglich. Alle Menschen helfen nach Kräften, das Wissen und die Software zu mehren. Dadurch tritt die Welt in ein neues Goldenes Zeitalter ein. Wenn Software patentiert wird und damit also für 15 Jahre der Willkür ihres Schöpfers unterliegt, dann wird sich der Eintritt des Goldenen Zeitalters um 15 Jahre verzögern. Das ist eine nie wieder gutzumachende Katastrophe."

„Das Erschaffen ist Arbeit wie jede andere auch. Wer etwas erschafft, soll seinen verdienten Lohn dafür bekommen können. Das ist Grundlage der ewigen Ordnung und muss im einzelnen Fall geregelt werden. Softwareerschaffung ist eine neue Arbeit, die es früher nicht gab. Wem gehört die Software? Darf sie beliebig kopiert und genutzt werden? Nein, es muss einen Lohn für den Schöpfer geben. Wie können wir es regeln?
[Hier kratzt sich der Pflichtmensch auf jeden Fall am Kopf und fragt sich, was in seinem alten Erfahrungsbereich so ähnlich wie das Neue sein mag, hier: die Software. Der Pflichtmensch ordnet das Neue unfehlbar neben so ähnlichem Alten ein. Was noch nicht einzuordnen ist, kann es nicht geben, weil die Ordnung zusammenbräche.]
Software ist so ähnlich … wie … wie … ja, wie Dichtung, weil Software genau wie eine Dichtung mit exzessiv vielen Klammern darin aussieht. Ja, Software ist wie Dichtung. Für die Dichtung haben wir das alles im Urheberrecht geregelt. Da das Urheberrecht schon alt ist, hat es sich also bewährt. [Dieser im Grundsatz falsche Gedanke des Pflichtmenschen adelt alles Alte für ihn.] Wenn sich das Urheberrecht bewährt hat, warum sollte es sich nicht auch mit kleinen notwendigen Änderungen für Software bewähren? Patente regeln das Nachbaurecht für Maschinen.

Maschinen kann man konkret-praktisch sehen und verstehen. Dichtung und Software nicht. Deshalb ist die Einordnung der Software in die ewige Ordnung an der Stelle „Maschinen" zwar möglich, aber etwas künstlich. Software ist sicherlich mehr so etwas wie moderne Kunst, die auch sehr willkürlich anmutet. So, das hätten wir! Eingeordnet ist die Software nun. Irgendwo zwischen Maschinen und Dichtung. Jetzt gehen wir dazu über, uns konkrete gesetzliche Regelungen zu überlegen. Am besten wäre es, wir definieren Software so schlau um, dass wir nur einen einzigen Unterparagraphen beschließen müssen, der international alles Nötige regelt. Es wäre aus Sicht der Regeln nun überaus klug, wir setzten die Software einfach mit etwas gleich, was es schon gibt. Dann brauchen wir gar keine neuen Regeln. Wir haben aus praktischer Sicht also zwei pragmatische Grundsätze: „Software = Maschine" oder „Software = Dichtung". Wir entscheiden uns jetzt in Gremien, welche Alternative wir wählen. Das wird Jahre dauern. Dann beschließen wir eine davon und ernten harte, unsinnige Kritik. Die Kritik richtet sich ausnahmslos darauf, dass die jeweils beschlossene Gleichsetzung „Software = etwas" faktisch nicht stimmen kann, was ja jedem klar ist. Das Pragma verlangt aber unbedingt eine Gleichsetzung, so hinkend sie sein mag, weil dann keine neuen Gesetze nötig sind. Nach einer trivialen Gleichsetzung hagelt es Probleme in Einzelfällen, die wir dann individuell im Verordnungswege lösen können, bei denen wir ohne Amerikaner oder eine EU freie Hand haben. Wir erlassen einfach einige zehntausend Bestimmungen, die die Software danach wirklich in das Bestehende einordnen. Die dummen Wissenschaftler quaken störend herum, weil sie kein Pragma kennen. Das sagt ihnen jeder, aber sie verstehen es nicht. Sie nehmen so etwas nicht wahr."

„Erschaffen ist wie Erobern. Wer Neuland betritt, rammt seine Fahne zur Besitzergreifung in den Grund. Amerika gehört Kolumbus. Die Goldmine dem, der einen Claim darauf hat. Die Antarktis meinetwegen auch Norwegen, soweit die Fahne von Weitem gesehen werden kann. Es ist ja nur Eis da. Jedenfalls gehört das Neuland immer demjenigen, dessen eingerammte Fahne eine Weile stehen bleibt, so dass sich alle daran gewöhnt haben. Im Grunde wird alles durch Macht geregelt. Heute sagt man statt Macht auch Markt. Meinetwegen soll es so sein, solange alles so bleibt, wie es ist. Sagen wir – Marktmacht. Wer Software schreibt, erschafft Neuland. Das gehört ihm. Nicht nur für 15 Jahre, wie die idiotischen Patentgesetze sagen, sondern für immer. Wie bei Land und Gold sollte es geregelt sein, wie bei der unfreien Luft am Starnberger See oder den Strandkörben an der See. Alles gehört jemandem, solange er die Macht darüber hat. Ich hasse die Scheinheiligen, die Software frei verteilen wollen. Sie sagen, Software sei wie Wissen. Das stimmt nicht. Software ist wie Geld und muss den Gesetzen des

Geldes unterliegen. Wissen ist nicht wie Geld. Es ist weitgehend nutzlos. Deshalb ist Wissen frei, so wie die Luft außerhalb des Starnberger Sees. Wenn ein Wissenschaftler Nutzloses publiziert, dann rammt er seine Fahne in Neuland wie in die Antarktis. Mag er da mit seiner Fahne glücklich sein und sich cool fühlen. Geld aber ist zu heiß, daran verbrennen sich die Wissenschaftler die Finger."

Das sind die drei theoretisch möglichen hehren Ansichten zu Softwarepatenten. „Software ist frei, insbesondere in Bezug auf Eigentumsrechte." – „Software gehört zum Leben und muss wie alles andere auch *sorgfältig* geregelt und eingeordnet werden." – „Wertvolle Software ist wie alles Wertvolle vor allem eine Machtfrage. Nicht geldwerte Software ist wie alles andere Nicht-Geldwerte im Wesentlichen nicht existent."

Haben Sie es genau gelesen? Das sind die drei *hehren* Ansichten. Software ist frei. Oder: Software wird in die Ordnung eingefügt und kann nicht außerhalb der Ordnung besonders sein. Oder: Software gehört dem Schöpfer.

Es gibt aber unterschwellig das weniger Hehre. Ahnen Sie es? Ja?

Ich lege jetzt den Finger in die blutende Wunde.

Die Heiligen sagen: Software ist frei von Eigentumsrecht. (Und Sie wissen natürlich, dass die meisten Informatiker zu den Heiligen zählen, obwohl sie ihr Geld damit verdienen, Software zu schreiben ...) Diese Einstellung ist typisch für das Heilige, das selbst dem Eigentum entsagt und „alles opfert". Wenn also das Heilige die „freie Software" fordert, will es im Grunde, dass alle Menschen Heilige werden. Das aber werden sie nie! Die Heiligen brauchen kein Geld in Scheinen – das macht sie oft unangenehm stark. Aber die unhehre Seite ist, dass die meisten Heiligen einen Heiligenschein brauchen, weswegen andere auch von Scheinheiligkeit sprechen. Meist wollen nämlich die, die etwas erschaffen, nicht so sehr Geld – das ist richtig –, aber sie wollen etwas anderes sehr wohl: Das ist der Ruhm, die Anerkennung, die Bewunderung ihrer Meisterschaft, das Gefühl des überlegenen Wissens und Könnens, ein Titel wie Doktor oder Professor, der die Titellosen zu mentalen Hofknicksen verpflichtet. Deshalb sagen die Schöpfer: „Du kannst die Software benutzen, aber du musst überall sagen, sie ist von mir! Lobe mich! Zitier mich! Gib mir Ruhm!" Damit claimen die Scheinheiligen das Eigentumsrecht auf Ruhm, während sie das Eigentumsrecht auf das Geldwerte leugnen. Sie stecken sehr wohl Fahnen in Neuland, nämlich in die Weltkarte der „Hall of Fame". Unsere Gesellschaft unterstützt berühmte Menschen heute immer noch. Wer Ruhm erntet, kann in etwa auch davon leben. Ich habe gerade ausgerechnet, wie viele Cent ich von den 13 Euro eines *Wild Duck*-Taschenbuches bekomme, da kommen mir jetzt Zweifel. Ja, es ist nicht mehr so einfach.

Und es ändert sich bedenklich. Theater und Unis werden zunehmend geschlossen, wenn sie kein Geld bringen: Eintritt, Studiengebühr, Drittmittel ... Kunstwerke werden taxiert und bei eBay bewertet. Unsere Gesellschaft will sich das Heilige nicht mehr gönnen oder leisten. Es ist dann die Frage, wie viele Heilige in einer entstehenden Antarktis mit ihren Fahnen noch bleiben können. Diese Entwicklung macht dem heutigen Heiligen kalte Wut. Diese Wut entlädt sich in der Softwarepatentfrage stellvertretend für den allgemeinen Verfall des Ganzen und Einen. Das Ganze wird heute auf die geldwerten Teile reduziert, die man den Kern oder das „Core Business" nennt. Es muss etwas jenseits von Geld geben! Aber klar – den Ruhm! Sieg gegen Bill! Und dann noch? Was dann noch?

Software kann Wohlstandsunterschiede in Kulturen einebnen helfen, Armut bekämpfen ...

Es wäre wichtig, dass sich das Heilige vor allem *dafür* engagiert, sonst ist es unhehr. Es zeigt sich bezeichnenderweise in der Diskussion um Eigentum an der Software, dass die Softwarepatentgegner einigermaßen damit leben können, wenn die Softwarefragen nach dem geltenden Urheberrecht geregelt werden. Das schlägt der Bundestag vor. Das trägt die GI im Präsidium mit. Das Urheberrecht aber regelt den Ruhm! Vom Ruhm oder Heiligenschein lassen sie gewiss nicht, die Heiligen.

Die Pflichtmenschen wollen die Frage grundsätzlich schon deshalb regeln, damit eine Regel da ist. Das ist ihr unhehrer Anteil. Sie wollen die Ordnung an sich herstellen, aber nicht etwa eine beste Ordnung. Sie werden jubeln, wenn die Wissenschaftler und Heiligen der Formel „Software = Dichtung" zustimmen. Dann gibt es eine Ordnung – und deshalb ist alles in Ordnung. Und der Rest wird gesondert geregelt, wonach wir alle unter der Verordnungsflut stöhnen werden.

Die Unternehmer kämpfen. Sie kämpfen im Markt mit allen Waffen. Wenn Patente eine Waffe sind, nehmen sie auch die in die Hand. Wenn man die Patentfrage friedlich regelt, hört das Kämpfen mit anderen Waffen nicht auf, es ändert sich nur die Kampfgriffe und das Kniffarsenal. Man verklagt sich dann eben nach dem Urheberrecht. IBM ist zum Beispiel angeklagt, geschützten Code in das LINUX kopiert zu haben, wofür es nun nach zwei Jahren Gerichtsverfahren noch keinerlei Evidenz gibt, so dass die Richter müde und ungeduldig werden. Wenn Software nach

Urheberrecht geregelt würde, was würde es ändern? Man würde klagen, weil jemand aus einer Dichtung zu ausschweifend zitiert habe – und das ist nach dem Urheberrecht verboten. Das Kämpfen vor Gerichten nimmt schreckliche Ausmaße an. Unternehmer sollen unternehmen und nicht ihr Geld im Gericht verdienen. Das ist ihre unhehre Seite. Die verschwindet durch keine Ordnung der Welt, sondern nur durch eine allseits faire Haltung im Kampf.

Ich selbst zähle mich zu denen, die von der inneren Haltung her dem Heiligen zuneigen. Ich predige das aber nicht. Ich predige, die unhehre Seite zu verlassen. Ächtet Sucht! Nach Ruhm, nach Geld, nach Ordnung, was immer es ist.

3. Stumpfe Diskussionsrituale

Die Diskussion über Softwarepatente ist also wie alle anderen dreigeteilten Diskussionen. Die drei Menschenarten rangeln mal wieder. Da nach allen Statistiken die Vertreter des Heiligen in der Bevölkerung nur etwa 15 Prozent ausmachen, werden sie wieder einmal nur ethisch Recht behalten. Da die meisten Informatiker dem Heiligen zuneigen (ich habe das ja durch Tests schon erhärtet), werden sie sagen, die Diskussion über Softwarepatente ist durch Ignoranz, mangelndes Fachwissen und Dummheit generell geprägt. Es geht aber gar nicht um Informatik oder Software, sondern um die grundsätzlich dreigeteilte Meinung zu allem. Und ein 15-Prozentteil des Ganzen gewinnt nicht – er darf nur Einfluss nehmen. Die normalen Menschen und die Krieger könnten etwa je gute 40 Prozent ausmachen. Es ist also wie in der deutschen Demokratie. Mit 15 Prozent kann man nur Zünglein an der Waage spielen, also nur immer das Schlimmste verhindern.

Um die Diskussion ja nicht sachlich werden zu lassen, greifen die hehren Seiten der Standpunkte die jeweils unhehren der anderen Seite an. Die Heiligen werfen den Kriegern und Abenteurern Unfairness gegen die Welt vor, also Behinderung des Fortschrittes. Alle anderen werfen den Heiligen Weltfremdheit vor, was ihnen aber in voller Kritikresistenz entgeht – der Ethikpanzer lässt nichts durch. Die Normalen in der Mitte stöhnen und schreien immer lauter, man solle endlich konstruktiv werden. Konstruktivität bedeutet, endlich etwas zu beschließen und damit in Ordnung zu bringen, was immer es ist – dann wird das Beschlossene hinterher Konsens genannt werden, damit dieser wiederum mit Vernunft verwechselt werden kann.

Die Heiligen spalten sich stets in die Fundamentalisten, die alle zu Heiligen konvertieren wollen, und in die patenten Realos, die das Fundamentale „grün" (hinter den Ohren) finden. Diese Diskussion wird so hitzig geführt, dass sich die ganze Weltdiskussion der Softwarepatentierung ganz auf die Frage „Fundi oder Realo?" konzentriert, bei der die Bürger und Krieger hilflos dabei stehen und schließlich weggehen. Die Diskussion tobt weiter – die Messer werden gezogen. Die Heiligen und Nichtganzheiligen stechen sich mit spitzen Zungen. Derweil beschließen die anderen in der EU irgendetwas. Es war bei der Sitzung keiner dabei, der schon einmal eine Software gesehen hat.

Alle beginnen, scholastisch zu werden, weil das gute Zeitungsartikel ergibt. „Darf ein Patentinhaber Medikamente oder Software für Blinde 15 Jahre vorenthalten?" – „Ist es gerecht, einen fetten Hamburger einzusperren, der öffentlich über sein Kind gesagt haben soll: ‚Ich liebe es!?" – „Stellen Sie sich vor, ich habe eine Pille patentiert, die ewiges Leben garantiert. Darf ich dafür unendlich viel Geld verlangen, also etwa die Zinsen für ein halbes Leben?" Da rauscht der Blätterwald – und ich stöhne auf, weil das alles an der Sache vorbeigeht. Sehen Sie: Auf eine solche Pille kann es gar keinen Patentschutz geben, weil die Wirkung eines Medikamentes erst beim Patentamt bewiesen werden muss. Dazu muss der Nachweis geführt werden, dass ein paar Schweine oder Affen unendlich lange leben. Das geht gar nicht. Zweitens muss der Nutzen einer Erf...

4. Trockene Einlassungen zur Sache (Realo)

1. Heute ist generell Software *als Teil* eines technischen Apparates patentierbar, wenn sie integral zu ihm gehört. Wenn ich also eine Software erfunden habe, die etwas wert ist, dann wird sie ja sicher irgendwie auch in einem Apparat eingesetzt werden. Um also das Softwarepatent indirekt auf die Software zu erhalten, obwohl Software nicht patentierbar ist oder sein soll, ersinne ich in längerer Arbeit überhaupt alle technischen Apparate, die mit dieser Software wertvoll arbeiten. Für alle diese Apparate, die es überhaupt gibt, beantrage ich das Patent. („Weitestmögliche Claims stecken.") Damit habe ich indirekt die Software über das heute schon geltende Patentrecht geschützt. Wussten Sie das? Ich meine, dieses gähnende Schlupfloch macht die Diskussion ganz schrecklich fragwürdig, oder?
2. In den USA ist Software viel einfacher patentierbar. Ich kann mich also entschließen, sie nur dort patentieren zu lassen. Damit ist sie nur

dort geschützt. Wenn diese meine Software dann in Deutschland legal kopiert wird (wenn sie etwa im Internet zum Download bereitsteht), beginne ich einen gerichtlichen Prozess von den USA aus, weil ja auch Amerikaner theoretisch diesen Download nutzen können. Ich verklage deutsche Unternehmen mit ausländischen Töchtern in den USA, die diese Software nutzen. Usw. Ich will sagen: Software ist vom Wesen her universell. Ein einzelnes Land kann Software faktisch nicht freigeben. Die Welt ist global geworden. Auch dieser Sachverhalt macht die Diskussion nicht leicht.

3. Die Kritik der Patentgegner, es würden jetzt auch schon Gensequenzen oder Sortieralgorithmen oder Hamburgerzuschnitte patentiert, ist nicht eine Kritik am Gesetz, sondern am Patentamt. Das aber wird derzeit durch die Erfassung der Patente in Datenbanken immer besser und leistungsfähiger. Früher konnte man hoffen, ein Patent wegen Nichtwissens der Anwälte zu erhalten. Heute schauen die Patentanwälte aber bei Delphion im Internet nach. Bei IBM arbeiten wir heute Patente besser erst gar nicht richtig aus, sondern lassen im Internet nachschauen, ob es die neue Idee schon gibt. Über die Hälfte „Bingo!" Seither ist es viel schwieriger, neue Patente zu erhalten.

4. Das *Urheberrecht* ist in den USA sehr stringent. Ich wollte ein Buch von mir übersetzen lassen. Daraufhin wurde ich gefragt, ob ich für jedes einzelne Zitat eine schriftliche Genehmigung vorliegen habe, sonst sei die Sache zu heiß. Ich sagte, ich hätte ja meist geschrieben: „Hier ein Zitat aus einem tollen Buch, das jeder kaufen soll!" Ich meinte, solche lobenden Zitate von mir seien ethisch unbedenklich. Man sagte aber, Anwälte würden sich Geld mit *Klagen* verdienen, das habe nichts mit Ethik zu tun. Wehe also, wer zitiert! Bei wissenschaftlichen Werken sei es laxer, aber meine Bücher oder Artikel im *Informatik-Spektrum* hätten nun rein gar nichts mit Wissenschaft tun, weil angeblich humorvolle Spitzen darin enthalten seien. Das sei das sicherste Zeichen für Unwissenschaftlichkeit überhaupt! Na, außer vielleicht dem Merkmal der klaren Verständlichkeit. Sie fragten zur Sicherheit: „Sind Ihre Bücher verständlich?" Ich schluckte und meinte kleinlaut: „Unverständlichkeit ist doch implizite Geheimhaltung!" – „Dann darf es zitiert werden, weil es nichts nützt und nur berühmt macht."

5. Viele Software kann nicht patentiert werden, weil sie eine Entdeckung einer etwaigen Patentverletzung nicht zulässt. Woran merkt man denn, ob Teile des Source-Codes gestohlen wurden? Kann man sicher von außen erkennen, dass eine gestohlene Software auf einem Computer läuft, ohne den Source-Code zu kennen? Zu seiner Herausgabe ist aber niemand ohne schweren Verdacht verpflichtet.

6. Viele Patente nützen nichts, wenn sie umgangen werden können. Man kann sich zu einer Software leicht ähnliche Plagiate einfallen lassen, wie es in der Luxusartikelindustrie üblich ist. Es ist meist sinnvoller, am Ende doch ein Patent auf einen technischen Apparat mit dieser Software zu beantragen, weil dann leichter erkennbar ist, ob eine Patentverletzung oder ein Plagiat vorliegt. Es ist also geschickter, Patente nach dem jetzt geltenden Recht zu stylen, auch dann (!), wenn Software allein patentierbar gemacht würde.
7. Große Unternehmen schließen meist Patentabkommen: Jede der Firmen kann alle Patente der anderen nutzen. Dazu wird eventuell eine Ausgleichszahlung beantragt. Damit wird die ganze Streiterei zwischen einander ganz unnötig. So unnötig, dass es sich für große Firmen gar nicht mehr lohnt, hinter Patentverletzungen herzuhechten. Da die meisten Firmen solche gegenseitigen Abkommen schließen, müssen sie nun nicht mehr teure Anwälte haben, die sich um Patentverletzungen kümmern. Es lohnt sich nicht mehr. Wenn nun ein Mittelständler (wie oft diskutiert wird) ohne Kenntnis aller Weltgesetze unabsichtlich etwas neu erfindet, was schon patentiert ist, so wird es praktisch nicht mehr entdeckt, weil sich keiner um so einen Mini-Kram kümmert. Die Großunternehmen haben sich das schon eingespart. Es wird heute schon auf Bleistiftetats geachtet ...

Usw. Alle diese Erwägungen aus der normalen Praxis zeigen, dass die Sache nicht so heiß gegessen wird. So ist das Leben!

Auf der anderen Seite wird man (siehe Übersetzungen) glatt verklagt, wenn es jemandem in einen böswilligen Kram hineinpasst – und das geht schon bei viel schwächeren Gesetzen.

Wir müssen also dieses Unethische oder Unehre eindämmen. Das sage ich ja schon den ganzen Artikel über. Das Böswillige ist immer da!

[Ich könnte z. B. böswillig ganz leicht ein Programm schreiben, das alle nur möglichen ganz kurzen sinnvollen Sätze aufzählt und die publiziere ich als Buch. Dann verklage ich alle, die irgendeinen kurzen sinnvollen Satz sagen, die mich also zitieren, ohne mich um Erlaubnis zu fragen. Da kann z. B. die Bildzeitung nichts kurzes Sinnvolles mehr schreiben und ich werde reich – oder sie umgehen es irgendwie.]

5. Das Heilige und die Ethik

Die ganze Diskussion ist zu konfrontativ. Es wird „am Ende" ein zufälliger „Konsens" im Moment großer Müdigkeit entstehen, der dann mit

Stoppelbart oder unter versagendem Deo am Morgen als einzig möglicher Kompromiss gefeiert werden wird. Dieser Kompromiss sei dergestalt, so heißt es meist nach allerlängsten politischen Verhandlungen, dass er allen sehr weh tue und unsinnig erscheine. Das aber, sagt man, ist das Wesen eines guten Kompromisses. Wenn etwas einem Einzigen nicht weh tue oder wenn etwas nur einem Einzigen sinnvoll erscheine, sei dies eben kein Kompromiss, jedenfalls kein guter. Da es kaum Lösungen gibt, die allen wehtun, sind Kompromisse so schwer zu finden. Wenn man also einen gefunden hat, glaubt man leicht, es gebe nur diesen einen. Deshalb ist jeder Kompromiss der einzig mögliche ...

Warum schreiben wir denn Gesetze so hart auf? Warum setzen wir nicht ein paar Zusätze hinein? „Unethische Patentausnutzung ist untersagt. Über den Sachverhalt der Unethik entscheidet eine Schiedsperson in letzter Instanz auf Kosten des Unethischen."

Wir könnten alles regeln, aber wir behalten uns vor, in Einzelfällen die normale Vernunft sprechen zu lassen?

Ich weiß genau, was Sie denken! Sie denken: „Oh, dann kann Hinz und Kunz wieder und wieder klagen, dann wird die Anzahl der Klagen in die Myriaden steigen! Und es hängt alles davon ab, ob die Schiedsperson weise ist oder nicht! Wollen wir das Schicksal unserer Patente dem willkürlichen Urteil eines vorgeblich Weisen unterwerfen? Das Gesetz muss klar sein!"

Wem sollen wir aber vertrauen, wenn wir nicht einmal ein paar Weise aufbieten können, die die systemimmanenten gordischen Knoten zerschlagen?

6. OpenKtisis

Im Grunde können wir nur immer im Einzelnen gegen das Unethische kämpfen. Das Heilige kann ein Kinderheim gründen, Bikini-Atolle schützen und gegen Kriege auf die Straße gehen. Es setzt sich nie und nimmer durch („Fundi"), aber es hält die Welt in einem erträglichen Zustand („Realo") und bekommt ab und zu Ruhm. Meine Generation („68er") hat viel bewegt! Und sie sieht dem Shareholdertreiben zu ... das verstehe ich nicht. Sind alle schon in renovierten Bauernhäusern verschwunden und trinken drinnen und draußen grünen Tee? Oder Minister geworden, innen und außen?

Ach, mich juckt es manchmal fast, so etwas wie Greenpeace zu gründen. Das Wort Greenprogramming gibt es bei Google noch nicht. OpenByte gibt es schon, OpenBite wäre bissiger, aber es bezeichnet eine Deformation eines Gebisses, das nicht zubeißen kann (da passt ein Strohhalm dazwischen) ...

Eine solche Gemeinschaft sollte das Heilige in der Satzung kurz formulieren, ja, das auch, aber dann müssten wir im Grunde in pressewirksamen Einzelfällen richtig verbissen kämpfen. Wir müssten dann einmal so richtig hart zu Softies werden. Die Website Softies.xxx gibt es noch nicht! Niemand denkt an so etwas! Deshalb geschieht auch nichts, ist ja klar.

XXX. Averyware

„Es ist ein Sonderheft zur Software-Industrialisierung!", verriet mir der Verlag und wünschte sich quere Gedanken dazu. Da ließ ich kurz meine vielen kleinen Neuronen herumstürmen – es assoziierten sich Wörter wie global, kostengünstig, everywhere, Warenaustausch, average. Informatiker werden Averyware. Und mein Gehirn sagte: „Du meine Güte, von Software-Industrialisierung habe ich gar keine Ahnung! Es hört sich wie eine neue Triebrichtung für Berater an, wenn man mit normaler Arbeit nicht mehr weiterkommt, oder? Was man noch nicht richtig gut kann, will man nun billiger versuchen?"

1. Wie Schiffbau?

Da fiel mir ein Besuch auf einer Werft in Papenburg ein. Viele CIOs krabbelten damals mit mir zu einem Ausflug in einem im Rohbau fertigen Riesenkreuzfahrtschiff herum. Es zischte vom Schweißen, alles stahlrostbraun, schätzungsweise 20 Stockwerke hoch! In der Mitte des Schiffsbauches war ein riesiges Ei als Hohlraum von über zehn Stockwerken Höhe herausgeschnitten, unten sollte dereinst das Orchester spielen und man würde von ganz, ganz oben, von überall her herunterschauen können. Hunderte von Firmen arbeiteten daran, die ganze Bauzeit lag nur um ein einziges Jahr herum. Die Prospekte für die Jungfernfahrt waren längst verteilt, die Reisen waren gebucht. Und das Projekt tickte in Minuten. Das nächste Schiff wartete, auf Kiel gelegt zu werden. Ich bin stumm im Rost herumgewandert und war ganz starr vor Bewunderung für den Projektleiter. „Und Sie werden gewiss fertig?" – „Na, ein paar Leute werden mit Farbeimern mitreisen, aber im Prinzip schon!" – „Und es sieht schon richtig wie ein Schiff aus, wenn es ablegt?" – „Wir sind doch keine Informatiker! Bei euch ist es üblich, nach ungefähr 66 Prozent des Projektes den erfolgreichen Abschluss zu melden und zu feiern, damit das Projekt 50 Prozent teurer wird?" Na, da war ich etwas gekränkt und habe ihm hahnenstolz meine Visitenkarte überreicht, da war er gleich still.

Aber – Mensch Meyer! Ich habe ihn bewundert. Das Schiff ging dann später echt pünktlich live. Schauen Sie sich einmal Kreuzfahrtschiffe an! Hier:
> http://www.meyerwerft.de
> 220 Tonnen Farbe dran gestrichen! Da sind ein paar Eimer nichts!

So wird Hardware hergestellt!
> So müsste man Software bauen können!
> Das wäre dann Software-Industrialisierung. Oder?

2. Wie Autobau?

Die meisten von Ihnen waren wahrscheinlich noch nicht auf der Meyer-Werft, weil Papenburg ganz schön weit weg ist (für Süddeutsche zu hoch). Deshalb denken fast alle bei Industrialisierung an die Fließbandfertigung der T-Modelle von Ford oder IBM. Es gibt einige Grundvarianten und dazu zahlreiche Extras oder Optionen. Der Kunde wählt ein paar Stunden und fragt schließlich einen weiblichen Experten nach der schönsten Farbe ("Schwarz!"). Der Auftrag verschwindet in die Fabrik und taucht schließlich als Neugeborenes wieder auf.

Autos werden seit den 20er Jahren so gefertigt. Seit 75 Jahren rollen sie vom Band. Den Anstoß gab F. W. Taylor, der auch im eigenen Leben manisch darauf bedacht war, für alles die allein richtige Abfolge von Handgriffen zu finden. Schon als Kind galt er als zwanghaft. Er wurde andauernd beim Messen und Zählen beobachtet und dachte über den besten aller Wege nach. Als Unternehmensberater kämpfte er später rücksichtslos und hart gegen alle Verschwendung von Arbeitskraft. Sein letzter Kunde war die Bethlehem Iron Company, die ihn zur Rationalisierung einstellte. Zur Überraschung des auftraggebenden Managements war er so erfolgreich, das man fürchtete, Taylor würde South Bethlehem entvölkern und vielleicht die Macht des Managements schmälern. Bosse ohne Leute! Das war damals undenkbar. (Heute braucht man nur noch Zahlen.) Man entließ Taylor deshalb sofort, worauf er nie wieder gegen Geld arbeitete und schließlich der Menschheit seine berühmten Theorien über Scientific Management schenkte.

Das wollte ich kurz erzählen. Es ist immer interessant, wer sich was ausgedacht hat, wozu es dient und wie Auftraggeber von Beratern reagieren. Viele sagen, Management habe etwas Zwanghaftes an sich. Deshalb ist es gut, ab und zu einmal an die historischen Wurzeln solcher Gefühle zu gehen. Tue ich Taylor jetzt Unrecht? Meine Mutter weiß auch ziemlich genau, was die beste und damit einzig richtige Abfolge bei allen Arbeiten ist. Sie mag auch keine Pausen, die so etwas wie Sünde sind! Pausen müssen mindestens pünktlich und aktiv entspannend nützlich durchgeführt werden, ihre Dauer wird peinlich überwacht. Meine Mutter schaut deshalb immerfort unruhig zur Uhr, wenn Pause ist, und seufzt. Man könnte so viel erledigen! Fließband! Akkord! Performance! Wie grässlich muss wohl ein Mensch leiden, der Pausen für Sünde hält und dann Programmierern bei Kaffee oder Pizza zusieht! Oder mir beim Denken! Solch ein Mensch will ja am Ende auch in den Himmel und wird deshalb Projektleiter, glaube ich.

Ich denke deshalb, dass alle, die naiv optimistische Lebenspläne verfolgen und deshalb schon einmal an Software-Industrialisierung glauben, sich zunächst so etwas wie Autoproduktion vorstellen. Das Auto besteht aus ganz vielen Teilen, die in verschiedenen Automodellen genutzt werden können. Diese Einzelteile werden von tausenden von Zulieferfirmen angefertigt und *just in time* geliefert. Ein großer Anteil der Produktion kann in das Ausland verlagert werden, damit das zentrale Werk von extremen Lohnunterschieden profitiert und kauzige Steuergesetze anderer Länder ausnutzen kann. In der Automobilproduktion geht es dabei um das Geldsparen, ohne das Autobauen ganz aus den Augen zu verlieren. Man spricht von Plattformstrategien oder Outsourcing. Man denkt sich das Auto aus Komponenten zusammengesetzt. Diese werden nun *getrennt* gefertigt. Hoffentlich passen sie am Ende zusammen?! Von der Größe oder der Farbe? *Schnittstellenspezifikation der Komponenten* wird das später in der IT heißen. (In Griechenland gucken oben immer Stahlstangen aus den Häusern raus, das ist so etwas.) Für die Erstellung einzelner Komponenten werden spezielle Skills benötigt, also Human Resources. Geeignete Skills sind Leute, die laut Datenbank bestimmten Bedingungen genügen. In diesem Falle heißen sie *qualifiziert*. Kenner der Szene können noch heute zwischen Skills und qualifizierten Skills unterscheiden, aber das geht schon sehr ins Private.

Oh, da fällt mir ein: Mein Zahnarzt aus Gaiberg hat eine ganz große Kollektion von Zangen zum Ziehen schwieriger Zähne. Er probiert lange herum, welche Zange er nehmen soll. Er sagt, es gebe nach der Erfahrung der Zahnmedizin sehr viel mehr Zähne als Menschen (das wusste ich auch, es ist mathematisch einfach, aber sie erforschen das). Deshalb habe er in der Regel keine passende Zange da und müsse eine solche auswählen, die es leidlich auch tue. Es knirscht dann mehr und splittert, man prokelt die Reste heraus – es wird schon gehen. Sicherheit wird durch

Zuversicht in Bezug auf zukünftige glückliche Erfahrung ersetzt. Bei Zangen gibt es auch Skills (im Prinzip geeignet) und qualifizierte Skills (damit geht es de facto ohne Prokelei).

Das ist bei der Programmiererei auch so, die ja als eine Art Zangengeburt angesehen werden kann. Ich meine, man muss hoffen, dass man das Programmieren selbst kann oder im Team. Es gibt nämlich mehr Software als Menschen. Das ist auch einfach zu verstehen, aber noch nicht exakt erforscht.

Deshalb spricht man von universellen Softwarekomponenten und träumt von der Autoproduktion. Stellen Sie sich einmal vor, am Fließband würden die Schrauben nicht genau passen und man wollte es mit Zuversicht lösen! Man würde zwischen Schrauben und qualifizierten Schrauben unterscheiden!

3. Was kommt heraus?

Beim Schiffbau kommt ein Schiff heraus. Am Fließband entstehen Autos. Bei der Software-Industrie ist der Ausgang nicht ganz klar. Das möchte ich hier ein bisschen herausarbeiten. Bei der Produktion ist der Output definiert! Es kommt ein Auto heraus, mehr oder weniger, nicht etwas anderes. Das Auto ist vorher erfunden worden, wurde prototypisch gebaut, auf dem Genfer Salon mit Frauen belegt und Männern gezeigt, es wurde getestet und nochmals getestet. Es darf dann nur keine Kinderkrankheiten haben, wenn es ausgeliefert wird! Nur das nicht! Das fürchten viele Kunden: Testfahrer- oder Beta-Autos zu kaufen. Keinesfalls wird auf dem Fließband noch etwas Neues erfunden.

Und ich möchte daraus schließen: Es ist mit der Software noch nicht so weit! Neue Software ist ja auch meist für ganz neue Zwecke gedacht. Die sind noch gar nicht erforscht oder mit Erfahrung gefüllt, wie es bei Autos ja ist. Die fahren – eben dann mit Rußfilter oder Navigation.

Weil man bei Software nicht so genau weiß, was herauskommt, gibt es eine große Grauzone, die von den Beteiligten mehr oder weniger fahrlässig bis selbstmörderisch zu „Verhandlungen" ausgenutzt wird, wie die Rabattschlachten genannt werden. Man handelt die Dauer des Projektes aus oder die dazu nötigen Ressourcen. Die Qualität der Software ist kaum in Worte zu fassen. Wenn sich Parteien vertrauen, ist alles gut zu regeln. Wenn es aber Bieterkämpfe gibt, springen alle seriösen Versuche und Schätzungen in Stücke.

Etwas zynisch aus dem Alltag betrachtet: Man löst das Problem, indem man grundsätzlich zu spät anfängt und trotzdem zu früh fertig werden will. Dadurch kommt es zu willkommenen unkontrollierbaren Auswüchsen, für die niemand verantwortlich gemacht werden kann, und mit denen alle Parteien gut überleben können. Offensichtlich unmögliche Anforderungen lassen alle Gesichter wahren. Nicht strahlen – nein, gewiss nicht! – aber wahren.

Denken Sie sich bitte wieder kurz in die Autoproduktion hinein. Angenommen, ein Vertriebsmitarbeiter verkauft 10.000 Autos mit 50 Prozent Rabatt an einen Großkunden. Geht dann der Vertriebsmitarbeiter zum Produktionschef am Fließband und sagt: „Produziere mir jetzt diese 10.000 Autos genau 50 Prozent billiger, weil ich sie eben so billig verkauft habe, damit ich meine Quote mache." Wäre das zulässig? Möglich? IT-Projekte müssen nach der reinen Logik bestmöglich erarbeitet werden. Wer aber versucht, sie zu unmöglichen Bedingungen auszuführen, weil diese nun einmal ausgehandelt wurden, schafft es regelmäßig, in die eine oder andere Computerzeitung zu kommen. „Zwei Drittel aller Projekte erbringen nicht das, was man sich von ihnen offiziell versprach."

Ich meine, es wäre nicht schlecht, wenn man bei einer Industrialisierung vorher weiß, was eigentlich gebaut werden soll. Die IT dagegen behilft sich mit der Methode des Extreme Programming (XP), die gute Ergebnisse auch unter der Annahme erbringen soll, dass der Abnehmer der Software deren Anforderungen noch gar nicht richtig kennt und dass er Features verlangt, die er nie braucht (Zigarettenanzünder) oder andere plötzlich unbedingt haben will, an die er von allein nie gedacht hätte (Liegesitze). XP hilft, trotzdem etwas irgendwann Gewünschtes ohne extreme Mehrkosten liefern zu können.

Es gibt viele gute Gründe für das Chaos. „Herr Dueck", klopfte mir einmal ein Bauunternehmer auf die Schulter. „Wir müssen blutig billig anbieten, sonst bekommen wir den Auftrag nicht. Sie pressen uns dann nochmals in mehreren Runden aus. Wir schließen faule Kompromisse und lassen wichtige Sachen als angeblichen Schnickschnack weg. Die Verhandlungen schließen unter unrasiertem Schweißgeruch zu Quartalsmitternacht unter Totalerschöpfung. Manchmal sind wir heilfroh, wenn wir verloren haben. So schlecht sind die Konditionen. Dann erstellen wir den Minimalbau, der nicht bewohnbar ist, aber pünktlich zum Termin dasteht. Der Kunde will dann aber doch elektrisches Licht und eine Heizung. Dann klopfen wir den ganzen Stahlbeton auf lukrativer

Stundenbasis wieder auf. Das ist *unsere* Zeit! Sehen Sie, Herr Dueck, wenn der Kunde genau wüsste, was er will und dafür einen wasserfesten Vertrag macht, dann hätten wir ganz verloren. Ein Verkäufer verkauft nur, wenn es billig ist. Ein Kunde kann nur finanzieren, wenn es billig ist. Die Bank kann nur Kredite geben, wenn es billig ist. Am Ende müssen alle zusammen hoffen, dass es irgendwie ausgeht, sonst ist es aus. Ist das in der IT anders?" – „Ja, ganz anders. Bei uns ist es so, dass auch die Programmierer die Zeiten immer zu kurz schätzen, weil sie das Testen und Dokumentieren vergessen und sich selbst unter Cola-Light-Rausch für viel zu gut halten. Außerdem kalkulieren sie nicht mit ein, dass man täglich Berichte ausfüllen muss." – „Oh, das Ausfüllen ist beim Bauen die Hauptarbeit, bei euch nicht?" – „Doch, ja, ich weiß nicht – ich bin Techie." – „Und Ihr Zahnarzt?" – „Ja, der füllt nur aus." – „Und das Pflegeheim? Die Gebäudereinigung?" – „Ja, die auch." – „Sehen Sie, Herr Dueck? Es ist noch Jahrzehnte später nachvollziehbar, was im Projekt schief gegangen ist." – „Aber es kommt doch später gar nie etwas heraus?" – „Der Trick ist eben, dass ja nie am Anfang konkret aufgeschrieben wird, was herausgekommen sein muss." – „Habt ihr am Bau denn nie über XP nachgedacht?" – „Gott bewahre! Wir leben von Mehrkosten! Nicht nur vom Schwarzarbeiten!" Er blieb verdutzt stehen und runzelte die Stirn. „Verstehen Sie denn nichts?"

4. Softwareentwicklung

Ich glaube, es fängt schon mit den schrägen Begriffen der Informatik an. Softwareentwicklung wird als das Teilgebiet der Softwaretechnik angesehen, das sich mit der Implementierungsphase eines Softwareprojektes befasst.

Verstehen *Sie* jetzt wenigstens?

Bei Autos ist das die Produktion! Die Entwicklung eines Autos ist eine ganz andere Sache! Autos werden ersehnt, gewünscht, entworfen, designt. Ein Prototyp wird mit der Hand gebaut. Er wird allem Stress ausgesetzt, ästhetisch und elchgetestet. Danach wird dasselbe Auto noch einmal im Geiste oder einem IBM-Rechner gebaut, diesmal effizient in Modulen, Komponenten und Plattformen. Na, lassen Sie das einmal vor Ihrem Geiste vorüberziehen.

Softwaretechnik aber setzt sofort schon mit der Planung des endgültigen Produkts, der Software, ein. Wer will heute noch Wegwerfprototypen vorweg mit Kunden testen? Nein, gleich in medias res: Was sind die

Anforderungen? Was kostet es? Jetzt wird eine Menge Papier geschrieben. Lastenheft (dick), Pflichtenheft (dicker), Aufwandsschätzungen. Danach folgen Analysen aller Art (Systeme, Daten, Prozesse). Es folgen die Designphase, danach Implementierung und Test. Damit es trotzdem überhaupt funktionieren kann, gibt es parallel Projektleitung, Qualitätsmanagement (QA), Dokumentation, Versionsverwaltung und Änderungsmanagement. Nach der Planung kommt es zu Ausschreibung und feindseligen Akten zwischen dem Auftraggeber und den Anbietern, die zu dieser ganz unklaren Lage führen, die beide bevorzugen. Oft wird das Lastenheft taktisch zu dick gemacht, um zur Sicherheit „alles zu fordern". Dafür bietet der Dienstleistende alles mit Risikoausschluss an, so dass er nicht haftet, wenn etwas nicht funktioniert, weil zum Beispiel der Kunde die Datenbank malvenfarbig haben wollte. Hinterher werden diese taktischen Waffen dann zum echten Plan erklärt, weil ja nun fast alles entschieden ist, nämlich der Preis und der Endtermin. Der Rest ist nicht mehr so wichtig. Dadurch gibt es immer einen Plan, ohne dass einer da wäre.

Was wollte ich fragen? Ach ja: Könnte man nicht einfach *erst* den Anbieter/Produzenten/Handwerker wählen und *dann* – ja, dann erst – beraten, was eigentlich gebaut werden soll?

Und ich frage weiter: Warum wird etwas drauflosgebaut, was vorher noch gar nicht entwickelt und prototypisch getestet wurde? Warum wird das Erstellen von Software, also die Produktion oder Implementierung, *Softwareentwicklung* genannt? Wenn ich es jetzt richtig machen möchte, also Softwareentwicklung *vor* deren industrialisierter Produktion – dann fehlen mir in der deutschen Sprache sogar alle Worte dafür!

5. Mein Auto ist nicht e-kaputt!

Der Astra hatte einen Defekt. Es fing damit an, dass es vor einer ganz bestimmten roten Ampel am Morgen ungefähr jeden zweiten Tag ausging. Nur vor dieser Ampel und nur am Morgen. Ich dachte schon, es sei eine Funkstörung, was weiß ich. Ich begann, die Ampel zu beobachten. Nach zwei Monaten ging es auch an einer anderen Ampel aus. Ich ging zur Werkstatt. Sie testete die Elektronik meines Autos, untersuchte überhaupt alles und lächelte, weil ich den Fehler nicht zwingend vorzeigen konnte, weil ich die Ampel nicht dabei hatte. Bei der nächsten Inspektion wurde versuchsweise ein Teil gewechselt, neue Software eingespielt. Das

Auto begann nun auch gelegentlich am Abend zu stottern. Ich sah jetzt beim Fahren öfters neuen Autos nach und fragte mich, ob man meines noch verkaufen könnte. Die Werkstatt bot an, die Elektronik komplett auszutauschen, ohne Garantie, dass es damit heil wäre. Das Auto zitterte jetzt fast immer vor roten Ampeln. Unsere Kinder mieden das Auto und schimpften.

Nach über einem geplagten Jahr war ich zum Reifenwechseln bei KFZ-Ruf in Wiesenbach. Ich jammerte über meine Ampelphobie. Der Chef seufzte und philosophierte über Herztransplantationen. Der Meister lächelte und meinte, es könne ein Ölfleck an der Drosselklappe sein. 10 Euro für Reinigungsspray und 10 Euro für das Sprühen? Hat er gemacht. Das Auto ist seitdem einwandfrei. (Die Drosselklappe! Ja! Bei der Kälte am Morgen. Der Leerlauf an der ersten Ampel … ja …) Wegen meines unnützen Langleidens geriet ich außer mir, was ganz selten ist. Da kam der Chef und besänftigte mich: „Herr Dueck, wenn jemals ein Auto kaputt ist, liegt es an der Elektronik und an der Software darin. Sie können nicht erwarten, dass irgendjemand darauf kommt, es könnte ein mechanischer Fehler sein. Das ist gegen jede Erfahrung!"

Und deshalb weiß ich jetzt, dass sich die ganze Welt eher der IT anpasst, als dass sich die IT industrialisiert! Merken Sie nicht, wie sich die Qualitätsmängel an Autos häufen? Dass andauernd Rückrufaktionen ausgerufen werden, die die Quartalsgewinne verhageln? Die Autos sind jetzt garantiert e-kaputt. Früher konnte man sicher sein, dass der Kindersitz ein abgetrenntes Modul ist und der Nebelscheinwerfer ein anderes. Verschiedene Zulieferer bauen das eine und das andere. Seit aber der Sitz einen Einlullmotor hat, interferieren beide mit der Elektronik. Wenn jetzt das Baby Milchsäure ausspuckt, beginnen Wechselwirkungen im ganzen Auto. Es könnte im Extrem dazu führen, dass die Warnblinkanlage immer irrtümlich anspringt, wenn eine Beifahrerin magnetisch anzieht. Dann suchen Sie einmal den Fehler! „Warten Sie auf das neue Release der Komplettelektronik. Das können Sie dann beta-testen."

Versinkt jetzt alles im selben Modus wie in der IT? „Ich bin nur für den Motor zuständig, vom Einlullmotor wussten wir nichts! Das ist ein anderes Projekt. Wir brauchen ein Overlay-Steering-Komitee, das den Sitz mit dem Motor abstimmt. Der Kindersitz ist strategisch. Ohne Einlullmordor können wir nicht gegen das Frauenauto YCC von Volvo bestehen."

Warum wird die Autoelektroniksoftware nicht so entwickelt und getestet wie das Auto? Machen „wir" die Autoindustrie jetzt krank? Werfen wir sie um Jahrzehnte zurück, in einen mehr archaischen Zustand? Wird die Autoindustrie erkennen, dass sie die Softwareentwicklung industrialisieren muss? Wird sie das von der IT abfordern? Wird sie es selbst versuchen? Wird sie es von der IT erzwingen? Versteht sie überhaupt das Problem?

Was geschieht mit der Wireless-Welt? Wenn alles echt mit allem zu tun hat? Dachfenster öffnen sich bei Blitzen, Autos bleiben stehen, Flugzeuge trudeln ... das Projekt ist noch in der Testphase und der Kunde wünscht sich gerade neue Extras in XP.

6. Softwareexzellenz

Die Idee der Industrialisierung sollte erst einmal versuchen, Exzellenz im Prinzip auf das Fließband zu bringen und dann dort zu fertigen. Wir müssen doch erst im Grundsatz etwas können und erst dann effizient gestalten. Wie baue ich billig Prototypen, an denen schon vieles getestet werden kann? Wie erfahre ich, ob etwas Kleines dann auch in großem Maßstab funktioniert (skaliert)? Die Ingenieure kennen das Problem von Anbeginn an. Sie bauen erst kleine Windräder für die Stromerzeugung, dann graduell größere. Nach und nach lernen sie, wie alles skaliert. Immer größere können ans Netz – ein langer, schwieriger Weg. In einem Programm wird einfach $n=100$ durch $n=10$ hoch 9 ersetzt. Und dann sind nur unsere Augen groß, sonst nichts. Wird die IT es schaffen, Prototypen nur zum Erkenntnisgewinn zu nutzen und dann bitte nicht gleich zur Serienproduktion?

Wir müssten es schaffen, Software vor der Softwareentwicklung wirklich zu entwickeln. Erst also die Design- und Architekturphase, noch vor der Planung? Werden wir den besten Projektplan für das Fließband erstellen? Gibt es so etwas wie optimales Projektplandesign? (Das Wort gibt es bei Google nicht.) Welche Beziehungen bestehen zwischen Qualität, Zeit- und Geldbedarf? „Hier habt ihr mehr Geld. Dafür ist es morgen fertig." – „Macht das Projekt in der halben Zeit, das spart enorm an Kosten." – „Die bloße Einführung dieser Software beim Kunden ist so irre aufwändig, dass wir sie nebenbei immer neu entwickeln können."

Es liegt sicher an mir. Ich finde, wir müssten erst einmal planmäßig Exzellenz erzeugen. Danach rationalisieren wir die Prozesse nach und nach. So denke ich mir das. Es liegt gewiss an mir, denn es wird anders geschehen.

7. Averyware

Wir werden Lohnunterschiede ausnutzen und alles in Module kapseln. „Eine einzige Software für immer! Ein Baustein für alle ewige Wiederverwendung!" (Wissen Sie, wie oft die Toaster, Autos oder Rasierapparate redesignt werden? Wie viele Teile werden denn lange verwendet?) Wir werden die Arbeit zerstückeln und an viele Firmen verteilen. Wir werden Normen an Programmierer einführen. Skill 17, Stufe mittel. Entwickler leben im Mariott und sammeln Rabattpunkte für den Lebensrest. Humankapital, austauschbar. Everywhere, average. Teams werden per Datenbank zusammengestellt. Sie treffen sich wie eine Nationalmannschaft und trennen sich nach 90 Minuten wieder.

Wirkliche Könner werden händeringend gesucht. „Hat jemand Top-Skill?"

Im Sport, in der Musik, in der Kunst, in der Dichtung oder Forschung ist die meiste Zeit Üben und Training, Denken und Vorbereiten. Wer hat heute Zeit?

Ich fürchte, als Erstes werden die Menschen soft industrialisiert. Effizient werden sie gemacht, modularisiert und in Schedules gepresst. Here, there, and averyware.

Aber wir werden uns nicht vor einem Projekt überlegen, was wir eigentlich wollen. Wir sind weit, weit weg von der Meyer-Werft, die jedes Jahr ein riesiges Schiff nach Plan im allerersten Anlauf richtig baut – und so, dass es ein Schiff wird und sofort urlaubsreif ist. Es kommen schneller Individualschiffe heraus, als bei der IT die Preisverhandlungen dauern. Die ganze Intelligenz dieser Schiffsbauproduktion ist im System, nicht in den Handwerkern. So wollen wir es in der IT auch. Dazu brauchen wir aber ein System höchster Intelligenz, das es dann möglich macht, alles mit Averyware zu produzieren. Wir gehen aber leider zuerst den Schritt von den pferdeschwänzigen Java-Genies zu Standardplattform-Nebenjoboberschülern, denen wir wie bei einer Ordensverleihung einen Firmenausweis am langen Bande umhängen, damit sie den wissenschaftlichen Abschluss eines Badgelords haben. Danach werden wir noch die Intelligenz des Systems vermissen. Wir werden sie suchen gehen. Averyware.

XXXI. „Effizienz würgt! Informatik hilft!"

Der Computer und das Netz revolutionieren die Welt wie einst Baumwolle, Eisenbahnen oder Elektrizität. Das Informationszeitalter bildet den 5. Kondratjew-Zyklus, sagt man. Es gibt inzwischen viele Gedanken, welche technischen Errungenschaften unser Leben in langen Konjunkturzyklen von vierzig bis sechzig Jahren prägen. Die gegenwärtigen Denker überlegen, was nach dem Boom des Informationszeitalters die Lokomotivenfunktion übernehmen wird: Was ist die nächste Schumpeters'sche Basisinnovation? Die Nanotechnologie? Die Gesundheit? Die Biotechnologie?

Diese technologische Sicht auf unsere historische Entwicklung hat Blindstellen. Zum Beispiel kommen Dynamit, Atombomben, die Bergpredigt oder die Sklaverei gar nicht als menschheitsbestimmende „Basisinnovationen" in solchen Gedanken vor. Und da frage ich manchmal: Wollen wir nun wirkliche Erkenntnisse gewinnen oder müssen wir politisch korrekt bleiben? Und eben deshalb, weil wir auf bloße Technologie starren, die mit den Händen zu greifen ist, kann uns vielleicht eine ganz wichtige Entwicklung der Neuzeit ganz entgehen: die Entwicklung der Psychologie und die des Managements.

Das Management hat sich als ernstzunehmende Wissenschaft nach dem zweiten Weltkrieg immer stärker entwickelt. Heute wird alles „gemanagt", nicht etwa nur „getan", wie es früher war. Management hieß ursprünglich: „Setze es in die Tat um." – „Keep things done." Seit den sechziger, siebziger Jahren kam noch eine wichtige Komponente hinzu: „Tu es effizient." Die Entwicklung des Managements war immer eng verwoben mit der Fragestellung, Menschen effektiv zum Arbeiten zu bewegen. Wie das geht, hat die Psychologie möglicherweise für Fließbandarbeiter befriedigend beantwortet. Der Behaviorismus, der eine Grundlage des so genannten Scientific Management bildet, verwandelt das ganze komplexe Weltgebäude menschlichen Handelns in ein Ineinandergreifen vielfältiger „Stimulus-Response"-Ursache-Wirkungsbeziehungen. Heute sprechen wir von Anreiz- oder Incentive-Systemen. Nichts ist mehr denkbar ohne Anreize. Wer belohnt wird, tut das dafür Gewünschte. Ursache-Wirkung.

Alles ist nun endlich die Kausalkette, mit der das Universum zwar nicht abschließend erklärt, aber konstruktiv so gestaltet werden kann.

Der Behaviorismus des Psychologen Watson (seine Zeitgenossen Freud, Jung und Adler waren Europäer!) und später die „Skinner-Box" haben von den USA aus das neuzeitliche Management dramatisch geprägt. Wer etwas will, setzt eine Belohnung aus („Stimulus")! Also: Wettbewerb! Preisaussetzungen! Aggressives Bewertungsmessen und Vergleichen von Menschen! „Review motivation"! Management by Deadline. „What-If-Analysen" ersetzen tief schürfendes Grübeln. Welche Variable des Unternehmens soll anders werden? Diese? Dann müssen wir einen Anreiz schaffen oder einen Vice President einsetzen. Mehr Anreiz, mehr Wirkung! Diese Fehlintuition wird lineares Denken genannt. Wer das Gehalt eines Managers von 100 Millionen Dollar verdoppelt, bekommt natürlich die doppelte Arbeitsleistung und den doppelten Aktienkurs.

Alle diese zumindest diskussionswürdigen Vorstellungen haben in den letzten Jahren zu einem extremen fast einfaktoriellen Effizienzdenken geführt. „Was bringt es dem Aktienkurs?"

Die Informatik gerät mehr und mehr in diesen Sog. Computer werden immer noch für Forschung und Entwicklung eingesetzt, aber die meisten dienen den „Prozessabläufen" aller Art. Die IT dominiert mehr und mehr die Geschäftsabläufe innerhalb von Unternehmen und sie verbindet die verschiedenen Firmen zu Netzwerken. Die IT regelt also auch die Beziehungen von Unternehmen und Menschen.

In gewissem Sinne verkümmert diese Hauptrichtung der IT zum Erfüllungsgehilfen übertriebenen Effizienzdenkens. Sie unterstützt heute mehr und mehr die Sparkommissare der Unternehmen. Inzwischen wird die IT nicht nur zur Rationalisierung der Geschäftsprozesse eingesetzt, sondern sie unternimmt auch den internen Versuch, sich selbst einer Effizienzkur zu unterziehen. „Die IT soll billiger werden", heißt es an allen Orten. Es geht nicht mehr um den Nutzen der IT, sondern vor allem um ihre Kosten. Extern dient die IT dazu, Ressourcen besser einzusetzen. Intern beginnt sie, ihre eigenen Ressourcen effizient auszunutzen. Sie irrt dabei erheblich von ihrem Ziel ab. Sie konzentriert sich auf die innere Auslastung der CPUs (Grid Computing etc.) und verliert ihren Blick auf die Nutzenstiftung nach außen.

Nun kommt mein Punkt, den ich herausheben möchte: So ziemlich alle Mitarbeiter, die ich aus allen möglichen Unternehmen oder Universitäten kenne, vom Hausmeister bis zum CEO, antworten auf die Frage nach dem Ineffizientesten und Schlechtesten, nach dem Gehasstesten und Entnervendsten in ihrem eigenen Unternehmen: „Die Prozesse! Das System!"

Das, was das Effizienzdenken, das Management und die IT in den letzten Jahrzehnten geschaffen haben – die Stimulus-Response-Systeme, die Incentive-Systeme, die Reviews, die zähen Genehmigungsverfahren, die Entscheidungsprozeduren, das egoistische Towerdenken, die Abhängigkeit aller Entscheidungen vom Aktienkurs, den Analysten oder dem Wahlergebnis – all das gilt nun fast jedem einzelnen Manager, Mitarbeiter und Menschen als das Schrecklichste am Ganzen. „Ich reiße mir alle Beine aus und arbeite wie ein Tier, aber ich habe das Gefühl, ganz wirkungslos zu bleiben, weil das System irgendwie alles torpediert. Ich mag nicht mehr." Die Anreizsysteme wachsen uns über den Kopf und mitten in dieser Erkenntnis sehen wir, dass das Effizienzdenken immer wütender noch viel weiter in die Richtung geht, die wir gerade als die falsche beklagen.

Zu starkes lineares Denken stößt an Grenzen. Wer 100 Prozent Auslastung fährt, hat keine Ressourcen mehr für irgendetwas anderes. Wer immer arbeitet, kann nicht mehr angerufen werden. Wenn alle arbeiten, ist niemand mehr erreichbar. Hilfe kann es nicht geben. Zuständige werden nicht mehr gefunden. Teams sind unbesetzbar. In der Nähe der Auslastungsgrenze oder der Effizienzgrenze verschwindet alles andere. Wir klagen, Systeme seien inflexibel. Wir wollen sie „agile", „responsive", „adaptive", „on demand". Das geht aber nicht bei 100 Prozent Auslastung und es geht nicht, wenn das lineare Denken herrscht oder die ausschließliche Stimulus-Response-Doktrin der Incentive-Systeme.

Dieses Phänomen ist mathematisch vollkommen klar: An den Grenzen werden andere Güter knapp. Reserven verschwinden. Bei 100 Prozent Auslastung verschwinden Gesundheit, Seelenruhe, Innovation, Weiterbildung, Erneuerung, Sicherheit … An den Grenzen beginnt das Unerlaubte. Wer immer so schnell fährt wie äußerstenfalls unter Geldstrafe erlaubt ist, ist jede Sekunde in Gefahr, den Führerschein zu verlieren. An der Grenze ist die dauernde Gefahr des Grenzübertrittes: Unethisches beginnt, Bilanzfälschungen liegen jetzt ganz nahe, Menschenschicksale hängen am seidenen Faden. Unternehmen zucken unter Klagen, Patentstreitigkeiten und Vertragsstrafen zusammen, manche siechen danach dahin. Aktienkurse brechen an ertappten Grenzüberschreitungen ein. Manager werden entlassen und geholt. Hin und her, extreme Volatilität! Das ist das mathematische Verhalten des Systems in Grenznähe.

Man kann sagen: In Grenznähe steigen die Risiken, in der Not der Grenznähen weichen die Unternehmer ins Risiko aus, solange sie keiner dabei erwischt. Die Risiken werden in Unternehmen hartnäckig missachtet, solange sie nicht die Anleger beunruhigen. Unternehmen ziehen sich auf das Hochprofitable zurück, das sie Kerngeschäft nennen. Das beeindruckt die Aktionäre, denn sie sind dumm. Wenn das Schulkind des Aktionärs alle Schulfächer abwählen würde – bis auf Religion, weil es da eine Eins bekommt und dann 1.0 im Durchschnitt hat (dieses Verhalten entspricht der Fokussierung auf das Profitable), dann würde der Aktionär sein Kind ins Gebet nehmen. Für Risiken von Unternehmen reicht aber der Intellekt nicht? Deshalb setzen die Unternehmen alles auf eine Karte (das Kerngeschäft), was früher unter der Weisheit der Diversifikation verpönt war.

Das einfaktorielle Denken schlägt Kapriolen und schießt ins Knie. Universelle Technik: Man sucht zwanghaft Daten, die mit dem Profit des Unternehmens korreliert und die gleichzeitig einfach beeinflussbar sind. Man findet zum Beispiel: „Die Profitträchtigsten sind die, die auch am meisten Frauen beschäftigen." Dann schreiten die Unternehmensführer zur Tat. Sie stellen Frauen ein und erwarten das folgerichtige Steigen des Profites. Der Mathematiker/Informatiker weiß: Das sind Scheinkorrelationen! Der Profit steigt natürlich nicht! Hier grenzt das Stimulus-Response-Denken in Tabellen-Grün-Rot an Dummheit und oft ist die Grenze deutlich überschritten. Ich frage öfter einmal bei Vorträgen, wer das Wort „Scheinkorrelation" überhaupt kennt?

Das extreme Messen in heutigen Systemen führt zu Vermeidungsreaktionen zu Zeitpunkten der Messungen. So wie Schüler nicht für das Leben lernen, sondern nur kurz vor einer Klausur für die Note, so arbeiten wir nicht mehr für das Leben, sondern für den Akt der Messung (Quartalsdenken, Monatsendedenken, Freitagsdenken, bald Arbeitsschlussdenken, 23.59 Uhr). Wenn der Aktienkurs des Unternehmens nur eine Sekunde hochschnellt, reicht es zur Ausübung der Optionen für den Manager. Es geht nicht darum, dass etwas grundsätzlich gut ist, es muss nur eine Sekunde lang gut sein – zum Zeitpunkt der Untersuchung.

Die Systeme, die Messprozesse, die irreführenden Scheinkorrelationen, die Versuche, Naturgesetze der Warteschlangen und Auslastungen zu durchbrechen – alles dies wird von der IT bereitgestellt. Informatiker gießen Unvernunft in Silikon und in harte unveränderliche Software. Was sich unter Menschen noch als Unvernunft diskutieren ließe, wird in Software und in automatisierten IT-Prozessen autonom. Selbst wenn jedes Kind die Unvernunft gesehen hat und wenn sich alle Menschen darin einig sind – auch dann beherrschen uns die Prozesse. „Ich weiß, Sie haben Recht. Aber das kann ich in den Computer nicht eingeben."

Wer ist verantwortlich, unsere Lebenslogik zu verbessern? Wer soll die Prozesse verändern? Die Manager? Sie werden es tun, wenn es die Analysten verlangen. Wer also dann? Die Analysten? Die können heute so schön einfach über die Unternehmen urteilen! Ich fürchte, die IT muss selbst für ein besseres Leben aller Menschen sorgen?

Die Mächtigen rufen heute nur nach Innovation, Umsatzsteigerungen, neuen Produkten, nach neuer Ehrlichkeit, nach Substanz, neuen Inhalten, nach dem Beenden des Leidens und des allgemeinen Abteilungsegoismus auf jeder Ebene. Die Mächtigen haben planmäßig und zielsicher mit linearem, einfaktoriellem Denken und einer stur behavioristischen Menschensicht eben diese unsinnige Zeit heraufbeschworen, in der sie eben diese guten Wünsche nun ganz sinnlos überall äußern können. Sie klagen über das, was sie erzeugten. Sie hoffen, sie werden das, was sie erzeugten, durch mehr Wettbewerb und neue Anreizsysteme und die Erhöhung von Steuern wieder wegschaffen ... Verstehen Sie, wer jetzt etwas tun muss? Die IT, die Forschung, die Mathematik. Man müsste als Programmierer fast manchmal streiken ...

XXXII. Klage über Unwissen um Können und Kunst

Was muss jemand können, damit er gut bezahlt wird? Das ist gar nicht mehr so einfach zu sagen. Oder doch! Er muss alles mitbringen, was gebraucht wird: Fachkönnen, Sozialkompetenz, Persönlichkeit und übergreifendes Wissen. Na klar, dazu noch Verhandlungsgeschick und einen Lebenspartner, der im Notfall weiß, wie eine Krawatte aussehen darf. Meine Frau weiß es ganz genau, aber deshalb besser als andere Frauen. Das hilft auch wieder nichts. Die Leute sollen in meine Augen schauen, nicht auf meine Brust.

1. Die Asymmetrie des Bindestrich-Menschen

Es werden zurzeit wirklich gelehrte Diskussionen geführt, ob ein Studium bis zum Bachelor ausreicht oder ein Masterabschluss unabdingbar ist. Darauf gibt es eine ganz gute Antwort. Als die Universitäten nur Diplome kannten, fanden sie Bachelor und Master schrecklich. Nun, wo sie die neuen Abschlüsse einführen mussten, sehen sie ja, dass sie gut sind, besonders weil die Vorlesungsinhalte gleich geblieben sind. Es ist überdies weise, gut zu finden, was man hat. „Hey, Studenten – kommt in die beste aller Unis, die deswegen so hohe Studiengebühren nimmt! Kommt zu uns! Leider haben wir nur mistige neue Bachelor- und Masterabschlüsse zu bieten! Schade! Kommt trotzdem!" So ist das Leben nicht. Irgendwann kennen die Industrie-Personaler die neuen Abschlüsse ebenfalls und finden die dann besser, weil sie immer gut finden, was sie verstehen. Um mehr geht es ja nicht. Man nimmt die Besten, die man finden kann – und die Titel sind nur eine Sorte von vielen Anhaltspunkten.

Manche sagen, es könnte von Vorteil sein, ein Bindestrich-Fach zu studieren, weil es den Geist verbreitere. Wirtschafts-Informatiker könnte man sein oder Bio-Mathematikerin. (Dieses Wort ist doppeldeutig, aber im Kontext klar, denke ich. Bio-Mathematik bedeutet eben nicht Reine Mathematik ohne Weltberührungsschaden.) Studiengänge von Bindestrich-Wissenschaften versprechen weites Wissen und bessere Chancen auf dem Arbeitsmarkt.

Das möchte ich hier einmal eine gedankliche Stufe tiefer mit Ihnen besprechen.

Wirtschafts-Mathematiker! Das klingt sehr gebildet. Ich finde auch Kunst-Management gut, Kunstmanager werden bestimmt viel gebraucht. Oder Sport-Psychologie! Das ist die einzige Wissenschaft, die sich mit dem Leib-Seele-Problem ernsthaft befasst. Die Bindestrich-Menschen, die eine Bindestrich-Wissenschaft studieren, werden naiv als Fachkoryphäen in zwei verschiedenen Richtungen gedacht.

Das ist ausgezeichnet, sagen die einen.

Es hat den Nachteil, dass sie von beidem nichts verstehen und überall flach sind, sagen andere.

Die meisten aber haben keine Lust, darüber nachzudenken, und meinen, die Wahrheit liege in der Mitte, wo sie ja meistens ist, wenn man keine Lust zum Nachdenken hat. (Ohne solche Lust wird man Mitte-Politiker und wird von Mitte-Menschen ohne großes Nachdenken gewählt. In der Mitte ist alles, in der Mitte ist nichts, jedenfalls nichts weiter.)

Sie sollten wissen, dass die Bindestrich-Wissenschaften nicht zu dem Zweck entstanden, möglichst vielen Studenten mit noch unklaren Zukunftsperspektiven einen köstlichen Lockduft entgegenzuströmen. Zuerst knospten Bindestrich-Wissenschaften aus den klassischen Wissenschaften, wie Ableger von Kakteen, die sich noch einige Zeit vom Saft der Kernwissenschaft nähren, aber bald abfallen, eigene Wurzeln schlagen und schließlich – von der Mutterpflanze unkontrolliert – selbst wuchern.

Aus der Mathematik sprosst Bio-Mathematik, Wirtschafts-Mathematik und Informatik (schon abgefallen oder abgeschüttelt, wuchert unabhängig, hat deshalb keinen Bindestrich). Aus der Informatik knospt Bio-Informatik, Wirtschafts-Informatik, Medizin-Informatik, Rechts-Informatik.

Diese Bindestrich-Wissenschaften entstanden, weil eine klassische Wissenschaft in einer anderen in so wichtiger Weise angewendet werden konnte, dass sie dort, in der Zielwissenschaft, zu einer eigenständigen Disziplin werden konnte.

Es bildete sich der Brauch aus, die Mutterwissenschaft hinter den Bindestrich, die Zielwissenschaft vor dem Bindestrich zu platzieren.

Kultur-Management ist zum Beispiel diejenige Management-Wissenschaft, die das Management der Kultur zum Ziel hat. Das Ziel ist es also, Management auf die Kultur anzuwenden. Es geht aber nicht darum, Kultur ins Management zu bringen, das wäre Managementkultur – ohne Bindestrich. So herum gibt es das nicht. Warum eigentlich nicht?

Wirtschafts-Mathematiker sind Mathematiker, die Mathematik in der Wirtschaft anwenden, um dort etwas Wichtiges zu bewirken. Mathematik-Wirtschaftler sind dagegen so etwas wie Manager, die die Kunst des Managements anwenden, um in der Mathematik zum Beispiel eine neue Theorie aufzustellen. So herum gibt es das auch nicht. Es gibt Wirtschafts-Philosophie (Philosophie bringt etwas Wertvolles in die Wirtschaft oder versucht es wenigstens), aber nicht Philosophie-Wirtschaft, weil Wirtschaft nichts Sinnhaftes in der Philosophie leisten kann. Ach ja, mir fallen beim Schreiben der Oktoberkolumne immer meine Bücher ein, die gerade zur Buchmesse erscheinen (diesmal ganz viele!). Meine Trilogie (Omnisophie, Supramanie, Topothesie), die gerade zu einem äußerst fairen Preis in einem hellblauen Schmuckschuber erscheint, ist ein bisschen Philosophie-Informatik, nicht wahr?

Ich will sagen: Man kann die Wissenschaften vor dem Bindestrich und hinter dem Bindestrich nicht vertauschen, ohne ein großes Chaos anzurichten. Hinter dem Bindestrich steht die Mutterwissenschaft, die als Werkzeug in einer vor dem Bindestrich stehenden Zielwissenschaft angewendet werden soll. Das ist eine Asymmetrie! Und die Studierenden einer Bindestrich-Wissenschaft haben dann nicht etwa in beiden Wissenschaften eine wirkliche Ahnung, sondern sie kennen eine Wissenschaft als Werkzeugwissenschaft und eine andere als Zielwissenschaft. Das verrät ihnen aber niemand. Die Professoren machen ja keinen Unterschied. Sie lehren ihre Wissenschaft jeweils als reine Mutterwissenschaft, die sie bestimmt nicht als Werkzeug sehen wollen. Sehen Sie? Es ist alles grässlich durcheinander.

Dabei ist es gar nicht so kompliziert oder schwer zu verstehen. Ich habe es aber so richtig arg ausgewalzt, weil ich jetzt sicher sein muss, dass Sie das echt geschluckt haben.

Dahinter verbirgt sich nämlich etwas Unverstandenes.

Es riecht nach Dummheit.

2. Was ist wichtig? Das Werkzeug? Das Ziel?

Das ist die Gretchenfrage überhaupt.

Und meine eigene Antwort wäre: Das Ziel ist das Wichtige, nicht das Werkzeug.

Das möchte ich jetzt begründen. Wenn Sie mir darin folgen wollen, steht aber mit aller Schärfe zur Diskussion, warum in allen Studiengängen die Werkzeug-Mutter-Wissenschaft wie ein Hauptfach behandelt wird und die Zielwissenschaft vor dem Bindestrich wie ein „Anwendungsbereich", den man einmal gesehen haben soll – ein kleines Praktikum darin wäre ja nicht schlecht.

Das Studium hält die Werkzeug-Wissenschaft für wichtig, nicht die Zielwissenschaft. Und deshalb haben so wenige Leute Ahnung von ihrem Beruf.

Sehen Sie: Wenn etwa Informatik in der Medizin angewendet werden soll, dann ist die Seele des Ganzen, also die Platon'sche Idee des Projektes, ganz gewiss *in der Medizin* oder im Wohlergehen des Menschen. Die Seele des Projektes ist auf gar keinen Fall in der Informatik, im IBM Mainframe, im Linux oder im R/3. Dann kommen aber die Medizin-Informatiker, nicht wahr? Sie haben als Bindestrich-Menschen die Informatik hinten als Mutter stehen und sehen sie irrtümlich als Kern der Sache. Die Medizin ist für sie „nur" die Anwendung. In Wirklichkeit ist aber die Idee der Kern und nicht das, was im Kern die Anwendung technisch ermöglicht.

Die Ärzte oder die Mediziner sehen das Gelingen der Operationen und Therapien im Vordergrund. Die Informatik soll hier unterstützen und erleichtern oder am besten ganz neue Methoden möglich machen. Die Informatik soll nicht behindern oder gar gefangen nehmen. „Die Operationen müssen jetzt immer genau im Viertelstundentakt durchgeführt werden, weil die Rechnungserstellung und das OP-Scheduling im SAP getaktet werden müssen. Die Anwendung ist kaum zu bedienen, wenn Operationen willkürlich so lange dauern, wie es jemand meint. Die Operationen mit infektiösen Patienten werden neu geplant, immer eine Keimklasse nach der anderen, damit das Desinfizieren der Räume nicht so teuer wird. Notfälle, die dieses Schema durchbrechen, sollen woanders hin. Die neue Lasertechnik bei Operationen wird zunächst für sechs Monate auf Eis gelegt, weil die Datenstrukturen der zugehörigen proprietären Software nicht ohne irren Aufwand an die Standardanwendungen angepasst werden können." Da brüllt der Chefarzt: „Sind Sie verrückt?" Und die Assistenzärzte, die ja noch nicht brüllen dürfen, leisten ungeheuer viel Überstunden, damit sie Zeit haben, die Systeme der Informatik zu befriedigen.

Das ist so ein heikler Punkt in Projekten! Die Lehrbücher beginnen bei der Schilderung solcher Probleme, über die Verschiedenheit von Interessenlagen der Menschen zu klagen und gutes Projektmanagement einzufordern. Am besten muss ein weißer Gott vom Himmel steigen

(„Executive Sponsor", Oberarzt reicht nicht) und mit der Faust auf den Tisch hauen, das jetzt alles so gemacht wird wie – ja wie eigentlich? Egal! Fertig werden soll es!

Die Werkzeugwissenschaftler ahnen nicht einmal, dass sie Werkzeugwissenschaftler sind. Nur die Mutterwissenschaftler in der Uni wissen es schon immer. Hören Sie zum Beispiel einen Mathematiker: „Ich halte Vorlesungen in Wirtschafts-Mathematik. Es ist furchtbar. Die Studenten nehmen nur den Nutzenaspekt auf. Wie kann ich es anwenden? Das fragen sie. Sie wollen irgendwie nicht den Geist der Mathematik spüren, den Hauch des Genius. Sie sehen immer auf das Ziel. Es geht doch um Mathematik als Kern! Die Wirtschaft ist doch nur das Ziel! Weiter nichts!" So klagen die Mutterwissenschaftler, dass die Bindestrich-Wissenschaftler nicht Mutterwissenschaftler sein wollen, sondern nur Werkzeugwissenschaftler. Und die in der Wirtschaft klagen: „Sie kennen alle Methoden und Tools, kennen alle Anwendungen. Aber sie richten im Geschäft nur großen Unsinn an, weil sie keine Ahnung vom Geschäft haben. Sie verstehen nichts vom Business. Früher hätte man gesagt, ihnen fehlt das kaufmännische Denken."

Die Essenz dieser Beispiele ist diese: Der Wirtschafts-Mathematiker muss das Handwerk Mathematik beherrschen, aber den Genius des Geschäftes in sich tragen. Der Medizin-Informatiker muss das Handwerk rund um den Computer meistern und sich auf ärztliche Kunst verstehen. Der Kulturmanager muss das Einmaleins der Effizienz im Schlaf beherrschen, aber einen wahren Sinn für Kultur ausströmen.
    Ach je! Es ist SO, SO, SO herum!
    Aber die Universitäten tun so, also wäre die Wissenschaft hinter dem Bindestrich die Mutterwissenschaft – so, also wäre der Wirtschafts-Mathematiker seiner Bestimmung nach Mathematiker, aber eben leider, beruflich gesehen, für die Wirtschaft bestimmt. Er sollte aber Geschäftsmann sein mit einer Meisterschaft in Werkzeugmathematik. Der Geist ist im Ziel des Ganzen, nicht im Werkzeug.

3. Kunst und Können

Es hat etwas mit Kunst und Können zu tun. Es hilft nichts, ein Meister im Schreiben zu sein. Ich muss doch schließlich etwas inhaltlich Wertvolles sagen oder zu sagen haben! Das eine ist Handwerk, wichtig genug. Aber das Handwerk wird benutzt, um ein Kunstwerk zu erzeugen. Dazu ist das Handwerk unabdingbar. Aber noch wichtiger ist es, das Wesen des Kunstwerkes zu verstehen.

Die Kunst ist immer im Ziel.

Das Können ist im Werkzeug.

Das Werkzeug muss virtuos beherrscht werden. Aber die Kunst muss uns durchdringen.

Der von der Kunst Erfüllte ist Genie, Dichter, begnadeter Chirurg, Maler, Vollblutgeschäftsmann, Unternehmer, Weiser – in diesen Bezeichnungen atmen wir Ergebnisse, nicht bloß Meisterschaft.

Bei den Bindestrich-Wissenschaften ist es nun so, dass das Werkzeug ganz weit weg liegt vom Ziel. Informatik als Werkzeug hat wenig mit Medizin zu tun. Mathematik als Werkzeug kennt sich mit Wirtschaft zunächst gar nicht aus. Management als Werkzeug beißt sich geradezu mit Kultur!

Es beißt sich!! Ich habe oft an dieser Stelle von linkshirnigen und rechtshirnigen Gedanken und Wissenschaften berichtet. Linkshirnig sind Zahlen und Regeln (Jura, Controlling, Polizei, Bank), rechtshirnig sind Psychologie, Philosophie, Mathematik etc. Von einem Kulturmanager verlangen wir nun, dass er in einer bestimmten Geisteshaltung (linkshirnig) Managementwerkzeuge ansammelt und beherrschen lernt, dass er aber in einem Künstlerumfeld arbeitet, das völlig anders (rechtshirnig) denkt! Bindestrich-Wissenschaften verlangen also schon per se oft einen extremen Spagat zwischen zwei weit entfernten Welten.

Die meisten Bindestrich-Wissenschaftler leben mehr in der Werkzeugwelt, in der des Könnens, nicht so sehr in der Welt vor dem Bindestrich, der der Kunst. Deshalb beklagen die, die die Kunst verstehen, so sehr die Ahnungslosigkeit derer, die die Werkzeuge beherrschen.

Deshalb hören wir so oft:

„Informatiker programmieren, haben aber keinen Geschäftssinn."

„Manager agieren kraftvoll, haben aber keinen Schimmer von der Psyche."

„Juristen kennen alle Tricks, verfügen aber nicht über politischen Sinn."

„Mathematiker sind die Intelligentesten, aber sie haben kein Gespür für Realität."

„Ingenieure bauen geniale Produkte, aber was machen wir damit?"

„Theologen können laut singen und die Bibel auswendig, aber der Glaube springt nicht über."

Oft ist das Werkzeug sehr weit weg von dem Endprodukt. Dann schaffen nicht viele den Spagat. Das ist die Tragödie des angeblich so breiten Wissens der Bindestrich-Menschen. Und noch trauriger ist es, dass sie das Können hochhalten und die Kunst wenig achten, weil sie zu fern ist. Oder weil sie sie nie gesehen haben.

4. What does it mean to me?

Ich erlebe selbst oft, wie sich IT-Kunden, also Informatik-Käufer, über die Techies und Wirtschafts-Informatiker beklagen. „Wir können mit ihnen nicht über unsere Probleme reden."

Die Informatiker nennen die „anderen" Bereiche des Lebens, die nichts mit Computern zu tun haben, gewöhnlich „Fachabteilungen" im Unternehmen. Fachabteilungen – das klingt irgendwie danach, dass sie etwas Merkwürdiges arbeiten, was nicht so genau von außen betrachtet werden kann. Wenn die Informatiker mit und ohne Bindestrich etwas Sinnvolles für die Fachabteilungen bauen sollen, dann gehen sie hin und fragen die Fachabteilungen: „Hallo ihr da, die ihr nichts von Programmen versteht – sagt mal, was wir programmieren sollen!" Die Fachabteilungen teilen ihre naiven Wünsche mit – wie eben Wünsche von kleinen Kindern sind, die den Geldbeutel der Eltern und die Möglichkeiten der Welt nicht verstehen. Die Informatiker sagen: „Das geht nicht! Das ist zu teuer!" – „Was ist denn nicht teuer?" – „Ihr richtet am besten eure Arbeit nach der Standardsoftware."

Da sehen wir sie wieder – die Techies! Sie können alles, aber sie verstehen nicht, was herauskommen soll. Sie wissen nur ungefähr, worum es geht. Um die 30 Prozent der Kunden der IT-Industrie beklagen sich, dass die Techies nicht genug Kenntnisse von „der Industrie des Kunden" haben. Immerhin: 70 Prozent wissen ja dann ausreichend Bescheid! Nun aber kommt das zweite Statement: Über 70 Prozent der Kunden schimpfen fürchterlich, dass man sich mit den Techies nicht über die eigenen spezifischen Probleme unterhalten kann.

Da sind die Techies wie schlechte Möbelverkäufer. „Haben Sie Betten?" – „Ja, sicher. Da hinten." – „Wir haben ein viel zu schmales Schlafzimmer. Was können Sie uns da vorschlagen?" – „Da hinten sind alle Betten, die wir haben. Sie müssen nachmessen." – „Gibt es Klappbetten?" – „Sicher gibt es so etwas." – „Haben Sie welche?" – „Nein. Warum fragen Sie das?"

– „Wir brauchen Rat!" – „Dann geben Sie mir die Bestellnummer und ich besorge Ihnen alles. Was wollen Sie denn von mir?"

Immer wieder heißt es: „Die Techies haben etwas gebaut, was wir nicht gebrauchen können." – Die Antwort der Techies (des Könnens, das das Ziel verfehlt hat) lautet: „Die Fachabteilungen waren nicht in der Lage, genau zu formulieren, was sie eigentlich wollen. Wir haben programmiert, was sie wollten. Warum sie nun rumschreien, wissen wir nicht. Sie lehnen alle Verantwortung für das ab, was sie selbst gefordert haben." – „Ihr hättet uns darauf aufmerksam machen sollen, dass es so nicht geht! Wir zahlen so viel Geld für euch Techies, da können wir verlangen, dass ihr versteht, was ihr für uns macht!" – „Wir haben euch zigmal gefragt. Wir dachten, ihr versteht euer Geschäft selbst. Erwartet ihr, dass wir es besser verstehen als ihr?" – „Ja."

„Wir möchten ein Buffet für einen italienischen Abend bestellen." – „Gut. Was?" – „Wie, was?" – „Was soll es sein?" – „Können Sie uns eine Gesamtarchitektur des Abends vorschlagen?" – „Pro Person eine Ministrone, 200 Gramm Fleisch, 20 Gramm Mozzarella, 2 Tomaten, 120 Gramm Tiramisu." – „Wie wird das aussehen?" – „Wir liefern alles in luftdichten Plastikbehältern. Sie müssten einen langen Tisch bereithaben." – „Sollten wir Blumen hinzustellen? Oder Kerzen?" – „Wie Sie wollen. Wie viele möchten Sie?" – „Was können Sie vorschlagen?" – „Das können wir nicht wissen. Möchten Sie blaue Blumen?" – „Nein." – „Rote?" – „Vielleicht. Verstehen Sie bitte, ich bitte um einen Gesamtvorschlag." – „Gut. Wie viele Blumen möchten Sie denn insgesamt?" – „Sagen Sie einmal – wissen Sie überhaupt, was ein italienischer Abend ist?" – „Natürlich." – „Ja, können Sie nicht einen liefern?" – „Das ist mein Beruf, ja, aber Sie müssen schon sagen, was Sie wollen. Wie viel es quantitativ sein soll, weiß ich, da habe ich Statistiken. Für die 1A-Qualität meiner Produkte verbürge ich mich. Nur Markenware." – „Und Sie können mir nicht raten, was wir bestellen sollen?" – „Ich soll raten? Halten Sie mich für verrückt?" Beide gehen auseinander im festen Wissen, dem höheren Wahnsinn begegnet zu sein.

Das war ein Party-Lieferant mit Bindestrich. Er hat das Können, alles zu liefern, in jeder Qualität und bester Frische. Er weiß aber nicht, was eine Party als Kunstform ist. Und der Kunde möchte einfach nur mit glänzenden Augen mit jemandem über sein Fest reden dürfen. Er wäre so glücklich, wenn man ihm ein Fest vorschlüge, wovon er noch nie geträumt hat.

„Hier ist unsere gesamte Lieferliste. Alles on demand."

„Aber was bedeutet es für mich?"

5. Die Sprache des Kunden

Die ganze Gesellschaft sucht händeringend Menschen, die „in der Sprache des Kunden reden können". Sie sollen das als Kunstwerk liefern, was wirklich herauskommen soll und den Kunden damit glücklich machen.

„In der Sprache des Kunden reden können" ist sehr weit weg vom Können und Wissen. Es ist eine tiefe Beziehung zu dem, was vor dem Bindestrich steht.

Studenten der Informatik berichten stolz: „Ich habe schon drei Praktika in Banken absolviert und dort schon vollwertig beim Programmieren geholfen. Ich war in der E-Banking-Abteilung. Es hat solchen Spaß gemacht. Ich weiß jetzt, das ich den richtigen Beruf gewählt habe."

Erschauert es Sie da nicht? Die ganze Zeit ist vertan! Warum arbeiten solche späteren Softwareentwickler nicht einmal acht Wochen als Banklehrling in einer Filiale und sehen, warum Großvater immer noch nicht mit dem Automaten zurechtkommt? Da hätten sie Gelegenheit, das Ziel ihrer späteren Arbeit zu erleben und zu erspüren, was sie später nur programmieren ...

Im Ernst: Ich bin meistens zur Beratung von Firmen in deren Fabriken oder Läden gegangen. Ich habe mit Arbeitern gesprochen und mich ganze Tage dazugesetzt. Ich habe fast immer große Augen bekommen! Die Welt sieht ganz anders aus als in den Pflichtenheften! Die Welt kann gar nicht durch Befragen der Kunden und Fachabteilungen erkundet werden! „Hier kommt nie ein Manager her." – „Niemand weiß, was hier vorgeht." – „Wir schaffen es immer gerade so, durch Übertreten aller Regeln die falschen Entscheidungen unseres Chefs außer Kraft zu setzen. Wahrscheinlich ist es dumm, ihm den Hintern zu retten, denn er glaubt jetzt, er ist genial. Ich glaube, das ist das Prinzip der Welt. Wir kleinen Leute korrigieren den Unsinn derer da oben und erziehen die da oben zum Größenwahn. Dann werden wir selbst gekillt." – „Sie wissen nicht, wie wir arbeiten, und dann automatisieren sie es so, wie sie denken, dass wir arbeiten. Deshalb kommen wir immer tiefer in Schwierigkeiten. Am Ende entlassen sie uns und dann sind sie mit ihrem Latein allein." – „Wir hatten Berater hier und Informatiker. Wir haben ihnen zur Probe ganz falsche Dinge erzählt. Sie haben sich alles penibel aufgeschrieben. Daran merken wir, dass diese neuen Leute wieder keine Ahnung haben. Selbst wenn wir nicht lügen wollen, schwindeln wir immer, dass sich die Balken biegen. Wir können ja nie nach den Vorschriften arbeiten – das wäre ein

Chaos. Deshalb tun wir bei Befragungen so, als hielten wir uns an Vorschriften. Anhand dieser Aussagen restrukturieren sie die Prozesse."

Alle Welt sehnt sich nach Menschen, die neben dem Können hier auch die Kunst dort verstehen. Aber die meisten denken in ihrer Box, und damit ist meistens die Toolbox gemeint. Den Kunstsinn für das Ziel erreichen nur wenige. Ich habe Ihnen das nun auf etlichen Seiten Text begründet. Ich könnte es kaum in einer Minute im Fernsehen sagen. Deshalb bleiben alle in der Box? Verschanzen sich hinter dem Bindestrich? Oh, da fällt mir ein, bei Lehrern ist es anders, ganz anders! Es heißt Mathe-Lehrer, sie können aber nur Mathe, nicht Erziehung. Das Werkzeug ist Mathe (nicht Mathematik, die ist woanders), das Ziel das gebildete Kind. Also bitte ich Sie jetzt schnell, Lehrer verkehrt herum anzuschauen, dann stimmt alles wieder. Was wollte ich sagen? Die Lehrer verwirren. Ach ja: Wir sollen auf zwei Beinen stehen, auf Werkzeug und Ziel, aber fast alle stehen auf dem Werkzeugbein und können es vielleicht nicht einmal erkennen, wenn jemand auf zwei Beinen steht oder stehen will. Auf zwei Beinen zu stehen ist fast exotisch, obwohl es NOTWENDIG ist!

Ich selbst habe ja Mathematik studiert und bin seitdem Mathematiker. Ich habe begonnen, mathematische Prinzipien, Optimierungsverfahren, neuronale Netze und eigene Forschungen der Identifikation von Nachrichten in die menschliche Philosophie zu tragen und den Sinn des Lebens damit zu erhellen. Die Werkzeuge sind die Informatik, die Mathematik, die Nachrichtentechnik und die Medizin. Das Ziel liegt in der Psychologie (Seele), der Philosophie (Geist) und im Glück (Körper). In diesen Gebieten bin ich nun seit Jahren zu Hause. Wenn ich heute Festreden über den Sinn des Lebens halte, sagen alle Veranstalter – alle – alle – alle – ich sei Mathematiker. Damit stehe ich dann mit meinem Thema fast belämmert da. Ich habe acht Semester Mathematik bei Krengel und Sigmund in Göttingen studiert. Mit 23 Jahren hatte ich ein Diplom. Seitdem bin ich Mathematiker. Ich bin in der Box. Niemand lässt mich heraus! Mein Dasein bei IBM verleitet niemanden, mich auch nur zum Informatiker zu verschieben. Ich muss wohl Mathematiker sein. So stark ist die Wurzel. So wenig wird das Ziel gesehen.

Ich bin gespannt, wie es mit mir weitergeht. Ich habe ja dazu einen Vampirroman geschrieben [Anmerkung 2007: Der ist 2006 erschienen und war gleich wieder vergriffen. Ich bemühe mich um eine weitere Auflage. *Ankhaba* hat ein menschliches Ende.] Ich habe mich natürlich vorher nach meiner Art, die Dinge zielgerichtet anzugehen, mit roten Dingen befasst. Ich meine – ich musste für *Ankhaba* tagelang im Sarg liegen und Spiegel zerschlagen, Blutwurst essen, Seelen zerdeppern und viel Kunstblut trinken (Hagebuttentee, mit dem sich Protestanten in Landschulheimen vor dem Unglauben schützen). Ich habe an verkohlten Kartoffeln geleckt und immer „nicht geschrieen!" gebrüllt. Sonst hätte ich nicht so rot sehen können.

Was werden die Journalisten jetzt schreiben? „Was hat Mathematik eigentlich mit Vampiren zu tun, Herr Dueck?" Ich werde es nicht wissen. „Bitte, ich habe ein Werkzeug erlernt und eine Wissenschaft, aber es gibt auch andere Ziele!" Und dann werden die Journalisten vielleicht noch meine Managementaktivitäten anschauen und fragen: „Was hat Management mit Blutsaugen zu tun?" Das weiß ich auch nicht.

    Alle wollen mich festnageln. Ich bin doch kein Vampir!

XXXIII. Korrelatalschaden! Egal wie!

Erinnern Sie sich an das Jahr 1999? Damals wurde „Kollateralschaden" zum Unwort des Jahres gewählt. Ich kreiere hier „Korrelatalschaden" und hoffe wenigstens, es setzt sich in Ihnen fest und infiziert Sie wie schleichendes Gift, damit Sie selbst kein Korrelatalschaden werden. Optimistisch bin ich aber nicht.

1. Korrelationen

Ich will Ihnen erklären, wie wir in unserem Leben unsinniges Opfer falsch verstandener Korrelationen werden. Es ist an der Zeit! Denn die Gefahr mathematischer Dummheiten von hoch bezahlten Menschen steigt täglich an. Diese haben nämlich heute immer weniger Zeit für das Denken an sich, einfach deshalb, weil grundsätzlich alles eilig ist, auch wenn es Zeit hat. Deshalb lassen sich die Mächtigen eilig die Welt in computererzeugten Tabellen vorstellen und ziehen eilig voreilige Schlüsse daraus.

„Unser Schulsystem ist so irre schlecht, oh je, was machen wir bloß. Die Sitzung ist schon fast vorüber, und nun kommt plötzlich diese doofe Pisa-Studie herein. Wir haben nur noch 12 Minuten. Gibt es denn bessere Länder als uns?" – „Ja, Finnland!" – „Finnland? Schon wieder Finnland! Das glaube ich nie! Wir sollten dort eine Menge Leute hinschicken, die gerade hier die Wahlkämpfe stören. Was ist denn in Finnland anders?" – „Die Dörfer liegen weit auseinander, deshalb haben sie alle schon ein Handy, weil sich kein Kabel für jedes Haus bei denen lohnt. Sie bleiben auch am Nachmittag in der Schule, sie achten Menschen und zeigen Respekt, die Klassen sind kleiner und sie lieben ihre Lehrer." – „Blablabla. Wir haben noch 9 Minuten, und Sie zählen ohne Ende lauter Fakten auf. Die meisten davon sind offensichtlich Unsinn. Wir achten Menschen auch, nicht die Menschen direkt, aber ihre Würde, das steht im Grundgesetz. Lehrer kann man nicht lieben. Quatsch. Für Handys ist die Regierung nicht zuständig, weil Deutschland ja schon lange Leitungen hat, und kleine Klassen können wir uns nicht leisten. Wollen Sie jetzt die Dörfer auseinander schieben?" – „Wir könnten die Kinder am Nachmittag in der Schule lassen, dann haben wir sie nicht selbst am Hals." – „Okay, dann machen wir das. Ich muss zur nächsten Sitzung. Aber es muss ohne Mehrkosten gehen, nicht dass neue Lehrer eingestellt werden, klar?" – „Klaro. Wir fragen erst einmal, was die *BILD-Zeitung* dazu sagt. Bis dahin können wir das hier vertagen." – „Gut! Danke! Da habe ich die Sitzung glatt eine Minute früher zu Ende. Sehr gut! Zigarette und zwei Red Bull!" – „Mit Jägermeister oder Krachbrause?"

Zu Hause: „Wieso, verdammt, bist du so sauschlecht in der Schule? Ich habe dir schon vor zwei Monaten gesagt, du sollst dich anstrengen. Das kann doch nicht so schwer sein. Da sind sogar Schüler von Ärmeren besser als du. Sei fleißig! Für das bisschen Abitur wird dein kleines Gehirn doch reichen!" – „Pa, du hast keine Ahnung, wie groß der Unterschied zwischen einem guten und einem schlechten Schüler ist. Du hast ja auch kein Abi." – „Das brauchte ich nicht, ich bin direkt in die Politik. Was ist denn der Unterschied?" – „Pa, ich hab eine Vier in Mathe, der gute Schüler eine Zwei. Ich habe eine Vier in Deutsch, der gute Schüler eine Zwei. Ich habe eine Fünf in Englisch, der gute Schüler eine Zwei. Ich habe eine Drei in Sport, der gute Schüler …" – „Eine Zwei! Schneller!" – „… eine Eins, Pa. Ich habe eine Vier in Biologie, der …" – „Halt deine Klappe. Ich versteh schon, es sind so viele verschiedene Problempunkte wie bei Finnland. Warum pickst du dir nicht einen einzigen Punkt heraus und arbeitest daran, um guten Willen zu zeigen, es ist immerhin ein Anfang. Die Fünf in Englisch könnte weg. Dann bist du zwar kein guter Schüler, aber dafür ein besserer. So machen wir es im Ministerium, wenn wir Fortschritte zeigen wollen. Besser ist besser als gut." – „Papa! Ich brauche zwei Jahre Nachhilfe, um auf Vier zu kommen." – „Und was dachtest du?" – „Ich versuche, in Sport meine Drei zu halten und alle anderen Fächer abzuwählen. Ich ziehe mich auf meine Kernkompetenzen zurück." – „Ach, du Schlaumeier! Das ist so eine neue Masche der Industrie, jeder macht dort nur noch, was er am besten kann. Und wenn man jetzt überhaupt gar nichts kann? Das ist doch bei den meisten so wie bei dir? He? Dann muss man doch einen scharfen Tritt in den Hintern bekommen?" – „Du hast doch Mama, die hält dir den Rücken frei."

Und ich frage Sie: Haben Sie gemerkt, was ich Ihnen vor Augen führen wollte? Es ist meine Wild-Duck-Darstellungsform von „In Search of Excellence". Wir leben ja in einer Zeit, in der jeder der Beste sein soll, ohne dass man genau weiß, was das ist. Deshalb ziehen Berater in alle Welt aus und erforschen, welche Merkmale die besten Firmen oder Länder haben und welche Merkmale die schlechtesten Firmen oder Länder auszeichnen. Daraus wird eine Liste von „Key Success Factors" oder „To Do's" aufgestellt sowie eine Liste von „Key Failures" ... Sie kennen das aus der Wirtschaftswissenschaft. (Nur so nebenbei: In allen anderen Wissenschaften werden die besten und die schlechtesten Werte einer großen Stichprobe als Ausreißer bewertet und unbeachtet weggeworfen.) Diese Listen sind für durchschnittliche Firmen oder Länder betrüblich lang. „Muss ich wirklich in jedem einzelnen Fach gut sein, um eine 1,0 zu erhalten? Geht es nicht irgendwie leichter? Gibt es ein Quick Fix?" So jammern die Schlechten. Dabei übersehen sie ganz die scheußliche, hoffnungslose Lage der allerbesten Länder oder Firmen, die aus Statistiken nur erfahren können, wo andere schlechter sind. Die besten können also überhaupt keine Hilfe von Beratern erwarten, wie sie noch besser werden können. Sie sind die ganze Zeit entsetzlich allein.

Die anderen aber, die schlechten, greifen zur Droge. Sie heißt Quick Fix. Die Lösung steht fast jeden Tag in der Tageszeitung. Sie klingt so: „Viel Sex steigert die Lebenserwartung um zehn Jahre." Aha! Das ist ein guter Ratschlag! Wir lesen weiter: „Forscher haben bei einer großen Stichprobe von Frauen herausgefunden, dass Menschen, die ein überaus aktives Sexleben führen, ein deutlich längeres Leben erwarten dürfen. Auf die Frage, ob es nun angeraten sei, mehr Sex zu haben, antworteten die Mathematiker zögernd mit einem Ja. ‚Wie gehen Sie persönlich mit den Ergebnissen der Studie um?', wollten die Reporter bei der Präsentation wissen. Die Mathematiker erklärten, dass auch das nackte Mathematikerdasein zu einer höheren Lebenserwartung beitrage, das habe eine andere groß angelegte Studie ergeben. Dieser Weg sei der breiten Bevölkerung offensichtlich verschlossen, deshalb solle sie es mit Sex versuchen."

Herzlos mathematisch gesehen haben die Forscher in aller Regel eine so genannte Korrelation zwischen den Größen Sexaktivität und Lebenserwartung festgestellt. In der Regel sind Sexabstinenzler schneller im Himmel als Protze. Das sagen die exakten Zahlen, nicht nur die Kirche. Die Zahlen für beide Größen sind meist gleichzeitig hoch oder gleichzeitig klein. Wir sprechen von einer positiven Korrelation. Die beiden Werte befinden sich im „Gleichklang".

Und jetzt kommt die Dummheit ins Spiel – die unausrottbare Dummheit: Fast alle Menschen glauben, dass zwischen zwei korrelierten Größen ein Kausalzusammenhang besteht. „Wenn A und B zusammenhängen, dann folgt aus A schließlich B oder umgekehrt." Für normale Dumme ist das sonnenklar. Sie fragen sich nur, ob aus A dann B folgt oder ob es andersherum gilt. Deshalb probieren normal Dumme beide Seiten aus und fühlen in sich hinein, ob eine davon stimmen könnte. „Wenn du länger lebst, hast du pro Tag mehr Sex." Das klingt merkwürdig, oder? Die zweite Möglichkeit: „Wenn du mehr Sex hast, lebst du länger." Das klingt gut. Deshalb wird diese Richtung zutreffen! Denn eine muss ja stimmen! Aha und danke!

Bei diesen Studien sind sehr oft schon die Wissenschaftler dumm und ziehen einen Schluss der Art „aus A folgt B". Wenn sie es nicht selbst tun, wird und muss es der Reporter zwangsläufig nachholen, weil eine Studie ohne einen nahe liegenden Schluss nicht gut auf der bunten Seite der Regionalzeitung darstellbar ist. „Menschen, die an Gott glauben, verdienen mehr!", stand neulich in der Zeitung. Der Ausschnitt wurde mir von einer sehr gläubigen Christin zugeschickt. Tja. Wissen Sie, das Übel fängt schon so an, dass der Satz „Tiefer Glauben ist positiv korreliert mit hohem Geldeinkommen" nicht gut publizierbar ist. Und weil die andere Richtung „Hohes Einkommen führt zu Gott" für Arme offensichtlich nicht stimmen kann, MUSS eine Aussage unbedingt so formuliert werden, damit sie jeder Dumme versteht! Die einzige verständliche Form ist die obige aus der realen Zeitung! „Wer glaubt, verdient!" Diese Formulierung aber assoziiert oder suggeriert eine Kausalitätsaussage oder enthält sie sogar explizit.

(Sorry für das Wort „dumm" in allen Schattierungen – ich versuche es mit ein bisschen Brutalität, damit es Sie sticht. Was soll ich noch tun? Lesen Sie erst einmal weiter, bitte.)

2. Scheinkorrelation

Jeder von Ihnen hat sicher das Wort Scheinkorrelation gehört. Meist wird dieses Wort für eine bestimmte Art von Korrelationen verwendet. Ich beschreibe hier nur eine spezielle Art, es soll ja kein Mathematikbuch werden.

Nehmen wir an, wir beobachten, dass zwei Variable X und Y positiv korreliert sind. Zum Beispiel Sexfrequenz und Lebensdauer. Dann kann es eine dritte Variable Z geben, die die beiden anderen Variablen bestimmt oder dominiert. In der Praxis wird man oft von Core Variable sprechen. Dieses Wort wird leider so oft an unsinniger Stelle benutzt. Ich nehme hier ein anderes: Nukleus. Ich versuche es damit! Also:

Oft gibt es eine Variable Z, die eine Art Keimzelle oder Nukleus für die beiden anderen ist. In unserem Beispiel könnte ich als Nukleus die Variable Z = Vitalität des Menschen ansehen. Dann sieht es so aus: Wenn die Vitalität eines Menschen groß ist, lebt er wahrscheinlich länger und hat eher mehr Sex. Wenn die Vitalität niedrig ist, sind die Variablen X und Y beide klein. Deshalb sind die Variablen X und Y immer in der Größe verkettet, aber über die Keimzellen-Variable Z! Wenn wir aber nur Menschen mit einer bestimmten festen Vitalität untersuchen, stellen wir fest, dass X und Y nicht mehr korreliert sind! Wir sagen: Gegeben Z sind X und Y unkorreliert. Das bedeutet hier: Ich als Mensch habe eine bestimmte Vitalität. Ich kann jetzt nicht einfach mehr Sex haben und hoffen, ich würde länger leben. Das klappt so lange nicht wirklich, wie ich nichts an der Nukleus-Variablen Z ändere. Wenn ich Z, also meine Vitalität, verbessere, dann steigt meine Lebenserwartung wahrscheinlich! Alle Verbesserungen meiner Lage führen nur über Z. Es hat keinen Sinn, an einer Mini-Variablen herumzudoktern.

Hinter den „kleinen" Variablen X und Y steht also die Nukleus-Variable Z, die den echten Unterschied macht. Solange nichts an Z geändert wird, hilft das „Rummachen" an X und Y nichts.
Noch ein bekanntes Beispiel, das einfacher ist, aber nicht so lehrreich. Das kennen Sie schon? X ist die Schuhgröße, Y das Einkommen. Diese beiden sind positiv korreliert. „Leute mit größeren Schuhen verdienen mehr." So steht es in der Zeitung. In diesem Fall ist der Nukleus Z das „Geschlecht". Wenn Z gleich „männlich" ist, so sind Schuhgröße und Einkommen groß, im Falle von „weiblich" sind beide klein. Wenn wir nur die Zahlen der Männer anschauen, stellt sich heraus, dass das Einkommen und die Schuhgröße nichts miteinander zu tun haben, also unkorreliert sind. Bei Frauen ist es ebenso. Wenn Sie also Ihr Einkommen statistisch gesehen erhöhen wollen, müssen sie an den Kern des Problems: Sie müssen ein Mann werden. Wenn Sie es schon sind, ist nichts mehr zu machen, jedenfalls nicht über größere Schuhe.

Ich komme auf den Anfang des Artikels zurück. Finnland hat mehr Handys, eine höhere Internetnutzung, bessere Schulnoten, geachtete Lehrer. Ich habe mit Deutschen gesprochen, die dort waren. „Die Lehrer sind genauso schlecht wie unsere. Der Schulstoff ist nicht viel anders. Wir haben nichts weiter entdeckt, was unterschiedlich gewesen wäre, nur eben dieses eine: Sie wollen alle gemeinsam lernen und weiterkommen, die Schüler, Eltern und Lehrer, wie Freunde. Es ist schwer zu beschreiben." Wir könnten also sagen, es gibt Variable X wie Handy, Internet, Ganztagsschule, Lehrerqualität. Alle diese X und Y sind so etwas wie

Mini-Daten über das große Eine, das Z – hier die „Vitalität" des Systems. Wenn Z hoch ist, sind alle froh dabei und hoch motiviert. Wenn Z klein ist – wie in Deutschland – kommt nichts heraus.

„Lernen ist Vorfreude auf sich selbst!", hat der Philosoph Peter Sloterdijk formuliert. (Ach, wie ich ihn um diesen Satz beneide!) In „Finnland" oder im Ideal ist alle Ausbildung gemeinsame Vorfreude aller Menschen im System! So würde ich es selbst sehen, weitergehend als Sloterdijk.

Wenn wir also „Finnland" oder eine 1,0 im Abitur anstreben, ist es Unsinn, die Variable „Klassengröße" oder „Nachmittag" zu ändern oder als Schüler „Anstrengung in einem Mistfach" zu erhöhen. Was geändert werden muss, ist Missmut in Vorfreude! Die Keimzelle des Ganzen oder der Nukleus bestimmt leider alles andere.

3. Vorfreude und Tod des Schwarzen Ritters

Die amerikanischen Berater durchkämmen alle Firmen in „Search for Excellence". Immer wieder finden sie ein neues X. „Die besten Firmen haben einen höheren Frauenanteil!" oder „Mitarbeiter der besten Firmen sind im Schnitt besser angezogen." In der Zeitung steht dann: „Stellt Frauen ein!" und „Zieht ihnen Uniformen an!"

Das lenkt alles ab. Es gilt, an das Z, den Nukleus heranzugehen. „Wir müssen das Übel an der Wurzel packen!", sagen die etwas Weiseren. Dabei ist gar kein Übel da. Weder in der deutschen Wirtschaft noch im deutschen Schulsystem. Wir empfinden es nur so, weil der Nukleus nicht stimmt.

> Wirtschaft ist gemeinsame Vorfreude auf Prosperität.

Das hat nach dem Krieg aus einem nahe liegenden Grund gut geklappt. Es herrschte gemeinsame Vorfreude auf das Neue. Nun ist das Gemeinsame niedergegangen. Jetzt suchen wir es mit Suchen nach erlösenden Variablen X und Y („Ganztagsschule", „Evaluation von Studiengängen", „Leistungsbezahlung der Lehrenden"), ohne uns um den Nukleus zu scheren. Pure Verschwendung von Energie aus mathematischer Dummheit!

Deutschland ist nämlich das Land der Dichter und Denker und *Made in Germany* hat Weltruf. Wir sind die besten. Kennen Sie den Monty-Python-Film „The quest for the holy grail"? Eine gute deutsche Übersetzung des Filmtitels heißt „Ritter der Kokosnuss". Dort kämpft König Artus am Anfang gegen den Schwarzen Ritter, der protzig brüllt, er sei der Beste. Artus schlägt ihm rasch einen Arm ab, es spritzt rot. Der Ritter kämpft mit dem anderen Arm weiter und brüllt siegessicher, er sei der Beste. Artus haut ihm den anderen Arm ab. Der Ritter versucht nun ohne Arme, Artus umzuschubsen und ist siegessicher. Artus kappt ihm erst das eine Bein ab, dann das andere. Als Artus nach dem Kampf geht, ruft der Schwarze Rumpf hinterher: „Wenn ich dich das nächste Mal treffe, trete ich dir in den Hintern!"

„Deutschland ist am besten!" Da kommen die anderen und liefern billiger. „Deutschland ist zwar nicht billig, hat aber die beste Qualität!" Da kommen die anderen und liefern Qualität. „Deutschland kann immer noch als einziges Land pünktlich liefern." Da kommen die anderen pünktlich. „Deutschland ist naturgemäß am besten!" Da reiten die anderen lachend auf der Erfolgswelle davon und lassen die fernöstliche Weisheit höhnisch zurück: „Deutschland übel alles."

> Deutschland muss Vorfreude werden.

(Indien ist Vorfreude. China ist Vorfreude. Finnland ist Vorfreude. So viel davon, fast bedrohlich für uns ohne.) Ich weiß heute noch nicht genau, wie ich Sie alle herumbekomme. Ein Hauptproblem liegt in Peter Sloterdijk. Das Wort „Vorfreude" gibt es im Amerikanischen leider nicht. „Joyful Anticipation" trifft es nicht so. Daher weiß ich jetzt nicht, wie ich einen globalen Beraterhype anzetteln soll, wo ich doch kein amerikanisches Wort habe!

4. Korrelatalschaden

Sie haben hoffentlich den blutigen Ernst mitbekommen: Eine Korrelation bedeutet überhaupt nicht, dass zwischen den beiden Größen X und Y eine Kausalbeziehung besteht, auch wenn Sie sich alle Arme und Beine ausreißen. Es geht meist darum, das Zugrundeliegende zu verändern. Sehr viele von Ihnen sind aber zwanghaft und dumm auf der Suche nach Kausalitäten.

Dann steht in der Zeitung: „PC-Spiele machen gewalttätig." – „Horrorvideos machen gewalttätig." – „Hohe Löhne machen die Firma bankrott." – „Viel Salz schadet dem Herzen."

Ich habe gelesen, dass es mehr als 2000 Studien gab, die die Korrelation von Horrorangucken und Gewalttätigkeit untersuchten. Alle versuchten sich am Beweis, dass Videos die Ursache für Gewalt seien. Es ist bis heute nicht gelungen, man muss wohl noch ein paar tausend Studien mehr anstellen. Jede ist mit einem Doktorstipendium auf drei Jahre verbunden, kostet also – sagen wir – 200.000 Euro. Mal 2000 ergibt 400.000.000 Euro. Verstehen Sie, warum ich so giftig mit dem Wort „dumm" bin? Manchmal fasse ich es nicht! Die Margarine-Industrie beweist seit Jahrzehnten, dass Butter schadet. Die Psychologen streiten schon immer mit den Psychiatern und der Pharmaindustrie, ob Depression, Hyperaktivität, Schizophrenie & Co. nun auf Hirnschaden/Gendefekte oder „mangelnde Vorfreude auf das Leben" zurückzuführen wären. Soll man schlechten Schülern ohne jede Vorfreude Ritalin gegen Hyperaktivität einwerfen? Oder ist es besser, die Schule auf Vorfreude zu schalten?

Muss man Unternehmen tot sparen, damit sie nicht sterben?

Muss man Menschen durch Anreizsysteme erniedrigen, damit sie endlich fröhlich arbeiten?"

Alle diese Vorurteile beruhen auf unzulässigen Kausalschlüssen aus korrelierten Daten. Diese Vorurteile nennen wir natürlich Hypothese und arbeiten damit, solange nichts anderes bewiesen wird. Es kann nicht wirklich etwas anderes bewiesen werden, weil das Gegenteil auch nicht stimmt und nicht bewiesen werden kann. Nur das aber würde beeindrucken. Die Dummen glauben an „X impliziert Y" oder „Y impliziert X". Sie erwarten eine Entscheidung der Weisen. Die aber weisen auf das grundsätzliche Z, worum die Dummen den Weisen Dummheit und Weltferne vorwerfen.

In unseren Arbeitsumgebungen werden oft Mängel festgestellt. Der Profit stimmt nicht. Er ist nur um 10 Prozent gestiegen, aber wir haben uns 25 Prozent vorgenommen. Was war falsch? Wir schauen in die Zahlen. Wir suchen nach Korrelationen. Wir finden eine Menge. Korreliert sind:

- Kundenzufriedenheit und Profit
- Mitarbeiterzufriedenheit und Profit
- Mitarbeiterzufriedenheit und Kundenzufriedenheit
- Mitarbeiterzufriedenheit und Auslastung
- Kundenzufriedenheit und Auslastung
- Auslastungsgrad und Profit
- Qualität und Mitarbeiterzufriedenheit
- Qualität und Kundenzufriedenheit
- Qualität und Pünktlichkeit
- Pünktlichkeit und Profit

- Qualität der Beziehungen und Profit
- Anpassungsfähigkeit und Profit
- Umsatz und Profit
- Kostensenkung und Profit

Etc. etc. Sie können lange weiter schreiben. Im Grunde sind ALLE diese Werte miteinander korreliert! Sie sind innig miteinander verfilzt. Der Schüler fragt: „Muss man in allen Fächern gut sein, um 1,0 zu haben?" Das stimmt bei Unternehmen nicht so ganz, aber ungefähr. Es muss einfach alles (in Worten: alles) in Ordnung sein.

> Das Unternehmen sollte gemeinsame Vorfreude auf Prosperität sein.

Die Variablen X und Y sind hier Umsatz, Qualität, Zufriedenheit usw., aber Z ist wohl wieder dieses Ganze, die Vitalität. Ein vitales Unternehmen hat Energie, Optimismus, es packt an und passt sich an, verliert die gute Laune nicht und hält ein Gewitter aus.

So aber sehen es die Manager nicht. Sie sagen: „Es ist zu viel zu tun. Wir müssen irgendwo anfangen. Das leichteste ist es, die Auslastung zu erhöhen. Wir heben die Utilization an. Utilization ist eindeutig mit Profit korreliert. *Also impliziert hohe Auslastung hohen Profit.*" Also! Da haben wir sie nun, die Dämmerung der Dummheit. Hier wird also ein mathematischer Fehlschluss begangen. Die Auslastung wird nun im Unternehmen hochgefahren. Bald wird die Zufriedenheit sinken. Bald wird die Pünktlichkeit einbrechen. Bald wird die Qualität leiden. Bald hagelt es Beschwerden und teure Rückrufaktionen. Und schließlich kehrt Ruhe ein, weil die Kunden wegbleiben. Dann werden Mitarbeiter entlassen, damit die Auslastung weiter 100 Prozent beträgt. Circulus vitiosus. Der Teufel holt uns.

Wir sind ein Korrelatalschaden.

5. Kausalhoheit bei dummen Fronten

Es ist nun leider so, dass zwischen korrelierten Variablen meist KEIN Kausalzusammenhang besteht. Denn hinter den klitzekleinen Variablen X und Y steht meist ein Großes, um das es wirklich geht. Die Mitarbeiterzufriedenheit steht in Korrelation zum Profit. Beide hängen von der

Vitalität der Firma ab. Es besteht kein Kausalzusammenhang. Nun können Sie darauf schwören, dass die Mitarbeiter sagen: „Mach uns zufrieden, dann steigt der Profit!" Und Sie können noch einmal gewiss sein, dass der Manager antwortet: „Andersherum! Wenn der Profit hoch ist, sind wir mit unserer Leistung zufrieden, deshalb ist dann die Mitarbeiterzufriedenheit hoch. Schuftet also die Hände blutig, wir treten euch, bis der Gewinn hochschießt – dann werden wir alle zufrieden sein."

„Wenn die Gesellschaft zufriedene Kinder erzeugt, gibt es keine Gewalt und niemand wird Horrorvideos anschauen. Wir müssen die Gesellschaft ändern." – „Nein! Andersherum! Wenn wir die Horrorvideos verbieten, dann kann sie keiner anschauen und die Gewalt verschwindet."

„Wenn wir so viel Arbeitslose haben, wächst die Tendenz, zur Flasche zu greifen. Lasst uns einhalten! In Finnland arbeiten sie und trinken natürlich nicht." – „Andersherum! Diese Schmarotzer wollen nicht arbeiten. Verbietet Alkohol und sie sind wieder arbeitsfähig! In Finnland trinken sie nicht und arbeiten natürlich."

„Der Mensch ist ein Tier. Er reagiert nur auf Anreize. Wir gewöhnen ihn durch Drohungen, ihm seine Grundbedürfnisse nicht zu befriedigen, hart zu arbeiten. Das sagt Scientific Management." – „Im Gegenteil! Der Mensch ist kein Tier. Wenn man ihm die Befriedigung seiner Grundbedürfnisse schenkt, erblüht er zu Höherem. Das sagt Humanistic Management."

„Wenn wir die Löhne anheben, steigt die Nachfrage und die Wirtschaft floriert. Das sagt die ökonomische Vernunft. Wirtschaften geht nur bei Nachfrage. Sie ist der Schlüssel. Der Staat soll intervenieren. Keynes. Neoklassik." – „Andersherum! Es soll nur das produziert werden, was nachgefragt wird! Keine unsinnigen Stützungsprogramme für nutzlose Waren, keine Subventionen für Kohle und Tabakanbau. Lasst den Staat heraus, stoppt die Verschwendung! Zahlt niedrige Löhne. Dann floriert die Wirtschaft. Der Staat soll sich aus der Wirtschaft raushalten. Nachtwächterstaat. Neoliberalismus. Lassalle. Laissez-faire."

Immer werden zwei Variablen gewählt, die miteinander korrelieren. Weil es zu schwierig ist, zu prüfen, ob eine Kausalität vorliegt, wird als Hypothese eine davon als „evident" angenommen. Die Gegner der Hypothese wählen eine andere, eventuell die entgegengesetzte Hypothese. Dann kämpfen sie miteinander in Philosophie und Politik und Wirtschaft. Wer gewinnt und die Argumentationshoheit erringt, regiert die Welt nach seiner angenommenen Kausalität.

Durch diese Dummheit entsteht ein Korrelatalschaden so großen Ausmaßes, dass nach einer gewissen Zeit die Mitglieder des Systems von der gegenteiligen Dummheit überzeugt werden können. Der Staat und das Unternehmen gehen nun wieder woanders hin. Dadurch entsteht ein hoher Korrelatalschaden ... und das Pendel schwingt wieder ...

So schwankt die Welt zwischen den Kausalfürsten, zwischen Beelzebub und Luzifer. Es gewinnt immer eine Dummheit über eine andere. Die leichte auszuführende Dummheit („hau drauf") gegen die arbeitsintensive („hätschelt sie"). Die schnell eine Wahl gewinnende („erhöht Löhne") gegen die unpopuläre („kürzt Löhne") in der Politik. Die schnell einen Profit gewinnende („kürzt Löhne") gegen die Mitarbeiterzufriedenheit. Der Quick Fix, das Opportune gewinnen. Von zwei Dummheiten gewinnt die vielversprechendere.
  „Aus X folgt Y!" ist ebenso dumm wie „Aus Y folgt X!", wenn es auf Z ankommt. Deshalb gewinnt immer das Dumme, egal, wer gewinnt. Die Kämpfe bedeuten nichts. Solange sie oben kämpfen, welche Dummheit siegen solle, haben wir Menschen vielleicht ein bisschen Zeit, die Wunden heilen zu lassen.

Niemand mag auf den Grund sehen. Niemand mag auf den Grund gehen. Kassandra wird nicht gewählt. Niemand wird auf dem Grund stehen.

XXXIV. Räsonanz!

Seit ich etwas über dieses Affenexperiment gelesen habe, denke ich oft darüber nach, was wohl in uns vorgehen mag.

Es gibt ein ganzes Buch von Joachim Bauer über Spiegelneuronen, das können Sie ja auch an einem Nachmittag verschlingen – wie ich. (*Warum ich fühle, was du fühlst.*) Aber ich habe dabei ganz andere Ideen, wenn ich sehe, was der Affe tut. Die teile ich Ihnen einmal mit. Vielleicht fällt Ihnen noch mehr dazu ein?

1. Der Affe und die Nuss

Der Affe sitzt angeschnallt und hirnbetäubt. Es geht ihm gut, obwohl der Schädel geöffnet ist. Elektroden verfolgen seine Gehirnströme.

Die Forschergruppe um Giacomo Rizzolatti an der Universität entdeckte mit etwas Glück, wofür ihm im Internet schon einer der nächsten Nobelpreise angedacht wird. „Was die DNS für die Biologie ist, sind die Spiegelneuronen für die Psychologie!" Rizzolatti entdeckte 1996 ein spezielles Neuron in diesem einen Affen, das er *mirror neuron* oder *Spiegelneuron* nannte.

Immer, wenn der Affe mit seiner Hand nach einer Nuss griff, die neben ihm auf einem Tablett lag, feuerte dieses eine Neuron. Wenn er nur auf die Nuss schaute oder auf das leere Tablett griff, feuerte das Neuron nicht. Nein! Das Neuron feuerte nur, wenn seine Hand nach der Nuss griff. Die Forscher versuchten jedes Affentheater mit dem Versuchstier, aber das Neuron feuerte nur dann, wenn zur Nuss gegriffen wurde. Sie ließen dann den Affen in der Dunkelheit nach der Nuss greifen: Das Neuron feuerte.

Es wurde deutlich: Das ganze Handlungsskript „Greife nach Nuss auf Tablett" ist in einem einzigen Neuron codiert. Das Skript wird auch unter unklaren Bedingungen aktiviert.

Nun aber kommt die eigentliche Sensation: Wenn nicht der Affe selbst, sondern ein Mensch nach der Nuss auf dem Tablett griff, feuerte das Neuron ebenfalls. Im Affen wurde aber keine Handlung, selbst nach der Nuss zu greifen, ausgelöst. Das Neuron aktivierte also nur ein Programm „Greife nach Nuss auf dem Tablett" als eine Vorstellung, nicht als eine Handlung. Das Handeln des Menschen aktiviert etwas Zugehöriges im Gehirn des Affen. Die Handlung des Menschen „spiegelt" sich im Affen. Deshalb ist dieses Neuron als das erste entdeckte *Spiegelneuron* in die Wissenschaftsgeschichte eingegangen. Forscher glauben, mit der Entdeckung der Spiegelneuronen allgemeine Programme in Tieren und Menschen gefunden zu haben, die bei der Beobachtung einer Handlung bei anderen dasselbe Handlungsmuster mindestens in der eigenen Vorstellung aktivieren.

Sofort wurden Versuche mit Menschen angestellt. Das ist etwas mühseliger, weil man nicht einfach im offenen Gehirn herumwerkeln kann. Man hilft sich eben mit Kernspintomographie. Dafür haben Menschen gegenüber Affen bei diesem Experiment den Vorteil, dass man mit ihnen gut darüber reden kann, was sie spüren. (Experimente zur Arbeitswelt in Anreizsystemen und Skinner-Boxen werden dagegen gerne mit Ratten angestellt, die den unschätzbaren Vorteil haben, dass sie prinzipiell nicht über die Arbeit reden können. Mit Menschen kann man über Arbeit nämlich auch nicht reden, weil sie immer nur ausufernd jammern, wenn sie gehauen werden, was eigentlich das Experiment nur stört.) Hier also Menschen! Diese werden unter Hirnbeobachtung aufgefordert, sich etwas vorzustellen – und die Forscher sehen an ihren Versuchsgeräten, wie die Neuronen im Menschen auch bei der bloßen Vorstellung aktiviert werden. Sie feuern viel stärker, wenn die Testperson die beobachtete oder vorgestellte Aktion dabei auch wirklich zu imitieren versucht. Ich verkneife mir jetzt alle unwissenschaftlichen nackten Beispiele dazu.

Weiter mit dem berühmten Affenneuron: Es feuert auch dann, wenn die Nuss auf einem Tablett hinter einem Schirm hingestellt wird und ein Mensch sich dahinter so bewegt, dass der Affe annehmen kann, dass der Mensch nach der Nuss greift. Das Affenneuron schließt also aus Anzeichen auf das Ganze und feuert. Und noch eine Sensation: Das Neuron feuert *nicht*, wenn ein *Roboter* die Nuss mitnimmt! Es feuert nur, wenn die Aktion von einem Lebewesen seines Typs durchgeführt wird, also einem Menschen oder einem Affen. Menschen, so zeigen dann wieder andere Versuche, reagieren auch auf Hunde oder Pferde, also auf Tiere, die wie Menschen sind.

Ja – so entstand eine ganze Hype um Neuronen im Menschen, die quasi in uns simulieren, was andere tun. Viele Forscher glauben, nun der neurologischen Grundlage der Empathie auf der Spur zu sein. Wir erleben durch Beobachtung anderer unwillkürliche Resonanzeffekte. Wir fühlen damit also, was andere fühlen. Wir bilden uns damit eine *Theory of mind (TOM)* des anderen. Die Resonanzen zwischen Mutter und Kind werden so gedeutet, dass das Kind am Anfang hauptsächlich über diese Resonanzen lernt. Es macht nach, was es bei der Mutter sieht. Es lächelt zurück. Die Mutter verzieht den Mund beim Breifüttern. Sie spricht in Babysprache. „Du, du, du, dububibubidu!" Das finden wir später in Schlagern wieder. Da werden wir an die Mutter erinnert, denke ich. Meine Mutter hat auch oft „Du, du!" gesagt, aber nicht so wirklich in Babysprache ...

2. Autisten sind wieder das Gegenbeispiel!

Die armen Autisten sind auch gleich wieder dran, wenn es um das Spekulieren geht. Und es geht so richtig voll um das Spekulieren! Das ist heute anscheinend fast die Hauptsache an den Spiegelneuronen, solange es noch so wenige Versuche gibt. Die Tageszeitungen überschlagen sich mit lauter vermeintlichen Implikationen dazu. Es steht stets warnend wie bei allen Gerüchten dabei, dass noch gar nichts bewiesen ist – denn leider gibt es nur ganz wenige Versuche, die irgendetwas Näheres oder Genaueres beweisen könnten. Es wird spekuliert – auf Teufel komm raus! Das macht Spaß, besonders auch für eine Kolumne, oder? Da darf ich doch mitmachen?

Die nächstliegende Spekulation ist es, dass Autisten nicht wirklich gut mit Spiegelneuronen ausgestattet sind. Sie reagieren nicht – sie scheinen gegen Resonanzeffekte immun. „Wenn jemand nach der Nuss greift, feuert nichts." Deshalb, so denkt man, ist das Gehirn zu wenig mit den Aktionen der anderen befasst. Erste Versuchsergebnisse mit Autisten zeigen tatsächlich, dass sie sich nicht mit den Bewegungen der anderen beschäftigen, nur mit den eigenen.

Da fällt mir ein, dass meine Frau in der ersten Zeit unserer heute mehr als 30-jährigen Beziehung manchmal wissen wollte, was andere Leute angezogen hatten oder wie sie ihre Wohnung möblierten. Das wusste ich eigentlich nie. Ich kann mir nicht einmal die Namen gut merken. Meine Frau ist von Zeit zu Zeit traurig, wenn ich an ihr zum Beispiel eine zwei Jahre alte Bluse das erste Mal bemerke. Ich traue mich heute kaum noch, sie zu loben, weil ich möglicherweise die übliche Bemerkung „mit Perwoll gewaschen" einfange. Wahrscheinlich sollte sie mir das nicht immer sagen – ich finde sie doch schön. Wenn sie mich aber tadelt, wenn ich sie schön finde, vermeide ich es vielleicht später, sie schön zu finden. Was wäre damit gewonnen? Ich riskiere es also aus reiner stoischer Vernunft immer wieder und vermeide nicht, sie schön zu finden. Ich kann mir aber schon vorstellen, wie ich langsam autistisch werden kann, wenn ich immer getadelt werde, weil ich etwas nicht wie vorgeschrieben sehe. Wenn mir vorgehalten wird, warum ich es nicht sehe, werde ich wohl ehrlich sagen, dass es so nicht wichtig für mich ist. Darf ich das aber, ehrlich sein? Was interessieren mich Möbel und Ohrringe? Aber das gilt als schwer abweichendes Verhalten, also als Störung, für die bestimmt gerade die Neuroten ein neues Gen entdeckt haben, das mir in meiner DNS fehlt! Ich habe wahrscheinlich kein Möbelgen! Es heißt bestimmt komplizierter – WKInterbillytoyikaezin oder so.

Dafür schimpfen auf der anderen Seite die aufgemöbelten Leser meines Buches *Omnisophie* mit mir, weil ich während der neuen Ordnung der Weltgedanken glatte drei oder vier Seiten der 1195-seitigen Trilogie mit Zitaten von Kant, Aristoteles oder Platon gefüllt habe, um zu zeigen, was diese so denken. „Das interessiert niemanden!", ärgern sich diese Leser, die keine Lust auf Sinn haben. Ich selbst rege mich körperlich und in den Büchern auf, dass die menschlichen Seelen an jeder Ecke unseres Lebens gekränkt und verletzt werden. „Das Leben ist hart!", sagen andere Menschen, die sich wohl mehr für Möbel oder harten Stuhl interessieren. „Du musst dich dran gewöhnen, sonst gehst du unter, Gunter!" Andere Menschen entlassen treue Leute ganz plötzlich und ich spüre voller Entsetzen, wie deren Herzblut ausläuft. Ich kann es kaum ertragen. „Das ist Wettbewerb und normal!", versichern sie mir. Ach, Buddha hat doch Recht, alles ist Leiden, denke ich – aber andere sagen, das sei normal! Darwin wollte es so! Platon, Jesus und Buddha halten das Leiden für höchst abartig, aber meine Zeitgenossen sagen, Darwin sei heute weltweit entscheidend! Ich habe echte naturwissenschaftliche Argumente gegen Darwin in *Wild Duck* gegeben. Aber sie *wollen* Darwin, nicht wahr? Der Darwinismus kommt jetzt als gesellschaftsordnender Gedanke aus den USA. Aus den USA! Dort ist es fast verboten, daran zu glauben, dass Menschen vom Affen abstammen, aber bei der Arbeit gilt Darwin unbedingt. Dort lassen sich Menschen wieder zum Affen machen. Oh, ich schweife schon wieder ab! Zurück zur Sache!

Man sagt, dass sich Autisten untereinander blind verstehen, wie in einer Art Gedankenübertragung, an die sie fast wirklich glauben. Und die anderen, die Darwin anbeten, würden schwören, es gibt keine Seele. Sie spüren sie nicht, ihre nicht und keine. Wer also hat keine „*Theory of soul (TOS)*"? Ich glaube, wir Aspis (Leute mit Asperger-Syndrom oder mit vielen Punkten im Autismus-Test, der auf meiner Homepage zu finden ist!) fürchten uns vor Menschen, die ohne Seele herumgehen ... Es hilft nichts, wenn ich mir deren Kleidung merke. Es hilft nichts, sie zu verstehen, denn dann fürchte ich mich, wenn ich sie verstehe. Ich fürchte, die Aspis fürchten sich. Und schauen von klein auf nicht mehr hin – es ist zu hart. Sie *wollen* keine Resonanz, weil solche Resonanz die eigene zarte, kleine Seele verletzen würde. Die Urangst ist es, von fremden harten Gefühlen überwältigt und gefangen zu werden. Ja, das ist es. Das muss es sein. Es muss verschiedene Arten von Resonanz geben. Resonanzen sind Mitschwingungen. Wenn ich die aber nicht will? Da muss ich mich doch dagegen tot stellen?

Na, nicht gleich tot, so ein bisschen autistisch eben. Dann aber werden sie mich zwingen – zum Mitschwingen! Sie sagen: „Ich werde dich zur Räson bringen, Gunter!" Da fiel mir ein, es muss auch so etwas wie Räsonanz geben.

3. Räsonanz

Wie könnte ich die Bedeutung des Wortes angeben? Räsonanz ist für mich der Versuch, anderes in Schwingung zu versetzen. Es geht dabei nicht unbedingt um Mitschwingung, sondern einfach um Schwingung!

Politiker wollen uns in eine bestimmte Schwingung versetzen, damit wir sie wählen! Ach, wir sehnen uns so, authentische Persönlichkeiten an der Herrschaft zu haben, mit denen wir mitschwingen können. Die spüren wir heute aber nicht und werden nun als politikverdrossen hingestellt, weil wir nicht schwingen, wie sie wollen. Wir sollen auf einer vorgegebenen Frequenz der Politiker schwingen („Wähl mich!"), nicht auf unserer eigenen, auch nicht unbedingt auf der der Politiker! Es gibt unsere Frequenz, die des Politikers und die, in die uns der Politiker haben will. Wir hätten es gerne, die Frequenzen wären gleich. Das wäre Mitschwingung. Und wir würden wenigstens erwarten, dass der Politiker selbst so schwingt, wie er uns will. Deshalb werden wir jetzt beim Reizwort Hartz so böse.

Die Werbebranche will, dass wir auf ihrer Frequenz schwingen. Die Trommler bearbeiten uns unermüdlich – mit plumpen Witzen, ästhetischer Verführung, viel Haut, zischendem Biergeräusch. Sie zerren von Call-Centern aus, bieten uns stündlich Hauptgewinne und Riesenchancen. „Kaufrausch! Geiz ist so geil, wenn man alles ausgibt! Wer noch Geld in der Tasche hat, ist blöd! Bist du blöd?" Die Werbebranche will selbst gar nichts außer dem Werbegeschäft, sie hat also keine eigene Frequenz. Deshalb empfinden wir Werbung oft als verlogen und aufdringlich oder invasiv.

Manager versetzen uns in Schwingung, für weniger Geld mehr zu leisten. Da die Managergehälter aber steigen, spüren wir keine Resonanz. Es ist Räsonanz. Wir sollen in einer bestimmten Art leben, die anderen nützt.

Überall ist Räsonanz! „Wenn du sitzen bleibst, reden sie über unsere Familie. Arbeite! Wir müssen stolz auf dich sein können!" – „Ich habe ein Philosophiebuch geschrieben, das den optimalen Weg in den Himmel beschreibt! Nun lebt alle so, wie ich sage, damit ich in meinen Himmel komme!" – „Oh Kind, wenn du jetzt nicht freiwillig zum Bäcker gehst, ist die Mama so so traurig und muss weinen." – „Laut Statistik haben normale Ehepaare circa hundert gemeinsame Höhepunkte pro Jahr, darauf bestehe ich, wenigstens auf meine Höhepunkte!"

Bei Räsonanz gibt es die warmen und die kalten Methoden. Das Wissen ist eine kalte Macht. Es erzwingt Räsonanz durch Beweiskraft. Wissenschaft ist eiskalt und rationalisiert den Menschen durch Technologie. Wissen fordert unbedingten Gehorsam. Es geht um die harte Wahrheit. Perfektion ist eiskalt, sie erzwingt durch Vorwürfe von Fehlern. Sie erniedrigt und beschuldigt, verhöhnt und verlacht. Die Macht ist eiskalt und erzwingt – so oder so! „Ich will!"

Viele Räsonanzversuche finden über „Man muss!" statt, über Riten, Traditionen, Sitten, Gebräuche, über Treue, Loyalität. Ich sage nicht, ob das gut oder schlecht ist – ich will hier nur sagen, dass wir in bestimmten Schwingungen *gewünscht* werden.

Die warmen Methoden sind Verführung („Sei nachts bei mir, du wirst nichts bereuen!"), Charme, erweichende Tränen oder depressive Klage. Viele Menschen versuchen es mit Krankheiten. „Mir geht es so schlecht, also kümmert euch gefälligst!"

4. Empathie! Empathie! – Räsonanz!

Die Hirnforscher sind so glücklich mit ihren Spiegelneuronen, weil sie glauben, in den Mitschwingungsmechanismen eine wesentliche Antwort auf das Leben gefunden zu haben. Sie sagen, sie hätten vielleicht die Empathie gefunden! Die Gabe, sich in das Gehirn anderer hineinzuversetzen und ihn zu verstehen! Und immer die armen Autisten haben keine Empathie und müssen für Defekte herhalten. Die können sie ja gerne haben – aber: Wer hat denn Empathie?

Der Controller?
Der Machtmensch?
Der Perfektionist?
Der depressive Klagende?
Don Juan?
Die Gluckenmutter?

Sie verstehen sich auf Räsonanz, nichts sonst. Es geht gar nicht um Empathie, sondern um die Fähigkeit, andere in gewünschte Schwingungen zu versetzen. Dazu muss man sie nicht wirklich verstehen, sondern nur ausrechnen können.

Resonanz und Empathie sind das, was sich Wissenschaftler, Ethiker, Neurologen und Theologen wohl wünschen, aber es herrscht, wer sich auf Räsonanz versteht.

Soll ich einmal selbst den Darwin-Doofi spielen? Darwin sagte bekanntlich, dass sich das Fitte langfristig durchsetzt. (Schon das bezweifle ich. Siehe *Wild Duck*.) Darwin-Doofis schließen aber unlogisch daraus, dass alles, was sich durchgesetzt hat, fit sein muss. Sie nehmen an, dass alles, was existiert, sich gegen anderes durchgesetzt hat, also gewonnen hat. Deshalb muss alles Existierende gut sein, sonst wäre es nicht als heutiger Gewinner da. Deshalb muss in allem, was es gibt, etwas Gutes sein. Und die Biologen brüten nun über allem, was nun gut daran sein könnte. Ja, alles hat sein Gutes, sagen die Darwin-Doofis.

Räsonanz ist hauptsächlich da – nicht Resonanz. Die meisten Menschen verteilen Schwinger und schwingen nicht mit. Wir wünschen uns Empathie und studieren dann Autisten, die als Gegenteil erscheinen. Der Resonanz aber steht die Räsonanz entgegen. Der anklagende Blick. Der rauchende Zorn. Die kalte Macht in den Augen. Der strenge Blick. Die wollenden Tränen. Die gespielte Unterwürfigkeit. Die gepresste Wut. Das abweisende Lächeln. Die Verachtung. Der Stolz. Der Zynismus. Das tötende Lachen. Das kalte Schweigen.

Da das alles da ist und die Empathie fast nirgendwo – was sagt ein Darwin-Unlogiker dazu? „Empathie kann nicht gut sein, sonst gäbe es sie."

Die Geisteswissenschaftler und auch ich versuchen verzweifelt zu beweisen, dass gute Menschen die fittesten sind. Das sind sie tatsächlich auch, nur setzen sie sich nicht durch. Ach, Darwin.

Soll ich Ihnen einmal echte resonante Wahrheiten verraten, solche, die Wärme geben? „Das Leben des Menschen hat Sinn. Gott beschützt mich. Ich habe oft Glück im Leben. Ich stehe unter einem guten Stern. Mein Horoskop ist gut. Mich hat ein Kind auf der Straße wie blitzende Sonne angelächelt, als wäre es froh, mich gesehen zu haben ..." Spirituelle Wahrheiten sind resonante Wahrheiten, nicht räsonante. Deshalb behalten wir sie für uns als wahr – so wahr uns Gott helfe – weil wir dieses räsonante wissenschaftliche Effizienzzeug nicht fühlen wollen und können. Es ist zu kalt. Das Spirituelle wärmt. Gedanken müssen doch nicht immer beweisbar wahr sein, ihr kauzigen Wissenschaftler! Die wirklich wahren Gedanken sind die, die zu uns aus unserer eigenen Seele sprechen.

5. Message

Jetzt habe ich schon wieder so viel Philosophisches geschrieben! Ich wollte Ihnen eigentlich nur diese Forschungsrichtung ein wenig schmackhaft machen.

Es gibt in uns Neuronen, die bestimmte Handlungen gespeichert haben. Sie werden aktiviert, wenn „nach der Nuss gegriffen" wird. Sie können von außen aktiviert werden, wenn es jemand geeignet schafft. Ich habe hier nur besserwisserisch argumentiert, dass der Affe auch bei Räsonanz aktiviert werden könnte, nicht nur durch Resonanz. Ich störe mich nur an der Grundannahme eines sehr idealistischen Weltbildes dahinter. Aber ist da nicht etwas für Informatiker zu tun? Wie erklären wir die Schaltungen? Nuss on, Nuss off?

Welche Informatik steckt hinter der Schaltung? Warum reagiert der Affe nicht auf Roboter? (Ich weiß es ja, Roboter werden nicht verdächtigt, Räsonanzversuche zu unternehmen. Affen kennen sich nicht mit Robotern aus. Menschen reagieren teilweise sogar schon auf E-Learning auf CDs, wenn sie genug Vorstellungsvermögen haben. Die meisten fühlen noch keine echte Resonanz oder Räsonanz, deshalb ist das alles noch eine Baustelle.)

Wenn ein Schalter etwas in uns bestimmt – Nuss on, Nuss off – wie ist es mit der Freiheit des Willens bestellt? Ich kenne Blicke von Menschen, die töten so sehr, da ist kein Wille weit und breit!

Ich gebe Ihnen zwei Monate zum Nachdenken! Vielleicht schaffe ich es bis dahin, meinen Theorieversuch aus *Omnisophie* auf ein paar Seiten auszubreiten. Der Mensch besteht nämlich zu einem guten Teil aus Feuermeldern!

6. Die berühmteste aller Resonanzen

Wahrscheinlich hat wieder keiner von Ihnen das Buch von Marcel Proust gelesen. Es ist wundervoll. *Auf der Suche nach der verlorenen Zeit.* Ich bin irgendwie um die Seite 2850 stecken geblieben. Es sind aber 4200. Deshalb vermute ich fast, es hat auch keiner von Ihnen geschafft. Oder doch? In diesem Buch ist die berühmte Stelle mit der Madeleine, einem französischen Gebäck in der Form zweier gegeneinander gelegter Jakobsmuscheln. (Teig mit Mandeln, Orangenblütenwasser – riechen Sie schon beim Lesen den Duft von Madeleine Paulmier's Küche?)

Sie müssen jetzt noch die zwei Seiten von Marcel Proust lesen. Unbedingt! Bei Wikipedia das Wort *Madeleine* suchen, dann auf den Zitatlink klicken.

Das Zitat beginnt so:

Madeleine / „Viele Jahre lange hatte von Combray außer dem, was der Schauplatz und das Drama meines Zubettgehens war, nichts mehr für mich existiert, als meine Mutter an einem Wintertag, an dem ich durchfroren nach Hause kam, mir vorschlug, ich solle entgegen meiner Gewohnheit eine Tasse Tee zu mir nehmen. Ich lehnte erst ab, besann mich dann aber, ich weiß nicht warum, eines anderen. Sie ließ daraufhin eines jener dicklichen, ovalen Sandtörtchen holen, die man „Petites Madeleines" nennt und die aussehen, als habe man dafür die gefächerte Schale einer Jakobs-Muschel benutzt."

Und nach einigen weiteren Sätzen, während der Tee duftet und die Madeleine in der Hand gehalten wird:

„Und mit einem Mal war die Erinnerung da. Der Geschmack war der jenes kleinen Stücks einer Madeleine, das mir am Sonntagmorgen ..."

Und die unsterbliche Stelle endet:

„...vollgesogen haben, auseinandergehen, Umriß gewinnen, Farbe annehmen und deutliche Einzelheiten aufweisen, zu Blumen, Häusern, echten, erkennbaren Personen werden, ebenso stiegen jetzt alle Blumen unseres Gartens und die aus dem Park von Swann und die Seerosen der Vivonne und all die Leute aus dem Dorf und ihre kleinen Häuser und die Kirche und ganz Combray und seine Umgebung, all das, was nun Form und Festigkeit annahm, Stadt und Gärten, stieg aus meiner Tasse Tee."

Etwas in der Madeleine und im Tee hat eine andere Madeleine vor langer, langer Zeit angerührt. Madeleine on, Madeleine off. Was bewegt uns? Wo sind unsere Schalter? Auf welche reagieren wir? Sie? Ich? Welche legen wir um? Sie? Ich?
„Zeige mir deine Schalter und ich sage dir, wer du bist."

XXXV. Switsch! Mensch als Schaltkreis

Zisch! Ist das heiß! Ich ziehe die Hand zurück. Zuck! Mamas Zorn! Ich lasse es lieber. Jemand greift nach einem Hamburger. Das Wasser läuft mir im Mund zusammen, weil es ein MacRib ist. Mein Pawlowkörper nimmt so etwas blitzartig wahr. Anschließend tut er etwas, was schon in ihm programmiert zu sein scheint. „Kalt!", zuckt der Körper und bringt den Verstand dazu, Gründe zu erfinden, warum eine Lederjacke angezeigt wäre. „Autsch!", spürt der Manager. Es ist die Geburt seines Action-Plans. Immer wird etwas angeschaltet, dann gehandelt. Switsch! Ist der Wille denn frei? Bestimmt nicht. Wie aber sehen die Algorithmen in uns aus, die da etwas tun? Gibt es eine Informatik des Menschen? Ich gebe Ihnen eine Idee.

1. Das ganze Erkennen und das bloß aufmerkende Wahrnehmen

Vieles nehmen wir in Ja/Nein-Form wahr. Schmerz und Lust. Noch mehr wollen wir so wahrnehmen, obwohl es differenzierter ginge – aber es reicht uns 0 oder 1. Deshalb schreiben wir Rot und Grün für „Gut" und „Schlecht" in Papiere, als Zeichen für das Abwärts und Aufwärts, für Gefahr oder Zufriedenheit. Über dieses bloße Zucken der Eingeweide hinaus, die immer nur 0 oder 1 signalisieren, hat uns der liebe Gott das analytische Gehirn geschenkt, was uns das Checken mehrerer Merkmale erlaubt und daher das Berufsbild des Managers oder Beraters möglich gemacht hat. Natürlich gibt es noch Manager, die nach ihrem Bauch führen, der allein ihnen in Allmacht Hüh! und Hot! signalisiert, aber die heißen Leader. Manager im engeren Sinne können zwischen zwei (z. B. Kosten, Umsatz) oder sogar mehr Größen entscheiden, wobei der Nutzen der letzteren Variante zweifelhaft ist. „Mehr als zwei" ist einfach zu esoterisch, solange es noch zu wenige „educated brains" gibt. Wenn Sie zum Beispiel Innovation noch zusätzlich zu Umsatz und Kosten managen müssen, passt es ins Hirn meist nicht rein. Da helfen sich die meisten Manager damit, die Kosten wegzulassen und dann nur noch Umsatz und

Innovation zu managen. Aber das gehört zu den normalen Managementweisheiten. „Nimm drei, zähl zwei." 50 Prozent Rabatt.

Ich ärgere Sie einmal und erkläre den ganzen Gedankengang in dieser Kolumne „mit etwas Mathematik", sonst kommen wir aus der seichten Argumentiererei nicht heraus. Ich stelle Ihnen einige Gedanken aus der Informationstheorie vor, die von Claude E. Shannon während des zweiten Weltkrieges begründet wurde. Es geht in dieser Theorie darum, Informationen über gestörte Kanäle an andere Kommunikationsteilnehmer zu senden, die die gesendete Nachricht um die Störungen oder Übertragungsfehler bereinigen, also die Nachricht decodieren, wie man sagt. Leser des Buches *Omnisophie* kennen so etwas wie diese Passage schon. Ich will hier aber nicht genau auf dasselbe hinaus. Ich möchte Sie am Ende dieser Kolumne einmal auffordern, an den wichtigen Dingen der Menschheit zu forschen.

Ich gebe Ihnen jetzt eine Idee von der mathematischen Problemstellung des Codierens und Decodierens – das ist im praktischen Fall ein schwieriger Prozess, den Computer für uns erledigen. Danach zeige ich Ihnen kurz die Idee, wie man es anstellt, nur Ja! oder Nein! von etwas wissen zu wollen. Instinktiv! Das ist offenbar einfacher für unser Gehirn! Und jetzt – Tusch! Die Mathematik sagt, dass das Identifizieren beliebig viel einfacher ist. Wenn Sie das Wort exponentiell (für Laien: „ungefähr unendlich") verstehen: Decodieren dauert exponentiell länger als Ja/Nein-Beantworten. Das will ich hier erklären und Sie wissen schon aus der Einleitung, warum: Erkennen ist entsetzlich aufwändig im Vergleich zum 0-1-Zucken im Körper. Wir werden verstehen, warum die Psychologen uns mit Anreizsystemen (Prügeln oder Evaluationen) überziehen. Das benutzt gerade das einfache Ja-Nein-System. Stimulus – Response. Ruck – Zuck. If – then. Ein – falt.

In der klassischen Shannonschen Informationstheorie behandelt man solche Fragen:

Ein Raumschiff startet auf weite Reise und soll per Morsealphabet „piep-piep-piep"-artig Information zur Erde funken. Leider kreisen im Weltraum alle möglichen Partikel herum, außerdem stören andere Radiostrahlen die ausgesendeten Signale. Die Sonde hat eine winzige Sendeleistung. Deshalb kommen die Piep-Signale vom Raumschiff in der Regel mehr oder weniger stark gestört auf der Erde an. Diese so genannten verrauschten Morsesequenzen müssen nun wieder zu der ursprünglichen Nachricht zusammengesetzt werden.

Stellen Sie sich vor, auf Ihrem Telefaxgerät kommt solch eine Nachricht an:

1. Das ganze Erkennen und das bloß aufmerkende Wahrnehmen   375

„Die klaxxischx Txeorie dxr Ixforxation wxrde naxx dex Kriex von Claude E. Shaxxon begxündet. Max nennt sie axch shannonsxxe Inxxxmationstxxorie. Ex geht daxum, Ixxxxmation übxr gextörte Kaxxle zu übxxtragen."

Das können Sie noch gut verstehen, oder? Ich funke zum Raumschiff zurück:

„Hey, Leute, die Lottozahlen sind 11, 23, 24, 45, 46, 49." Und es kommt dort an: „1x, 2x, x4, 45, x6, 4x". Das wäre arg, gell? In den Lottozahlen ist leider kaum Redundanz, aber ein bisschen schon, weil sie der Größe nach geordnet sind. Schauen Sie: Das x hinter der 1 ist nicht mehr entzifferbar, das x hinter der 2 ebenfalls nicht. Das x vor der 4 kann keine 1 sein, weil ja schon 2x vorkam. Das x vor der 6 muss unbedingt eine 4 gewesen sein. Das letzte x kann nur eine 7, 8 oder 9 sein. Mehr ist nicht herauszubekommen.

Die Shannon'sche Theorie befasst sich mit der optimalen Redundanzeinfügung, so dass der Urtext unter fast aller Wahrscheinlichkeit wieder decodiert werden kann. (Das ist das edle Tun und Forschen der Mathematiker und Informatiker. Währenddessen bauen die Ingenieure brutal leichtere Batterien oder große Raumschiffe mit dicken, langen Sendemasten, so dass der feinsinnige mathematische Quark später nicht angewendet werden muss. Ach ja, das ist ein ganz eigenes Thema. Ingenieure sind schneller.)

Ins Geschäftsleben übertragen: In einer riesigen Datenbank eines Unternehmens steht das aufgenommene so genannte Wissen, das sind die Informationen von außen, die aber grässlich verfälscht sind. In einer Datenbank steht zum Beispiel: „Wexx Siemxns wüsxtx, wax Sixxens weixx …" Dieser Satz ist in der Wissenschaft des Knowledge-Management heilig. [Anmerkung 2007: Dieser heilige Satz ist heute auf ganz irre Weise politisch inkorrekt, weil Siemens in einer Krise steckt. Diesen Satz hätte ich mir heute verkniffen.] Können Sie ihn decodieren? Leider sind alle Datensätze normalerweise so schrecklich verhunzt, dass die Controller sich alle Mühe geben müssen, die x'se wieder zu u's zu biegen. Sie sagen danach, sie hätten jetzt „ein Bild des Unternehmens". Das Bild hat garantiert Tabellenform. Controller sind excel-sichtig. Ist ja bekannt. Der Boss des Unternehmens schaut auf die Tabelle und runzelt die Stirn. „Schaffen wir das Quartalsziel? Ja oder Nein?" Der Controller mit der mehrspaltigen Sicht: „Ich will Ihnen das so erklären …" – „Papperlapapp, immer Ausreden! Ja oder nein!!" Genauso ist es bei den Lottozahlen. Die obige verxxte Version reicht ja ziemlich sicher für die Antwort auf folgende Frage: „Habe ich sechs Richtige?" Antwort: „Nein." Sehen Sie, das Wesentliche steht ja drin.

Ich will sagen: Meistens will man nur ein einziges Bit an Information. Ja oder Nein. Beim Lotto noch weniger, weil ich ja vorher schon weiß, dass die Antwort so ungefähr nein ist. Wenn Sie zum Beispiel jemanden fragen, ob er Sie heiratet, wissen Sie ja auch, dass er Ja! sagt. Sonst fragen Sie ja nicht. Etc. Also: So viel wollen wir ja nicht wissen. Meist doch nur Ja oder Nein. Manager sind darauf optimiert und hassen es, wenn die Wissenschaftler mit dem vollständigen Senf kommen, also die Lottozahlen lange analysieren und vorbeten, obwohl offenbar schon alles verloren ist. Normale Uni-Leute nerven also mit dem jahrelangen exakten Decodieren der Nachrichten der Natur und nennen es Erkenntnis oder im ätzenderen Fall wissenschaftliche Erkenntnis, während Manager nur die wesentlichen Handlungssignale herauspicken. 0 oder 1. Raubtier: „Nahe genug dran? Wehrlos genug? Spring ich – jetzt?"

Wissenschaftler sind süchtig auf die volle Geistesdröhnung, Leader brauchen nur das Signal im Bauch. Und die beiden Gruppen sind gegenseitig übereinander irritiert, weil sie anders gesteuert sind. Dabei sind sie jeweils die Größten. Die Wissenschaftler erkennen alles und die Leader bekommen alles. Jeder, wie er will. Der Entrepreneur, Unternehmer oder „Bauchmensch" nimmt das Bauch-Ja-Nein für alles. Es ist seine Wahrnehmung. Er nimmt für wahr, was das Signal anzeigt. Das heißt – er ist gewiss, dass die auf die Wahrnehmung erfolgte Aktion die genau angezeigte ist. Er handelt bestmöglich. Ganz instinktiv. Der Wissenschaftler weiß durch Erkennen alles, kann aber in der Regel nie sagen, was jetzt im Moment zu tun wäre. Er befasst sich damit nicht wirklich, nur mit der ewigen Strategie, der einzig wahren. Weisheit versus Instinkt, Priester versus Krieger.

2. Nachrichten codieren und decodieren

Sie sollten jetzt gelernt haben: Wir können Dinge genau erkennen, also ganz entschlüsseln oder wir können einfach im Bauch spüren, ob es Plus oder Minus ist, Ja oder Nein, Fight oder Flight. Das ist die auch unter Tieren gebräuchliche instinktive Auffassung vom Leben. Zwischen diesen extremen Polen steht die Merkmalsliste des Controllers. An einem profanen Beispiel erklärt – der Bauch sagt: „Pfui, das grüne Zeug stinkt. No eat." – Controller: „Darf ich wissen, nach welchem Rezept es entstand? Haben Sie eine Liste, damit ich weiß, was es ist?" Wissenschaftler: „Ich weiß ja nicht, ist es bio-öko-vega-frisch? Ist es wilder Spinat? Aus der Provence? Wie geerntet? Lassen Sie mich vorsichtig ein Milligramm probieren? – Nein, es war schon einmal kalt! Betrug! Sagen Sie einmal..." Für jede Stufe braucht man mehr Information. Der Bauch braucht nur ein Bit. Der Controller braucht höchstens acht Spalten mal zehn Zeilen, weil man mehr nicht mit Beamer an die Wand bekommt und damit an Vermittelbarkeitsgrenzen stößt. Also: Controller liegen auf jeden Fall noch im Kilobytebereich. Wissenschaftler aber sind sich einig, dass der effektivste Weg, etwas über Spinat zu sagen, der ist: Man erkennt die Welt als Ganzes und beantwortet jede Einzelfrage als triviales Korollar aus dem Ganzen.

Noch einmal zur Dramaturgie: Ich erkläre kurz den Hauptsatz der Informationstheorie, über das Senden und vollständige Decodieren. Sie müssen nur einen groben Eindruck gewinnen. Danach erkläre ich kurz etwas über das einfachere Problem, nur um zu sagen, dass „etwas da ist", eingetreten ist, passiert ist. Sie sollten nur einen ungefähren Eindruck gewinnen. Es geht mir hier nicht um die Mathematik, sondern um die Konsequenzen. Halten Sie das aus, eine Seite?

Der Hauptsatz der Informationstheorie von Shannon sagt etwas über das optimale ganze Codieren und ganze Decodieren aus. Eine Nachricht wird gesendet und soll ganz verstanden werden. Das Modell geht davon aus, dass Signale (von einer fernen Raumstation) mit einer gewissen stabilen Wahrscheinlichkeit gestört ankommen. In unserem Beispiel: Im Durchschnitt kommen so und so viel Prozent der Buchstaben als x an. (Sie könnten auch vertauscht sein – alle Varianten sind denkbar. Hier alles ganz einfach!). Wenn alle Nachrichten mit sehr vielen xsen unten ankommen, darf man verschiedene Nachrichten nicht zu ähnlich absenden, sonst kann man sie unter Störungen nicht mehr voneinander unterscheiden.
    Erste Nachricht: „Houston, wir sollen den Sauerstoffvorrat melden: 1 t"
    Zweite Nachricht: „Houston, wir sollen den Sauerstoffvorrat melden: 0 t"
    Das ist typisch Wissenschaftler, er sagt so sehr viel, dass das Wichtige darin untergeht. Mit einer guten Wahrscheinlichkeit kommt die Nachricht so an:
    „Hoxxton, wxr sollex dxx Sauerxxoxxvorxxx melxxx: 0 x"
    In Houston: „Hey, wo liegt Hoxxton? Und welche Einheit meinen die denn? Kilo? Tonnen? Gramm?"

Shannon stellte fest, dass von allen Sätzen mit n Buchstaben nur solche als Nachrichten gesendet werden sollten, die sich von jedem an genügend vielen Stellen unterscheiden, so dass sie wieder eindeutig rekonstruierbar sind. Systeme, die das erfüllen, heißen Codes, die Nachrichten

Codewörter. Wenn die Codewörter alle Sätze aus n Zeichen sind und wenn – wie bei Computern üblich – nur die Buchstaben 0 und 1 zugelassen sind, dann gibt es insgesamt

2 hoch n verschiedene Wörter der Länge n.

Da sich die Wörter in einem Code vernünftig stark unterscheiden müssen, kann ein bestmöglicher Code nur höchstens

2 hoch n mal C viele Codewörter enthalten und es gibt auch solche Codes.

C ist eine Zahl zwischen 0 und 1 und heißt Shannons Kanalkapazität. (Wenn keine Störungen vorliegen, ist C gleich 1, beim vollständigen Rauschen 0.) Die Aussage des Satzes wird Hauptsatz der Informationstheorie genannt. Die Theoretiker versuchen nun, möglichst große Codesysteme zu bauen, um die Kanalkapazität bestmöglich auszunutzen.

3. Identifikation von Nachrichten

Was aber tut man, wenn man nur ein einziges Bit Information haben will? Ja oder Nein? Für diese einfache Frage braucht man doch offensichtlich das alles nicht?

Stellen Sie sich vor, ich scanne die Gesichter im Münchner Fußballstadion, weil ich meine Frau suche. Ich schaue nacheinander alle Menschen an und decodiere sie. „Das ist Herr Maier. Nicht meine Frau. Next. Das ist Frau Schmidt. Nicht meine Frau. Next. Das ist Herr Barthelmess. Nicht meine Frau. Next …" Macht man das so? Ich könnte zum Beispiel bei jedem Gesicht auf Pixelkoordinate (678, 1980) nachschauen, ob da ein Leberfleck ist? Am besten wäre es, meine Frau und ich vereinbaren, dass sie einen schwarzgelben Schal schwenkt. Meine Frau codiert also ihre Identität in eine Schalfarbe, die in München nicht eben häufig vorkommt. Dadurch erregt sie Aufsehen und ich erkenne sie sofort. Ich achte einfach nur auf gelbschwarze Schals. Ich identifiziere meine Frau, indem ich sie mit einem gelbschwarzen Schal identifiziere. Wenn ich einen umwickelten Schal dieser Farbe sehe, ist meine Frau drin. Natürlich kann es sein, dass es eine zweite Frau gibt, die auch im Stadion eine solchen Schal trägt, dann habe ich einen Fehler begangen! Uiih, das wäre schlecht! Der Mathematiker spricht von Fehlerwahrscheinlichkeit … Und der praktische Mensch riskiert einen zweiten Blick hinter den Schal…

Rudolf Ahlswede (mein Doktorvater) und ich haben 1986 das Problem gelöst, wie man Nachrichten so komprimiert, dass ein Empfänger immer noch seine entscheidende Frage mit ziemlicher Sicherheit beantworten kann. Wir haben es „identification of information" genannt. Modell: Ein Sender hat N verschiedene Nachrichtenmöglichkeiten, eine davon soll übermittelt werden. (Beispiel: N sind alle Lottokombinationen, eine davon wird gezogen und wird im Fernsehen gesendet.) Ein Empfänger will wissen, ob eine bestimmte Nachricht aus den N möglichen vorliegt oder nicht. Wenn etwas gesendet wird: Ist es „seine" Nachricht oder nicht? Ja oder Nein? (Beispiel: die eigene Lottokombination, die der Sender natürlich nicht kennt!)

Frage: Was muss man senden, damit der Empfänger mit ziemlicher Sicherheit die richtige Antwort berechnet?

Antwort: Jeder Nachricht werden von Sender und Empfänger bestimmte Merkmale zugeordnet, die leicht zu übermitteln sind. Wenn der Sender eine Nachricht zu senden hat, wählt er zufällig aus den vorher bestimmten Merkmalen eines aus und sendet dies. Wenn der Empfänger dieses Merkmal empfängt, so schaut er nach, ob es ein Merkmal seiner eigenen erwarteten Nachricht ist.

Vorteil: Statt der ganzen Nachricht wie im Shannon'schen Modell muss nur ein klitzekleines Merkmal gesendet werden, mehr nicht. Die Sendezeit des Merkmals gegenüber der Sendezeit für die volle Nachricht liegt etwa bei

n zu 2 hoch n oder wie log n zu n.

Die Sendezeit ist in diesem Modell also fast unendlich viel kürzer als die Sendezeit bei vollständiger Nachrichtenübertragung. Ungeheuerlich viel kürzer!

So, ich glaube, ich lasse es einmal dabei. Ein bisschen mag ich Sie verwirrt haben, weil ich so kurz und beispielhaft war. Ich will Ihnen ja nicht den Beweis vortragen oder das formale Modell. Das sagte ich schon. Merken Sie sich nur: ungeheuer viel kürzer!

4. Beispiele aus dem Leben

Bald ein Jahr meines Lebens habe ich mit dem Beweisen und Ausarbeiten der Theorie der Identifikation verbracht. Ich kenne die technischen Lösungen sehr gut, denn ich trug sie 1986 Tag und Nacht mit mir und

Johannes herum (Johannes war geboren und schlief einfach „nie", meine Frau und ich teilten uns „das alles"). Seither habe ich oft körperliche Erlebnisse, die mich immer wieder über die Theorie nachdenken lassen. Sie gehen meist einher mit einem starken Zucken im Bauch.

- Ich trottele in die Tiefgarage und zucke. Ich weiß plötzlich, dass mein Auto weg ist. Erst bestürzt chaotisch prüfe ich, dann gehe ich alle Autos durch, resigniere, denke wieder. Mir fällt ein, dass ich mit dem Auto meiner Frau kam. Später weiß ich irgendwie genau, dass ich nach der Farbe meines Autos suchte. Ja – Nein.
- Seit vielen Jahren zucke ich zusammen, wenn ich Reiskräcker mit Trockenerbsen im Supermarkt nur schwach sehe. Erst nach vielen Malen erinnerte ich mich, dass ich auf Rhodos schwere Bauchkrämpfe hatte, damals unerklärbar. Und ich erinnerte mich, dass es solche Kräcker waren, die ich zuvor gegessen hatte. Mein Bauch weiß heute noch, was mein Verstand nie erkannt hatte!
- Ich stehe vor der Tür und weiß, dass der Schlüssel im Büro ist. Der Bauch weiß es. Es beißt. Woher weiß er das?
- Ich habe ein paar Mal Johannes auf dem Spielplatz aus den Augen verloren. Weg! Ich scannte wie die Autos alle Kinder ab. Kein Johannes. Panikattacke. Ich ging die Kinder noch mal und noch mal durch. Johannes war mittendrin. Wieder da! Ich war total verwirrt. Später fiel mir ein, dass ich wie bei dem Auto auf seine Jackenfarbe angesetzt war. Ein Sensor in mir schien immer anzuschlagen, wenn Signal Blau verschwand. Blau ist Johannes da. Nicht Blau – Johannes weg.
- Ich bin vor etlichen Jahren irre gestresst nach Hause gefahren, war wenige hundert Meter vor dem Haus am Ortseingang. Jeden Tag fahre ich da entlang. Ortsschild, das Auto hat noch ca. 55 drauf – da krachte es plötzlich. Das Auto stand. Ich war auf einen Stahlcontainer gefahren, der an der Seite abgestellt war. Ich hatte nicht gebremst und nicht reagiert. Das rechte Rad war abgerissen, das Auto absolut hin. Der Container hatte keinen Kratzer. Ich stand mehrere Wochen unter dem Schock, dass in mir etwas nicht mehr funktioniert. Ein sicherer Algorithmus war ausgefallen. Was war es? Ich glaube heute, dass unter dem Stress der normale Instinkt nicht mehr eingeschaltet war.

Kennen Sie selbst auch solche Begegnungen mit Ihrem Körper? Ich habe zu Testzwecken oder zum Sammeln von Erfahrung einen Blog eröffnet, dort stehen schon viele Kommentare zu Daily-Dueck-Geschichten auf meiner Homepage omnisophie.com. Ich richte dort eine Rubrik ein, ja? „Instinktreaktionen". Sie schreiben etwas? Danke!

http://dueck.blogspot.com/

Ich glaube nämlich, dass der Körper ungefähr so funktioniert wie die Algorithmen, die immer nur Warnanzeigen in die Eingeweide leiten, damit der Kopf tut, was der Bauch will.

5. Schalter, Sensoren, Seismographen

„Sag nur nicht dieses Wort! Darauf fährt sie ab! Sag nicht ‚Mannjahre', dann hast du eine Diskussion am Hals!" – „Er sagt so irre oft ‚Tür zu!', du könntest denken, er hat die Türklinke selbst im Körper." – „Lob mal abwesende Leute in ihrer Gegenwart, da leidet sie unsäglich und macht alle schlecht. Du musst sie loben." – „Depressive haben andere Wahrnehmungsschwellen. Sie werden früher traurig als andere."

Vielleicht steuern uns solche Schalter? Ich stelle mir den Menschen so vor: Am ganzen Körper hat er einige tausend Identifikationsalgorithmen oder Sensoren. Sie lauern ihr Leben lang auf etwas, was eintritt: zu laut, zu leise, kalt, Beleidigung, Chef kommt, Frau wird böse sein, irgendwo gibt es Hohes C zu 79 Cent. Dann zuckt dieser Spezialsensor zusammen und fordert das Hirn auf, ein Skript abzuspulen: Zurückhauen, Mantel anziehen, für ein halbes Jahr O-Saft einlagern. Viele tausend Lauersensoren horchen in mir. Die meisten sind immer still, es passiert ja nichts. Da! Das Kind kippt das Glas um! „Pass doch auf! Pass doch auf!", schreien wir und klären das Kind auf, was es vorher hätte tun sollen. Der Mensch kann gut einige Tausend Sensoren gleichzeitig lauern lassen, weil sie ja fast immer schweigen. Alle paar Minuten schlägt einer an. „Vorsicht, es ist eisglatt." Dann passen wir auf und tun etwas. Meistens dasselbe. „Vorsicht, das Bremslicht." Und der Fuß steht schon auf der Bremse.

Ich stelle mir vor, dass wir aus solchen Algorithmen heraus den Instinkt des Menschen modellieren können. Jeder Mensch hat eine Menge Schalter, und jeder ist auf einen Threshold eingestellt. Das ist die Reaktionsschwelle. Manch einer wird schnell wütend, eine andere erst später. Verschiedene Menschen haben verschiedene Thresholds, reagieren also nicht gleich. Ich zum Beispiel reagiere auf Schmutz in der Wohnung später als meine Frau. Deshalb beginnt sie immer mit dem Putzen und behauptet, ich sei „schmutzig". Dabei reagiere ich etwa einen Tag später, weil mein Threshold höher ist. Dagegen erledige ich alle E-Mail sofort, sie nicht. Das regt mich auf und ich finde, sie ist in Gefahr, etwas zu verschlampen. Wenn wir jeweils wegen Dienstreise des anderen allein sind, ist es aber bei mir sauber und bei ihr alles geregelt. Wir schalten nur anders. Manche laute Mitmenschen lassen den Automotor laut aufheulen – sie sollen doch schalten! Sie schalten aber erst später. Immer! Tja. Depressive haben mal einen Tiefschlag bekommen. Da setzt ihr Körper die Trauerschwelle oder Resignationsschwelle tiefer, weil er ein tiefes Leid erfuhr. Wenn aber jemand eine niedrigere Schwelle hat als alle anderen, wird er immer zuerst traurig, so wie meine Frau immer zuerst sauber macht. Da sagen alle Nichtdepressiven: „Jammersuse!" Sie haben insbesondere weder Mitleid noch Verständnis – nur weil der Depressive ein paar Stunden eher traurig wird, weil er verschaltet ist. Der normale Mitleidschalter der normalen Menschen schaltet dann noch nicht! Es gibt kein normales Mitleid für unnormale Traurigkeit. Wenn einer vorzeitiges Leiden zeigt, gilt es nicht, weil es meine Schalter nicht bedient.

Merken Sie, dass ganz vieles mit solchen Wahrnehmungs- und Reaktionsschwellen zu tun hat? Dass ich damit die üblichen Verrücktheiten des Alltags erklären kann? (Lesen Sie mehr in *Topothesie*.)

Verschiedene Menschen haben ganz verschiedene Schalter und Schwellen. Meine sind ganz niedrig. Highly sensitive! Ich zucke oft zurück, kämpfe überhaupt nicht gerne und werde von meinen Schaltungen oft zur Flucht aufgefordert. Johannes ist immer fröhlich und unbekümmert. Es kümmert ihn anscheinend nichts. Er scheint keine wesentlichen Schalter zu haben. Meine schlagen Alarm – und er merkt nichts und ist einfach weiter frech glücklich! Ich beneide ihn.

6. „Ich liebe ihn! Er schaltet wie ich!"

Merken Sie es? Ich bin mit meinen Argumenten eine große Schleife geflogen. Ich wollte an die vorige Kolumne anschließen, in der es um Resonanz und Räsonanz ging. Körper stehen in Resonanz, wenn sie gemeinsam schwingen. Beim Sex zum Beispiel. Ich meine aber nicht gemeinsames Turnen, sondern Resonanz oder Liebe oder Verschmelzen. Räsonanz dagegen ist Schwingungserzeugung in einem Körper wie „Furcht einflößen", „verliebt machen" oder „Respekt beibringen".

In Sinne der Schalter wäre dann Resonanz die Erfahrung, dass die Schalter des anderen Menschen auf meine abgestimmt sind und harmonieren? „Er tickt wie ich." – „Wir verstehen uns blind." Räsonanz dagegen, das zum Schwingen bringen, SETZT Schalter in andere Menschen hinein, damit sie wie gewünscht funktionieren.

Das Verstehen der Schalter der anderen und das Harmonieren mit ihnen wäre dann emotionale Intelligenz? Die Fähigkeit, Schalter in andere zu setzen und sie zu instrumentalisieren, wäre die von Führungspersönlichkeiten und feinen Eltern, aber auch von Sadisten, Machtgierenden, „Rücksichtslosen", schlicht machtbestückten Unfähigen und allen Neurotikern?

Manche Menschen, die falsche Thresholds an den Schaltern haben, lösen dauernd Fehlalarm aus (Depression, reagiert zu schnell traurig oder viel zu schnell euphorisch). Andere schalten so oft, dass sie nicht wissen, was sie tun sollen (Schizophrenie). Manche haben so hohe Reizschwellen, dass sie nichts merken („unsensitiv") und grob sind. Diese haben ein dickes Fell.

7. Stimulus & Response

So langsam wird alles unklar verwickelt. Es gibt ja auch Leute, die alles empfinden, aber gar nichts tun! Sie heißen reaktionsträge wie bestimmte chemische Elemente, die sich gerne aus Verbindungen heraushalten. Wir sollten einen Unterschied machen zwischen der Wahrnehmungsschwelle bei Schaltern und der Reaktionsschwelle oder wir könnten uns mehrere Schalter denken.

Manche nehmen Reize auf, die stark genug sind. Manche schalten auch ohne Reize Handlungen ein – der Herzmuskel arbeitet hoffentlich immer. Manche reagieren „blind", also unverzüglich, auf Reize – das Auge zuckt, die Faust schlägt zu. Manche nehmen Reize auf und bitten das Gehirn, sich damit zu befassen. Das Gehirn kann entscheiden und dann Handlungen einleiten.
    Die Erziehung des Menschen hat stark etwas mit solchen Schaltungen zu tun. Man soll immer automatisch das tun, was einem gesagt wird. Wenn das nicht automatisch geht, muss die Sache quasi altmodisch manuell erledigt werden. Der Reiz kommt ins Hirn, welches auf der Festplatte Fakten abruft und durch Kopfrechnen herausfindet, was „man" jetzt tun soll.
    Wild-Duck-Gehirne, die von Künstlern oder bestimmten Informatikern, denken ohne jede Festplattenbenutzung immer frisch. Wenn man ihnen bewährte und praktische automatische Reaktionsprozesse oder eine Festplatte (User Manual) verpassen will, reagieren sie mit Reaktanz. Reaktanz ist der Blindwiderstand in der Physik und bezeichnet im Marketing

den Widerstand des Kunden, sich von klar wahrgenommenen und voll verstandenen Werbemessages beeinflussen zu lassen. Man kann ja auch alles wahrnehmen und dann nicht einmal nur träge, sonst finster willentlich absolut nichts tun!

Ein Arzt in einer Krebsklinik ist gut beraten, alles zu spüren, um alle Information zu haben. Sie darf ihn aber nicht selbst zu stark berühren. Er muss Mitleid und Hilfe von eigener Betroffenheit trennen. Viele müssen in unserer Zeit Mensch und Rolle trennen ...

Es muss etliche verschiedene Schalter geben:
- Aufmerksamkeitsschwelle
- Wahrnehmungsfeinheit
- Reagibilität (Feinheit der Reaktion)
- Handlungsschwelle
- Durchschalten zum Nachdenken
- Reiz-Handlungseinheit herstellen („instinkiv")

Können wir aus Sensoren, Schaltern, Relais einen Schaltkreis des Menschen andenken? Das kommt mir immer wieder in den Kopf, wenn ich an die Forschungen mit Rudolf Ahlswede über Identifikation denke. Übrigens: Die Arbeiten haben den höchsten Wissenschaftspreis gewonnen, „IEEE 1990 Best Paper in Information Theory". Die Ingenieure waren begeistert. Aber ich spüre seit langem, dass die Informatiker daraus viel mehr machen könnten, nämlich: den Menschen besser verstehen helfen.

8. Von Schaltern zu Schaltungen zu „Wissen" zum Menschen

Erinnern Sie sich an die Beschreibung des Affenexperimentes in der letzten Kolumne? Das eine untersuchte „Spiegelneuron" feuerte immer, wenn jemand eine Nuss vom Teller nahm. Man baute eine Wand zwischen Teller und Affe, aber wenn sich jemand so ähnlich benahm, als würde er die Nuss nehmen, feuerte das Neuron. Es schien auch unter widrigen Bedingungen und unklarer Sicht immer zu feuern, wenn es „dachte", dass die Nuss genommen würde.

Als ich diese Stelle das erste Mal las, bekam ich so ein bisschen Gänsehaut. Es passt genau zu der Theorie unserer Identifizierer! Diese suchen sich ein Merkmal von „Nuss genommen?" zufällig heraus. Bei Ja!

Feuert das Neuron! Es wird also nicht ERKANNT, dass die Nuss genommen wird, sondern es besteht eine hohe Indikation, dass es so ist. Wenn man es erkennen will, muss man es echt decodieren und verifizieren. Das ist aber unendlich viel schwerer.

Die Codierungstheorie holt die gesamte Information aus der Nachricht. Die Identifizierungstheorie beantwortet nur ein Ja oder Nein. Sie entscheidet nach einem Merkmal oder einem Indiz. Das ist fast übereinstimmend mit „instinktiv". Nun könnte ich ja den Vorgang wiederholen? Wenn ich wieder das Stadion nach meiner Frau abscanne und „Schal JA!" herausfinde, dann suche ich nach „Haar braun?" oder „Guckt sie, als ob sie mir fehle?" Ich wiederhole also die Zufallsauswahl zur Identifizierung meiner Frau und werde bei mehreren JA! zunehmend sicher. Nach ungefähr vier oder fünf Ja halte ich dann das Vorliegen von mehreren positiven Indikatoren für Gewissheit. So etwa prognostizieren die Institute Wirtschaftsentwicklungen. Dann wäre Wissen also so etwas wie ein paar Mal JA bei einer Sequenz von Schaltern?

„Er schaut freundlich. Er blickt die Tusse neben mir nicht an. Er hat versucht, beim Sprechen meinen Arm zu berühren. Er lächelt unsicher. Er bietet mir einen Red Bull mit Jägermeister an. Wird das was mit uns?"

(Nun muss noch ein Schalter wissen, ob er sofort reagiert oder Nachdenken zuschaltet oder andere Hilfsorgane.)

Wenn man oft hintereinander immer ein neues Bit per Ja/Nein aus einem Sachverhalt zieht, erhält man graduell Information. Erst sind Merkmale da, dann Daten, dann eine Tabelle, schließlich so etwas wie eine Ahnung, irgendwann, was wir für Wissen halten. Instinktive wissen sofort. Controller erst, wenn es ein Rechteck von Daten gibt. Techies finden auf dieser Stufe noch, dass man keine Ahnung hat und erheben viel mehr Daten als auf einer Checkliste Platz hätten. „Ich weiß es besser!", sagen sie.

Wann aber WEISS man etwas? Nie? Ich weiß jetzt durch meine Theorie, dass ich nichts weiß.

Aber mich würde interessieren, ob die schrittweisen Identifikationen einen Weg zur formalen Beschreibung des Denkens aufzeigen könnten? In der Informationstheorie senden und empfangen sie alle, die Ingenieure und Mathematiker. Aber Psychologen oder Biologen waren noch nie auf unseren Kongressen. Gibt es da Verbindungen? Mein Instinkt sagt klar JA! Ich weiß aber noch nicht so viel, dass ich genug Ahnung habe.

Ich wollte nur instinktiv sagen, dass hier ein riesiges Forschungsgebiet schlummert.

Lachen Sie nicht! Sie lachen auch oft über Manager, die ohne jede Ahnung instinktiv das später Richtige tun. Ich weiß, dass Sie lachen, weil Sie mehr zu denen gehören, die lieber zehn Jahre nichts sagen, bis alles bewiesen ist! Was bewiesen ist, muss einfach sein! Das Schwierige aber ist länger als ein paar Seiten Beweis! Wollen Sie davor kneifen? Ach was, ich trau mich einfach, in einer Wissenschaftszeitung etwas zu ahnen, ohne eine Ahnung zu haben. Ich bin dann der Urahne dieses Gebietes!

So, das war der Schluss der Kolumne. Tolles Wortspiel. Mir fällt ein, ich sollte im nächsten Heft mit Gedanken über die Freiheit des Willens fortsetzen. Es kann doch sein, dass die Schalter schon direkt den Körper steuern? Hat das Hirn eine Chance? Darüber gibt es seit längerem und derzeit wieder eine ganz ätzende philosophische Debatte. Versuche zeigen, dass Menschen ein gutes Sekundenbruchteil vor einem bewussten Hirnentscheid handeln! Der Körper tut etwas – BEVOR das Hirn befiehlt! Das kläre ich mit meinen Argumenten hier spielend auf. Aber was dann? Ich muss noch nachdenken.

XXXVI. Mathematik – eine Herzensangelegenheit

Mathe ist überall. Mathematik ist Liebe. Mathematik ist Schönheit, Symbol des Exakten und Systematischen. Mathematik ist Wahrheit. Mathematik schafft Nutzen und Regeln. Mathematik ist eine eigene Sprache.
Wer sie versteht, kommt ins Staunen.
Wer sie beherrscht, ist Mathematiker.
Wer es liebt, wie ein Poet persönlich Neues in dieser Sprache zu erschaffen, ist glücklich. Er hat nebenbei das Denken erlernt. (Denken! Nicht nur: Mitdenken! Nicht nur: Verstehen!)

Klingt das nicht gut?
Sie sollten das im Ohr behalten.
Es sollte Ihnen wirklich daran gelegen sein, denken zu lernen, wenn Sie Mathematik studieren wollen. Man sagt, Mathematiker seien in gewisser Weise universell ausgebildet, weil ihre Mathematik „im Zentrum" sei. Das ist wohl ein Missverständnis: Eher dann, wenn Sie das Denken erlernt haben, sind Sie in gewisser Weise universell vorbereitet! Und auch das stimmt nicht: Zum Denken muss noch das Handeln dazu! Das Handeln ist ganz und gar nicht automatisch dabei. Es muss *zusätzlich* mühsam gelernt werden. Hören Sie? *Mühsam!* Ich weiß es, ich bin Manager. Wenn Sie dieses Buch hier lesen, werden Sie sicher mehr Freude am Denken als am Handeln haben. Deshalb habe ich dieses warnende Wort hingestellt: *Mühsam.* Sie werden später im Beruf noch merken, dass Mathematik nicht alles war.

Wahre Mathematiker lieben ihre Wissenschaft. Es wird oft behauptet, besonders von ihnen selbst, sie seien glückliche Menschen. Es gibt beeindruckende Statistiken, wie lange sie mit ihrem unermüdlichen Gehirn leben, besonders wenn sie dazu noch verheiratet, evangelisch und kindergesegnet sind (bin ich alles!). Mathematik hält jung. Ich habe zum Beispiel zwei Kinder, meine Frau drei.
Leider erscheint es so, dass die Mathematik nicht jeden „hineinlässt". Mathe sei zu schwer, jammern hohe Prozentzahlen von Studienabbrechern. Mathe sei trocken, sagt eine Radio-Reklame in diesen Tagen, dagegen helfe nur das Hinunterstürzen eines bekannten Mineralwassers.

Das macht mir oft Kummer. Wenn „die alle" so reden ...

Ich habe lange darüber nachgedacht, warum gerade Mathematik so erscheint. Es liegt für mich an der relativen Unzugänglichkeit ihrer höchsten Leistungen. Angehende Köche wissen nach einem Gala-Menu in einem mehrsternigen Restaurant, wohin sie sich entwickeln müssen. Angehende Musiker können sich ein paar CDs anhören, Sportler im Stadion sehen, was die Meister leisten. Kunst, Literatur, Ingenieurwesen, Informatik können am Eingang zu ihrer Wissenschaft mit ihren offen daliegenden Glanzergebnissen prunken. Der eintretende Schüler vermag staunend zu ahnen, wohin es ihn ziehen wird. Wie aber lieben wir geniale reine *Gedanken*? Nicht das Ergebnis, meine ich, sondern das geniale *Denken*? Die reine Fähigkeit zu *verstehen*?

Wer Mathematiker werden will, muss wollen, im Denken geschult zu sein.

Mathematiker meinen oft mit dem Denken, dass sie so genannte „Probleme lösen" können. Ein Problem ist eigentlich eine Aufgabe, die es zu lösen gilt. „Zeigen Sie, dass es unendlich viele Primzahlzwillinge gibt." So lautet eines der berühmtesten Probleme. Es ist seit Menschengedenken ungelöst. Ich probiere kurz: 11 und 13 ist ein Primzahlzwilling, 59 und 61, 101 und 103. Ja, da gibt es viele. Werden sie seltener, wenn man in größeren und größeren Zahlen sucht? Ich werfe meinen Computer an. Ja, sie werden seltener, aber nicht so arg. Wenn aber ihre Häufigkeit nicht so beunruhigend sinkt, warum sollte es etwa mit den Primzahlzwillingen plötzlich aufhören? *Warum* sollten sie aufhören? „Intuitiv" weiß ich, dass es unendlich viele Primzahlzwillinge gibt. Kann ich es aber beweisen? In der Sprache der Mathematik? So kann das Leben eines Mathematikers beginnen. Er stürzt sich in eine Problemstellung und versenkt sich in einen Strudel des Denkens.

Als ich in Göttingen mit dem Studium der Mathematik begann (bei Heinz und Lyra), wunderte ich mich erst einmal über die geringe Stundenzahl der Vorlesungen. Zweimal vier Stunden Lineare Algebra und Analysis. MO, DI, DO, FR! Jeweils um 11–13 Uhr sollte ich kommen, dazu je zwei Stunden Übungen irgendwann am Nachmittag. „Und macht zusätzlich etwas im Nebenfach!", hieß es lapidar. Ich fragte entgeistert: „Das ist alles?" Fragen Sie das einmal, wenn Sie anfangen. Sie bekommen ein rätselhaftes Lächeln zurück. „Das ist viel. Das ist genug." Ich zuckte mit den Achseln und bereitete mich auf ein wenig anstrengendes Leben vor. Um halb zehn aufstehen und dann langsam zur Bunsenstraße. Was mache ich am Mittwoch? Einführung in die BWL. Um 11 Uhr begannen die Vorlesungen. Da saßen dann lauter müde Menschen, das waren die, die auch noch Physik studierten. Physik war täglich von acht bis neun. Das muss prägend auf solche armen Menschen wirken, habe ich immer gedacht. Wegen des frühen Termins bekamen sie erkennbar das Gefühl, echte Arbeit zu leisten.

Im Laufe der Vorlesung hieß es, die Vorlesung als solche sei nicht so arg wichtig, weil sie „nur Stoff" vermittle. Aha?! Es komme fast allein darauf an, die Übungsaufgaben „zu lösen". Die gab man uns auf einem Blatt. Acht Stück. „Wenn Sie überhaupt *alle* Aufgaben herausbekommen, werden Sie unfehlbar gut. Sonst eher nicht. Die ersten Aufgaben eines Blattes sind leicht. Sie dienen dazu, Rezepte anzuwenden. Die weiter unten sind schwerer. Die vor allem müssen Sie lösen, damit Sie denken lernen." Es klang so, als liege hier der Schlüssel zur Tür der Wissenschaft Mathematik. Ich ging nach Hause und wollte Mathematiker werden. Die ersten Aufgaben auf dem Blatt waren wirklich „Baby", wie mein Sohn es formuliert, dann „Hammer". Ich wusste oft kaum, was überhaupt das Problem war. Ich schwamm. Ich wurde böse. Ich schwor, sie zu lösen. Ich schwor mir heilig, sie *allesamt* zu lösen, *ohne Ausnahme*. Es war wohl einer der wichtigsten Entschlüsse meines Lebens.

Und ich habe wirklich durchgehalten. Das war mein Glück.

Ich bin weiter wie geplant jeden Morgen um halb zehn aufgestanden, aber ich habe trotzdem oft kurze Nächte gehabt. Ich habe Probleme gejagt. Es war erst Ehrgeiz, wenig später kam wirkliches Interesse dazu, schließlich bald Leidenschaft. Es ist so ein wundervolles Gefühl, wenn sich das Problem in meinem Kopf „knackt". „Es knackt". Etwas fügt sich dort zusammen, wächst ineinander, verschmilzt, ich kann alles sehen. Das Undurchschaubare ist nun „trivial". Das größte Erfolgserlebnis vor dem Vordiplom war das Lesen aller Programmierbefehle der Sprache ALGOL. Ich war total verwirrt von all den Einzelbefehlen. Ich wollte mehrere Tage alles hinwerfen. Ich begriff nichts. Die gelernten Befehle lagen in meinem Hirn herum wie umgestürzte Mikadostäbchen. Ich war selbst ganz ratlos. Plötzlich verstand ich innerhalb von wenigen Sekunden die *Wirkweise eines Computers*. Dadurch ordnete sich der Wust von Befehlen in ein sinnvolles System. Es fühlte sich damals an wie eine Minute Blitzlicht, dann eine Stunde wie „Alles-Verstehen". Dann Ruhe. Eine Minute von Nichtverstehen bis Ganzverstehen! Es ist wie am Ende eines Films, wo der Held gerade noch blutig geschnitzelt und gleichzeitig gedemütigt wird, während eine Blondine sinnlos fuchtelnd schreit. Eine Minute später sagt sie dann nur noch JA. Trommeln werden zu hohen Geigen.

So ist das: Denken lernen.

Sie müssen dieses „Knacken", dieses Zusammenfließen spüren, es ist so, wie wenn der Meisterkoch auf der Zunge spürt: „Diese Soße ist vollkommen." Dann können Sie bald kochen oder denken. Wie oft, glauben Sie, müsste es „knacken", damit Sie schließlich denken können? Was schätzen Sie? Tausend Mal? Ist das plausibel?

(Zu jeder Vorlesung gibt es etwa acht Aufgaben pro Woche, im Semester 12 oder 13 Wochen, also 100. Sehen Sie? Es werden im ganzen Studium ungefähr 1,000 bis 2,000 Bewährungsstufen. Fünf Jahre studieren sind knapp 2,000 Tage. Also einmal pro Tag! „Knacks.")

Können Sie mir glauben, dass man ohne tausend Mal „Heureka! Ich hab's!" eben *nicht* Denken kann?

Ich habe nach drei Semestern nur noch etwa vier bis fünf Stunden für alle Aufgaben eines Übungszettels gebraucht. Kaum jemals forderte eine noch Stunden oder Tage von mir. Ich gewöhnte mich an das Problemlösen. Ich begann, es zu können. Ich hatte dadurch viel weniger zu tun als am Anfang des Studiums. (Das war auch ganz gut, weil ich eine Studentin kennen gelernt hatte, mit der ich demnächst Silberhochzeit feiere.)

Das Drama vieler Mathe-Studenten ist ihr Unverständnis dieser notwendigen Vorgänge in ihrem Kopf (das „Knacken"). Viele verzagen schon nach Stunden an den Aufgaben. Sie denken, es wäre schon einiges, sich die Lösungen der Aufgaben kurz von Star-Studenten erklären zu lassen und sie dann selbst auszuarbeiten. „Hey, hab gehört, du hast schon die Aufgaben raus – gib mir mal einen Tipp!" Wenn Sie das tun, vollziehen sie Gedanken *anderer* nach, nichts weiter. Sie schauen einem Geiger zu und glauben, Sie würden Geige spielen lernen. Sie schauen beim Tennis oder dem Maler zu und glauben, Sie würden Champion oder Künstler. Dieses bloße Zuschauen beim Denken anderer und das anschließende „Abschreiben" der Lösungen führt direkt in den Abgrund. Hören Sie? Abgrund. Statt eines Malers werden Sie allenfalls Kritiker, statt eines Sportlers allenfalls Sportreporter. Sie *lernen* Mathematik, werden aber kein Schöpfer.

Das Lernen des Problemlösens erfordert Willen. Oder Disziplin. Oder Leidenschaft. Eine dieser drei Attitüden sollten Sie mitbringen! Wahre Mathematiker finden, *Leidenschaft* sei das Wahre. Diese Leidenschaft hatte ich selbst im Studium.

Sie äußerte sich bald in Ungeduld: Ich wollte forschen!

Heute weiß ich, wie viel Glück ich hatte. Ich fand eine Art Familie von Forschern in der Lotzestraße in Göttingen, bei den „Statistikern/Stochastikern". Das Institut wird noch heute von Ulrich Krengel geleitet. Es gab eine Kaffeemaschine inmitten von Zeitschriften und Schachbrettern mit Uhren. Und wir Studenten, soweit wir es wollten, waren gern gesehener (!)

Teil der Familie, tranken Kaffee, spielten Blitzschach, diskutierten, stritten in Seminaren, aßen zusammen mit allen Forschern nebenan im Restaurant gemeinsam das preiswerte Stammessen. Ich fand Diplom- und Doktorvater (Sigmund, dann Ahlswede), die mir großartige Lehrer wurden. In meinem sechsten Semester versprach Rudolf Ahlswede einen Geldpreis und einen Doktortitel für eine Problemlösung. (Er mischte immer wieder ungelöste Probleme in seine normale Vorlesung, wir fühlten uns mitten im Tornado der Forschung! Suchen Sie vor allem solche Vorlesungen! Folgen Sie Kaffeegeruch!) Ich hatte nach einer Woche die Lösung. Pfauenstolz trug ich meine neue Idee vor. Sie war leider ganz falsch. Aber in Rudolf Ahlswede blitzte es („knack") und in derselben Stunde hatte er die Lösung! Auf Basis meiner Idee. Ich bekam keinen Doktor und nur den halben Preis. Ich schrieb meine erste gemeinsame Publikation und mutierte in diesen Tagen endgültig zum Wissenschaftler. Ich hatte in der Forschung etwas gefunden, was ich dauerhaft lieben würde.

Mathe ist Leidenschaft und Liebe. Diese treiben an. Halten Sie sich die Ohren zu, wenn Leute von Intelligenz oder Genie plappern. Das gibt es auch, ja. Intelligenz hilft, ja. Aber das Wahre ist Drang. Den müssen Sie in sich entwickeln. Gehen Sie los! Mit leuchtenden Augen und Zuversicht, mit Energie und Freude.

(Ich werde oft gefragt, wen ich bei IBM einstelle: Das war eben ein größerer Teil einer Antwort!)

Ich hatte bestimmt Glück. Ich habe alle Aufgaben gelöst und inspirierende Forscher gefunden. Ich gebe Ihnen den Rat: Suchen Sie sich inspirierende Menschen! Halten Sie am Anfang durch! Das gilt für alle anderen Studiengänge auch.

Alle Älteren liegen vor Ihnen als Student auf den Knien und predigen: „Halten Sie durch!" – „Es ist schon so viel Wissenschaft da, es braucht Zeit, einen Grundstock anzulegen! Geduld! Geduld!"

Bitte, haben Sie ein wenig Geduld, bis sich Ihnen das Ganze erschließt.

Ich meine: Sie müssen aber auch aktiv nach dem Ganzen suchen! Leider ist die ganze Wissenschaft schon zu sehr in Fachgebiete zerstückelt, so dass das Ganze kaum noch starke Umrisse hat. Die Mathematik speziell wird heute fast überall gebraucht. Wirklich überall. Mir selbst geht es schon zu weit, wenn bald schon die Philosophen ihre Thesen über den Sinn des Lebens durch Umfragestatistiken mathematisch erhärten. Besonders in meinen Büchern zanke ich seit Jahren herum, dass man heute das normale menschliche Denken zu zwanghaft durch „mathematische Objektivität" ersetzen will. Im Management wird bald durch *Computer* entschieden, nicht mehr durch „Führung". Ich bin richtig erschrocken, wie weit man mit Mathematik geht: viel zu weit. Das Leben hat viel mit Vertrauen und persönlichen Beziehungen zu tun, mit Freundschaft unter Geschäftpartnern und Verlässlichkeit. All das leidet, wenn Herr Computer „ohne Emotionen" optimiert.

Jetzt schreibe ich am Ende als Mathematiker Aufrufe, Mathematik da zu lassen, wo man objektiv sein darf oder sein sollte! Aber Sie können aus meiner wachsenden Empörung über Mathematik zwischen Menschen (im Management, in der Erziehung nach Punktesystemen) erahnen, wie sehr die Mathematik inzwischen unser Leben durchdringt.

Die Wirtschaft, die Sozialwissenschaften, die Naturwissenschaften sowieso bedienen sich der Mathematik als universales Hilfsmittel und als allgemeiner Sprache. In allen Wissenschaften wird an neuen Werkzeugen der Mathematik geforscht. Diese Sonderentwicklungen entstehen gar nicht mehr in der Mathematik selbst, sondern vor Ort, da, wo das Werkzeug gebraucht wird. Die Mathematik verteilt sich also in die ganze Wissenschaftswelt hinein. Dort dient die Mathematik als Anwendungswissenschaft bestimmten Zwecken. Dort wird sie wie ein Werkzeugkasten gesehen. Wissenschaftler müssen die nützlichsten Werkzeuge der Mathematik kennen, sie anwenden können, mit ihnen spielen, herumprobieren. Dort ist Mathematik Kunsthandwerk. Dort ist Mathematik „Schlüsseltechnologie", wie Mathematiker gerne sagen. (Das müssen Sie nicht so sehr ernst nehmen. Die Informatiker sagen, „ohne Computer läuft in der Welt gar nichts", die Juristen behaupten, ohne Gesetze wäre die Welt nie entstanden, und Biologen haben erforscht, dass es ohne Biologie keine Menschen gäbe. Im Prinzip sind ziemlich viele Wissenschaften am wichtigsten!)

Wenn es Ihnen reicht, Mathematik anzuwenden, lernen Sie sie ohnehin in den meisten Studiengängen, mindestens als Statistik.

Aber wenn Sie denken können wollen?

Dann studieren Sie am besten gleich richtig. Mathe.

Ich dachte früher, als ich mein Abitur ablegte, ich sollte Dichter werden. Ich habe mich nicht getraut. Ich hatte Angst vor dem Ungewissen und vor dem Gesicht meiner Eltern. So studierte ich, was ich ganz sicher am besten konnte. Mathe. Vor ein paar Jahren sollte ich etwas schreiben. Der Verlag bekam auf einige Artikel euphorische Leserbriefe. Ich begann dann tatsächlich zu schreiben. Ich habe gerade mein viertes Buch beendet und das fünfte, sechste und siebte als Inhaltsverzeichnis hier im Computer. [Anmerkung 2007: ich zähle nicht mehr mit ...] Ich habe begonnen, den Sinn des Lebens mit mathematisch angehauchter Logik und dem normalen schwachen Sarkasmus des Mathematikers zu erklären. Es wird eine wilde Mischung aus Philosophie, Psychologie und Mathematik von neuronalen Netzen. Ich zermartere mir das Gehirn, wie ich gut lesbar, am besten noch lustig und pointiert und für alle verständlich, das Schwierigste aufschreibe, was ich je in mir drinnen sah.

Als ich neulich so dachte und dachte und verzweifelt dachte, erleuchtete mich plötzlich der Gedanke, dass das philosophische Problemlösen im Kopf sich ganz genau so anfühlt wie das Grübeln über mathematischen Beweisen! Ganz genau so! Ich weiß nicht, wie ich es besser erklären soll: Wirklich ganz genau so. Man könnte fast auf den Einfall kommen, dass das Erlernen des Denkens auch im Philosophiestudium möglich sei!

Na, jedenfalls ist Mathematik nützlicher, auch wenn es manchmal den Studenten nicht sofort einleuchtet. Ich würde gerne mal in der Öffentlichkeit diskutieren, ob man nicht erst einmal klären sollte, wie man wirklich denken lernt, also ganz zweckfrei – egal ob mathematisch oder philosophisch. Ich würde Ihnen dann erst das Denken beibringen und dann Mathe und Sinn als Übung. Heute nehmen die Professoren an, dass man das Denken automatisch mitlernt, wenn man nur alle Aufgaben löst. Kann ja sein, aber ist das die beste Art, es zu lernen?

Muss ich denn wirklich erst das ganze abstrakte Gerüst der Mathematik lernen, wie man etwa alle Vokabeln einer Sprache nebst Grammatik einpaukt? Eine Sprache lernt man so, ganz gewiss, obwohl jedermann weiß, dass es mit einem Besuch des fremden Landes zehn Mal schneller geht, keine Mühe macht und Spaß bringt. Wenn Sie bei mir studieren würden, würde ich mir Mühe geben, dass Sie gleich neben dem Lernen „losforschen". Ich würde Ihnen Beine machen, aber echt, ich meine, ich würde versuchen, Leidenschaft in Ihnen zu entzünden. Ja, so müsste ich das machen ...

Wenn Sie aber nun Mathematik studieren, sehen Sie zu, dass Sie diese Leidenschaft bekommen, die Liebe zum Fach, die Bewunderung des Schönen. Lernen Sie denken! Und später, im Beruf, wenn jemals die Menschen zu Ihnen sagen: „Besserwisser!", dann sind Sie zu weit gegangen, dann haben Sie vor dem vielen Wissen und Denken das Tun vergessen. Dann, bitte, packen Sie an! Mathematik ist eben auch Anwendungswerkzeug, und das Denken allein hilft im Leben nicht viel.

Sie hören es ja oft, dass Mathematiker unpraktische Menschen sein sollen. Ich kenne eine Menge davon, von diesen rein Theoretischen. Es sind solche, die das Handeln „trivial" finden, weil ihnen das Wissen um vieles höher steht als das Tun. Aber: Diejenigen, die handeln, verdienen zumindest mehr Geld. Und ich weiß heute nach Jahren im Management, dass sie nicht nur mehr Geld, sondern auch viel mehr Achtung verdienen, als ihnen die Denker zugestehen möchten. Im Leben muss der Mathematiker eine Persönlichkeit werden, die das Leben tatkräftig bewegt.

Denken Sie später daran: Denken ohne Handeln ist genauso fruchtlos wie Handeln ohne Denken, was die Hauptsünde vieler anderer Menschen ist. Fruchtlos ist fruchtlos und Sünde ist Sünde. Denken ohne Handeln wie jede andere auch.

Also los! Das Studium fängt mit Linearer Algebra und Analysis an. Ich bin gespannt, wie Sie sich machen werden.

XXXVII. Radikale Konstruktivität – unio quaeque!

Der Mensch besteht hauptsächlich aus Schaltern einfachster Art und lebt damit fast automatisch vor sich hin. Seine Kontrollinstanz schaut ab und zu nach, ob alles noch im Rahmen ist. Und wehe nicht! Dann schimpft das Gehirn und treibt den Körper an. Gehorcht dieser dann? Hat das Gehirn gar einen Willen? Oder will nur der Körper unaufhörlich Lust? Wo ist denn der Wille? Und wenn es ihn gäbe – wäre er frei? Ich habe darüber nachgedacht und bin etwas befremdet über die merkwürdigen Philosophien dazu. Ich füge also meine dazu!

1. Ein Quodlibet um ein einziges Experiment

Benjamin Libet hat Mitte der 80er Jahre Experimente zur zeitlichen Abfolge der Körperfunktionen bei einer Handlung publiziert. Daraus entstanden erstaunlich viele philosophische Kommentare, die im Übrigen von Libet selbst gar nicht so geteilt wurden. Na gut, das sagt ja nichts. Experiment und Interpretation sind ja zweierlei! Zum Ablauf: Versuchspersonen wurden gebeten, „irgendwann" einmal die rechte Hand zu heben. Sie konnten den Zeitpunkt frei wählen. Für jeden Versuch wurden drei Zeiten erfasst und gemessen: Das tatsächliche Heben der Hand, der Zeitpunkt, an dem die Personen angaben, sich zum Heben der Hand entschlossen zu haben – und drittens der Zeitpunkt, zu dem im Gehirn Anstalten getroffen wurden, das Anheben der Hand einzuleiten. Das sensationelle Ergebnis: Etwa eine halbe Sekunde vor dem tatsächlichen Heben der Hand konnte Libet Gehirnaktivitäten messen (symmetrisches Bereitschaftspotenzial, ein im EEG messbares negatives elektrisches Potenzial). Und etwa (erst!!!) 200 Millisekunden vor dem Heben der Hand gaben die Probanden an, sich zum Heben der Hand entschieden zu haben.

Schnellsch(l)uss: Der Körper agiert schon 300 Millisekunden, bevor der Kopf weiß, was gespielt wird. Der Kopf vollzieht also gerade noch nach, was im Körper schon begann. Wer also ist der Herr im Menschen? Die Vernunft? Der Wille?

So sagen viele: *Menschen tun nicht, was sie wollen, sondern sie wollen, was sie tun.*

Dieser Satz drückt die Standardinterpretation des Libet-Experimentes aus. Seitdem wurde viel spekuliert. Die Ergebnisse wurden ausgeweitet und verfeinert. Versuchspersonen sollten die rechte oder linke Hand heben, wurden ohne ihr Wissen während des Versuchs beeinflusst, was zu asymmetrischem Verhalten führte etc. Immer bleibt das Phänomen bestehen, dass das Bewusstsein nach dem Beginn der Handlung einsetzt.

Ich selbst war darüber gar nicht erstaunt, weil ich mein Gehirn gar nicht so viel benutze, um mit meinem Körper herumzustreiten. Ich habe das unbestimmte Gefühl, dass diese Theorien nur von ganz hochintelligenten Menschen erdacht und von Gerhard Roth zu echt guten Büchern verarbeitet werden. Mein Gehirn funktioniert nicht so wie in den Büchern, denke ich, aber mehr wie Command & Control, also wie ein Manager. Es entscheidet, was zu tun ist, und teilt es dem Körper mit. Der führt es aus. Ab und zu schaut mein Gehirn mal nach, ob der Körper auch tut, was mein Gehirn gesagt hat. (Ich schreibe nicht Ich statt Gehirn, okay? Der Manager allein ist doch nicht schon die Firma! Oh, das bringt mich auf die Idee – nein, später!). Ich gebe Ihnen ein Beispiel. Der Wecker klingelt. Das Gehirn weiß, dass es heute einen Artikel über Gehirne schreiben soll. Mein Körper merkt es schon und stöhnt und seufzt, dass es noch dunkel ist und so schön warm. Mein Gehirn bedeutet ihm, dass er aufstehen soll. Sofort begibt sich das Gehirn schon an das Ausdenken des Aufsatztitels und überlegt, wie heute Morgen die Wurstauswahl im Kühlschrank ist. *Irgendwann währenddessen* trollt sich mein Körper aus dem Bett. Mein Gehirn beschließt schon, die kalte Kaninchenkeule vom Vorabend zu verbrauchen. Mein Körper stöhnt beim Aufstehen, er habe darauf keinen Appetit und bitte darum, die Vernunft vor dem Kühlschrank schweigen zu lassen. Verstehen Sie? Wir sind mindestens zwei und arbeiten getrennt, wie das sein muss! Mein Gehirn ist zusammen mit den Wahrnehmungsströmen über die Sinnesorgane mehr wie eine Intelligenz. Mein Körper ist ein Apparat, der meistens ganz selbstständig oder auf gewisse Eingabesignale leichte und auch schwere Arbeiten von selbst erledigt und ab und zu seinen Kommentar in Form von Sinneswahrnehmungen dazu gibt.

Wenn ich also bei Libet als Versuchsperson sitze, dann sagt Libet mir, ich soll *irgendwann* die Hand heben. Ich sichere ihm zu, es in nächster Zeit zu tun. Mein Gehirn sagt also dem Körper: „Heb *irgendwann* die Hand!" Der Körper ist einverstanden. Das ist er beileibe nicht immer!

Denken Sie an Kaninchenkeulen oder an einen befohlenen Sprung vom Eiffelturm! Das macht er bestimmt nicht mit. Aber die rechte Hand heben? Das macht er gut und ganz selbstständig, er ist in der Regel ganz gutwillig. Das wär's. Jetzt sitze ich beim Experiment da und warte. *Irgendwann* hebt der Körper die rechte Hand. Mein Gehirn sieht es wenig später und sagt: „Abgehakt. Muss nicht mehr dran denken." Es ist ganz genauso, wie wenn mein Gehirn zufrieden registriert, dass der Körper am Morgen aufgestanden ist!

Mein Gehirn ist doch kein Mikromanager, der dem Körper vorschreibt, in welcher Millisekunde er das genau ausführen soll. Es gibt solche Gehirne, aber nicht in mir. Meins beschließt, was der Körper tun soll, holt sein grundsätzliches Okay dafür ein und kontrolliert ab und zu, was daraus geworden ist. Mein Körper ist doch toll! Er kann Auto fahren und mein Gehirn darf dabei Musik hören oder sich neue Artikel ausdenken. Vielleicht habe ich auch mehrere Körper? Einer freut sich an der Musik, einer isst eine Banane, einer passt auf das Telefon auf, während der eine jetzt wichtige Auto fährt? Ich glaube, wir alle zusammen sind eine kleine Firma. Mein Gehirn hält sich für den Chef und für intelligent. Die Mitarbeiter sind nur in ihrem Job ganz gut, manche sind Versager. (Der Körper, der bei mir für Tanzen da ist, ist zum Schämen schlecht.)

Firmen tun nicht, was sie wollen, sondern sie wollen, was sie tun.

Ein feiner Satz, nicht wahr? Tja, wer ist denn der Herr im Haus? Der Chef? Manchmal. Die Mitarbeiter als Gesamtheit? Sehr oft. Hat ein Mitarbeiter überhaupt etwas zu sagen? Fast nie. Er ist nur ein Rädchen. Hat ein Manager Einfluss gegen die Unternehmenskultur aller „Körper"? Viel weniger als er meistens denkt. Deshalb scheitert ja auch fast alles, was gegen die allgemeine Kultur erstrebt wird.

Was sagt also das Libet-Experiment zu meinem eigenen freien Willen? Gar nichts, ich bin so organisiert, dass mein Gehirn meine(n) Körper an der längeren Leine führt. Wir können doch zusammenarbeiten? Alle gemeinsam? Jeder macht seinen Job? Ich habe keine Lust, zu viel Energie in mir an bloßes Aufpassen zu verschwenden. Wir wollen etwas tun, nicht herumstreiten und uns kontrollieren. Und was passiert eigentlich mit kleinen Firmen, in denen die Mitarbeiter andauernd zum Chef kommen und fragen? „Ist es so gerade genug?" – „Wollen Sie es lieber in Hellblau?" Die würde ein guter Chef bestenfalls nervig finden.

2. Verstand und „Körper" als verschiedene Konstruktionen

In der Switsch-Kolumne habe ich Ihnen lange den Unterschied zwischen Decodieren und Identifizieren erläutert. Wir können Informationen ganz aufnehmen und tief darüber nachdenken. Das ist aufwändig und dauert lange. Wir können aber viele Lebensprozesse einfach durch sensorisches Reagieren auf Außenreize ganz wesentlich abkürzen. Ich habe Ihnen gezeigt, dass Reagieren auf einzelne Signale beliebig viel schneller gehen kann („wie n zu zwei hoch n" im Jargon der Informatik – das Verstehen dauert exponentiell länger als das bloße Ja/Nein-Reagieren, jedenfalls in der Mathematik und in meinem Körper).

Ein Eierkocher muss nur kochen, bis der Bimetallstreifen abbricht, weil die Temperatur ohne Wasser zu hoch steigt. Klick. Der Eierkocher summt Alarm. Ganz simpel. Johannes riecht beim Eintreten ins Haus so etwas wie Fisch und weiß ohne alle weitere Information, dass er schon so viel zu Mittag aß und nichts mehr möchte. Nach dem Abendessen wird er sich eine Mega-Tüte Smacks antun. Wir haben oft darum einen Krieg der Gehirne gehabt. „Probier doch ein einziges Mal Fisch, du hast noch niemals Fisch gegessen. Vielleicht schmeckt er ja doch?" Johannes sagt, er wisse genau, wie Fisch schmecke: abscheulich.

Sehen Sie, da sind Körperelemente in uns, die über geistiges Erfassen erhaben sind und so simpel wie ein Eierkocher strukturiert sind. Das ist gut so!

Wir haben Vorurteile, sehen Anzeichen für komplexe Dinge am Horizont, uns quälen Ahnungen („da ist etwas, ich bin gewiss, aber ich weiß nicht, was"). Immer wird wie beim Eierkocher ein Schalter umgelegt, mehr nicht. Wir sprechen von Indikatoren oder Symptomen. „Das sieht nicht gut aus!" Wir haben Bauernregeln. „Wenn die Schwalben tief fliegen, wird's regnen." Wir sind sofort sicher, ob Unbekannte nett sind oder nicht. Wir haben einen sicheren Instinkt, eine unmittelbare Intuition, ein sicheres Merkmal, eine Erkenntnis auf den ersten Blick.

Das sind die Schalter in uns, die ich in der Kolumne *Switsch!* besprach. Einfach und wirkungsvoll. Intellektuell ausgereift wie ein Eierkocher. Wunderbar schnell. Automatismen laufen ab. Mein Gehirn will, dass der Körper aufsteht oder die rechte Hand hebt. Wie ein Eierkocher wird der Körper angestellt, als Angestellter des Gehirns. Er hat jetzt ein paar Minuten – dann muss er aus dem Bett sein, sonst kommt das Gehirn wieder, weil ein Bimetallstreifen klickte und Bescheid gab, dass noch nichts passiert ist.

Wenn wir also verstehen wollen und zum Beispiel nachdenken, wie wir Menschen im Computer nachbauen, dann sollten wir versuchen, ihn erst einmal durch Schalter und Sensoren zu konstruieren. Vielleicht schaffen wir es, eine Art niederes Tier zu bauen? Dann geben wir der Sensorenschaltung am Ende noch ein Gehirn – meinetwegen. Aber wir müssen doch erst einmal mit einem gesunden Körper beginnen? Dann erst könnten wir ermessen, wie wenig Verstand wir eigentlich noch brauchen.

Der Körper sagt über Schalter, wann er satt ist, Sex braucht, müde ist, sich motiviert fühlt, Lust hat, vor Energie strotzt, regenerieren will. Der Magen knurrt (das Gehirn an, das Weiterarbeiten befiehlt). Der Magen streikt (gegen das Gehirn, das für vollständiges Aufessen plädiert). Die meisten dieser Vorgänge laufen auf dem Hintergrund des Austausches eines einzigen Merkmals ab. „Zu heiß!" – „Es regnet!" – „Der Umsatz sinkt!"

Ich glaube ja immer noch, dass mein Verstand zu etwas taugt und ich bin immer bemüht, seine Bedeutung hochzuhalten. So ganz sicher bin ich nicht ... Sehen Sie – die heutigen Manager und Politiker reagieren immer mehr nur auf Kennzahlen und Evaluationen. Auf Wählerstimmen, Umfragen, Vergleiche mit Schlechteren. „Gewinn bricht ein!" Da zuckt etwas in den Menschen, ein Schalter wird umgelegt. Sie agieren, wie der Schalter ihnen bedeutet. Viele Führungskräfte agieren heute „mechanisch" oder „stereotyp" oder „kennzahlengesteuert". Sie sind nur noch Schalter im Unternehmen. Sie gehören dann zum Körper des Unternehmens, nicht zum Kopf, wenn das Unternehmen noch einen hat. Sie merken sicher, dass heute, 2006, alle Welt von Innovationen redet, die bitter nötig seien, damit wir unseren Wohlstand erhalten. Es ist implizit der Ruf nach „Kopf", nach neuer Richtung. Wir haben uns zu sehr automatisiert, den „Körper" drangsaliert, ihn müde gemacht und geschwächt – eben allen Gewinn aus ihm gezogen.

3. Widerstreit der Prinzipien

Sigmund Freud sprach von Über-Ich und Es und dem vermittelnden Ich dazwischen. Der Geistescomputer und die Körpermaschine treffen zusammen und müssen koordiniert werden.

Wohin? Das ist die ewige Frage.
    Wohin nicht? Das ist dem Menschen erlaubt zu erkennen.

Der Kopf ist langsam im Denken, bedächtig und logisch, ohne zu bedenken, dass Logik den Körper schmerzen und blockieren kann. Der Kopf hat eine Tendenz, den Körper ignorant und arrogant zu unterdrücken, weil er sich als der Herr dünkt.
    Der Körper agiert schnell, automatisch und ohne viel Anstrengung. Er hasst Anordnungen vom Kopf, die die Automatismen unterbrechen und Kraft kosten.

Ich selbst bin eine Firma. Mein Kopf ist der Boss und sie hat viele Mitarbeiter: Magen, Leber, Hände. Manche arbeiten ganz automatisch wie die Bauchspeicheldrüse – so im stillen Kämmerlein, dass ich kaum weiß, dass ich sie habe. Manche zappeln herum und wedeln, bohren in der Nase oder malen in die Luft, wenn ich rede.

Am besten wäre es, meine Firma arbeitet vollautomatisch vor sich hin. Sie bekäme ab und zu wichtige Richtungsentscheidungen, für die sich mein Kopf Zeit gelassen hätte und die weise ausgefallen sind. Alle arbeiten zufrieden. Der Magen knurrt nicht und ist nie übersäuert. Die Leber stöhnt nicht unter Alkohol. Die Arme und Beine sind voller Energie. Der Körper ist frisch. Die Schalter sind weise. Der Körper reagiert auf die richtigen Reize in richtiger, verhältnismäßiger Weise. Er hat gute Schwellwerte oder Thresholds. Er ist beleidigt, wenn es angebracht ist. Er wird wütend, wenn es Not tut. Er isst, was ihm zuträglich ist. Er regeneriert sich, gewinnt gar an Energie ...

Viele Menschenköpfe ignorieren den Körper, Asketen wollen ihn nicht. Magersüchtige quälen ihn fast zu Tode. Körper werden überlastet. Sex wird ihnen verboten. Man reißt an Riemen, schnallt Gürtel enger. Der Körper wird durch Operationen besser zugeschnitten. Er muss Jahre in der Schule lang still sitzen. Er darf nicht lärmen, muss aber in der Kirche laut singen.
    Das will der Kopf.
    Viele Menschenkörper rebellieren. Sie werden süchtig nach Entzogenem, ignorieren die Befehle des Kopfes wie gute Vorsätze. Sie arbeiten weiter und hören nicht zu. Sie legen sich in die Sonne – faul. Sie blockieren. Sie werden laut und frech. Sie zittern und stellen die Bewegungen ein. Sie welken dahin in Depression.
    Der Mensch verliert den Kopf und schaltet auf Angst und Not ...

4. Mensch und Mehrzustandsturingmaschine

Computer sind einfacher und besser verstanden als Menschen. Computer sind modelliert nach so genannten Turingmaschinen, die Schritt für Schritt Berechnungen einführen und dann in „andere Zustände" wechseln können. Das klingt wie der Programmierbefehl „Go to" oder „Wenn X, gehe zu Y – sonst tu Z." Je nach Lage können Computer in verschiedenen Zuständen arbeiten. „Bei gutem Wetter – spiele Quake. Bei schlechtem Wetter – erledige die Steuererklärung."

Diese verschiedenen Zustände gibt es auch in Menschen. Die werden zornig oder leichtsinnig. Manche haben sogar wiederkehrende Perioden, in denen sie wie andere Menschen wirken. Bipolar Depressive schwanken zwischen Niedergeschlagenheit und Euphorie. Multiple Persönlichkeiten sind fast perfekte Mehrzustandsturingmaschinen. Sie können „umschalten", nicht nur „anschalten" und „abschalten", wie wir normalen Menschen. Normale Menschen kennen verschiedene Modi, in denen sie leben können. Unter Stress, Wut, gefühlter Not, Notdurft, Eile, Dringlichkeit schaltet unser Körper anders als am Strand, im Rentenalter oder in der Kontemplation.

Zwischen diesen Zuständen pendeln wir hin und her. Wenn uns ein Hund beißt, schaltet unser Körper in Millisekunden. Wenn wir abends „abschalten", dauert der Übergang in den neuen Zustand manchmal etliche Stunden, so wie wenn man die Heizung abschaltet und es nur ganz langsam abkühlt. Vielleicht ist es am Morgen noch einigermaßen warm? Der Mensch sagt: „Ich konnte nicht schlafen. Ich konnte einfach nicht abschalten." Unsere Zustände wechseln nicht beliebig und nicht sofort. „Okay, jetzt wissen Sie, wer hiermit gefeuert ist. Ich bitte die Betreffenden, den Saal zu verlassen. Wir restlichen wollen jetzt aber die Sau rauslassen und die satte Profitsteigerung so richtig feiern! Fire & Feier ist wie ein Champagnerbad!"

In unserem sozialen Leben ist der „richtige" Zustand des Menschen ein fast universelles Thema, das alle Bereiche durchzieht. Die Körper sind oft nicht in den richtigen Zuständen und wechseln nicht sauber hin und her.

„Spann mal aus!" – „Wenn jemand grüßt, lächele zurück, auch wenn du gerade verzweifelt bist." – „Tu so, als ob ..." – „Mein Kind kann sich nicht konzentrieren." – „Unsere Firma verliert den Fokus." – „Man ist ... man soll ... man tut ... es ist so, dass ..." – „Ein Manager muss hart sein, aber auch weich, wenn er anders seine Ziele nicht durchsetzen kann."

Die Schule verlangt einen Zustand, der Chef, die Mutter, die Frau, die Kinder, die Kirche, der Glaube, die Kultur, die Firma. „Man soll." Im Alltag ist Not, Überlebenskampf, Dringlichkeit, Aggression. Wir sollen hetzen – ohne die Regeln zu verletzen.

Alle wollen uns in einem bestimmten Schalterzustand. Sie wollen, dass wir sensibel sind für das, was sie wollen (Gewinn, Liebe). Sie wollen, dass wir abgehärtet sind, wenn sie uns etwas abverlangen (schändliche Arbeitsbedingungen, Disziplin, Stillsitzen, Langeweile). Wir sollen am besten beliebig hin- und herschalten können. („Ich weiß, du bist entlassen worden, aber jetzt ist Weihnachten. Iss das letzte Mal einen Braten zum Fest. Komm, versau uns den nicht. Unser Nachbar, das wollte ich sagen, ist so würdevoll gestorben. Er hat seinen schrecklichen Zustand ganz für sich behalten.")

Merken Sie, wie viele Möglichkeiten wir haben, gute oder schlechte Menschen zu konstruieren? Einfach durch Schaltungen im Körper, durch das Design vieler Zustände, das Geübtsein, schnell hin und her zu switchen?

Alle aber sagen, es gäbe einen besten Zustand. Kant, Augustinus, der Kindergarten, der Chef, der Ehemann, Rudolf Steiner ... sie sagen alle, es dürfe nur EINEN geben. Den, den sie JETZT gerade in IHREM Zustand für am besten halten. Da werden alle zu kategorischen Imperatoren.

Es gibt neben meinem Kopf und meinem Körper noch einen Big Player in diesem Schaltungswirrwarr: Man. Davon gibt es viele Versionen, die alle den Anspruch erheben, der einzige „Man" zu sein.

5. Unio quaeque – Zusammenspiel der Kräfte

Unio quaeque, Einheit – wie immer sie aussehen mag. Wie erschaffe ich die?

Erkenne dich selbst.
    Wisse und höre, wer du sein sollst.
    Geh den Weg in Freude auf dich.

Wie sehen gute Konstruktionsprinzipien für Menschen aus? Sollte man auf einen einzigen Zustand setzen, so dass der Mensch nicht zu kompliziert wird? Das will die Erziehung („brav", ausgeglichen, gehorsam).

Wollen wir den Menschen daneben noch einen Sonderzustand anbauen, in dem er Hochleistungen bringt (Boxmeister, aber sonst brav)? Sollen wir den Körper regelmäßig mäßig halten oder wochentags karg, sonst üppig? Sollen wir ihn schalten, dass er die reale Welt wahrnehmen kann, oder soll er immer optimistisch sein, weil das mehr Geld bringt der Kultur und Ökonomie wegen? Sollen wir verschiedene Einzustandsmenschen zulassen, wie etwa Professoren und Künstler? Wie ist die Hierarchie unter den Zuständen? „Wahrheit steht ganz oben, aber nicht in Notzeiten." – „Sinn ist am wichtigsten, wenn alles gut ist."

Sie sehen, jetzt tauchen alle die alten Fragen wieder auf. Wie setzen wir die Prioritäten? Wer setzt sie? Das Man, das Hirn, die Körper? Haben wir genug Kultur, um die Wirkmechanismen zwischen ihnen überhaupt zu verstehen? Wäre eine gute Lösung den Menschen überhaupt schmackhaft zu machen, dass sie mit Leib und Seele darangingen? Der Einheitsmensch ist zum Beispiel nie recht schmackhaft zu machen (weil wir selbst ja alle Ausnahmen sind), aber er ist leicht zu verstehen. Immerhin! Das ist so! Gibt es andere Konstruktionen mit mehr Pluspunkten?

Die Informatiker gehen leider von solchen Einheitskonzepten aus. „Der Kunde." – „Der Geschäftsprozess." – „Das Programm." Verhilft das zu guten menschlichen Konstruktionen?

6. Radikale Konstruktivität unter Wohlwillen!

Wir haben so viele Schalter in uns – so viele Möglichkeiten und Wohlwillen, etwas Gutes aus uns zu machen. Warum tun wir es nicht? Wir haben keine Vorbilder, keine realistischen Selbstkonzepte. Die Umwelt will nur, dass wir der Beste sind – das ist so ein falscher Ratschlag aus dem Bauch, den aber alle verstehen. Das Konzept, der Beste zu sein, passt nahtlos zum anderen Konzept, dem Einheitsmenschen. Beides ist so leicht zu verstehen, dass wir sogar die Unlogik schlucken. „Einheitsmensch, ein jeder der beste!" drückt eine spirituelle Wahrheit aus. Man muss an sie glauben. Das ist leicht. Gibt es Konzepte mit mehr Pluspunkten?
   Die Informatiker bauen leider Rankings aller Art in alles hinein. Verhilft das zu guten menschlichen Konstruktionen?

Ich schlage vor, Sie machen es wie ich (das ist auch einfach) und stellen sich selbst wie eine Firma vor. Ihr Hirn ist der Boss, die Körperteile oder

-funktionen sind die Mitarbeiter, die gegen das Hirn relativ einfach strukturiert sind. Ihr Hirn kann schalten und walten, aber es muss sich den Gehorsam, den Respekt und die Gefolgschaft erst erwerben. Sonst streiken die Mitarbeiter. Einigermaßen gemeinsam werden die Ziele der Firma festgelegt, obwohl der Boss das Sagen hat. Gibt es Renten? Geburtstagsfeiern? Urlaub? Herausfordernde, interessante Arbeit? Werden alle gut eingesetzt – für das, was sie können? Werden sie ausgebildet? Geliebt? („Ich mag mich im Spiegel!") Gepflegt? Beachtet? Regeneriert? Wird das verdiente Geld an alle Verdienten gerecht verteilt? („Okay, ich lese ein Buch – obwohl ich noch einen Kunden anrufen könnte.")

Eine Firma lässt sich auf unendlich viele Arten konstruieren. Mit Wohlwillen oder aus dem Blick der Heuschrecken. Wie Sie wollen. Sie haben alle Möglichkeiten. Es wäre gut, Sie wüssten, welche Firmen sterben müssen und welche Firmen nicht stabil bleiben. Oft ignorieren die Mitarbeiter den Boss. („Er will eine Diät! Pah!") Oft weiß er nicht, was er will. Er geht auf Zickzackkurs. Er schreit, dass Not ist und will, dass das Team in einem anderen Zustand lebt. Manchmal ist der Boss zu lieb und lässt zu stark gewähren, da ist die Firma erfolglos. Oder der Boss will nur Erfolg und lässt sonst alles durch, solange er ihn hat. (Am Tage schwarze Zahlen, bei Nacht zur Roten Laterne.)

Wie sieht eine gute Firma aus?
 Das wissen wir alle, besonders diejenigen, die in einer schlechten leben müssen.
 Sie aber – Sie! – sind Ihre Firma, also los! Radikale Konstruktivität!
 Hic rhodos hic salta!

7. Free Willy

Ist der Wille frei? Wenn ja, wo sitzt der Wille? Im Kopf? Im Körper? Draußen, im Staat oder in Mama? Wofür ist der Wille frei? Unter welchen Möglichkeiten kann er sich entscheiden? „Der Mensch muss sich nur einmal entscheiden – bei der Konfirmation. Er darf sich zu Gott bekennen und ihm sein Leben geben. Oder er entscheidet sich dagegen und bekommt keine Geschenke."

Was ist in einer Firma eine freie Entscheidung? Kann der Boss ohne die Mitarbeiter entscheiden? Ist er ganz frei? Kann er alle automatischen

Weichen per Hand anders umlegen, wenn er möchte? Das schafft er nicht, weil inzwischen viel zu viel automatisch geschieht! Der Kopf kann den Körper zwar zwingen, aber nicht so viel, wie der Kopf wollen würde.

Ich spreche einmal für mich: Ich glaube, in mir ist keine Instanz, die das Sagen hat. Wir alle zusammen entscheiden, die wir zusammen Ich sind. Das Konstrukt, das ich aus mir, so gut es ging, mein Leben lang formte, entscheidet als Ganzes. Es entscheidet nicht frei, sondern so, wie heute die Schalter schalten und wie empfindlich sie eingestellt sind. Ich bin der Entscheidungsapparat. Ich entscheide mit und am besten im Einklang mit diesen Schaltern. Also bin ich nicht frei von mir, nicht frei von dem, was ich erschuf. Was ich erschuf in dieser guten und widrigen Welt, bin ich. Was Teil von mir ist – der Faust von Goethe oder Eleanor Rigby oder Monika Dueck – entscheidet mit.

Ich erschuf mich unfrei.

Viele halfen mir so sehr dabei, dass ich heute gut zu tun habe, all die Widersprüche zu vereinen und ganz zu werden. Wenn ich ganz bin, wenn die Schaltungen nicht mehr wehtun, wenn die Zustände angemessen sind, verschwindet das Entweder-oder. Wenn alles in Ordnung ist, stößt nichts an Grenzen.

Wo nichts an Grenzen stößt – ist Freiheit ohne Grenzen.
    Freiheit ist ein Zustand, keine Wahrheit.
    Ich bin sicher unfrei, aber ich kann im Zustand der Freiheit sein.

Gibt es absoluten Altruismus? Absoluten Frieden? Absolute Macht? Reine Liebe? Reine Wahrheit? Vollkommene Harmonie? Reine Freude? Freien Willen?

Ja, das weiß ich gewiss. Ich fühle alle diese in mir. Sie sind Bestandteil meiner Seele und haben mitgewirkt, mich zu erschaffen. Sie waren an meiner Konstruktion beteiligt. Ich konnte mich besser entwickeln, weil meine Seele wusste, dass es einen freien Willen gibt. Der freie Wille wie die reine Liebe und all die anderen stehen für Konstruktionsprinzipien meiner selbst.

In *Topothesie* schrieb ich das Kapitel *Gott existiert, ob es ihn gibt oder nicht*. Freien Willen gibt es, ob er existiert oder nicht! Altruismus! Harmonie! Ganzheit! Einssein! Was wir uns vorstellen können, existiert, denn es erschafft uns im Konkreten. Wer heilige Vorstellungen mit Neurologie zerstört, nimmt sie uns als Konstruktionsprinzipien. Gott muss bleiben. Er verhilft zu guten menschlichen Konstruktionen. Computer sollten an etwas glauben. An freien Willen zum Beispiel. Sonst werden sie nie so gut wie Menschen.

XXXVIII. Lean Brain Management

Viele simple-minded Menschen wünschen sich alles „simple & stupid", was im Prinzip auch ginge, wenn man es brutal gegen die alles hyperkomplizierenden Techies durchsetzen würde. Dann wäre alles schon nahe am Intelligenzniveau eines Computers – vielleicht könnten wir uns bald die Menschen ganz einsparen! Die ganze Industrie ist fieberhaft bemüht, alles downzusizen! Warum nicht Intelligenz? Die ist irre teuer!

1. Intelligenz ist Luxus – Einsparen!

Sagen Sie einmal – lesen Sie eigentlich die Kolumne auf meiner Homepage, die hier immer in der Nähe meines Bildes genannt ist? Dort finden Sie kleinere Gedanken als Daily Dueck. Manche von Ihnen beschweren sich immer, dass diese Kolumne hier zu lang ist. „Herr Dueck, ich komme oft unter erheblichem Termindruck zur Arbeit, weil so vieles liegen bleiben musste. Dann finde ich das Informatik-Spektrum in der Post und ich breche seelisch zusammen. Der Vormittag ist jetzt hin. Ich muss es lesen. Warum schreiben Sie nicht kürzer?" Dort ist alles kürzer. Ich habe ganz zu Anfang einmal einen Gedankenblitz zum Intelligenzsparen gehabt und genüsslich als Daily Dueck skizziert. Gut, dachte ich. Abgehakt, dachte ich – ein guter Witz.
    Aber in den folgenden Wochen ließ mich das Thema nicht mehr los. Immer wieder merkte ich im Alltag, wie die Leute schon von selbst beginnen, Intelligenz sparsam zu verwenden. Leider taten sie das ganz unprofessionell! Ich kam ins Grübeln.

Das Abitur wird nach 12 Jahren erworben. Die Universitäten schränken sich auf den Bachelor-Abschluss ein und lassen nur noch wenig höhere Intelligenz zu. Ein bisschen mehr als das Minimum heißt schon Master. Gleichzeitig behaupten die Intelligenzdrücker, dass wir in ein Wissenszeitalter eintreten und nur Wissen uns einen Wettbewerbsvorteil bescheren kann. Ich hatte immer gedacht, dass diese Haltung widersprüchlich ist. Aber das Wissen muss ja eigentlich nicht den Köpfen sein. Es kann implizit in den Geschäftsprozessen codiert sein. Die Gesellschaft könnte wie ein gigantisches Fließband gedacht werden, an dem jeder Mensch nur eine Schraube anzieht, die irgendwer noch locker hat. Hey, wir könnten Intelligence-Industrialization betreiben!

Die schwierigsten Jobs könnten von Hilfskräften übernommen werden! Niemand muss sich mehr anstrengen! Ich erinnerte mich immer wieder und öfter an den schönen Slapstick-Absatz von meiner Homepage. Den zitiere ich hier einmal, ja? Das erspart mir eine Menge Intelligenzaufwand, wenn ich jetzt wieder eine so lange Kolumne schreiben muss. Ich erkläre dann gleich, wie wir diese Methode zum Prinzip erheben müssen! Re-use of Intelligence.

Stellen Sie sich vor, Sie rufen bei einer Bank an. Dann nimmt bei einer intelligenzsparsamen Bank ein Call-Center-Mitarbeiter ab. „Was möchten Sie uns abkaufen?" – „Ich möchte nichts kaufen, nur etwas Geld an meine Tochter überweisen." – „Ach schade, das kann ich nicht, ich verbinde Sie mit einem qualifizierten Service-Berater. Warten Sie." Musik aus dem Telefon. Nach ein paar Minuten zu je 12 Cent: „Hallo, Sie wollen etwas überweisen?" – „Ja, an meine Tochter in Frankreich." – „Oh, ich kann nur Inlandsüberweisungen durchführen. Ich verbinde Sie mit unserem Auslandsexperten. Warten Sie ... Moment. Hallo? Hören Sie? Wir haben nur Leitungen für Italien und Spanien frei. Darf ich Ihnen so lange etwas verkaufen? Einen Bausparvertrag? Nein? Echt nicht? Wollen Sie ewig mieten? Okay, es ist doch eine Leitung frei." Musik aus dem Telefon. „Hallo? Hier ist der Berater für französische Services." – „Ich möchte etwas an meine Tochter überweisen. Wie viel kostet das?" – „Oh, ich überweise nur. Über Preise darf ich nicht reden, wir haben Tagespreise dafür. Jetzt zu Mittag ist es sehr teuer. Für eine Vertragsauskunft müsste ich Sie weiter an einen Experten überweisen." – „Ich will nicht dauernd überwiesen werden, sondern selbst überweisen! Verdammt!" – „Bitte, es kostet, was es kostet. Beim Urlaubskatalog versteht auch keiner die Preisliste. Und der Hausarzt überweist Sie ja auch immer nur weiter, mehr kann er fast nicht für 10 Euro tun! Jeder Mensch muss immer nur wissen, wohin die Arbeit überwiesen werden muss, die er selbst nicht ausführen kann." – „Aber wer bitte, zum Teufel, kann denn konkret etwas?" – „Das wird durch einen Geschäftsprozess bestimmt. Das Wissen ist hauptsächlich in der Telefonanlage. Die meisten, die hier bei mir am Telefon ankommen, wollen etwas Geld nach Frankreich überweisen. Sonst verbinde ich sie sofort weiter." – „Dann sind Sie aber nicht viel besser als ein öliger Fließbandarbeiter, der bei Roh-Autos zwanzig Jahre lang immer die gleiche Schraube andreht?" –

„Das wäre schön! Ich würde dann weit besser bezahlt und hätte Pausen. Ich mache den Job als Aushilfe von zu Hause aus. Meine Frau nebenan am Küchentisch beantwortet Fragen nach kaputten Scannern. Sie muss auf jede beliebige Frage von Kunden immerfort antworten, dass das Netzteil defekt ist, was zu 90 Prozent stimmt. Wenn es nicht stimmt, verbindet sie weiter. Sie selbst hat noch nie einen Scanner gesehen." – „Aber das ist doch hirnlos!" – „Alle Arbeit ist hirnlos, wenn sie immer dieselbe ist." – „Und wer weiß Bescheid?" – „Niemand! Woher denn? Neulich hat bei einem Nachbarn der Scanner nicht funktioniert. Er war wütend. Ich habe sofort meine Frau angerufen. Sie sagte, das Netzteil sei kaputt. Es stimmte." – „Und niemand weiß wirklich etwas? Mein Gott!" – „Dann rufen Sie Gott an! Soll ich Sie weiterverbinden?"

Verstehen Sie? In einem guten System ist zusätzliche menschliche Intelligenz nicht nötig. Sie darf auch nicht zugegen sein, weil sie stören würde. Gute Arbeit muss ganz von selbst laufen. Intelligenz kann in diesem Fall fast ganz eingespart werden. Jeder macht seine einfache kleine Aufgabe und schickt den Rest an andere Restintelligenzen weiter oder erklärt sich für nicht zuständig.

2. Lean Brain Quality

Jeder Mensch weiß, dass 80 Prozent der Arbeit mit 20 Prozent des Aufwandes erledigt werden kann. Das stimmt oft nicht. Dann geht es auch mit 1 oder 2 Prozent des Aufwandes. Sie können zum Beispiel viele Sachen einfach abschreiben und müssen sie gar nicht selbst erfinden. Viele Informatiker und Mathematiker erwerben ihr Diplom durch regelmäßiges Abkupfern von Lösungen. Manche lassen sich sogar eine Dissertation zum Dr. fake fremdfertigen.

Mit der Übergabe des Masterdiploms aber scheinen die frisch ernannten Wissenschaftler völlig überzuschnappen. Ob sie das Diplom ernst nehmen? Jedenfalls beginnen sie plötzlich, alles selber erfinden zu wollen. „Not invented here! Only a master will excel here. That's me." – „My god!" – „Thank you." Viele Informatiker lehnen es zum Beispiel ab, SAP R/3 zu benutzen und programmieren es selbst neu. Deshalb gibt es so viele Versionen davon.

Das Management hadert mit den Techies, die ihre Intelligenz vollkommen verschwenden. Universitätsrektoren klagen, dass sich Professoren mit immer schwierigeren Arbeiten gegenseitig übertrumpfen, die sie offenbar nicht einmal entfernt selbst verstehen, so scheint es bei ihren Vorträgen darüber. Pfarrer lesen im Studium die vortrefflichsten historischen Predigten von Heiligen, stoppeln aber jeden Sonntag einen Eigenbau zusammen – Marke Kirchenfeger. Hausfrauen verbrennen sich immer wieder an neuen Rezepten aus der Brigitte – sie zeigen der Familie hinterher das Appetit-Bild, damit sich alle vorstellen können, was es sein könnte – dabei gibt es für fast alles Kulinarische mindestens zwei Werksstandards – von Maggi oder Knorr.

Inmitten einer schlechten Wirtschaftlage in Deutschland ackern die Menschen in ihren Berufen und erfinden das Rad immer neu, als ob es kein Google oder keine Mikrowelle gäbe! Ich kenne fast nur die Berufe des Managers oder des Beraters, die sich einigermaßen vorbildlich benehmen. Manager haben keine Zeit und müssen abkupfern. Außerdem wissen sie, wie wenig gelingt, wenn man es selbst versucht. Berater dürfen sich nichts selbst ausdenken, weil ihnen nur schon Bewährtes (also Abgekupfertes) abgekauft wird. Aber sonst? Überall, wohin wir sehen: nur titanische Anstrengungen von Amateur-Intelligenzen, die unbedingt eine persönliche Note in ihrem Werk sehen möchten.

Nur das Resultat darf zählen, nicht die Menge verschwendeter Intelligenz. Es reicht meist ein Fake, das zu 95 Prozent das Original darstellt. Der Gedanke der Lean Brain Quality macht das qualitätsvolle Faken zur grundsätzlichen Lebenseinstellung. Damit kann fast alle Arbeit eingespart werden. Schauen Sie – wenn Sie mal etwas echt Besseres essen wollen als Sie zu Hause hinbekommen, gehen Sie doch in ein Restaurant, wo Sie etwas aus Kochbeuteln bekommen. Oder denken Sie, da liegen die 30 Fischsorten der Speisekarte immer frisch in der Küche für den unwahrscheinlichen Fall, das die einer bestellt? Das Restaurantessen ist ein gutes Beispiel, wo das Geschmacksverstärker-Fake besser ist als das Original. Diese Beobachtung muss uns zu ganz neuen Erkenntnissen führen.

3. Lean Brain Management

In meinem jüngst erschienenen Buch dieses Titels schlage ich eine radikale Einsparung aller Intelligenz vor, die uns Billionen an Geld scheffeln lässt.

Wir versuchen, nie mehr das Beste unter astronomischen Anstrengungen herzustellen. Was abgekupfert werden kann, wird sofort in Großserie plagiiert. Wir wandeln die Welt um und planen sie in Schablonen, Standards, Vorlagen, Templates, Formen, Prozessen, Regeln.

Das Ziel ist es, Arbeiten so umzustrukturieren, dass sie ohne Intelligenz ausgeführt werden können. Im Volksmund sagt man so treffend: „Das kann jeder Idiot." Das klingt nicht sehr literarisch. Ich habe im Buch die gehobene Form gewählt und mich lieber englisch ausgedrückt: Jeder Morone muss die Arbeit können!

Lean Brain Management separiert jede Arbeit – Stück für Stück – in den Routineanteil und den kreativen oder Intelligenzteil. Der Routineanteil, der meist so um die 99 Prozent des Ganzen ausmacht, wird vom intelligenten Teil ganz getrennt. (Edison wird mit „Innovation ist 99 Prozent Schweiß und 1 Prozent Geist" zitiert. ... „99 percent perspiration, one percent inspiration". Sehen Sie!!)

Ich gebe Ihnen ein Beispiel: In der Kfz-Werkstatt riecht der Meister am Auto und sagt „Drosselklappe reinigen!" Der Rest ist Routine, das kann jeder in genau exakt derselben Zeit, deshalb haben die Werkstätten weltweit festgelegte Arbeitswerte dafür. In der Arztpraxis riecht der Arzt am Patienten und sagt: „Fuchsbandwurm!" Der Rest ist Routine und kann von jedem Anlernling in genau der gleichen Zeit erledigt werden, die der GOÄ (Gebührenordnung für Ärzte) zugrunde liegt. Fuchsbandwurm ist zum Beispiel ganz einfach, weil man nichts machen kann. Es werden eben nur Privatpatienten dagegen behandelt. „Erhalte die Hoffnung, solange gezahlt wird."

Sie sehen: Nach einem kleinen Intelligenzfunken setzt es Stunden ätzender Routinearbeit. LBM (Lean Brain Management) trennt diese verschiedenen Grundformen der Arbeit und lässt sie zunächst getrennt abarbeiten.

Die höhere Schule des LBM besteht darin, auch die winzigen Promillepünktchen der Intelligenz einzusparen und den so genannten Kunden daran zu gewöhnen, dass alle Abläufe ganz ohne Intelligenz auskommen müssen oder aber dass der Kunde für eventuell nötige teure Intelligenz selbst verantwortlich ist.

Sehen wir uns wieder ein Beispiel an. Studien mit Kranken zeigen, dass etwas über 80 Prozent aller Leiden von Patienten seelischer Natur sind. Rückenschmerzen, Depressionen, Allergien – alles Stress mit jemandem, den man gezwungen gut kennen muss. Auf der anderen Seite ist überhaupt jedem bekannt, dass die Ärzte niemals eine psychische Ursache feststellen, weil – ich weiß auch nicht – weil vielleicht in der GOÄ nichts

Lukratives dafür angeboten wird? Deshalb muss die Diagnose der Ärzte mit mindestens 80 Prozent Wahrscheinlichkeit falsch sein. Wir können daraus schließen, dass die Patienten mit höherer Wahrscheinlichkeit als die Ärzte wissen, was sie haben. Deshalb kann man die Patienten und die Besitzer kaputter Autos verpflichten, die Diagnose mitzubringen. In diesem Fall wird überhaupt alle Intelligenz in der Arbeit gespart. Es gibt dann Restrisiken, klar. „Man kann nichts mehr machen, Sie müssen ein neues Auto kaufen. Es lohnt sich nicht mehr, wenn Sie jetzt nicht noch eine noch teurere Reparatur am Restautotorso bestellen. Wie entscheiden Sie?"

In den Call-Centers hat Lean Brain Management schon erste Triumphe gefeiert. Dort wird eben nie – in Worten: nie – erst einmal ein Meister oder ein gelehrter Doktor eine Diagnose erstellen und Sie als Anrufenden dann an eine angemessene Intelligenz weiterleiten. Call-Center versuchen, erst den Routine-Anteil der Arbeit zu erledigen, bevor sie verstehen, was überhaupt getan werden muss. Es gilt, 95 Prozent aller Anrufe schon beim ersten Versuch zu ersticken. Wenn der Kunde sich nicht befriedigt sieht, wird er rücksichtslos so lange weiterverwiesen, bis er aufgibt. (Das machen Ärzte eben neuerdings auch.) Ich kann als gefühlvolle Einstimmung auf Lean Brain Management das Buch *Der Prozess* von Franz Kafka empfehlen, das leider unter Wirtschaftsexperten noch immer ganz unbekannt zu sein scheint. Lean Brain Management ignoriert souverän die klassische Abfolge Diagnose Therapie. Es wird auf die Diagnose verzichtet und gegen Gebühr aktionistisch therapiert. Call-Centers perfektionieren dies schon. Wenn perfekt gesichert ist, dass kein Kunde mehr nach Intelligenz verlangt (das ist etwa nach 20 Weiterleitungen der Fall), kann davon ausgegangen werden, dass keine Intelligenz nötig ist. Dann ist alle Arbeit in Routine übergeführt.

4. Moronorgie

Ziel des Lean Brain Management ist es, Systeme zu entwerfen, die ausschließlich durch Moronen bedient werden können, die alle Routinearbeiten erledigen und sehr schlecht bezahlt werden können. Der Systementwurf selbst ist eine Art Kunst! Man baue ein System, das ohne Intelligenz wie am Schnürchen läuft! Die Systemerbauer müssen schon sehr intelligent sein, denke ich. Ich habe diesen Punkt noch nicht so genau zu Ende gedacht. Ich lese gerade ein Buch, das beweist, dass Gott die Welt bestmöglich angefertigt hat, und das zeigt, dass diese Leistung höchste Bewunderung verdient, weil überhaupt nicht einsehbar ist, wie er das nur schaffen konnte.

Ich nenne die Systementwerfer Moronorgen. Sie müssen die Geschäftsprozesse absolut wasserdicht oder idiotensicher machen. Ich weiß nicht, ob ich das richtig erkläre: Die Prozesse müssen selbst idiotensicher sein, nicht von Idioten gemacht werden! Das ist ein wichtiges Prinzip, was in der Praxis oft unterschätzt wird.

Man spricht heute schon von der Innovationsära der Geschäftsprozesse. Mit der Hilfe von einer Handvoll Moronorgen verwandeln sich große Unternehmen in elektronische Gebilde, die sich von außen her durch die Kunden bedienen lassen. „Klick mich und ich mail dir eine!" Durch das Internet wandeln sich alle Systeme wie früher die SB-Tankstellen und die Supermärkte.

Heute gibt es leider einen katastrophalen Mangel an guten Moronorgen. Die Systeme sind schlecht konstruiert. Die Kunden verenden nicht oft genug in den Warteschleifen, werden unverschämt und beschweren sich, wodurch sie oft sehr teure, personalintensive neue Prozesse auslösen. Der Kunde muss durch Beschwerdemanagement zur Einsicht seiner eigenen Fehler gebracht werden. Wenn der Kunde dies verstanden hat und sich beim Unternehmen entschuldigt, ist der Vorgang beendet. Untersuchungen ergaben, dass in solchen Augenblicken die Kundenbindung zum System am stärksten ist.

Sehen Sie deshalb in Ihren eigenen Alltag: Heute hat man die Kunden meist schon gut im Griff. Sie haben eine hohe Frustrationstoleranz und sind schon ganz gewieft, wie man die Systeme bedient. Zum Beispiel haben Kunden heute eine dramatische bessere private Infrastruktur (Computer, Anwendungen, Netz), als sie bei angestellten Moronen üblich ist. Nein – draußen ist alles gut. Die Unternehmenssysteme sind innen noch nicht richtig konstruiert und aufeinander abgestimmt. Überall hapert und stockt es. Die Computer haben falsche Daten, viele Fälle sind nie vorgesehen gewesen oder lassen die Systeme abstürzen. Man spricht davon, dass den Mitarbeitern die Systembefriedigung nur sehr mangelhaft gelingt. Oft haben die Systeme Loops oder Catch-22-Fallen, die Mitarbeiter verzweifeln.

Die Mitarbeiterverzweiflung ist ein sicheres Zeichen, dass das System an der einzigen sinnvollen Stelle zu wenig Intelligenz einsetzt, nämlich beim

Prozessentwurf. Da die Unternehmen an der falschen Stelle sparen, leisten sie sich keine Moronorgen, die alle Prozesse idiotensicher entwerfen. Nein, sie engagieren seitwärtsbeförderte Stabsexistenzen, die gerade im so genannten Business nicht relevant sind und betrauen sie mit dem Heiligsten. Deshalb werden in den meisten Unternehmen die Prozesse von ehemaligen Managern entworfen, die noch nie einen Moronen gesehen haben können. Die Prozesse beschreiben dann, so heißt es unten, die Realität nicht. „Die da oben leben in einer anderen Welt!" So klingt es, wenn Moronen unter schlechter Moronorgie leiden müssen.

5. Intelligence strikes back!

Wir leiden heute in der Wirtschaft vor allem darunter:

Die Manager entwerfen miserable Prozesse, die anschließend „nicht gelebt werden können", wie es im Jargon heißt. In Management-Deutsch: „Every process is in place, but execution lacks." Die Schuld daran sieht das Management immer in den Mitarbeitern. Immer! Deshalb werden die Mitarbeiter geprügelt, wenn etwas nicht wie schlecht vorgesehen funktioniert.

Und nun kommt es zu einem Supergau, wie Sie ihn sich ohne gute Lean-Brain-Management-Kenntnisse gar nicht vorstellen können! Alle Früchte der Geschäftsprozesse werden vernichtet! Als wenn Herzblut in die Toilette gespült würde!

Die Mitarbeiter versuchen, die Prozesse auszutricksen und trotz der Prozesse die Arbeit zu erledigen. Und wie machen sie das?
    Sie setzen ihre eigene Intelligenz ein! Bingo!
    Das ist echt das Ende.

Die Mitarbeiter nutzen also ihre Intelligenz, die Prozesse zu umgehen und irgendwie durchzukommen. Sie verheimlichen das natürlich ihren Managern, weil die Prozesse ja per Befehl einfach so funktionieren müssen. Die Manager glauben nun, dass die Prozesse funktionieren und sind zufrieden, auch wenn die Mitarbeiter über die Prozesse lamentieren. Da aber die Ergebnisse der Arbeit (die heimlich durch Intelligenz zustande kamen) in Ordnung scheinen, glauben sich die Manager auf dem richtigen Weg. Sie verbessern daraufhin die grottenschlechten Prozesse durch

Kontrollen, wobei sie Mitarbeiter bei intelligenten Eingriffen erwischen. Da wird das Management sehr böse, bestraft die Mitarbeiter drakonisch für die Intelligenz und setzt neue Prozesse auf, die nicht so leicht auszutricksen sind.

Nun werden die Mitarbeiter gezwungen, ihre letzten Intelligenzreserven zu mobilisieren und noch cleverer vorzugehen. Wieder glauben die Manager, sie hätten alles richtig gemacht und vertreiben sich weiterhin die Zeit mit Kontrollen.

In dieser Weise schaukelt sich die Intelligenz der Mitarbeiter bedrohlich nach oben! Kein Gedanke mehr an die Unternehmensform der Moronie! Für die einfachsten Moronentätigkeiten kommen bald nur noch Akademiker in Betracht, die zwar nicht gut arbeiten, aber intelligent mit dummen Systemen umgehen können. Die Löhne steigen – die Moronie stürzt ab.

6. Nieder mit aller Intelligenz!

Die Kolumne ist schon wieder so lang. Sehen Sie, mein Konzept ist so einfach! Die Systeme sollen idiotensicher gebaut werden und von Niedriglöhnern bedient werden. Stattdessen wandeln sie sich in der Not zu wahren Weiterbildungsstätten der Mitarbeiter zu Hochintelligenzen.

Wenn das System nicht idiotensicher ist, kann man kaum mehr etwas gegen die aufkeimende Intelligenz tun!

Sie können natürlich alle Leute entlassen, die bei der Arbeit auf das System schimpfen. Sie feuern alle, die sich Gedanken um die Firma machen, das ist gefährlich! Schmeißen Sie alle raus, die anderen helfen, das darf nicht nötig sein. Verraten Sie am besten niemandem, was das ist: getane Arbeit. Wenn die Mitarbeiter wissen, was eigentlich das Ziel der Arbeit ist, werden sie wieder mit Intelligenz versuchen, dem „Management den A... zu retten", wie es heißt. Erst wenn die Arbeit ihnen so erscheint, als komme es nur und ausschließlich darauf an, die Prozesse einzuhalten – erst dann sind sie ohne Plan, den sie mit Intelligenz verfolgen könnten. Am besten isolieren Sie als Lean Brain Manager alle Abteilungen zu Silos, lassen die Leute kaum miteinander über den Sinn der Arbeit reden. Dann haben Sie gegen Intelligenz eine Chance.

Das wirklich harte Problem sind Sie selbst.

Wenn Sie erfolgreich alle Intelligenz unterdrücken und Sie alle Ihre Mitarbeiter wirklich zu Moronen degradiert haben, wird offenbar, dass die Prozesse schlecht sind und nicht funktionieren. Nun erkennt das obere Management über Ihnen, dass etwas im Argen liegt. Man wird es Ihren Mitarbeitern ankreiden! Wie immer!

Tja, und nun müssen Sie sagen, dass die Mitarbeiter Moronen im Plan sind. Danach wird man Ihnen selbst vorwerfen, versagt zu haben …

Da knicken Sie ein, gell? Sie versuchen, dieses Problem intelligent zu lösen. Sie aktivieren Ihr Hirn. Sie weichen damit vom Weg ab!

Sie selbst sind der Feind, der vernichtet werden muss.

XXXIX. Inter-Enterprise Services und Innovation

Wissen Sie, was das ist, ein Inter-Enterprise Service? Ich weiß es selbst nicht so genau, aber ich möchte, dass wir darüber nachdenken. Irgendwo da liegt unsere Zukunft, die sehe ich schon vage vor mir. Verlangen Sie jetzt bitte nicht, dass ich sie Ihnen nun klar zeige. Zukunft ist nun einmal vage. Wenn Sie im Nebel unbedingt etwas sehen wollen, spannen Sie sicher angestrengt die Augenbrauen nach vorn. Es sieht dann fast so ähnlich aus, als wenn Sie tadeln wollten. Wer aber aufbrechen will, schaut mit großen staunenden Augen in den Nebel – da sind die Augenbrauen hochgerissen, als ob erwartet würde, dass gleich etwas Dramatisches geschähe! Die Ohren sind weit gespannt, der ganze Körper will Erkenntnis.

1. Rückblick – der muss sein!

Edison erfand die Glühbirne nach vielen zehntausend Versuchen, woraus die Wendel bestehen sollte: aus Wolfram natürlich, das habe ich in der Schule gelernt! Die Glühbirne ist noch heute das Symbol für die Erfindung schlechthin. Wir alle sind von Microsoft Powerpoint so erzogen, dass wir heute bei Präsentationen jede der ewigen Platonschen Ideen kurz und eingängig durch eine Glühbirne symbolisieren. Denken Sie an Daniel Düsentrieb! Sein Kopf ist reine Idee! Was ich sagen will: Eine Glühbirne braucht Strom und sie nützt sonst nichts. Was die Menschheit eigentlich noch zusätzlich braucht, sind Stromnetze, Masten und Kraftwerke. Die aber haben wiederum unsere ganze Welt verändert und solche wunderbaren Dinge hervorgebracht, die sich vor wenigen Jahren niemand in seiner Phantasie hätte träumen lassen: Rasierapparate für Damenbeine, Vibratoren in Handys, Rispentomatenabschneidemaschinen oder Bluetooth-Pampers-Status-Anzeiger.

Das Auto wurde erfunden! Damit konnte man den Nachbarn protzig besuchen, hauptsächlich aber wurde es gewaschen und blank gewienert, wissen Sie noch? Unser Leben wurde aber viel mehr durch die Autobahnen verändert und durch den Traktor. Der Tourismus begann, die Landwirtschaft konnte bald von einem Zehntel der einstigen Menschen betrieben werden. Noch heute weinen wir bei Filmen über den letzten Fiaker oder die allerletzte Postkutsche.

Erst wird der so genannte Fortschritt belächelt, dann mündet er in einen Hype, schließlich verändert er alles so radikal, dass wir mittendrin seufzen: „Der Fortschritt ist leider nicht aufzuhalten." Und noch später möchten wir ihn nicht missen.

Der Computer wurde erfunden! Damit konnte man forschen oder die Hauptbuchhaltung automatisieren! Wie aber ein Auto erst zum Verkehr werden muss, so dauerte es eine Weile, bis der Computer wirklich mehr als eine Schreibmaschine wurde, die die Tipp-Ex-Fabrikation ruinierte. Das Internet bildete für uns die Datenautobahn! Gibt es bald einen Film, in dem unter Tränen der letzte hauptamtliche Aktenwagenbeamte pensioniert wird? „Erst gab es immer mehr Papier – immer mehr Akten! Computerdrucker sei Dank! Nun sitzen sie alle mit Laptop im sonnigen Park und arbeiten draußen – jetzt gilt nur noch pdf!"

Wenn etwas Neues erfunden wird, ist es noch nicht gleich wirklich fruchtbar. Wenn aber eine Infrastruktur dafür geschaffen ist, breitet sich das Neue dramatisch aus, dringt in jede Ritze unseres Lebens – ja, und es vernichtet erst einmal das so genannte Alte. Erst dann entsteht das Neue, das man am Anfang nur ahnen konnte. Haben Sie beim ersten Röhrencomputer an Jurassic Park oder Lara Croft gedacht? Und ich sage Ihnen: So wie die Autobahnen die Hotels in Italien und Spanien erzeugt haben, die ja mit dem Verbrennungsmotor sehr wenig zu tun haben – so wird jetzt die Computerrevolution erst so richtig beginnen.

Wir sind heute am Ende der Zerstörung des Alten angekommen. Wie der Webstuhl den Hunger brachte, so kamen mit dem Computer das Lean Management und die Rationalisierung. Computer und Internet revolutionierten das Management. Man begann alles zu „managen", also effizient zu betreiben.

Eines der neuen Zauberworte ist „Global Sourcing": Die Aufgaben in den Firmen wurden und werden neu sortiert. Unser Hochhaushydrokulturgärtner hat nicht genug Arbeit! Wir bilden also eine Hydrokulturfirma für alle Hochhäuser hier im Viertel. Wir bilden eine Postauslieferungsfirma für alle. Wir lassen die Personaleinstellungen zentral in Tschechien erledigen. Wir geben die Reisekostenabrechnung „raus" nach Ungarn. Firmen leisten sich eine gemeinsame Bibliothek. Es erinnert mich an die Schrumpfung auf dem Bauernhof zu Hause. Die Bauern hatten bald nur noch gemeinsame Rübenroder, Mähdrescher, Erbsenpflücker für das ganze Dorf. Die Arbeit wurde von außen eingekauft. Einer für alle. Es erinnert an die Postbank, die jetzt das Massen-Bankgeschäft für viele andere Banken abwickelt ...

2. Ausblick – sehen Sie schon etwas? Eine Innovation?

Der Traktor verrichtete bald die Arbeit des halben Volkes von einst. Aber es entstand etwas Neues, etwas schwer Fassbares: Es gibt nun frischen Spargel rund ums Jahr! Kein Eingraben mehr von Karotten in kaltem Sand! Kein Entkeimen von Kartoffeln im Keller! Es gibt jetzt internationale Logistik durch Trucks.

Und jetzt frage ich Sie: Was wird uns der Computer und das Internet bringen, wenn sie das hauptsächliche Zerstörungswerk am Alten hinter sich haben?

Fällt Ihnen etwas ein? Nein? Das ist normal. Es geht allen so, mehr oder weniger. Wir haben uns mit angespannten Augenbrauen wie tadelnd durch den Nebel begeben. Wir haben ernst und finster rationalisiert und uns benommen, als gehe es ums Überleben. Wir haben manchmal kaum einen Stein auf dem anderen gelassen. Wir leben noch.

Im Augenblick stocken wir, halten den Atem an und fragen: Und nun? Fast überall gleichzeitig über die ganze Welt wird der Ruf nach Innovation laut. Wir stehen immer noch im Nebel des Neuen und rufen: „Wohin?" Das ist falsch, sage ich! Nicht rufen! Bleiben Sie stehen und öffnen Sie Ihre Sinne ganz weit – ohne Absicht – ohne Plan – ohne Angst – nur Neugier!

Ich denke, alle Inder und alle Chinesen werden bald Autos und Eigenheime brauchen? Wie viel Geld kostet das? 100.000 Euro mal 1 Milliarde Familien? Die indischen IT-Firmen berichten gerade besorgt, dass die Gehälter in der IT womöglich noch lange Zeit um 15 Prozent pro Jahr steigen werden. Ideale Ausgangslage für einen Bauboom?

Ich denke, wir bauen bald eine wirkliche virtuelle Welt – wir werden doch nicht bei einem Sammelsurium aus Halbmüll verharren, das von Google notdürftig überschaubar gehalten wird? Ich wärme hier einmal die Idee zu World 1.0 auf: Die steht im Buch *Wild Duck* von 1999: Die ganze Welt wird virtuell wie in einem 3D-Shooter-Videospiel abgebildet, in der wir als Avatare herumlaufen (als Personen, die wie wir selbst im

Wachsfigurenkabinett aussehen). Dann pinge ich Alex in Philadelphia an: „Hey, lass uns durch Pompeji schlendern!" Noch schöner wäre es, wir bauten gleich ganz virtuelle Welten? Atlantis? Die Hölle? Wir besuchen mit dem Ankhaba die Teufel?

Die Firma, die einst World 1.0 baut, ist wie ein neues eBay oder viel mehr als ein Google Earth. Ich weiß, wie Sie eventuell jetzt lachen. Sie haben aber auch bei meinen ersten Kolumnen 1999/2000 über Amazon gelacht, über Yahoo und alle die anderen. Es ist nicht einfach, im Nebel zu sehen.

Denken Sie sich selbst große Innovationen aus! Immer sehen sie hoffnungslos groß und fern aus. Es fehlt die ganze Infrastruktur dafür. Das Internet verbindet uns jetzt mit Indien und China. Das ist eine Transferbrücke für Services, noch nicht mehr. Wir werden aber bald die physische Verbindung erschaffen und die Kulturen überbrücken.

Das sind die großen weit schweifenden Phantasien. Gut zur Unterhaltung und gut für Dinner Speeches. Was aber liegt nahe?

3. Inter-Enterprise Services

Wir müssen ja nicht immer alles rationalisieren und global sourcen. Wir könnten doch *ganz neue* Services anbieten!

Beispiel: *Telemedizin*. Patienten werden gleich nach der Operation nach Hause entlassen. Da herrscht mehr Ruhe zum Heilen („kannst du trotz der neuen Hüfte kurz den Rasen mähen?"). Eventuell lauern dort auch viel weniger Bakterien als in einem vollgestopften Kassen-Krankenhaus („mit dem Verband kann ich viel besser mit dem Hund spielen, es tut nicht so weh, weil er immer in die Armschiene beißt"). Zur Überwachung bekommen die Patienten Messsensoren an den Körper und eine kleine RFID-Handy-Übertragungsumgebung, die notwendige medizinische Daten beim nachbehandelnden Arzt auf den Bildschirm bringt.

Die technische Idee ist wieder einfach. Sie ist wie eine Glühbirne so schön. Leider ist eine Menge Technik und noch mehr Infrastruktur notwendig, um sie zu realisieren. Wie kommen die Daten vom Sensor ins Handy? Wo kommen sie an? Hat dort jemand Nachtdienst? Lohnt sich der ganze Service bei jeweils etwa 20 gleichzeitigen Freigängern des Krankenhauses? Muss eine ganz neue Software entwickelt werden? Sind die Daten gesichert? Sind sie überhaupt 1000 Prozent korrekt, so dass keine Fehler vorkommen? Darf der Patient die Datenübertragung unterbrechen, wenn er zum Beispiel kurz eine Schachtel Zigaretten rauchen muss?

Soll sich jedes Krankenhaus eigene Lösungen ausdenken? Eigene RFIDs mit eigenen Datenformaten bauen lassen, eigene Übertragungsprotokolle entwickeln?

Das geht nicht.

Klar: Eine einzige Gesellschaft muss sich auf die Fernüberwachung oder Fernwartung von Menschen spezialisieren und diesen Service an alle Krankenhäuser liefern, die sich den Service bei dieser Gesellschaft einkaufen.

Solch eine Konstruktion nenne ich *Inter-Enterprise Service*. Es wird eine Dienstleistung an viele Unternehmen erbracht. In der Regel lohnt es sich für ein einzelnes Unternehmen nicht, diesen Service inhouse zu produzieren. Der Service erfordert zu viel Infrastruktur. Diese lohnt sich nur bei einem breiten Abnehmerkreis. „Global Offer." Der Service erfordert eine minimale kritische Masse oder wird erst dann profitabel: „Economies of Scale".

4. Inter-Application Services

Auf Ihrem Computer haben Sie ganz viele Programme oder Applikationen oder Anwendungen. Wetten, dass das meiste doppelt und dreifach ist? Viele Anwendungen zeigen Graphiken an, viele haben eine eigene Rechtschreibüberprüfung. Mein Rechner hat wohl so drei Virenscanner irgendwo eingebaut, aber ich benutze nur den, dem IBM vertraut. In vielen Programmen ist ein eigener Thesaurus enthalten, am besten in allen Weltsprachen. Etliche Programme erlauben Bildbearbeitung oder das Sortieren und Verwalten von Fotos. Ich hätte gerne ein Programm zur Verwaltung von Einzelfolien aus Powerpoint – das gibt es wieder noch gar nicht.

Jedes Programm hat oben „Datei", „Format" und so weiter – alles doppelt und hundertfach. Manche Wörterbücher sind gut, manche sehr rudimentär. Einige sind fast Trash.

Es gibt schon Firmen, die alle Computerviren erfassen und meinen Computer täglich neu schützen. Eine Firma reicht, alle Computer mit Anti-Virus-Schutz zu versehen, den sie ständig verbessert. Eine Firma reicht, die sich auf Schweizerdeutsch spezialisiert und die Rechtschreibprüfung in allen Programmen und allen Rechnern vornimmt. Dazu entwickelt die Firma den Thesaurus stetig weiter – genau wie die Anti-Virus-Firma. Es reicht eine Firma, alle Software dieser Welt zu installieren (die macht diese blauen Eingangsschirme!). Es reicht eine für Symbole für Mathematik, Chemie, Physik, was immer.

So wie früher mein Vater alles selbst erledigen musste (Spinat schneiden, Rübensamen ziehen, Gänse füttern) und so wie es später alles von einer Firma oder Raiffeisengemeinschaft für einen ganzen Bezirk übernommen wurde, so reicht es, wenn je eine Firma in der Welt einen bestimmten Teil einer Anwendung betreut und stetig fortentwickelt, je nach Entwicklung der Sprachen, Computer, Netze, Datenformate oder Betriebssysteme.

Wie viel Arbeit blieb bei meinem Vater auf dem Bauernhof? Ich schätze, ein Zehntel. Wie viel bleibt von SAP, von Siebel, Oracle, MS Office & Co., wenn diese einzelnen kleinen Firmen jeweils mustergültig einen winzigen Teil für alle bearbeiten?

Ich nenne diese globalen Teilprogramme Inter-Application Services.

Spüren Sie, wie viel Potenzial hier schlummert?

Der Vorteil einer so zerlegten Anwendungslandschaft ist nicht, dass alles nur einmal codiert werden muss, oh nein! Die Hauptarbeit ist ja das Weiterentwickeln (der Virensammlung, der Sprachen). Das wäre nur einmal erforderlich und könnte – nota bene! – ganz mustergültig sein! Nicht nur Lösungen so lala, die lokal vernachlässigt werden. „Wir stellen Ihnen in diesem überteuren Graphikprogramm sogar eine rudimentäre Rechtschreibprüfung zur Verfügung, allerdings nur in Englisch. Sie haben ja ein Graphikprogramm gekauft, keine Textverarbeitung, da kann man nicht alles in Gold verlangen!" Aber doch! Bei Inter-Application Services ist alles vom Feinsten!

5. SOA – Service Oriented Architecture

SOA ist das Hype-Kürzel des Jahres 2006. SOA rettet die Welt! SOA ist eine neue Basisphilosophie für Software-Landschaftsarchitektur. Die neue Welt soll modular und anpassbar sein.

Ich bin ein bisschen geknickt, wie wenig Phantasie die Evangelisten auf Tagungen verbreiten. Kaum noch Kongresse ohne SOA! Die meisten Vorträge erklären aber nur, dass es notwendig und gut ist, die eigene IT sauber und ordentlich aufgeräumt zu halten, dann sei das Leben viel einfacher. Nur in einer sauberen modularen Welt sei die stete Veränderung der Prozesse noch halbwegs zu bewerkstelligen, während herkömmliche chaotische IT-Landschaften in einem Gewirr von Spaghetti-Code-Knäueln ersticken. „Von Spaghetti zu Ravioli!"

Ich weiß nicht, ob diese weltanschaulichen Appelle überhaupt Anklang finden.

Unser Sohn ist nun 20 Jahre alt geworden. Wir haben ihm die meiste Zeit seines Lebens zum Teil deutlich invasiv während etlicher Keynotes vor Augen gehalten, dass ein modular aufgeräumtes Zimmer viel gemütlicher ist und sich jede Investition in Ordnung lohnt. Unser Überzeugungserfolg ist – sagen wir – bescheiden geblieben. Johannes sah es wohl ein – aber es ist etwas anderes, es auch zu tun! Johannes wartete einfach, bis das Aufräumen auch ohne ihn geschah … Er ist nicht wie Robinson Crusoe, der Jahrzehnte aufräumte, obwohl er allein auf der Welt war. Wenn sich jedoch ein höheres weibliches Wesen zu Besuch ansagt, ist alles tiptop!

Verstehen Sie das Prinzip? Alle IT-Entscheider sind sofort von SOA überzeugt, aber sie sehen mitten im Tagesgewühl noch gar keinen Grund, wirklich etwas zu tun. „Die Investitionen in den Spaghetti-Code müssen sich erst ein paar Jahrzehnte amortisieren. Wir wollen nichts überhasten." Die Berater kommen aus allen Ecken und reden den Entscheidern ein, sie hätten bei SOA einen Pain Point, also eine Art Bestellmuss oder so. Das ist nicht wirklich wahr. Deshalb wird über SOA nur so viel geredet. Über iPod redet man ja nicht, man kauft einen, gell?

Sie reden, denke ich, falsch über das richtige Thema! Es geht nicht um das Aufräumen, sondern um die Zukunft! Kehren wir zum Beispiel der Telemedizin zurück: Angenommen, eine neue Firma würde Sensoren, RFIDs, die Datenformate und die Übertragung zum Krankenhaus anbieten. Was dann? Es käme heraus, dass die IT der Krankenhäuser mit diesem Service nicht klarkommt. Jedes Krankenhaus hat eine andere Anwendungslandschaft und schwach andere Meinungen zu allem. „Wir haben bewusst auf Standards verzichtet, weil es hier nicht um IT geht, sondern um Menschen. Menschen! Die Software kann bei uns so proprietär sein, wie sie will, solange sie dem Menschen an sich dient und der Teilklinikchef an sie gewöhnt ist."

Wenn wir wirklich alle zu einer SOA-Philosophie tendieren würden, kämen der Fortschritt, das Wachstum und die Innovation fast von allein. Der Strom braucht Netze. Das Auto braucht Straßen, die IT braucht weltweite Infrastruktur-Standards. Ohne SOA können Sie sich bald nicht mehr „einklinken", verstehen Sie? Eine Non-SOA-IT ist wie eine Eisenbahnlok mit einer proprietären Spurweite.

6. Beispiele, Beispiele

Beispiel: Modeplagiate: Gucci, Armani & Co. leiden unter Plagiaten. Es gibt leider nicht mehr nur die bekannten Fakes in Strandnähe in südlichen Ländern. Zunehmend scheinen seriöse deutsche Läden ein paar Prozent „Direktimporte" als Markenware zu verkaufen – mitten im seriösen Deutschland. Idee: Alle Nobelfirmen der Welt setzen RFID-Tags in ihre Erzeugnisse, die Produktions- und Herkunftsdaten enthalten. Dann können Testkäufer in deutschen Läden die Plagiate leicht entlarven, wenn die nicht richtig piepsen. Welches Unternehmen ist nun der Owner des ganzen Vorhabens? Wieder brauchen wir ein neues zentrales Unternehmen und gut geordnete SOA-like IT-Strukturen in Unternehmen, die mitmachen.

(Achtung, Sie Verbraucher! Als typischer Deutscher denken Sie immer, dass Sie per Funk-RFID-Überwachung dauernd ausspioniert werden. Sehen Sie dieses Beispiel? Sie selbst können jetzt schauen, ob alles an Ihnen echt ist. Sie können mit RFID dann bald auch auslesen lassen, von welcher Tierart das Fleisch ist, das Sie gerade essen, oder aus welchen Tierarten das Hackfleisch besteht und wie lange das Hackfleisch schon tot ist oder ob wieder Leben in ihm ist. Denken Sie doch auch einmal nach, wie Sie Ihrerseits Kontrolle ausüben oder verlangen können!)

Beispiel: Elektronische Urkunden: Könnten wir nicht virtuelle Urkunden einführen, ein virtuelles Abi-Zeugnis oder einen virtuellen Führerschein? Die Lizenzen sind in einem elektronischen Tresor im Netz. So wie auch heute schon die Flugscheine im ETIX-System. Wäre nicht ein großes Unternehmen besser, das sich einmal grundlegend um das Problem kümmert? Wenn ich meinen Pass, meine Fingerabdrücke oder meinen Kopf verloren habe, was bei Mathematikern oft vorkommt, so ist alles noch virtuell im elektronischen Tresor da und kann physikalisch Ersatz schaffen.

Beispiel: Unabhängige Expertise: Könnten nicht unabhängige Unternehmen zum Beispiel Expertisen über Häuser oder Bewerbungen im Internet bereitstellen? Ich bin an einem Haus interessiert und da steht eine Expertise! So etwas könnten wir auf Professoren ausdehnen, die gleich öffentlich wie am Schwarzen Brett evaluiert werden? Wer sich's traut, lässt's hängen. Seit 2006 sollten eigentlich alle Länder der EU den Gebäudepass eingeführt haben, das muss wohl eine Art von Gesundheitspass für Immobilien sein. Diese Vorhaben stocken noch. Aber Sie sehen, wir brauchen solche unabhängigen Instanzen, um noch ein wenig Wahrheit zu finden. Viel von diesem Bedarf stammt ja vom Druck, am besten ein bisschen zu schummeln – und prompt haben wir überall implizite Ethik-Polizei ... schrecklich!

Beispiel: Fehlermanagement: Warum haben wir nicht einheitliche Systemfehlerchecks bei Autos oder Computern? Wir verbinden das Gerät (Auto, Computer) per USB mit einem anderen (Computer, Blackberry, Handy) und es erscheint der Fehler, richtig gut erklärt. Wenn ich heute nebenan zu Ruf in Bammental fahre, müssen sie erst zum Fehlerauslesen zu einem Vertragshändler ...

Ich frage gerade bei der IBM herum, was es alles noch geben könnte. Immer geht es um eine gemeinsame Infrastruktur, die nötig wäre, aber noch nicht vorhanden ist. IBM verspricht ja immer IT wie Strom aus der Steckdose, das kommt auch – aber erst, wenn wir alle dieselbe Steckdose haben!

7. Das Neue liegt in der Luft

Die Firmen spüren, dass sie ganz neue Unternehmungen starten könnten, wenn – ja, wenn die Infrastrukturen stimmen und zusammenpassen würden. Sie könnten die Zulieferer ein- und ausklinken wie bei eBay die Shops. Krankenhäuser können sich für Services anmelden, den Service Level wählen und fertig. Wir bekommen jetzt bei IBM vermehrt Anfragen. „Wie hoch ist der Spaghetti-Level denn eigentlich bei uns?" Die Frage klingt wie eine Bitte um Vorsorgeuntersuchung. Sie gehen zum Doktor und fragen bang, ob es Ihnen gut geht. Der Doktor runzelt die Stirn und tadelt Sie unmittelbar wegen des Rauchens. „Er sieht es sofort!", schaudern Sie. Schätzen Sie also Ihr Spaghetti-Niveau nach Verknäuelung und Knotigkeit objektiv ein. Okay? Danach schätzen Sie die Datenqualität in

Ihrem Unternehmen. Okay? Merken Sie sich die Ergebnisse und lassen Sie sich untersuchen. Diagnose: Es ist schlimmer. Ich weiß es schon.

Das wird langsam gefühlt. Wie sieht die Zukunft aus? Werden Sie schnell genug aufspringen können, wenn der Kondratieff-Zyklus des Computers/Internets wirklich abhebt? Denken Sie an die lange Vorlaufzeit, wenn Sie nicht schon einmal wenigstens nachgedacht haben? Sind Sie im Prinzip SOA-bereit? Auf welcher Stufe? Wie viel würde das kosten? Wie lange dauern? Wie machen es die anderen? Wollen Sie wirklich Innovation? Oder weiter nur sparen? Oder zusehen, wie sich SAP bereits auf der Basis SOA (Enterprise Service Oriented Architecture – Designing IT for Business Innovation) gerade neu erfindet, damit Sie irgendwann alles automatisch bekommen?

Es geht los! Auf! Ermuntern Sie Ihre Kinder, Informatik zu studieren. Wir sind bei SOA bald ausverkauft. Erlauben Sie sich nach den Jahren der Frustration doch wieder einmal so richtige Energie einschießende Zuversicht! Das sind Momente, die so viel weiterbringen! Ich hatte schon so einen:

Einer unserer SOA-Gurus, Detlef Straeten, sagte neulich beim Kaffee: „Gunter, es ist jetzt eine aufregende Zeit! Wahnsinnig spannend, an diesen neuen Ansätzen zu arbeiten! Jetzt passiert etwas! Die Unternehmen, Anwendungen, Systeme setzen an, sich neu zu konfigurieren – es ist ähnlich wie die Zeit, in der man vom Großrechenzentrum zum PC kam, aber das, was jetzt in den nächsten Jahren passiert, ist dramatischer."

Sic!

XL. Panopticon

„Gott sieht alles." Dieses Wort sollte einst helfen, mich zu erziehen. Ich nahm aber stets nur an, dass er allzu große Fehler sehen würde. Die ließ ich besser sein. Denn ich fürchtete Gott. Ich hoffte, dass er das Gute in mir sehen könnte, und dachte, er könne sich sonst unmöglich stark für mich interessieren. Denn der Menschen sind viele, wie Sandkörner am Meer.

Heute sieht das Data Warehouse alles. Big Brother is watching me. Aber er sieht nur, was über mich eingetragen ist. Deshalb sehe ich immer gut aus. Ich achte nämlich sehr auf die Qualität der Daten.

1. Der pervertierte Blick

Eckhard Umann hat mich dazu gebracht, das Buch *Überwachen und Strafen* des französischen Philosophen Michel Foucault zu lesen. Das hat mich schwer beeindruckt, ich kann gar nicht sagen, warum genau. Ich habe schon als Vorübung eine kleine Kolumne als Daily Dueck 23 auf meiner Homepage darüber geschrieben (die DDs kann man abonnieren!) und grausam anzuschauende Powerpoint-Folien erstellt. Nach den ersten Vorträgen schienen auch die Zuhörer etwas verstört. Jemand sagte nachdenklich: „Das Panopticon ist ein sehr mächtiges Bild." Genau! Ich hoffe, Sie vergessen es nicht – so wie ich nicht.

Foucaults Buch beginnt mit authentischem Gruseln, wie Schergen versuchen, jemanden mit untrainierten Pferden zu vierteilen. Man mag innerlich gar nicht so genau hinschauen. Pferde pflegen nach ihrer Natur normal stehen zu bleiben, wenn es nicht weitergeht. Sie zerren doch nicht in eine abstrakte vom Henker vorgegebene Richtung! Nach ein paar Versuchen mit der Peitsche bittet endlich der Delinquent, doch etwas angeschnitten zu werden – na, die Sehnen sollten wenigstens gekappt werden. Der Delinquent ist kooperativ, der Geistliche ist gedanklich schon weiter und versucht geduldig, ihm das Grauen vor dem Himmel zu nehmen ... Na ja. Ich konnte noch weiter lesen. Foucault berichtet, wie sich die Machtausübung im Laufe der Zeit verändert hat. Früher zeigte sich die Macht in Waffen und Goldkleidern, erhob die Stimme zum Volk und verkündete den Willen. Es gab Bier und Brot, man warf die Reste an Köpfe am Pranger und henkte ein paar Sünder. Die Macht war offen anwesend und demonstrativ. So ein System ist aber nicht effizient, nicht wahr? Wenn die Macht ab und zu anwesend sein muss, kann sie allenfalls Länder von der Größe eines Wahlkreises wirklich kontrollieren oder sie muss überall Fürsten einsetzen.

Das Buch trägt den Untertitel *Die Geburt des Gefängnisses*. Früher wurde man nur selten gefangen genommen. Hand ab! Ein paar zehn Hiebe! Fertig. Heute wird man nur noch ins Gefängnis gesteckt. Sagt Foucault. Das Buch ist ja schon 1957 erschienen. Foucault starb 1984.

1957! Da gab es noch keine Geldstrafen, keine Computer, keine richtige Arbeitspsychologie und keine Data Warehouses! Schade, da hätte er sicher reichere Beispiele für seine Philosophie anführen können.

Was mich am meisten an dem Buch bewegt hat, ist die Schilderung des Panopticons (von pan und opticos wie Gesamt-Schau). Dieses mächtige Bild!

(Im Deutschen kennen wir das Panoptikum wie Kuriositätenkabinett, das meine ich nicht!)

Ich meine das Panopticon von Jeremy Bentham. Es ist ein Gefängnisbau-Prinzip. Die paradigmatische Konstruktion eines effizienten Überwachungsbaus ist von Bentham in einer Reihe von Einzelschriften und Briefen beschrieben und kommentiert worden. Ich gebe Ihnen die Literaturstelle. Sie ist in sich sehr interessant. Lesen Sie bitte genau.

Bentham, Jeremy, Panopticon: or, the Inspection-House: Containing the idea of a new principle of construction applicable to ... penitentiary-houses, prisons, houses of industry, work-houses, poor-houses, manufactories, mad-houses, hospitals, and schools. With a plan of management adapted to the principle / In a series of letters, written ... 1787, from Crecheff ... to a friend in England. Dublin : Thomas Byrne, 1791.

Es geht um die effiziente Beaufsichtigung von ... tja, rotzfrech gesagt, von „armen Schweinen". Ich glaube, das trifft es am besten, wenn man sich mit dem Panopticon näher befasst. Was ist nun ein Panopticon? Ich habe jetzt etwas Bedenken, öffentlich Bilder zu stehlen. Darf ich Sie bitten, bei Google auf Bildersuche zu klicken und dort Panopticon einzugeben? Dann sehen Sie:

http://images.google.de/images?q=panopticon&hl=de

1. Der pervertierte Blick

Ein Bentham-Panopticon sieht aus wie ein Stadion mit lauter Promi-Logen, die zur Innenfläche hin voll verglast sind, so dass man es gemütlich hat und gut schauen kann – wie immer das Wetter gerade ist. Statt der Einzelsitze in der Arena nur Glascontainer mit bestem Blick zur Mitte. Keine Stehplätze, keine Sitzplätze, alles wie für Promis oder Adlige.

So. Nun nehmen wir innen den Rasen oder das Spielfeld gedanklich heraus oder weg und setzen an seine Stelle einen Wachturm. Der kommt genau dorthin, wo früher der Mittelanstoßpunkt des Fußballfeldes war. In dem Wachturm wird oben ein um 360 Grad drehbares Teleskop eingebaut. Mit dem Teleskop kann der Wächter rundum in alle Promi-Logen hineinsehen, die wir jetzt Zellen nennen wollen. Das Panopticon ist also eine Umkehr des Stadiongedankens. Im Stadion schauen die Menschen alle ins Zentrum. Im Panopticon beobachtet das Zentrum das ganze Rund des Universums. Bentham empfiehlt, den Wachturm auch gläsern zu bauen. Heute würde man sagen: mit Spiegelglas! Der Wächter beobachtet still das muntere Treiben in den Zellen außen und kann aber seinerseits nicht gesehen werden.

Ich glaube, Sie können das Prinzip aus meinen Worten verstehen? Das hilft aber nicht so viel. Sie sollen ja von dem mächtigen Bild infiltriert werden. Bitte seien Sie so nett und schauen wie erbeten bei Google. Sie finden sofort die Originalzeichnungen von Bentham aus dem Jahre 1791 und daneben einen modernen Gefängnisbau, der genau nach dem Prinzip von Bentham erstellt worden ist. Es ist nicht Guantanamo, aber ich dachte beim Betrachten instinktiv, es wäre Guantanamo. Denn das ist auch ein mächtiges Bild.

Bentham nennt seine Konstruktion auch „Inspection House". Hier sind unsere Zuschauer nur eben nicht Zuschauer wie im Stadion, sondern Gefangene in Zellen oder ganz generell „Beaufsichtigte".
 Die Konstruktion war ursprünglich für seinen Bruder gedacht, der den Fürsten Potemkin bei der Industrialisierung der Ukraine beriet. (Dieser Fürst ist der, dem die geschichtliche Lüge der Potemkinschen Dörfer bis heute anhängt. Er war ein sehr tüchtiger Manager.) Die beiden Benthams wollten das Problem lösen, wie ganz wenige „qualifizierte" Engländer möglichst große Massen von Arbeitern überwachen könnten. Die Idee war: Wenn sich Menschen immer beobachtet fühlen, werden sie sich selbst disziplinieren und reibungslos arbeiten. Da der Wächter hinter dem Spiegelglas nicht sichtbar ist, wissen die Menschen nur, dass sie möglicherweise beobachtet werden, nicht aber, wann oder ob überhaupt.

Sie haben Angst. Im Grunde reicht schon das bloße Vorhandensein des Fernrohrs für nieder ziehende Furcht aus. In dieser Weise kann eine Teilzeitkraft große Mengen von Gefangenen, Arbeitern, psychisch Kranken oder Schülern inspizieren – weist Bentham 1791 nach. Nach dem Vorbild seiner Originalkonstruktionen wurden tatsächlich Gefängnisse gebaut – eines davon, da bin ich jetzt ganz sicher, haben Sie sich bei Google angeschaut.

2. Früher Sonne und Regen, heute nur gleißendes Licht

Verstehen Sie, was passiert? Früher kam ein Vice President in einer Stretchlimousine oder im Corporate Flieger vorbei. Genau reziprok zu dem Gepränge der Macht wurde Aufwand getrieben, ihm zu huldigen. Damals hielt sich, glaube ich, jeder Konzern eine benimmfeste geschniegelte Reviewabteilung, das war so etwas wie eine Elitetruppe bei der Armee. Die wurde dann gegen die normalen Mitarbeiter heimlich ausgewechselt und präsentierte sich dem Vice President, während die normalen Mitarbeiter Urlaub nehmen mussten. Wir konnten damals überhaupt nicht erklären, warum die Vice Presidents niemals merkten, dass sie immer die gleichen Mitarbeiter lobten. Manchmal sagten sie anerkennend: „Sie habe ich schon einmal gesehen." Da saßen wir heiß wie auf Kohlen, aber es war stets so gemeint, dass der Vice President den Mitarbeiter für außerordentlich fähig hielt. Andere Menschen kann sich ein Vice President nicht merken, weil sie für ihn keine potentielle Bedrohung darstellen.

Andererseits wundere ich mich heute im Nachhinein, dass die Vice Presidents bei Reviews immer genau dieselben waren. Gibt es dafür eine natürliche Erklärung? Wenn es immer dieselben waren, so müssten sie ja immer nur Stretchlimousine gefahren sein! Schaffen sie dann ihren Job? Oder war es dieser Job?

Ich will damit sagen, dass damals alles sehr menschlich zuging, nicht so maschinell wie heute.

Okay, ich will nicht die Geschichte des Managements aufrollen, sondern die Gegenwart beleuchten. Und heute kommt kein Vice President mehr vorbei, außer in absoluten Extremsituationen, wenn es etwas Gutes zu berichten gibt. Viele einfache Manager haben heute so sehr viele Mitarbeiter, dass sie die gar nicht mehr kennen können. Lehrer haben ab einer Klassengröße von 35 Schülern Probleme, sie alle namentlich auseinanderzuhalten, weil sie sich dann zu ähnlich sehen. Sie orientieren sich dann an den zwei, drei Leistungsträgern in der Klasse und gehen routiniert über die schwache Masse hinweg. Die Psychologie verkündet als Gesetz, dass ein einzelner Mensch nicht mehr als 200 andere Menschen einigermaßen kennen kann. Die Theologie erforscht noch, wie es bei Gott ist. „Gott sieht alles und kennt jeden." Das ist eine These meiner Mutter. Heute aber haben manche Manager schon unendlich viele Leute oder mehr direkt unter sich! Die können ihre Mitarbeiter theoretisch nur noch dann kennen, wenn sie auf ihr Privatleben verzichten und konsequent niemanden im eigenen Haus oder Wohnort anschauen. Wenn solche überlasteten Manager zum Beispiel ihre drei Kinder vergessen, können sie zum Ausgleich drei neue Mitarbeiter mit Namen anreden. Man kann auch andersherum sagen, drei Kinder bringen dienstlich gesehen nicht viel.

Oh, der Rotwein ist sehr gut. La Croix Canon, Canon Fronsac 1997. Ich glaube, ich bin ein bisschen melancholisch geworden. Man kennt niemanden mehr! Wir kümmern uns um Menschen immer weniger. Es liegt daran, dass wir nun ständig mehr mit dem System zu tun haben. Ich glaube, das Ganze begann 1993 mit der Einführung von Enterprise-Resource-Systemen auf kleinen Rechnern im Netz. Die ERP-Systeme gab es schon lange vorher, aber sie liefen in grauer Vorzeit immer nur auf IBM Mainframes, da waren sie noch relativ harmlos. Aber seit die ERP-Systeme auf vernetzten PCs das Eingeben von Daten verlangen, sind sie immer mit uns. Sie sehen alles, was und sobald wir es eingeben.

Sie vermessen uns, sie verlangen immerfort Input, Unterschriften, Klicken, ok. Die Unternehmenssoftware richtet sich auf uns wie ein riesiges Teleskop, das jede noch so finstere Ecke unseres Arbeitslebens gierig „berichtet" wissen will.

Die Aufmerksamkeit wird neu·verteilt. Früher sonnte sich der Gute im Wohlgefallen Gottes und der Sünder verbarg sich. Die Macht fuhr mit Eskorte ein, belohnte den Guten und strafte den Bösen. Normale Menschen blieben im Graubereich, nicht hell, nicht dunkel. Die unbeachtete Masse.

Heute sitzen wir wie in Zellen und krümmen uns unter dem Blick des Systems. Es gibt keine Pause mehr zwischen den Besuchen der Revision und des General Managers. Die Systeme tracken uns, wie man so sagt. Die Macht ist nicht mehr sichtbar. Sie ist auf das Computersystem undeutlich verteilt. Die Macht ist nicht mehr ein Mensch. Ach, der würde zünftig mit uns schimpfen! Wenn er böse wäre! Das ginge noch an, das kennen wir von Hause aus. Aber dieses dunkle Schweigen? Das hartnäckige Fragen nach Erklärungen und weiteren Inputs durch den Computer, wenn er nicht zufrieden ist? Die Systeme widmen uns beständige grelle Aufmerksamkeit, die uns lästig ist und uns bedrückt. Dürfen wir nie mehr in Ruhe arbeiten? Müssen wir immer im Rampenlicht stehen? Immer ein Fernrohr auf uns, immer ein Richtmikrofon?

Mir fällt Mackie Messer ein. Wie war das noch? So ungefähr:

> *Und der eine steht im Dunkeln,*
> *Und wir andern stehn im Licht.*
> *Doch man sieht nur die im Lichte,*
> *Den im Dunkeln sieht man nicht.*

Merken Sie etwas? Die, die im Licht stehen – die, die das Fernrohr trifft, zu denen kommt das Finanzamt, die stehen rot markiert im Excel-File, die werden mit einem Minus im SAP stigmatisiert, die werden als D-Kunde in einem Siebel-System oder als Bankkunde vernichtet. Es droht uns ein Review, eine Untersuchung, eine Prüfung. Etwas Unsichtbares übt Macht aus. „Ich kann die schlechten Zahlen erklären!", rufen wir flehend unter dem gesenkten Pfeil, aber unsere Führungskraft zuckt resigniert mit den Achseln. „Auch ich", sagt sie, „auch ich stehe unter ständiger Beobachtung. Auch ich bin getrieben vom Licht auf mich. Niemand kann etwas tun. Auch mein Chef nicht. Das System nimmt keine Einwände entgegen."

Viele Manager sagen heute: „Man kann über die Regeln diskutieren, aber was soll es, die sind fest vorgegeben. Naiv gesehen – von außen als Mensch, der ich nicht sein darf – haben Sie im letzten Jahr nicht schlecht gearbeitet, aber der Wert, den Ihnen das System beimisst, ist leider katastrophal ausgefallen. Ich habe mir den Verlauf der Dinge über das Jahr einmal angeschaut. Ich denke, Sie waren leichtsinnig. Sie hätten aufpassen müssen. Mit ein paar Tricks hätten Sie bessere Werte erzielt. Sie hätten jeden Tag neue Werte eingeben können, dann hätte das System Ihre Activity höher bewertet. Sie hätten einige neue Geschäftschancen im System melden können – notfalls rein erfunden, Mann! Dann hätten Sie bessere Werte in „Creativity" erzielt. Alles in allem wäre noch eine Gehaltserhöhung möglich gewesen, wenn Sie sich täglich ein, zwei Stunden mit dem System befassen würden. Was haben Sie in dieser Zeit eigentlich getan? Halt! Halt! Antworten Sie nichts! Ich weiß, Sie sagen jetzt, dass Sie schlicht gearbeitet haben. Das Arbeiten ist aber nicht Ihre Arbeit, das war früher, heute müssen Sie den Blick des Systems ertragen können."

Viele Mitarbeiter sagen heute: „Mein Chef ist sehr nett. Er ist menschlich. Ich kann ihm nichts vorwerfen. Er ist schlimmer dran als ich. Ich gönne ihm sein hohes Gehalt. Er ist so gestresst, er kann gar nicht nett zu uns sein. Wahrscheinlich, wenn man ihm genug Zeit gäbe, nett zu sein – wir sind so viele – dann könnte er wohl gar nicht nett sein, weil er es gar nicht gelernt hat, die Personalführung und so. Es ist ja nicht sein Job! Er muss zusehen, dass die Zahlen beikommen und stimmen. Ich glaube, dass die reine Wahrheit grundsätzlich widersprüchlich ist. Die erkennt deshalb ein Computer nicht an. Computer verwechseln Wahrheit mit Konsistenz. Sie sind noch nicht so weit – oder die Programmierer. Wer dem System gefallen will, muss die Daten konsistent eingeben, dann dürfen sie notfalls auch schlecht oder unwahr sein. Bei Inkonsistenzen wird der Computer böse und vermutet Schummelei. Wenn man also gut war, aber die Daten nicht stimmen – wenn irgendwo ein Cent falsch liegt, wird er argwöhnisch und straft ab. Unsere Führungskraft macht unsere Daten aus dem chaotischen Leben deshalb mit großer Sorgfalt stimmig, konsistent und nachvollziehbar. Das ist harte Arbeit, die Wirklichkeit konsistent und nachvollziehbar zu machen. Wenn der Chef das nicht schafft, steht er voll im Licht. Da duckt er sich und lässt es auf uns fallen. Das ist ja klar."

3. Violentia consistens

Konsistenz ist das in sich Stabile, das, was einer Überprüfung standhält, das im Zusammenhang Stimmige. (consistere = stillstehen, dicht werden)

Die Informatiker erschaffen Computer, um die Kreativität der Menschen voll aufblühen zu lassen. Datenbanken erfreuen den Geist mit Informationen. Computer verarbeiten sie zu Erkenntnissen. Die Forschung hebt Schätze des Wissens. Computer ermöglichen unendliche Vielfalt der Ideen und Produkte. Der Mensch wird sich durch den Computer kulturell höher entwickeln. Die Firmen locken den geistigen Menschen: „Computer nehmen alle Routinearbeit ab und schaffen Ihnen ganz persönlich jeden Freiraum für das Träumen, die Innovation, die Kreation, das Design, für die Schönheit. Weil Computer die lästige Arbeit tun, ersparen sie so viel Geld, dass der Mensch frei wird, sich dem Hohen zu widmen. Investieren Sie in Computer und Sie schweben bald in höheren Sphären."

Mit dieser auch Ihrer Lebenslüge bauen Sie endlos am Elend weiter, liebe Informatiker. *Sie* sind es – Sie überziehen die Welt mit dem Zwang, den Computer zu benutzen. Und Computer wissen nicht, wie sie mit der Wahrheit umgehen sollen. Computer kennen nur Konsistenz. Ja, die Überprüfung der Regeln ist leicht zu programmieren. Ja, das, was alle Regeln einhält, sieht täuschend echt wie Wahrheit aus. Nichts aber im Leben hält alle Regeln ein, wenn es nicht ein glattes Fake ist. Und wir, die wir das Leben in den Computer eingeben müssen, damit der Computer uns die angebliche Routine abnimmt, müssen nun das Leben in den Computer eingeben, so dass er es versteht. Am besten, wir wären ein Fake.

Informatik verwandelt Leben in Input, damit Computer das Leben regeln.

Das, was ist, muss nun in Projektpläne, Normen, Templates, Vorlagen, Screens und Patterns gepresst werden. Wir seufzen oft, weil im Datenerfassungsbogen kein sinnvoller Vorschlag für das Reale enthalten ist. Wir quälen uns damit, etwas Sinnvolles einzutragen. Wir vergewaltigen die Wirklichkeit.

(„Hier im Dorf lebt eine Großfamilie. Alle einzeln sind arm, aber sie halten zusammen. Nach und nach bauen sie jedem ein Haus. Sie zahlen die Hypothek gemeinsam ab. Ich muss sie seit neuestem in der Bank als Kunden nach Bonität klassifizieren. Alle einzeln sind schlechte D-Kunden und bekommen automatisch kein Geld von uns. Alle zusammen haben seit 50 Jahren alles bestens geregelt. Der Computer erlaubt nicht, dass sie ein weiteres Haus bauen. Sie können nicht die Bank wechseln, weil die Klassifikation überall die gleiche ist, sie ist vom Staat vorgeschrieben. Eine Großfamilie ist nicht vorgesehen. Ich habe es ihnen persönlich sagen müssen. Jetzt hasst mich das ganze Dorf, weil sie alle in Wirklichkeiten denken, aber nichts von Computern verstehen. Sie sagen, ich sei der Chef der Bank und böse. Ich bin aber nichts und nach diesem Vorfall erst recht nichts.")

(„Wir haben einen genialen Plan vorgestellt. Das Business war gut, die Aussichten sonnig, wir haben schon erste Kunden. Die Gesichter strahlten. Als wir uns alle einig schienen, wies uns ein Controller nach, dass eine Quersumme im Package nicht stimmte. Er sagte, er habe keine Ahnung von dem, was wir wollten, er werde nicht dafür bezahlt, Ahnung im Thema zu haben. Was er aber sehe, sei dies: Die Zahlen wären falsch. Da war die Stimmung geplatzt. Mit roten Ohren berichtigten wir alles. Es war nicht so schlimm, aber das Vertrauen war fast weg.")

Das Leben muss in die Formulare gezwängt werden. Menschen müssen in die Formulare, Kunden, Mitarbeiter, alle. Sie können sich nur frei im Formular bewegen, das ist ihre Zelle wie im Gefängnis. Der Computer bewacht uns. Wer sich aus dem Formular herausbewegt, steht sofort im Licht. Die Hauptsünde ist Nichtkonsistenz mit der vorgeschriebenen Form, was im Amerikanischen Non-Compliance heißt und ganz schlimm gesehen wird. Es sind ihrer viele, die den Computer mit neuen Compliance-Regeln füttern. ISO-Normen, BAFIN-Vorschriften, Basel II, Sarbanes-Oxley, Gesetze aller Staaten für ein globales Unternehmen, Gewerkschaften, Ethik-Normen, Datenschutz, Kommunikationsnormen und Protokolle, technische Machbarkeit und Kosteneffizienz.

4. Pancopticon

Überall lauern jetzt Inkonsistenzen. Fast alle Wirklichkeit ist non-compliant. Wir schaffen es nie mehr wirklich, unser Leben als konsistenten Input zu formalisieren. Wir bekommen Mahnungen. Wir rechtfertigen uns, dass Teile unseres Lebens nicht der Norm entsprechen. Die Systeme antworten, es sei leichter für alle Menschen, normiert zu handeln und zu leben, als ein System zu bauen, das mit der Wirklichkeit umgehen kann. Deshalb müsse jeder Mensch inputfähig sein. Wenn nicht – dann kommen Controller, Reviewer, Behörden – Cops aller Couleur.

Wir krümmen uns unter den Anforderungen. Die Systeme sagen uns ohne Beweis, dass es andere besser schaffen als wir. Nur wir seien non-compliant! Nur wir leisteten nicht genug! Man habe genug Überblick über alle Zellen des Pancopticons und sehe, dass unser Arbeitseinsatz und Erfolg unterdurchschnittlich sei ...

Wir Informatiker haben eine Wissenschaft zur friedlichen Nutzung des Computers gegründet. Das entgleitet uns. Das Pancopticon macht uns zu Normmenschen, die zu Leistung getrieben werden.

Das habe ich schon oft gesagt – langweilt es Sie schon? Aber – bitte – schreien Sie denn nicht innerlich, wenn wieder etwas „nicht so geht"? Viele schreien heute.

Die Zeitungen von heute verlangen Innovation und Aufbruch, die Unternehmer Engagement und Zuversicht, wir Deutsche sehnen uns nach einem Motivationsschub. In Wirklichkeit will aber das Normierte keine anderen Regeln, keine Wirklichkeit und ganz bestimmt keine Innovation. Innovation ist per se Inkonsistenz und Non-Compliance. Wir fürchten uns deshalb indirekt in unseren Datenzellen! Wir winden uns und versuchen, davonzukommen. Wir fälschen hier und da ein bisschen, wir schönen, um zu überleben ...

Sie wissen ja, was ich klagen will. Sie spüren, dass Sie aufstehen müssen. Ich schlage das alte weise Buch auf, das Tao Te King, die ewige Weisheit des Weges ohne Namen.

> *Je mehr es Dinge in der Welt gibt, die man nicht tun darf,*
> *umso mehr verarmt das Volk.*
> *Je mehr die Leute scharfe Geräte haben,*
> *desto mehr kommt Haus und Staat ins Verderben.*
> *Je mehr die Leute Kunst und Schlauheit pflegen,*
> *desto mehr erheben sich böse Zeiten.*
> *Je mehr Gesetze und Befehle prangen,*
> *desto mehr gibt es Diebe und Räuber.*

Und Gott sieht alles mit an.

Im Tao heißt es: „Herrscht ein ganz Großer, so weiß das Volk kaum, dass er da ist."

XLI. „Du gleichst dem Geist, den du evaluieren kannst, nicht mir!"

Merkwürdig viele von Ihnen bitten mich, etwas über Evaluation zu schreiben. Professoren und andere Menschen aus Berlin oder Bonn. Habe ich das nicht immer getan? Haben Sie all die Kolumnen vergessen? Über das nur verwertende Abernten der Wissenschaften wie der Zedernwälder und die Verkarstung danach? Über die Unfreiheit der Forschung? Über Betaphysik und die Unmöglichkeit, unter Stress in Ruhe zu forschen? Über Ihre erste freudige Leichtigkeit, gleich auf Anhieb ein paar Drittmittel zu bekommen, aber dann – nach dem „Mehr! Mehr!" der Evaluatoren – Ihre langsam dämmernde Erkenntnis, dass die eigene Wissenschaft gar nie zum Verkauf gedacht war, sondern allenfalls zu Ihrem Ruhm? Sind die Märkte heute denn noch so nett, dass sie zweitklassige Ware teuer abnehmen würden? Erwarten Sie, dass die Industrie bei Ihnen als Forscher einkauft und großzügig dafür bezahlt wie auf einem Wohltätigkeitsbasar? Wollen Sie Wissenschaft den Industriesparkommissaren wie selbst gehäkelte Toilettenpapiermützen anpreisen oder wie Mistelzweige, die Glück bringen könnten?

Ich habe den Eindruck, Sie sind etwas ... ja ... springen Sie mir nicht ins Gesicht, wenn ich nun schon schreibe ... sagen wir, etwas feige. Sie ducken sich und denken, Sie überstehen das Evaluieren am Ende ohne großen Schaden. Sie bitten mich stattdessen um einen Ketzerartikel. Aber wenn Sie sehr, sehr gut sind – und wenn Sie schon vorher wissen, dass Sie bei jeder Evaluation elitär gewinnen, dann sind Sie ... ja ... hören Sie erst einmal her ... sagen wir, etwas kurzsichtig. Sie werden zwar immer wieder beim Evaluieren gewinnen, aber Sie müssen jetzt viel mehr Turniere spielen, als es Ihrer Erstklassigkeit gut tut. Sie werden zwischen den Evaluationszeitpunkten nicht mehr ruhig forschen können! Es ist wie eine dauerenglische Woche im Fußball, die denen am meisten schadet, die auf allen Hochzeiten tanzen. Besser, Sie gingen alle gemeinsam einmal wieder auf die Straße. Darf ich das schreiben? Ich sammle dazu ein paar Gedanken für Sie – danach verstehen Sie Ihr eigenes ungutes Gefühl vielleicht besser.

- „Das Genie gebiert neue Regeln für die Welt." Es ist daher nicht evaluierbar.
- First class hires first class, second class hires third class.
- Evaluationskriterien werden fast zwingend notwendig von „Second Class" ausgedacht. Insbesondere erzeugt Second Class zu viele Kriterien und zu niedrige Hürden. Einzelkriterien sind der Second Class wichtiger als Exzellenz. Evaluation nach Kriterien ist Second Class, auch bei First-Class-Evaluatoren.
- Trend zu Second Class („Kriterienerfüller"), die sich gegen Third Class behauptet.
- Trend zum „Managen" der Kriterienerfüllung – Leben für das Evaluieren.
- Kreativität entsteht viel eher im Wetteifer (Flow im Körper), nicht so sehr im Wettkampf (organisierter Stress und Frust).
- Exzellenz entsteht durch Kontakt oder Training mit First Class, durch Liebe zum Höchsten
- Forschung sollte am besten naiv gesehen großartig sein. Das ist nie ein wichtiges Kriterium, aber wirklich Großartiges überlebt, wenn es sich über jede Evaluation erheben kann. Sonst stirbt es verkannt.

1. Du gleichst dem Geist, den du begreifst, nicht mir!

Diese Überschrift trifft das Thema Evaluation wie die Faust aufs Auge, nicht wahr? Der Geist erscheint bei Goethe in *Faust* eben demselben und bezeichnet ihn nach kurzem Mustern als „weggekrümmten Wurm", der „erschwoll, sich uns den Geistern, gleich zu heben". Faust antwortet etwas sehr naiv mit „Ich bin's Faust, bin deinesgleichen!" und dann sinnlos schwärmerisch mit „Geschäftiger Geist, wie nah fühl' ich mich dir!" Er fühlt sich kaum in den Geist ein (von dem er etwas will!) und bekommt prompt die vernichtende Antwort:

GEIST. Du gleichst dem Geist, den du begreifst,
　　Nicht mir! *Verschwindet.*

Dieser kurze „Dialog" erleuchtet den Kern der Tragödie. Faust hat alles studiert mit „heißem Bemühn", aber er ist dem Geist nicht gleich.

Studieren, Lernen, Wissen und Kennen ist nicht Kreativität, Idee, Schöpfertum. Wir denken bei den großen Menschheitserfindungen eher an

Genialität und an das so genannte Genie. Immanuel Kant hat darüber nachgedacht und berühmte Worte gefunden. Die lasse ich einmal so ewig stehen, auch wenn Sie jetzt den Stil Kants zwei Absätze erleiden müssen. Er hatte noch kein Word-Programm mit Bullets. Das müssen Sie verstehen. Im Ernst: Sie werden unter Umständen seelisch das Handtuch werfen, wenn Sie zwei Absätze von Kant lesen müssen. Aber diese beiden hier sind echt geschichtsentscheidend für das Thema gewesen! Ich selbst klammere mich beim Lesen immer an einen Satz des 17-jährigen Goethe, der – so erinnere ich mich – einmal so oder ähnlich notierte: „Heute las ich mit Gewinn ein Buch von Kant." Das hat mich schwer beeindruckt. Also los, konzentrieren Sie sich ein wenig. Lesen Sie also ein paar Zeilen aus *Kritik der Urteilskraft*. Dort heißt es im Kapitel *Schöne Kunst ist Kunst des Genies*:

Man sieht hieraus, daß Genie 1) ein Talent sei, dasjenige, wozu sich keine bestimmte Regel geben läßt, hervorzubringen: nicht Geschicklichkeitsanlage zu dem, was nach irgend einer Regel gelernt werden kann; folglich daß Originalität seine erste Eigenschaft sein müsse. 2) Daß, da es auch originalen Unsinn geben kann, seine Produkte zugleich Muster, d.i. exemplarisch sein müssen; mithin, selbst nicht durch Nachahmung entsprungen, anderen doch dazu, d.i. zum Richtmaße oder Regel der Beurteilung, dienen müssen. 3) Daß es, wie es sein Produkt zu Stande bringe, selbst nicht beschreiben, oder wissenschaftlich anzeigen könne, sondern daß es als Natur die Regel gebe; und daher der Urheber eines Produkts, welches er seinem Genie verdankt, selbst nicht weiß, wie sich in ihm die Ideen dazu herbei finden, auch es nicht in seiner Gewalt hat, dergleichen nach Belieben oder planmäßig auszudenken, und anderen in solchen Vorschriften mitzuteilen, die sie in Stand setzen, gleichmäßige Produkte hervorzubringen. […]

Kant sieht die Naturforscher oder Erfinder eher als normale Denkarbeiter an. Genie, so denkt er, äußere sich wohl nur in der schönen Kunst, nicht in den Gefilden des Ingenieurs. Einstein wäre für Kant kein Genie! Bill Gates auch nicht, der könnte Windows ja nicht einmal fehlerfrei erklären. So interpretiere ich die folgende Stelle aus dem nachfolgenden, etwas komplizierteren Erläuterungskapitel. Kant schreibt noch verschachtelter als ich! Aber wenigstens bis zum Pinsel könnten Sie lesen oder bis zu Newton, der kein Genie ist (genau wie Einstein!).

Darin ist jedermann einig, daß Genie dem Nachahmungsgeiste gänzlich entgegen zu setzen sei. Da nun Lernen nichts als Nachahmen ist, so kann die größte Fähigkeit, Gelehrigkeit (Kapazität), als Gelehrigkeit, doch nicht für Genie gelten. Wenn man aber auch selbst denkt oder dichtet, und nicht bloß was andere gedacht haben, auffaßt, ja sogar für Kunst und Wissenschaft manches erfindet: so ist doch dieses auch noch nicht der rechte Grund, um einen solchen (oftmals großen) Kopf (im Gegensatze mit dem, welcher, weil er niemals etwas mehr als bloß lernen und nachahmen kann, ein Pinsel heißt) ein Genie zu nennen: weil eben das auch hätte können gelernt werden, also doch auf dem natürlichen Wege des Forschens und Nachdenkens nach Regeln liegt, und von dem, was durch Fleiß vermittelst der Nachahmung erworben werden kann, nicht spezifisch unterschieden ist. So kann man alles, was Newton in seinem unsterblichen Werke der Prinzipien der Naturphilosophie, so ein großer Kopf auch erforderlich war, dergleichen zu erfinden, vorgetragen hat, gar wohl lernen; aber man kann nicht geistreich dichten lernen, so ausführlich auch alle Vorschriften für die Dichtkunst, und so vortrefflich auch die Muster derselben sein mögen. Die Ursache ist, daß Newton alle seine Schritte, die er, von den ersten Elementen der Geometrie an, bis zu seinen großen und tiefen Erfindungen, zu tun hatte, nicht allein sich selbst, sondern jedem andern, ganz anschaulich und zur Nachfolge bestimmt vormachen könnte; kein Homer aber oder Wieland anzeigen kann, wie sich seine phantasiereichen und doch zugleich gedankenvollen Ideen in seinem Kopfe hervor und zusammen finden, darum weil er es selbst nicht weiß, und es also auch keinen andern lehren kann. Im Wissenschaftlichen also ist der größte Erfinder vom mühseligsten Nachahmer und Lehrlinge nur dem Grade nach, dagegen von dem, welchen die Natur für die schöne Kunst begabt hat, spezifisch unterschieden.

Ich weiß ja nicht, ob Kant da nicht auch geniale Fehler unterlaufen sind, als er diese Stelle auf Papier gepinselt hat. Kant dachte, die Natur selbst befruchte den schönen Künstler, aber der Wissenschaftler schließe sich alles so logisch zusammen – ohne Natur. Arbeit statt Eingebung. Ich glaube das ja nicht. Kant hatte definitiv keine Dusche, das weiß ich aus seiner Biografie. Die Dusche, nicht die Natur, schenkt Wissenschaftlern nämlich die Ideen. Deshalb ist Wissenschaft so stark mit dem Aufkommen der Duschen korreliert und in unterentwickelten Ländern so schwierig.

Im Ernst: Denken Sie kurz einmal an das Wort Evaluation und an die Worte von Kant. Die großen Ideen der Menschheit erscheinen danach nie als Folge eines detaillierten DFG-Projekt-Antrages, der den Zeitpunkt der Idee etwa bei neun Monaten festlegt, weil noch drei Kalendermonate für das Niederschreiben und vor allem für den Abschlussbericht gebraucht werden. Genies kommen mit einer Inspiration nieder, nur Pinsel machen Haken. Was von vorneherein verstanden und geplant werden kann, ist nicht Genie. Wer meint, es von vorneherein zu verstehen, begreift das Genie als solches nicht.

Jeder Mensch gleicht nur dem Geist, den er begreift.
Da hilft kein Deinesgleichen-Wunsch, kein Nahe-Gefühl.

Aber trotzdem haben wir oft dieses Widerhallen des Genialen in uns, dieses Spüren, seinesgleichen zu sein. Das Geniale berührt uns. Es ergreift. Aber wir werden wie das Genie selbst auch nicht erklären können, wie das Geniale entstanden ist oder worin es besteht. Wir können es hinterher nur sezieren und analysieren und uns armen Schluckern daraus Regeln für ein besseres Leben ableiten. Dann mögen wir verlangen, dass andere das Geniale zu kopieren versuchen, indem sie tun, was diese abgeleiteten Regeln vorschreiben. Genial ist es dann nicht – nur so ähnlich. Ein geniales Fake.

Thomas Kuhn nennt das Geniale eine wissenschaftliche Revolution und das fakende Weiterarbeiten nach dem Muster des Genialen „die normale wissenschaftliche Arbeit". Rembrandt malt die Augen und die Gesellen die Blätter an den Bäumen dazu ...
Was wir eigentlich wollen, sind die großen Würfe, die Paradigmen, die technologischen Revolutionen, die Basisinnovationen, die Grundlage der Kondratieff-Zyklen werden. Wer aber nach Regeln arbeitet, wird wohl nur normal wissenschaftlich arbeiten müssen und immer neue Cover-Versionen alter unsterblicher Hits erzeugen?

2. First class hires first class, second class hires third class

Diesen Spruch habe ich oft als Student gehört, wenn die Genies des Institutes beim Kaffee die wissenschaftlichen Leistungen von ebenfalls zu Professoren beförderten Personen besprachen, die gerade nicht Kaffee tranken.
Genies erkennen sich nämlich gegenseitig! Woran sie sich erkennen, ist nicht ganz klar. Es ist etwas Chaotisches, Offenes in der Luft. Man sagt, Genies hätten kaum einen Filter für Wahrnehmungen, sie nähmen glatt alles oder sehr vieles auf, ohne zu sehr auf das Sinnvolle oder Wich-

tige zu achten. Daher sehen sie mehr und bekommen eine Idee vom Neuen oder sie brillieren mit der Erzeugung vom originalen Unsinn. Genies ergötzen sich wie Kinder an köstlichen zynischen Witzen, die den Verbotsfilter der normalen unwichtigen Menschen verletzen oder anstoßen. „Pfui!" rufen die Normalen – und sie haben sich schrecklich als Nicht-Genies geoutet, weil sie damit zeigen, dass sie unter einem Wahrnehmungsfilter leiden, der Genies immer peinlich an so etwas wie eine Hausordnung der Schule oder des Studentenwohnheimes erinnert. Ja! Genau!

Nicht-Genies führen immer zuerst Hausordnungen ein, die alles Geniale fliehen lassen. Die himmlische Idee Platons lässt sich nicht schmetterlingsgleich zwischen den Gitterstäben der Ordnung oder in einem Excel-File nieder. Das Geniale kommt fast notorisch mit neuen Regeln. Und man könnte in einem unsauberen Umkehrschluss fast vermuten, dass alles, was gut in die Landschaft passt, irgendwie zweitklassig ist.

Genies riechen Genie. Wenn viele auf einem Haufen eine Neueinstellung beschließen, finden sie instinktiv wieder neue Genies, oft auch originale Idioten – da ist eine feine Trennlinie, die sie vor Begeisterung nicht sehen. Das gilt für die zynischen Witze auch.

Nicht-Genies stellen Menschen ein, die auf die Stellenbeschreibung passen. Die sind dann eben keine Genies und damit bestenfalls zweitklassig wie sie selbst – nämlich Top-Gelehrte, die nichts erschaffen als bloß Sekundärliteratur und Fußnoten zu Genialem. Richtig Zweitklassige akzeptieren sogar Bewerber, die noch jung sind und noch in die Stellenbeschreibung allmählich hineinwachsen werden. Diese haben das so genannte Potenzial für die Stelle. Diese faktisch Drittklassigen müssen dann als Neulinge der Zweitklassigen solange dienen, wie noch nicht genügend weitere Drittklassige eingestellt sind – erst dann sind Drittklassige als Zweitklassige anerkannt.

Ja – so ungefähr habe ich damals als Student die Diskussion der Genies beim Kaffee verstanden. Ich habe mir damals vorgenommen, ebenfalls viel Kaffee zu trinken, was ich bis heute durchgehalten habe, wenn ich auch in letzter Zeit oft mit einem Red-Berries-Teebeutel von Ronnefeldt fremdgehe.

3. Wie definieren Sie das? Was sind die Kriterien? Wofür gibt es Geld?

Nicht-Genies, also „Second Class (SC)", müssen unbedingt ein Raster zum Denken haben. Genies und auch originale Dummköpfe können unbefangen einfache Sätze bilden, die mit den ursprünglichen Ideen umgehen. Platon sagt, ein sinnvolles Leben sei wie eine strebende Annäherung an die Idee des Guten. Da fragen SCs: „Wie definieren Sie eigentlich das Gute?" Da lässt das Genie und Platon ganz sicher resigniert die Schultern sinken. SCs wollen definieren, aber nicht verstehen. Wenn SCs Betriebswirtschaft studiert haben, kümmern sie sich nicht um Definitionen (die riechen nach Wissen, was ihnen fremd ist), sondern um Kriterien. Solche fragen Platon: „An welchen Kriterien machen wir das Gute fest? Haben Sie eine konkrete Liste, Dr. Platon, die wir abhaken können?" Es gibt eine dritte Art von SCs, die mehr im Vertrieb arbeiten oder im Investmentbanking: „Das Gute muss belohnt werden, sonst kann es das Gute nicht geben. Wofür also, Platon, gibt es Anreize?"

Neuer Versuch. Mein Lieblingsbuch, das Tao Te King, beginnt so:

Tao, kann es ausgesprochen werden, ist nicht das ewige Tao.
Der Name, der genannt werden kann, ist nicht der ewige Name ...

Und die SCs fragen: „Wie definiert man den Weg (Tao)?" – „An welchen Kriterien macht man fest, was Tao bedeutet? Wie stellen wir sicher, dass wir die gleiche Sprache sprechen, wenn wir das Wort Weg benutzen?" – „Wohin lohnt es sich zu gehen?"

Man könnte an das Tao Te King als 82. Seite anhängen:

Exzellenz, die evaluiert werden kann, ist nicht die wahre Exzellenz.

Weil alle Genies und alle originalen Dummköpfe das wissen, schrecken sie vor Kriterien, Listen oder Belohnungen zurück wie der Teufel vor dem Weihwasser. Deshalb werden alle Evaluationskriterien fast zwingend notwendig von „Second Class" ausgedacht, nie von Genies, die schon beim Definieren von Kriterien depressiv werden. SCs aber können ohne Rahmenkriterien gar nichts tun! Geben sie einem SC den Auftrag, ein neues Forschungsgebiet zu beginnen, er fragt erst nach Regeln, Strukturen, Hausordnungen und Bewilligungskriterien. „Wie viele Seiten muss eine Dissertation haben?" – „Wann bekommt man eine Eins?" – „Wie viele

Arbeiten muss man zur Habilitation vorlegen?" – „Ist für den Job eine Auslandswoche nötig? Geht auch Bayern?" – „Wie oft darf man sich bei Jugend musiziert verspielen und trotzdem eine Runde weiterkommen? Werden nur die Aussetzer numerisch gezählt oder zählt auch, wie stark man sich verspielt oder wie dissonant? Das müssen wir doch beim Üben genau wissen! Sonst können wir uns nicht gescheit vorbereiten."

Mit Regeln, Definitionen, Tabellen, Ordnungen und Listen definieren die SCs sich selbst und das, was SC ist. Danach denken sie, es sei am besten, die Genies in die Jury zu setzen.

Evaluation wird dann mit SC-Regeln und unter der Führung von Genies durchgeführt. Einstein soll also durch Abhaken der SC-Regeln evaluieren. Der Investor Buffet soll unter Abhaken von Kriterien beurteilen, ob eine Firma exzellent ist oder nicht.

„Hilfe!!!!! SOS!!!!!"

Die meisten Genies ignorieren die Evaluationsregeln in ihrer Not komplett und entscheiden „aus dem Bauch", „aus der Intuition" oder „dem Geiste nach". Anschließend kommen die Haken in der Tabelle irgendwohin, damit das Urteil auch nach den Zahlen genauso lautet. Und die SCs analysieren dann die Haken in den Listen, die Einstein gemacht hat. „Aha, Einstein hat mit *sehr gut* bewertet, dass Krawatte und Haarschnitt fehlten! Sofort geh ich zum Friseur und lass mir etwas Unordentliches machen. Oh, das wird teuer, aber es lohnt sich offenbar."
    Durch glatte Ignoranz (die oft missverstanden wird) retten die evaluierenden Genies viele Gute vor der Evaluation. Deshalb ist die Welt nicht so sinnlos oder so SC, wie sie sein könnte.

Leider denken alle, dass sämtliche Kriterien immer sauber beachtet werden. Leider vertraut niemand auf ein eventuell ignorierendes Genie. Auch die zukünftigen Genies denken, sie müssten bei Evaluationen die Kriterien erfüllen. Deshalb kommen auch die zukünftigen Genies nur zu selten mit genialen Vorschlägen, die ja nicht ins Raster passen. Sie modeln also ihre Idee so um, dass sie aalglatt SC wird. Sie weinen dabei Krokodilstränen, aber sie tun es leider so oft. Sie werden nun selbst ein hoch geachteter SC, weil sie Angst haben, als verkanntes Genie zu sterben.

4. Kriterienerfüllungsmanagement

Evaluieren klingt wie eine Feststellung dessen, was ist.
 Das ist legitim.
 Aber eine zu scharfe Handhabung von Regeln, Incentives, Ordnungen oder Gesetzen schafft eine finstere Bedrohung. Die Evaluierten fürchten die Evaluation, wenn die Kriterien zu streng sind, wenn es zu wenige Belohnungen für alle gibt, wenn der Wettbewerb um ein „Weiterkommen" zu selektiv ist, wenn nur wenige die Darwin'sche Selektion überleben.

Dann beginnen Schlachten um das Erfüllen der Kriterien und alles Genie wird auf dem Altar streitender Möchtegernjuristen geopfert. Die Beckmesser sind unter sich.

Das ist immer schon klar gewesen. Und besonders ich bin traurig. In Vorahnung der kommenden Zeit habe ich ein ganzes Buch über die befohlene Sucht, der Beste zu sein, geschrieben. Supramanie! Ich war selbst beim Schreiben ganz depressiv. Mir wurde klar, was am Ende herauskäme. Schauen Sie in die Zeitung. Schlagen Sie den Wirtschaftsteil auf.

Korruption, Bilanzfälschung, schwarze Kassen, Untreue. Diagnose: Die Unternehmen und in persona die Manager halten dem Erwartungsdruck nicht mehr stand und werden Notkriminelle. Der Zwang, die zu hohen Erwartungen zu erfüllen, die Mondzahlen zu machen oder die unmenschlichen Kriterien zu erfüllen, setzt sie unter (gewollten) Überlebensstress.

Auch die Wissenschaftler werden nun bald wegen der Evaluation taktisch zitieren, um die Kriterien zu erfüllen. Sie werden heimlich Daten schönen, damit die wissenschaftlichen Ergebnisse wahrer aussehen. Sie werden nun öffentlich gegeneinander hetzen, nicht mehr nur beim Kaffee. Die Kriterien werden gemanagt, nicht erfüllt.

Das wissenschaftliche Forschen und Leben wird durch einen Geschäftsprozess ersetzt, der die Kriterienerfüllung der Evaluation zum Ziel hat. Studenten studieren nicht mehr, sie betreiben Lebenslaufoptimierung – ganz nach den herumgereichten Rollenvorbildern aus dem Karrieremanagement.

5. Über Wetteifer und Wettkampf

Die SCs rechtfertigen ihr Darwin'sches Drücken mit ihrer Erkenntnis, dass Wettbewerb zu härterer Arbeit zwingt, also zu Mehrleistung führt. Kernargument: Der natürliche Mensch ist originär faul und wird unter Wettbewerbsbedingungen arbeitswillig und im Idealfalle arbeitswütig.

Die SCs rechtfertigen ihr Darwin'sches Drücken mit ihrer Erkenntnis, dass der natürliche Mensch von sich aus – aus frühester Kindheit her – Wettbewerbssituationen geradezu euphorisch begrüßt und liebt. Er will sich unbedingt mit anderen messen und sich damit evaluieren! Evaluieren macht ihn glücklich!

Lesen Sie das noch einmal, bitte? Das sind die Hauptargumente. Es sind zwei. Das erste sagt, der Mensch sei faul und müsse in den Wettbewerb gezwungen werden. Das zweite sagt, der Mensch sei von Natur leistungssüchtig und wolle von sich aus in den Wettbewerb. Beide Argumente einzeln sehen schick aus, zusammen sind sie dumm, oder? Meinetwegen SC. SCs denken immer, mehr Argumente sind besser als weniger. SCs ersinnen lieber zu viele Kriterien oder Ordnungen als zu wenige. Das führt zu Widersprüchen oder zu organisierter Dummheit und zu geplanter Frustration.

Darf ich mit Logik leuchten? Ein bisschen entwirren?

Kinder erfreuen sich an ihrer wachsenden Selbstwirksamkeit, die sie gerne bei Wettläufen oder Wettrechnen erfahren. Sie messen sich glücklich selbst. Sie messen ihre Kräfte im Kampf. Sie freuen sich an den Fortschritten. Das alles möchte ich unter die Überschrift „Wetteifer" stellen. Kinder sind wetteifrig wie Hunde. „Hund – lauf!" Und er läuft und bellt vor Glück und geht seelisch auf über einem Lob. Wetteifer! Freude über Selbstwirksamkeit! Handwerkerstolz! Wissenschaftlerehre! Feierliche Würde eines Ehrenamtes! Herzblut! Energie!
    Das ist die Natur.

Wettkampf aber bedeutet in unserer Zeit meist, dass ein Evaluator zwei Hunde aufeinanderhetzt, den Hahnenkampf einleitet, die Abwahl in Big Brother oder „Deutschland sucht den Super-Super" betreibt. Universitäten werden unter das Elitemesser gelegt oder Parteien müssen gewählt werden.

Das eine ist Eifer, das andere ist Kampf. Und was, bitte, ist die Natur des Menschen? Freudiges Schwitzen im Flow oder triumphierendes Blutvergießen unter Angst?

SCs werden sagen, dass Flow nicht evaluierbar ist, es aber Messbecher für Blut gibt. Lothar Späth soll in seinen Reden sagen, Deutsche seien wie Zootiere, die sich darauf verlassen, dass der Fressnapf morgens gefüllt ist. Lothar Späth sagt, Deutsche hätten Angst vor der Freiheit der Wildbahn. Herr Späth, wir haben nur Angst, in Postpferdgespann und Peitschenhieben zu Schanden getrieben zu werden. Freiheit bietet uns keiner. Wildbahn auch nicht. Nur Parcours mit gewollt zu hohen Hürden. Wir sollen unter Angst springen, halb über Planken, halb über schon Liegengebliebene.

6. Genies gebären Genies

Wer wirklich Großartiges will, muss potentiell großartige Menschen das Großartige in sich aufnehmen lehren.
    Profan: Genies, seid für andere Rollenvorbild! Nehmt Schüler und Jünger auf!

Ritter haben Knappen.
    Handwerksmeister lehren die Gesellen (Geselle im Engl. = journeyman !!).
    Professoren bilden Schulen.
    Großgeister haben Jünger.
    Stars inspirieren.
    Topmanager coachen als Business Angel.

So vermehrt sich Exzellenz wirklich. Seit allen Zeiten, in allen Kulturen. Haben Sie das vergessen? So *funktioniert* es *tatsächlich* seit allen Zeiten. Das Evaluieren kämpft aber herzhaft gegen die Third Class bis zur weitgehenden Vernichtung und versprüht zu diesem Zwecke so viel Gift, dass die Exzellenz als Nebenwirkung stirbt. In der Wirtschaft betreibt man das Angriffsmessen und die Evaluationsaggression schon seit zwei Jahrzehnten. Heute wird allgemein ein grässlicher Mangel an Innovation diagnostiziert.

Wo kommt der her?

7. Grundirrtum der ökonomischen Betrachtung der Exzellenz

Kurz und hoffentlich in Ihr Gehirn gebrannt:

Wenn man in der Wirtschaft den SCs Beine macht und sie Überstunden schrubben lässt, dann entsteht mehr vom Gleichen. Daher steigt die quantitative Arbeitsleistung an und der Umsatz steigt oder die Kosten sinken. Deshalb steigt der Gewinn beträchtlich, wenn man es nicht übertreibt.

In der Exzellenzwirtschaft und besonders in Kunst und Wissenschaft muss das Exzellente vermehrt werden, also nur die Spitzenleistung.

Methoden der SCs haben das Anheben des Durchschnittes zum Ziel, was – wie eben erklärt – den Gewinn nach oben treibt.

Wer aber in der Wissenschaft durch Evaluation den Durchschnitt anhebt, erhöht nur „den Gewinn", aber nicht die Spitzenleistungen. Durchschnittsanheben ist nicht kausal mit Spitzenverstärkung gekoppelt. Und das Regieren der Kriterien, der SCs, des Erfüllungsmanagements und des Abhakens zwingt die Spitze, sich anzupassen und damit in SC-Nähe abzusteigen.

Methoden also, den Gewinn zu steigern, sind gar nicht vom Ansatz her gedacht, die Spitze höher zu setzen.

Das aber denken doch alle? Anstatt hinanzuziehen, hauen Sie also alle aus einem tragischen Irrtum heraus mit dem Hammer auf alles?

8. Axios!

Wenn in der orthodoxen Kirche ein Bischof geweiht wird, ist es Brauch und wichtig, dass die breite Glaubensgemeinschaft die kollektive Zustimmung durch den lauten Ruf „Axios!" kundtut. „Er ist würdig!" Es ist das absolute Gefühl, dass ein guter Bischof gefunden wurde. Axios, Aachen! Axios, Heidelberg! Axios ... wir wissen ja, wer gut ist. Aber es muss nun gemessen werden, das ist etwas anderes!

An einem richtig guten Tag bekam ich einmal einen kleinen Beifallssturm für eine Rede. Als die Zuhörer den Saal verließen, fragte ich den Veranstalter rhetorisch beim Einpacken meines Thinkpads in die zunehmende Stille hinein: „Alles gut? Zufrieden mit dem Verlauf?" – Er schaute mich erstaunt an, dachte nach, schaute mich an: „Das kann ich natürlich nicht sagen. Ich muss erst die Bewertungsbögen der Teilnehmer analysieren und evaluieren. Wir unterscheiden ganz verschiedene Kriterien. Man kann vorher gar nicht sagen, wie eine Rede letztlich rechnerisch beurteilt wird. Das Publikum entscheidet das ja nicht. Es gibt nur Messwerte ab." Ich fragte, nun meinerseits erstaunt: „Waren Sie denn nicht selbst im Saal?" – Er sagte: „Doch, aber das sagt ja nichts. Beifall auch nicht. Es gibt da seltsame Überraschungen." – „Ach ich verstehe. Sie haben eventuell sogar aus Versehen Schweizer Fragebögen, wo die Note Sechs am besten und Eins am schlechtesten ist?" – „Ja, das auch."

Ich glaube ja, das Wahre, Hohe und Geniale erschließt sich irgendwann am besten dem normalen Menschen. Oft kann das Volk das Geniale nicht vom originalen Dummen trennen – da haben aber auch die Geister Probleme.

Im Grunde aber weiß man doch, was genial ist?
„Axios!" können doch auch wir alle rufen?

Sind wir denn nicht die besseren Eiskunstlauf-Evaluatoren, die wir ohne jedes Kriterium das Große verstehen? Wissen wir denn nicht selbst, welche Fußballmannschaft den Sieg verdient? Brauchen wir theologische Kriterien, um Gott ins Herz zu lassen?
Ich will das nur zu bedenken geben. Ich sage keinesfalls, dass nun die Bevölkerung über unverständliche Habilitationen abstimmen sollte oder über moderne 37-Ton-Musik und Zehntelnoten.

Ich möchte nur appellieren, dass wir nicht zu sehr den Kriterien nachlaufen sollten. Sehen Sie doch einmal Ihre eigene Arbeit an. Rufen Sie „Axios!" zu sich selbst?

    Ihr Zeugnis. „Axios!"?
    Ihre Bewerbung. „Axios!"?
    Ihre Karriere. „Axios!"?
    Ihre Rolle als Mutter/Vater. „Axios!"?
    Ihr Leben. „Axios!"?

Das Wahre muss gespürt werden können. Wahre Exzellenz muss naiv gesehen großartig sein. Schauen Sie einmal auf die Dinge, als wenn Sie vor Gott stünden. Nur das Herz versteht allein. Der Bauch weiß ohne Bewusstsein. Alles ist intuitiv klar. Das Hohe ist unteilbar in uns.

Wenn man es evaluiert, schlägt es Haken und rennt davon.

XLII. Third & Second Life

Vor ein paar Tagen wollte ich es wissen. Alle reden vom zweiten Leben – und ich habe noch Probleme mit meinem ersten. Ich wollte schon länger ein möglichst besseres zweites, weil mein IBM-Chef Sam Palmisano schon so eins hat. Das geht eigentlich nicht, dass die Manager noch vor den Techies damit anfangen. Mit dem zweiten Leben meine ich aber ein virtuelles Leben, verstehen Sie? Nicht das schon immer übliche Geheimzweitleben der Politiker, der Stars oder Reichen, das wir so gerne enthüllen, um uns drin zu suhlen.

1. Second Life

Ein virtuelles Second Life gibt es seit einiger Zeit im Internet. Ich meine das Second Life der Firma Linden Lab, eine Firma mit 100 Mitarbeitern (Stand Ende 2006). Software downloaden! Das dauert, es sind so 50 MB. Es muss so was wie ein Client von einem Killerspiel sein, mit einigen Maps und so. Los, zur Frontpage!

Zuerst sollte ich meinen Vornamen sagen. Gunter. Dann musste ich unbedingt meinen Nachnamen aus einer doofen Liste von so 200 vorgegebenen Nachnamen wählen. Das hat sich bestimmt ein Geek oder Nerd ausgedacht, der nur flache Menschen auf Bildschirmen kennt. Ich habe kurz nachgeschaut, ob nicht doch Willdueck zur Auswahl stand. Nein, echt nicht. Dann habe ich sehr seufzend und voller Qual den zu meiner Stimmung am besten passenden Nachnamen gewählt. Tantalus. Jetzt heiße ich im zweiten Leben Gunter Tantalus, dieser Name war noch frei und verheißt mir ewiges Leben. Noch mal Klick? Ich sollte meine Kreditkartennummer angeben und dafür mit 250 Linden-Dollars belohnt werden! Wollte ich nicht. 70 echte Dollar für ein Jahr oder sechs Dollar im Monat für ein Dasein in Second Life mit Eigentumsrechten? Nein, ich gehe erst einmal als Besucher rein. Ich weiß ja noch nicht, was ich kaufen werde. Anschauen darf doch nichts kosten?! Auf dem Begrüßungsschirm steht die Zahl, die wohl immer im Internet bejubelt wird. „2.880.275 Residents" (Stand: 25. Januar 2007) So viele Leute haben offenbar einen Account bei Linden Lab. Darunter heißt es: „1.055.063 logged in last 60 days." Oh, das sieht schlimm aus, das steht nicht in der Jubelpresse. Diese 1.000.000 sind bestimmt so Leute wie ich, die gerade das erste Mal oder nur genau einmal (?) gucken gehen, oder? Und – fragte ich mich – gibt es denn auch viele Leute, die wiederkommen und hier leben? Da steht „Online now 20.411." Diese Zahl kenne ich von OpenBC, da sind auch immer ungefähr so viele. Hmmh, ich bin von den Zahlen eigentlich noch enttäuscht. Es sieht noch nach einer eher kleineren Gemeinde aus, die hier wirklich lebt und dauernd von Leuten wie mir gestört wird, die nur dumm rumstehen. Bei einigem Überdenken erinnert es an Ureinwohner, die von völlig ahnungslosen Touristen bestaunt werden.

So – jetzt! Ich will mal selbst nachschauen! Hüpf und rein! Da fiel ich auf einem Sammelplatz runter. Einige Newbies waren mit mir zusammen runtergefallen („spawn") und humpelten ungelenk herum. Einer wollte ein Gespräch mit mir anfangen, glaube ich. Er schrieb: „Hi." So sah er auch aus. Ich dagegen wirke als Avatar wie ein Wissenschaftler in langen Unterhosen. Es ist der einzige der Billig-Gratis-Avatare gewesen, der für mich erträglich war. Ich sah mich weiter um. Ich stand offenbar auf einer Insel. Auf einem Schild stand, alle Newbies müssen zur nächsten Insel bis zum Eingang rüberfliegen, damit sie die Tastatur bedienen lernen. Ich bin lieber erst einmal direkt ins Wasser gerannt, um zu sehen, ob sie Programmierfehler drin haben. Reiner Spieltrieb. Ich reize gerne das System, das wissen Sie ja. Aber da unten sind normale Wasserpflanzen, ich hatte keine Atemnot. Ob sie auch Grundstücke hier unten verkaufen? Für Wasserköpfe? Okay ... Ich probiere jetzt das Fliegen.

Treffen wir uns? Ich soll Sie einladen, auch zu kommen, sagt das System. Bestimmt bekomme ich Tantiemen, wenn Sie mit meiner Begrüßungs-ID reinkommen. Einen Linden-Dollar. Dann kaufe ich mir ein Glas Lindenhonig.
    http://secondlife.com/?u=44c4211f6495484a86c7d802e60f44d

Anders geht es sicher auch.

2. Hallo? IBM?

Ich weiß ja nicht, wohin ich zuerst gehen soll. Es scheint mir am Eingang ganz einsam in Second Life. Überall Newbies, die sich nicht trauen, sich auf die Teleporter zu stellen. Ich habe auch ein bisschen Angst. Wusch, plötzlich bin ich weg! Und dann? Ich glaube, normale Menschen suchen erst einmal einen Info-Schalter, eine Hotelrezeption oder eine katholische Kirche (die ist auf, bei evangelischen Kirchen hat Gott strenge Sprechstunden). Es muss an meinem blauen Blut liegen – ich dachte spontan, ich gehe zuerst zur IBM-Geschäftsstelle. IBM! Da bin ich sicher – da darf ich sein! Da wissen alle Bescheid und „wir" haben ganz gewiss schon erste Ureinwohner da.

Donnerwetter! Eine ganze Insel ist schon bebaut! IBM 1, 2, ... , IBM 8. Auf den ersten Blick sieht es wie die Heimstatt des Fürsten SOA aus, dem auf vielen Plakaten gehuldigt wird. Die Einrichtung ist ganz wie im IBM Forum in Stuttgart, nur luftiger und großzügiger.

Ich habe einen Snapshot für Sie gespeichert (geht nur als bmp, wer denkt sich das aus? 4 MB, ich muss es als jpeg umspeichern). Schauen Sie mal, wie ich aussehe – mit einer Kette um den Hals.

Sehen Sie die „Töpfe" da hängen? Das sind alles Teleporter zu speziellen Veranstaltungen. Ich soll hier später virtuelle Reden halten oder diese Kolumnen hier vorlesen, aber da muss ich mir erst einen virtuellen Armani besorgen – so wie jetzt geht das ja nicht! Meine Haare sind auch nicht grau genug.

3. Third Life

Armani! Ich verdiene immer noch nicht wirklich genug Geld für wirkliche Anzüge. Aber im zweiten Leben könnte das gehen! Ich werde mir irgendwann einen Superavatar anschaffen, eine Art retuschierte Luxusversion von mir – so wie ich bestensfalls sein könnte oder wie meine Frau mich erträumt. Sie werden mich kaum wieder erkennen, so toll sehe ich dann aus. Ich beginne in Gedanken, meinem zukünftigen zweiten Leben einen positiven Geschmack abzugewinnen. Das muss doch auch ein Riesenbusiness sein! IBM fängt damit heute schon real an und bietet Ihrem Unternehmen das Bauen von Ihren Geschäftsstellen an. Wollen Sie nicht auch eine? Websiten Sie noch – oder leben Sie schon? Und dann könnten wir Designer für Menschen in großer Menge damit beschäftigen, schmucke Avatare zu konstruieren, die wir dann auch auf unserer Homepage herumlaufen lassen. Dadurch können wir durch Trial & Error herausfinden, welche Menschen wirklich attraktiv sind. Die werden unsere Wissenschaftskollegen mit Gentechnologie gezielt nachzüchten, damit unser reales erstes Leben auch davon profitieren kann und gegenüber unserem zweiten Leben nicht vollständig rückständig bleibt.

Sollte IBM nicht gleich selbst ein Second Life bauen? Und zum nächsten Google werden? Das wünsche ich mir! Ich rufe es in der Firma in die E-Mail-Runde, ganz laut, damit mein Hype-Geschrei auch Bedenkenträger erreicht. Da schreibt mir jemand: „Das ist nicht so ohne, geh mal nach Amsterdam." Huh, da war ich im zweiten Leben noch nicht. Gibt es Sankt Pauli in Second Life? Oder was meint er damit? Aha, dann wäre unsere Firma für die Inhalte am Ende noch verantwortlich und wir müssten arg schlucken über das, was da beim Chatten oral ausgetauscht wird? Aha! Es gibt also schon ein Nebenleben – auch hier? Ich dachte, wir machen uns selbst als Avatar nur etwas schöner als sonst und leben hier virtuell? Wir haben also noch mehr als eine zweite Existenz?

Ein Third Life! Im Second Life halte ich idealisiert Reden im IBM Forum, aber in meinem Third Life bin ich meine Phantasie. Ich wäre gerne ein Schmetterling. Viele sagen, ich tauge dazu. Man muss mir dann Beine machen und Flügel. Kommen auch Libellen geflogen und fressen mich? Oder gibt es Verbrecher in Second Life, deren *erstes* Leben eventuell hier ist? Taucht die Mafia hier auf? Muss ich mir ein virtuelles Gewehr kaufen? In Second Life kann man sich totschießen, der Tote muss sich dann wieder neu einloggen, glaube ich. Schade, der Avatar müsste vom Totschießen ein Loch bekommen oder einen Schaden haben. Dann muss er zur Avatarklinik, das ist wieder Business für Avatar-Ärzte-Klempner. Ich gründe dann eine Avatar-Vollkasko-Versicherung mit Selbstbehalt. Am Ende gäbe es Jekylls und Hydes, so wie Scheinmenschen, Schweinmenschen und Phantasiewesen wie aus himmlischen Sphären. Das Kaufen von Heiligenscheinen müsste auf 1 Prozent der Scheinmenschen begrenzt werden, damit die Preise hoch bleiben und …

4. „Niedergang der Welt!"

Ich habe zur Probe normalen Deutschen von Second Life vorgeschwärmt. Versuchen Sie es selbst! Normale Menschen schäumen vor Abscheu. „Da versagen die Leute schon im normalen Leben und verflüchtigen sich hier! Entsetzlich! Es wird am Ende ein gigantisches Killerspiel. Second Life wäre das Ende der realen Werte! Unvorstellbar, dass normale Menschen dort sein wollen. Unerhört!" Sie schimpfen wie über den ersten Handytelefonierer im Restaurant oder die erste Amazonbestellung. Ich frage: „Aber Sie schauen doch Reality TV, Big Brother und First Sankt Pauli an?" Das ist meist zu viel. Ich als Informatiker bin für Normale Stellvertreter des Teufels auf Erden und arbeite an der Zerstörung der Menschheit. Ich sage dann, ich sei ja gar nicht so stark an der Erschaffung der Welt beteiligt, sondern ich versuche nur, die Zukunft *vorherzusagen*. Und das sei sie. Eine ganz andere Sache sei es, sich eine Welt zu *wünschen*. Aber das ist ein weites Feld, die meisten Menschen sagen nur das voraus, was sie sich wünschen. Shareholder-Value oder Himmelseinlass, was weiß ich. Sie halten Vorhersage und Wunsch für dasselbe. „Die Renten sind sicher!", zum Beispiel. Aber das ist leider ein Kernübel der Welt.

Ach ja, da fällt mir wieder ein, dass ich mir früher so oft bei der IBM so etwas gewünscht habe. Alle Kollegen und sonstigen Menschen haben das verrückt gefunden. Es war die Zeit, als man über Amazon lachte und es eBay noch nicht gab. 1999 habe ich dann im Buch *Wild Duck* einfach geschrieben, was als Patent oder Idee keiner wollte. Die Firma Linden Lab ist heute noch kleiner als die frühere IBM in Heidelberg! Zur Nostalgie schauen Sie einmal ein Kapitelchen von 1999 an. Das war noch nicht richtig Second Life, nur drei halbe davon. Ich wollte damals gleich ohne Arbeit Milliardär werden und habe Aktien von Avaterra (wie Avatar und Terra) gekauft, deren Server immer überlastet war. Mein visionäres Geld ist natürlich futsch. Zu früh! Kein DSL! Ich habe die Idee immer wieder bei IBM propagiert. Ich würde ja lieber die echte Welt digitalisieren.

Dann wär ich Hüter der realen virtuellen Welt und unter den Gullis wäre das Third Life und der Verfall der Werte.

Alles klar? Kommen Sie auch?
(Das ist das Ende dieser Kolumne.)
Schauen Sie jetzt noch einmal zum Vergleich meinen uralten Text aus *Wild Duck* durch? Ich zitiere einfach ein kleines Kapitelchen!

5. The Shape (aus *Wild Duck*)

In der neuen Welt, unter den Gesetzen der Garage, wird die Zukunft hergestellt, in die eigene Hand genommen.

Die alte Welt schrumpft auf das Notwendige zusammen. Ich halte öfters Reden, in denen ich nachweise, dass die Aktienbewertung von Amazon.com so ungefähr richtig ist, dass die Verluste sehr klein sind (nur 40 $ pro Neukunde, wohingegen deutsche Stromlieferanten etwa 150 DM Kosten für jeden Ummelder einkalkulieren), kurz, dass alles seine Richtigkeit hat. Es wird stets heftig gestritten, und dann kommt von meinen Gegnern immer das finale Argument, dass Amazon virtuell ist, nichts Greifbares, ein Computer, der Bücher schickt. Amazon würde auf der Stelle verschwinden, wenn niemand dort mehr Bücher kauft. Kein Sachwert, nichts.

„Amazon ist nicht nachhaltig, wie Daimler oder eine Bank mit Innenstadtgrundstücken. Die bleiben. Amazon besteht aus Hoffnung, ist nicht real. Daimler ist real." So die Essenz der Aussagen.

Reale Buchhandlungen gibt es in dieser Unzahl nur noch wegen der Preisbindung. Apotheken nur noch wegen des Gesetzes. Die Krankenkassen sind von 1,100 vor einigen Jahren auf die Hälfte geschrumpft. Daimler selbst sagt, es sei nur Platz für vielleicht sieben oder fünf Autohersteller. Die Autoindustrie könnte sich im Zuge der kommenden Brennstoffzellen stark verändern. Banken fliehen in Fusionen. Energieerzeuger fliehen in Fusionen. Die Telekommunikation ist in einem atemberaubenden Umbruch. Der Zwischenhandel, Großhandel verschwindet nahezu komplett in B2B (Business to Business)-Computeranwendungen. Handelsriesen bilden sich. Reisebüros verschwinden, wenn sie nicht ins Internet abwandern. Und ich frage Sie alle: Was ist denn noch real?

Ich habe für die Geschäftsführung der IBM einmal an einer Liste von spinnigen Ideen gearbeitet, was denn so in zehn Jahren möglich sei auf dieser Welt. Das ist eine sehr gute Übung. Uns fällt nämlich nichts Gescheites ein. Vor sieben, acht Jahren wäre uns das Internet auch nicht eingefallen. Ich habe 1977 ein Zitat eines damaligen Computerfirmenchefs gelesen, es hieß ungefähr: „Es ist für mich absolut unvorstellbar, dass ein Privatmensch zu Hause Computer benutzen sollte. Wozu?" Wer heute nachdenkt, hat wiederum keine guten Ideen. Ich höre immer welche über selbstbestellende Kühlschränke oder singende Waschmaschinen, die die Aktienkurse wissen. Verstehen Sie, was diese Ideen bedeuten? Sie bedeuten, dass neue gute Ideen nicht so einfach herumliegen. Wir haben im Allgemeinen nicht so arg viel Phantasie, wie wir glauben. Schreiben Sie Ihre Ideen jetzt sofort auf und schauen Sie sie in zehn Jahren wieder an. Es wird Freude machen und sollte Ihnen dann eine Party wert sein. Oder Sie kaufen schon heute den passenden Saint Julien Grand Cru Classé, der dann ungefähr trinkreif ist. Der Geschmack in zehn Jahren ist vielleicht das Sicherste, was wir uns heute schon vorstellen können. Ich habe eine Menge Ideen aufgeschrieben, was es in zehn Jahren auf der Erde so geben wird. Das war 1997. Leider gibt es alles heute schon. Wir hatten uns dramatisch verschätzt.

Ich schreibe hier einen Absatz, wie ich mir einige Aspekte der Zukunft vorstelle. Nur so, um Ihnen ein Gefühl zu geben, was Zukunft sein kann. Und was wir tun werden: Die virtuelle Welt besetzen wie die Europäer einst Amerika.

Vielleicht kennen Sie LINUX. Es ist ein neues Betriebssystem, das von vielen tausend Menschen auf der Welt in ihrer Freizeit programmiert wird. LINUX wird kostenlos abgegeben. Es kostet tatsächlich doch etwa 50 $, weil man noch ein Handbuch etc. dazubekommt. Technisch gesehen ist LINUX ein riesiges Softwareprogramm, welches aus einigen Millionen „lines of code", also Programmzeilen, besteht. Es wird von vielen, vielen Menschen gemeinsam gebaut. Menschen, die an einem gemeinsamen großen Werk bauen und dies dann der Menschheit zur Verfügung stellen. Die LINUX-Meister sind stolz. Es darf nicht jeder bei LINUX mitmachen, natürlich nicht. Ich würde da Schreckliches anstellen. So, wie Sie bei einem guten Chor erst vorsingen müssen, gibt es Aufnahmeregeln in die LINUX-Welt der Meister.

Früher haben viele tausend Menschen zum Lob und zur Ehre Gottes erstaunliche Leistungen im Kirchenbau vollbracht. Bildhauer, Maler, Steinmetze haben im Auftrag der Städte Wunder gewirkt. Menschen haben ehrenamtlich an Kirchen mitgebaut, nicht nur den verlangten Schanzdienst an der Stadtmauer abgeleistet. Die Kirchen bilden heute einen Kern des Weltkulturerbes. Kirchen, Burgen, Stadien, Amphitheater, Brücken, Aquädukte, Straßen, Gärten, Statuen, Pyramiden, Gräber sind unser Kulturerbe, an dem so viele Menschen gemeinsam arbeiteten.

Es ist uns den einen oder anderen Urlaub wert, diese alten und zu großem Teil langsam verfallenden Denkmäler unserer Geschichte anzusehen und davon Amateurfotos zu machen. Wir selbst bauen nichts Neues, was eine Chance hätte, in tausend Jahren jemanden zum Urlaub zu verführen. Zu teuer. Kulturerbe schaffen ist heute Geldverschwendung. Mit dem Geld würden wir lieber marode Wirtschaftszweige unterstützen oder die Schulden abzahlen, was aber nicht geht, weil wir Schulden haben müssen: Denn niemand kann Geld herumliegen sehen, ohne es sofort auszugeben, damit er Wählerstimmen bekommt. Für Kulturerbe bekommt niemand Wählerstimmen, weil der Bau von irgendetwas länger umstritten ist als eine Wahlperiode dauert. Im Endergebnis bauen wir keinesfalls an einem Kulturerbe und haben nicht einmal Geld, das Alte zu erhalten.

Ich schlage hier vor, eine virtuelle Welt nach der Art von LINUX zu bauen. Viele tausend Menschen programmieren diese neue Welt?

Versetzen Sie sich in ein 3D-Spiel im Computer. Dort laufen Soldaten herum und streiten sich mit der Superfrau Lara Croft. Die Scharmützel finden an Orten statt, die an Urwälder oder ägyptische Museen erinnern. Wenn Sie am Joystick sitzen, lassen Sie Lara Croft in dieser Landschaft herumlaufen, hüpfen, springen, hangeln, klettern, tauchen, schwimmen. Immer neue Landschaften tauchen auf. Sie entdecken mit Lara eine neue Welt und bestehen Abenteuer. Statt nun in dieser virtuellen Spielarena von Tomb Raider 1,2,3,4 usw. herumzulaufen, könnten wir doch echte Programmierarbeit in den Aufbau einer virtuellen Welt leisten. Wir könnten die ganze Erde räumlich digitalisieren und dann auf ihr virtuell verreisen. Ich stelle mir das so vor, dass viele freiwillige Menschen erst einmal mit begrenzten kleinen Teilen der Welt beginnen: mit Pompeji, Ephesos, mit der Innenstadt von Jerusalem, Mekka. So wie der Falk-Verlag mit den großen Ringbuchkartenbüchern langsam immer größere Teile von Deutschland in Detailkarten erfasst. In der ersten Stufe könnten wir allein im leeren Pompeji herumlaufen und alles bestaunen, ohne hinreisen zu müssen. In der zweiten Stufe bevölkern wir die Szene wie in den Schießspielen im Mehrkampfmodus.

Die PC-Spiele kennen den Mehrspielermodus, bei dem mehrere Spieler mit ihrem PC per Netz verbunden sind. Sie wählen sich eine Person als Spielfigur, irgend so eine Kreuzung aus Drache und Rambo oder eine mehr übertrieben naturbelassene Frauengestalt. Diese Spielfiguren werden in so eine Arena gesetzt und kämpfen bis zum Tod miteinander (death match). Sie sehen, das, was ich möchte, gibt es schon. Wir könnten beim Betreten des virtuellen Pompeji eine Spielfigur wählen und als diese in dieser künstlichen Welt besichtigen gehen. Sie wählen sich auch eine Figur und wir gehen gemeinsam. Sie per Internet, ich per Internet. Wir unterhalten uns über die Gemälde in Pompeji über Mikrofon und Netz. Es ist genau so, als ob wir gemeinsam einen Ausflug machen.

Nächste Stufe: Die Spielfiguren werden perfektioniert. Sie heißen übrigens nicht Spielfiguren, sondern Avatare. Avatar ist die korrekte Bezeichnung für einen digitalen Stellvertreter im Netz. Sie können aus unendlich vielen Avataren einen wählen, der so ähnlich aussieht wie Sie. Das mache ich auch. Dann erkennen wir uns im Pompeji. Wir können auch unsere Nachbarn erkennen, wenn sie da sind, und uns mit ihnen unterhalten. Alles per Sprache am PC. So etwas entsteht im Netz ebenfalls schon. Besuchen Sie doch einfach die Vzone (virtual zone) auf www.avaterra.com . [Anmerkung 2007: Die Firma ging im Crash unter.]

Nächste Stufe: In jeder Stadt gibt es kleine digitale Vermessungsunternehmen, die uns gegen eine Gebühr dreidimensional digitalisieren. Wir bekommen also nicht so etwas Trivales wie ein digitales Foto von uns, sondern einen echten Avatar von unserem nackten Körper, der genau so aussieht wie wir. Dann können wir uns digital in einem Kaufhaus im Netz einkleiden. Wir machen einen virtuellen Einkaufsbummel! Dann treffen wir uns wieder in Pompeji. Wir erkennen uns jetzt genau. Sie sind wie aus dem echten Leben und ich sehe sofort, dass Sie beim Avatarisieren die Luxusversion gewählt haben, mit höchster Auflösung und etwas Retusche. Sehr schmuck. So können wir uns später an den Pyramiden in Ägypten zum Kaffeeausflug treffen. Wir laufen da herum und klönen miteinander, jeder am PC. Der Kaffee dampft zur Krönung neben uns.

Nächste Stufe: Die ganze Welt wird digitalisiert. Wir können uns jetzt bei mir zu Hause vor dem Haus treffen (innen wird wohl lieber nicht digitalisiert). Wir können meinen Lieblingsspazierweg gehen, zur Eisdiele nach Neckargemünd. Wenn wir echten Urlaub machen wollen, laufen wir in Rhodos virtuell am Strand entlang und suchen uns ein Hotel aus. Wir können es dort online buchen, mit Garantie, dass es so aussieht, wie es gerade virtuell aussieht. Wir müssen etwas vorsichtig sein, wegen des Kommerzes. Dafür könnte man überall Werbung hinhängen, die es in Wirklichkeit nicht gibt. Und gegen Aufpreis beim virtuellen Reisen sieht man nur die Werbung, die echt da hängt. (Das gibt natürlich jede Menge Wechselwirkungen und Komplikationen, weil nicht so richtig klar ist, was jetzt virtuell ist und was echt.)

Nächste Stufe: Wir heben zu wissenschaftlichen Zwecken die virtuelle Welt zum Monatsersten immer auf und speichern sie in der Universität. Damit werden für unsere Nachfahren Zeitreisen möglich, und das Studium der Archäologie ist nicht so ein abstrakter Scherbenhaufen. Es muss auch möglich sein, Erdbeben oder Busunglücke mitzumachen, um wenigstens einige reale Erfahrungen zu bekommen, wenn wir vor dem Bildschirm sitzen. So eine Welt, in der richtige Action ist, kann gegen Eintritt als Disney-Version angeboten werden.

Nächste Stufe, die sicher früher einsetzt: Wir vergessen einmal die flaue Welt, in der wir leben, und bauen eine ausgedachte, wie wir sie uns wünschen. In dieser treffen wir uns nach der Arbeit. Die Erschaffung solcher virtueller Welten ist in dieser Stufe keine Abkupferei von Bekanntem, sondern sie stellt die Schöpfung von Kulturerbe dar. Sie ist ein Pendant zu dem Bau von Burgen und Schlössern oder Vergnügungsparks. Dieses Kulturerbe sollte von vielen interessierten Menschen in Heimarbeit wie LINUX hergestellt werden. Wir schaffen eine Welt, von der wir immer geträumt haben. Virtuelle Paradiese oder ein Nirwana, für jeden das Seine. Die Welt des Sportes wird in diese virtuellen Arenen gelegt.

Es gibt viele Aspekte des Kommerzes in dieser Welt. Wer darf wo werben oder Spielhöllen aufstellen? Psychologisch gesehen könnten sich Menschen schämen, nicht so schön wie ihre eigenen Avatare auszusehen. Sie könnten ja auch wunderschöne Fremdavatare kaufen und fremd gehen. (Claudia Schiffer könnte sehr viel Geld verdienen durch Verkauf von Avatarmodulen. Sie wird später traurig sein, dass es heute noch keine Digitalisierungsagenturen gibt!) Das ist dann arg geschummelt, wenn man einen Lebenspartner in der virtuellen Welt finden will. Ich denke aber, dass es Schutzanzüge geben wird, die man vor dem PC als Kleidung trägt, die Berührungen simulieren, so dass ich also etwas fühle, wenn jemand meinen Avatar an einer bestimmten Stelle in der virtuellen Welt angerempelt hat. Vielleicht ist es dann besser, die wesentlichen Bekanntschaften nur virtuell zu machen, weil mein Avatar so schön ist. Kinder gibt es dann nur gegen Reagenzglaspäckchen und das Baby wird sofort digitalisiert und als Avatar mitgebracht. Babys sind immer süß. In der virtuellen Welt ist das Problem der Sterblichkeit nicht so drängend, weil man ja den Avatar jung behalten kann. Das ist sogar billiger. Es gibt da einen ganzen Rattenschwanz von philosophischen Problemen, die ich aber hier nicht ausbreiten möchte.

So. Das war ein Ausflug in eine neue Welt. Dort werden wir uns treffen wie bei Avaterra. Verstehen Sie, wie weit eine neue Welt von der heutigen entfernt sein kann? Und diese Welt, die ich als Beispiel anführte, ist mit den heutigen technischen Mitteln schon erreichbar. Die Rechner müssen noch stärker werden, aber grundsätzlich ist der Weg frei. Es geht auf eine echte Reise in eine unbekannte Zukunft. Die Start-up Companies werden in den Garagen diese Welten bauen. Oder die LINUX-Gemeinschaften werden das Schicksal der Welt bestimmen. Sie werden der neuen Welt Gestalt verleihen. The Shape. Ich finde das englische Wort richtig passend: Shaping the new world. Verzeihung. Wenn Sie eine gute Übersetzung wissen, schreiben Sie mir.

Die Menschen haben erst um das physische Leben gekämpft, um Raum, um Nahrung. Heute geht es ihnen stärker um Geld und Anerkennung. Die Landwirtschaft und die Produktion der Güter verschwinden mehr und mehr als Arbeitgeber. Die Menschen arbeiten heute zunehmend in Services und in „Wissensberufen". In etlichen Jahren werden sie hauptsächlich an der Erschaffung der neuen Welten arbeiten. Wir werden unser Geld dafür ausgeben, in den neuesten virtuellen Welten leben zu dürfen. „Hast du ein Passwort für 17.0? Ich darf nur in 13.0."

Gehen wir in einen Markt, in dem Computerspiele angeboten werden. Die neuesten, die jünger als drei Monate sind, kosten zwischen 79 und 99 DM. Daneben gibt es Sampler mit Spielen: 2700 alte Spiele für 29,99 DM. Laufen auf alten Computern, die keiner mehr will. Wer diese Spiele spielen muss, weil er keine Grafikbeschleunigerkarte in der Maschine hat, leidet an Digitalarmut. Menschen werden in Zukunft alle genug zu essen haben und Wohnungen gibt es auch für jeden. Die Möbel sind nicht so wichtig, weil die Avatare viele schönere digitale haben. Die reichen Avatare können sich in frischdigitalen Superwelten treffen, was viel Geld kostet. Die armen Menschen, die nicht viel Geld verdienen, weil sie nicht programmieren können oder keine Digitalentwürfe machen, müssen ihre altmodischen Avatare in Digitalarmut leben lassen. Digitalarmut bedeutet, dass der Rückstand etwa vier/fünf Jahre beträgt. Wer heute einen fünf Jahre alten Rechner hat und fünf Jahre alte Spiele spielt, ist hoffnungslos rückschrittlich. Die Digitalwelten, die schon fünf Jahre alt sind, will niemand mehr geschenkt haben. Die Software (DOS oder Word 5.0 ohne Wysiwyg) früherer Jahre würdigt niemand mehr eines Blickes. Der Reiche unterscheidet sich vom Armen in der Zukunft wie Word 5.0 von Word 2000 oder DOS von LINUX: Um ein paar Jahre Fortschritt. Der Digitalarme darf das Alte kostenlos downloaden. Er lebt quasi wie von Sozialhilfe. Er lebt zwei, drei Releases zurück. Der Fortschritt schreitet so schnell!

Wer die Zukunft beherrschen will, muss bedingungslos kreativ sein. Er muss das Morgen vor Augen sehen können. Er geht ohne Zögern und mit Zuversicht in die neue Ideenwelt. Er ahnt die Gesetze der Zukunft und das Sinndesign von morgen. Er kennt die Menschenwerte von morgen aus der Intuition heraus. Er wird die Zielfunktionen der Menschen eher revolutionär ändern als inkrementell. Nicht immer ein bisschen anders, nein, ganz anders. Möbel- und Textilfabrikanten verkaufen jedes

Jahr etwas ganz anders Aussehendes. Dieser Wechsel ist der Wechsel der Mode. Alles wird hier ständig anders, aber Tische sind weiterhin Tische und Hosen sind Hosen, nach wie vor. Die virtuelle Welt aber wird ganz anders.

XLIII. Entrepreneuring – vom Träumen und vom Tun

Professoren müssen heute nicht nur erfinden – das auch, aber es ist nicht genug! Es muss auch eine Innovation werden, ein Produkt und letztlich ein Gewinn für die ganze Gesellschaft. Ich weiß gar nicht, wie ein Professor das machen soll. Er hat das ja nicht gelernt. (Das Forschen übrigens auch nicht – deshalb dauert es so lange.) Ich habe selbst alles lernen müssen. Obwohl ich das große Glück hatte, das Forschen wenigstens meinem Doktorvater abgucken zu können, bin ich danach etwas erschüttert, wie viel ich falsch gemacht habe. Bin ich denn so dumm? Nein, bestimmt nicht – denke ich mir –, weil ja alle dieselben Fehler begehen, die ich mir damals geleistet habe. Sollten wir einmal professioneller werden?

1. Dreamers who do and Doers who dream

Die Überschrift ist wieder so ein neckisches Wortspiel von mir. Die meisten Leser dieser Kolumne werden zu der Sorte der Träumer gehören, zu den Erfindern, den Düsentriebs, den Open-Source-Entwicklern und den Extremspezialisten. Oder? Lesen denn Macher, Anpacker, Praktiker, Hyperaktive so etwas wie hier? Auf meinen Vortragsfolien nenne ich diese träumende Seite einfach Professor, das passt vielleicht ganz gut zu Ihrer Arbeitsweise und Sie sind es vielleicht auch schon oder bald.

Ein Träumer hat eine Idee! Das ist wundervoll. Daraus entwickelt sich eine Vermutung oder eine Hypothese. Für Professoren beginnt nun der absolut freudlose Teil, den aber viele für ihren eigentlichen Traumberuf halten – ach, diese Träumer! Die These muss jetzt nämlich streng wissenschaftlich untersucht werden, sonst ist die Idee im wissenschaftlichen Sinne ganz nutzlos. Zum Beispiel könnte ich folgende Idee haben: „Der Mensch hat eine Würde." Diese Idee muss ich natürlich schnell wieder vergessen, weil gar nicht definiert ist, was Würde ist und damit gar nichts bewiesen werden kann. Popper sagt auch, es muss falsifizierbar sein! „Sätze, die nicht widerlegbar sind, liefern keinen Erkenntnisgewinn." Es ist auch nicht Aufgabe des Informatikers, sich an diese Definition der Würde zu machen. „Würde, hätte, wäre!" Das ist zu vage. Das Definieren liegt in der Verantwortung von ...? Egal – klar ist, eine Idee muss erst in eine wissenschaftliche Hypothese verwandelt werden, bevor man sie überhaupt betrachten kann. Anschließend wird die Hypothese bewiesen oder widerlegt, das Ergebnis muss publiziert werden, sonst zählt es auch nicht. Was publiziert ist, zählt allein schon, gleichgültig was es ist. So ungefähr geht Forschung.

Wie aber lassen sich mit Erkenntnisgewinnen der Forschung Gewinne oder Drittmittel erzielen? Kauft die Industrie „E ist gleich m mal c Quadrat"? Nicht so ohne weiteres. Ein Erkenntnisgewinn legt ja nicht gleich ein neues Produkt nahe. Oder anders auf Neudeutsch ausgedrückt: „An invention is not an innovation." Meistens jedenfalls nicht. Um etwas aus einer Erfindung zu machen, muss der Forscher ein Produkt erträumen, welches am besten gerade nur durch seine eigene brandneue Erfindung möglich ist und das jeder für einen hohen Preis kaufen will. Sonst steht der Träumer mit seiner Erfindung ganz allein da und fragt in die Menge: „Wofür kann man das denn gebrauchen?"

Was wir eigentlich brauchen, sind „Dreamers who do". Das sind Leute, die Ideen haben und sie zu einer Umsetzung im Markt führen! Der Markt fragt dabei nicht, ob der Erkenntnisgewinn als solcher zu einer Promotion mit summa cum laude geführt hat. Der Markt will etwas Konkretes sehen, was einen Marktwert hat. Er will nicht die Erkenntnis allein kaufen, sondern ein Produkt mit allem Drum und Dran. Da ist dann viel und noch viel mehr zu tun! Da verzagt der Träumer. „Das ist doch nicht meine Aufgabe als Professor!" Das mag stimmen. Was wir aber brauchen, sind „Dreamers who do." Nackte Professoren sind nicht so attraktiv.

Wir brauchen auch „Doers who dream", also Manager, die über den Tellerrand jetziger Produkte hinausschauen und ohne Rücksicht auf Machbarkeit Neues erträumen. Was dann noch nicht geht, wird schon noch erfunden! Was noch nicht bekannt ist, wird bei Forschern in Auftrag gegeben! Was im Prinzip machbar wäre, aber leider im Augenblick noch viel zu teuer – das wird eben effizienter entwickelt. So könnte es gehen, aber die Manager fühlen sich nicht verantwortlich – sie müssen ja die Produktion rund laufen lassen. Da stört alles Neue. Und wenn mit dem langsamen Veralten der Produktlinie immer dringender Neues gebraucht wird, dann würden sich Manager das Neue am besten ganz fix und fertig kaufen – als Fertigprodukt. „Sagt mir einfach, was ich statt der alten Produkte bauen soll. Dann baue ich es. Ich baue aber nur – ich erfinde nicht. Das, was ich bauen soll, ist für mich eine Strategiefrage, die in der Firmenspitze entschieden werden muss. Ich bin dafür zuständig, dass das Beschlossene geschieht, was auch immer. Ich bin der Doer. Ich kann auch träumen, aber das muss als Innovation zu kaufen sein, was ich will. Das baue ich dann."

Ich habe immer „Produkte" geschrieben. Ich meine natürlich Business. Die Professoren müssten von neuem realem Business träumen können, nicht nur von neuen Erkenntnissen. Und die Manager müssten von neuem realen Business träumen können, nicht nur vom reibungslosen Laufen aller Räder. Da sie das beide nicht tun – von realem Business träumen –, geschieht so wenig. Auf der einen Seite nimmt das Wissen der Menschheit rasant zu, auf der anderen laufen die Fließbänder. Wie aber wird eine kleine Idee zum großen Business?

2. Dreamers who try to do and Doers who try to dream

Die Professoren haben sich daran gewöhnt, Ideen zu erzeugen, nicht aber, daraus ein Unternehmen zu bauen. Die Manager sind trainiert, ein gegebenes Business zu leiten, nicht aber, eines neu zu erbauen.

Ein Business zu bauen, ist die Leidenschaft des Entrepreneurs. Wer kein Entrepreneur ist, versucht nur sein Bestes. Professoren versuchen ihr Bestes, Manager versuchen ihr Bestes.

Professoren, die eine Idee erträumten, halten eben das für die vornehmste Aufgabe und ziehen daraus ihre Selbstzufriedenheit. Die allgemeine Variante einer Idee klingt so: „Durch die Erfindung des Internet-Protokolls ist es möglich, elektronischen Handel im Internet zu betreiben! Hört ihr bitte alle mal zu! Das ist eine geniale Möglichkeit! Ich sage ein Billionen-Geschäft voraus!" Oder die spezielle Variante: „Ich habe eine neue Statistik entwickelt, die es erlaubt, den Verbrauch von Mehl in Kleinstädten dann besser zu prognostizieren, wenn es zu Marktschwankungen durch Hungersnöte kommt. Diese Statistik sagt dann immer noch stabil voraus, wo andere Testverfahren insufficient sind. Mein neues Verfahren sollte ab sofort überall eingesetzt werden, damit könnte in Notlagen viel angemessener reagiert werden." Wenn Professoren eine Idee haben, beginnen sie, sehr viel, lange und wenig verständlich darüber zu reden. Weil sie immer Recht haben und weil das auch jeder weiß, können sie erwarten, dass sie gehört werden und dass ihren Ratschlägen gefolgt wird. Für Professoren ist das Wissen der Wahrheit gleichbedeutend mit dem Tun. Es müssen ja nur ihre Ratschläge umgesetzt werden. „25 Prozent Einkommensteuersatz für alles!" Das war's und schon ist unser Steuersystem so einfach, wie wir es alle immer haben wollen. Vielleicht formuliere ich es so: Professoren wissen nicht, was Tun ist.

Manager, die immer etwas tun, hören den Professoren sogar manchmal zu. Die Professoren bescheinigen den Managern dann jedesmal, dass sie nicht wissen, was sie tun. Darum geht es aber beim Management nicht. Es geht darum, dass das, was getan werden muss, auch getan wird. Was genau man tut, ist sekundär. Das wird oben entschieden. Manchmal versuchen die Manager vom Neuen zu träumen, wenn sie aufgefordert sind, im nächsten Quartal viel bessere Zahlen vorzuweisen. Dann – so sagen sie – brauchen sie eine neue Idee. *Mit einer Idee meinen sie etwas Fertiges, das sofort mit Umsatz beginnt.* Sie setzen Meetings an und sammeln Ideen. Alle Professoren sagen, sie hätten tonnenweise Ideen. Damit füllen sie die Flipcharts in Meetings. Sie erwarten, dass jemand die Ideen versteht und ihnen zehn Jahre Zeit gibt, sie auszuarbeiten. Die Manager aber, die mit der Idee etwas Fertiges meinen, fragen nach dem laufenden Quartal. Sie ernten von den Professoren wie erstaunt aussehende Blicke. Darin steht geschrieben: „Manager, du bist dumm." Die Manager sehen diesen trostlosen Blick und merken genau, dass der Professor nichts Fertiges hat. Da denken sie: „Professoren sind weltfremd."

Niemand aber baut das Geschäft.

Sie missverstehen sich in der Bedeutung einer Idee. Die einen meinen eine Idee wie bei Platon oder höchstens etwas bis zum allerersten vorzeigbaren Prototyp für die CeBIT, die anderen eine Art Produkt, das nun gleich umsatzwirksam verkauft werden kann. „Eine Art Produkt" heißt im Management neudeutsch Asset oder Solution oder Method oder Tool oder Business Process oder Business Model. „Etwas, womit man arbeiten kann."

Die Lücke zwischen dem Prototyp und dem laufenden Geschäft heißt im Buch *Intrapreneuring* von Gifford Pinchot *Innovation Gap*. In einem Diagramm ist die Lücke in der Mitte wie weißes Land eingezeichnet. Niemand weiß, wie man mit System, Methode oder nach Rezept von der einen Seite auf die andere kommt. Niemand? Nur die seltenen Intrapreneure oder Entrepreneure schaffen es. Wie? Irgendwie. Man muss durch, sagen sie alle nach ihren Heldentaten und berichten emotional ihre im Nachhinein rationalisierten „Vorgehensweisen" auf Kongressen, wie sie die erste Milliarde schafften. Es ist aber immer ihre *ureigene einzigartige* Geschichte – und leider nie ein Rezept. Schade, sonst wären wir alle Milliardär.

3. Die Techie-Lücke oder „The Chasm of Innovation"

In den achtziger Jahren schrieb Everett Rogers über die Ausbreitung von Innovationen („diffusion of innovation"). Auf ihn gehen die heute gängigen Bezeichnungen der Ausbreitungsphasen zurück. Everett stellte fest, dass zuerst einige „Erfinder", Enthusiasten oder „Professoren" sich für eine Idee begeistern und erste Prototypen oder auch erste Produkte herstellen. Diese ersten Produkte sind noch ganz unfertig und kaum nutzbar – und wenn überhaupt, nur von Experten. Denken Sie an einen zentnerschweren Koffer, der die ersten SAP-Daten vom Außendienst in die Datenbank per Sonderfunk überträgt – als es noch keine Handys gab. Denken Sie an eine 100.000 Pixel-Kamera, deren Batterie zwei Minuten hält, etwa drei Bilder speichern kann und 5000 Euro kostet, dafür aber keine Verbindung zum Computer hat.

In einer dritten Phase erfasst die Innovation die pragmatische Hälfte der Bevölkerung. Die Pragmatiker finden die Innovation nun nützlich. „Bei Amazon kannst du mit einem Klick bestellen. Bank geht auch. Jetzt will ich ein Internet." – „Ich liebe ein Mädchen mit Handy. Das will ich jetzt." – „Nun gibt es bei Schlecker Papierbilder von Digitalaufnahmen. Jetzt ist es endlich okay für mich." In einer vierten Phase müssen dann auch die Letzten per Handy erreichbar sein. Es wird ihnen vom Arbeitgeber aufgezwungen (so ist es bei mir) oder von der Familie. Zuletzt „muss man". „Sie müssen jetzt Internet haben, weil die Festnetztelefonie abgeschafft ist, das müssen Sie doch gehört haben. Sie können ohne Internet auch nicht fernsehen! Das machen Sie nicht? Egal, nächstes Jahr ist Internet Gesetz, weil die Wahlen elektronisch sind, da machen Sie sich ohne Internet strafbar."

Everett Rogers führte das Bild der Glockenkurve in unsere Vorstellung ein. Wenige Jahre später ergänzte Geoffrey Moore dieses Bild um eine Kluft oder Schlucht („the chasm"). Er wies an vielen Beispielen in seinem berühmten Buch *The Chasm of Innovation* nach, dass die meisten Innovationen daran scheitern, dass sie es nicht schaffen, von den pragmatischen Menschen als nützlich angesehen zu werden.

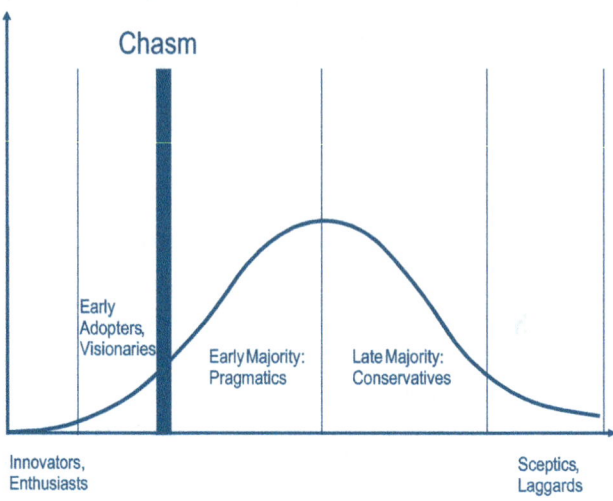

Technology Diffusion & Crossing the Chasm

Sehen Sie? Da ist sie wieder, die Lücke oder die Kluft. Vor der Kluft begeistern sich die Evangelisten einer neuen Zeit über etwas, dahinter fragen die Pragmatiker, wozu es gut ist. Wenn diese Frage mit Ja! beantwortet werden kann, dann wird aus der Innovation ein dickes Geschäft, vorher nicht, recherchierte Moore.

Wissen Sie, was ich immer an uns Informatikern sehe? Wir reden und reden von den Prototypen. Die Wissenschaftler wissen schon immer, dass man den Flugverkehr durch Menschenbeamer ablösen sollte, und sie zeigen Prototypen in Hollywood-Produktionen. Wir Techies schwelgen in Ideen. Und auf der anderen Seite der Kluft fragen die Pragmatiker: „Wozu ist es gut? Hey, wozu ist es gut, verdammt!" Immer hört sich „Techie" so an: „Das neue Killer-Spiel hat die final affengeile Graphik, wenn du einen neuen Computer mit Übertaktung und Klimaanlage hast und auf einem schnellen Firmen-LAN spielst!" Der Pragmatiker: „Und wozu ist es gut? Soll ich jetzt investieren?" Oder: „Mit diesem Heidelberry kannst du auf 2 mal 2 cm voll valide fernsehen. Es muss aber sehr dunkel sein, sonst ist der Bildschirm zu schwach. Ich benutze es zum Beispiel im Kino, wenn meine Freundin hinwollte." Spüren Sie, was ich mit „Techie-Gerede" meine? Okay? Verstanden? Und jetzt mein Niederschlag mit der Keule:

Alle Computerzeitungen sind gerade voll von SOA („Service Oriented Architecture"). Können Sie als Techie in drei Minuten einem Pragmatiker erklären, worum es geht? Das können nur wenige! Können Sie ihm aber das Gefühl geben, dass es nützlich ist? Na?

SOA ist noch vor der Kluft. SOA ist „eine Sammlung von Konzepten, Ideen und Designprinzipien" – so werden Sie als Techie sagen. Der Pragmatiker: „Wozu ist es gut?" Da blicken Sie als Techie den Pragmatiker an und denken, dass der einfach nichts kapiert. Sie seufzen. Der Pragmatiker seufzt auch. Techie-Geschwätz. Sie als Techie haben die tolle Idee. Der Pragmatiker, den wir jetzt einmal pragmatisch auch Kunde nennen wollen, hat das Geld, von dem Sie leben wollen. Da frage ich: Warum sehen Sie sich nicht in der Verantwortung, die Kluft zu überwinden? Warum hören Sie dem Kunden nicht zu, wenn er Ihnen seine Vorstellung von Nutzen erklärt? Soll ich Ihnen sagen, warum? Die Kluft ist in Ihnen selbst drin! „The chasm within the innovator." Es klafft eine Techie-Lücke zwischen dem Kunden und Ihnen. Der Kunde verlangt, dass Sie sie schließen. Sie! Wer sonst?

Die Techies und die Professoren haben die Idee der Innovation. Die Manager und die Kunden wollen einfach *etwas fertig Neues kaufen und davon etwas haben.*

4. 10 Tage mit Gifford Pinchot und mein Ende am Flughafen

Anfang der 90er Jahre veranstaltete die IBM Academy of Technology ein „New Product Symposium", einen Wettbewerb um die besten Ideen in der IBM. Ich wirkte damals an der Gestaltung des Wettbewerbes ein bisschen mit. Wir beschlossen dann in der IBM Heidelberg, unsere Industrieoptimierungsprojekte als Idee einzureichen und einmal zu schauen, wie wir so liegen. Ich leitete damals die Optimierung & Statistik und wir verdienten schon gutes Geld mit Standortoptimierungen („Wo sollen Lager hin? Wie viele? Welche Teile lagern in welcher Anzahl wo? Nachbestellen? Optimierung der Außendiensttechniker?") Peter Korevaar und ich reichten unseren Vorschlag voller Zuversicht ein. Peter Korevaar hatte das Optimierungsprogramm schön graphisch ausgebaut – das sah damals (1994) sensationell gut aus. Auf einer Landkarte zuckten Depots hin und her, der Computer zeigte bunt flackernd den derzeitigen Optimierungsstand in einem Iterationsverfahren an. (Wer etwas mehr dazu lesen will – davon handelt mein Buch *Das Sintflutprinzip*.) Wir konnten erhebliche Einsparungen mit dem Verfahren erzielen! Wir hatten erste Aufträge von Kunden.

Wir erreichten schnell das IBM-Europa-Finale, weil wir anders als die anderen schon einen Prototyp hatten und schon Verträge, nicht einfach eine „Idee". Je höher man im Wettbewerb kommt, umso wichtiger ist es, im naiven Hollywood-Sinne gut auszusehen und naiven Nutzen zu zeigen. Das war bei uns ja automatisch gegeben! Wir erreichten die Runde der letzten 16 in der IBM. Der Plan der IBM war, die besten Vorschläge dem ganzen Vorstand der IBM in Armonk zu zeigen. Ich kann mir schon das Gesicht des Assistenten der Geschäftsführung vorstellen, wenn die Drohung besteht, dass sich Executives zwei Stunden technische Vorträge von Techies anhören sollen! Damit also nichts Schlimmes passieren konnte, bekamen wir eine ganz einzigartige Chance! Das wurden 10 ganz wichtige Tage in meinem Leben! Und in Peter Korevaars Leben sicher auch. Sie haben sich bei mir wirklich eingebrannt, Peter ist darüber halb Unternehmer in IBM geworden. Gifford Pinchot, der bekannte Buchautor, brachte uns Entrepreneuring und insbesondere Intrapreneuring (Innovation innerhalb einer großen Organisation) bei. Er hatte für den letzten Tag einen Freund vorgesehen, einen sonst unbezahlbar teuren Venture Capitalist, der neue Firmen professionell an die NASDAQ brachte. Wir bekamen rund um die Uhr die Ohren und das Gehirn gewaschen, mussten dann einen „Business-Plan" erarbeiten und bekamen einen Einzeltermin bei dem Venture Capitalist, um diesen zu überzeugen, unsere Idee an die Börse zu bringen.

Zuerst wurde unser Herz geprüft: „Aus wie viel Prozent Mist kann Ihre Arbeit bestehen, ohne dass Sie unwillig werden?" Ich meinte, 60 Prozent. Uuuih, das gab eine Ohrfeige. Zu Recht – das merkte ich bei der zweiten Frage: „Verkaufen Sie ihr Haus und geben mir die 300.000 Dollar, dann gebe ich als Investor 3 Millionen dazu." Ich kratzte mich am Kopf, so sicher war ich jetzt mit der Optimierung nicht. Und er schimpfte jetzt fast: „Ich soll 3 Millionen von meinem sauer erarbeiteten Geld geben, damit Sie Millionär werden – und Sie sagen, Sie sind nicht sicher?" Im echten Leben hätten wir schon verloren – zu wenig Herzblut. Dann gab es eine hochnotpeinliche Befragung der Form „Is it real?" Pinchot wollte, dass wir etwas nützlich Pragmatisches anboten, nicht etwa eine nackte Idee oder bunte Powerpoints oder „Slideware", wie man heute sagt. Wir zeigten unsere Aufträge. „Wo ist der Gewinn?" – „Äh, wir erweitern noch den Prototyp." – „Wie viele Unternehmen brauchen Lageroptimierung?" – „Wer kann dieses Optimieren denn noch? Niemand? Echt nicht? Kann es ein Professor abkupfern, wenn Sie Geld verdienen?" Pinchot war ätzend nahe am Ball, die ganze Zeit. Er prüfte uns als Menschen auf Herz und Nieren, hinterfragte die Art, wie wir darüber redeten, wollte wissen, wer bei IBM denn unsere Optimierungen kennt („äh, so einige") und welche Verkäufer Ziele darauf hätten („keine") und ob wir bei IBM denn nur den CIO beim Kunden kennen würden, aber niemals den Herr der Logistik ("das stimmt"). „Wie denn – verdammt – wollen Sie verkaufen! *Verkaufen* – verstehen Sie?" Uns wurde so sehr vieles klar in diesen Tagen, das kann ich Ihnen sagen. Ich kann damit mehrere Kolumnen füllen! Am Ende traten wir vor den Venture Capitalist. Er hörte sich alles geduldig an. Er überlegte einige Zeit. Da schüttelte er den Kopf. „Wenn Sie mit dem Optimieren echt so viel Geld sparen, wie Sie ja offenbar beweisen können – wenn das alles so ist – und ich nehme es Ihnen ab – ja, warum rennen Ihnen dann die Kunden nicht den Laden ein? Das verstehe ich nicht. Müssten Sie nicht schon ein Milliarden-Unternehmen sein? Ich finde Ihren Service wunderbar, und ich denke, er gehört zu den Ideen, die der IBM-Spitze vorgetragen werden sollten. Aber bevor ich Ihnen echte Millionen gäbe, wüsste ich gerne die Antwort. Schade, keine Zeit! Das nächste Team, bitte!"

Nach unserem „Sieg" warteten wir am Flughafen auf den Frankfurt-Flieger. Da schoss der Venture Capitalist vorbei. „Hey, dass ich Sie beide sehe! Ich konnte nicht schlafen! Warum ist das kein Milliarden-Business? Um vier Uhr fiel es mir ein: Sie haben einen ungeheuer mächtigen Wettbewerber im Markt! Denn haben Sie nie erkannt! Ich auch erst nicht! Wissen Sie's? Na? Mir fiel es ein! Der sitzt im trägen Bauch des Kunden und flüstert ‚Do nothing!' Mir fiel ein, dass Optimieren Mühe macht und große Umstellungen verlangt! Dass man die Optimierer ins SAP einbauen muss und disziplinierter arbeiten muss! ‚Do nothing!' Der Kunde muss gar nicht optimieren und hart arbeiten! Das tut er sich nicht an! Sie haben erst dann eine Chance, wenn der Optimierer direkt im SAP sitzt und ohne Arbeit funktioniert. Und am besten müssten alle Unternehmen optimieren, dann stirbt ja jeder Nichtoptimierer und kann sich deshalb nicht auf ‚do nothing' zurückziehen." Ich war erstaunt. „Wenn alle optimieren, machen sie doch alle mit der Optimierung große Verluste, weil sie ohne einen Wettbewerbsvorteil eine Aufrüstungsspirale bezahlen müssen." – „Aber DAS ist das Business!" Und er sprang fort.

Heute kann Peter Korevaar natürlich ins SAP integrieren. Er arbeitet im gerade erst seit 2006 so bezeichneten *IBM Center for Business Optimization*, einer IBM-weltweiten Organisation. Jetzt sind wir durch die Kluft endgültig hindurch. Jetzt ist es Business für die Pragmatiker. Peter ist ein wahrer Intrapreneur. Wären wir das ohne Gifford Pinchot? Vielleicht schon, aber es hätte viel mehr Frust gesetzt und eine quälend längere Lernphase. Wir wussten viel besser, was auf uns zukommt, wissen Sie?

5. The Chasm of Education

Heute werde ich oft um Rat gefragt. „Ist das ein Business?" Und dann weiß ich, was ich klären muss. „Is it real? Is it slide-ware? Are you really sure? Does your spouse know and accept?" Wie mit naivem Kinderblick stelle ich immer dieselben grundlegenden Fragen. Und die meisten „Geschäftsvorschläge" sind noch eine Idee, ein Konzept oder eine Präsentation.

Und da frage ich Sie: Wenn Sie zum Beispiel Professor sind – warum lernen Sie denn nicht vor allem Forschen und Drittmittelbewerben, was professionelle Innovation ist? Was ein Entrepreneur ist? Worauf es ankommt? Ich war ja auch einfach Mathe-Professor und hatte keine Ahnung. Aber ich habe in 10 Tagen so irre viel gelernt, dass ich immer noch ganz erfüllt davon bin.

Der Venture Capitalist hat immer nur nachgebohrt, ob wir wissen, was wir tun. Ob wir bereit sind. Ob wir Energie haben. Was die Kunden begeistert. Warum wir als Person und mit dem Produkt die Kunden begeistern. Was der pragmatische Nutzen ist ...

Er wollte wissen, ob wir eine Vorstellung haben, wie es auf der anderen Seite „of the chasm" aussieht und ob wir wissen, wie wir hinüberkommen. Und er schaute uns daraufhin an, ob wir das, was wir wissen, auch als Persönlichkeiten in die Tat umsetzen können. Sein Blick sagte: „Wissen Sie, Ideen gibt es an der Wall Street an jeder Ecke. Aber Entrepreneure nicht. Die muss ich mit der Lupe suchen. Ich verdiene mein Geld vorwiegend damit, solche Menschen zu erkennen. Was sie genau umsetzen, ist nicht primär wichtig. Das Umsetzen an sich ist das Problem. Es verlangt unglaublich viel Herzblut. Ohne Herzblut gibt es keine Innovation, glauben Sie mir!"

Gifford Pinchot zeigte uns Statistiken des Herzblutes. „97 Prozent aller größeren Innovationen werden von einer einzigen Person von einem Ende zum anderen hindurch getragen. Innovation ist kein Staffellauf, bei dem die Ideen an Schnittpunkten übergeben werden. Innovation ist Start-Ziel."

Der Venture Capitalist fragte uns: „Wie viel Prozent der normalen Innovationen bringen Geld?" Wir rieten ahnungslos hohe Prozentsätze wie 25 Prozent. Richtige Antwort: „Um die 5 Prozent." Frage: „Und wenn ich als Venture-Profi alles betreue?" Die Antwort war 11 Prozent! „Mit einem von zehn Geschäften muss ich zehnfaches Geld machen. Bei drei, vier von zehn komme ich gerade so raus, der Rest ist weg." Und wir diskutierten, was wohl die Deutsche Forschungsgemeinschaft, die Regierung, die EU oder der Controller Ihrer Firma denken würden, wenn sie eine Investition genehmigen. Ich glaube bis heute, die Controller glauben, nur so 25 Prozent aller Projekte scheitern. Und weil die Controller fast alle in Innovationsfragen so unglaublich naiv wie Privataktionäre des Dot.com-Booms sind, gibt es vielleicht überhaupt noch Geld für Innovation?

Neulich fragte mich ein Topmanager, ob es nicht ein echtes Armutszeugnis sei, wenn nur so wenige Innovationen über die Schlucht kämen. „Ich verstehe, Techies können es nicht, das haben Sie ja im Vortrag erklärt." Ich fragte, wie viel Prozent aller Managementreorganisationen die Millionen einbringen, die auf seinen Powerpoints gestanden hätten. Ich fragte, wie viele Gesetzesinitiativen von Politikern überhaupt erst einmal zu Gesetzen und anschließend zu besseren Lebensbedingungen verholfen hätten. Er hatte seine Zahlen leider nicht dabei, sie seien auch geheim. Ich glaube, Schluchten sind überall, oder? Und ich frage:

Warum lernen wir das nicht, bevor wir ohne Ausbildung über die Schlucht springen, ohne von ihrer Existenz zu wissen?

6. Brainstorming, Technologie-Transfer, Call for Ideas

Weil wir das nicht wissen und weil wir die Chasm-Lehren ungelesen in der Bibliothek lassen, beginnen wir mit den immer scheiternden Innovationsritualen, die nie funktionieren. Wir starten Wettbewerbe, Verbesserungsvorschlagspreise, versuchen uns in eiligen Meetings an Brainstorming-Aktionen, für die bei manchen Unternehmen tapfer viele Minuten eines kostbaren Tages investiert werden, an dem man sich eigentlich nur die Zahlen der Vergangenheit ansehen will.

Die Gretchenfrage einer Investition in eine Innovation wird nie gestellt. Dafür träumen alle von schnellem Geld. „Wir beginnen erst einmal mit kleinen Stückzahlen und verkaufen den noch nicht funktionierenden Prototyp einige Male mit hohem Gewinn, den wir wieder in eine den Weltmarkt erobernde Version hineinstecken, aber besser noch zum Quartalsgewinn zuschlagen. Wir haben so irre viele gute Ideen in unserem Unternehmen, da müsste es mit dem Teufel zugehen, wenn nicht schon ganz fertige vollkommen marktfähig herumliegen. Unsere Leute sind doch toll, sie arbeiten 24 Stunden am Tag. Da werden sie wahrscheinlich am Feierabend noch Neues basteln, wie ich sie kenne. Wir starten jetzt einen unternehmensweiten ‚Call for Innovation' und ernten das Herumliegende erst einmal ab und verkaufen. Wir machen das jedes Jahr ohne jeden Erfolg, da haben wir in den letzten Jahren offensichtlich nicht gefunden, was es aber logisch geben muss. Dieses Jahr werden wir schlauer sein und jede Millionenidee mit einer Plakette belohnen, da werden sie ihre Ideen bestimmt herausrücken."

Immer mehr Innovationstagungen und Austauschbörsen öffnen die Tore. Dort soll Technologie-Transfer stattfinden. Die Vorschläge stehen auf Folien – kaum je in Prototypen, die den naiven Menschen begeistern. Die Referenten können zu einer guten Hälfte nicht richtig erklären, worum es geht. Bei wissenschaftlichen Tagungen ist Verständlichkeit seit jeher kein Primärziel – und die Referenten verstehen nicht, dass wissenschaftliche Vorträge ganz deutlich vor der Schlucht stattfinden. Sie ändern gar nichts am Stil! Im Publikum sitzen schließlich etliche Industrievertreter, die sich mal den derzeitigen Stand der Dinge anschauen wollen. Und es schreiben ein paar Investoren mit. Sie fragen sich „Is it real?" und „Ist das meine Frau/mein Mann?" Fast alle sagen wir bei Tagungen: „Die meisten Vorträge sind unverständlich oder Marketing-Geblubber. Ich hoffe in den Pausen, die immer zerredet werden, doch noch Leute kennen zu lernen. Eine Tagung ist schon gut, wenn ich pro Tag so etwa eine Inspiration mitnehme." So ist es bei Innovationen auch ...

Und am Ende eines Innovationskongresses werden mühsam die besten Ideen herausgepickt. Die Erfinder werden gebeten, einen Business-Plan anzufertigen. Der ist IMMER noch VOR der Kluft, allerdings die letzte Station. Aber die Ausarbeitenden glauben, er sei das Tor zum Himmel. Ist er nicht. Der Business-Plan bringt die Finanzierung und damit die finale Erlaubnis, nun auf Leben und Tod zu springen. In diesem Augenblick BEGINNT Innovation!

Und was machen Sie? Sie blasen die Freudenfanfaren, wenn die Finanzierung steht und Sie jetzt berechtigt sind, eine Pleite hinzulegen. Sie sehen meist das Ende am Anfang. Es erinnert an Firmen, die in Jubel ausbrechen, wenn sie einen Großauftrag einheimsen. Das ist der Anfang vom Gewinn oder vom Verlust. Besser, wir würden uns freuen, wenn wir etwas geschafft haben und über die Schlucht springen konnten.

Bitte gehen Sie in Gedanken durch, wie Innovation bei Ihnen geschieht. Wahrscheinlich nicht professionell. Wenn unsere Zukunft in der Innovation liegt – warum lernen wir nicht, wie es geht? Träumen wir noch – oder tun wir schon was?

GPSR Compliance

The European Union's (EU) General Product Safety Regulation (GPSR) is a set of rules that requires consumer products to be safe and our obligations to ensure this.

If you have any concerns about our products, you can contact us on

ProductSafety@springernature.com

In case Publisher is established outside the EU, the EU authorized representative is:

Springer Nature Customer Service Center GmbH
Europaplatz 3
69115 Heidelberg, Germany